HISTOIRE

DE LA

MARINE FRANÇAISE.

III.

PARIS. — IMPRIMÉ PAR BÉTHUNE ET PLON.

TOURVILLE FORCE UNE MAISON D'UN FAUBOURG DE GÊNES

HISTOIRE

DE LA

MARINE FRANÇAISE,

PAR

EUGÈNE SUE.

DEUXIÈME ÉDITION, ENTIÈREMENT REVUE PAR L'AUTEUR,

ORNÉE DE GRAVURES.

TOME TROISIEME.

PARIS.
AU DÉPOT DE LA LIBRAIRIE,
RUE THERESE, 11.
PRES LE PALAIS-ROYAL

1845.

HISTOIRE
DE LA
MARINE FRANÇAISE.

LIVRE SIXIÈME.

CHAPITRE PREMIER.

Arrivée de Ruyter dans la Méditerranée. — Le conseil de marine séant à Messine répond à M. de Vivonne de tenter une attaque sur Agosta. — Affaire d'Agosta. — Lettres de Tourville et de Valbelle. — Mémoire de Vivonne au roi.

L'éminente faveur que Louis XIV venait d'accorder à M. de Vivonne n'eut pas le don de l'arracher à sa mollesse et à son insouciance habituelles. Après avoir perdu l'occasion de s'emparer de Melazzo, une des positions militaires les plus importantes de la Sicile; après s'être vaniteusement proposé d'aller jusque dans le port de Naples brûler les vaisseaux espagnols, *tentative dont les difficultés ne lui parurent considérables que sur le point de l'exécution,* ainsi que le dit M. de Tourville dans une dépêche qu'on citera plus bas; le vice-roi, se replongeant dans son incurable apathie, n'entreprit aucune nouvelle expédition pour étendre la domination française dans l'île, et se contenta de garder Messine.

Il fallut l'arrivée de Ruyter et de la flotte hollandaise, dont on parlera dans le chapitre suivant, pour tirer le vice-roi de sa torpeur. Apprenant l'entrée de ces forces navales dans la Méditerranée, le conseil de marine, dans lequel MM. de Valbelle et Tourville étaient fort comptés, s'assembla, et après de longues délibérations, il fut décidé, pour plusieurs raisons, que l'occupation de la ville et du port d'Agosta, situés sur la côte orientale de la Sicile, et à quatre-vingt-dix lieues environ de Messine vers le sud, était de la plus haute et de la dernière importance.

1° Parce que la possession d'Agosta assurait la navigation de toute la partie méridionale de la Sicile, et l'entrée dans Messine par le sud du phare.

2° Parce que cette ville était alors, pour ainsi dire, le magasin de blé de l'armée espagnole.

Or, en supposant que la flotte hollando-espagnole fût de beaucoup supérieure aux forces navales françaises, il était à craindre que, resserrant Messine par un blocus étroit, Ruyter ne réduisît cette ville à une nouvelle disette, tandis que la prise d'Agosta et des magasins qui s'y trouvaient, en assurant les vivres de Messine pendant six mois, neutraliserait cette crainte; enfin le conseil regardait surtout comme indispensable, non-seulement au succès général de l'occupation, mais au maintien particulier de la possession de Messine, qu'Agosta fût aux mains des Français avant que les Espagnols eussent livré ce vaste et beau port à la flotte hollandaise qui, commandant alors ces parages par cette position maritime, aurait alors fermé à la France toute navigation, et tout arrivage par le sud du détroit du Phare.

Il fallut d'aussi puissants motifs, appuyés des plus pressantes sollicitations et des instances réitérées des membres du conseil de marine, pour décider Vivonne à prendre en considération ce projet sur Agosta; mais il est hors de doute, ainsi qu'on le verra plus bas, que, sans la conduite énergique et décidée de Tourville, qui, allant à bord du vice-roi au moment du combat, le força pour ainsi dire, de donner des ordres décisifs, Vivonne se fût encore contenté d'une vaine démonstration, et qu'après avoir fait voir le pavillon du roi sur ces côtes, il s'en serait revenu à Messine comme lors de sa tentative sur Naples.

Et ce qui prouve évidemment combien peu le vice-roi prenait au sérieux ce projet sur Agosta, et combien il avait envie de se borner à un semblant d'expédition, c'est que, pour attaquer une place aussi bien défendue et par sa position naturelle et par ses ouvrages, on partit sans que Vivonne eût donné ni *ordre de bataille*, ni *signaux de combat et de marches*, ni *rendez-vous en cas de séparation*.

Heureusement que la lâcheté des Espagnols rendit la tâche du vice-roi facile ; car ils abandonnèrent les forts : et hormis quelque résistance qu'ils firent à une barrière forcée par M. de Valbelle, ils se défendirent à peine, et livrèrent, presque sans combattre, un des points les plus importants de toute la côte orientale de la Sicile.

Mais si la facilité de cette conquête ne fit pas briller les armes françaises d'un grand éclat, il y eut plusieurs faits d'armes particuliers extrêmement honorables pour quelques capitaines, tel que pour M. de Coetlogon, qui, descendu à terre, alla intrépidement couper une barrière à coups de hache, sous le feu de l'ennemi, s'exposant ainsi aux plus grands dangers, *et ce par son peu de connaissance du métier de terre,* dit Tourville. *Aussi le voyant faire de mon bord,* ajoute-t-il, *j'eus peur qu'il n'y demeurât, et je m'embarquai dans mon canot avec tous les soldats que je pus trouver, pour aller le secourir, mais je le trouvai déjà à la seconde barrière.*

Il y eut encore le fils d'un capitaine de vaisseau appelé Villette, un enfant de dix ans, qui ne quitta pas le pont du vaisseau de son père et *qui désirait,* dit encore Tourville, *d'être blessé pour être mis dans la Gazette.*

Mais n'anticipons pas sur les faits ; nous laisserons Tourville et Valbelle raconter cette expédition dans leur original et spirituel langage, Tourville surtout, qui, selon la ravissante expression de Valbelle, *était d'une naïveté qui sentait fort la folie de Brutus.*

Agosta fut donc pris presque sans combat. Avant de donner les détails de cette affaire, voici un crayon de la ville et de ses défenses emprunté à un rapport au roi, qui prouvera avec quelle faiblesse les Espagnols se conduisirent en cette occasion, puisque, possédant une place de cette importance, ils se la laissèrent aussi facilement enlever.

« Agosta est située à l'est de la Sicile et au sud de Catane, par 37° 35' de latitude nord, et par 13° 12' de longitude à l'est de Paris. Cette ville est assise sur une plaine éminente, environ à trente-deux pieds de hauteur au-dessus de l'horizon de la mer ; elle est tout isolée, de figure longue, avec un rivage bas du côté du port, d'où l'on commence à monter peu à peu jusqu'aux maisons de la ville. Le port fut anciennement appelé *Seno-Mégarense*, à cause que de l'autre côté était située l'ancienne ville de Mégare. Il est de bonne tenue, bien couvert et capable de recevoir de grandes flottes, auxquelles pourtant on ne peut pas empêcher l'entrée, à cause que l'embouchure du port est trop grande, ni les débarquements, pour lesquels le rivage dudit port est fort propre du côté du ponant, où il y a plus d'un demi-mille de plage sans autre obstacle qu'un petit cordon de pierre sec, en forme de retranchement dans l'eau, lequel ne peut être de la moindre résistance, ni empêcher les chaloupes d'avancer pour faire leur débarquement; et en haut, le long de la côte de la ville, il y a un parapet de terre, mais de fort peu de défense, à cause qu'il n'y a que quatre pieds de hauteur, et si éloigné du bord de l'eau, qu'il laisse assez de terrain entre deux à l'ennemi pour se former après avoir débarqué. A un côté de ce port il y a deux forteresses isolées et bien fournies d'artillerie; mais à cause qu'elles sont tant éloignées de la place, elles ne peuvent empêcher le débarquement dans la plage. Du côté du levant, il n'y a qu'une seule place pour débarquer, qui est vis-à-vis le couvent des Carmes; mais elle est sans aucune défense; le reste du port est tout environné de rochers naturels, avec un parapet fait de cailloux et de terre mêlée. Du côté du midi, il y a un grand terrain qu'on appelle la Vieille-Terre, où anciennement était la ville, et de ce côté-là il y a une bonne partie de plage propre pour débarquer. De ce côté-ci la ville est fermée, et séparée de cette Vieille-Terre seulement par une muraille antique de terre fort faible, avec un chemin couvert et glacis imparfait. Le côté du nord, qui est celui de campagne, est fort étroit et fortifié d'un ravelin et d'un ouvrage à couronne, tous les deux avec des fosses de l'eau de la mer; ainsi ce côté-là reste bien fortifié.

Un peu plus au-dedans desdites fortifications est situé le château, de figure carrée, avec quatre bastions et d'autres ouvrages, comme une fosse et chemin couvert; mais il est si petit, qu'il est de peu de défense; outre cela, il est commandé du côté de la ville. Pour cette raison on ne peut pas espérer une grande résistance de ce château, et pour cela, on doit employer tout le soin possible pour maintenir la ville, que l'on doit considérer de grande conséquence, aussi bien pour la bonté de son port que pour sa situation si propre à pénétrer dans le centre de l'île, cette considération ayant obligé les vice-rois de tenir la plupart des troupes qu'ils avaient dans l'île sur les frontières de Carlentin ; et en un mot on peut dire que si cette place était fortifiée à la moderne, comme elle est capable de l'être, elle serait une des plus fortes de l'Europe[1]. »

Voici la première dépêche de Tourville à Colbert à propos de cette expédition ; nous donnerons ensuite celle de Vivonne, puis une seconde dépêche de Tourville, qui sert, pour ainsi dire, de pièce contradictoire, et montre dans tout son jour l'incurie du vice-roi.

LETTRE DE M. DE TOURVILLE.

« 19 août 1675.

» Vous apprendrez, monsieur, la prise d'Agosta. Je ne me chargerai point de vous en faire un détail ; on doit beaucoup au peu de vigueur de ceux qui commandaient les forts, qui n'ont fait aucune résistance dans des lieux où des Français auraient tenu trois mois. J'obtins de M. de Vivonne d'entrer dans le port à la tête de l'armée, par la connaissance que j'avais du lieu ; il commanda six navires pour battre le fort qui est dans la mer, à l'entrée où je fus mouiller à une portée de fusil ; il distribua ensuite les autres vaisseaux pour battre les autres forts. Notre grand feu fit cesser celui du fort que nous attaquions, et ceux qui y commandaient prirent le parti d'attendre qu'on les vînt attaquer à coup de main ; quoiqu'on n'eût point d'ordre d'aller aux forts, je crus qu'il était à propos d'envoyer une chaloupe pour voir ce que voudraient dire les ennemis : je détachai le chevalier de Coetlogon, avec quelques mousquetaires. *Lui, par son peu de connaissance du métier de terre*[2], alla s'attacher à la première barrière qu'il fit couper à coups de hache, malgré une grêle de boulets de canon et de pierres et quelques coups de mousquets ; ce que voyant de mon bord, j'eus peur qu'il n'y demeurât : je m'embarquai dans mon canot avec tous les soldats

---

[1] Rapport au roi. — Biblioth. roy. mss.

[2] Ces mots sont effacés dans l'original ; mais il est encore possible de les déchiffrer.

que je pus prendre pour le secourir; je le trouvai à la seconde barrière; ils mirent pavillon blanc, et comme nous en étions à la porte pour parler, ils commencèrent de nouveau à coups de mousquet et à coups de pierres sur nous; cela dura bien une heure; ils nous firent une seconde bandière blanche, et nous manquèrent une seconde fois de parole; ils ne se rendirent que lorsque j'allais faire brûler la porte : le gouverneur vint en bas et demanda à capituler, ce que je fis dans les formes. Cette affaire nous coûte quelques gens, mais qui aurait coûté beaucoup davantage à des gens qui les auraient voulu prendre par les formes. Notre grande confiance fut heureuse, et ce fut le seul fort qui se défendit; il y avait quatre-vingts hommes dedans, qui sortirent avec armes et bagages. Je prends la liberté de vous dire au vrai ce qu'il en est, parce que je suis persuadé que vous en ferez ma cour au roi, et que vous n'oublierez pas de faire celle de Coetlogon qui a bonne part à tout, et à qui je donne quelquefois de rudes corvées. J'espère qu'avec votre assistance et les petits succès que j'ai eu cette campagne, je pourrai sortir cet hiver de l'emploi de capitaine de vaisseau qui me devient assez insupportable. Je compte, monsieur, que vous me permettrez de vous aller voir cet hiver.

» Le chevalier DE TOURVILLE. »

(Archives de la marine, à Versailles.)

On a dit dans le chapitre précédent qu'entre autres dépêches où Louis XIV se plaignait à Vivonne de son silence au sujet des affaires de Messine depuis le 6 mai, il y en avait une du 26 juillet, dans laquelle le roi, revenant à plusieurs reprises sur ce grief qu'il reprochait à son vice-roi avec une certaine vivacité, lui ordonnait expressément d'envoyer tous les quinze jours, au plus tard, une tartane en France pour y porter des nouvelles de Sicile. Croira-t-on que la lettre qu'on va lire, datée du 2 septembre, et dans laquelle Vivonne rend compte au roi de l'expédition d'Agosta; croira-t-on, dis-je, que cette dépêche fut la première et la seule que le vice-roi écrivit à Louis XIV depuis le 6 mai (conséquemment depuis quatre mois), et encore, dans ce rapport, on ne trouve pas une seule ligne ni sur Melazzo, ni sur Naples, ni sur Reggio; croira-t-on, enfin, que ce ne fut ainsi que le 2 septembre que Vivonne remercia le roi de l'avoir nommé maréchal de France, bien que cette faveur lui ait été accordée le 2 juillet. Quant aux moyens employés par Vivonne pour justifier son incroyable paresse et exprimer sa gratitude à Louis XIV, c'est à en demeurer confondu. En voici, au reste, un exemple : c'est un fragment de la dépêche qu'on va citer en entier.

« Messine, 2 septembre 1675.

» Votre Majesté, par sa lettre du 26 juillet passé, se plaint du
» peu de soin que j'ai de lui écrire, et je lui demande très-hum-
» blement pardon de ce manquement; mais elle me permettra
» de lui dire, avec tout le respect que je lui dois, et sans me
» vouloir justifier, que je me trouve à toute heure toucher ici
» du doigt à de si grandes extrémités, à cause de la quantité de
» blé qu'il faut ou pour Messine, ou pour les vaisseaux, ou pour
» les galères, que Votre Majesté doit un peu compatir à la fai-
» blesse humaine, si je ne prends pas si diligemment qu'il serait
» à souhaiter la résolution qu'il faut, étant inutile d'écrire à Votre
» Majesté, si on ne lui mande pas déterminément le parti qu'on
» croit bon à prendre sur ce qui arrive; par exemple, Sire, bien
» qu'Agosta ait été prise le 17 du mois passé, je n'ai pu néan-
» moins plus tôt dépêcher à Votre Majesté, parce que j'ai voulu
» auparavant régler le plan de tout ce qu'il y avait à faire pen-
» dant plusieurs mois, et pour cela il faut y songer plus d'une
» fois. Je ne pouvais donc vous dire plus tôt qu'aujourd'hui,
» Sire, que je me suis déterminé à garder Messine et la ville
» d'Agosta. »

Ainsi, au dire de Vivonne, un fait comme la prise d'Agosta n'est pas assez important par lui-même pour mériter une dépêche immédiate ! ainsi, quelques embarras momentanés, causés par l'incertitude des approvisionnements, peuvent autoriser un vice-roi à rester quatre mois entiers sans donner aucune nouvelle des possessions qu'il gouverne ! Encore une fois, c'est à ne pas croire à une telle justification, qui lutte d'impertinence et de puérilité.

Quant aux remerciements que Vivonne adresse au roi pour son nouveau grade, rien ne nous a paru plus ironiquement spirituel de la part du nouveau maréchal que cette manifestation si souvent répétée de son véritable étonnement à propos de cette grâce, étonnement si profond, si étourdissant, qu'il va jusqu'à empêcher Vivonne, durant deux mois, d'exprimer toute sa gratitude à Louis XIV ! Mais heureusement, après ce temps-là, ce magique étonnement, perdant un peu de son influence, laisse assez de liberté aux facultés du vice-roi pour qu'il puisse alors dire à son maître combien son serviteur est indigne d'un bien si considérable et si peu mérité. On avouera du moins qu'il n'y avait que Vivonne au monde capable de trouver une pareille excuse à son oublieuse ingratitude. Mais, ce qui nous a paru le plus remarquable dans tout ceci, c'est l'insistance avec laquelle le frère de madame de Montespan revient et appuie très-souvent et extrêmement, dans sa rare correspondance avec Louis XIV, sur la flagrante injustice qu'a commise ce roi envers tant de braves généraux, en leur préférant lui, Vivonne, si peu fait pour ce grade éminent par le peu et l'obscurité de ses services.

Tant et de si humbles ressentiments de cette faveur ne m'ont pas paru la banale expression d'une feinte modestie, mais être bien plutôt une des conséquences de ce cynisme effronté dont Vivonne faisait ouvertement état, et qui le poussait à mettre ainsi en évidence, en disant un mal si véritable de lui-même, les causes honteuses qui lui avaient seules valu cette faveur éclatante.

Et à propos du style de Vivonne, que l'on sait facile, spirituel et quelquefois brillant et hardi, il est bon de signaler une assez grande singularité, dont un curieux *fac simile* fera foi d'ailleurs : c'est que Vivonne savait si peu l'orthographe, que les lettres de feu M. le duc de Beaufort, comparées à celle du joyeux général des galères, eussent passé pour des modèles de purisme. Et pourtant la phrase de Vivonne est ordinairement précise, correcte et quelquefois même élégante et d'un beau style. Cette bizarre anomalie d'un spirituel et souvent fort grand langage, écrit avec une détestable orthographe, s'explique facilement si l'on songe que la longue habitude et la fréquentation constante d'une exquise compagnie, extrêmement choisie et lettrée, polissant l'esprit naturel, pouvait donner au style cette solidité d'expression, ce tour heureux, cette grâce charmante qu'on rencontre presque toujours dans la correspondance de plusieurs grands seigneurs du dix-septième siècle, qui faisaient, à la vérité, beaucoup de fautes d'orthographe, mais fort rarement de fautes de français.

Revenons à cette délicieusement impertinente dépêche de Vivonne ; on y verra d'abord, que le vice-roi s'attribue négligemment la pensée et l'exécution de la prise d'Agosta ; mais ceci étant pour ainsi dire un tic naturel et particulier au plus gros nombre des généraux, on n'en parle que pour mémoire, et afin de donner le texte des justes récriminations de Tourville, qu'on lira plus bas.

LE DUC DE VIVONNE AU ROI.

« Agosta, le 2 septembre 1675.

» Sire,

» Le ciel ayant favorisé les armes de Votre Majesté en ce pays, d'un succès assez considérable, il est juste que je lui dépêche ce courrier exprès, qui est le major des galères, pour lui rendre compte de ce qui s'est passé. Votre Majesté aura donc agréable, s'il lui plaît, que je lui dise qu'étant parti avec tous ses vaisseaux et toutes ses galères, ledit jour quinzième du passé, pour venir ici, j'y arrivai heureusement le samedi dix-septième. En approchant de l'entrée du port, le vent ne se montrant pas tout à fait favorable, il fallut louvoyer. Ma première réflexion fut que les galères ne pouvant pas se tenir bord sur bord comme les vaisseaux, et pouvant présenter au vent beaucoup plus près que les navires, je devais les faire entrer les premières, moitié à la voile et moitié à la rame, pour ne point dérader en cas que le vent devînt contraire. Je les obligeai donc de faire cette manœuvre incessamment, à quoi elles obéirent aussitôt, et ainsi elles entrèrent les premières le plus avant qu'elles purent dans la rade. Cela fait, je tirai deux vaisseaux de chaque escadre pour faire un détachement qui canonnât la tour d'Avalos, qui se présente la première, pendant qu'à la faveur de ces six navires le reste de l'armée se coulerait dans le port. Comme ce détachement se mettait en ordre, qui était le sieur Gabaret et les sieurs de Cogolin, de Tourville, de Forbin, de Cou et de La Motte, le vent s'étant fait meilleur et plus fort, il se trouva que tous les vaisseaux entrèrent tous ensemble, les six premiers un peu devant les autres. L'armée garda sa figure ordinaire. L'escadre du vice-amiral, faisant l'avant-garde, s'enfonça et mouilla proche des forts Victoria et Piccolo, qui sont vers le fond de la rade; celle de l'amiral donna le fond devant la ville et le château, et celle du contre-amiral entre la ville et ladite première tour, le tout en très-bon ordre. Tout le monde étant mouillé, on commença la canonnade. J'oubliais à dire qu'en entrant je fis signal aux galères qui étaient entrées de venir se tenir proche des premiers six vaisseaux, pour les remorquer en cas de besoin, ce qu'elles firent en diligence en nombre de douze ; et étant arrivées, voyant qu'il y avait du vent et que lesdits navires n'avaient pas besoin d'elles pour s'approcher de la tour, elles s'approchèrent de ladite tour pour la canonner de compagnie avec lesdits navires ; les autres douze, se joignant à l'escadre de M. Du Quesne, canonnèrent les deux forts Victoria et Piccolo. De cette manière, l'armée navale prêtait le côté à tous les forts et à la ville. Quand on eut cessé de canonner, les chaloupes des vaisseaux et les caïques des galères attaquèrent lesdits forts de plus près : ceux des douze galères et de l'escadre de M. Du Quesne entreprirent si vigoureusement les forts Victoria et Piccolo, que le premier se rendit par composition au sieur commandeur de La Bretesche, capitaine de galère, et l'autre au lieutenant de M. Du Quesne, nommé Pallas, qui est un très-bon sujet. Dans le même temps, le détachement de l'infanterie de la marine, qui avait été destiné, ayant été débarqué sur la langue de terre qui est au bout de la ville, je me rendis sur le lieu pour le faire faire en bon ordre, et m'apercevant que notre monde était assemblé, et que la tour d'Avalos n'était pas encore rendue, et que si elle venait à tirer, elle pourrait voir cette infanterie par le revers, je m'avançai en toute diligence en felouque vers ladite tour, et en y allant, je vis que nos soldats qui l'attaquaient trouvaient encore quelque résistance, laquelle ayant pris fin par une capitulation que le chevalier de Tourville ménagea, le pavillon blanc y fut arboré. Comme je vis cette affaire finie, je m'en retournai vers notre infanterie, qui était composée de deux bataillons, savoir : de celui des vaisseaux, commandé par M. d'Almeras, et celui des galères, commandé par M. de Manse. Je lui commandai de marcher en diligence vers la ville, et je m'en allai cependant en felouque vers le château. En y allant, j'eus à la rencontre M. le commandeur de Valbelle, et je pris aussi M. Du Quesne, avec lesquels je pris terre et montai jusque dans les plus proches maisons dudit château. En y arrivant, je trouvai que les majors des vaisseaux et des galères, qui, avec cinquante hommes, s'étaient avancés par mon ordre un peu auparavant vers ledit château, avaient déjà si bien fait leur devoir d'eux-mêmes, qu'ils avaient mis en avant quelques discours de capitulation, et même si bien, que le major de la place me vint trouver, de la part du commandant, pour me faire des propositions, me demandant du temps pour envoyer à Melazzo. Ne voulant pas perdre une aussi bonne conjoncture, je me hâtai de leur donner un otage de ma part, qui fut le chevalier de Lauzun, homme de mérite, et qui sert très-bien Votre Majesté depuis longtemps auprès de moi, et je reçus ledit major pour la garnison. Ensuite je dis à ceux qui me parlaient que je leur ferais le traitement le plus honnête du monde ; mais que je voulais qu'ils se rendissent dans le jour même, autrement qu'il n'y aurait rien de fait, surtout s'ils attendaient que notre infanterie vînt jusque sur le bord du fossé ; et afin qu'il ne pût entrer aucun secours dans le château par le derrière, j'envoyai cinquante mousquetaires se saisir du petit pont, et, tout d'une même suite, je dis au chevalier de Valbelle de s'avancer vers le château et de travailler aux articles de la capitulation avec ceux qui étaient venus me parler ; et me reposant de cela sur lui, je m'attachai à faire avancer notre infanterie, laquelle était déjà entrée dans la ville, afin que les ennemis la voyant se pressassent de conclure. La chose succéda comme je l'avais projeté ; car, pendant que je me détournais pour faire cela, la capitulation fut achevée, qui fut de sortir armes et bagage et avec un canon, et, comme ils n'avaient pas spécifié quelle sorte de canon, je leur laissai emporter le plus méchant de la place. Cette affaire ainsi terminée, je fis vitement entrer des soldats dans la forteresse, et les ennemis en sortant, je les fis mettre dans trois barques qui le lendemain les portèrent à Melazzo. Ayant fait la visite de tous ces forts le même jour, j'y trouvai très peu de canons, ce qui me fit songer tout aussitôt à y en mettre, afin que les ennemis venant ils ne me pussent faire la même insulte qu'ils venaient d'y recevoir. C'est pour cela que je donnai ordre qu'on tirât deux pièces de fer de vingt-cinq vaisseaux, lesquelles j'ai fait placer en bon ordre dans lesdites forteresses. Outre cela, étant allé à Messine le vingt-neuvième du passé, pour querir les régiments de Crussol et de Louvigny, pour mettre ici en garnison, j'en rapportai, le vingt-neuvième du courant, les cinquante canons qui étaient dans les vaisseaux *la Madona del Popolo*, que je pris l'hiver dernier en arrivant à Messine, lesquels ayant mis ici pareillement en batterie, j'ai fourni si abondamment d'artillerie tous les châteaux qui regardent le port, que je ne crois pas que tous les vaisseaux du monde les puissent prendre. Les murailles desdits châteaux sont si épaisses et si fortes, même les parapets, qu'une canonnade, pour si longue qu'elle soit, ne les saurait démolir ; ce qui m'a fait dire que si les ennemis avaient connu leurs forces, nous ne les aurions jamais pu prendre. Pour celui de terre, que j'aurais pris dans trois ou quatre jours par la force, quand il ne se serait pas rendu comme il l'a fait, à cause que les maisons de la ville venant jusque très-près du fossé, je pouvais en peu de temps faire dresser des batteries qui m'auraient donné moyen d'attacher facilement le mineur au corps de la place.

»Il y avait longtemps, Sire, que j'avais formé cette entreprise ; mais ne m'étant jamais vu un nombre considérable de vaisseaux ensemble qu'à mon retour de Naples, que je trouvai à Messine messieurs Gabaret et de Relingue arrivés, je n'ai eu aussi moyen de l'exécuter que depuis ce temps-là. Les raisons qui me confirmèrent dans cette pensée furent de me donner une entrée dans la Sicile plus facile que celle de Messine, et que je crois avoir rencontrée, surtout si j'avais un peu de cavalerie. Outre cela, je voulais ôter aux ennemis, et à Ruyter particulièrement, le plus beau port du monde pour se retirer, et Dieu m'a fait la grâce que cela m'a réussi. C'est à Votre Majesté présentement de prendre le parti qu'elle jugera plus à propos pour nous donner moyen de conserver ce beau poste. J'ai prétendu encore qu'Agosta nous servira à conserver Messine, parce que les barques et autres bâtiments qui viendront pour nous apporter des vivres, ayant des ports dessus et dessous le vent, où ils pourront se retirer en sûreté, auront moins de répugnance à y venir qu'ils n'en ont eu par le passé, particulièrement dans cette saison où les vents étant forts, et les calmes rares, donnent plus de moyens aux petits bâtiments d'éviter les vaisseaux de guerre.

» Votre Majesté m'a souvent demandé mes sentiments touchant les galères, si son service requérait que je les gardasse ici ou que je les envoyasse en France ; et ci-devant j'ai pris la liberté de lui mander que j'estimais que c'était une chose nécessaire qu'elles passassent l'hiver ici, comme je suis encore de ce sentiment si la chose était faisable ; mais ayant considéré qu'il faudrait pour quatre mois de vivres pour elles, au moins quatre mille salmes de grain, qui sont huit mille charges de France, et que d'ôter cette quantité à Messine, ce serait la priver d'un grand secours, il a fallu, malgré moi, prendre la résolution de les renvoyer. Ainsi j'arrêtai hier qu'elles partiront le quinzième du courant pour s'en retourner toutes à Marseille. Je les ai voulu retenir encore cette quinzaine pour voir si Votre Majesté ne m'enverra pas des ordres entre ici-là qui me marquassent que son intention fût de les garder, et qu'elle m'envoyât les moyens, de les nourrir ici sans toucher à la subsistance de Messine, auquel cas je les garderai ; mais si ces ordres ne viennent point, Votre Majesté peut compter qu'elles seront en Provence dans tout le mois d'octobre.

» Les vaisseaux ne se trouvant avoir des vivres, à bien ménager ce qu'ils ont, que jusqu'au quinzième octobre, il avait été résolu qu'ils s'en retourneraient en France, comme je l'ai déjà fait savoir à Votre Majesté, pour en reprendre et revenir ici de bonne heure. Mais Messine et Agosta ne se pouvant pas maintenir et être dénuées de toute l'armée navale, surtout les ennemis ayant à y venir avec une puissante armée de mer, il a été jugé à propos de conserver les vaisseaux ici jusqu'à la fin de novembre, et de prendre pour cet effet, sur la subsistance de Messine et d'Agosta, les six semaines de vivres nécessaires pour cela, afin de suppléer ou à la consommation qui s'en est faite, ou au manquement de fournitures de la part du munitionnaire, et tenir la mer pendant tout le temps que Sa Majesté prétend qu'on le doive faire, pour lui donner moyen de nous faire tenir les deux mois de victuailles qu'elle nous fait préparer à Toulon, et ainsi de maintenir ses affaires dans ce pays-ci. Par ce moyen, nous prétendons mettre en sûreté les convois qui nous doivent venir du Levant et de Tunis, et les bâtiments que nous allons y envoyer encore de nouveau, et embarrasser les ennemis quand ils seront dans ces mers ; étant certains qu'ils n'auront pas une action si libre et si *quiette* quand nos trente vaisseaux tiendront la mer dans ce voisinage, que s'ils étaient absents.

» Votre Majesté, par sa lettre du vingt-sixième juillet, se plaint du peu de soin que j'ai de lui écrire, et je lui demande très-humblement pardon de ce manquement ; mais elle me permettra de lui dire, avec tout le respect que je lui dois, et sans me vouloir justifier, que je me trouve à toute heure ici toucher du doigt à de si grandes extrémités, à cause de la quantité de blé qu'il faut, ou pour Messine, ou pour les vaisseaux, ou pour les galères, que Votre Majesté doit un peu compatir à la faiblesse humaine, si je ne prends pas si diligemment qu'il serait à souhaiter les résolutions qu'il faut ; étant inutile d'écrire à Votre Majesté, si on ne lui mande déterminément le parti qu'on croit qui est à prendre sur tout ce qui arrive. Par exemple, Sire, quoique Agosta ait été prise le dix-septième du passé, je n'ai pu néanmoins plus tôt dépêcher à Votre Majesté, parce que j'ai voulu auparavant régler le plan de tout ce qu'il y avait à faire pendant plusieurs mois, pour maintenir Messine, Agosta et les vaisseaux, et pour cela il faut y songer plus d'une fois, y ayant quantité de choses à considérer qui demandent chacune en particulier de grandes réflexions ; et il faut se représenter divers partis pour se déterminer à un. Je ne pouvais donc lui dire plus tôt qu'aujourd'hui, Sire, que je me suis déterminé à garder Messine et la ville d'Agosta, que je crois, avec les trente vaisseaux, les pouvoir maintenir jusqu'à la fin de décembre ou au commencement de janvier, dans lequel temps Votre Majesté nous pourra envoyer ses ordres, soit pour les conserver seulement, soit pour conquérir davantage de pays. Si je n'ai pas de cavalerie, je ne puis pas davantage m'étendre aux environs d'Agosta, parce que je n'ai que cent cinquante chevaux, et que les ennemis en ont au moins neuf cents, et qu'outre cela, il faut de l'infanterie pour pouvoir se rendre maître des postes qui sont voisins de la mer et les conserver, afin d'avoir des retraites sûres à point nommé, et ne pouvoir être coupé quand une fois la cavalerie irait faire des courses pour obliger le pays à contribuer. Ce que j'ai pu jusqu'à présent a été, par le moyen des galères, de mettre une bonne quantité de fourrages ici dedans pour la cavalerie que nous avons; et les ennemis voyant cela ont brûlé tout ce qu'ils ont vu de monceaux de paille le long de la mer, afin que nous n'en puissions profiter pour en prendre davantage. Il y a ici dedans du blé suffisamment pour la ville et pour la garnison, pour quelques mois. A l'égard de Messine, nous comptons qu'il y a présentement pour jusqu'à la mi-octobre, et qu'avant que cette quantité soit consommée, nos convois de la Morée et de Tunis en apporteront vraisemblablement pour aller jusque vers la fin de l'année, sur quoi on prend les six semaines nécessaires aux trente navires. Ainsi, pour maintenir cette grande ville, il faudra qu'il lui en vienne encore pour pousser jusqu'à la fin de janvier, qui est le temps auquel nous supposons que Votre Majesté nous pourra secourir de troupes et autres choses, ou au moins de ses résolutions et ordres; sur quoi je la supplie très-humblement de souffrir que je lui représente (comme j'ai déjà fait plusieurs fois) que si elle se détermine à envoyer des troupes en ce pays-ci, elle les envoie en telle quantité qu'elles aient figure d'armée, autrement je ne puis pas lui répondre d'aucun succès un peu considérable. Il serait bon d'appuyer le projet que M. l'intendant a fait pour la nourriture de Messine; je crois que, si on se met en devoir de l'exécuter, l'on soutiendra cette grosse ville sans une extrême peine.

» Étant nécessaire de réparer un peu le château d'Agosta et quelques endroits qui rendent la ville tout ouverte, j'ai obligé monsieur l'intendant de prendre une somme de dix mille écus des prises que j'ai faites, pour employer à les mettre en l'état qu'il faut pour être de défense contre les ennemis s'ils viennent pour nous ôter cette conquête. Je supplie Votre Majesté d'avoir agréable ce que j'ai fait en cette rencontre; sans nécessité du service je ne l'aurais pas entrepris à cause de la répugnance que monsieur l'intendant y apportait.

» Votre Majesté m'ordonne de monter sur l'amiral lorsque j'apprendrai que Ruyter sera entré dans ces mers, et elle peut compter que je n'ai pas une plus grande joie que d'obéir à ses ordres; mais néanmoins, il me paraît que Messine s'épouvante si fort lorsqu'elle me voit embarquer, et les malintentionnés que les Espagnols y entretiennent encore savent si bien dire que je m'en retourne en France, que si l'armée ennemie venait, pendant que je serais dehors, se présenter à Messine, je ne fais nu doute qu'il n'y survînt un très-grand désordre qui donnerait moyen aux Espagnols d'y entrer. Je préférerai néanmoins les ordres de Votre Majesté à toute autre chose, et il faudra que mes empêchements soient bien grands, si je ne me rends exact à les suivre.

» Le projet que j'ai formé pour les vaisseaux est qu'ils partent dans un jour ou deux, au plus tard, pour s'avancer jusqu'à Caillari, pour apprendre des nouvelles des ennemis; de là, ayant nettoyé tous les dangers, ils feront partir pour Toulon les vaisseaux *le Triton, le Drôle, le Comte, l'Étoile* et *la Normande*, afin d'y charger les deux mois de vivres que Votre Majesté a fait préparer pour son armée navale, et des troupes qui serviraient d'armement en partie auxdites flûtes; et comme nous avons perdu beaucoup de matelots et que nous sommes pour en perdre encore beaucoup d'autres, on en pourrait mettre sur lesdits bâtiments une quantité raisonnable pour remplacer ces vides, et cela ferait que ces cinq bâtiments seraient très-forts dans le passage, sans qu'il en coûtât rien d'extraordinaire à Votre Majesté pour leur équipage. Les vaisseaux continuant leur chemin de Caillari jusqu'à Tunis, y escorteront une flûte de Votre Majesté, nommée *la Soubise*, et un vaisseau que j'ai pris dans mon voyage de Naples, qui est très-propre pour charger du blé, et en ramèneront *le Palmier* et *l'Avenant* qui y chargent depuis longtemps. Ainsi ils emploieront bien leur mois de septembre à cela. A leur retour, si M. de La Bretesche n'était pas venu (ce que je ne crois pas), ils iront à sa rencontre, et se tenant sur le cap d'Armes, pour l'escorter jusque dans Messine. Pendant ce temps on fera du pain auxdits navires, lesquels ils viendront prendre, et du vin en cette ville. Après quoi je pourrai m'embarquer sur l'amiral et y faire ce que Votre Majesté m'ordonne, puisque ce sera le temps que les ennemis pourront paraître. J'oubliais à dire que nous avons encore des barques grandes et bonnes pour aller au blé, que nous enverrons avec les flûtes.

» Je supplie très-humblement Votre Majesté de croire que je fais ce que je puis pour empêcher le désordre qui se peut commettre dans la consommation des vivres; mais ce n'est pas chose aisée ; on y fait ce que l'on peut. Après vous avoir rendu compte, Sire, des choses qui regardent Votre Majesté en ce lieu, il est plus que juste que je la remercie de l'honneur extraordinaire et incroyable qu'elle m'a fait en me donnant si libéralement le bâton de maréchal de France. J'avoue de bonne foi avoir été surpris dans cette rencontre ; car, connaissant le peu de mérite de mes services, je n'envisageais que dans des vues fort éloignées un bien si considérable. Cependant, Sire, m'en voyant gratifié de si bonne heure et d'une manière qui comblerait le sujet le plus accompli, je suis resté dans un étonnement si profond, que je ne m'en ai pu tirer, et j'y resterais encore plus volontiers que d'écrire, si la bienséance et la reconnaissance me pouvaient permettre de me taire, lorsque Votre Majesté me donne tant de sujet de parler. Quelque obligation que j'aie néanmoins, Sire, de vous en faire un véritable remerciement, c'est une nécessité que Votre Majesté se contente de ce que je viens de lui dire. Je suis trop occupé de mon étonnement pour arranger plus de paroles ensemble ; mon cœur et mon zèle feront le reste dans ce qu'il faut faire ici pour votre service ; je m'y plongerai tout entier, et de cette manière, exposant tout ce que j'ai pour mériter tout ce que Votre Majesté m'a donné, je tâcherai, quoique faiblement, de lui témoigner autant de reconnaissance que je puis ; et me tenant dans cette voie, je la persuaderai bien plus sûrement et avec plus d'efficacité de mon ressentiment, que si je cherchais par de plus beaux discours de lui protester que je suis avec le dernier respect et le zèle le plus ardent du monde,

» de Votre Majesté,

» le très-humble, très-obéissant, très-fidèle sujet et serviteur,

» VIVONNE. »

(*Archives de la Marine, à Versailles.*)

Cette dernière lettre de Tourville sert, ainsi que nous l'avons dit, de texte contradictoire au mémoire de Vivonne, et prouve bien évidemment que non-seulement la pensée du siége d'Agosta ne vint pas au vice-roi, mais qu'il fallut que Tourville, une fois sur son bord, le forçât presque de se décider à l'attaque.

LETTRE DE M. DE TOURVILLE.

« Agosta, 2 septembre 1675.

» Bien que je ne me sois pas fort étendu sur les circonstances du voyage que j'ai fait au golfe de Venise, je craindrais que ma lettre ne vous ennuie si je ne savais pas que M. de Vivonne a pris toutes les précautions possibles pour empêcher que vous ne soyez importuné des lettres de l'armée navale, et s'il n'avait pas jugé à propos d'envoyer en France à l'insu de tout le monde, afin que vous ne sussiez que par lui tout ce que nous faisons et tout ce que nous ne faisons pas; mais comme il est important que vous sachiez exactement les choses que j'ai à vous écrire aujourd'hui, je prendrai à mon tour mes précautions, afin que ma lettre parvienne jusqu'à vous, et peu s'en est fallu que je n'aie frêté une barque à mes dépens, afin de la charger de mon paquet. Cette pensée qui m'est venue n'est pas sans quelques difficultés, et, tout bien considéré, je crois qu'il vaut mieux tenir ceci prêt en attendant une occasion favorable et assurée. Ainsi vous serez averti tôt ou tard de la manière dont les choses se passent, étant persuadé que je ne cours aucun risque à vous parler à cœur ouvert, comme j'ai toujours fait, et que vous aurez la bonté de brûler ma lettre. Il serait fâcheux à toute la marine que les officiers généraux ne fussent en droit de rejeter sur M. de Vivonne le ridicule de la retraite de Melazzo, et il était de notre honneur à tous qu'on ne tînt pas plus longtemps les vaisseaux dans le port. C'est pour cela que l'on me détacha du côté du golfe, et qu'ensuite, M. d'Almeras étant arrivé avec six gros navires, l'on forma l'entreprise d'aller brûler les vaisseaux espagnols jusque dans le port de Naples. M. de Vivonne alla à ce grand dessein avec une confiance admirable, et les difficultés ne lui parurent considérables que sur le point de l'exécution. Il exclut tous les capitaines du conseil, où l'on prit la résolution de ne pas exposer les vaisseaux du roi, et de retourner à Messine comme on en était venu. Je crois qu'il vous aura fait savoir le bonheur qu'il eut de trouver pendant un calme plusieurs barques chargées de blé, sans quoi les murmures des Messinois auraient été grands. M. de Terron, qui est plein de zèle, était malade, et sa maladie fut cause qu'on demeura plus de quinze jours sans rien faire, et qu'on n'eut guère d'égards aux plaintes que tout le monde faisait de ce que nos vivres et le temps se consumaient pour rien. Enfin ce que j'avais fait à Barlette et à Regge, étant suffisant pour convaincre que les propositions d'aller chercher du blé sous le canon des places ennemies, n'étaient pas des propositions extravagantes, et la nouvelle du passage des Hollandais en cette mer étant venue, et la crainte de retomber dans la disette des vivres se renouvelant à l'entrée de l'hiver, le conseil de M. de Vivonne conclut d'après l'avis du conseil qu'il fallait tenter le pillage d'Agosta, et l'on partit exprès pour cela, *sans ordres, sans signaux et sans rendez-vous*, le jeudi 15 août, avec vingt-neuf vaisseaux, vingt-quatre galères et douze brûlots, et l'on crut qu'avec cela nous pourrions entrer dans ce port, malgré les cinq forteresses qui en font la sûreté. C'était là tout le dessein, et même on laissait entrevoir qu'une aventure comme celle du retour de Naples satisferait l'ambition de ceux qui nous conduisent, et que deux ou trois barques chargées de blé, si on les pouvait trouver, était tout ce qu'il fallait, selon eux, pour ôter le ridicule de ce petit voyage. Nous arrivâmes le 17 à la vue d'Agosta. Comme je vis qu'on ne nous avait donné aucun ordre, j'allai à bord de M. de Vivonne pour savoir de quoi il était question, et je m'offris d'entrer le premier dans ce port, comme en ayant plus de connaissance que personne : voilà ce qui fut cause que j'eus la tête de tout le détachement. Je ne vous conterai point les particularités d'une aventure dont la fortune mérite toute la gloire. J'aurais intérêt que cela ne fût pas ainsi, puisque personne ne partage avec moi l'honneur d'avoir pris le fort Davolas, qui est la première, la plus forte et la plus importante des cinq forteresses, et que c'est cette prise qui a donné le branle à tout le reste; mais les Espagnols y ont plus contribué ni que moi ni que personne, et sans leur négligence et leur lâcheté, ils seraient encore les maîtres de ce poste, qui est plus important qu'on ne saurait se l'imaginer. J'avoue que la manière brusque dont on les attaqua mérite des louanges, et que ce fut en partie ce qui étonna les ennemis; mais enfin si des Français avaient fait la même chose, ils seraient déshonorés, et ils mériteraient d'être

2.

punis. La plupart des capitaines montrèrent de la bonne volonté, et il n'y a pas jusqu'au petit Villette qui eût voulu que la canonnade eût duré plus longtemps ; je vous le cite, parce que c'est une chose extraordinaire à un enfant de dix ans que d'avoir souhaité d'être blessé pour être mis dans la Gazette. Son père n'était pas du détachement ; cependant il reçut et tira les premiers coups. Monsieur le général lui envoya un ordre pour carguer ses voiles, afin de laisser passer le détachement. Mais, pour revenir à des choses plus importantes, je crois que ce ne sera pas un mal pour les affaires du roi que ce soit M. Du Quesne qui nous mène chercher les ennemis ; il me paraît aussi bien intentionné qu'il est habile et capable. Je vous demande en grâce, monsieur, si on désarme quelque vaisseau que j'en sois du nombre, afin d'aller à Paris pour vous faire ma cour, et de me tirer avec votre protection de l'état de capitaine de vaisseau à un plus grand. Je ferai toujours mon devoir, et je vous regarderai uniquement comme la personne du monde pour qui j'ai plus de respect.

» Le chevalier DE TOURVILLE. »

(*Archives de la Marine, à Versailles.*)

On voit, par cette lettre de Tourville, toutes les fautes graves que commit Vivonne pendant sa vice-royauté ; pourtant la prise d'Agosta fut d'un grand secours : M. de Mornas, maréchal de camp, que M. de Vivonne laissa dans cette place pour y commander, fit réparer les forts que l'artillerie française avait ruinés, éleva quelques nouvelles fortifications ; et mit cette place dans une parfaite condition de défense. Les habitants, que la domination espagnole avait aigris, mirent sur pied plusieurs compagnies de cavalerie, et soutenus par quelques troupes d'infanterie, ils firent souvent des sorties qui incommodèrent extrêmement les Espagnols refoulés dans le plat pays. M. de Vivonne ayant hâte de revenir à Messine, laissa quatre vaisseaux à Agosta, et revint avec joie dans la capitale, où il fut reçu en véritable conquérant.

Peu de temps après il fut obligé de renvoyer en France une grande partie de sa flotte pour y aller querir les vivres nécessaires à la subsistance de Messine, qui depuis près d'une année d'occupation, était, ainsi qu'on l'a dit, réduite à tout recevoir de France, puisque le vice-roi n'avait rien tenté sur le plat pays, pourtant un des terroirs les plus fertiles du monde, et appelé dès longtemps le grenier de l'Italie ; mais telle était l'apathie de Vivonne, et aussi l'opiniâtreté de Louvois à ne pas envoyer à Messine les troupes nécessaires, que la France était obligée de nourrir Messine, quand, à vingt lieues dans l'intérieur de la Sicile, les terres regorgeaient de blé.

A peine les vaisseaux français avaient-ils mis à la voile, que la flotte espagnole fit voile de Naples et vint mouiller près de la côte de Calabre, à la vue du phare, le 24 octobre.

Aussitôt M. de Vivonne ordonna à M. d'Almeras d'aller à eux, ce qu'il fit bravement ; les Espagnols prirent alors la fuite, et après plusieurs heures de chasse, d'Almeras mit en panne, et envoya demander à Vivonne quel parti il devait prendre, ajoutant que, selon lui, il était dangereux de passer le détroit, vu qu'une fois ce détroit passé, il ne dépendait plus de lui de revenir à cause de la violence des courants. Mais, nonobstant ces raisons, Vivonne lui ordonna de poursuivre l'ennemi ; d'Almeras obéit, et pour suivre ses instructions, il fut obligé de ranger la terre de très-près, les ennemis fuyant du côté de Melazzo, alors son vaisseau toucha et manqua d'échouer selon ses prévisions ; au même moment Vivonne, qui avait assisté à presque toute l'action sur le bord de la mer, lui dépêcha courrier sur courrier pour lui ordonner de revenir, lui annonçant que les Espagnols avaient reçu un secours de treize galères. D'Almeras revint, et trouva M. de Vivonne fort irrité contre lui, qui lui reprocha durement de n'avoir pas assez poursuivi les Espagnols.

Ces reproches étaient au moins singuliers dans la bouche de M. de Vivonne ; mais d'Almeras répondit par le suivant mémoire adressé à Colbert, et dans lequel toute sa conduite est exposée avec une candeur et une lucidité pratique qui doit convaincre toute personne un peu au fait de la tactique navale.

RELATION DE D'ALMERAS DE CE QUI S'EST PASSÉ DANS LA DERNIÈRE RENCONTRE ENTRE LES VAISSEAUX DE FRANCE ET D'ESPAGNE.

« Les Espagnols étant venus de Naples en Sicile, et ayant joint leurs galères à Melazzo, ils passèrent le Faro le 24 d'octobre avec quinze navires de guerre, trois brûlots et neuf galères; l'amiral d'Espagne avec le pavillon royal et son vice-amiral y étaient; ils mouillèrent à la côte de Calabre, vis-à-vis de l'entrée du port de Messine. En même temps, M. le maréchal de Vivonne donna ses ordres à Almeras pour mettre en partage les vaisseaux du roi, et lui ordonna de ne perdre pas un moment, ce pendant qu'il lui venait des avis de toutes parts que les ennemis marchaient par terre pour attaquer Messine par plusieurs endroits. La nuit du 24 au 25, Almeras fit sortir quatre vaisseaux, les plus avancés, et qui devaient marcher à la tête de l'attaque, pour dégager la bouche du port; et le 25 au matin il sortit lui-même avec le reste de l'armée, composée en tout de dix navires de guerre et brûlots. Il mouilla à la côte de Sicile vis-à-vis des ennemis; le canal qui les séparait n'a pas plus d'une lieue; il y a une marée fort rapide et mal réglée qui entre et sort dans le Faro, qui n'est guère plus d'une lieue au-dessous des endroits où les deux armées étaient mouillées. Le 26 au matin, il fut impossible d'appareiller par la bizarrerie des courants qu'on ne peut accorder avec le vent, qui n'était pas assez fort pour les refouler, et porter les vaisseaux de France au-dessus de la tête des ennemis. Les ennemis voyaient tout et ne s'en mettaient pas en peine, en connaissant les refonds qui les tenaient en sûreté.

» Le 27, à neuf heures du matin, le vent se mit bon; Almeras mit à la voile, et alla aux ennemis. Le courant de la côte de Sicile était à l'avantage des Français, et les portait au vent des ennemis; mais il n'eut pas sitôt passé la moitié du canal qu'il entra dans le courant de Calabre, qui le portait sous le vent et sous le courant où les ennemis se maintenaient à l'ancre pour ne pas dévier et laisser tomber les Français, qui, un quart de lieue plus bas, eussent entré dans le courant du Faro, qu'il eût été contraint de passer, et les ennemis seraient allés après avec tout l'avantage du courant et du vent. Ils s'étaient mis en état de cela, à pic et leurs huniers déferlés. Almeras s'en aperçut aussi, et que la hauteur des montagnes de Calabre diminuait encore le vent, et l'abandonnait au courant. Le peu de temps qu'il faut pour traverser le canal n'avait pas donné loisir aux vaisseaux de guerre de prendre leurs postes, et aucun des brûlots n'avait pu monter au vent. M. de Saint-Aubin, qui menait l'avant-garde, n'ayant pu y gagner, revira pour remonter par la côte de Sicile à la tête où était son poste ; tout ce qui était sous le vent fut contraint de faire de même. MM. de Tamboneau, de La Bretesche et de La Motte, qui étaient les plus proches d'Almeras, se maintenaient près de lui pour former la ligne. Les ennemis voyaient que les Français, continuant cette bordée, ne pouvaient les atteindre, et qu'ils conservaient leur avantage à l'ancre, ce pendant que les Français tombaient toujours. Almeras fut contraint pour éviter cet inconvénient de revirer de bord pour remonter au vent ; son navire était si avancé dans le courant de Calabre, où il y avait peu de vent, qu'il manqua à prendre vent devant ; il fut contraint d'arriver, et remettre son navire en sillage pour essayer encore de le faire prendre vent devant ; et s'il eût manqué à l'endroit où il était alors, il lui était inévitable d'enfiler le Faro, et sortir, comme les ennemis s'y attendaient. Le navire est très-bon, et ne manqua plus, qui fut le gain de la partie.

» Lorsque les ennemis se virent à l'autre bord, et qu'il ne manquait pas en revirant de tomber sur eux avec tous les avantages, et que tous les vaisseaux s'étaient ralliés à lui, ils firent bien voir qu'ils avaient tenu bon jusque-là par ruse, et non par fermeté. L'amiral, soutenu par deux galères, coupa son câble, mit le vent dans son petit hunier, sa misaine en civadière, et s'enfuit le premier, et toute son armée s'enfuit à la route du Faro.

» Almeras, qui ne pouvait encore croire qu'un amiral d'Espagne avec le pavillon royal et tous les autres pavillons, supérieur en nombre d'un tiers, fût venu se mettre à la porte de Messine pour faire voir à tout ce peuple qu'il s'enfuyait deux jours après chassé par les Français, sans attendre qu'ils fussent à la portée du canon, il crut qu'il n'avait pas voulu l'attendre à l'ancre, et qu'ils couraient une bordée depuis la pointe du Faro le long de la côte de Sicile qui court vers Messine pour avoir loisir de former leur ligne, et combattre à la voile. Il arriva sur eux pour les charger au plus tôt en désordre; mais les ennemis firent en même temps vent arrière, et s'enfuirent dans le Faro. Almeras les suivit jusqu'à ce qu'il les vît tout à fait passés, et qu'il leur était impossible de revenir, et, voyant que les ennemis fuyaient si tôt et si vite, il n'était pas possible de les obliger à combattre avant la nuit s'ils ne voulaient; et que MM. d'Amfreville, d'Ailly, de Belle-Ile, de Saint-Aubin, de Bellefont et Cogolin, et généralement tous les vaisseaux de guerre et brûlots qui faisaient force de voiles, allaient entrer dans les courants du Faro, d'où ils n'eussent pu éviter de le passer, et qu'un passé engageait tout le reste à le suivre, et que les ennemis en ce cas pouvaient se rallier et se poster en bataille au-delà du Faro, où les Français ne pouvaient éviter de passer sous le vent d'eux, et recourir les risques de perdre tout l'honneur et l'avantage d'avoir donné la chasse aux ennemis, et qu'il ne perdait rien pour une demi-heure qui suffisait pour envoyer aux ordres de M. le maréchal de Vivonne, qui avait tout vu du bord de la mer. Almeras retint le vent, et fit les signaux accoutumés, qui furent en même temps obéis, et toute l'armée se rallia à eux. Cependant M. de Vivonne avait envoyé le lieutenant de ses gardes pour dire à Almeras qu'il fallait suivre les ennemis, et lui, par toutes les raisons ci-dessus, crut être obligé d'envoyer promptement le sieur Hustin, l'un des lieutenants de son navire, et le sieur chevalier de Merviel, son neveu, envoyé par Sa Majesté, volontaire dans son navire, pour dire à M. le maréchal de Vivonne toutes les raisons ci-dessus, et n'avait pas oublié son ordre par écrit, où il lui avait ordonné que si, après avoir battu les ennemis, ils s'enfuyaient en désordre, il pouvait les suivre, et passer le Faro s'il le jugeait à propos; qu'il lui donnait avis qu'il ne le jugeait pas à propos par toutes ces raisons, mais qu'il se tenait en état de le faire s'il le lui ordonnait; mais que s'il était une fois passé, il ne dépendrait pas de lui de revenir. Incontinent, M. le maréchal de Vivonne lui ordonna, par le retour de son officier, de suivre les ennemis jusqu'à Melazzo ou Stromboli, voulant faire voir à toute la Sicile que le pavillon royal d'Espagne avec quinze navires fuyait devant un amiral de France qui n'en avait que dix.

» Almeras obéit, et fut bientôt emporté vers le Faro par les courants et le vent ; il se mit à la suite des ennemis, qui avaient fui jusque près de Melazzo, où les vents de la terre leur donnaient peine d'aborder. Almeras, tâchant à passer au vent des ennemis, et leur couper le chemin de Melazzo, rangea la terre ; et, bien que chaque vaisseau eût un pilote du pays qui assurait que la route était bonne, trois des plus grands touchèrent sur un banc de sable, à moitié chemin de la tour du Faro à Melazzo ; celui de M. d'Amfreville et celui de M. de Tamboneau touchèrent rudement ; mais la force du vent qui avait fort augmenté, les arracha ; celui d'Almeras, qui tire trois pieds d'eau plus que les autres, s'y enfonça si avant qu'il y demeura. Tous les autres mouillèrent l'ancre autour de lui ; mais le vent forçait toujours, et on ne pouvait le secourir. Cependant les ennemis employèrent toute la nuit à se maintenir au vent, dont ils n'avaient pas manqué de se garnir à la sortie du Faro ; quelques-uns firent plusieurs bordées, et dans la nuit tous s'enfermèrent dans Melazzo, d'où venait le vent, et fort grand. Almeras, dans le malheur qui lui était arrivé, prit la résolution d'envoyer son pavillon dans le vaisseau de M. d'Amfreville, où il voulait s'embarquer s'il n'eût pu sauver le sien. Il appela toutes les chaloupes autour de lui, pour, à l'extrémité, sauver les hommes de l'équipage ; il jeta à la mer tout ce qu'il put pour alléger son vaisseau, et ne croyant pas que les ennemis lui donnassent tant de loisir, il prépara les poudres et les mèches pour, à l'extrémité, le brûler en l'abandonnant, afin que les ennemis, bien qu'il fût à leur côté, n'en profitassent pas. Cependant M. de La Motte essaya de venir mouiller à son arrière pour l'arracher ; il était dangereux de s'approcher des bas-fonds où il était échoué, et le vent et la pluie étaient si grands qu'il ne put virer son ancre sans que son navire chassât, et, allant à la dérive, il fut contraint de remouiller. Le lendemain au matin, M. de Belle-Ile Érar coupa son câble, et vint mouiller à l'arrière du vaisseau d'Almeras, qui en même temps lui fit porter des amarres, et tous deux ensemble virant à toute force, le navire d'Almeras ressortit par la même sille qu'il avait faite en s'échouant, et étant à flot se trouva, par la grâce de Dieu, n'[e] s'être fait aucun mal. Incontinent, Almeras alla mouiller a[u] large parmi les autres ; il employa toutes les barques et bâtiment[s] que M. le maréchal de Vivonne lui avait pu envoyer pendant l[a] nuit, à remettre à bord ce qu'il y avait débarqué de son canon et les autres à sauver ce qu'ils pourraient de ce qu'il avait jet[é] à la mer, et dans cinq ou six heures se remit en état de naviguer et de combattre ; chacun des capitaines lui envoya des boulet[s] et de l'eau pour remplacer ce qu'il en avait jeté, et remettre le na[-] vire en assiette de porter les voiles. Une partie de la nuit se pass[a] à cela, les ennemis se tenant toujours serrés dans Melazzo, don[t] le vent venait directement. La même nuit qu'Almeras avait passé le Faro, M. le maréchal de Vivonne envoya deux courriers aprè[s] lui, à trois heures l'un de l'autre, et lui écrivit qu'il était arrivé aux ennemis un renfort de treize galères, et que ce qu'il avai[t] fait par son dernier ordre avait assez fait éclater en Sicile la fuite des ennemis, qui était tout ce qu'il en avait prétendu, et qu'i[l] ne manquât pas à remener incessamment l'armée à Messine dè[s] que le vent le permettrait. Almeras lui récrivit pour lui demander la liberté de tâcher à attirer les ennemis au combat avant que de rentrer, puisque son navire était en bon état. Avant que M. le maréchal de Vivonne eût reçu sa prière, il lui avait dépêché u[n] troisième courrier qui lui apporta encore ordre de remener in[-] cessamment l'armée à Messine : c'était dans la nuit. Dès qu'i[l] fut jour, Almeras mit à la voile, et courut une bordée devant Melazzo, afin de se faire voir aux ennemis, et d'être bien assuré qu'ils n'étaient pas sortis sur sa retraite, où les combattre s'il[s] se montraient. Le vent venant directement de Melazzo, il n[e] pouvait en approcher davantage, et les ennemis en étaient les maîtres pour tomber sur lui s'ils l'eussent voulu ; il se tint en ce état jusqu'à dix ou onze heures du matin, et ne voyant paraître personne, il arriva pour employer le vent et la marée pour obéir aux ordres de M. le maréchal de Vivonne, et se retirer à l'entrée du port de Messine.

» Fait à Messine, le 30 octobre 1675.

» D'ALMERAS. »

(*Bibl. roy. Mss.*)

On a dit que Vivonne, avant cette affaire de d'Almeras, avait renvoyé en France une grande partie de sa flotte, commandée par Du Quesne. Louis XIV, ainsi que le démontre la dépêche suivante, blâma fort cette façon d'agir : en effet, on ne se pouvait conduire d'une façon plus imprudente et plus folle, dans l'appréhension où l'on était de la venue de la flotte de Ruyter. Vivonne n'avait gardé à Messine que huit vaisseaux, et pouvait être vigoureusement attaqué par des forces très-supérieures; d'un autre côté, la jonction des vingt vaisseaux qu'il avait envoyés en France pour chercher des vivres devenait fort dangereuse à exécuter avec les vaisseaux demeurés en Sicile, puisqu'à leur retour ils pouvaient être attaqués avec avantage par la flotte hollando-espagnole.

Sans doute que Vivonne craignait avant toutes choses de manquer de vivres et de se voir oublier en France.

Voici la dépêche de Louis XIV à ce sujet.

LE ROI A VIVONNE.

« Mon cousin,

» J'apprends, par votre lettre du 30 du mois passé, que je reçus hier, la résolution que vous avez prise de renvoyer à Toulon vingt vaisseaux de mon armée navale que vous commandez. Après avoir bien examiné les raisons contenues dans votredite lettre, qui vous ont porté à prendre cette résolution, et les différents partis que vous me proposez, je vous dirai en peu de mots que j'aurais cru qu'il aurait été autant et plus avantageux au bien de mon service de retenir auprès de vous tous mes vaisseaux, en conformité de ce que je vous ait fait savoir de mes intentions par toutes les lettres que je vous ai écrites depuis trois mois, et vous ne deviez pas douter que je ne pourvusse suffisamment aux vivres de mesdits vaisseaux, sachant bien le risque qu'ils auraient couru, et l'embarras auquel vous vous seriez trouvé si les vivres leur eussent manqué dans le temps que l'armée navale d'Espagne, fortifiée de l'escadre de Hollande commandée par Ruyter, pourra demeurer sur les côtes de Sicile; et que vous aurez clairement connu que les ordres que j'avais donnés d'envoyer à Messine un troisième mois de vivres, outre les deux qui sont déjà partis, en suite de l'assurance que vous m'aviez donnée que tous mes vaisseaux avaient des vivres jusqu'à la fin de novembre, et que vous auriez fait remplacer ceux qui avaient été divertis; mais comme vous avez estimé qu'il était plus important au bien du service de les renvoyer, j'approuve la résolution que vous avez prise, et j'envoie dès à présent mes ordres à Toulon pour faire travailler incessamment au radoub et caréner tous mes vaisseaux, et à la préparation de six mois de vivres, mon intention étant de les remettre en mer précisément au premier jour de décembre prochain, sous le commandement de M. Du Quesne, pour vous aller joindre, ne doutant pas que vous n'ayez pris vos mesures et ne lui ayez donné tous les ordres et les rendez-vous nécessaires pour joindre les dix vaisseaux que vous avez conservés, afin qu'ayant toutes mes forces rassemblées, elles puissent être en état de combattre la flotte d'Espagne, et de remporter les mêmes avantages que mes armées de terre ont jusqu'à présent remportés par terre.

» Sur ce, je prie Dieu qu'il vous ait, mon cousin, en sa sainte et digne garde.

» Écrit à Versailles, le 17 octobre 1675.

» LOUIS.

» COLBERT. »

(*Bibl. roy. Mss.*)

On savait alors positivement l'arrivée de la flotte hollandaise dans la Méditerranée; la grande question à traiter était alors d'assurer la jonction de la flotte française qui devait rapporter des vivres à Messine avec les forces navales restées dans cette ville.

Colbert demanda, sur ce point, l'avis de Du Quesne, Valbelle, Gabaret et Preully d'Humières, les quatre marins les plus praticiens de ces temps-là.

On croit devoir donner ici ces documents, extrêmement précieux en cela qu'ils peuvent servir de point de comparaison entre la tactique de ces quatre excellents hommes de mer, et servir aussi de plan de jonction si une telle occurrence se retrouvait de nos jours.

D'abord Du Quesne avait écrit la lettre suivante à Vivonne pour lui donner les conseils nécessaires, et lui recommander toutes les précautions à prendre en cas de jonction.

DU QUESNE A VIVONNE.

« Toulon, ce 5 octobre 1675.

» Monseigneur,

» J'ai eu l'honneur de vous écrire, depuis celle par Cauvière, par deux barques chargées de vin de la Seyne par la dernière. Il y avait un chiffre qui a dû être expliqué par le sieur de Gonds, que M. d'Antiége connaît, auquel j'adressais lesdites deux dernières lettres. Celle-ci est par Focas, qui a tardé quelques jours, attendant les lettres données par l'intendant.

» Je vous dirai donc que j'attends dans trois jours le retour du courrier que j'ai envoyé exprès; il contiendra vos derniers paquets, et qu'aussitôt nous devons partir, parce que dans ce temps-là toutes les viandes seront fournies et les hommes pour remplacer ceux qui manqueront. Jamais je n'ai eu tant de chagrin que de voir ce retardement, après avoir fait la diligence requise pour mettre les vaisseaux en état, ainsi que vous l'avez su par mes précédentes.

» Nous aurons cinq mois de vivres, à commencer du premier du courant, et les vaisseaux en bon état.

» Il se va préparer un armement de cinq ou six moyens vaisseaux, suivant un état venu il y a dix jours. Je ne doute pas que l'on ne le presse au retour de ce courrier, qui apportera réponse à votre dépêche, laquelle je vous porterai moi-même, Dieu aidant, car j'en meurs d'impatience. Il est venu des lettres de Gênes et de Livourne, qu'un coup de vent avait surpris les vaisseaux de Naples à Mezzaro, et qu'il y en avait de perdus et démâtés; mais point de confirmation de ces parts, ce qui nous surprend, vu que vous devez avoir encore trois ou quatre tartanes à nous envoyer.

» Vous aurez appris que Ruyter avec sa flotte a été à Barcelone. Il est bien armé; mais les Espagnols qui sont avec lui seront très-mal s'il ne leur donne des matelots. J'attends des nouvelles à tout moment pour savoir s'ils seront partis de Barcelone.

Nous savons qu'ils ont mis une fois à la voile, sans certitude s'i[ls] auront fait voile pour Cagliari, où l'on assure qu'ils se devaie[nt] joindre à ceux de Naples.

» Quoique je fasse partir Focas avec cette lettre, je ne lais[s]erai d'en faire partir une autre lors du retour du courrier, q[ui] vous dira nous avoir vus à la voile, et la route prise, si ce n'e[st] que les vents nous contraignent si fort, que pour gagner d[u] temps nous ne fassions servir toutes sortes de vents, à quo[i] vous devez vous attendre, et à toute la diligence et vigueur pos[sibles.

» Il sera bon, s'il vous plaît, de faire tenir prêts les plus gr[os] grelins et toutes les chaloupes, pour, en cas que nous abordion[s] Messine avec vent qui nous refuse l'entrée, nous puissions aide[r] pour nous amarrer au rivage dans un temps fâcheux et difficil[e] comme il en fait en cette saison, ce qui nous est arrivé très souvent, et encore à présent. C'est ce qui m'oblige de presse[r] le porteur de vous dire que je le crois très-bon pour nous teni[r] informés en cas que des flottes ennemies fussent jointes, qu[e] vous nous expédiez deux tartanes qui sachent quels postes elle[s] occuperont, du nord ou du sud, et de quelle manière, afin qu[e] nous prenions nos mesures pour vous joindre dans le premie[r] rendez-vous.

» Je vous ai informé du changement de capitaine de quel[ques vaisseaux; ainsi il ne me reste, pour le présent, qu'à vou[s] assurer que je n'ai jamais eu tant d'impatience d'être en me[r] que je l'ai présentement. La cour le désire aussi; mais qu'au[rions-nous fait sans toute la flotte et les vivres que nous embar[quons encore?

» Je suis avec beaucoup de respect,

» Monseigneur,

» Votre très-humble et très-obéissant serviteur

» DU QUESNE. »

(*Bibl. roy. Mss.*)

Puis vient l'avis raisonné de MM. Gabaret et de Preully su[r] cette jonction.

AVIS DE MM. GABARET ET PREULLY, SUR LA JONCTION DES VAISSEAUX REVENUS A TOULON, ET QUI EN DOIVENT PARTIR POUR RALLIER CEUX QUI SONT RESTÉS A MESSINE.

« A bord du *Saint-Esprit,* 26 octobre 1675.

» Sur les points qui nous ont été montrés par M. Du Quesne, dans la lettre de Sa Majesté, pour dire nos avis, notre opinion serait de dépêcher incessamment à monseigneur le maréchal de Vivonne, pour l'informer de l'état des vaisseaux qui sont dans ces rades, du dessein qu'on a d'aller attaquer les ennemis dans les mers de la Sicile, du temps qu'on pourra partir d'ici, et le supplier, si l'armée ennemie n'a pas occupé l'entre-deux des mers de la Sicile et de Calabre, de faire partir l'escadre de M. d'Almeras pour se rendre à un rendez-vous qui sera envoyé par M. Du Quesne, afin d'éviter, par cette jonction, de faire un combat inégal; en cas qu'il y ait des difficultés ou des raisons qui empêchent que ladite escadre puisse sortir, le rendez-vous peut toujours servir pour recevoir les avis de l'état de l'armée ennemie et des postes qu'elle occupe.

» Cependant on fera toute la diligence possible pour partir et passer par les côtes du nord de Sicile pour entrer dans le phare, et tenter, par ce détroit, l'entrée du port et la jonction, à moins qu'on n'ait des nouvelles de Messine qui changent la résolution qu'on peut prendre, notre avis étant que ce côté est le moins facile à être gardé par les ennemis.

» Comme on ne doit pas douter que M. de Ruyter ne se serve de toute son expérience et de la pratique de gens du pays pour empêcher notre jonction dans le port de Messine, si on est obligé de combattre en passant le phare, il se pourra que tous les vaisseaux de l'escadre n'entreront pas dans le port, par les raisons qui peuvent venir de l'action du vent et de la marée; aussi est-il important d'avoir des ordres cachetés, pour savoir ce que l'on aura à faire en ce cas.

» Pour les manœuvres qui se doivent faire dans la route, comme les mouvements de l'escadre peuvent dépendre de ceux que feront les ennemis, et qu'on doit agir à l'instant qu'on les voit, cela n'étant pas prévu, il est difficile de les pouvoir régler, et M. Du Quesne agira selon la grande expérience qu'il a du métier, en faisant les signaux ordinaires, ou qu'il pourra donner aux chefs de divisions.

» Quant à l'état de l'armée ennemie et des mers qu'elle occupera, on ne le peut juger; on doit fixer son dessein sur le passage du nord par le Phare, à moins qu'on n'aie des avis qui changent la résolution qu'on aura prise, comme on a dit ci-dessus.

» GABARET, PREULLY D'HUMIÈRES. »

(*Archives de la Marine à Versailles.*)

Cette dépêche de Valbelle contredit et attaque, toutefois avec mesure, les dispositions de Du Quesne, et donne un plan très-détaillé de ses projets. Les raisons qu'il donne comme devant faire préférer le passage du sud au passage du nord paraissent fort concluantes.

LETTRE DU CHEVALIER DE VALBELLE AU MARQUIS DE SEIGNELAY.

« De Toulon, 3 novembre 1675.

« Monseigneur,

» A mon retour de Marseille, où j'étais allé par ordre, et pour hâter la levée des soldats et des matelots dont nous avons besoin pour remplacer les morts et les invalides de nos équipages, M. Du Quesne m'a communiqué la lettre qu'il a plu à Sa Majesté lui écrire, et demande mon avis sur la jonction des vingt vaisseaux qu'il a ramenés à Toulon avec les dix qui sont demeurés à Messine.

» En vérité, monseigneur, je n'ai pas été médiocrement surpris d'apprendre de sa propre bouche qu'il n'a point pris de mesures avec M. de Vivonne pour une affaire si importante au bien du service, et suis aussi fort étonné de ce qu'il n'a amené avec lui ni pilote du Phare ni felouque du pays pour envoyer des nouvelles quand nous serons dans le voisinage; cependant il veut entrer par le nord, et il vous l'a écrit.

» Si j'en étais cru, nous passerions par le sud, à cause qu'il n'y a rien à craindre par là que les ennemis; et, ayant à les voir, il vaut, à mon avis, beaucoup mieux les rencontrer en un lieu propre à chicaner et à se ménager, que dans un où il faut tout donner à la fortune, et où nous ne pouvons combattre qu'avec désavantage. Je l'ai dit à M. Du Quesne, et je ne puis m'empêcher de vous l'écrire.

» Si les Espagnols sont maîtres de la tour du Phare, comme il y a apparence, puisque, avant notre départ d'Agosta, on disait que M. de Vallavoire n'y avait laissé que dix hommes de garnison; les ennemis occuperont le poste de la madone de la Grotte et de Sainte-Agathe, et cela étant, ils auront le vent sur nous, si nous entrons avec le nord-ouest, qui est celui que nous devons souhaiter.

» Cet avantage est très-considérable dans un canal étroit, et dans lequel on doit compter pour perdus tous les vaisseaux qui seront dégréés ou démâtés, à cause du calme et de l'inégalité rapide du flux et de marée de ce phare. Les ennemis ne les craignent pas, parce qu'ils ont des galères pour les remorquer, et de plus la terre, pour amie.

» On dit que nous mouillerons; mais en ce cas on se séparera, et on ne posera les ancres qu'à soixante brasses d'eau du côté de la Calabre, et à une portée de pistolet de terre, sans espoir de se secourir et sans pouvoir se réparer, à cause du feu continuel que les ennemis feront sur les vaisseaux qui se trouveront en cet état. Nous y avons vu *l'Agréable ;* le chevalier d'Ailly, qui le monte, fut obligé de faire couper le câble et d'appareiller.

» Ce n'est pas tout, monseigneur : cette passe est si étroite, qu'on n'y donne que les uns après les autres, et si le vent mollit ou manque, Scylla et Charybde sont à craindre, et assurément l'arrière-garde n'entrera pas et ne suivra pas le pavillon. C'est ce qui m'arriva lorsque M. de Cogolin se sépara de moi; c'est ce qui arriva à M. de Preully le lendemain du combat donné le 11 février, car il lui fut impossible, et à plusieurs autres, d'entrer dans le Phare avec M. le duc de Vivonne.

» M. Du Quesne devrait s'en souvenir; et il ne peut nier que sans un peu de vent de nord-est qui souffla, sa capacité et son expérience n'auraient peut-être pas sauvé *le Saint-Esprit*, qu'il commande, et il fut même réduit à mouiller à grande eau; il lui en coûta une ancre et deux câbles, et trois au *Sceptre*. Ce que je vous dis, monseigneur, est si vrai, qu'à son retour de Toulon à Messine, il n'osa y venir par le nord, quoique ce passage fût libre; et aujourd'hui, sans savoir si la flotte ennemie ou quelque escadre l'occupe, il veut faire cette route, estimant que le chemin est plus court, la jonction plus aisée, et que M. d'Almeras viendra plus facilement à nous si l'occasion se présente.

» Il est vrai, monseigneur, que le chemin est plus court, tout le monde le sait; mais il est si mauvais pour une grande flotte, et si dangereux quand on peut y rencontrer une armée ennemie, que pour en sortir et le faire, il faut que la fortune ne nous abandonne point, et pouvoir dire de M. Du Quesne ce mot de Tacite: *et omnium loco fortuna;* car, à moins qu'elle nous fasse trouver à l'embouchure du Phare au commencement de la marée, qui ne dure que six heures, l'arrière-garde pourrait bien n'entrer pas, et être réduite à revirer ou à mouiller, parce qu'il faut un vent très-frais et favorable pour refouler la marée contraire, et se loger avant la nuit: c'est le bonheur que j'eus avec ma petite escadre, et que je regoûte souvent par le souvenir; mais il ne faut pas tirer cette action en exemple. D'ailleurs, on ne hasarde que forcé d'entrer par le nord sans pilote; nous n'en avons point, et nous n'en aurons point si les Espagnols ont repris la tour qui est à l'entrée.

» Je sais bien qu'on dit que nous attendrons un vent frais et favorable sur les îles, et que s'il souffle nous entrerons malgré les ennemis et sans appréhender le calme. Il est certain que cela n'est pas impossible; mais il faut tant de choses pour y réussir, que si une vient à manquer, comme celle de voir tomber le vent, nous ne saurions dire ce que deviendront les vaisseaux qui n'entreront pas; et c'est à quoi M. Du Quesne doit songer sérieusement, afin que tous les capitaines sachent à quoi s'en tenir. Il faut pour cela qu'il donne des ordres possibles et sans ambiguïté.

» On dit encore que M. d'Almeras, averti que nous sommes là, pourra sortir et nous joindre s'il vente du sud ou du sud-sud-est, et qu'il pourra même suivre M. de Ruyter, en cas qu'il soit en ces mers et qu'il se détermine de venir à nous; et que par cette manœuvre nous mettrons la flotte ennemie entre deux feux, comme j'eus le bonheur de faire lorsque je sortis du port de Messine pour aller avec ma petite escadre où m'appelait le bruit du canon.

» Mais on doit dire en même temps que nous n'avions affaire qu'aux Espagnols, qui ne sont pas trop habiles en fait de mer, et qu'aujourd'hui nous aurons en tête un général d'expérience consommée, laquelle est fortifiée de la connaissance que les matelots du pays ont des marées. Il faut croire qu'il ne viendra pas à nous avec toute sa flotte, et qu'il laissera une escadre entre le cap de Rose-Corme et Melazzo, avec ordre d'amuser et combattre M. d'Almeras, pendant que lui avec le reste marchera vers nous; et si alors un vent d'ouest-sud-ouest venait à souffrir rudement, nous ne pourrions relâcher que dans le golfe de Naples, ce qui nous embarrasserait fort.

» Mais, en passant par le sud, nous avons le large, nous n'avons pas besoin de pilote, les marées ne sont pas si fortes ; on peut se mettre en bataille, on peut louvoyer entre le cap d'Armes et le cap Spartitente ; on prend mieux son parti : les commandants mesureront leurs capacités. Par cette passe, nous enverrons aux nouvelles à Agosta ; et si nous apprenons que les ennemis sont mouillés à la fosse Saint-Jean, à Pendimèle, et le long de la côte de Calabre, nous attendrons un vent d'ouest-sud-ouest, et s'il souffle, nous passerons en leur dépit, et conduirons bien plus sûrement les vaisseaux de charge que par le nord, si nous en menons; car ils seront entre la terre de Sicile et nous, et nous, entre eux et les ennemis ; et parce qu'il est dangereux de mouiller de ce vent aux rades qui sont proches de Messine, à cause que le fond est en pente, et que les ancres ne tiennent point. M. d'Almeras, informé par la voie d'Agosta de notre dessein, commandera les chaloupes des vaisseaux de son escadre, pour porter à bord des premiers qui arriveront au mouillage le bout des haussières et des grelins frappés à terre.

« S'il vente sud ou sud-sud-est, et que ce vent soit accompagné de pluie et de brume, comme il arrive souvent, nous passerons à la faveur de ces brouillards; et s'il est forcé, mon sentiment serait de sortir par la passe du nord, et que M. d'Almeras nous suivît, ou qu'il prît l'avant-garde dès qu'il nous verrait paraître; car nous nous joindrions avec plus de facilité, et les bâtiments de charge pourraient mouiller. Il est vrai que les ennemis, de ce vent, peuvent nous suivre, occuper le passage, et que pour nous l'ouvrir il faut les percer; mais aussi nous pouvons différer notre entrée dans le Phare, et attendre le vent qui nous donne plus d'avantage, plus tranquillement et avec plus de sûreté que par le nord; car nous avons du terrain, c'est-à-dire de la mer devant nous. Nous ne donnons pas tout à la fortune : la bonne conduite et la bonne manœuvre auront part au succès de nos actions; nous prendrons conseil de M. de Ruyter, nous nous réglerons sur sa mine, sur sa contenance.

» Par la passe du nord, comme vous voyez, mille dangers à essuyer, mille difficultés à vaincre : il faut purement de la fortune et du courage ; on peut se disculper sur cette bizarre, sur le vent qui manque, sur les calmes qui sont décevants, sur le transport des marées; par le sud, quasi point d'excuse.

« C'est mon avis, monseigneur, que je soumets à celui de mes supérieurs, et que je vous supplie d'examiner, et de considérer de plus, que les vaisseaux qui seront maltraités, en cas d'un combat, ont une retraite à Agosta, et qu'il n'y en a pas pour eux au nord. Tout ce que je vous dis est purement pour monseigneur votre père et pour vous; s'il y a quelque chose de bon et qui vous plaise, je me saurai gré de vous l'avoir mandé, et je désavoue tout ce qui ne vous paraîtra pas tel : le zèle que j'ai pour le service exerce continuellement mon esprit. Cette affaire est très délicate ; les avis sont partagés.

» Ce serait un coup d'importance, s'il était possible de persuader à M. de Vivonne de laisser sortir M. d'Almeras par la passe, qui sera libre dès que les ennemis seront en ces mers, pourvu que nous eussions un rendez-vous assuré; il nous en reviendrait de grands avantages : mais nous n'avons pas de temps pour cela; et, à moins d'un ordre exprès du roi, jamais M. le duc de Vivonne ne consentira à son départ. Nous en parlerons incessamment avec M. Du Quesne. Ne lui en déplaise, je soutiendrai toujours que nous ne ferons rien de glorieux ni d'utile pour le service, si nous allons à Messine par le nord, à moins que le ciel s'en mêle et qu'il s'en mêle fortement : le contraire peut arriver par le sud; ce que j'y trouve de pis, *c'est la longueur*, et qu'un coup de vent nous peut séparer; les ennemis sont exposés au même accident. Nous sommes en hiver, les jours sont courts, nous avons de bons vaisseaux, de braves capitaines : mettez-les en des mers où ils ne soient pas resserrés par les terres ni retenus par les calmes, et où ils puissent se manier.

J'espère, monseigneur, que nous ferons bien notre devoir, et que les ennemis ne feront pas tout ce qu'ils peuvent et tout ce qu'ils doivent; ils sont forts assurément, mais M. de Ruytèr est sage, et il n'est pas dans ses bancs; il aura de la peine à conserver ensemble sa flotte. Au reste, je ne vous garantis que mon intention, qui est bonne, et ce qui dépend purement de moi, qui suis prêt de partir il y a plus de huit jours. Je me donnai l'honneur de vous écrire qu'en douze je n'aurai rien à faire, et je n'y ai pas manqué. Faites-moi celui de croire que je suis avec plus de reconnaissance et de respect que personne du monde,

» Monseigneur,

» Votre très-humble, très-obéissant et très-obligé serviteur,

» Le chevalier DE VALBELLE. »

(*Archives de la Marine à Versailles.*)

Enfin, cette lettre de Du Quesne, annotée de la main de Colbert, résume les différentes propositions des officiers généraux consultés à ce sujet, et prouve que, contre l'avis de Valbelle, il a été résolu que la jonction s'opérerait par le passage du nord.

LETTRE DE DU QUESNE A COLBERT.

» 19 novembre 1674.

» Monseigneur,

» Je reçois la dépêche que vous m'avez fait l'honneur de m'adresser, du 8 de ce mois, où je vois que Sa Majesté approuve assez nos avis sur la jonction par le nord du passage du Phare, pour, en cas que nous trouvassions les ennemis et le vent contraire pour entrer, il serve en ce cas à nos dix vaisseaux pour nous joindre; et comme, depuis les premiers jours de ce mois, nous recevons avis de Livourne et de Gênes de l'arrivée de Ruyter à Cadix, et par un vaisseau anglais qui a navigué avec lui de Cadix en Alican, que ce Hollandais allait aux Alfages et à Barcelone, côtes de la Catalogne qui sont les endroits où la tartane que j'ai envoyée pour apprendre de leurs nouvelles doit passer, laquelle apparemment les trouvera à ladite côte. Ainsi l'on attend dans peu de jours des avis certains, ladite tartane n'ayant pas passé outre jusqu'en Alger.

» Comme il vous plaira le remarquer par la copie de l'instruction que j'ai baillée à celui qui la commande, que je vous envoie ci-jointe, et en cas qu'elle ne retourne pas avant notre partance, je laisserai ordre à Toulon pour que ladite tartane nous suive par la route que nous résoudrons de faire lors de notre partance, suivant ce que nous apprendrons de plus certain du lieu où seront les ennemis, toujours dans le dessein de les combattre, s'il se peut, avant leur jonction, ou de joindre nos dix vaisseaux à Messine : l'un des deux pourra bien arriver si les Hollandais attendent en Catalogne les quatre vaisseaux des leurs qui ont entré à Cadix avec un grand vaisseau espagnol qu'ils étaient allés prendre en Biscaye, ou même si don Juan d'Autriche s'embarque, ce qui n'est pas une affaire si facile par la grande suite qu'il mène avec lui.

En marge de la main de Colbert :

« Cecy est très-important. Il faut en parler au roy ce soir et expédier promptement. »

» Mais, monseigneur, en cas que nous joignions nos dix vaisseaux avant que ceux des ennemis le soient, il est très-nécessaire que Sa Majesté ordonne précisément à M. le duc de Vivonne de prendre résolution sur-le-champ de faire ressortir l'armée pour aller chercher Ruyter en quelque lieu que l'on apprendra qu'il soit, ou au moins de s'opposer à sa jonction avec les Napolitains.

» Il sera aussi besoin, monseigneur, que j'aie un ordre du roi, pour, en cas que notre jonction se fasse avec lesdits vaisseaux hors de la vue de M. le duc de Vivonne, de pouvoir prendre le parti le plus expédient pour prendre avantage sur les ennemis. Je vous demande ceci par prévoyance, afin que nous ne perdions pas de temps à Messine inutilement, ni ailleurs, dans le temps où les moments sont précieux.

» Par exemple, si présentement nous étions en état de faire voile, les vents étant comme

— 1675 —

Ici de la main de Colbert :

« Il a raison ; prendre l'avis du roy et l'expédier. »

ils le sont au nord-est, je serais d'avis de partir et d'aller droit à Barcelone, si nous étions certains d'y trouver les Hollandais. J'espère, monseigneur, que par le premier courrier vous aurez été informé si les Hollandais sont encore en Barcelone, et s'il est vrai que don Juan s'embarque pour la Sicile, où, en ce cas, les deux mille soldats dont je vous ai parlé seraient bien utiles, notamment à Augusta.

De la main de Colbert :

« Bon. »

» Croyez, monseigneur, que je fais mon devoir par la diligence et l'ordre requis pour cela. La décision pour le vaisseau de M. de Langeron et de celui du chevalier de Lafayette m'embarrasse ; le service voulait que l'on se servît du sieur Montreuil qui est un bon sujet. Autant que le temps l'a pu permettre, j'ai fait voir aux capitaines que j'ai pu voir la faute qu'ils ont faite d'avoir, contre mon avis, écrit la lettre qu'ils ont tous

De la main de Colbert :

« Examiner la différence. »

signée, et qu'il ne leur arrive plus pareille affaire. Le trésorier d'ici ne demeure pas d'accord de ce que vous me faites l'honneur de me dire sur les appointements et table.

» Je suis avec respect et obligation,

» Monseigneur,

Votre très-humble et très-obéissant serviteur,

» Du Quesne. »

(*Archives de la Marine à Versailles.*)

On n'a attaché autant d'importance à tous les précédents et préparatifs de cette expédition, que parce qu'elle fut d'abord une des plus importantes de cette époque, et puis parce qu'elle amena les fameux combats de janvier et d'avril 1676, celui d'avril surtout, qui coûta la vie à Ruyter.

Et d'ailleurs, Du Quesne et Ruyter aux prises, c'était un beau et noble spectacle. Aussi avons-nous voulu donner ces grands détails, qui servent, pour ainsi dire, d'exposition à se sombre et magnifique drame, à ce grand combat digne des héros d'Homère, pour lequel Ruyter partit, ainsi qu'on va le voir, avec un secret pressentiment de sa mort en disant à ses amis : *Je ne reviendrai pas de cette campagne.*

CHAPITRE II.

Extrait du traité de la république des Sept-Provinces, avec le roi d'Espagne. — Ruyter. — Il est souffrant de la gravelle. — Le pasteur Bernard Somers. — Angel de Ruyter. — Ruyter craint extrêmement qu'on écrive sa vie. — Sa conversation à ce sujet. — Le conseiller de l'amirauté de Weldt. — Son entretien avec Ruyter au sujet de la flotte que les Sept-Provinces envoient au roi d'Espagne pour reprendre Messine. — Avis de Ruyter sur Du Quesne. — Ruyter se rend à la séance des états-généraux. — Ses instructions. — Ses tristes pressentiments. — Il part. — Don Juan d'Autriche. — Cadix. — Barcelone. — Cagliari. — Melazzo. — Il confère avec le vice-roi de Sicile et le roi d'Espagne sur le plan de campagne qu'il va ouvrir. — Jonction des flottes espagnole et hollandaise à Melazzo.

Pour expliquer la cause du pressentiment de Ruyter, il faut remonter un peu vers les temps antérieurs, puis exposer aussi les motifs qui obligèrent les Sept-Provinces à envoyer des forces navales au roi d'Espagne; ensuite on s'occupera des particularités du départ et de la navigation de Ruyter lorsqu'il s'agit de conduire ces vaisseaux dans la Méditerranée.

Vers le mois d'août 1673, la république des Sept-Provinces avait envoyé à Madrid M. Adrianz Paats, conseiller de la ville de Rotterdam, afin d'engager Sa Majesté Catholique à s'unir plus étroitement avec la république, et à déclarer la guerre à la France. Le comte de Monterey, persuadé que la perte des Sept-Provinces entraînerait infailliblement celle des Pays-Bas, appuyait de tout son pouvoir les propositions de M. Paats; aussi ce traité d'alliance fut-il conclu à Madrid le 30 août de cette même année 1673.

Ce traité portait en substance : « Que pour assurer le rétablis-

» sement de la république et la conservation des Pays-Bas, me-
» nacés d'une ruine prochaine par le progrès des armes enne-
» mies, Sa Majesté Catholique consentait à contracter avec les
» Sept-Provinces une nouvelle alliance ; — qu'on se garantirait
» réciproquement les traités déjà faits, et ceux qu'on ferait à
» l'avenir avec d'autres souverains ; — que lorsqu'un des deux
» alliés serait attaqué et obligé d'en venir à une guerre ouverte,
» l'autre allié joindrait ses forces à celles de l'attaqué, afin de
» contraindre l'attaquant à la paix ; — qu'on n'accorderait pas
» de suspension d'armes, et qu'on ne ferait ni paix ni trève sans
» un consentement mutuel ; — qu'on ne conclurait pas de paix
» que Sa Majesté Catholique ne fût remise en possession de toutes
» les villes, places et pays qui lui avaient été enlevés par le roi de
» France depuis la paix des Pyrénées. — Sa Majesté Catholique
» s'engageait non-seulement à entrer dans une guerre ouverte
» avec le roi de France s'il refusait la paix à des conditions rai-
» sonnables, mais à faire agir les armées du gouvernement des
» Pays-Bas à la première réquisition des États, même avant que
» la ratification fût venue à Madrid ; enfin Sa Majesté Catholique,
» par un article séparé, promettait de rompre avec l'Angleterre
» si l'on ne pouvait conclure au plus tôt un bon accord avec cette
» couronne. »

D'après la teneur de ce traité, le roi d'Espagne réclama l'in-
tervention des forces navales de la république lors du soulèvement de Messine ; et, après plusieurs délais, leurs hautes puissances se résolurent d'envoyer une escadre dans la Méditerranée
pour se joindre à la flotte espagnole.

Michel Ruyter, en prenant par ordre de la république le
commandement de ces vaisseaux, devait, ainsi qu'on l'a dit,
trouver la mort d'un marin dans cette éclatante et glorieuse
campagne, la dernière où il put déployer cette longue expérience,
ce calme, cette sûreté de jugement, si victorieusement prouvés
déjà dans quarante combats, dont quinze batailles rangées; car
Ruyter fut sans aucun doute un des plus grands hommes de
guerre qui aient jamais vécu.

Général, capitaine, matelot, il devait à l'espèce même de sa
longue et laborieuse carrière une foule de connaissances pratiques presque toujours négligées des meilleurs amiraux. Ainsi

pas de pilote ne possédait mieux que lui l'atterrissement des ports, le gisement des écueils, des bancs, des bas ou hauts-fonds de tous les parages où il avait navigué. Toujours la sonde à la main, doué d'une mémoire locale merveilleuse, notant chaque jour ses observations nautiques ou astronomiques sur son journal, Ruyter, fort de cette rare expérience, pouvait alors d'un seul et rapide coup d'œil démêler sa route ou choisir sa position de combat parmi un labyrinthe de dangers, et imprimer ainsi à la marche ou aux évolutions de ses escadres je ne sais quelle allure prompte, facile et décidée qui tenait du prodige.

J'oubliais encore la connaissance approfondie de la direction des courants, étude importante, alors fort négligée, et qui pourtant aida tant de fois et si puissamment Ruyter à gagner ou tenir le vent sur des adversaires mieux postés, mais moins instruits que lui.

D'une vigilance et d'une activité merveilleuses, hormis quelques courtes heures de sommeil, toujours sur le pont de son vaisseau, surveillant avec dignité, mais incessamment, l'exécution des ordres qu'il avait donnés comme amiral, Ruyter savait entretenir et stimuler par sa seule présence le zèle de ses lieutenants et de son équipage, et cela parce qu'à tant d'autres moyens d'action, l'amiral joignait encore une indicible puissance d'attraction qu'il exerçait sur les matelots; car, on le sait, ils l'appelaient *le bon Père*, et éprouvaient pour lui cette affection profonde et, pour ainsi dire, fraternelle, irrésistible, que le peuple a presque toujours pour ceux qu'une éclatante fortune a tirés de son sein, et qu'il n'accorde jamais, même à mérite égal, à un chef de l'aristocratie, qui ne peut tenir aux masses par ces racines profondes et indestructibles, par ces liens mystérieux et sympathiques que l'homme du peuple y laisse toujours. Aussi généralement le peuple se dévouera-t-il pour le premier, et ne fera-t-il qu'obéir au second.

Et puis, il faut le dire, cette extrême simplicité, cette bonhomie naïve qui rayonnait si placidement sur le front de Ruyter parmi tant de gloires, et qui portait jusqu'à l'enthousiasme l'adoration de ses matelots pour lui; cette admirable modestie, en un mot, était non-seulement un des traits les plus fortement accusés du caractère de Ruyter, comme expression d'une vertu morale et religieuse, mais avait encore été un des plus sûrs et des plus merveilleux expédients de sa fortune militaire.

Je m'explique. L'homme intimement convaincu de cette hypothèse, *qu'il ne peut y avoir de victoire certaine sans l'assistance de Dieu;* l'homme qui disait : *Je ne suis dans toutes choses, victoire ou défaite, que l'instrument de la volonté de Dieu,* devait conclure de ceci qu'il ne fallait ni abuser d'un succès octroyé par Dieu, ni désespérer d'une défaite voulue par lui. Eh bien ! cette sage modération dans la victoire, qui fait en cueillir sûrement tous les fruits, au lieu de la compromettre par une ardeur insatiable ; ce courageux espoir, malgré le désastre, qui fait trouver, au milieu d'une défaite, tant de ressources inespérées : ces deux vertus stratégiques, morales ou religieuses, ces deux qualités des plus indispensables à un grand homme de guerre, Ruyter les posséda toujours à un haut degré. Ses attaques, promptes, vigoureuses, mais sagement ménagées; ses retraites calmes, mais menaçantes, en donneraient mille preuves, tant il est vrai qu'une nature forte et supérieure peut s'assimiler heureusement l'esprit de certaines théories, de certaines croyances qui seraient mortelles pour tout autre.

En un mot, et à part de cette dernière question, ce fut donc le savoir de cet amiral dans toutes les parties de la navigation, depuis le pilotage jusqu'aux combinaisons de la plus savante tactique navale; ce furent, dis-je, ces éléments si multiples qui, concentrés, fondus en une seule mais immense faculté, formèrent le rare et vaste génie de Ruyter.

Mais revenons à la flotte que les Sept-Provinces devaient envoyer au secours de Messine, et qui devait être commandée par Ruyter, habitant alors la ville d'Amsterdam, dont il était bourgeois.

A l'angle gauche de la place de la cathédrale de cette ville, on voyait une maison d'une modeste apparence : son toit, assez élevé, mais très-incliné, s'abaissait rapidement vers les cinq frontons, hauts et contournés, des fenêtres de la façade; un perron de grès, soigneusement lavé, conduisait à une porte de chêne, garnie de larges clous de cuivre qui reluisaient comme de l'or.

Cette maison était celle de Ruyter.

Or, le 25 juillet de cette même année 1675, le vieil amiral était retenu chez lui par les souffrances d'une nouvelle et violente attaque de gravelle, maladie dont Ruyter ressentit souvent les cruelles atteintes.

Il était environ sept heures du soir; le ciel était pur et bleu; le temps calme; l'air chaud. La scène suivante se passait dans le jardin de la maison de l'amiral.

Selon la mode du temps, les allées de ce jardin, droites, larges, régulières, et couvertes d'une poussière de grès fine et blanche, étaient entourées de bordures de buis d'un vert sombre, taillé de mille sortes, ici se découpant en festons, là se dessinant en groupes de figures d'hommes et d'animaux d'un aspect étrange; ailleurs se creusant en niche pour recevoir la statue d'un marin de renom, assez grossièrement travaillée, peinte de couleurs tranchantes, mais puissamment équarrie, dans le chêne, par quelque maître sculpteur du port d'Amsterdam.

Vers le centre de ce jardin, il y avait un grand bassin rempli d'une eau limpide; ses bords étaient revêtus de carreaux de faïence du Japon, bleus et blancs, et en son milieu s'élevait un robuste Neptune de marbre, çà et là bruni par le temps, et que soutenait un rocher factice, dont les pierres couvertes de mousse paraissaient l'écueil ordinaire de plusieurs petits vaisseaux de bois, jouets dignes d'ailleurs de la petite-fille de Ruyter. J'oubliais encore qu'autour de ce bassin on voyait en assez grand nombre de magnifiques poules flamandes jaunes et noires, ainsi qu'on l'a déjà dit, extrêmement favorites du vieil amiral, et parmi lesquelles étaient admises quelques pintades grises à tête écarlate, ainsi qu'un paon qui faisait royalement miroiter au soleil l'or et l'azur de son plumage diapré. Enfin, au bout de la longue allée, que ce bassin coupait par la moitié, on voyait un cabinet de verdure entouré de massifs de rosiers de toutes espèces et de toutes couleurs, que l'amiral aima toujours avec passion. Quelques tiges de ces jolis arbustes ayant enlacé le tronc lisse et argenté de deux grands frênes placés à l'entrée du berceau, en retombaient mollement, et s'y balançaient en souples guirlandes, dont les feuilles vertes et les fleurs roses se dessinaient à merveille sur le fond obscur de l'intérieur de ce frais réduit, où se tenaient alors Ruyter et sa famille.

Il faudrait le pinceau suave, naïf et puissant de Gérard Dow, d'Holbein ou de Van Dyck pour retracer dignement l'admirable tableau que présentait l'intérieur de ce berceau ; encore que de choses échappent à la peinture et qui donnaient pourtant un charme indicible, un caractère imposant à cette scène qu'on va dire ! La profonde solitude de ce jardin, la senteur douce et fraîche de ces rosiers, le faible cri des oiseaux cachés sous les feuilles, enfin cette sublime harmonie de couleurs, de bruit et de parfums qui transporte, qui pénètre d'admiration, mais qu'on ne saurait peindre.

Et puis cette pensée qui rend tout à coup si grandiose cette nature riante et sereine ; cette pensée enfin que ce modeste séjour est celui de Ruyter, est celui d'un homme qui a toujours fièrement porté sur toutes les mers le noble pavillon que la république a confié à son honneur ; d'un homme qui, fort de son savoir, et calme au milieu des éclats de la foudre, a bien souvent maîtrisé les efforts de la tempête, pendant ces nuits terribles où les vagues noires et monstrueuses semblent bondir à l'horizon sur un ciel de feu ; d'un homme qui a bien souvent ordonné d'un signe à des flottes de cent vaisseaux de guerre d'aller combattre d'autres flottes de cent vaisseaux de guerre ! d'un homme enfin qui a tant de fois commandé ces sanglantes batailles qui commençaient dès l'aube et n'étaient pas finies le soir !

Et puis aussi cette autre pensée triste et amère que, dans six mois à peine, de tant de gloire il ne resterait qu'un nom ! que, dans six mois, cette demeure si heureuse serait froide et déserte ; car le cercueil du vieux Ruyter, couvert du manteau ducal[1], en devait sortir alors entouré d'une pompe majestueuse.

Ce sont, en un mot, ces sublimes contrastes, ces souvenirs, ces prévisions que le pinceau ne saurait traduire, et qui donnaient, on l'a dit, un si beau caractère de grandeur à cette habitation de Ruyter, si simple d'ailleurs.

L'amiral ayant voulu passer une partie de la soirée dans le cabinet de verdure du jardin, Anne Van Gelder, troisième femme de Ruyter[2], y avait fait transporter un large fauteuil de

[1] Ruyter fut fait duc après sa mort par le roi d'Espagne.
[2] Ruyter s'était marié trois fois : de sa première femme, Marie Velters, il eut une fille qui mourut en naissant, et sa mère ne lui survécut que peu de jours ; de sa seconde femme, Cornélie Angels, il eut cinq enfants, dont

tapisserie, où Ruyter était alors assis, enveloppé d'un longue robe de chambre grise, retenue par une ceinture rouge. Quelques éclaircies dans le feuillage épais et sombre laissaient parvenir çà et là les chauds rayons du soleil couchant, qui éclairaient merveilleusement le vieux marin, dont la tête blanche et vénérable s'appuyait sur le haut dossier de ce fauteuil.

Ruyter avait alors soixante-dix ans. L'expression de sa figure était toujours simple, naïve et bonne; seulement la souffrance avait pâli et creusé son visage, ordinairement plein et coloré; tandis que ses yeux gris et perçants, animés par l'ardeur de la fièvre, brillaient d'un éclat inusité.

Debout, le coude appuyé sur le dosier du fauteuil de Ruyter, et considérant l'amiral avec un profond sentiment de tristesse et d'intérêt, se tenait un jeune homme de vingt-quatre ans environ, d'une taille moyenne et robuste, simplement vêtu de brun, avec une écharpe et des bas orange. Son visage coloré, ses longs cheveux châtains, ses yeux gris rappelaient trait pour trait la physionomie de Ruyter dans sa jeunesse; car ce jeune homme, Engel de Ruyter, fils de l'amiral, lui ressemblait extrêmement.

La femme de Ruyter, vêtue de noir, avec un bonnet blanc à barbe et une large fraise à la flamande, se tenait assise à côté de l'amiral sur une chaise de bois, et tournait son rouet, pendant que madame Somers, sa fille, placée près d'elle, démêlait quelques brins de sa quenouille. Enfin le gendre de Ruyter, le pasteur Bernard Somers, homme de trente-six ans, et vêtu de noir, ainsi qu'il convenait à un ministre, assis en face de Ruyter, avait sur ses genoux une Bible d'un grand format, tandis que sa fille Anne, âgée de huit ans, petite-fille de Ruyter, baissant sa jolie tête blonde, considérait avec admiration une belle gravure sur bois représentant Tobie rendant la vue à son père.

La lecture de ce saint livre, à laquelle Ruyter prenait un si religieux plaisir, que chaque jour, à terre ou à bord, il se le faisait lire, était pour un moment suspendue, et toute la famille du vieil amiral paraissait l'écouter avec une profonde attention.

l'aîné fut Engel de Ruyter, son fils; de sa troisième femme, Anne Van Gelder, veuve de Jean Pauluz, Marguerite et Anne; cette dernière mourut, on le sait, en 1666.

— Ce saint nom de Jonas, — disait Ruyter, — me rappelle que, lors de l'expédition de Chatam[1], j'étais sur le vaisseau *le Jonas* avec mon pauvre Corneille de Witt.... qu'ils ont si abominablement massacré.... — Et Ruyter poussa un long soupir au souvenir de ce meurtre affreux; puis il ajouta : — Et je me souviens aussi que ce fut à bord du *Jonas* que je donnai l'ordre de faire avancer davantage les brûlots dans la Tamise pour y aller incendier quatre grands vaisseaux défendus par le château d'Upnor; et bien qu'il fallût passer sous le canon de ce fort pour aller à ces vaisseaux, mes brûlots passèrent et réussirent.

— Et qui commandait ces brûlots mon père? — demanda Engel de Ruyter.

— Autant que je m'en souviens, mon fils, il y avait là le vieux Keuvenowhen, puis Guillaume Willemz,... et qui encore? ah!... Popinga, je crois,... oui, oui, Popinga, qui commandait le brûlot *la Pomme d'Or*.

— Et vous avez oublié le nom de ces autres braves capitaines, mon père? — demanda le pasteur Somers avec un vif intérêt.

— Hélas!... oui, Bernard,... quoiqu'il n'y ait que neuf ans de cela;... mais je le sens, ma mémoire s'efface, et c'est sans doute la volonté du bon Dieu, qui veut qu'au lieu de vivre en songeant au passé, on vive en pensant à l'avenir de la vie éternelle.

— Mais ces brûlots firent bravement leur devoir, n'est-ce pas, mon père? — dit Engel.

— Oh! bien bravement, — dit Ruyter en s'animant un peu, — bien bravement. Je me souviens encore qu'ils mirent à la voile sur le midi, après que nous eûmes entendu l'exhortation du ministre; puis ce pauvre Corneille de Witt et moi nous les encourageâmes à bien faire, afin de venger la république des outrages et des pilleries des Anglais. Alors ces pauvres enfants mirent à la voile par une petite brise d'est-nord-est, et allèrent en bon ordre à cette expédition, où il y avait, en vérité, beaucoup de dangers.

— Et vous ne vous rappelez pas absolument le nom des autres capitaines des brûlots que vous avez employés dans cette

[1] En 1666.

entreprise, mon père? — demanda de nouveau le pasteur, avec une insistance que l'on comprendra quand on saura qu'il amassait tous les documents possibles dans le but d'écrire un jour la vie glorieuse du père de sa femme. Mais il lui fallait soigneusement cacher le juste intérêt qu'il prenait aux récits de l'amiral sous le semblant d'une curiosité sans but; car dès que Ruyter venait à soupçonner qu'on lui faisait raconter quelque particularité de ses combats afin d'y puiser des matériaux destinés à l'histoire de sa vie, par une incroyable modestie il se taisait aussitôt, devenait inquiet et chagrin, parce qu'il croyait, ainsi qu'il le dit naïvement lui-même, *faire péché d'orgueil en laissant écrire pour l'avenir et en son nom des choses que la volonté et la puissance du bon Dieu seul avaient faites.*

Ainsi donc ce fut sans paraître attacher une très-grande importance à sa question que le pasteur Somers interrogea de nouveau Ruyter sur le nom des capitaines de brûlots qui prirent part à cet épisode de l'affaire de Chatam, l'un des faits d'armes les plus glorieux de la vie militaire de Ruyter, et dont les conséquences furent si fatales à l'Angleterre.

Ne se doutant pas le moins du monde des projets historiographiques de son beau-fils qu'il n'avait jamais soupçonné à ce sujet, le bon amiral réfléchit un moment, et dit après quelques minutes de silence : — Non, non... je ne me les rappelle plus les autres noms; mais qui ai-je donc nommé?...

— Le vieux Keuvenowhen... Guillaume Willemz... et Popinga, qui commandait *la Pomme-d'Or*... — dit le pasteur avec une imprudente sûreté de mémoire, dont heureusement Ruyter ne se défia pas, étant absorbé par ses souvenirs; aussi l'amiral reprit-il aussitôt :

— Cela ne fait que trois capitaines... et ils étaient six... Attendez, attendez... Ah! il y avait Vander... Hoëven... Oui, Vander Hoëven... et aussi Meyndert Senties.

— En voilà déjà cinq, mon père, — dit le pasteur... — encore un effort, et vous nous direz le sixième.

— Cinq, vous en êtes sûr, Bernard? — demanda l'amiral d'un air surpris et interrogatif.

— Sans doute, — dit étourdiment le pasteur, — nous avons déjà Keuvenowhen, Guillaume Willemz, Popinga, Meyndert

Senties et Vander Hoëven... cela nous fait bien cinq ; maintenant, mon père, il nous faut le sixième...

Ruyter, stupéfait de la mémoire de son gendre, le regarda avec étonnement, et commença dès lors d'être en défiance avec lui et de soupçonner sa curiosité qui lui sembla fort intéressée ; aussi, sans toutefois laisser deviner cette découverte, l'amiral lui répondit-il simplement : — Quant au nom du sixième... je l'ignore.

— Et les brûlots incendièrent les vaisseaux malgré le feu du canon, mon père ? — demanda Engel.

— Oui... — dit laconiquement Ruyter.

— Mais est-il vrai, mon père, — reprit Engel, — que ceux de nos vaisseaux qui protégeaient les brûlots allèrent fièrement s'embosser sous le feu du château d'Upnor, afin de faciliter l'entrée de nos brûlots en se mettant entre eux et le canon du fort.

— Oui... cela fut ainsi, mon fils.

A cette réserve subite de Ruyter, le pasteur vit facilement que son beau-père avait pénétré le motif de ses questions ; alors, par une ruse assez habile, et au risque de chagriner momentanément l'amiral, il dit avec une indifférence affectée :

— Mais est-il vrai, mon père, que M. Corneille de Witt, d'ordinaire si brave, se soit montré timide dans cette occasion, et que pourtant l'honneur de l'expédition lui ait été attribué au moins autant qu'à vous ?

Ce piège était adroit ; car, Ruyter soupçonnant son gendre d'écrire l'histoire, devait trop tenir à la justice et à la vérité pour laisser par son silence flétrir peut-être la mémoire de son ami, de Corneille de Witt, qui avait, au contraire, montré une rare intrépidité dans cette action. Aussi, partagé de la sorte entre la voix de sa conscience et l'exigence de sa modestie, il n'était pas douteux qu'au risque de compromettre un peu cette dernière, l'amiral ne donnât tous les renseignements, tous les détails nécessaires à la réhabilitation de Corneille de Witt.

Aussi la femme de Ruyter et ses enfants, connaissant l'amitié sincère qui avait toujours existé entre Ruyter et le ruart, firent un signe suppliant au pasteur, en voyant l'émotion vive et pénible que cette question avait fait éprouver à l'amiral, qui s'écria en rougissant :

— Lui timide!... lui! lui! Corneille de Witt! qui a osé avancer une pareille calomnie?... Sa mort affreuse ne suffit-elle donc pas encore aux implacables ennemis de cette malheureuse famille! Lui timide! mon Dieu! lui timide! quand, au contraire, ce jour-là même des brûlots de Chatam, me voyant descendre dans mon canot pour aller prendre moi-même le commandement du brûlot *le Dragon*, il me demanda où j'allais, et qu'alors, moi lui répondant que *j'allais pour voir ce que feraient mes enfants*[1], il me dit avec sa simplicité ordinaire : *Je vous accompagnerai donc*[2]; et il m'accompagna en effet sur le brûlot, et malgré le feu d'un vaisseau de quatre-vingts que nous voulions détruire, il resta avec moi sur le pont du brûlot jusqu'à ce que nous l'eussions accroché à ce navire; ce fut alors seulement qu'il quitta le brûlot avec moi; et il n'y avait pas deux minutes que nous l'avions abandonné, qu'il éclata, et de ses débris tua cinq hommes de notre chaloupe. Est-ce là donc un homme timide? Allez, allez, Bernard, cela est bien mal et bien peu chrétien d'attaquer ainsi la mémoire d'un homme qui n'est plus, et que sa mort affreuse et inique devrait faire adorer comme un martyr.

Mais le pasteur, tout au récit de Ruyter, fit peu d'attention au reproche qui le termina, et s'écria en joignant les mains avec admiration :

— Mais cela est sublime, mon père! Et qu'il y a de grandeur dans ces mots échangés entre vous et le ruart : entre vous, amiral, allant vous exposer aux affreux périls d'un brûlot, *pour aller voir ce que feraient vos enfants!* vos matelots! et lui, ruart, député des états sur la flotte, vous répondant ces seuls mots si beaux de simplicité : *je vous accompagnerai donc*, et allant avec vous braver les plus affreux dangers! Ah! mon père! mon père! voilà une belle page de plus dans votre histoire et dans celle de Corneille de Witt.

A ces mots imprudents, la figure de Ruyter prit une expression de chagrin et de mauvaise humeur, et il dit d'un ton à la fois triste et fâché :

---

[1] Histor. — *Vie de Ruyter*.
[2] Histor. — *Vie de Corneille de Witt*.

— Bernard... je ne m'étais donc pas trompé... cela est mal... d'épier ainsi mes paroles quand vous savez que rien ne me déplaît autant. — Puis, levant les yeux au ciel, il dit avec amertume : — Et ne pouvoir vivre en paix et confiance au milieu de ses enfants, être obligé de mesurer ses mots, de crainte de les voir reproduits par une vanité impie; ah! cela est bien cruel en vérité!...

— Mon ami, — dit madame Ruyter, — ne vous affectez pas ainsi... Bernard n'agit pas dans cette pensée...

— Alors, qu'il me dise qu'il n'agit pas dans cette pensée, et je le croirai.

Le pasteur, n'osant mentir, baissa la tête et ne répondit rien.

— Vous voyez bien, — dit Ruyter.

A ce moment un domestique âgé parut à l'entrée du cabinet de verdure, et vint demander à Ruyter si M. de Weldt, conseiller du collége de l'amirauté d'Amsterdam, pouvait entretenir un instant l'amiral de la part de messieurs du collége.

— Faites entrer M. de Weldt dans la salle, et dites que je vais le joindre, — dit Ruyter.

Alors sa femme et ses enfants se disposèrent à l'accompagner; et lui, se levant avec peine, s'appuya sur le bras de son fils, et regagna sa maison à pas lents.

La nuit était à peu près venue, et Ruyter entra dans une assez vaste salle, tendue d'une tapisserie verte à feuillage d'un vert plus clair, et éclairée par six bougies de cire jaune qui brûlaient dans un lustre de cuivre rouge à crémaillère et aux branches extrêmement contournées; de grandes chaises de pareille tapisserie, à hauts dossiers et à pieds torses, un riche cabinet d'ébène supportant de grands vases du Japon rouge et or, et un beau portrait de Luther en ronde bosse d'ivoire qui resplendissait sur un fond de velours noir, entouré d'un cadre de buis sculpté avec une merveilleuse habileté; une grande table couverte d'un tapis de Turquie dont les plis lourds et carrés traînaient sur le sol : tel était l'ameublement simple et sévère de cette pièce où Ruyter trouva M. de Weldt, homme de moyen âge, à cheveux gris, et vêtu de velours noir.

— Bonjour, monsieur de Weldt, — lui dit affectueusement Ruyter en s'asseyant dans un grand fauteuil avec l'aide de son fils, qui sortit bientôt.

— Et comment allez-vous, monsieur l'amiral ? cette gravelle maudite vous fait-elle au moins trêve ?

— Je souffre toujours, monsieur de Weldt ; je souffre toujours, mais que la volonté de Dieu soit faite ainsi... Ah çà, dites-moi, que décide le collége au sujet de l'expédition dans la Méditerranée ?

— Mais le collége, monsieur, est toujours dans les mêmes intentions.

— A-t-on des nouvelles récentes de Messine ?

— Les dernières sont du commencement de juin ; les Espagnols paraissaient alors redouter une entreprise qu'on allait tenter sur Melazzo, place fort importante, qui devait être attaquée par terre et par mer. Et la dépêche du prince de Montesarchio à S. A. le prince d'Orange annonçait même le départ des troupes françaises pour Melazzo.

— Le vice-roi sort donc enfin de son sommeil ?

— Oui, monsieur l'amiral ; il y paraît, du moins, puisqu'il doit aller, disaient les gens bien informés, seconder l'attaque de Melazzo.

— Tenez, monsieur, s'ils prennent Melazzo, toute la côte nord de Sicile leur demeure libre jusqu'à Palerme, et leur subsistance est assurée par les plaines de l'intérieur. C'est là un noble et beau projet, et après tout, ce vice-roi n'est pas si dormeur qu'il le veut paraître. Mais sait-on au juste les forces françaises en Levant ?

— Dix-huit vaisseaux et douze galères... Ainsi vous voyez, monsieur l'amiral, que les intentions de messieurs du collége sont des plus raisonnables en vous donnant dix-huit vaisseaux et quatre brûlots, qui, joints aux forces espagnoles, vous assurent un avantage numérique bien marqué sur les Français, qui sont d'ailleurs de tristes marins.

Sans répondre à M. de Weldt, Ruyter réitéra sa question, et dit :

— Ainsi messieurs des États ne veulent m'accorder que dix-huit navires de guerre ?

— Oui, monsieur l'amiral.

— Eh bien, monsieur, messieurs des États font là une faute dont ils se repentiront un jour.

— Comment ?

— Ces forces sont trop inférieures, monsieur, comparées aux forces françaises.

— Trop inférieures, monsieur l'amiral ? ne comptez-vous donc pas la flotte espagnole ?

— Non, monsieur, je ne la compte pas.

— Mais elle est forte de quarante vaisseaux ou galères, monsieur.

— Mais les marins espagnols à cette heure, monsieur, sont les plus mauvais marins du monde ; avec des forces six fois plus considérables que leurs ennemis, ils n'ont pu garder l'entrée du détroit... et si je prends le commandement de la flotte, monsieur, la première chose que je ferai sera de prier messieurs des États de me donner libre manœuvre et de me permettre de ne pas me mêler à ces *Dons,* qui, loin de me servir, m'embarrasseraient fort. C'est pour cela, monsieur, que je trouve que messieurs des États ne mettent pas assez de vaisseaux en mer pour cette expédition.

— Mais, monsieur l'amiral, les dépenses ont été si grandes pendant ces deux malheureuses années, qu'il faut même toutes les exigences de la politique pour accorder un pareil secours à S. M. le roi d'Espagne dans un tel moment.

— Pardonnez-moi, monsieur, si je ne comprends pas l'économie à propos d'une pareille expédition. L'économie, monsieur, quand il s'agit de l'honneur du pavillon de la république, quand il s'agit de la vie des hommes ! cela me paraît plus qu'une faute, monsieur, c'est un crime. L'économie ! mais, monsieur, songez donc que pour épargner peut-être trois ou quatre cent mille écus, vous compromettez le salut de votre flotte entière.

— Mais, monsieur l'amiral, vous n'aurez qu'à paraître pour faire fuir ces Français. Vous les avez vus à Southwold en 72, et dans les combats de 73.

— C'est parce que je les ai vus, monsieur, que je sais le cas qu'il faut en faire. Si dans deux combats, par une lâcheté inouïe, leur amiral s'est éloigné du lieu de l'action, lors de la première bataille de 73, une fois livrés à eux-mêmes, ils se sont battus bien intrépidement... Et puis, voyez-vous, monsieur, ils sont commandés là par un homme qu'on n'estime pas assez en France, et qui devrait être prince, si prince signifiait quelque chose; c'est Du Quesne. Ils l'oublient; ils lui donnent pour supérieurs d'Estrées, Vivonne, des gens de cour; mais s'il vient une occasion sérieuse, ils le trouveront, et je ne voudrais pas, je l'avoue, me trouver, moi, opposé à Du Quesne avec des forces inférieures aux siennes; car la présence de ce brave homme à bord d'une flotte vaut déjà dix vaisseaux.

M. de Weldt ne put retenir un geste d'étonnement, et dit à Ruyter :

— Comment! monsieur l'amiral, vous craindriez de combattre M. Du Quesne avec des forces inférieures?

— Oui, monsieur, — dit Ruyter avec une bonhomie sublime.

— Ah! monsieur l'amiral, après avoir jusqu'ici donné tant de preuves d'une invincible intrépidité, deviendriez-vous timide?...

Cette exclamation, du reste assez niaise, ne pouvait absolument blesser Ruyter, qui, ainsi que tous les hommes d'un courage éprouvé, ne pouvait mettre en doute qu'on pût le soupçonner de lâcheté. Aussi reprit-il avec son habituelle simplicité :

— Je ne deviens pas timide, monsieur; mais je regrette sincèrement que ceux qui gouvernent la république hasardent aussi imprudemment l'honneur de son pavillon.

— Pourtant, monsieur l'amiral, messieurs du collége de l'amirauté ne peuvent pas agir follement, et croient au contraire faire preuve de haute sagesse en composant cette flotte de la sorte, et surtout en vous priant d'en prendre le commandement.

— *La république, monsieur, ne doit pas me prier, mais me commander; et lors même qu'elle m'ordonnerait d'aller combattre une flotte avec un seul vaisseau, j'irais* [1].

— Vous iriez, monsieur l'amiral?

— *Oui, monsieur, j'irais, parce que je serai toujours prêt à exposer ma vie partout où la république voudra exposer sa bannière.*

Cette admirable réponse, faite du ton le plus calme et le plus naïf, stupéfia tellement le conseiller qu'il ne trouva pas un mot

---

[1] Histor. — Voir *Vie de Ruyter*.

à répondre. Aussi, ayant demandé à Ruyter s'il irait le lendemain à la séance des États, malgré ses douleurs, et ce dernier l'en ayant assuré, il quitta l'amiral pour se rendre au collège de l'amirauté.

La nuit était tout à fait venue ; après un souper frugal, la famille du vieil amiral se réunit de nouveau dans la grande chambre dont on a parlé ; puis les domestiques entrèrent ; et, lorsque neuf heures du soir sonnèrent, Ruyter se mit à genoux ; tous l'imitèrent, et écoutèrent avec un profond et religieux recueillement la prière du soir, dite par le vieil amiral d'une voix grave et sonore.

Puis la prière dite, selon l'antique usage, auquel durant sa longue carrière Ruyter ne faillit jamais, il donna une touchante bénédiction à ses enfants et à ses petits-enfants agenouillés devant lui ; puis ses domestiques, presque tous anciens matelots, vinrent lui baiser respectueusement la main... Alors, appuyé sur le bras de son fils, et suivant sa femme qui l'éclairait, Ruyter gagna sa chambre à coucher, et bientôt toute cette famille, si calme et si patriarcale, fut ensevelie dans le sommeil.

. . . .

Le lendemain, 26 juillet, Ruyter se rendit à l'assemblée des États, où, selon la coutume, il prit séance sur une chaise sans bras. Après avoir représenté fermement aux États qu'il regardait comme trop faible le nombre de vaisseaux qu'ils envoyaient en Levant, il leur assura qu'il était prêt d'ailleurs d'exécuter aveuglément leurs ordres. Après quoi les États lui remirent l'instruction suivante.

INSTRUCTION DONNÉE PAR SON ALTESSE AU LIEUTENANT AMIRAL GÉNÉRAL MICHEL-ADRIANZ DE RUYTER, QUI DOIT COMMANDER EN CHEF L'ARMÉE NAVALE QU'ON DESTINE POUR LA MER MÉDITERRANÉE.

« I. — Le susdit lieutenant amiral assemblera le plus promptement qu'il sera possible la susdite armée navale entre la Meuse et Gorée, à vue de terre.

» II. — Lorsqu'elle sera assemblée, il lui fera prendre son cours vers la baie de Cadix, escortant sur la route tous les vaisseaux marchands de ces provinces destinés pour les côtes d'Espagne et de Portugal, jusqu'à Cadix inclusivement et ne les laissant qu'en des endroits où il ne paraisse plus y avoir de danger pour eux. Le susdit amiral hâtera son voyage et fera hâter les susdits vaisseaux marchands autant qu'il sera possible, afin que le voyage ne soit point retardé par ce convoi.

» III. — Étant arrivé à Cadix, il s'adressera au sieur don Diego Cavallero, qui en est le gouverneur, ou à l'officier qui commandera en son absence, pour conférer avec lui sur le sujet de la continuation de sa route par le détroit, et de la jonction qui se devra faire avec l'armée navale d'Espagne, afin que celle-ci étant jointe avec celle des États, elles aillent ensemble, avec la bénédiction de Dieu, faire rentrer Messine sous l'obéissance du roi d'Espagne.

» IV. — Ce but sera considéré par le lieutenant amiral comme le premier et le principal de cette expédition et de cet armement; et en outre il lui est enjoint de procurer, autant qu'il le pourra, l'avantage du commerce et de la navigation des sujets de ces provinces dans la susdite mer Méditerranée, tant sur la route qu'il fera de Cadix à Naples, que pendant son séjour en ces lieux-là. Il emploiera six mois de temps en son voyage, en y comprenant le temps de l'allée et de la venue.

» V. — Et en conséquence il se séparera de l'armée espagnole cinquante-sept jours avant que soit expiré le temps pour lequel il est avitaillé, et ne pourra retarder plus longtemps sans nos ordres à cet effet, ou ceux de leurs hautes puissances, lesquels lui seront envoyés à l'adresse du consul hollandais à Naples; à moins qu'il ne fût prié par ceux qui commanderont l'armée navale d'Espagne de demeurer encore deux mois, et en cas qu'il n'ait point reçu d'ordres contraires de nous ou de leurs hautes puissances.

» VI. — A son retour il divisera ses vaisseaux autant que le péril qu'on pourrait craindre de la part des ennemis semblerait le permettre, en sorte qu'il fasse prendre dans la Méditerranée, dans la baie de Cadix et dans les rivières de Saint-Hubes et de Lisbonne, tous les vaisseaux marchands de ces provinces qui s'y trouveront prêts à faire route, afin de les escorter et de les ramener dans leurs ports.

» VII. — Étant joint avec l'armée d'Espagne, ledit lieutenant amiral général déférera le commandement et le premier rang au lieutenant amiral ou chef qui en aura la conduite, et concertera avec lui les affaires d'importance, soit qu'il s'agira de former des desseins contre l'ennemi, ou en d'autres rencontres qui concerneront les opérations de l'armée. Il exécutera de tout son pouvoir ce qui aura été concerté et arrêté entre eux, et ce qui lui sera recommandé par ledit chef de l'armée espagnole, afin que les opérations des deux armées jointes ensemble puissent être d'autant plus avantageuses.

» VIII. — Il continuera néanmoins d'agir toujours sous notre pavillon, de faire observer nos ordres dans tous les vaisseaux de guerre, ainsi qu'auparavant, et il ne permettra pas que ni les hauts officiers, ni les officiers subalternes passent la nuit hors de leurs bords sans un ordre spécial pour cet effet, ni qu'ils aillent à terre; le tout afin de prévenir les désordres qui résultent de ces manières d'agir lorsqu'elles sont tolérées.

» IX. — Ledit lieutenant amiral général fera en sorte que pendant le temps que son armée demeurera jointe avec celle d'Espagne, le haut conseil de guerre soit composé d'un nombre égal de hauts officiers de l'une et de l'autre, avec autant de capitaines adjoints qu'il sera jugé nécessaire.

» X. — Dans lequel conseil de guerre toutes les séances se feront par ordre, et on opinera l'un après l'autre, chacun à son tour, commençant par l'officier qui commandera l'armée d'Espagne, et suivant par le lieutenant amiral général de Hollande, et ensuite toujours de la même manière.

» XI. — Tout le butin et toutes les prises qui seront faites par les susdites armées durant le temps qu'elles seront jointes ensemble appartiendront : premièrement, les navires de guerre, les capres et les autres bâtiments armés en guerre, au preneur actuel, suivant l'ordre de ces provinces, lequel preneur, s'il est de l'armée de l'État, les aura tout entiers, à la réserve de notre droit; ensuite les vaisseaux marchands pour un sixième, partie au preneur, et les cinq autres parts seront partagées, une moitié au profit de la couronne d'Espagne, et l'autre moitié au profit de cet État.

» XII. —S'il était embarqué sur les vaisseaux quelques troupes pour la couronne d'Espagne, afin de les transporter d'un lieu à l'autre, le lieutenant amiral général prendra soin de faire auparavant venir à bord toute la subsistance nécessaire pour les gens de l'embarquement, ou que les officiers qui les commanderont traitent avec les capitaines des vaisseaux où ils devront être embarqués, et leur paient la dépense de la nourriture, savoir : trois livres pour un colonel, cinquante sous pour un lieutenant colonel, un major et un capitaine, quarante sous pour un lieutenant ou un enseigne, et sept sous par jour pour les soldats et autres personnes du commun.

» XIII. — Et enfin, dans tous les incidents qui pourraient survenir et qui ne sont point spécifiés en cette présente instruction, le susdit lieutenant amiral général prendra conseil et formera ses résolutions de manière qu'il juge nous les pouvoir faire agréer à son retour, agissant en toute occasion suivant les règles de la guerre.

» Fait par Son Altesse, au camp à Lembeck, le 26 de juillet 1675.

Signé : » G.-H. prince D'ORANGE. »

Le 29 juillet Ruyter partit, et embrassa sa femme et ses filles pour la dernière fois. Par une anomalie singulière, cet homme, qui avait toujours montré un sang-froid et un courage extraordinaires, ne put résister à de tristes pressentiments.

Il partit, en un mot, avec l'intime conviction que cette campagne lui serait fatale, et les dernières paroles qu'il dit à son gendre Bernard Somers en le tirant à part, furent celles-ci :

— *Mon cher fils, je vous dis adieu, et non pas simplement adieu, mais adieu pour jamais, puisque je ne crois pas revenir. Cette expédition ne s'achèvera pas que je n'y demeure, je le sens bien*[1].

Ruyter attendit jusqu'au 16 août que les vents fussent favorables pour sortir de Kellevoetsuie, où était mouillé le vaisseau amiral. Alors il mit au large, selon les nouveaux ordres des États, vers Dunkerque et Blakembourg. Ce fut à la hauteur de cette dernière ville qu'il apprit, le 20 août, la déclaration de guerre de la république contre la Suède; enfin il reçut l'ordre de poursuivre sa route, et arriva près de Douvres le 7 septem-

---

[1] Histor. — *Vie de Ruyter.*

bre. Le 23 du même mois, il arriva à la tête de son armée, à la hauteur du Tage ; et le 26, il mouilla dans la baie de Cadix, avec douze vaisseaux, six senauts, deux brûlots et deux bâtiments de charge, et attendit dans cette rade les dépêches et les ordres de la reine régente d'Espagne et de don Juan d'Autriche.

Les dépêches de la reine qu'il reçut bientôt lui ordonnaient de se joindre incessamment à six vaisseaux de guerre espagnols qu'on attendait de jour en jour d'Oran, aux alfaques de Tortose, et sur lesquels devait s'embarquer don Juan d'Autriche pour passer en Sicile.

Ruyter se résolut d'attendre quelques jours don Juan, qui ne vint pas. On expliquera en peu de mots les causes qui, retardant l'arrivée de ce prince, retinrent la flotte hollandaise dans l'inaction, et permirent aux vaisseaux français de Toulon d'opérer leur jonction avec l'escadre de Messine.

La reine d'Espagne portait une haine violente à don Juan, fils naturel du feu roi ; mais Charles II, frère de don Juan, sollicité par son précepteur don Francisco de Mançano et par son confesseur le P. Alvarez de Montenegro, vendus à don Juan, avait plusieurs fois appelé don Juan près de lui pour l'aider à gouverner. Aussi la reine, avec assez d'habileté, trouva souvent le moyen d'éviter le rapprochement des deux frères, entre autres en nommant don Juan au gouvernement des Pays-Bas ; mais le prince ayant refusé ce poste sous divers prétextes, la reine profita du soulèvement de Messine, et résolut d'y envoyer don Juan avec le titre de *vicaire général*, qui l'élevait au-dessus de tous les vice-rois, gouverneurs, généraux et commandeurs. Il accepta cette charge, mais dans l'intention de l'abandonner, parce qu'il ne voulait pas s'éloigner du roi son frère, dont la majorité approchait, et qui venait de lui écrire en ces termes :

« Mon frère,

» Comme je dois prendre possession du gouvernement de mes » États le neuvième de novembre, et que j'ai besoin de votre » personne pour remplir cette fonction, je vous attends ce jour-» là à dix heures dans mon antichambre.

» Moi le Roi.

» Madrid, 20 juillet 1675. »

Don Juan ne venant pas pour toutes ces raisons, Ruyter, suivant ses instructions, partit de Cadix au risque de mécontenter beaucoup la reine Très-Catholique; il mit à la voile le 7 octobre, et fit route vers le détroit de Gibraltar. Après plusieurs jours de vent forcé ou de calme, Ruyter ne put arriver que le 1er novembre devant Alicante, et ayant relâché pendant quelques heures dans ce port, il remit à la voile, et mouilla le 8 du même mois devant Vineros, où il croyait trouver don Juan d'Autriche; mais, avec un art infini, ce dernier avait gagné le temps jusqu'à la majorité de son frère, qui alors le rappela près de lui.

A Vineros, le 9, Ruyter reçut cette lettre de don Juan, qui était comme un supplément d'instructions à l'égard de la guerre de Messine.

DON JUAN D'AUTRICHE A RUYTER.

» Monsieur Ruyter,

» Je vous ai écrit le 18 de ce mois pour vous témoigner l'impatience que j'avais de vous voir heureusement arriver sur les côtes de Valence, dans le temps que j'espérais, sous la faveur du ciel, me joindre avec vous et avoir la joie de vous donner des marques de l'estime que j'ai de tout temps pour votre mérite, et de mon affection pour vous et pour vos braves compatriotes. Mais présentement celle-ci est pour vous dire que j'ai reçu des ordres de Sa Majesté, qui me commande de me rendre à Madrid; ayant pris, comme je crois, cette résolution parce que j'avais fait connaître combien il importait pour l'avancement des affaires générales et de la conclusion d'une bonne et fidèle paix, qu'on entreprît avec une véritable ardeur la guerre de Messine, et qu'on la poussât vigoureusement en envoyant de prompts et puissants secours non-seulement en Italie, mais aussi en votre pays, pour satisfaire de point en point au traité en vertu duquel l'armée que vous commandez a été mise en mer; j'ose m'assurer que Sa Majesté me fait l'honneur de croire que ma présence et mes soins contribueront à ce que l'une et l'autre de ces choses soient exécutées avec plus de promptitude et en moins de temps qu'on y en a employé jusqu'à ce jour, et que, par conséquent, ils seront plus utiles et de plus grand fruit que mon voyage en

Italie, Sa Majesté reconnaissant avec raison que rien au monde ne pourra manquer où vous serez, soit à l'égard du zèle ou de la valeur, ou de la fermeté que requiert la présente conjoncture. C'est donc sur ce fondement que Sa Majesté m'ordonne de vous dire que vous lui rendrez un service fort agréable de prendre sans aucun délai votre cours vers l'Italie, avec les vaisseaux de votre armée et ceux de Sa Majesté qui ne tarderont guère à venir, si déjà ils ne sont arrivés sur la côte; et qu'elle m'enjoint de vous informer en même temps de ce que je croirai être nécessaire que vous sachiez, selon la connaissance que j'ai des affaires. Mais avant que de commencer d'obéir à Sa Majesté sur ce dernier point, je puis bien vous assurer que c'est la seule obligation où je suis de suivre aveuglément ses ordres qui diminue un peu la douleur que je sens de ne me trouver pas dans une occasion où je crois et espère que vous allez acquérir tant de gloire aux armes des deux États joints ensemble, et à votre propre personne. D'ailleurs, c'est cette même considération qui, avec l'espérance que j'ai que mon voyage à la cour ne sera pas de peu d'utilité pour l'exécution de ce qu'on a entrepris, fait que je me soumets avec d'autant plus de plaisir aux volontés de Sa Majesté. Il n'est pas nécessaire de vous dire que surtout vous preniez soin de vous joindre à l'escadre qui est sous le prince de Montesarchio, et comme, par le dernier courrier qui est parti de Naples le 20 septembre, on écrit que ce prince avait pris la route de Sicile avec seize navires de guerre et trois brûlots, il semble que vous ne pouvez mieux diriger la vôtre qu'en droiture à Palerme, allant mouiller l'ancre à Cagliari et à Trapane pour y apprendre des nouvelles plus récentes de notre armée et de celle des ennemis; car, quand même vous auriez besoin de vous pourvoir de quelque chose à Naples, il sera pourtant plus expédient, vu que notre armée est déjà sur la côte de Sicile, que vous alliez tout droit vous joindre avec elle pour entrer ensemble dans le phare de Messine et y attaquer les ennemis, pour les chercher aux lieux où ils seront. J'envoie le même ordre au marquis del Carpio, qui est embarqué sur les vaisseaux de Barcelone, afin qu'il se hâte et qu'il vous aide à exécuter ce dessein : ce qu'il fera sans doute en toute diligence. Je vous envoie aussi des dépêches ici jointes pour les vice-rois de Sardaigne, de Naples et de Sicile, par lesquelles il leur est donné avis de votre voyage et ordre de vous prêter tous les secours dont vous pourrez avoir besoin, afin que vous vous en serviez selon que vous aurez occasion, et suivant les lieux où vous aborderez. Sa Majesté m'a envoyé une chaîne d'or, afin de vous la présenter en son nom pour marque de sa faveur royale et de l'affection qu'elle vous porte. Je me promettais de vous la donner moi-même; mais puisque cela ne se peut, j'ai choisi le marquis del Carpio pour faire cette fonction en ma place, vous assurant du grand désir que j'ai de contribuer à tout ce qui peut vous plaire. Faites-moi savoir, je vous prie, quel jour vous mettrez à la voile, afin que j'en puisse avertir Sa Majesté. J'attendrai cette nouvelle avec impatience. Vous pouvez envoyer votre réponse au marquis del Carpio. Cependant, monsieur de Ruyter, je prie Dieu qu'il vous tienne en sa sainte garde.

» A Sarrago-se, le 31 octobre 1675. »

» *Signé :* DON JUAN. »

Après la réception de cette lettre, Ruyter examina ce qu'il avait à faire. Son escadre manquait d'eau, et il ne voyait pas de moyen d'en faire dans la baie de Veneros, ni sur la côte de Valence ou de Catalogne. Il fut donc résolu en plein conseil d'aller aux îles d'Iviça et de Formentera pour y faire du bois et de l'eau. La flotte remit à la voile le soir même; mais un grain violent de nord-est ayant donné dans la nuit, au point du jour, Ruyter ne vit plus l'amiral de Haan ni son escadre, qui avaient été séparés du corps de bataille par la tempête. Le 14, Ruyter mouilla devant Barcelone. Après y avoir attendu jusqu'au 17 le contre-amiral de Haan, et ne le voyant pas venir, l'amiral allait mettre à la voile pour Cagliari, lorsqu'il reçut du roi d'Espagne la lettre suivante, qui lui annonçait encore une fois l'arrivée de don Juan, qui n'en vint pas davantage.

LE ROI,

« Général Michel de Ruyter, sous le commandement duquel est l'armée des États-Généraux destinée pour Messine, pour preuve de la haute considération en laquelle nous avons nos domaines d'Italie, et de nos intentions pour la paix et la tranquillité de nos bons sujets de ces pays-là, nous n'avons pas plus tôt vu notre frère don Juan d'Autriche, que nous avons résolu son départ, afin qu'il demeure chargé de la conduite et de l'exécution des ordres qui lui ont été donnés; annulant tous ceux qui peuvent vous avoir été ci-devant donnés par lui jusqu'à ce jour; car notre volonté est que le dernier ici soit exécuté. Ainsi vous l'attendrez dans le port afin qu'il parte avec nos forces navales pour faire ce voyage, suivant notre susdit ordre. C'est de quoi nous avons voulu vous avertir par un courrier dépêché exprès.

» A Madrid, ce 9 de novembre 1673.

» MOI LE ROI. »

Force fut à Ruyter d'attendre encore don Juan, qui ne vint pas, malgré cette dernière preuve du crédit expirant de la reine, qui avait obtenu de son fils d'éloigner don Juan; mais celui-ci fidèle à son plan, tout en paraissant se rendre aux volontés du roi et se préparer au voyage de Sicile, ne bougea pas de la cour, feignit une maladie, ne voulant pas s'absenter de Madrid dans l'espoir où il était de ruiner tôt ou tard la reine dans l'esprit de Charles II, ce qui arriva d'ailleurs dans la suite.

Toujours est-il qu'après avoir encore perdu plusieurs jours à attendre don Juan, Ruyter partit pour Cagliari, après avoir reçu une lettre de ce prince où il disait avoir « informé le roi » du mauvais état de sa santé qui ne lui permettait pas de s'em- » barquer. » Il ajoutait « qu'il regrettait beaucoup de ne pou- » voir donner en personne à Ruyter des témoignages de la sincère « affection qu'il avait pour lui, et de s'en tenir à de simples » vœux pour l'heureux succès de son voyage. »

Ruyter fit donc route pour Cagliari le 29 novembre; mais, par l'absence du contre-amiral de Haan et du commandeur Verschoor, l'amiral n'avait plus que seize voiles, dont dix vaisseaux, sous son pavillon, en comptant un navire de guerre espagnol. Ruyter divisa ces forces en deux escadres : la première composée de cinq navires, deux senauts et deux brûlots, et la seconde aussi de cinq navires, deux senauts, deux brûlots et la flûte espagnole. Les choses ainsi ordonnées, Ruyter mit à la voile, se trouva le 3 décembre, au matin, en vue de Sardaigne, et le soir du même jour il mouilla dans le port de Cagliari. Ce fut là qu'il apprit, par le consul hollandais, la conduite étrange du contre-amiral de Haan, qui, arrivé à Cagliari le 19 novembre, après une relâche de onze jours, avait remis à la voile pour Naples, contre les instructions et les ordres de Ruyter.

Le lendemain de son mouillage à Cagliari, Ruyter reçut de nouveaux ordres du roi d'Espagne, qui, le croyant encore à Barcelone, lui défendait de toucher la côte de Sardaigne, afin d'arriver plus promptement à Melazzo. Il lui recommandait de concerter les entreprises à faire avec le marquis de Villa-Franca, vice-roi de Sicile (pour le roi d'Espagne, comme Vivonne l'était pour le roi de France), et de conférer avec lui toutes les fois qu'il serait nécessaire de le faire. Il avertissait en outre Ruyter que, selon une coutume qui avait force de loi dans ses royaumes, le général des galères d'Espagne commandait toutes les forces maritimes de Sa Majesté dans la Méditerranée, et qu'en son absence ce devait être le prince de Montesarchio, général de l'armée navale. Enfin, Charles II annonçait à Ruyter que les États-Généraux avaient consenti à ce que le séjour de la flotte dans la Méditerranée fût prolongé de six mois.

Quelque diligence que fît Ruyter pour exécuter ces nouveaux ordres, il ne put partir que le 14 de Cagliari, et arriva le 20 décembre à Melazzo, où il ne trouva qu'un vaisseau de guerre espagnol et quatorze galères. Le lendemain Ruyter alla conférer avec le vice-roi, et lui représenta vivement la nécessité de faire venir à Melazzo le prince de Montesarchio avec les neuf vaisseaux qu'il avait à Palerme, afin d'agir vigoureusement et avec ensemble contre les Français. Le vice-roi voulut, au contraire, que la flotte hollandaise allât rejoindre, à Palerme, l'escadre du prince Montesarchio. Cette visée était absurde, puisque Palerme était deux fois plus éloignée de Messine que Melazzo. Aussi Ruyter envoya-t-il immédiatement son capitaine de pavillon et son secrétaire pour représenter au vice-roi les inconvénients d'une jonction faite de la sorte; mais le vice-roi était tellement occupé de ses dévotions du jour de Noël, qu'il ne put donner audience au capitaine de Ruyter; enfin ses dévotions finies, le lendemain du jour de Noël, le vice-roi donna en effet ordre au prince de Montesarchio de venir à Melazzo avec ses neuf vaisseaux. Le prince répondit *qu'il ferait le bon plaisir du vice-roi ; mais qu'il n'avait pas les voiles et les cordages nécessaires pour sortir du port.*

On voit que les prévisions de Ruyter ne l'avaient pas trompé, et qu'il avait grande raison de compter pour si peu des auxiliaires tels que les Espagnols. Le temps se passait, et le contre-amiral de Haan, qui s'était rendu de Naples à Palerme, selon de nouveaux ordres, n'osait partir avec sa faible division sans le prince de Montesarchio.

Ce fut ainsi que se termina cette année 1675. On voit que, grâce aux incertitudes de don Juan, la flotte hollandaise perdit un temps précieux, puisque, pendant ces irrésolutions, les deux escadres françaises opérèrent leur jonction, ainsi qu'on le verra dans le chapitre suivant.

CHAPITRE III.

Du Quesne part de Toulon. — Il arrive en vue de Stromboli. — Son billet à Vivonne. — Il aperçoit l'armée ennemie commandée par Ruyter. — Ses préparatifs de combat. — Ordre de bataille pendant la journée du 7 janvier. — Les deux amiraux s'observent. — Combat du 8 janvier. — Lettres de Du Quesne, de Valbelle et de Ruyter à ce sujet. — Mort des capitaines de brûlots Champagne et marquis de Beauvoisis.

Ainsi qu'on vient de le voir, le plan de jonction proposé par Du Quesne ayant été adopté par Louis XIV, cet officier général partit de Toulon le 17 décembre à la tête de vingt vaisseaux et de six brûlots, afin d'entrer à Messine par le nord du Phare, au risque d'avoir à forcer ce passage s'il était défendu par l'escadre hollando-espagnole.

Pour la première fois, Abraham Du Quesne allait donc, libre et sans entraves, commander en chef une flotte de guerre, et se rencontrer bord à bord avec un ennemi digne de lui, avec le vieux Ruyter, qui, à la hauteur de Melazzo, interrogé par un capitaine anglais sur le but de sa mission, lui répondit : — *J'attends le brave Du Quesne.*

Or, sans vouloir établir de parallèle entre ces deux grands marins, on ne peut s'empêcher de leur trouver plusieurs points de ressemblance fort particuliers. Ainsi tous deux hommes du peuple, tous deux de la religion réformée, avaient commencé l'apprentissage de leur rude carrière par l'état de matelot; tous deux, possédant une science approfondie de toutes les branches de la navigation, pouvaient ordonner en amiraux et se battre en capitaines; enfin, depuis près de cinquante ans qu'ils parcouraient les mers, tous deux étaient vaillamment éprouvés par les hasards et les périls sans nombre de cette vie guerrière et aventureuse; seulement Ruyter possédait sur Du Quesne l'immense avantage d'avoir bien souvent commandé en chef; tandis que Du Quesne toujours en sous-ordre, comme capitaine ou simple chef d'escadre, n'avait pas encore pu, pour ainsi dire, se livrer à toutes ses inspirations stratégiques.

Nous disons que Du Quesne n'avait jamais commandé en chef, du moins en France et à part son expédition de Bordeaux; car, sous la régence de la reine Anne d'Autriche, ayant été autorisé par M. le cardinal Mazarin à s'en aller servir le roi de Suède, ce dernier lui confia aussitôt le commandement de ses forces navales. Alors Du Quesne, à la tête de cette flotte, attaqua les Danois devant Gothembourg avec tant de vigueur, qu'ils prirent la fuite, et qu'en suite de cet échec sur mer, l'armée de terre fut obligée de lever le siége de cette ville.

Il fallait d'ailleurs que le nom de Du Quesne eût déjà un bien glorieux retentissement en Europe, puisque Christian IV, roi de Danemark, apprenant que cet intrépide marin commandait les escadres suédoises, vint lui-même à bord de l'amiral danois pour assister à l'action. Le combat fut sanglant, et si Christian, blessé à l'œil au commencement de l'affaire, n'eût pas été forcé de se faire conduire à terre, il était pris sur le vaisseau pavillon, que Du Quesne amarina après deux heures et demie du feu le plus vif.

Quant à cette expédition de Bordeaux dont on a parlé, et où Du Quesne commandait en chef, ce fut en 1650, lorsque les Espagnols tentèrent d'envoyer par mer un secours aux Bordelais, qui s'étaient rebellés contre le roi de France. La position était critique. Mazarin n'avait pas de marine à opposer aux Espagnols. Que fait Du Quesne? Profitant de son influence sur un grand nombre de capitaines marchands et corsaires du ponant, il les décide à s'armer en guerre, et s'avance à la rencontre des Espagnols à la tête de cette escadre, que lui Du Quesne, simple capitaine, avait improvisée par la seule autorité de son nom, tandis que ni la reine de France ni son premier ministre n'avaient pu mettre en mer un seul vaisseau ! Ce fut aussi dans ce même temps-là qu'il croisait dans le golfe de Gascogne pour fermer aux Espagnols l'entrée de la Gironde, que Du Quesne fit cette belle réponse, — soutenue par un non moins beau combat, — au commandant d'une escadre anglaise qui le sommait d'amener son pavillon pour rendre hommage à cette prétendue souveraineté de la mer que s'arrogeait l'Angleterre : *Dites à celui qui vous envoie, monsieur,* — répondit Du Quesne à l'officier qui était venu lui signifier les intentions de l'amiral anglais, — *que le salut du pavillon est une matière si délicate et si épineuse que le canon seul peut en décider.*

En effet le canon en décida, le pavillon de France resta fièrement hissé sur le navire de Du Quesne ; et après une heure d'engagement, l'escadre anglaise prenant chasse devant notre flotte de corsaires et de marchands, ces derniers, arrivant à l'embouchure de la Gironde, purent rendre inutiles les tentatives de l'Espagne pour secourir Bordeaux, de sorte que cette ville, perdant tout espoir de ce côté, rentra bientôt dans l'obéissance.

Il faut dire aussi que le désir d'être utile à la France, lors de la révolte des Bordelais, ne fut pas le seul mobile qui poussa Du Quesne à son action généreuse, ce fut aussi la haine profonde et vivace qu'il portait aux Espagnols depuis que son père, Louis Du Quesne, capitaine armateur de Dieppe, avait été tué par eux en défendant un convoi qu'il escortait de Hambourg à la Rochelle ; bien que ce malheur fût une chance de guerre, et que, dans ce combat, l'attaque et la défense eussent été loyales, de ce moment, Abraham Du Quesne ne put vaincre son animosité contre ceux de cette nation ; aussi, lors des affaires de Gattari, de la Corogne, en 1639, de Tarragone, en 1641, de Setta, en 1643, bien qu'il ne fût que capitaine, il anima tellement les autres officiers par l'exemple entraînant de son intrépidité, qu'il contribua plus que pas un aux pertes que fit l'Espagne dans ces différentes batailles, où Du Quesne reçut d'ailleurs trois blessures, dont une fort grave au genou.

On trouvait encore chez ce grand marin une qualité extrêmement précieuse et rare, en cela qu'elle se rencontre peu souvent chez les hommes d'action : c'était un admirable esprit d'ordre, puissamment aidé par une telle faculté de perception, qu'il embrassait d'un coup d'œil tous les détails du matériel et de l'administration de la marine : constructions, approvisionnements, fonte des canons et des ancres, fabrication des cordages et des agrès, intérêts commerciaux, droit et législation maritime, Du Quesne avait tout étudié, tout approfondi, tout comparé, parce qu'il avait été à la fois constructeur, marchand, armateur et capitaine, et qu'appliquant ensuite à la marine du roi les connaissances pratiques et spéculatives qu'il avait amassées dans l'exercice de ces branches variées de la même carrière, il pouvait mieux que pas un solliciter les réformes et les améliorations que voulait l'intérêt du service.

On a pu avoir un crayon de cet esprit pénétrant, régulier, sagace et singulièrement organisateur, par la lecture de quelques-unes de ses dépêches ; mais ce qui peut seulement en donner une juste idée, c'est sa nombreuse correspondance avec Colbert de Terron, intendant de la marine du ponant, travailleur infatigable, grand administrateur, l'un des hommes les plus capables et les plus inconnus du dix-septième siècle, qui enseigna Colbert, son cousin, sur tout ce qui concernait la marine lorsque ce dernier fut pourvu de ce ministère, et qui, à part sa grande faute de la construction du port de Rochefort[1], faute à

---

[1] On trouve cette anecdote dans M. de Saint-Simon, et rien ne semble plus concluant, si l'on songe à la détestable position maritime du port de Rochefort.

« Colbert de Terron, intendant de la marine à la Rochelle, ayant voulu acheter Rochefort, et le seigneur s'étant opiniâtré à ne le point vendre, de dépit, Colbert de Terron voulut y être plus maître que lui : il persuada à la cour où son nom alors l'appuyait fort, que c'était le lieu le meilleur du monde pour en faire un excellent port, et le plus propre aux constructions de navires, on le crut ; on y dépensa des millions ; de Terron, par ce moyen, devint le maître et le tyran du lieu, et du seigneur qui n'avait pas voulu le lui vendre. Mais quand tout fut fait, il se trouva une telle distance de ce lieu à la mer, un coude entre autres si fâcheux, et la Charente si basse, que les fort gros vaisseaux ne pouvaient y aller de la mer, ni de Rochefort à la mer, et que les autres n'y pouvaient aller qu'avec leur lest et désarmés encore avec deux vents différents pour en faire le trajet. Il n'eût pas été difficile de voir ce défaut qui sautait aux yeux, avant de s'engager dans une telle dépense ; mais le sort des choses publiques est d'être presque toujours

laquelle il fut conduit par la superbe de son caractère glorieux et opiniâtre, rendit de très-véritables services à la France, sans compter encore qu'il fut le père de *Petit-Renau*, un des premiers ingénieurs de ce siècle, et dont on parlera bientôt.

Malheureusement pour Du Quesne et plus encore pour la France, le préjugé religieux de Louis XIV contre les protestants, qui allait s'augmentant chaque jour et devait amener la révocation de l'édit de Nantes ; ce préjugé, dis-je, fut un mur d'airain au pied duquel vint se briser et mourir le génie de Du Quesne ; car, hormis ses deux combats contre Ruyter et ses missions dans la Méditerranée, qui se réduisirent aux bombardements de Gênes et d'Alger, ce vieux praticien, pour cause de sa religion, n'eut jamais de ces commandements considérables où le grand homme de mer peut se révéler tout entier.

Mais revenons à ce combat du 8 janvier, dans lequel on va voir Du Quesne et Ruyter lutter, rivaliser d'adresse, de prudence, de courage et de sang-froid ; le premier ayant à asseoir bien haut sa réputation de général, et emportant de prime-saut un avantage sur Ruyter ; le second ayant à conserver, à augmenter sa renommée en battant un homme tel que Du Quesne, un homme sur lequel la France fondait autant d'espoir.

A la fin de 1675, on a laissé Ruyter à Melazzo, attendant avec impatience le retour du contre-amiral de Haan ; ce dernier arriva enfin en vue de Melazzo le 31 décembre, et mouilla le même jour dans ce port.

Le 1er janvier 1676, sans attendre M. le prince de Montesarchio, ni les vaisseaux espagnols qui n'étaient pas encore pourvus de leurs agrès, Ruyter fit à sa flotte le signal de partance, et mit à la voile à la tête de dix-huit vaisseaux, huit brûlots, une flûte et deux pataches d'avis. On voit que les forces étaient assez partagées, puisque Du Quesne avait vingt vaisseaux et Ruyter dix-neuf.

Depuis le 1er janvier jusqu'au 5, Ruyter croisa entre le Phare et les îles Stromboli, afin de fermer ce passage à la flotte française dont il avait appris l'arrivée par un avis venu de Gorgone.

gouvernées par des intérêts particuliers, il peut se dire et trop continuellement vérifier, que ce sort est très-singulièrement attaché à la France.
(*Mémoires de M. le duc de Saint-Simon*, tom. IV. p. 570.

Du Quesne, lui, était en vue des terres de Sicile depuis le 1ᵉʳ janvier, et le 5 se trouvait près de Stromboli, sans avoir encore aperçu l'armée hollandaise, ainsi que le prouve ce billet écrit à Vivonne par Du Quesne.

DU QUESNE A VIVONNE.

« Monseigneur,

» Nous sommes en vue des îles de Sicile dès le premier jour de l'an. Stromboli [1] nous demeure présentement à l'est, le vent est au sud-sud-est, très-petit et la mer calme; nous sommes toujours dans le dessein de faire notre route, ainsi que je vous en ai informé.

» C'est ce dont le temps me permet de vous donner avis, et aussi que depuis un moment le capitaine d'un vaisseau anglais, à qui M. de Lafayette a parlé, et qui a passé par le Pharé et par Melazzo, lui a dit qu'il avait été à bord de l'amiral Ruyter, qui était à l'ancre proche dudit lieu avec son armée.

» Je suis,

» Monsieur,

» Votre très-humble et très-obéissant serviteur,

» DU QUESNE ».

» Le 5 de l'an 1676. »

(*Bibl. roy. Mss.*)

D'après cet avis que lui avait apporté M. de Lafayette, Du Quesne fit aussitôt ses dernières dispositions de combat, et donna l'ordre de bataille suivant, qui fut définitivement observé.

AVANT-GARDE, COMMANDÉE PAR M. LE MARQUIS DE PREULLY-D'HUMIÈRES.

Le Prudent.	Chevalier de Lafayette.
Le Parfait.	De Chateauneuf.
LE SAINT-MICHEL.	*Marquis de Preully-d'Humières, chef d'escadre.*
Le Fier.	De Chabert.
Le Mignon.	De Relingues.
L'Assuré.	De Villette.

[1] L'île de Stromboli est la plus nord des îles Lipari, situées au nord de la Sicile.

BRÛLOTS.

Chevalier de Beauvoisis.
Chevalier de la Galissonnière.

CORPS DE BATAILLE, COMMANDÉ PAR M. DU QUESNE.

Le Sage.	Chevalier de Langeron.
La Syrène.	Chevalier de Béthune.
Le Pompeux.	Commandeur de Valbelle.
LE SAINT-ESPRIT.	Du Quesne, *lieutenant général.*
Le Sceptre.	Chevalier de Tourville.
L'Éclatant.	De Cou.
Le Téméraire.	L'Hery.
L'Aimable.	La Barre.

BRÛLOTS.

Capitaine Champagne.
Capitaine Honorat.

ARRIÈRE-GARDE, COMMANDÉE PAR M. LOUIS GABARET.

Le Vaillant.	Chevalier de Septesme.
L'Apollon.	Chevalier de Forbin.
Le Grand.	De Beaulieu.
LE SANS-PAREIL.	Louis Gabaret, *chef d'escadre.*
L'Aquilon.	De Villeneuve-Ferrières.
Le Magnifique.	Gravier.

BRÛLOTS.

Capitaine Despretz.
Capitaine Serpaut.

(*Archives de la Marine, à Versailles.*)

Les deux flottes restèrent pour ainsi dire en présence depuis le 5 jusqu'au 8 janvier.

Ce jour-là, vers les six heures du matin la brise ayant tout à coup tourné du nord-est à l'ouest-sud-ouest, donna l'avantage du vent à Du Quesne qui en profita aussitôt pour arriver sur Ruyter, et à onze heures du matin l'action s'engagea vigoureusement entre les deux vieux amiraux.

Voici une première relation de ce combat, elle est de Du Quesne à Vivonne, et fort brève; car ce marin avait à parler de lui, et sa modestie égalait son courage. Heureusement qu'une longue lettre du chevalier de Valbelle, et une dépêche de Ruyter, qui suivent la relation de Du Quesne, entrent dans les plus minutieux détails d'un combat si glorieux pour ce dernier.

DU QUESNE A VIVONNE.

« Monseigneur,

» Le lendemain de ma dernière lettre, qui était le 8, ayant porté bonne voile toute la nuit d'un vent frais, le matin je fis revirer et nous gagnâmes le vent des ennemis ; alors nos vaisseaux étaient écartés ; un peu d'impatience me prit pour employer la journée et profiter de l'avantage du vent. Ainsi nous arrivâmes sur les ennemis qui nous tirèrent à grande portée ; je me mis par le travers de la division de Ruyter qui, peu à peu, arrivait. Cependant la canonnade s'échauffa qui nous attira le calme. Je n'ai pas le temps de vous faire un détail des démarches des ennemis ni de nos vaisseaux ; mais je vous assure qu'attendu les coups que nous avons reçus, il faut absolument qu'ils aient pris le temps de se réparer, une partie de leurs galères ont remorqué de leurs vaisseaux battus, et incommodés, et nous, sur le soir, nous avions peine à nous gouverner, toutes nos manœuvres étant coupées pour la seconde fois.

» Toute cette nuit-là et le jour de hier furent employés à nous réparer pour pouvoir faire route au Phare, où nous croyions que l'ennemi nous voudrait disputer encore une fois le passage, ce qu'il n'a point fait, ni paru que de loin. Enfin, nous avons combattu les Hollandais qui n'ont eu avec eux qu'un galion qui faisait les vingt-six vaisseaux de guerre, plus gros que nous le pensions ; si le vent frais avait continué, deux de nos brûlots auraient fait leur effet ; mais les calmes ont donné le temps de jeter leurs mâts bas et de couler à fond celui de la Galissonnière.

» De Beauvoisis vient de mourir de sa blessure ; le sieur de Villeneuve-Verrières est fort blessé et hors du combat ; j'ai mis le sieur de Montreuil pour commander son vaisseau jusqu'à sa guérison ou à nouvel ordre. Cette ouverture de passage nous a coûté la perte de nombre d'officiers mariniers, notamment dans ce bord.

» Étant ce matin dépassé Stromboli, sur la route du Phare, nous avons vu dans la brume un nombre de vaisseaux à l'ouest de nous, que nous avons crus être les Espagnols qui venaient joindre Ruyter. Lors M. de Preuilly était demeuré assez éloigné de nous, car une pluie nous le cachait; enfin, il s'est trouvé que c'était M. d'Almeras qui nous a joints sur les trois heures; et le vent ayant changé et fait un temps clair, les ennemis ont paru, ce qui nous a fait résoudre d'aller à eux; ce que je fais dans le dessein de ne les pas quitter si nous les pouvons joindre. C'est le sujet qui m'oblige de vous dépêcher cette felouque pour vous assurer de notre jonction, et aussi que l'on prépare à Toulon un secours de blé et des forces dont vous apprendrez le détail par les dépêches de la cour que je garderai encore parce que je ne trouve pas trop de sûreté dans une felouque, attendu même que Coriton ne nous a pas encore rejoint. J'espère que vous nous renverrez ce porteur, le sieur de Puchese, qui s'est risqué avec joie, pour la seconde fois, pour vous porter de nos nouvelles; bien entendu que vous nous le renverrez lorsque nous paraîtrons entre le Phare et Stromboli.

» Il y avait déjà des bâtiments en charge de blé; mais je n'ai pu, ni même voulu en attendre aucun, dans l'empressement que j'avais d'être en ces mers pour les libérer de ces importuns croiseurs. C'est là ce que je peux vous dire pour éviter la perte du temps et envoyer le porteur.

» Je suis,

» Monseigneur,

Votre très-humble et très-obéissant serviteur,

» DU QUESNE.

« De l'armée sous Stromboli, le 10 janvier 1676. »

(*Bibl. roy. Mss.*)

Voici la relation de Valbelle, beaucoup plus étendue, ainsi qu'on l'a dit, et remplie des détails les plus curieux sur ce combat, raconté d'ailleurs par le malin chevalier de la façon la plus spirituelle du monde.

RELATION DU COMBAT NAVAL DONNÉ ENTRE LES VAISSEAUX DU ROI, COMMANDÉS PAR LE SIEUR DU QUESNE, ET LES HOLLANDAIS, COMMANDÉS PAR RUYTER, PRÈS D'ALICUR[1], A 25 LIEUES DE MESSINE, LE 8 JANVIER 1676.

« A Messine, le 27 janvier 1676.

» Le voyage du major, qui est entièrement dévoué à ceux qui l'envoient en cour sans nécessité, m'engage à vous faire une relation courte et véritable de ce qui s'est passé dans la flotte; elle est purement pour monseigneur votre père et pour vous. Les choses que vous y verrez vous feront connaître fort aisément si le major flatte, ment ou dissimule, et vous connaîtrez aussi par celles qu'il vous dira si je suis sincère et véritable.

» Le 1er janvier nous découvrîmes les îles appelées Alicur et Falicur; le 6, M. de La Fayette, qui était de l'avant, chassa un vaisseau anglais venant de la Pouille, où il avait chargé de blé pour Gênes; il apprit du capitaine que l'amiral Ruyter était mouillé entre le cap de Rose-Corme et de Melazzo, et qu'ayant demandé à M. Ruyter ce qu'il faisait en ses mers, il lui avait répondu : *J'attends ici le brave Du Quesne.*

» Cette nouvelle fut cause que M. Du Quesne appela les officiers généraux au conseil, où il leur déclara qu'il ne voulait pas combattre les ennemis entre la Sicile et les îles, à cause des marées, des calmes fréquents, des secours qu'ils pouvaient tirer des galères, et des inconvénients et périls dans lesquels les vaisseaux dégréés pouvaient tomber; il fut résolu tout d'une voix de les aller reconnaître, et de tâcher de les attirer au large pour les combattre, si le vent nous favorisait.

» Cependant M. Ruyter, averti par les feux et les fumées des îles de Lipari et de Salini[2], que nous étions proche du lieu où il était, mit à la voile la nuit du 6 ou 7, et au point du jour, nous le vîmes entre le cap Passaro[3] et Stromboli; sa flotte était composée de trente vaisseaux, savoir : douze grands, douze médiocres, quatre brûlots, deux flûtes et neufs galères.

[1] *Alicur*, une des îles Lipari, près la côte d'Italie.
[2] *Salini*, autre île Lipari; elle est au N. de l'île Lipari et de l'île Vulcano.
[3] *Cap Passaro*, pointe S. E. de la Sicile.

» Le vent était est-sud-est ; Ruyter avait toutes voiles hors, et il venait vent arrière sur nous, qui nous rangions en bataille ; or, comme faire des mouvements en présence d'une armée ennemie c'est une dangereuse chose, et que nous étions convenus de n'en faire qu'à l'extrémité, je proposai à M. Du Quesne, en présence de MM. de Chaumont et de Montreuil, de laisser à M. de Preully l'avant-garde et à M. Gabaret l'arrière-garde, puisque la disposition de la flotte se trouvait ainsi ; il approuva ma pensée, et envoya M. de Montreuil à M. de Preully, et de Ris, aide-major, à M. Gabaret, desorte que nous fûmes promptement en ordre et en état de recevoir les ennemis.

» Après midi, M. Ruyter cargua les basses voiles, et tint le vent ; cette manœuvre nous fit connaître qu'il se contentait d'observer si nous étions gens d'ordre et de courage (ce qu'ayant remarqué, puisque nous l'attendions, allant au plus près et avec nos huniers seulement pour lui faire connaître que nous ne refusions pas la bataille), il n'arriva pas sur nous, et conserva toujours le vent.

» Le soir, M. Du Quesne dépêcha une felouque à Messine pour faire savoir à M. le duc de Vivonne que nous étions en présence des ennemis ; elle passa heureusement. La nuit, les deux flottes coururent au sud, l'amure à bâbord. Les pavillons ennemis allumèrent leurs feux ordinaires, et tous leurs vaisseaux en allumèrent un ; dans notre flotte, il n'y eut que nos trois pavillons qui en portèrent. Nous marchâmes toute la nuit en ordre de bataille et à vue les uns des autres.

» A minuit, M. Ruyter tira un coup de canon, auquel répondirent le vice-amiral et le contre-amiral : il voulut sans doute nous faire accroire qu'il revirait. Comme je m'en défiais, et que j'appréhendais que M. Du Quesne ne donnât dans ce panneau, je lui écrivis qu'il n'était pas croyable que les ennemis revirassent à l'autre bord, et qu'il fallait continuer notre route, à moins que nous les perdissions de vue. Le sieur Baptiste Roux, premier lieutenant du *Pompeux*, lui porta mon billet ; il le lut en présence du major, M. Du Quesne, et me remercia de l'avis qui se trouva juste, car deux heures après nous vîmes les feux des ennemis.

» M. Ruyter nous menait vers Palerme dans l'espérance de rencontrer le prince de Montesarchio, qu'il attendait d'heure en heure; et s'il l'eût joint avec ses dix vaisseaux, avant le combat, sa partie aurait été mieux faite que la nôtre; mais à la fin du second quart, le vent d'ouest se déclara pour nous, et le 8, au point du jour, les ennemis étaient à deux lieues sous le vent à nous. Nous perdîmes une heure de temps pour attendre notre arrière-garde qui était un peu éloignée, à cause que nous avions reviré à la diane en faisant la contre-marche; dès que M. Gabaret fut proche, nous forçâmes de voiles.

» Les ennemis avaient à leur tête et à leur gauche deux vaisseaux à trois ponts, et qui marchaient bien; mais nous allions mieux qu'eux: ainsi nous fûmes de l'avant de leur tête à neuf heures. Une partie de notre corps de bataille avait derrière l'amiral de Ruyter, et assurément c'était bien fait: alors M. Du Quesne fit le signal d'arriver, ce que M. de Preuilly fit; mais il prit si peu d'espace, c'est-à-dire de mer ou de terrain que, quand il fallut présenter le côté et attendre la ligne, il ne gêna pas seulement les vaisseaux qui étaient derrière lui, mais ceux de la tête du corps de bataille, faute qui empêcha, durant quelque temps, les vaisseaux qui étaient ainsi doublés de tirer sur les ennemis.

» La Fayette en fit une plus grande, et dont il fut châtié; car, impatient et désireux de charger les ennemis, il arriva avant qu'on eût fait le signal, et trois vaisseaux de l'avant-garde ennemie le dégréèrent tellement que d'une heure il ne put revenir au combat.

» *Le Parfait*, que Châteauneuf monte, fut d'abord démâté de son grand hunier, ce qui l'obligea de se tenir au vent pour faire réparer en diligence son mât; cette manœuvre ne répond pas à sa réputation précédente, qui n'a jamais été ni partagée ni douteuse.

» Langeron, qui était à la tête du corps de bataille, débuta fort bien, mais tout d'un coup il se refroidit, et on ne le vit plus à sa place; Bethune, qui le suivait, faisait bonne figure, mais avec le canon de *la Syrène* il ne pouvait pas soutenir le feu de deux gros hollandais qui le chauffaient; *le Pompeux* (commandé par Valbelle) qui était son voisin répondait souvent pour lui.

» J'eus l'honneur de me battre deux heures contre M. Ruyter et un de ses seconds, sans compter un petit vaisseau qui se désespérait, à cause que je le méprisais. Il s'est fait des plaisanteries là-dessus ; enquérez-vous-en du major. Vous saurez de lui que M. Du Quesne m'aida extrêmement, il empêcha ces bourgmestres qui m'avaient entrepris de m'achever ; le feu qui sortait du *Saint-Esprit* était grand, et M. Ruyter, qui ne se voulait pas commettre, s'éloignait doucement de nous, et pliait toujours avec ordre : sa conduite nous mettait à bout, et le vent commençait à tomber.

» Cela m'obligea de demander à parler à M. Du Quesne ; car nous étions à la voix. Il vint à sa galerie de tribord avec M. de Chaumont, et m'ayant demandé ce que je voulais, je lui criai :
— M. de Preully fait la même faute que M. de Martel fit en venant lorsqu'il s'amusa à canonner et à ne pas presser le vice-amiral de Zélande ; envoyez-lui dire, s'il vous plaît, d'arriver sur le contre-amiral qui lui est opposé. — Ce qu'il fit en lui envoyant porter cet ordre par M. de Chaumont.

» En vérité, M. de Preully fut très-exact à l'obéissance, et nous vîmes plier deux vaisseaux de l'avant-garde ; il se battit cruellement ; MM. Chabert de Relingue et Villette le secondèrent bien ; un de ses brûlots, commandé par le marquis de Beauvoisis, se brûla inutilement, et lui fut assommé d'un éclat ; l'autre, que montait le chevalier de Galissonnière, coula bas et fondit sous ses pieds.

» Revenons, s'il vous plaît, au corps de bataille, où il y avait alors moins de feu, parce que les ennemis ne tenaient pas ferme. Tourville, qui était derrière M. Du Quesne, avait affaire à un vaisseau à trois ponts ; un de nos brûlots les sépara et se mit entre deux, par je ne sais quel signal qu'on lui fit du *Saint-Esprit* ; mais il n'eut pas le loisir de marcher un horloge vers les ennemis qu'il fut démâté de ses huniers, et Champagne y mit le feu ; il ne pouvait faire autrement, aucun vaisseau de guerre ne l'escortant : cela servit à faire arriver les vaisseaux ennemis qui étaient par son travers. Mais cette manœuvre n'est ni bonne, ni praticable que lorsqu'un vaisseau est dégréé, et qu'on peut escorter le brûlot, risque à pouvoir l'aborder, ou quand on est désemparé, et qu'on veut éloigner ceux qui peuvent nuire. Quiconque l'a fait en des cas différents n'est pas loué, et on lui reproche ladite manœuvre.

» MM. de Cou et de Léry ne se sont pas démentis; pour M. de La Barre, qui serrait la queue de la division du corps de bataille, je ne le vis point, et quant à notre arrière-garde, M. Gabaret y a fait humainement tout ce qui se pouvait faire; Septesmes ne s'est point épargné; Villeneuve-Ferrière, capitaine de *l'Aquilon*, y a été tué; mais il y a tant de plaintes dans cette division, que je n'ai pas la force de vous écrire qu'ils laissèrent gagner nos eaux à l'arrière-garde des ennemis.

» Tourville, qui voyait ce désordre, y envoya de son chef Nicolas pour leur dire de la part de M. Du Quesne d'arriver; M. Du Quesne y envoya aussi de Ris, aide-major, mais il n'était plus temps : le vent était mou, et le peu qu'il y en avait, contraire; sans mentir, si nous eussions pris le point de l'occasion, l'arrière-garde des ennemis aurait eu de la peine à nous échapper; elle était coupée sans apparence de pouvoir être secourue : M. Ruyter en était fort éloigné, et nous l'occupions assez; en effet, cet amiral en eut peur, et il envoya deux brûlots à son vice-amiral, qui la commandait.

» M. Du Quesne, voyant le vent tomber, fit signe à l'avant-garde de s'y tenir et déploya un pavillon rouge au bâton du beaupré; M. de La Fayette, qui est à la tête, s'en aperçut, et se rallia au vent. De malhonnêtes gens y ont trouvé à dire ; s'il avait manqué à faire cette manœuvre, il méritait une réprimande plus sévère que celle qu'on lui a faite pour être arrivé de son propre mouvement, parce que cette faute, bien que grande et contre la discipline, ne regarde que lui seul, au lieu que l'autre regarde toute la flotte, et pouvait causer la perte de l'avantage du vent, qui est le plus grand qu'on puisse avoir et perdre sur la mer.

» Une heure avant la nuit, les galères essayèrent leurs canons de coursier contre M. Du Quesne, qui les méprisa; Tourville les fit taire en les saluant de deux coups de canon de deux pièces de trente-six; elles remorquèrent deux vaisseaux qui apparemment étaient incommodés. Ainsi finit la journée, que l'on appellera la bataille d'Alicur, île à vingt-cinq lieues de Messine, du côté de l'ouest.

» Les ennemis continuèrent leur route au sud vers Palerme,

et nous revirâmes vers Stromboli. Le 9, nous fûmes hors de vue, et travaillions à nous réparer et à faire remplir des cartouches. Le 10, le temps fut obscur et couvert, brume et pluie, vent variable ; à huit heures du matin, nous étions à portée de mousquet de Stromboli, et M. de Preully sous le vent avec toute sa division ; à midi, nous vîmes au vent quatorze vaisseaux et une tartane ; d'abord nous crûmes que c'étaient les ennemis, et nous arrivâmes sur les vaisseaux éloignés ; mais des signaux de reconnaissance qu'ils firent nous marquèrent que c'était M. d'Almeras ; M. Du Quesne y répondit, et nous nous joignîmes.

» La nuit du 10 au 11 fut obscure et noire ; M. Du Quesne revira deux fois en cinq horloges, et les vaisseaux *le Joly* et *l'Apollon* s'abordèrent : ce dernier perdit le beaupré, et l'autre le beaupré et le mât de devant ; ils mirent des feux à leurs haubans et tirèrent plusieurs coups de canon pour marquer leur désordre, demander du secours et pour prier de les attendre ; mais on fut sourd et aveugle, et on ne s'arrêta point : de sorte que le lendemain nous ne trouvâmes rien à dire à ces deux vaisseaux.

» Mais nous en vîmes trente-sept au vent, et distinguâmes deux pavillons d'amiral, ce qui nous marqua la jonction des ennemis. Le prince de Montesarchio paraissait hardi, et à ses manières on voyait bien qu'il nous en voulait ; au contraire, l'amiral Ruyter, froid et retenu, ne fit pas seulement semblant d'arriver. Ne pouvant aller à eux, à notre ordinaire, nous les attendions en bon ordre ; en un mot, ce calme nous a fait un grand tort. Vous verrez dans la lettre que je me suis donné l'honneur de vous écrire, et dont il y a un duplicata, le reste de nos aventures, cependant je ne dois pas supprimer celle de Belle-Ile, capitaine du *Joly*. La jonction faite, il fut rendre visite à feu M. de Villeneuve, son beau-frère, et de là chez M. Du Quesne, où la nuit et le mauvais temps le surprirent et l'empêchèrent de regagner son bord. Le 11 au matin Villeneuve était mort, et de Relingue, qui savait l'accident survenu, trouva Belle-Ile chez M. Du Quesne, et lui annonça cette fâcheuse nouvelle ; de désespoir, Belle-Ile se jeta dans la tartane de M. d'Almeras, et fut à la bonne aventure chercher son vaisseau : il le trouva en la côte de Calabre.

» Cette nouvelle nous est venue par le retour du maître de la tartane; nous ne savons pas quelle route il a prise, ni quelle sera sa destinée; son action mérite qu'elle soit bonne, je le souhaite de tout mon cœur, et qu'il puisse attraper quelque port ami. Nous avons trouvé dans celui-ci *l'Apollon,* dont nous étions en peine.

» Il ne me reste maintenant plus rien à vous dire, sinon que M. de Vouzi commandait à la batterie d'en haut, où j'ai eu bien du monde de tué; mais, grâce à Dieu, il se porte bien, et le chevalier de Saint-Symphorien, qui l'aidait à animer les matelots : sans flatterie, je les ai vus fermes et résolus. Un de mes enseignes, appelé Beaussier, a été blessé dangereusement. J'ai perdu dix-huit hommes et vingt-trois de blessés.

» Aujourd'hui, 29 du mois, *le Joly* vient d'arriver. Je ne saurais vous exprimer la joie que nous avons de le revoir. »

(*Arch. de la Marine, à Versailles*).

Voici enfin la relation hollandaise du même combat, suivie de la lettre de Ruyter.

« . . . . . . Après cela on fit les signaux de partance, et l'armée leva l'ancre, le 1er janvier 1676, sans attendre le prince Montesarchio, ni les vaisseaux d'Espagne qui n'étaient pas encore pourvus de tout ce qui était nécessaire, ceux qui portaient les munitions de guerre qu'ils devaient prendre étant arrêtés à Melazzo par le vice-roi, suivant ce que Montesarchio en écrivait au lieutenant amiral. Mais, le même jour, on vit quelques bâtiments faire voile de Melazzo à Palerme, par l'ordre du vice-roi, pour porter aux Espagnols des mâts, des câbles, des ancres et du goudron. Les Hollandais prirent leur cours le long de la côte, vers le détroit du Phare; mais le calme et le vent contraire, tour à tour, les empêchèrent d'avancer beaucoup. Le général reçut encore le même jour une dépêche du vice-roi qui lui recommandait d'arrêter tous les navires et bâtiments qui voudraient aller à Messine, et de les envoyer à Melazzo, avec laquelle dépêche il y avait un placard du roi de la Grande-Bretagne, portant défense à tous les sujets de ce royaume de prêter aucun secours aux Messinois ou autres sujets rebelles du roi Catholique, sur peine d'être punis selon les lois et comme infracteurs de la paix entre les deux couronnes. Ce placard avait été publié le 17 de juin, et envoyé à Madrid par don Pedro Ronquillo, ambassadeur d'Espagne, et de là le roi l'avait fait tenir à Melazzo.

» Le 2 de janvier, on vit de dessus les vaisseaux de Hollande que les Espagnols et les Français tiraient furieusement par terre, les uns sur les autres. Ibisso, forteresse située assez loin de Messine, c'est-à-dire à plus de huit milles d'Italie, ou à deux lieues d'Allemagne, ayant été alors attaquée par les Espagnols, fut emportée après quelque résistance, et deux colonels, avec soixante-dix hommes de la garnison, furent faits prisonniers de guerre, y en ayant eu soixante de tués ; de quoi le marquis de Villafranca donna avis au général Ruyter.

» Le lendemain il lui fit tenir une dépêche du roi d'Espagne, datée le 6 du mois précédent, l'armée naviguant alors par le travers de la pointe de Rasocalmo. Le roi informait encore une fois l'amiral Ruyter que le temps de son séjour en Sicile avec l'armée navale avait été prolongé par les États pour six autres mois, et la dépêche était conclue par ces paroles : « Nous espérons que vous
» exécuterez avec diligence et de point en point ce qui est réglé
» par la dépêche du 28 de novembre, ainsi qu'il vous est or-
» donné dès le commencement. Au reste, nous avons tant de
» confiance en votre conduite, que nous ne doutons nullement
» que les services que vous nous rendrez ne nous donnent occa-
» sion de vous combler de faveurs et d'honneurs, ce qui ne man-
» quera pas d'arriver à mesure que nous y serons conviés par vos
» exploits, et eu égard à ce que nous nous promettons de vous
» dans une affaire d'une si haute importance. »

» Cependant Ruyter ne trouvait pas que ce fût assez pour lui que ces assurances qu'il recevait d'Espagne de la prolongation de son séjour en Sicile, à moins qu'il n'en reçût des ordres exprès par des dépêches des États-Généraux ou du prince d'Orange. Le 4 du mois, naviguant entre Stromboli et le phare de Messine, il vit dès le matin deux bâtiments ; mais c'était de si loin, qu'il ne jugea pas à propos de quitter son poste pour aller leur donner la chasse, dans l'incertitude où il était à leur égard ; car il croyait que ce pouvait être une ruse de guerre de ses ennemis afin de le surprendre. On apprit dans la suite que c'étaient des Anglais.

» Après cela, une felouque, qui vint à son bord, lui ayant

donné avis que le jour précédent on avait vu plus de vingt-huit ou vingt-neuf voiles proche de l'île d'Alicur, il résolut de retourner encore croiser par le travers de Melazzo. Le même jour il lui fut apporté par une autre felouque une dépêche du marquis de Los Veles, vice-roi de Naples, datée le 26 décembre de l'année précédente, par laquelle il l'informait que le châtelain de Gorgone, petite île dans la mer de Toscane, avait vu passer trente-une voiles, qu'on croyait être l'armée de France qui avait été équipée à Toulon pour aller secourir Messine. Un des capitaines des galères se rendit aussi, sur le soir, au bord du lieutenant amiral, et lui rapporta que les sentinelles de l'île de Lyffico avaient découvert vingt voiles.

» Le matin du 5 du mois, les Hollandais n'ayant encore vu aucun vaisseau étranger, les galères espagnoles arrivèrent de Melazzo, et, par ordre du vice-roi, se joignirent à l'armée; mais, sur le midi, le vent se renforça tellement au sud-ouest qu'elles furent obligées de s'en retourner dans le port d'où elles étaient venues, au lieu que les Hollandais se maintinrent en faisant des bordées. Vers le soir on fit des signaux avec des feux dans l'île de Lipari, pour avertir qu'on découvrait une flotte. A ce signal, le général Ruyter, qui voyait qu'il ne lui était pas possible de traverser le Phare par un vent si contraire, résolut de mettre le lendemain matin à l'autre bord et de porter le cap à l'ouest pour chercher les ennemis et les découvrir, ou tâcher d'avoir une connaissance certaine de leur état et des parages où ils étaient; il donna en même temps avis de son dessein par une lettre au vice-roi, qui lui écrivit aussi le même jour qu'il avait ordonné aux galères de se remettre au large et d'aller le renforcer; outre cela, il lui mandait qu'on disait que le prince de Montesarchio était parti de Palerme avec cinq navires, et qu'il attendait avec impatience une plus grande certitude de cette nouvelle; à quoi il ajoutait que, suivant le désir de Ruyter, il avait écrit au marquis de Los Veles en faveur des pasteurs de Hongrie.

» Le jour suivant, 6 janvier, l'armée navigua entre Stromboli et Lipari, et s'avança tout proche de Lipari, sans que les sentinelles des mâts de hune découvrissent les ennemis. Sur le soir elle se rendit près de l'île de Salini, où trois felouques venant au

bord du général Ruyter, les patrons lui dirent qu'étant sur la hauteur qui est dans l'île, ils avaient vu près de trente voiles, entre lesquelles il y avait douze ou quatorze gros navires. Il leur demanda combien ces vaisseaux étaient éloignés de lui, et où ils avaient le cap, afin de prendre ses mesures pour les joindre plus promptement. Leurs réponses sur le premier de ces points s'accordèrent fort bien ; mais elles différèrent si fort sur le second, qu'il fut contraint d'envoyer un de ses lieutenants sur une felouque à l'île de Salini, avec le pilote côtier du Phare et quelques-uns des plus expérimentés patrons de felouques, pour aller sur les montagnes qui sont extraordinairement hautes, et voir, s'il était possible, quel cours prenaient les ennemis. Les neuf galères espagnoles nagèrent alors jusqu'au rivage de Liparî. Le lieutenant étant de retour et ayant dit qu'il avait vu vingt-huit à trente voiles au nord-ouest, à six lieues de l'armée, qui venaient sur elle, le général fit gouverner au nord toute la nuit afin de les rencontrer, ordonnant que si la brume ou quelque autre accident faisait écarter du pavillon quelques-uns des vaisseaux; le rendez-vous serait dans la baie de Melazzo, où ils le retrouveraient, ou bien de nouveaux ordres ; et défendant sévèrement de s'en séparer sans une nécessité absolue. Le marquis de Villafranca lui écrivit qu'il avait beaucoup de joie de ce que l'armée allait chercher les ennemis, puisqu'il n'y avait pas moyen de passer de l'autre côté du Phare ; ajoutant : « J'espère que
» Votre Excellence, par son extrême valeur et par sa longue ex-
» périence, fera aisément obtenir au roi mon maître les heu-
» reux succès qui sont nécessaires pour le soutien des intérêts
» de sa couronne, et que vous immortaliserez votre nom en
» Italie. » Il l'assura en même temps que les galères le suivraient si le temps le permettait, et que le prince de Montesarchio partirait de Palerme, le 5 de janvier, avec trois navires.

» Le 7 de janvier, à la pointe du jour, les Hollandais découvrirent l'armée de France, qui était à trois lieues au nord-est, gouvernant à l'ouest-nord-ouest. Le vent était sud-sud-ouest, et le général Ruyter, suivi des siens et des galères, mettant tous les perroquets et les bonettes à étui, et faisant tout ce qu'il pouvait pour forcer de voiles, tâcha de joindre les ennemis. Il y avait parmi eux quelques vaisseaux qui étaient obligés de tenir les basses voiles sur les cargues pour attendre ceux qui étaient les plus pesants et les moins bons voiliers; ce qui donna lieu au lieutenant amiral de s'en approcher fort près sur le midi avec dix navires; les autres, qui étaient le plus de l'arrière et les moins légers de voiles, n'ayant pu le suivre et encore moins joindre les Français, qui cependant pinçaient le vent autant qu'il leur était possible pour gagner quelque avantage sur les Hollandais.

« Vers les trois heures, Ruyter fit le signal d'ordre de bataille, afin que les officiers généraux, les capitaines et les commandeurs prissent leur rang, et que chacun se tînt dans la division sous laquelle il était rangé, ce qui fut exécuté au même moment; mais comme le jour était déjà trop avancé et que la nuit était proche, la bataille fut remise jusqu'au lendemain matin. Ruyter fit alors venir tous les officiers généraux, les capitaines et les commandeurs à son bord, où il leur ordonna de se préparer au combat pour le jour suivant, après les avoir exhortés à s'acquitter dignement de leur devoir par la considération de l'amour de la patrie, à laquelle la victoire procurerait sans doute une glorieuse et solide paix : c'est ce qu'ils lui promirent tous en mettant leur main chacun à son tour dans la sienne. Sur le soir, le vent tourna au sud-sud-est, et les deux armées coururent également la bande du sud-ouest; mais, à minuit, le vent ayant sauté au sud-ouest et au sud-ouest-quart au sud, les Hollandais firent le nord-ouest-quart à l'ouest.

« Cette nuit-là Ruyter détacha un des bâtiments qu'on nomme une demi-galère pour aller jusqu'au milieu des deux armées observer les mouvements des ennemis, avec ordre de tirer un coup à chaque horloge tant qu'on les verrait courir le même bord que les Hollandais, et que, si on les voyait changer de bord, le bâtiment eût à revenir du côté de l'armée de Hollande en tirant sans cesse. Mais, sur la fin de la nuit, il se leva un vent d'ouest-sud-ouest si fort, que non-seulement la demi-galère fut contrainte de quitter son poste, mais que les neuf autres galères espagnoles furent obligées de se retirer vers le rivage, allant à petites voiles se mettre à couvert sous l'île de Lipari. La nuit étant sur le point de finir, les Français firent un signal pour mettre à l'autre bord, et Ruyter y mit aussi.

« A la pointe du jour, les Hollandais revirent les ennemis qui couraient le même bord qu'eux. Durant la nuit on avait fait de part et d'autre tous les efforts imaginables pour gagner le vent, qui, pendant que chacun de son côté faisait cette manœuvre, se rangea de plus de six rumbs de l'avant des Hollandais, et, par conséquent, si contraire, que les Français en eurent tout l'avantage sur eux. Vers les huit heures, les Hollandais virent ces derniers à une lieue et demie au vent à eux. Lorsque les deux armées furent plus proches l'une de l'autre, on compta dans celle de France, qui était partie de Toulon et des îles d'Hyères le 17 de décembre, près de trente voiles, dont il y avait vingt à vingt-quatre navires capitaux de cinquante à quatre-vingts pièces de canon, et le reste était quatre brûlots, une galiote et un senau, si bien qu'elle surpassait celle de Hollande, non-seulement par le nombre des vaisseaux, mais plus encore par leur grandeur et par la quantité du canon aussi bien que par sa grosseur.

« Ruyter ne se trouva pas alors dans une médiocre inquiétude, car on lui avait auparavant assuré que la flotte qui venait de France pour secourir les Messinois n'était composée que de douze navires de guerre, et que le reste n'était que des bâtiments de charge pour porter des vivres, et cependant il voyait que ces vingt-quatre gros vaisseaux, à la réserve de très-peu, étaient tous aussi grands que son amiral, de sorte qu'il semblait ne devoir pas s'attendre à moins qu'à être battu, tant eu égard à la supériorité des forces des ennemis, que par rapport au vent qu'ils lui avaient gagné. Néanmoins, sachant qu'il n'était plus temps ni d'éviter le combat ni de fuir, et que la nécessité autant que l'intérêt du roi d'Espagne, au secours duquel il était envoyé par les États ses maîtres, requérait qu'il se disposât à la bataille, qu'il fît tête aux ennemis et qu'il hasardât de gagner ce qu'il perdrait assurément en prenant un autre parti, il demeura ferme dans sa première résolution d'aller lui-même les attaquer.

« Le sieur Du Quesne, lieutenant général des armées du roi de France, commandait en chef celle-ci en qualité d'amiral, et conduisait le corps de bataille. Ce vaillant et expérimenté officier de marine faisant profession de la religion réformée, se trouvait dans cette occasion engagé, par l'injuste et capricieux sort de la guerre, à combattre contre Ruyter et contre les Hollandais, ses frères, faisant profession de la même foi que lui, et cela en faveur de sujets rebelles à leur roi. Il avait divisé son armée en trois escadres : le marquis de Preully d'Humières avait l'avant-garde, et le sieur de Gabaret commandait l'arrière-garde. L'armée de Hollande ne consistait, ainsi qu'on l'a vu ci-dessus, qu'en dix-huit navires de guerre, entre lesquels il n'y en avait que deux montés de soixante-seize pièces de canon, six senaux ou frégates légères, montés chacun de huit canons, quatre brûlots et deux bâtiments de charges; et outre cela, les équipages étaient bien moins forts que ceux des Français. Elle fut aussi divisée en trois escadres, chacune de six navires, et les autres bâtiments rangés à proportion ; mais, en cette journée, le contre-amiral Verschoor eut la tête, le lieutenant amiral de Ruyter commanda le corps de bataille, et le vice-amiral de Haan fut à la queue.

« Ruyter ayant ainsi pris son parti, et étant dans la résolution d'aller aux ennemis, tint le vent le plus qu'il lui fut possible, et rangea de la sorte toute son armée, avec laquelle était le navire espagnol commandé par Mathieu de Laye, qu'ils ne pouvaient continuer leur route vers Messine sans passer au travers des Hollandais.

«D'ailleurs les Français, qui n'aspiraient pas moins que lui à livrer bataille, commencèrent vers les neuf heures à arriver sur lui en si bon ordre, que depuis il déclara généreusement, à leur louange, qu'il n'avait jamais vu de combat où les ennemis eussent arrivé en un meilleur ordre. Alors tous les siens étant aussi en ligne et attendant courageusement les Français, les vaisseaux de chaque parti, qui se trouvaient le plus de l'avant, s'engagèrent et firent feu les uns sur les autres. Il était déjà dix heures, et c'était le contre-amiral Nicolas Verschoor qui conduisait les Hollandais, comme le marquis de Preully d'Humières commandait les Français, qui s'étaient engagés les premiers. Le parage où se donna le combat fut entre les îles de Stromboli et de Salini. Les avant-gardes étant aux prises, les corps de bataille, conduits l'un par le lieutenant amiral général Ruyter, et l'autre par le général Du Quesne, entrèrent aussi en action, et après eux l'arrière-

garde du vice-amiral de Haan, qui avait à soutenir celle de
l'armée de France, commandée par le sieur de Gabaret.

« D'abord les deux amiraux furent quelque temps à portée des
coups l'un de l'autre, sans néanmoins s'envoyer un seul boulet,
jusqu'à ce que Ruyter, prenant son temps, lâcha toutes ses bordées sur son ennemi, à quoi Du Quesne répondit aussitôt de
toutes les siennes et de près; ensuite la mêlée fut terrible : on
s'engagea de toutes parts et on fit un feu si épouvantable, que
Ruyter écrivit depuis aux États que de sa vie il ne s'était trouvé
dans un plus rude combat.

« Après avoir ainsi continué pendant trois heures, et que les
vaisseaux et les équipages eurent été fort maltraités, le général Du
Quesne commanda au chevalier de Tourville de conduire sous
son canon, et à la faveur de l'épaisse fumée qui régnait, le brûlot
du capitaine Champagne au bord de Ruyter. Ce brûlot s'avança
avec une hardiesse merveilleuse, sans craindre le feu que les
matelots de l'amiral faisaient sur lui; mais, avant qu'il eût
abordé, Ruyter lui abattit son mât de hune et le mit hors d'état
de plus naviguer, si bien que le capitaine Champagne fut contraint d'y mettre lui-même le feu pour empêcher qu'il ne tom-
bât entre les mains des Hollandais. Un autre brûlot, sous le
commandement du capitaine Beauvoisis, arrivant à son tour sur
l'amiral, espérait mieux réussir; mais il fut encore démâté, et
le capitaine fut tué d'un boulet de canon, ce qui obligea l'équipage de mettre aussi le feu au brûlot et de se sauver dans la
chaloupe. Un troisième, conduit par le chevalier de la Galissonnière, fut coulé bas entre les lignes des deux armées.

« Les Français ont rapporté que Du Quesne, remarquant que
Ruyter s'était laissé emporter par la chaleur du combat, et que
son arrière-garde, sous le vice-amiral de Haan, était à une assez considérable distance de lui, donna ordre au chevalier de
Tourville de s'avancer vers cette arrière-garde, et de l'enfermer
entre les quatre vaisseaux qu'il conduisait et l'arrière-garde des
Français qui était sous Gabaret; mais qu'ayant calmé sur l'heure,
ce projet ne put réussir, ni le combat continuer avec la même
vigueur. On a dit du chevalier de Léry, qui montait un vaisseau
rangé sous l'escadre du général Du Quesne, qu'il avait passé
presqu'au milieu de l'arrière-garde des Hollandais, où tombant

sous le feu de quatre de leurs vaisseaux, il le soutint avec une fermeté merveilleuse et se retira enfin auprès des siens.

« L'avant-garde et le corps de bataille des Hollandais, l'une sous le contre-amiral Verschoor, et le dernier sous le général Ruyter, ainsi qu'il a déjà été dit, combattirent jusqu'à quatre heures et demie du soir ; mais l'arrière-garde, sous le vice-amiral de Haan, qui, suivant son rang, ne s'était engagée que la dernière, ne sortit aussi qu'un peu plus tard du combat que l'obscurité fit cesser. Au soleil couchant, on vit du bord de Ruyter un gros navire français couler bas. Quelques-uns ont prétendu qu'il en avait encore péri un autre, mais on n'en eut point de certitude.

« Voilà quelle fut l'issue du combat naval donné proche de l'île de Stromboli, où on combattit des deux côtés avec une valeur extraordinaire. C'est de quoi Ruyter lui-même rendit témoignage dans une lettre qu'il écrivit aux États le lendemain de la bataille, et qui portait qu'il n'y avait pas eu un des capitaines et des autres officiers de l'armée de leurs hautes puissances qui ne se fût courageusement battu et sans jamais lâcher le pied, non plus que les ennemis, qui, de leur côté, n'avaient pas moins bien fait. Il dit ou écrivit aussi, dans une certaine relation de cette journée : *Je dois ce témoignage à la vérité que les navires de France se sont fort vigoureusement battus.*

» Du côté des Hollandais, on perdit le contre-amiral Nicolas Verschoor, qui fut tué dans la chaleur du combat, où il mourut au lit d'honneur en donnant des preuves de son courage. D'ailleurs, il n'y eut nul autre des officiers généraux ni des capitaines qui reçut la moindre blessure ; pour le nombre des matelots morts ou blessés, n'en ayant point trouvé de liste, je n'ai pu savoir qu'en gros qu'il n'était pas grand. Il y avait au bord de Ruyter sept morts et trente blessés, six desquels l'étaient dangereusement ; mais il est constant que les vaisseaux hollandais, et particulièrement l'amiral, étaient fort incommodés en leurs mâts, en leurs vergues, en toutes les manœuvres et en leurs voiles. *Le Frêne,* que montait le capitaine Gilles Schey, avait un ou plusieurs coups à l'eau, et l'eau qui y entra avec abondance mouilla sa poudre ; le capitaine fut même obligé durant la nuit de passer au bord de Ruyter pour lui remontrer le danger où il était, et pour lui demander un charpentier qui vînt aider à chercher la voie d'eau qu'aucun des gens de son équipage ne pouvait trouver. Le lieutenant amiral y envoya sur l'heure les capitaines Berkhout et Van Elmonde avec son maître charpentier pour y donner leurs soins. Ils entendirent bien tous l'eau entrer, mais ils ne purent découvrir où était l'ouverture. Don Bertrand de Guevarra, général des neuf galères espagnoles, les ayant ramenées à l'armée le soir après la fin de la bataille, et y étant demeuré toute la nuit, Ruyter l'envoya prier de faire remorquer ce vaisseau par deux galères à Palerme ou en tel autre port que le vent le permettrait, ce qu'il accorda à l'instant; ensuite le lieutenant amiral ordonna à Schey de faire remorquer son vaisseau dans le plus prochain havre. »

Enfin voici une lettre de Ruyter aux États-Généraux à propos de ce combat. On va voir avec quelle noble et digne impartialité il rend hommage à la valeur de Du Quesne.

« Hauts et puissants seigneurs,

« Depuis celle que j'eus l'honneur d'écrire à vos Hautes Puissances, datée de Cagliari, le 10 du passé, elles sauront que nous arrivâmes dans la baie de Melazzo le 20 du même mois, et dont à l'instant je fis donner avis à M. le marquis de Villafranca, vice-roi de Sicile, par mon secrétaire, qui lui fit mes compliments. Son Excellence me fit l'honneur de me les venir rendre à bord, l'après-dîner. Quelques jours après, je la fus voir, et elle me reçut avec beaucoup de civilités, ayant fait tirer le canon de la ville et du château à mon arrivée et à ma sortie, en considération de vos Hautes Puissances. Comme il ne fallait point perdre de temps, je fis le capitaine Verschoor contre-amiral de votre flotte, et je l'envoyai, avec le capitaine Berkhout, le comte de Stirum et mon secrétaire, vers le marquis de Villafranca pour résoudre avec lui ce qu'il fallait entreprendre contre les Français avec la flotte de vos Hautes Puissances, et combien il y joindrait de navires et de galères, afin de nous rendre les plus forts si nous les rencontrions. Après plusieurs raisonnements et contestations, il fut arrêté que nous irions vers le phare de Messine avec nos vaisseaux, afin qu'y croisant nous pussions couper tout le secours que les Français auraient envie de jeter dans Messine; et que cependant Son Excellence donnerait ordre aux navires de guerre espagnols qui étaient à Palerme, sous le commandement du prince Montesarchio, de s'apprêter en diligence pour nous joindre, n'y ayant que le navire de *nostra signora del Rosario*, monté de cinquante pièces de canon et de trois cents hommes d'équipage, sous le capitaine Mathieu de Laye, qui le pût faire alors, et les neuf galères commandées par don Bertrand de Guevarra, lieutenant général des galères de Naples.

» La nuit du 31 du mois passé au 1er de celui-ci, le vice-amiral de Haan, que la tempête avait séparé de nous dès le 8 novembre dernier, arriva heureusement dans la même baie de Melazzo avec ses neuf navires; et à l'heure même, nous voyant assez forts par ce secours, nous fîmes voile ensemble le long de la côte du détroit de Messine, afin de le passer et nous joindre aux Espagnols au rendez-vous susdit, entre le cap de la Molina et celui de l'Arme; mais la nuit devint trop calme, et le matin nous eûmes le vent contraire. Le 2, à la pointe du jour, les Espagnols, appuyés de notre flotte, attaquèrent une petite place nommé Ibisso, où il y avait quelques Messinois et peu de Français. Elle se défendit courageusement pendant une forte attaque qui dura trois heures; mais, comme il y avait peu de monde, elle fut obligée de se rendre.

» Cependant le vice-roi m'envoya donner avis, devant le Phare où nous croisâmes jusqu'au 5, qu'il était sorti de Toulon une flotte considérable, qu'on l'avait vue passer devant Livourne et devant les îles de Sicile, et qu'on l'apercevait de l'île de Lipari. Cette nouvelle, à cause du vent qui nous était toujours contraire, et qui nous empêchait d'entrer dans le détroit, me fit résoudre, le 6 au matin, de retourner et d'aller à notre rendez-vous, afin de chercher les Français. Nous avançâmes ce jour-là jusque sous l'île de Lipari sans les pouvoir découvrir de nos hunes, quoique de tous côtés il vînt des felouques et des barques nous dire qu'on les voyait des lieux les plus élevés du pays. Je fis lors tout mon possible pour savoir de combien ils étaient éloignés de nous et de quel côté ils faisaient voiles, afin de les joindre au plus tôt. Les premiers avis s'accordaient assez;

mais les seconds furent si différents, que, pour m'en assurer mieux, je fus obligé d'envoyer un de mes lieutenants avec une felouque dans l'île de Salines, où les montagnes sont extrêmement hautes, pour les découvrir s'il était possible, et avoir des nouvelles certaines du cours qu'ils tenaient.

» Après celles qu'il me donna à son retour, nous nous tînmes toute la nuit au nord pour aller vers eux, et le matin du 7, à la pointe du jour, s'étant levé un vent sud-sud-est et un petit air frais, nous les découvrîmes à trois milles de nous, forts de trente voiles, y compris les brûlots, une polacre et un senau, le reste étant de petits bâtiments de suite.

» Pour les engager davantage d'en venir aux mains dès ce jour-là, nous mîmes tout autant de voiles que nous pûmes; mais quelques-uns de nos navires ne pouvant pas suivre, nous ne fîmes pas toute la diligence que nous espérions. Les Français firent aussi de leur côté tout ce qu'ils purent pour se conserver l'avantage du vent qu'ils avaient et pour nous joindre.

» Sur les trois heures après midi, suivant l'instruction générale et particulière que j'avais donnée, je fis le signal, afin que tous les hauts officiers, capitaines et commandants, avec leurs adjoints, vinssent à bord, ce qui s'exécuta incontinent; mais, comme il commençait à faire brun, je jugeai que l'attaque devait se différer jusqu'au lendemain.

» Cependant j'exhortai chacun des officiers de se tenir prêts pour le combat du lendemain, 8, leur recommandant surtout qu'ils fissent bien leur devoir, à quoi ils étaient obligés par leur serment, par l'honneur de la patrie, et par l'espérance d'obtenir par là une paix sûre et honorable; ce qu'ils me promirent tous l'un après l'autre, en me donnant la main.

» Dans le même temps, j'envoyai un bâtiment, qui est une espèce de demi-galère avec un demi-banc, pour se poster entre la flotte française et la nôtre, et pour observer si nous tenions un même cours, lui donnant pour signal qu'il tirât un coup de canon à chaque tour d'horloge, et que si les Français changeaient, il revînt, tirant à la fois toute son artillerie. A l'entrée de la nuit, il s'éleva un vent d'ouest-sud-ouest si fort, que notre demi-galère fut obligée de quitter son poste, ainsi que les neuf galères, qui se virent contraintes de se retirer à couvert sous l'île de Lipari, et, comme nous aperçûmes que les Français faisaient signal de se retirer, j'en fis un pareil. Néanmoins, à la pointe du jour du 8, nous les vîmes encore qui nous côtoyaient, et le vent nous étant contraire de six lignes, ils l'eurent sur nous. Ainsi, au lieu que nous les cherchions, et que nous croyions qu'ils éviteraient le combat, ils donnèrent sur nous vers les neuf heures du matin ; mais en si bon ordre et si bien rangés qu'ils nous parurent autant de braves qu'ils étaient d'officiers. Nous n'étions pas moins en bon état, et nous les attendîmes ; de sorte qu'une heure après les premiers vaisseaux des deux flottes commencèrent à se canonner. Après trois heures de combat aussi opiniâtre qu'aucun où je me sois trouvé de ma vie, il vint un brûlot ennemi à mon bord à la faveur de la fumée et du canon de son vice-amiral ; nous l'aperçûmes par bonheur ; nous lui abattîmes son hunier, et ne pouvant plus se retirer, celui qui le commandait le brûla lui-même ; une demi-heure après, il en vint un autre, qui fut pareillement démâté et brûlé. Ce rude combat, qui avait commencé par le contre-amiral Verschoor, commandant l'avant-garde, puis avec nous, et enfin avec le vice-amiral de Haan, conduisant l'arrière-garde, et qui ne put combattre que vers le soir, a duré plus de dix heures, toujours d'une pareille vigueur. Vers le soleil couchant, on rapporta avoir vu couler à fond un navire de guerre ennemi ; d'autres disent en avoir vu encore un autre ; mais ce n'est aucun des nôtres qui fasse ce rapport : ainsi nous y ajoutons peu de foi. Sur la fin de la bataille, les neuf galères d'Espagne revinrent nous joindre, et nous rendirent de grands services, ayant passé toute la nuit avec nous.

» Tous les officiers de la flotte de vos Hautes Puissances ont combattu vaillamment depuis le commencement jusqu'à la fin de l'action, à l'imitation des Français, qui ont fait des merveilles. Tous les navires, et particulièrement les miens, ont beaucoup souffert, tant à la manœuvre que dans les flancs. Nous avons été occupés toute la nuit à raccommoder nos vergues avec des traverses, à boucher nos trous, à mettre de nouvelles voiles, à reclouer et à cheviller nos éclats : ainsi nous croyons pouvoir être en état de faire tête une seconde fois à nos ennemis, qui, autant que nous le pouvons voir de nos hunes, sont à côté de nous pour nous attaquer de nouveau; toutefois, le temps fut si calme qu'il ne fut pas possible de les pouvoir rejoindre.

» Le capitaine Gilles Schey, qui monte le navire *le Frêne*, vint dire, la même nuit, qu'ayant eu plusieurs coups sous l'eau, qu'il ne pouvait découvrir, son vaisseau avait tant pris d'eau que sa poudre était mouillée, et qu'il me priait de lui donner un charpentier expérimenté pour l'aider. Je lui en ai donné un, et j'y ai joint les capitaines Berkhout et Van Elmonde, qui ont bien ouï entrer l'eau, mais qui n'y ont pu remédier; ce qui m'a obligé de prier don Bertrand de Guevarra de détacher deux galères, afin de le remorquer à Palerme, ou dans un autre havre plus proche, ce qu'il m'a accordé; mais je crains qu'il ne coule bas en chemin; et pour cet effet, j'ai donné ordre au commandant Wibiam Barents, qui monte un senau, et au sieur Jacob Stadtlander, qui monte une flûte de provision, de l'accompagner afin de l'alléger et de l'aider en cas de besoin.

» J'ai convoqué le lendemain tous les hauts officiers, capitaines et commandants pour savoir le dommage qu'ils avaient reçu. Il s'est trouvé fort grand, et ils me doivent donner le nombre de leurs morts et de leurs blessés, que j'enverrai à vos Hautes Puissances. Le contre-amiral Verschoor a été trouvé parmi les morts avec plusieurs autres qui ont fini leurs jours dans le lieu d'honneur.

» Nous pouvons voir facilement de notre flotte le prince de de Montesarchio, qui a neuf vaisseaux, et ainsi nous pouvons nous joindre dès aujourd'hui. Sur quoi, Hauts et Puissants Seigneurs, je suis, etc.

» Michel-Adrianz RUYTER.

« A bord du navire *La Concorde*, sous la voile à l'ouest de l'île d'Alicur, le 9 janvier 1676. »

Rien ne nous semble plus digne et plus grand que cette lettre de Ruyter, où il rend un si noble hommage à la valeur française; et puis n'est-ce pas une scène d'une belle et antique simplicité que celle où tous les officiers hollandais étant venus avant le combat à bord de Ruyter pour prendre ses dernières instructions, chacun lui jure de tout sacrifier à la gloire du pavillon des États, et lui en fait le serment, en mettant sa main dans la main du vieil amiral.

Ainsi finit cette bataille meurtrière que l'on peut assurément regarder comme gagnée par Du Quesne, puisque le but de sa mission était ainsi rempli, à savoir : la jonction de ses vaisseaux avec l'escadre de d'Almeras, et la rentrée de toute la flotte française à Messine.

On va voir, dans le chapitre suivant, quels furent sur terre les résultats de cette attaque sur Ibisso, dont parle Ruyter dans cette dépêche qu'on vient de lire.

CHAPITRE IV.

Conspiration espagnole. — Conseil de guerre. — Avis de MM. de Vivonne, Du Quesne, Gabaret, Preully d'Humières, d'Almeras, sur la jonction des flottes. — Lettre du chevalier de Béthune. — La flotte hollando-espagnole s'approche d'Agosta.

Malgré la lettre de Ruyter, qu'on vient de citer, et le résultat si avantageux remporté par Du Quesne, les Espagnols ne laissèrent pas de répandre le bruit que la flotte française avait été complétement battue par les Hollandais, afin d'essayer, par cette fausse nouvelle, de donner quelque confiance aux Napolitains qu'ils sollicitaient de leur accorder un secours d'hommes et d'argent pour secourir la Sicile ; car, non-seulement les besoins de l'Espagne étaient grands, mais encore Ruyter menaçait de s'en retourner en Hollande si on ne lui donnait pas les fonds nécessaires pour remettre son armée en état.

La position des Espagnols devenait de plus en plus fâcheuse : la récente victoire de Du Quesne avait ruiné leur espoir de tenir Messine bloquée par les flottes alliées, et de réduire ainsi cette ville par la famine en occupant toutes les passes. Ne pouvant donc espérer de réussir par mer, les Espagnols tentèrent d'exciter un nouveau soulèvement dans Messine, et, entre autres expédients, se servirent, pour mener leurs projets à bonne fin, d'un certain marquis d'Ornano, natif de Corse, qui partit de Rome et vint en Sicile avec un grand état de maison et des fonds assez considérables.

Arrivé à Messine, M. d'Ornano alla saluer M. de Vivonne : insinuant, gai, spirituel, cynique, gros et beau joueur, le marquis avait tout ce qu'il fallait pour se placer très-bien et même fort avant dans l'esprit du vice-roi ; aussi ce dernier, se laissant prendre aux dehors séduisants de M. d'Ornano, qui l'amusait fort, s'ouvrit souvent à lui de certains desseins qu'il aurait dû conserver plus secrets ; en un mot, le marquis vécut bientôt dans la plus grande intimité avec Vivonne, et finit par prendre sur le vice-roi un ascendant qui faillit être bien funeste aux intérêts de la France.

Un autre homme non moins habile, mais d'une intrigue plus souterraine, et conséquemment plus dangereuse, pensa causer aussi de grands embarras à Vivonne, et ce, par suite de l'extrême et coupable entêtement qu'avait le vice-roi pour son secrétaire d'Antiége, dont on a déjà parlé.

Ce d'Antiége avait lié un commerce fort étroit avec deux Calabrois, fils d'un marchand de vin qui se nommait Lipari. Ces deux frères, flattant la manie de pouvoir de d'Antiége, ressentirent bientôt les effets de sa toute influente protection : l'un d'eux fut nommé chapelain du palais du vice-roi ; et l'autre, religieux jacobin, fait *juge de la monarchie*, une des charges les plus importantes de la ville, et qui ne se donnait d'ordinaire qu'aux gens de la plus haute qualité. On pense qu'un pareil choix fit violemment murmurer l'aristocratie messinoise, extrêmement formaliste qu'elle était, et principalement les sénateurs, qui, par l'espèce même de l'emploi de juge de la monarchie, se voyaient forcés d'avoir de fréquents rapports avec le fils du marchand de vin Lipari.

Ainsi, pendant que le brillant marquis d'Ornano s'insinuait fort avant dans l'esprit de Vivonne, le frère du juge de la monarchie, l'abbé Lipari, vendu en secret au duc de Fernandina, vice-roi de Sicile pour le roi d'Espagne, ne se mettait pas moins avant dans l'intimité de d'Antiége, qui ne lui cacha rien des affaires du gouvernement, qui, de fait, roulaient sur lui, et où il avait plus de part que Vivonne même.

Dans l'espoir d'une grande fortune, l'abbé Lipari connaissant, par la confidence de d'Antiége, les besoins de Messine, les difficultés de son approvisionnement, les projets pour la prochaine jonction des flottes, ainsi que les points de rendez-vous pour l'escorte des convois, partit pour Rome, en se faisant donner une apparente mission auprès du Saint-Père afin de régler quelques différends entre divers religieux ; mais, avant de se rendre à Rome, l'abbé Lipari, déguisé en berger calabrois, alla secrètement à Melazzo, où il conféra longuement avec le marquis de Bayonne, lui découvrit tout ce que Vivonne avait de plus secret, lui remit les plans de jonction, ainsi qu'un état exact de ses forces de terre et de mer, et lui promit enfin de nouer certaines intrigues dans le bas peuple qui amèneraient sans doute un soulèvement général contre les Français.

Le marquis de Bayonne lui donna dès lors plusieurs lettres de créance pour le cardinal Nitard, ambassadeur d'Espagne à Rome, l'autorisant à tout découvrir à cette éminence.

Arrivé à Rome, l'abbé Lipari eut de fréquentes communications avec le cardinal Nitard ; mais par ses menées, sans doute imprudentes, il finit par attirer l'attention du cardinal d'Estrées, qui, faisant épier l'abbé, découvrit bientôt son intime liaison et ses habitudes avec l'ambassadeur d'Espagne. Ne pouvant alors douter qu'il n'eût quelques mauvais et secrets desseins contre la France, il en donna sur l'heure avis au duc de Vivonne.

Après un séjour de quelques semaines à Rome, l'abbé Lipari revint à Messine, non pas seul, mais accompagné d'un homme tout dévoué au R. P. Nitard, qui devait correspondre avec ce cardinal et lui faire savoir si l'abbé tenait ses promesses, et si le marquis d'Ornano exécutait aussi les siennes.

Vivonne, averti des menées de l'abbé et du marquis, fit saisir leur correspondance : tout fut dévoilé. Alors le vice-roi, ne pouvant se refuser à l'évidence, mais ayant une véritable affection pour le marquis d'Ornano, lui donna l'ordre de partir à l'instant pour la Calabre, et aussitôt après son départ l'abbé Lipari fut arrêté.

La peur du supplice et la torture lui fit tout avouer, et dire aussi que son frère, juge de la monarchie, sans avoir participé activement à la conspiration, en était du moins instruit. Le juge de la monarchie fut alors arrêté, et ces deux frères, créatures de d'Antiége, furent condamnés à être pendus et exécutés, sans que pour cela leur protecteur perdît rien des bonnes grâces du vice-roi.

Voici la lettre de Vallavoire au sujet de cette exécution.

« A Messine, ce 18 mars 1676.

» Lundi dernier, monsieur, on fit mourir le juge de la monarchie et son frère, avec deux autres Messinois qui avaient été arrêtés avec eux. Le lendemain leurs corps furent exposés, celui du juge et de son frère devant la maîtresse église, et les deux autres pendus par un pied dans deux différents endroits de la ville.

» Ils n'ont rien ajouté à ce qu'ils avaient déjà déclaré : leur dessein était de gagner ici du monde qui fît soulever la populace lorsque les ennemis nous attaqueraient par mer et par terre; et il se trouve que celui même qui l'a découvert conduisait l'affaire, et n'en a donné avis que dans l'appréhension qu'une personne à laquelle il en avait fait confidence ne le prévînt.

» Nous travaillons présentement à savoir de lui ses autres complices, et selon la difficulté qu'il en fera, nous pourrons bien n'avoir pas plus d'égard pour lui que pour les deux Lipari.

» Quant à l'Ornano, il est en fuite, et pour don Joseph Marchese, ils ne l'ont point autrement chargé, sinon qu'ils avaient ouï dire à ce même accusateur qu'il avait eu son indulte ou son amnistie des Espagnols, et que celui qui la lui avait fait obtenir était un secrétaire de l'ambassadeur de l'Espagne à Rome, appelé Costa.

» Cette exécution nous a empêchés de travailler à la conjuration d'Agosta, que nous allons présentement éclaircir. Tous les Messinois ont paru satisfaits d'un tel exemple, qui ne peut que nous être utile et au bien des affaires de Sa Majesté.

» Je m'assure qu'il pourra rompre les autres mesures des Espagnols, que je ne doute pas qui n'aient ici quelque intelligence, mais que j'ai de la peine à croire qu'ils puissent faire réussir tant qu'ils n'auront pas d'autres forces et que nous en aurons de suffisantes.

» C'est sur quoi j'écris à M. de Louvois, et sur quoi je le prie aussi de faire instance près de Sa Majesté.

» Nous nous disposons à faire bientôt de nouveaux jurats, et j'espère que Dieu me fera la grâce de n'y pas moins bien réussir que j'ai fait l'année passée. Je vous conjure toujours, monsieur, de m'honorer de vos bonnes grâces, et de croire que je serai toute ma vie avec les mêmes sentiments de respect et de reconnaissance, votre très-humble et obéissant serviteur,

» VALLAVOIRE.

» J'oubliais de vous dire que l'armée navale de Hollande et d'Espagne est à Palerme. »

(Aff. étrang. — Rome, 1676-1677.)

Quant au plan des conjurés, révélé par l'abbé Lipari, il était ainsi conçu, suivant le rapport au roi par M. le cardinal d'Estrées : « Le jeudi gras, 13 février, avait été choisi par les Espagnols comme le jour le plus favorable pour leur entreprise, dans la créance où ils étaient que les Français et les Messinois seraient entièrement occupés des divertissements du carnaval. Le père Lipari avait fait construire de petits coffrets remplis de feu d'artifice, qui, jetés à temps et à propos dans les vaisseaux du roi mouillés à Messine, devaient les incendier, et alors Ruyter, averti par des signaux, devait sortir de Melazzo et venir vivement attaquer Messine, partagée entre les préoccupations de cet incendie et d'une autre attaque faite par les Espagnols du côté de San-Stefano, où ils pensaient ne pas trouver de résistance, à cause des intelligences qu'ils avaient ménagées dans ce poste, aussi bien que dans quelques autres très-importants à la défense de la ville, et vers lesquels ils devaient ensuite avancer ; alors tous les conjurés, qui étaient en bon nombre, devaient en même temps prendre les armes dont ils avaient eu soin de faire provision, afin d'appuyer l'effort des troupes espagnoles. Sur ces avis, le maréchal duc de Vivonne, ayant incontinent fait arrêter les chefs de la conspiration et mettre les vaisseaux en sûreté dans le port, avec défense d'y laisser entrer personne, ordonna à un corps de deux mille hommes de se rendre au fort de San-Stefano. Les Espagnols, se croyant au sein de leurs intelligences, ne manquèrent pas à s'y venir présenter : mais ils y furent d'abord reçus avec un si grand feu de mousqueterie et de canon véritable, au lieu des fumées et des fausses amorces qui devaient être le signal des conspirateurs, qu'ils ne purent douter que la trame n'eût été découverte ; aussi, au lieu d'attaquer le fort, ils ne songèrent qu'à faire une retraite vigoureuse où ils perdirent beaucoup d'officiers, et entre autres, don Alphonse de Velasco que les commandait. »

On voit que l'esprit inquiet des Messinois se manifestait avec autant de violence sous la domination française que sous la domination espagnole ; c'est qu'aussi les choses étaient toujours dans le même état, et que de plus la famine paraissait imminente, grâce à l'incroyable faiblesse de Vivonne, qui laissait d'Antiége et ses domestiques spéculer sur les blés arrivant de France, blés qui, au lieu d'être vendus publiquement à tous ceux qui en auraient voulu acheter, étaient monopolisés par quelques créatures de Vivonne, qui tiraient des prix exorbitants de ces ventes faites non-seulement à Messine, mais sur les côtes d'Italie, et qui, non contents de cet odieux négoce, ne payaient pas même le prix d'achat aux premiers vendeurs.

Ce qui paraît incroyable, c'est qu'après vingt dépêches de Colbert, de Seignelay et du roi au sujet de ce funeste et criminel monopole, il fallut que Louis XIV écrivît de *sa main* à Vivonne la lettre qu'on va lire pour lui ordonner de laisser libre le commerce des blés et de payer un malheureux fournisseur. Et pourtant, malgré cette auguste et expresse volonté, malgré la lettre si claire et si nette de Louvois, que l'on donne aussi, les choses subsistèrent dans le même état, et furent même poussées à un tel point, que les récriminations contre la funeste administration de Vivonne vinrent de tous côtés à Versailles. Aussi, Louvois répondait-il à Vivonne, qui s'étonnait fort de quelque dénonciation à propos du monopole des blés ; « Personne ne vous
» accuse, monsieur; mais il n'en est pas de même d'aucun de
» vos domestiques. »

Il fallait, en un mot, que ces pilleries eussent une bien grande importance, et que les instances de Louis XIV fussent bien peu écoutées, puisque ce roi se donna la peine d'écrire de sa main la lettre suivante à Vivonne.

« Mon cousin,

» Les ordres que je vous ai envoyés vous auront instruit pleinement de mes intentions, et même vous en serez encore informé par les dépêches que j'ai commandé au marquis de Louvois de nous faire pour ce qui regarde la terre, et au marquis de Seignelay pour ce qui regarde la mer. Mais il y a une chose que j'ai voulu, à cause de son importance extrême, vous recommander par cette lettre de ma main, qui est de faire en sorte que les marchands qui portent des vivres et autres provisions à Messine, aient la liberté de les débiter à qui ils voudront, sans être obligés de les vendre nécessairement à des gens qui les distribuent ensuite au public de la manière qu'il leur plaît. Il n'y a sorte de difficultés que vous ne deviez surmonter pour cet effet, et m'assurant que vous n'oublierez rien pour en venir à bout.

» Je prie Dieu qu'il vous ait, mon cousin, en sa sainte garde.

» LOUIS.

« A Saint-Germain, le 2 mars 1676. »

Cette lettre de Colbert à Vivonne est au même sujet.

COLBERT AU DUC DE VIVONNE.

« Monsieur,

» La plainte ayant été ici portée au roi par le sieur Pelissary de ce que le sieur Dulignon, son beau-frère, ayant envoyé des blés à Messine à sa sollicitation, et croyant en cela faire chose qui pût être agréable à Sa Majesté et avantageuse à son service, n'a pu parvenir à en recevoir qu'une partie du paiement, quelque instance qu'il vous en ait faite et à M. Colbert de Terron, Sa Majesté m'ordonne de vous dire qu'outre les ordres généraux qu'elle vous a donnés et même réitérés pour donner une entière liberté aux marchands de vendre les blés et autres denrées qu'ils portent à Messine sans passer par les officiers du pécule et sans payer aucun droit d'entrée, elle veut que vous ayez un soin particulier de faire actuellement payer non-seulement ledit sieur Dulignon, mais aussi tous les marchands qui ont porté des blés à Messine, et qui se plaignent tous du traitement qu'ils y reçoivent, Sa Majesté étant assurée qu'il est impossible que cette ville puisse subsister si vous ne faites en sorte que tous ces marchands soient satisfaits et qu'ils n'aient une entière liberté, et surtout elle désire que ledit sieur Dulignon soit payé de ce qui lui est dû. C'est le seul sujet de la présente, que je finis en vous assurant que je suis,

» Monsieur,

» Votre très-humble et très-obéissant serviteur.

» COLBERT.

« A Saint-Germain, le 13 mars 1676. »

Cette lettre de Louvois, extrêmement opposé à l'occupation de Messine, est fort sévère, et montre que des préventions justement fondées flétrissaient déjà l'administration de Vivonne, tout à fait sous l'influence de ses domestiques.

M. DE LOUVOIS AU DUC DE VIVONNE.

« Monsieur,

» J'ai reçu les lettres que vous m'avez fait l'honneur de m'écrire le 28 décembre et 10 du mois passé avec celle pour le roi et les autres papiers qui y étaient joints, auxquelles je répondrai par celle-ci; je commencerai par ce qui regarde les troupes et leurs subsistances.

» Par l'état qui est ci-joint, vous serez informé des troupes que le roi a résolu d'envoyer à Messine; et en attendant que, sur les nouvelles que vous devez lui donner, Sa Majesté ait pris sa résolution sur le départ des galères, elle a donné ses ordres pour faire embarquer sur les vaisseaux qui partiraient au premier jour le régiment d'infanterie de Chambéry, composé de mille hommes, celui de dragons d'Audijos, composé de quatre compagnies de soixante hommes chacune; ce dernier corps doit être monté en Sicile. L'on fera embarquer avec les dragons des selles, mors et brides, et le surplus des troupes se tiendra prêt à être embarqué sur les galères; et parce que, comme Sa Majesté serait bien aise de ne point faire de dépenses inutiles, son intention est que, lorsque toutes les troupes seront arrivées, vous rendiez complets les régiments de Louvigny, de Crussol et de

Schomberg en réformant des compagnies, tant des corps qui sont présentement en Sicile dont les capitaines ne vous satisferont pas, que des troupes que les galères vous porteront, faisant en sorte que toutes les compagnies soient mises sur le pied de soixante hommes chacune, et pour ce qui est des officiers, qui par ce moyen se trouveront supernuméraires, Sa Majesté souhaite que vous les fassiez repasser en France ; pour ceux dont vous serez content, pour avoir bien servi, être replacé dans les premières occasions qui se présenteront ; mais ceux dont vous ne serez pas satisfait, pour avoir mal fait leur devoir, ne rentreront pas assurément dans le service.

» Il n'y a pas de doute qu'il serait utile de faire bâtir des casernes dans Messine pour loger les soldats ; mais Sa Majesté est surchargée de tant de dépenses à faire, même en Sicile, qui sont de la dernière importance, qu'elle ne peut pourvoir à cela présentement, et l'on peut la remettre dans un autre temps, où les choses soient mieux affermies.

» C'est une chose fâcheuse que la désertion du nommé Courville, munitionnaire de la marine, et partisan du blé de Messine ; et s'il pouvait être pris, il faudrait le faire punir sévèrement. Mais, quelque besoin que vous ayez d'un homme sûr pour la fourniture du pain de munition, Sa Majesté ne peut vous envoyer le sieur Jacquier ; il est munitionnaire général de l'armée d'Allemagne, où il est d'autant plus nécessaire qu'un autre que lui ne se pourrait pas acquitter d'un emploi aussi difficile que celui dont il est chargé.

» Sur vos instances réitérées, Sa Majesté a ordonné à M. Colbert de faire acheter en France pour 200,000 livres de blés et de vins, les envoyer pour être vendus à Messine, et l'argent qui en proviendrait être remis entre les mains du commis du trésorier de l'extraordinaire, qui sert près de vous, pour être employé au paiement de la solde des troupes. Outre cela, j'ai donné ordre au trésorier général de l'extraordinaire des guerres de vous envoyer en argent comptant 4,260 livres ; ce qui, avec deux lettres de change montant à 24,240 livres, envoyées par M. de Terron, qui ont été acquittées à Paris, font ensemble 278,500 livres, qui est une somme fort considérable, et qui, avec le prix des blés, vous mènera fort loin, particulièrement si elle est bien ménagée, comme Sa Majesté l'espère de votre application. Sa Majesté vous envoie encore sur les vaisseaux deux mille justaucorps, pour être distribués à ceux des soldats de votre infanterie qui en auront le plus besoin.

» Et parce que M. Colbert s'est chargé de vous faire savoir l'intention du roi sur le libre débit des blés à Messine, je ne vous le répéterai point; je vous dirai seulement, monsieur, que Sa Majesté trouve juste de ne pas révoquer entièrement la gabelle de Messine, si du fond qui en provient l'on en paie aux habitants de ladite ville les arrérages des rentes qui leur sont dues par la ville; mais, comme apparemment beaucoup de ces créanciers-là, s'étant retirés avec les Espagnols, n'en doivent pas jouir, l'intention de Sa Majesté serait que l'on en fît une distraction, et que l'on diminuât la gabelle à proportion du nombre de gens qui doivent avoir part à ce qui en provient, lesquels sont avec les ennemis; et que si, par exemple, du temps des Espagnols l'on levait un écu par salme de blé, et qu'il servît à payer 60,000 liv. de rente, et que les créances de ceux qui se sont retirés avec les Espagnols se montassent à 40,000 livres, l'intention de Sa Majesté serait qu'on ne levât plus que 20 sols par salme de blé, pour être employés à payer ceux qui sont restés dans Messine.

» Les députés du sénat ont fait de si vives instances au roi pour avoir la ratification du serment de fidélité que la ville de Messine a prêté en vos mains, que Sa Majesté n'a pu s'empêcher de la leur faire expédier de la manière qu'il s'est pu, n'en n'ayant point de formulaire, mais non pas tout à fait conforme à ce qu'ils demandaient; elle leur a été remise avec deux dépêches de Sa Majesté pour le sénat de Messine; et, quoique je ne doute point qu'à leur arrivée il ne vous les fassent voir, je ne laisse pas de vous en envoyer des copies, afin que vous ne puissiez manquer d'être informé de toutes choses. Cette ratification n'a été expédiée qu'en attendant que, suivant ma lettre du dernier de janvier, il vous ait plu de m'envoyer des copies des ratifications qui ont été faites en pareil cas par les rois d'Espagne, pour en pouvoir faire une de la même teneur de celle-ci.

» Étant fort nécessaire que le roi soit informé du nom et de la fonction des tribunaux et des charges et dignités qu'il y a dans

Messine et dans la Sicile, de leurs fonctions et prérogatives, de leurs revenus et de tous les autres priviléges et avantages dont ceux qui en sont pourvus jouissent, de la manière dont leurs provisions s'expédient, et si Sa Majesté y pourvoit directement, ou si c'est sur la présentation du vice-roi ou de quelque autre, Sa Majesté m'a commandé de vous faire savoir qu'elle désire que, de concert avec vous, M. Colbert de Terron fasse d'amples mémoires sur tout ce que dessus, et qu'il les lui envoie avec des copies des provisions de chaque officier, en telle sorte que quand vous aurez occasion de lui parler, soit de la cour stradigoziale ou de quelque autre tribunal, soit de quelque officier, Sa Majesté sache précisément ce dont on lui voudra parler, ou ce que l'on désirera d'elle ; et lorsqu'il sera question de pourvoir dorénavant quelque officier, il sera bon d'envoyer toujours le projet d'expédition, pour s'attacher aux formes, qui sont très-utiles à garder en tous lieux. Après que Sa Majesté sera informée de toutes ces particularités, elle sera en état, quand les particuliers de Messine lui demanderont des charges, de ne leur accorder que celles qui leur conviendront, sans leur donner des espérances inutiles pour des grâces que Sa Majesté ne leur pourrait accorder ; à cause du peu de rapport qu'il y aurait entre les charges et le mérite de ceux qui les demanderaient, et ainsi leur ôter toute matière de chagrin. Cela n'empêchera pas que Sa Majesté ne prenne toujours vos avis sur les charges et dignités qui viendront à vaquer en Sicile, et qu'on lui demandera avant que d'en disposer.

» Lorsque le roi a fait expédier à M. de Vallavoire une commission pour commander dans Messine, Sa Majesté a considéré que dans le temps que vous étiez obligé de vous en absenter, il était nécessaire qu'il y eût dans cette importante ville une personne d'autorité pour y commander, et qui, pendant que vous seriez présent, pût avoir autorité sur les troupes pour les faire agir suivant les ordres que vous lui en donneriez, et rien davantage : aussi la commission ne porte rien autre chose, et si vous voulez prendre la peine de la lire, vous en serez persuadé.

» Sa Majesté n'a pas voulu donner audit sieur de Vallavoire la qualité de stradico, étant bien aise, auparavant que de disposer de semblable titre, de voir les affaires de Messine plus affermies qu'elles ne sont, et sur ce fondement il ne sera pas nécessaire d'établir la cour du vice-roi.

» Le roi a approuvé la disposition que vous avez faite, en faveur d'Antonio Moletti, de la charge de crédencier de la douane de Messine, et de toutes les autres mentionnées en vos lettres, et veut bien que vous accordiez de sa part au sieur Caffaro la charge de conservateur du royal patrimoine, Sa Majesté étant bien aise de lui témoigner par une gratification aussi considérable le gré qu'elle lui sait du zèle qu'il fait paraître pour son service ; et de plus Sa Majesté a ordonné à M. Colbert de vous adresser pour le lui remettre un présent pareil à ceux qui ont été faits aux députés du sénat qui étaient ici. Sa Majesté trouve bon aussi que vous donniez la charge de maître rational de la royale députation du royaume au sieur Crispo, et quoique Sa Majesté ne la lui accorde qu'en considération de l'abbé Zappa, néanmoins Sa Majesté ne juge pas à propos de disposer de l'abbaye de Sainte-Lucie, ne croyant pas pouvoir donner en conscience ces deux bénéfices, à cause qu'ils sont situés dans des lieux qu'elle ne possède pas encore.

» Vous pouvez mettre en possession des charges de la cour stradigoziale les docteurs que vous proposez, Sa Majesté s'en remettant entièrement à vous ; mais, à cause que nous n'avons pas les formulaires des expéditions qu'il leur faut faire, non plus que pour toutes les autres charges dont vous avez disposé jusqu'ici, et que Sa Majesté accorde aux sieurs Caffaro et Crispo, je ne les ai pu expédier, et je différerai à le faire jusqu'à ce que vous ayez pris la peine de me les envoyer. Par la même raison Sa Majesté n'a pas désiré qu'il fût écrit en son nom à la cour stradigoziale, étant bien aise de savoir auparavant comment elle doit la traiter.

» J'ai vu ce que vous avez écrit à M. Dufresnoy touchant vos appointements à prendre sur l'extraordinaire de la guerre, et j'en ai rendu compte au roi ; Sa Majesté n'ayant pas jugé à propos de faire, quant à présent, aucun établissement sur ce pied-là, et voulant néanmoins avoir égard aux grandes dépenses auxquelles le poste que vous tenez vous oblige, elle vous a accordé une gratification de 24,000 livres, dont j'ai expédié l'ordonnance.

» Il ne me reste plus à répondre qu'au point contenu dans votre lettre du 10 du mois passé, qui regarde votre justification sur la conduite que vous avez tenue depuis que vous êtes à Messine ; et à cet effet, je vous dirai que je n'ai point su que l'on vous eût imputé d'avoir eu aucun intérêt particulier dans la distribution des charges dont vous avez disposé. Il est vrai que l'on n'en a pas tout à fait parlé de même d'aucun de vos domestiques ; et, comme j'ai connaissance que quelqu'un de vos proches doit vous en écrire, je me remettrai s'il vous plaît à ce que vous en apprendrez par cette voie-là, et me contenterai de vous assurer qu'on ne peut être avec plus de sincérité ni de passion que je suis,

» Monsieur,

» Votre très-humble et obéissant serviteur,

» LOUVOIS.

« Saint-Germain-en-Laye, 22 mars 1676. »

La famine menaçant toujours, le roi fit demander à Vivonne son avis et celui du conseil de marine sur le parti le plus expédient pour assurer le passage d'un convoi de blé destiné à Messine et devant partir de Toulon. Le conseil était composé de M. de Vivonne, de Valbelle, d'Almeras, de Preully d'Humières, de Colbert de Terron, de Du Quesne et de Desclouseaux. Les avis furent partagés et envoyés au roi dans la forme suivante :

CONSEIL DU 3 MARS 1676, A MESSINE.

» Mon avis est d'aller chercher le convoi à Toulon. Le chevalier de Tourville ferait partir incessamment les galères avec autant de vivres qu'elles pourront et un peu de troupes.

» Pour le convoi, il faut lui marquer la route et le faire partir, s'il ne l'est pas, puisque ainsi je ne pourrais pas sortir assuré de Messine.

» VALBELLE. »

» Mon avis est que les troupes et le convoi ne partent pas de Toulon que toute l'armée ne l'aille querir.

» PREULLY. »

« Comme c'est une saison avancée et les nuits courtes et favorables pour passer en convoi dans les endroits où les galères peuvent être avec les vaisseaux des ennemis, mon avis est que le convoi qui est à Toulon parte au plus vite, d'autant même que les vaisseaux ne peuvent quitter le port de Messine que les galères ne soient arrivées et que le temps de leur voyage est incertain, le convoi ne peut, par ces raisons, partir trop tôt.

» GABARET. »

« Mon avis est que le convoi parte incessamment en lui marquant sa route.

» COLBERT DE TERRON. »

« Mon avis est que les galères partent incessamment, et qu'elles mènent, en farine ou biscuit, autant de vivres qu'elles pourront sans trop retarder leur route; et que le convoi parte aussi incessamment en prenant la route du sud, afin que, sachant leur route et les galères étant arrivées ici, nous puissions aller au-devant du convoi sur la route, s'il n'est pas arrivé auparavant.

» D'ALMERAS. »

« Mon avis est que les galères partent au plus tôt de Toulon, qu'elles embarquent quarante soldats d'infanterie chacune, et qu'elles amènent avec elles des vivres dans des barques, j'entends une partie de biscuit et l'autre de farine, pour deux ou trois mois, s'il se peut, en plus que ce qu'elles auront dans leurs bords, et qu'aussitôt qu'elles seront arrivées à Messine, les vaisseaux en partent incessamment pour aller aux îles d'Hyères joindre le convoi des troupes et vivres que Sa Majesté a fait préparer, pour l'escorter et le conduire à Messine avec le plus de diligence qu'il se pourra, et, pour cet effet, il y faut que les vivres destinés pour les vaisseaux de guerre soient embarqués par avance sur des barques, afin qu'à l'arrivée des vaisseaux aux îles d'Hyères, les vaisseaux de guerre et autres qui sont armés à Toulon viennent incessamment joindre l'armée; estimant que si ledit convoi n'est escorté sûrement, il tombera entre les mains des ennemis, ce qui serait la perte de Messine.

» DU QUESNE. »

« Tous les expédients que l'on peut prendre se réduisent à trois, qui sont ou d'aller à Toulon avec tous les vaisseaux, ou d'aller au-devant du convoi, ou de l'attendre à un rendez-vous que l'on lui aurait donné quand les galères seront arrivées.

» Le premier serait si long, que je crois le remède pire que le mal ; le second est incertain et peut être fort préjudiciable, puisque ou il faudrait lui donner le rendez-vous à Toulon, ou l'on expose le convoi depuis Toulon jusqu'au rendez-vous ; ainsi, mon avis est que le convoi vienne incessamment par la route que l'on lui enverra, la saison même lui donnant vraisemblablement plus de sûretés que les autres précautions ; les galères de France n'osant abandonner Messine pendant l'absence des vaisseaux, et les galères ennemies se trouvant dans la saison des calmes. Sans être embarrassés des nôtres, il est certain que nos vaisseaux, quelque braves et en quelque nombre qu'ils soient, ne sauraient garantir notre convoi des galères des ennemis, étant commandées par M. Ruyter, comme elles seront infailliblement dans ce temps-là.

» VIVONNE. »

« Mon avis est qu'il soit écrit que l'on fasse partir incessamment les galères avec quelques troupes et autant qu'il se pourra de vivres pour leur subsistance ; que l'on fasse la même chose pour le convoi, en lui donnant la route, afin qu'étant ici de bonne heure, les vaisseaux aient des vivres et soient en état d'aller chercher les ennemis.

» DESCLOUSEAUX. »

(*Bibl. roy. Mss.*)

Le résultat de ces délibérations fut un ordre de Versailles qui portait que le convoi de vivres viendrait à Messine par le sud, résolution qui amena, ainsi qu'on le verra plus tard, le combat du 24 avril.

Depuis le combat du 13 février, les troupes espagnoles ne tentèrent rien de considérable jusqu'au 25 mars, qu'elles firent de grands efforts pour surprendre le fort que M. de Vivonne avait fait élever hors la ville, sur une esplanade, devant le couvent des Capucins.

Le comte de Borghia, commandant cette expédition pourl'Espagne, fit avancer quinze cents hommes sur une hauteur, et ses troupes commençant l'attaque à minuit attachèrent des échelles à une redoute qui est entre la porte des Capucins et la porte Royale; M. de Villedieu, à la tête de quelques soldats des vaisseaux, alla soutenir la garnison qui se défendait bien, et les ennemis, repoussés rudement, tentèrent de se retrancher dans le couvent des carmes; mais, voyant qu'on se disposait à les attaquer l'épée à la main, ils abandonnèrent ce poste avec une perte de quarante à soixante soldats.

Après le combat du 8 janvier, Ruyter ayant croisé quelque temps sur les côtes de Sicile, retourna se ravitailler à Naples; de là il partit pour Palerme, où il arriva le 23 février; son vaisseau ayant besoin d'être caréné, il resta quelque temps dans ce port à attendre le marquis de Bayonne; le 14 mars, sa flotte étant augmentée de quatre vaisseaux et d'un brûlot espagnols, Ruyter sortit de Palerme, et, le 20 mars, il jeta l'ancre à Melazzo.

Le 21 le conseil de guerre, composé d'officiers hollandais et espagnols, fut convoqué à bord du marquis de Bayonne, général des galères, pour délibérer sur les prochaines opérations des armées jointes ensemble. On fut unanimement d'avis d'aller attaquer Messine par terre et par mer, et de faire communiquer cette résolution au vice-roi pour l'Espagne, par le même général des galères. Le même jour Ruyter reçut par une felouque envoyée de Naples, des dépêches du prince d'Orange et du grand pensionnaire Fagel qui l'autorisait à prolonger le séjour de son escadre dans la Méditerranée si le service du roi d'Espagne l'exigeait.

Le 23 mars, on essuya un violent coup de vent d'est-sud-est, qui se fit sentir dans la baie de Melazzo et mit quelques navires à la côte; le temps étant plus calme le 24, on célébra à bord du navire de Ruyter l'anniversaire de la naissance de cet amiral, qui entrait le même jour dans sa soixante-dixième année (étant né le 23 mars 1606); enfin, un nouveau conseil ayant été tenu le 24, à bord de la galère du marquis de Bayonne, on décida qu'il fallait que la flotte fît aussitôt voile vers le Phare, parce que les troupes espagnoles étaient en marche sur Ibisso, afin de prendre poste devant les ouvrages extérieurs de Messine, pendant que l'armée navale l'attaquerait par mer. Ruyter se prépara donc à mettre à la voile ; mais un grand calme étant survenu, il fut obligé de se servir des galères pour remorquer les vaisseaux dehors de la baie. Son armée, composée de cinquante voiles, tant vaisseaux que galères et brûlots, s'élevant de la sorte, arriva, le 27 au point du jour, en vue du phare de Messine, et mouilla du côté de la Calabre, vis-à-vis du château de Salvador, fort qui ferme l'entrée du port d'un côté ; mais la violence des courants fit dériver les vaisseaux hollandais jusqu'à portée de canon de ces forts, qui canonnèrent vigoureusement.

Le lendemain 27, six cents Espagnols et Allemands, auxquels s'étaient jointes toutes les milices de Sicile et une grande partie de la noblesse, allèrent se poster, avec huit pièces de canon, sur des hauteurs au-dessus des Capucins, et en même temps leurs galères s'étant avancées, mirent à terre huit cents hommes qui se joignirent aux autres troupes vers l'église de Saint-Basile-du-Salvador-des-Grecs, dont ils s'emparèrent après quelques escarmouches, et où ils se retranchèrent ensuite. Ce poste qui n'est qu'à deux milles de cette ville, entre la Grotte et le Paradiso, mettait à découvert leur armée navale et rendait plus difficile la sortie du port. M. de Vivonne, qui avait fait assembler les troupes de terre et commandait en même temps la marine, donna l'ordre aux vaisseaux placés tout près de la passe du port, et commandés par MM. de La Motte, de Beaulieu et d'Amfreville, de chasser sur les galères d'Espagne, qui abandonnèrent le poste qu'elles avaient pris sous le Salvador. En ce même moment, le marquis de Vallavoire fit donner les Messinois sur le quartier du comte de Buquoy, colonel allemand, qui soutint leur feu avec assez de fermeté ; mais l'infanterie et la cavalerie françaises, commandées par M. de Villedieu, ayant été à l'ennemi, le firent plier ; il abandonna ses retranchements, et bientôt la mort du comte de Buquoy acheva sa déroute. La perte des assiégeants fut si considérable, que le régiment allemand, qui formait leur principale force, et les compagnies de Siciliens, y furent entièrement ruinés : leur canon, leurs munitions, leurs bagages abandonnés ; en un mot, les Espagnols, qui avaient rassemblé toutes leurs forces dans cette dernière tentative, laissèrent la campagne libre, avantage dont M. de Vivonne ne sut ou ne voulut pas profiter, malgré de nombreuses députations des habitants du plat pays, qui vinrent lui faire leurs soumissions.

Le 18 avril et le 20, M. de Vivonne reçut ces deux lettres de M. le chevalier de Béthune, qui lui annonçaient que la flotte hollandaise était en vue d'Agosta, et qu'elle se préparait à attaquer cette ville par mer.

DE M. DE BÉTHUNE A M. DE VIVONNE.

« Ce 18 avril 1676, par le travers de Syracuse [1] et d'Agosta.

» J'étais parti pour aller escorter notre tartane sur les neuf heures du matin. A quatre heures du soir, la pointe de Bonagie, celle qui est le plus au nord de Syracuse, restant au nord-ouest-quart-nord, deux lieues et demie, et Moro di Porco au sud-ouest-quart-sud, à quatre à cinq lieues, les vents étant est-sud-est, et portant le cap au sud, j'ai découvert la flotte ennemie, et j'ai été la reconnaître à une demi-lieue. Lorsque je les ai aperçus, ils n'avaient rien que leur petit hunier, d'autres point de voiles, soit qu'ils eussent dessein de se trouver au jour demain vers Agosta et ne se point faire voir à la côte, ou bien de forcer de voiles cette nuit pour se trouver demain au jour au Phare. Il se peut pourtant faire, en mon sens, que ce soit le méchant temps qui les ait fait sortir, n'ayant commencé à se remettre au beau que ce matin; celui qui portait le pavillon au grand mât faisait l'avant-garde, et nous a suivi à toutes voiles pendant une heure, puis a reviré et ensuite attendu les autres. J'ai rangé Syracuse, et les galères y sont encore. Je ne sais pour quel sujet ils ont tiré, contre leur coutume, dix coups de canon lorsqu'ils m'ont vu avoir dépassé la ville et faire route pour doubler Moro di Porco, à moins que la galère et les deux galiotes qui mouillèrent hier ne fussent sorties dehors et par-delà la pointe, n'étant plus à l'entrée du port. Il y a dans le port un fort gros navire, autant que j'en ai pu juger par l'espace des mâts que j'ai vus par-dessus les remparts; il n'y avait qu'un mât de hune haut, et n'y était point hier.

» Je suis bien sûr, monsieur, que le passage est libre pour

---

[1] Syracuse, sur la côte E. de la Sicile, au N. du cap Passaro.

Messine; mais les vents sont si changeants, que l'on n'oserait rien entreprendre, outre que je n'ai point d'ordre; mais j'appréhende fort pour les navires qui y sont, si Agosta est assiégée et que la ville soit prise.

» Les ennemis ont reviré à une lieue et demie de Syracuse et tiennent le cap au sud; je me retire à Agosta si le vent le permet.

» L'on voit deux galères qui vont trouver l'ennemi, et du moment que la tartane pourra partir et qu'il y aura du vent elle partira. Comme La Vilaine m'a dit que le convoi n'attendait que le vent, je crois qu'il serait très-important qu'ils eussent par là des nouvelles de ceci.

» Votre très-humble serviteur.

» BÉTHUNE.

» J'ai écrit à M. de Seignelay et lui mande tout ce que j'ai pu connaître de la manœuvre des ennemis que nous n'avons point vus. »

« A Agosta, ce 20 avril 1676, à dix heures du matin.

» Hier, 20 du mois, la flotte ennemie ayant paru à la pointe du jour à trois lieues est et ouest d'Agosta, et ayant demeuré en calme jusque sur les trois heures du soir, les vents s'étant mis au sud-est, ils arrivèrent vent arrière et vinrent mouiller à l'aiguade, tous sur une ligne le long de la terre, et les huit galères à la droite de tous.

» Ils passèrent fort au large du fanal qui ne leur tira que très-peu, obligeant pourtant l'amiral espagnol d'arriver encore davantage; il tenait l'avant-garde de tout avec sept vaisseaux qui faisaient son escadre, un espagnol, un hollandais entremêlés.

» Ensuite le pavillon hollandais au grand mât.

» Puis le vice-amiral d'Espagne et son escadre, puis le vice-amiral hollandais, jusqu'au nombre de six pavillons. Je mis aussitôt à la voile, et j'eus toutes les peines du monde à gagner les grands forts, le vent ayant changé bout pour bout; trois galères me vinrent canonner pendant que je louvoyais, mais ne m'approchèrent que de très-loin.

» Ils n'ont encore rien entrepris, je me défendrai très-bien, en attendant notre secours, à l'abri du fort et l'aide de mon canon; j'ai ma chaloupe bien armée et un brigantin que j'ai encore armé pour me garantir des brûlots. J'ai couvert la flûte par le feu de mon navire, car elle est presque échouée ; mais comme elle est chargée de bien de la poudre, je lui en fais décharger une partie et la mettre au château ; on y travaille encore, cette poudre étant capable, en cas de malheur, de me brûler et tout ébouler les forteresses ; aussi ai-je donné ordre, en cas qu'on ne puisse sauver la flûte, de la couler. Pour moi, monsieur, je ferai de tout mon mieux. Les ennemis sont en tout vingt-huit navires, tant de guerre que brûlots, et huit galères ; ils descendent à force du monde, et il en est arrivé plusieurs felouques, tant de Catania que de Syracuse. Je vous avais déjà écrit une lettre du 18, que j'avais donnée à M. de Mornas.

» Je suis avec respect votre très-humble et obéissant serviteur.

» BÉTHUNE.

» Ils sont mouillés sur le même ordre qu'ils sont entrés.

» Les vents, présentement, depuis ce matin, sont ouest-nord-ouest, et ne peuvent venir à nous tant qu'ils dureront. »

Au reçu de ces lettres de M. de Béthune, M. de Vivonne assembla le conseil de marine, et l'ordre de rendez-vous et de manœuvre fut arrêté ainsi qu'il suit.

RENDEZ-VOUS DONNÉ A L'ARMÉE NAVALE LE 18 AVRIL 1676.

« L'armée navale de Sa Majesté, sortant des rades de Messine pour aller observer et combattre les ennemis, afin d'assurer la jonction des convois que l'on attend de Provence, et d'ailleurs, qui aborderont la Sicile par les côtes du sud, aura pour rendez-vous les côtes d'Agosta et du cap Passaro ; en cas de séparation, ce qu'il faut éviter, par toutes sortes de soins, comme la chose directement contraire au service du roi, et en cas de combat, s'il arrivait que quelque vaisseau fût tellement désemparé qu'il ne pût, en aucune manière, tenir la mer, il aura pour rendez-vous le port d'Agosta ou de Messine, en cas qu'il se trouve plus près de ce dernier. L'on présume tant de la fermeté des capitaines, qu'on espère qu'ils ne se retireront dans aucun desdits ports sans la dernière nécessité, mais plutôt qu'ils feront leurs efforts pour se maintenir dans le corps d'armée, afin d'avoir leur part de toutes les occasions ; mais si un coup de vent, ou quelque autre accident, obligeait quelqu'un des vaisseaux du roi, l'armée étant par le travers d'Agosta, à ne pouvoir absolument tenir la mer, il se retirera à Messine, et s'étant raccommodé en toute diligence, s'en ira audit Agosta, où il trouvera de nos ordres pour savoir ce qu'il aura à faire.

» Que si les ennemis prenaient le devant, et s'en allaient vers le cap Passaro ou vers Palerme, pour attendre les convois ci-dessus, l'armée navale s'avancera jusque vers le cap Bon, pour favoriser le passage desdits convois ; elle s'avancera même jusque vers Cagliari pour le même effet, si l'on apprenait que les ennemis se fussent avancés vers la Sardaigne, et dans l'un et l'autre cas, s'il arrivait quelque accident à des vaisseaux du roi, par combat ou autrement, qui les missent absolument hors d'état de tenir la mer, ils se retireront à Tunis, où ils se raccommoderont dans la plus grande diligence qu'ils pourront (observant d'envoyer audit Tunis savoir du consul s'il n'aurait point de nos ordres), puis se rendront aussitôt à Agosta, où ils trouveront l'armée, ou de nos ordres, qui leur diront ce qu'ils auront à faire.

» VIVONNE.

« Fait à Messine, le 18 avril 1676. »

(Bibl. roy. Mss. Suppl. Fr. 887, n. 45).

En effet, depuis le 14 avril, Ruyter croisait dans les parages d'Agosta, et le 20, l'amiral général ayant mouillé dans ladite baie, assembla un conseil le lendemain à la pointe du jour, où il fut d'abord résolu de tenir des chaloupes prêtes pour opérer une descente à terre ; mais on abandonna bientôt ce projet quand on sut que la ville qu'on espérait surprendre était commandée par M. de Mornas, et parfaitement sur ses gardes ; on tenta alors d'aller brûler, sous le feu du château où il s'était mis à couvert, le vaisseau du chevalier de Béthune ; mais ce fort fit une telle défense, que les chaloupes incendiaires furent criblées et obligées de rallier l'escadre. Sur le minuit du même jour, Ruyter reçut un billet du marquis de Bayonne, qui lui donnait avis que l'armée navale du roi, commandée par Du Quesne, était sortie le 20 de Messine, et qu'elle avait passé en vue de Catania. Aussitôt Ruyter fit faire branle-bas général de combat, car, au point du jour, il s'attendait à être attaqué. Néanmoins, l'armée française ne parut pas ce jour-là, et le soir, le conseil de guerre, composé des officiers des deux nations, fut d'avis de lever l'ancre et de sortir de la baie dès que le vent de terre commencerait à souffler, ou bien, si le vent se calmait, de remorquer les vaisseaux avec les galères, afin de prendre le large pour faire tête à l'ennemi. Selon ce projet, on mit donc à la voile sur les neuf heures du soir par un vent de terre, et tous les vaisseaux sortirent de la baie cette nuit-là.

Le jour suivant, 22 avril, Ruyter, étant déjà avant le lever du soleil à trois lieues au nord d'Agosta, découvrit l'armée navale, commandée par Du Quesne, qui arrivait dans l'ordre suivant :

ARRIÈRE-GARDE, COMMANDÉE PAR D'ALMERAS.	CORPS DE BATAILLE, COMMANDÉ PAR DU QUESNE.	AVANT-GARDE, COMMANDÉE PAR L. GABARET.
Le Lys.	Le Sceptre.	Le Saint-Esprit.
Le Pompeux.	Le Sans-Pareil.	Le Saint-Michel.
Le Magnifique.	Le Grand.	L'Éclatant.
Le Vermandois.	Le Fier.	L'Aimable.
L'Heureux.	L'Agréable.	Le Fortuné.
L'Apollon.	L'Assuré.	Le Prudent.
Le Cheval-Marin.	Le Téméraire.	L'Aquilon.
Le Trident.	Le Sage.	Le Vaillant.
	Le Brusque.	Le Joli.
	La Sirène.	Le Mignon.
BRÛLOTS.	BRÛLOTS.	BRÛLOTS.
L'Ardent.	Le Salvador.	Le Dangereux.
L'Orage	L'Impudent.	L'Hameçon.
	L'Inquiet.	La N.-Dame-de-la-Mer.

CHAPITRE V.

Combat du 22 avril. — Dépêches de MM. de Vallavoire, de Vivonne, et de Du Quesne au sujet de ce combat. — Relation hollandaise. — Ruyter est blessé. — Il meurt, le 29 avril, dans la baie de Syracuse.

On vient de voir que les vaisseaux du roi partirent de Messine le 20 avril; arrivés le 22 en vue d'Agosta, ils se disposaient à entrer dans ce port pour y prendre la poudre et les boulets qu'ils espéraient y trouver, lorsqu'ils aperçurent les ennemis sur les neuf heures du matin. Le vent étant tout à fait tombé, il faisait un calme profond, la chaleur était déjà grande, et les hauts rochers d'Agosta paraissaient s'élever au milieu d'un lac. Du Quesne, ne pouvant joindre les ennemis par cette acalmie, préféra de les attendre, craignant que s'il entrait dans le port d'Agosta, on n'attribuât cette manœuvre à la timidité; mais bientôt après le vent commençant de souffler du sud-sud-est, alors Du Quesne mit au large en revirant de bord et fit lest en ordre de bataille.

Cependant Ruyter laissa arriver sur les vaisseaux du roi, et le combat s'engagea à demi-portée de canon, sur les quatre heures de l'après-dîner.

On va juger, par les diverses relations de Vivonne, de Vallavoir, de Du Quesne et de Ruyter, que si les Hollandais eurent l'avantage du vent, avantage dont Ruyter profita avec une rare habileté, les Français eurent celui du nombre, en cela que le corps de bataille de la flotte hollando-espagnole, commandé par l'amiral général don Francisco Freire de la Cerda, non-seulement ne donna pas, mais encore empêcha, par sa position pendant le combat, le contre-amiral de Haan, commandant l'arrière-garde, d'aller secourir Ruyter, qui fut blessé à mort en soutenant seul, à la tête de son avant-garde, le feu terrible de la flotte française qui le prolongea.

Ruyter, malheureusement lié par les instructions qui lui enjoignaient expressément d'obéir à l'amiral général du roi Catholique, pressentit l'issue de cette fatale journée lorsque don Francisco de la Cerda lui eut exprimé nettement sa volonté d'occuper avec son escadre le corps de bataille, ne voulant pas souffrir, disait-il, par un point d'honneur tout castillan, que le pavillon royal de Sa Majesté très-Catholique fût à l'arrière-garde de l'armée ; mais laissant d'ailleurs fort volontiers à Ruyter le poste périlleux de la droite.

Dans cette alternative, Ruyter, qui voulait surtout se servir du vent pour arriver vigoureusement avec son avant-garde sur la tête de la flotte française, espérant la faire plier, la percer et la séparer ainsi du corps de bataille, accepta la proposition de l'amiral espagnol, regardant la manœuvre de l'avant-garde comme devant être la plus vigoureuse et la plus décisive de la journée. De la sorte, les vaisseaux hollandais qui formaient l'avant-garde et l'arrière-garde, se trouvant séparés par le centre composé des vaisseaux espagnols, ne purent agir ensemble, et, ainsi qu'on l'a dit, la manœuvre de la gauche fut complétement paralysée par l'inertie et la lâcheté de l'amiral espagnol.

Ce furent donc les avant-gardes de chaque armée qui engagèrent rudement l'action, et des deux marins qui les commandaient, l'un fut emporté d'un coup de canon au commencement du combat : ce fut le brave d'Almeras, lieutenant général, montant *le Lys ;* l'autre fut blessé à mort : ce fut le vieux Ruyter. Il était alors sur la dunette de son vaisseau *la Concorde,* vêtu de gris, sans casque ni cuirasse, et venait de donner l'ordre à son capitaine Gérard Kulembourg de brasser les voiles sur le mât, *lorsqu'un boulet lui enleva la plus grande partie du devant du pied gauche et lui cassa les deux os de la jambe droite, à la hauteur d'une main, au-dessus de la cheville, les laissant tout brisés et fracassés ; la violence du coup le fit tomber de dessus la tengue (dunette), c'est-à-dire de la hauteur de sept pieds, sans toutefois se blesser qu'à la tête et peu dangereusement.* M. de Cou, capitaine en 1666, fut aussi tué sur *le Sceptre,* qu'il commandait, et M. de Cogolin, qui, par sa vigilance lors du combat de Southwold-Bay, en 1672, sauva l'armée anglo-française d'un plus grand désastre, en lui annonçant l'arrivée de l'ennemi, M. de Cogolin, capitaine du *Fidèle,* gravement blessé lors du commencement de l'action, se fit descendre à fond de cale pour être pansé, et se fit remonter bientôt sur le pont de son vaisseau, qu'il ne quitta qu'à la fin du combat. Enfin, ainsi qu'on va le voir par les rapports, MM. de Tambonneau, de Villeneuve-Ferrières, de Guignes, de Bonnefond, etc., furent aussi tués après avoir vaillamment fait leur devoir.

Voici d'abord la relation officielle de Vivonne au sujet de ce combat; et, bien que la mort de Ruyter fut un événement d'une très-haute importance, selon son habitude, l'insouciant vice-roi ne rend compte à Louis XIV de cette affaire qu'environ six semaines après la bataille d'Agosta, c'est-à-dire le 3 juin.

RELATION DU COMBAT NAVAL DU 22 AVRIL 1676, DONNÉ PRÈS D'AGOSTA, ENTRE L'ARMÉE DU ROI ET CELLE DES ESPAGNOLS ET HOLLANDAIS.

« Du 3 juin 1676.

» Le 22 avril, l'armée navale du roi, commandée par M. Du Quesne, se trouva à la pointe du jour est et ouest du cap Sainte-Croix, environ cinq lieues au large et à six lieues d'Agosta, et eut en même temps connaissance de celle des ennemis, qui sortait de dessous le cap de Syracuse, et lui restait environ au sud. Le vent, qui était nord-ouest, donna lieu à M. Du Quesne, après avoir mis le signal de l'ordre de bataille, d'arriver sur les ennemis, ce que l'on fit jusque sur les neuf heures du matin, qu'il calma entièrement. Vers les onze heures, le vent commença par une petite fraîcheur du côté du sud; puis, à midi, souffla avec un peu plus de force en faveur des ennemis; ils commencèrent alors à arriver, mais mollement.

» Cependant notre armée se mettait en bataille pour les attendre, ce qu'elle fit dans le plus bel ordre qui se soit jamais vu.

» Sur les trois heures, Ruyter, qui conduisait l'avant-garde, arriva vent arrière avec douze navires hollandais; le corps de bataille, commandé par l'amiral d'Espagne, fit la même chose, mais avec moins de vigueur, et l'arrière-garde, mêlée de Hollandais et de quelques Espagnols, demeura un peu plus au vent. A quatre heures, la tête de l'avant-garde de Ruyter tomba sur celle de la nôtre, et commença le combat, étant à la portée du mousquet. Ruyter la suivit avec ses vaisseaux, et fit un effort extraordinaire pour la faire plier, ainsi que les premiers vaisseaux de la tête du corps de bataille ; ils furent reçus avec une pareille ardeur par les vaisseaux de l'avant-garde et par lesdits premiers vaisseaux du corps de bataille, sans les pouvoir faire plier en aucune manière, et sans que l'on vît aucun des vaisseaux de la ligne faire le moindre mouvement pour arriver. Cependant les Espagnols du corps de bataille, se trouvant à une grande portée de canon, tinrent le vent et tirèrent de fort loin sans conserver d'ordre, en sorte qu'ils se trouvèrent quatre vaisseaux ensemble, dont l'amiral était du nombre, tirant en confusion, et n'arrivant pas sur le corps de bataille ; l'arrière-garde était plus en ordre, mais elle n'arrivait pas davantage.

» Ruyter, voyant ses efforts inutiles, et ne voulant pas en venir à l'abordage, après deux heures et demie de combat très-rude, mit ses voiles à scier, et se tira de devant les vaisseaux de MM. d'Almeras et de Valbelle, faisant essuyer son feu à toute la ligne jusque vers le milieu du corps de bataille, où le combat commença fort vigoureux à soleil couchant ; l'arrière-garde arriva en ce temps sur la nôtre, et l'on y combattit de même qu'au corps de bataille jusqu'à dix heures du soir, que les ennemis revirèrent le bord, et prirent la route de Syracuse.

» Avant que le soleil fût couché, l'on vit les galères d'Espagne prendre à la remorque quatre vaisseaux hollandais très-incommodés dans leurs vergues et mâtures, et le soir un cinquième. Des nôtres, toute l'avant-garde et partie du corps de bataille ont été fort maltraités ; mais cela serait peu considérable, si nous n'avions perdu M. d'Almeras, lieutenant général, et MM. Tambonneau et de Cou, capitaines, qui ont été tués ; M. de Cogolin, M. de La Barre et M. de Béthune ont été blessés ; les sieurs Bonnefond et Guignes, enseignes, tués ; les sieurs de Ris, aide-major, et d'Aligre, lieutenant, blessés. M. Du Quesne ayant laissé passer la nuit sans faire de voiles, et le 23 au matin rallié ses vaisseaux et couru avec peu de vent vers la terre de Sicile, les mauvais temps l'ont empêché avant le 29 de pouvoir approcher du lieu du combat et de l'entrée de Syracuse ; ce qu'ayant fait, il a trouvé les ennemis enfermés dans ledit port, sans que la présence de notre armée les ait excités à faire aucun mouvement.

» Le 10 mai, M. le chevalier de Léry, commandant le vaisseau du roi *le Téméraire*, étant sorti du port de Messine pour aller reconnaître un vaisseau d'environ trente à quarante pièces de canon, qui sortait de Reggio, il a eu le bonheur de le brûler, malgré le canon de Reggio et la mousqueterie de terre. D'abord le vaisseau ennemi s'est mis en devoir de bien combattre; car il a envoyé ses deux chaloupes à terre pour empêcher son équipage de se jeter à l'eau; une galère l'ayant renforcé de monde; puis, M. de Léry s'étant approché, il a fait belle défense; mais le capitaine dudit vaisseau ennemi ayant été tué, et son équipage l'ayant abandonné pour se jeter à l'eau, ledit vaisseau n'a plus fait de résistance. Alors, M. de Léry ayant envoyé sa chaloupe, commandée par M. le chevalier des Gouttes, il a appliqué des chemises de soufre au vaisseau, et l'a brûlé, malgré le feu de la mousqueterie de terre, qui était grosse. Ledit vaisseau était échoué quand on l'a brûlé, avait pavillon d'Ostende, et était de l'armée navale d'Espagne.

» Le 11, est arrivé de Melazzo un tambour français de la compagnie de La Salle, du régiment de Picardie, surnommé Drillot, lequel a rapporté que les ennemis l'ayant mis sur une de leurs galères, il assista au dernier combat entre M. Ruyter et M. Du Quesne, et que dans ce combat les Hollandais ont perdu beaucoup de monde, même des capitaines et des officiers; que M. Ruyter y eut deux jambes d'emportées d'un coup de canon, et qu'un éclat le blessa aussi au côté; qu'il mourut de ses blessures, à Syracuse, huit jours après le combat; qu'il y a une grande division entre les Hollandais et les Espagnols; que le général espagnol ayant voulu aller rendre visite à M. Ruyter ce dernier ne le voulut pas voir; que les Hollandais exaltaient extrêmement la valeur française, et admiraient surtout le bon ordre dans lequel notre armée avait combattu, parce que nos vaisseaux s'étaient tenus dans une ligne si égale et si droite qu'il n'y avait rien de si beau à voir; enfin que les Hollandais ont eu des vaisseaux si fort maltraités de nos canons, que si les galères ne les eussent promptement remorqués dans Syracuse, ils auraient coulé bas; que lesdits Hollandais se sont raccommodés à la hâte et mal, et qu'ils sont sortis de Syracuse pour aller à Naples se raccommoder mieux; qu'il a ouï dire que les Hollandais resteront encore dans ces mers, à cause qu'ils attendent des secours des États sous le commandement du jeune fils de Ruyter; qu'il est arrivé à Melazzo des bâtiments génois chargés d'infanterie, laquelle le marquis Palavicini, Génois, commande. Le même jour, au soir, est arrivé d'Agosta le patron Monnier, qui a porté des lettres de M. de Mornas, qui assure de nouveau la mort de Ruyter; il a tiré cette assurance d'une lettre qui a été trouvée sur des prisonniers que des coureurs de la garnison ont faits, allant de Syracuse à Catania. Cette lettre est de la sœur du major de Catania, qui mande à son frère positivement que Ruyter est mort, et qu'on l'a embaumé pour le porter en Hollande; elle ajoute de plus que dans les vaisseaux ennemis il y a eu beaucoup de gens tués, et qu'on les a enterrés le long du rivage, et qu'on ne voit que des croix sur ledit rivage; que les Hollandais se plaignent fort des Espagnols, disant que si les Espagnols avaient combattu en même temps et de même que les Hollandais, ils auraient battu les Français. »

« Du 21.

» Les galères de Sa Majesté sont arrivées à Messine.

» Le 23, une escadre de six navires, commandée par *la Dauphine*, est sortie jusqu'au cap Spartimente, et en a emmené quatre barques vides, qui devaient passer de l'infanterie, et a dit qu'elle en avait coulé une cinquième et brûlé une sixième chargée d'huile, à cause qu'elle était échouée.

» Le même jour, du côté du nord, deux felouques françaises des galères ont pris deux barques chargées de bois, et un vaisseau vénitien venant de Palerme a passé par ce canal, qui a dit qu'il y avait laissé toute l'armée d'Espagne, vaisseaux hollandais ou autres, et les galères qui s'y raccommodaient, ce qui a été cause que les nôtres ont résolu d'y aller les chercher le 24. »

(*Archives de la Marine, à Versailles.*)

Voici maintenant la relation hollandaise extraite de la vie de Ruyter. On y verra de curieux détails sur la manière dont Ruyter fut blessé, et sur les différentes manœuvres de son escadre dans ce grand combat.

« .... Les deux armées ennemies étant donc à la vue l'une de l'autre, et portant également l'une sur l'autre, se trouvèrent assez proches sur le midi; mais elles tombèrent alors dans un calme si grand, que Ruyter ne crut pas qu'elles pussent ce jour-là s'engager au combat. Cependant, après midi, le vent ayant un peu fraîchi au sud-est, Ruyter, qui voulut se servir de son avantage, arriva vent arrière droit sur les Français. Il fit alors le signal, aussi bien que les autres officiers généraux, qui brassèrent les petits huniers contre le mât, afin qu'on se mît en ligne et que chacun prît le poste qui lui avait été marqué; ce qui fut exécuté à souhait. Toute l'armée étant en ligne, Ruyter amena le petit hunier, et arriva toujours sur les ennemis, qui étaient aussi rangés en bon ordre, faisant cette même manœuvre jusqu'à quatre heures après midi, à la vue du mont Gibel, dont il s'éloignait vers le nord; et alors, les Français se trouvant à la portée du canon, il tint le vent et s'engagea avec leur avant-garde, conduite par le lieutenant général d'Almeras.

» Le combat commença, en ce moment, avec tant de furie des deux côtés, qu'il semblait que, par une si prompte expédition, on voulait gagner le temps, qui allait bientôt manquer par la prochaine fin du jour. Ruyter s'avança au côté et tout proche du lieutenant général d'Almeras; et tout le reste de l'avant-garde de Hollande et de celle de France s'engageant aussi à la fois, on fit un feu terrible de part et d'autre, qui fut fatal à quantité de gens. Il semblait que la mer de Sicile fût changée en un mont Gibel flamboyant, car tout était en flammes entremêlées d'une épaisse fumée.

» Tandis que la tête de l'armée des Hollandais était ainsi aux prises avec celle des ennemis, on vit le corps de bataille, composé des Espagnols, fort loin sous le vent, d'où le vice-amiral général et commandant en chef, don Francisco Freire de La Cerda, qui, à la vérité, ayant aussi mis au plus près du vent, canonnait les ennemis de toute sa force, ne faisant toutefois aucun effet, à cause de l'éloignement; c'est ce qui fit que l'escadre du vice-amiral de Haan, qui, ayant la queue, était obligée de suivre les Espagnols, ne put s'approcher des Français que beaucoup plus tard qu'elle n'aurait fait.

» Ce retardement mettant Ruyter en danger d'être environné des ennemis et coupé, il prit le parti de les attendre avec les voiles brassées sur le mât, et d'essuyer toutes les bordées d'une grande partie des vaisseaux français, qui passèrent en bon ordre à son côté; mais il leur répondit avec tant de vigueur, et fit un si grand feu, qu'il y en eut plusieurs qui mirent toutes leurs voiles et firent vent arrière afin de se dégager de lui.

» On a dit que pendant le combat Ruyter avait envoyé une chaloupe au bord de l'amiral des Espagnols pour le prier de se hâter d'arriver avec son escadre, parce qu'il y avait lieu d'obtenir une grande victoire pour peu qu'ils voulussent y contribuer par leur secours; que sur cette sollicitation ils avaient arrivé et s'étaient un peu avancés, toutefois si lentement, qu'il était presque nuit avant qu'ils eussent joint l'avant-garde. On impute même à quelques-uns d'avoir depuis osé dire qu'ils avaient eu raison de se tenir hors du plus chaud du combat, parce que la plupart n'avaient pas plus de trois quintaux de poudre sur leurs bords; à ce défaut se joignit la lâcheté de quelques-uns de leurs officiers, qui furent encore plus véritablement la cause de ce qui se passa, quoique hors de l'occasion ils fussent se vanter avec une arrogance insupportable, puisqu'on avait entendu l'un d'entre eux, et qui n'était pas des moins considérables, pousser la bravade ou l'extravagance jusqu'au point de dire : « Si le » pouvoir de Dieu se pouvait acquérir par l'épée, il serait bientôt » à moi. »

» Mais reprenons le fil de notre récit. Pendant que Ruyter avec son escadre se voyait ainsi le premier engagé au combat, et que si mal suivi des autres il en soutenait depuis plus d'une heure toute la violence, il lui arriva un accident qui, par ses suites, doit être mis au rang des plus grands malheurs qui aient affligé l'État. Il était sur la tengue, d'où il donnait ses ordres et encourageait les siens, lorsqu'un boulet lui emporta la plus grande partie du devant du pied gauche et lui cassa les deux os de la jambe droite, à la largeur d'une main au-dessus de la cheville, les laissant tout brisés et fracassés. La violence du coup le fit tomber de dessus la tengue, c'est-à-dire de la hauteur de sept pieds en bas, sans toutefois se blesser qu'à la tête, mais d'une plaie peu considérable.

» Il y eut des gens qui doutèrent si cette dernière blessure n'était point faite d'un coup de mitraille, et si ce n'était point sa chute qui lui avait rompu les deux os de la jambe. C'étaient les premières blessures de conséquence qu'il eût reçues en toute sa vie. Mais ce triste accident ne fit point perdre courage aux siens. La vue du sang qui coulait des plaies du général ne servit qu'à animer les matelots et à leur faire redoubler leurs efforts contre les ennemis. Girard Kallenburg, son premier capitaine, ne cessa point d'exciter chacun à son devoir, et donna si à propos ses ordres sur tout le vaisseau pour faire agir le reste des officiers avec les matelots et les soldats, que les amis ni les ennemis ne purent s'apercevoir qu'il fût rien survenu à l'amiral ou qu'il ne fût pas présent.

» On a aussi rapporté qu'en effet Ruyter donna ses conseils en quelques occasions, et que, tout blessé qu'il était, il inspirait encore du courage à ses gens, leur criant chaque fois qu'il entendait les décharges de l'artillerie : « *Courage! mes enfants,* » *courage! c'est ainsi qu'il faut faire pour remporter la vic-* » *toire.* »

» Au plus fort du combat, qui se poussait toujours sans aucune intermission, le grand mât de hune et la vergue de misaine du *Miroir,* que commandait le capitaine Schey, furent abattus, si bien que pour ne pas dériver sur les ennemis, il fut contraint de se faire nager par ses chaloupes hors de son poste et de la portée de leurs canons; et depuis, suivant l'ordre du général Bayonne, il fut remorqué par une galère à Syracuse avec le *Damiette,* que commandait le capitaine Vitterwiyk, et qui était entièrement désemparé. *Le Lion,* monté par le comte de Styrum, qui s'était toujours tenu proche de Ruyter, reçut tant de coups, dont il en avait quelques-uns à l'eau, qu'il eut beaucoup de peine à se maintenir, sans que néanmoins il voulût céder ou reculer. Le capitaine Noirot fut dangereusement blessé à la jambe gauche.

» Les Français, de leur côté, ne furent pas plus épargnés. Le sieur d'Almeras, qui commandait l'avant-garde, fut tué avec deux capitaines, le chevalier de Tambonneau et le sieur de Cou; le sieur de Cogolin, capitaine, fut dangereusement blessé, ce qui mit en quelque désordre cette première escadre, dont ces trois capitaines commandaient les vaisseaux qui faisaient la tête.

» Cependant, après la mort de d'Almeras, le chevalier de Valbelle ayant pris le commandement de l'escadre, fit tout ce qui était possible pour suppléer à ces pertes par sa valeur; il fut fort bien secondé. Le lieutenant général Du Quesne, qui s'était toujours tenu au plus près du vent pour s'approcher de l'amiral espagnol, voyant que celui-ci se tenait au vent, mit toutes ses voiles pour aller joindre son avant-garde et lui prêter secours contre Ruyter.

» Cependant, les Espagnols ayant été sollicités par l'ordre de ce dernier, ainsi qu'il a été dit, s'avancèrent un peu, et commencèrent un petit combat, dans lequel il y eut quelques Flamands-Espagnols qui firent leur devoir, et se battirent aussi vigoureusement que les Hollandais; d'ailleurs la même ardeur continuait toujours dans l'avant-garde de ces derniers, où l'on faisait incessamment un feu terrible, surtout proche de l'amiral, qui n'abandonna point le vaisseau désemparé du comte de Styrum, et qui le défendit contre les ennemis. Ceux-ci, au nombre de huit vaisseaux, passèrent à son côté, y ayant parmi eux deux pavillons, et le reste portant chacun soixante canons, dont il soutint le feu constamment et sans s'éloigner; au contraire, étant courageusement secondé de ses matelots, il fit avec eux de si terribles et si promptes décharges sur les Français qui passaient devant eux, qu'on n'aurait pas pu tirer plus vite avec des mousquets, ce qui rebuta tellement les ennemis, que la plupart prirent le parti de la retraite, et sur les sept heures du soir, ils furent suivis de toute leur armée, et ne firent plus voir aux Hollandais que l'arrière des vaisseaux; et à la faveur du clair de lune, on chassa sur eux jusqu'à huit heures.

» Pour le vice-amiral Haan, qui avec l'arrière-garde suivait les Espagnols, comme il ne s'engagea que fort tard avec le contre-amiral Gabaret, qui commandait l'arrière-garde française, et qui avait sous lui les chevaliers de Léry et de La Fayette, le marquis de Langeron et le sieur de Beaulieu, tous braves et expérimentés capitaines, les approches de la nuit et la chasse que prit alors toute l'armée de France ne lui permirent pas de demeurer plus longtemps engagé. »

Cette relation de M. de Vallavoire à M. de Seignelay est précieuse en cela qu'elle donne une foule de particularités sur chaque flotte, sur les pertes qu'on éprouva dans cette bataille, et aussi sur quelques affaires d'avant-poste qui eurent lieu entre les Espagnols et les troupes françaises.

« A Messine, ce 30 avril 1676.

» Le 28 de ce mois, M. de La Barre arriva ici avec son vaisseau un peu délabré, et lui blessé au visage; il confirma la nouvelle du combat dont nous avions eu connaissance trois jours auparavant par une tartane, et en dit les particularités à peu près de cette façon :

» Que Ruyter était sorti du port d'Agosta le mercredi 22, aux signaux qu'on lui avait faits de l'approche de notre armée, par trente-trois feux, qui marquaient la quantité de vaisseaux dont elle était composée.

» Que les deux armées furent jusques environ midi en présence, entre Agosta et Catane, sans pouvoir combattre, parce qu'il n'y avait pas de vent.

» Que, sur le midi, le vent se leva tel que les ennemis le pouvaient désirer pour avoir l'avantage sur nos vaisseaux; que Ruyter, pour s'en servir, se mit à son avant-garde en pensant faire plier la nôtre, et vint fondre sur elle environ vers les trois heures du soir.

» Que notre avant-garde, composée de ceux dont les noms sont ici, soutint si vigoureusement ce choc, que non-seulement elle fit plier celle des ennemis, mais même tout leur corps de bataille, et mit hors de combat cinq de leurs vaisseaux qui furent remorqués par leurs galères à Syracuse.

» On dit que si la nuit ne fût pas si tôt venue, leur perte aurait encore été beaucoup plus considérable, et que Ruyter même fut obligé d'éteindre ses fanaux pour se retirer.

» Les vaisseaux espagnols firent très-mal en cette occasion; mais leurs galères y firent des merveilles, et l'on peut dire que, sans elles, les bâtiments qui ne furent que démâtés et mis hors de combat auraient été brûlés ou coulés à fond.

» On n'a point encore su la perte de gens qu'ils ont faite; mais on ne doute point qu'elle ne soit fort grande, si l'on en peut juger par le fracas de leurs bâtiments et par leur fuite.

» Ceux d'Agosta ont profité de ce premier point, et l'on dit qu'il y est venu pour plus de trois ou quatre mille écus de débris de vaisseaux ennemis.

» Il y a encore une autre particularité que j'oubliais qui est assez considérable.

» Les vaisseaux ennemis étant mouillés dans le port d'Agosta, qui est assez spacieux pour qu'ils y pussent tenir sans être endommagés par le canon des forts, et M. de Béthune y étant aussi avec le vaisseau de Sa Majesté appelé *la Sirène*, ceux-ci firent dessein de le brûler : ils envoyèrent pour cela la nuit un brûlot et quelques galères; mais ceux du vaisseau s'étant aperçus du bruit des rames, firent un si beau feu contre ces bâtiments, qu'ils les obligèrent de s'éloigner et pensèrent faire perdre une de ces galères.

» Depuis, l'armée ennemie étant sortie du port, le même M. de Béthune sortit avec elle, et, sans qu'elle l'en pût empêcher, vint se joindre à M. Du Quesne et se trouva au combat.

» Nonobstant tous les avantages dont je viens de vous parler, les Espagnols n'ont pas laissé de faire des réjouissances partout, comme s'ils avaient remporté la victoire; et au moins ont-ils cela par-dessus nous, que véritablement ou par politique, ils sont toujours contents de ce qu'ils ont fait.

» Ils sont à présent tous à Syracuse, où ils se sont retirés pour se radouber, et l'armée de Sa Majesté croise du côté d'Agosta; cette manœuvre des uns et des autres diminue un peu de l'effet qu'auraient pu produire leurs réjouissances, et on aura de la peine à croire qu'ils sont véritablement victorieux tant qu'on les verra ainsi assiégés.

» Nous n'avons pas eu tant de bonheur sans qu'il ait été accompagné de quelque perte, et l'on peut dire que celle que nous avons faite est d'autant plus considérable qu'elle regarde ceux qui ont le plus contribué à la gloire des armes de Sa Majesté en cette occasion : c'est de M. d'Almeras et de M. le chevalier de Tambonneau, des chevaliers d'Aligre et Darene, qui y ont été tués ; M. de Cogolin y a aussi été blessé, et M. de Cou y a eu une jambe emportée; ce n'est pas que la gloire de ceux-ci diminue rien de celle que les autres se sont acquise, et l'on peut dire qu'ils seraient tous égaux s'ils étaient tous vivants.

» Voilà ce qui s'est passé au sujet de la dernière victoire:

plume espagnole l'aurait mieux tracé que la française, si elle (la victoire) avait tourné de leur côté ; mais il faut qu'elle se contente, pour cette fois-ci, de réserver ses hyperboles pour couvrir leur honte et non pas pour enrichir la vérité.

» Après avoir ainsi fait un détail des affaires de la mer, il est bien juste que je parle aussi un peu de celles de terre.

» Nos vaisseaux ne furent pas plus tôt sortis de ce port pour aller chercher les ennemis, que nous eûmes avis que les Espagnols descendaient la montagne et qu'ils venaient du côté de San-Stephano dans le dessein de venir brûler nos moulins et de couper les mûriers pour empêcher la récolte des soies.

» Effectivement, dès le 24, ils vinrent mettre le feu à Mili, à Lardgrie et à Zafarie, qui sont trois villages près de Stephano, et le lendemain ils s'avancèrent jusque dans un lieu appelé Tremestiery, qui est à trois milles de Messine.

» M. le maréchal et M. le marquis de Vallavoire sortirent ce jour-là avec sept ou huit cents hommes d'infanterie et la cavalerie, pour voir s'ils ne pourraient point les repousser ; mais M. le marquis de Vallavoire les ayant été reconnaître et les ayant trouvés en bataille et postés en des lieux avantageux, on ne jugea pas à propos de les attaquer.

» Cependant, quelques Messinois qui étaient sortis de la ville s'étant un peu trop avancés, les ennemis envoyèrent un détachement de leur cavalerie qui en tua ou blessa cinq ou six ; mais, dans le même temps, un autre détachement d'infanterie de Crussol et de Louvigny, que M. le maréchal et M. le marquis de Vallavoire avaient posté le long du chemin, firent une décharge si à propos sur cette cavalerie, qu'il l'obligea de se retirer.

» Ensuite le major de Léry et quelques autres la poussèrent encore, et les ennemis perdirent en cette occasion vingt-cinq ou trente de leurs hommes.

» Ce fut là tout l'avantage qu'ils remportèrent ; le lendemain, dans le temps qu'on se disposait à détacher quelques Messinois pour aller garder des moulins qu'on appréhendait qu'ils ne vinssent brûler, on eut avis qu'ils se retiraient à San-Placido et à l'Escalette ; et depuis ils se sont contentés de se montrer encore une fois, mais ils n'ont rien entrepris. »

« Du 3 mai.

» Enfin, nous avons reçu, par l'arrivée de M. Du Quesne, qui entra ici le premier de ce mois avec tous les vaisseaux de Sa Majesté, non-seulement la confirmation de toutes les nouvelles dont je viens de parler, mais encore de plusieurs autres particularités remarquables.

» Il manquait à la gloire des armes de Sa Majesté que Ruyter eût été blessé au combat qu'il a donné contre nous, et c'est de quoi nous ne pouvons quasi pas douter, la chose nous ayant été rapportée par un des pilotes de M. de Goussonville, qui s'est sauvé de l'armée ennemie, et ensuite confirmée par des avis que nous avons reçus de Melazzo.

» Les uns et les autres assurent que ce fameux capitaine eut trois doigts du pied emportés par un boulet, et qu'étant tombé de cette blessure, il se rompit encore la jambe; qu'outre cela il était blessé à la tête de quelques éclats, mais non dangereusement.

» Après le combat, notre armée suivit celle des ennemis, qui se retira, comme j'ai déjà dit, à Syracuse, et s'est tenue pendant deux jours en vue de cette place, dans un temps où ils avaient encore l'avantage du vent s'ils eussent voulu sortir; mais ces avantages leur avaient trop peu servi la première fois pour en tenter encore le hasard une seconde.

» M. d'Aligre, que j'avais mis au nombre des morts, ne se trouve que blessé; mais M. de Béthune, dont je ne parlais que pour ce qu'il avait fait à Agosta, se trouve encore incommodé d'un bras par l'approche d'un boulet de canon qui lui passa entre le bras et le corps, et qui l'a laissé comme paralytique ; M. de Cou est aussi mort de sa blessure.

» On confirme aussi toujours ce que l'on disait de Ruyter qu'il arriva le plus fièrement du monde sur notre avant-garde, et qu'il ne commença à tirer qu'à portée de pistolet; on croit qu'une manœuvre si différente de la sienne, et même de celle d'un grand capitaine, vient plutôt de quelques motifs particuliers que d'un effet de sa bravoure ou de son expérience consommée.

» Il est vrai que l'on dit encore qu'il avait avec lui quatre brûlots et trois galères, et les plus forts vaisseaux de son armée; mais enfin sa manière de combattre n'est point celle-là.

» Notre première division fut celle qui eut le plus de moyens de se signaler en cette occasion ; Ruyter s'attacha d'abord à M. d'Almeras ; nos quatre premiers vaisseaux répondirent au feu des quatre qui étaient devant Ruyter, et le reste de notre division lia le combat avec ceux qui étaient derrière lui.

» Notre corps de bataille et notre arrière-garde furent quelque temps sans rien faire, parce que les Espagnols n'arrivaient pas et que le vice-amiral de Hollande n'arriva que fort tard.

» M. de Cogolin fut le premier blessé, et M. Tambonneau fut tué ensuite ; de sorte que M. de Valbelle et M. de La Brétesche eurent presque seuls sur les bras les quatre vaisseaux qui étaient de quatre-vingts canons ; mais, nonobstant cela, ils ne laissèrent pas de tenir toujours le vent, et eurent même occasion de faire tirer leur mousqueterie.

» Ce même M. de Valbelle obligea encore Ruyter, qui arriva quasi sur lui dans le temps que M. d'Almeras fut tué, de quitter prise et de se laisser tomber sur M. Gravier ; mais celui-ci tint toujours aussi le vent avec beaucoup de fermeté, et se signala particulièrement.

» Enfin, après environ deux heures de combat, les quatre vaisseaux qui étaient devant Ruyter, et qui se trouvaient tous désagréés et démâtés de leurs huniers, avec leurs vergues bas, furent obligés de revirer à l'autre bord : ils se servirent pour cela de leurs chaloupes, et ensuite furent remorqués par leurs galères. Après cela, Ruyter tomba sur MM. de Saint-Aubin, de Belle-Fontaine et de Forbin, puis sur la tête au corps de bataille, c'est-à-dire sur MM. d'Amfreville, de La Barre, de Belle-Ile, de Béthune, de Cou et de Tourville.

» Le vice-amiral de Hollande ne tomba guère que sur les derniers vaisseaux de l'arrière-garde, nonobstant les coups de canon sans balles que M. Gabaret tira pour les défier, c'est-à-dire qu'il n'y eut presque que MM. de Langeron, de La Fayette et de Léry qui combattirent ; quant aux Espagnols, ils ne combattirent que de loin. »

Cette enquête, ordonnée par Vivonne, donne de très-grands détails sur la manœuvre différente de chaque vaisseau pendant le combat.

ENQUÊTE SUR LE COMBAT OU M. D'ALMERAS FUT TUÉ.

« Par l'ordre de M. le maréchal duc de Vivonne, nous nous sommes transportés à bord de *la Sirène*.

» M. le chevalier de Béthune nous a dit avoir vu les navires de M. de Belle-Ile, qui étaient devant lui, et de Cou, qui était derrière, faire une très-bonne manœuvre, et qu'il était très-content de ses officiers.

» DE L'AIMABLE. — M. de La Barre a dit qu'il avait vu MM. d'Amfreville et de Forbin, qui étaient devant lui, tenir le vent de fort près et faire parfaitement leur devoir, ainsi que M. de Belle-Isle qui était derrière lui, et qu'il est très-content de ses officiers.

» A L'HEUREUX. — M. de La Bretesche nous a dit qu'il avait vu le vaisseau *le Vermandois* qui le précédait, lequel fut obligé de larguer sa grande voile; que, dans le virement, M. Tambonneau ayant été tué, le navire, qui avait beaucoup d'air, vint vent arrière, puis aussitôt il mit ses voiles sur le mât, retint le vent et rentra dans la ligne devant lui; que *le Fidèle*, qui était devant lui, avait combattu avec beaucoup de vigueur; que lorsque M. de Cogolin eut été blessé et porté à fond de cale, ce navire arriva un peu et mit sa civadière, qu'aussitôt après elle fut serrée, et il tint le vent et combattit comme il avait fait auparavant.

» AU FIDÈLE. — M. de Cogolin, au lit, nous a dit que le navire *l'Heureux*, commandé par M. de La Bretesche, qui était derrière, avait tenu ferme et combattu toute la meilleure partie de l'avant-garde ennemie; que, lorsqu'il fut blessé, la barre de son gouvernail fut coupée et toutes ses voiles de devant mises bas; que sa civadière fut bordée de ce temps sans que pas un de ses officiers en eût donné l'ordre, lesquels la firent serrer avant qu'il fût monté sur le pont, et que lorsqu'il y fut, son navire continua de combattre en ligne; qu'il est très-content de tous ses officiers et de leurs manœuvres.

» DU TRIDENT. — M. de Belle-Fontaine nous a dit qu'il avait vu *le Parfait*, commandé par M. de Châteauneuf, qui était devant lui, qui avait toujours tenu le vent et combattu avec

9.

toute la vigueur possible, sans faire aucun mouvement qui ne fût d'un très-brave homme; et qu'il avait vu *l'Apollon* commandé par M. de Forbin, faire de même dans tout le temps du combat; et qu'il était très-content de ses officiers.

» A L'AGRÉABLE. — M. le chevalier d'Ailly nous a dit qu'il avait vu M. Chabert, qui était devant lui, et M. Gabaret, qui était derrière, tenant le vent de tout leur pouvoir, et faisant du mieux, ainsi que toute la division; et qu'il est très-content de ses officiers.

» AU TÉMÉRAIRE. — M. le chevalier de Léry nous a dit qu'il avait vu MM. de La Fayette, Langeron et Beaulieu, qui étaient devant lui, tenir le vent de tout leur pouvoir et faire des mieux; et qu'il était très-content de tous ses officiers.

» A L'ASSURÉ. — M. de Villette nous a dit qu'il avait vu M. de Septesmes, qui était devant lui, tenir le vent et faire tout ce qui se pouvait, et qu'il avait vu derrière lui MM. de la Motte et Beaulieu en faire de même, ainsi que toute la division; et qu'il était très-content de tous ses officiers.

» AU MIGNON. — M. de Relingues nous a dit qu'il avait vu M. de Preully, qui était devant lui, qui avait tenu le vent et fait tout ce qui se pouvait de mieux; qu'il avait vu M. de Montreuil en faire de même, et qu'il était très-content de ses officiers.

» AU POMPEUX. — M. le commandeur de Valbelle nous a dit qu'il avait vu le vaisseau *le Fidèle*, commandé par M. de Cogolin, faire très-bien son devoir; que, lorsque ledit sieur Cogolin fut blessé et porté à fond de cale pour être pansé, ce vaisseau arriva, et qu'il mit sa civadière, ce qui l'obligea d'y envoyer le sieur Boessier, lequel, en arrivant, trouva que ledit sieur de Cogolin se faisait porter sur son pont, que la barre de son gouvernail était coupée, qu'il ordonnait de serrer la civadière et de tenir le vent : ce qui fut fait, et ce navire tint après le vent et fit très-bien son devoir. Que, pour *le Vermandois*, sitôt que M. Tambonneau eut été tué, ce vaisseau arriva; mais que sitôt que Cyprien Serraire, qui était à la batterie en bas, fut remonté sur le pont, le vaisseau retint le vent et rentra en ligne. Que pour *le Lys*, le voyant arriver hors la ligne, il y avait envoyé son neveu pour dire au capitaine Gentet de tenir le vent et de rentrer dans la ligne ; que le capitaine Gentet lui manda que le vaisseau était si dégréé et en si mauvais état qu'il ne le pouvait faire ; qu'il est très-content de ses officiers, et que M. Gravier, commandant *le Magnifique*, prit la place du *Lys* et fit très-bien son devoir, ainsi que le reste de la ligne.

» A L'ÉCLATANT. — M. de Saint-Germain, lieutenant, nous a dit qu'il avait vu *la Sirène*, commandée par M. de Béthune, qui était devant lui, toujours tenant le vent et faisant bien son devoir, ainsi que *le Sceptre*, qui était derrière lui ; que tous les officiers de ce vaisseau ont très-bien fait leur devoir, tant avant qu'après la blessure de M. de Cou, de laquelle il est mort.

» AU JOLI. — M. de Belle-Ile-Errard nous a dit qu'il avait vu *l'Aimable*, commandé par M. de La Barre, tenant fort le vent, faisant grand feu et soutenant plusieurs vaisseaux qui lui étaient opposés ; que *la Sirène*, qui était derrière lui, avait fort bien fait son devoir, et qu'il était très-content de ses officiers.

» AU VERMANDOIS. — Le sieur Cyprien Serraire nous a dit que lorsque M. Tambonneau eut été tué, il était entre deux ponts à la batterie ; qu'on le vint alors appeler, qu'il monta sur le pont, et qu'il trouva que le vaisseau arrivait et qu'il était déjà sous le vent de M. de La Bretesche ; qu'il fit alors tous ses efforts pour rentrer dans la ligne, ce qu'il fit à l'avant de M. de La Bretesche, où il tint pendant tout le reste du combat et y fit de son mieux, ainsi que les autres officiers.

» DU SANS-PAREIL. — M. Gabaret nous a dit qu'il avait vu tous les capitaines des vaisseaux qui composent sa division faire tous également bien leur devoir, sans qu'il en ait vu aucun faire de mauvaise manœuvre, ni arriver en aucune sorte ; au contraire, que lorsque les ennemis voulurent arriver, ils tinrent extraordinairement le vent pour s'en approcher davantage.

» AU PARFAIT. — M. de Châteauneuf nous a dit qu'il avait vu le vaisseau *le Magnifique*, qui était devant lui, qui a toujours tenu le vent et combattu avec beaucoup de vigueur ; et qu'il a vu M. de Belle-Fontaine, qui était derrière, en faire de même, et qu'il est très-content de tous ses officiers.

» AU LYS. — M. Gentet, capitaine dans le vaisseau, nous a dit qu'après la mort de feu M. d'Almeras (commandant *le Lys*), personne ne commanda en chef ; qu'il vit dans ce temps-là la civadière déferlée sans que l'on l'eût ordonné, qu'il la fit aussitôt serrer; que, lorsque le neveu de M. de Valbelle vint à bord, il parla à lui, et qu'il lui répondit, en lui montrant la vergue de misaine à demi bas, un bout tombé sur le pont, et le grand mât extraordinairement incommodé, tous les haubans coupés, les grands itaques tombés bas et toutes les manœuvres servant à brasser les voiles coupées, qu'il voyait qu'il était impossible de le faire, vu l'état du vaisseau.

» AU FIER. — M. Chabert nous a dit qu'il avait vu M. de La Motte, commandant *le Brusque*, devant lui, et derrière M. le chevalier d'Ailly, faisant tous deux également leur devoir et tenant le vent de tout leur pouvoir, et qu'il est très-content de tous ses officiers.

» AU BRUSQUE. — M. de La Motte nous a dit qu'il avait vu *l'Assuré*, commandé par M. de Villette, devant lui, qui avait toujours bien fait son devoir et s'était approché le plus qu'il avait pu des ennemis, et qu'il avait vu M. Chabert, sur *le Fier*, faisant la même chose, et qu'il était fort content de ses officiers.

» AU PRUDENT. — M. le commandeur de La Fayette nous a dit qu'il avait vu M. de Langeron, sur *le Sage*, devant lui, faisant tout le devoir possible; et qu'il avait vu M. de Léry, derrière, en faisant de même, et qu'il est très-content de ses officiers.

» AU FORTUNÉ. — M. d'Amfreville nous a dit qu'il avait vu des vaisseaux de son avant-garde faire bien leur devoir, et derrière, M. de La Barre, commandant *l'Aimable*, faisant grand feu jusqu'à ce que, étant entièrement dégréé, le sieur de Belle-Ile-Errard, montant *le Mignon*, le vint couvrir et prit sa place, où il combattit fort vigoureusement, et qu'il est très-content de ses officiers.

» A L'APOLLON. — M. de Forbin nous a dit qu'il a vu M. de Belle-Fontaine, commandant *le Trident*, qui était devant, et M. d'Amfreville, qui était derrière, faire également bien leur devoir, et faisant un feu extraordinaire contre les ennemis, et qu'il est très-content de ses officiers, qui ont bien fait leur devoir.

» AU MAGNIFIQUE. — M. Gravier nous a dit qu'il a vu *le Lys*, qui était devant lui, plier après la mort de M. d'Almeras, et qu'il ne rentra plus dans la ligne, étant très-dégréé, lui l'ayant toujours couvert ; qu'il a vu MM. de Châteauneuf et de Saint-Aubin, sur *le Parfait* et *le Cheval-Marin*, qui étaient derrière lui, faire parfaitement leur devoir, et qu'il est très-content de ses officiers.

» A L'AQUILON. — M. de Montreuil nous a dit qu'il a vu M. de Relingues sur *le Mignon*, qui était devant lui, et M. de Septesmes, qui était derrière lui sur *le Vaillant*, faisant tout le devoir possible, et qu'il est très-content de ses officiers. »

(*Bibl. roy. Mss.*).

Voici enfin la dépêche de Du Quesne à propos de ce combat ; on verra avec quelle modestie ce grand marin parle de cette affaire, et quelles louanges il accorde à Ruyter. Dans sa lettre, Du Quesne se plaint aussi du mode d'emménagement des mâts de rechange, et propose une méthode qui lui semble préférable.

Du Quesne fait précéder sa relation de l'ordre qui fut donné par M. le duc de Vivonne.

ORDRE DE M. LE DUC DE VIVONNE POUR L'ARMÉE NAVALE.

« Ce qui nous paraît présentement le plus important à faire au service du roi, en attendant que ses galères soient arrivées, dont la présence étant attendue incessamment pourrait servir à remporter un avantage décisif sur les ennemis, étant d'introduire à Messine en sûreté les convois que Sa Majesté nous envoie de Provence et d'ailleurs, et d'empêcher aussi que les ennemis n'assiégent Agosta, nous estimons que M. Du Quesne doit nécessairement mettre à la voile avec l'armée navale de Sa Majesté, pour aller vers ledit Agosta veiller à l'un ou à l'autre, et pour cet effet, observer les vaisseaux ennemis, que nous apprenons être sur le cap Passaro ; et parce que les convois pourront être encore quelque temps à venir, et que du mauvais succès d'un combat naval il s'en pourrait suivre, et la perte des convois, et celle d'Agosta, et par conséquent la ruine de tous les desseins de Sa Majesté en ce pays, M. Du Quesne se contentera de songer à observer seulement lesdits ennemis pour les deux fins ci-dessus, et ne viendra à les combattre qu'en cas que les ennemis le vinssent chercher, ou qu'il y trouvât un si grand avantage sur eux, qu'il se vît en état de remporter vraisemblablement la victoire. Il ajoutera à cela de nous donner le plus souvent qu'il pourra de ses nouvelles, et nous ferons de notre part la même chose.

» Fait à Messine, le 19 avril 1676.

Signé : » DE VIVONNE. »

RELATION DE M. DU QUESNE DU COMBAT NAVAL DU 22 AVRIL 1676.

« Le 6 mai 1676.

» L'ordre ci-dessus ayant été expédié après l'affaire de la juratie, et sur ce que l'armée d'Espagne avait mis à la voile de devant Reggio et était hors de notre vue, jugeant qu'elle serait allée sur la route des convois que l'on attendait à Messine, ou allée faire quelque attaque sur Agosta, je mis à la voile avec l'armée le 20 de ce présent mois d'avril; ce même jour, l'on eut avis que les quatre vaisseaux de charge partis de Toulon s'étaient écartés de la rencontre de l'armée ennemie vers le golfe de Catania, deux desquels avaient heureusement gagné le port d'Agosta, et les deux autres la mer, pour éviter leur prise.

» Dans la vue de les rencontrer, attendu le besoin des vivres qu'ils nous apportaient, je fis route la première nuit vers le cap Spartimente, où je trouvai l'un d'eux, et une tartane qui apportait des paquets de la cour pour M. le duc de Vivonne; j'envoyai ensuite une barque pour croiser la mer, et chercher ce quatrième vaisseau, lequel nous a aussi joints ensuite.

» Le 21 au soir, je fis route avec l'armée vers Agosta, pour y apprendre des nouvelles des ennemis, et le lendemain matin 22, l'on vit paraître leur armée. Nous étions lors en calme, vers le travers de Catania. J'assemblai les officiers généraux, et, après avoir reconnu que les ennemis commençaient à avoir le vent sur nous, chacun se rendit à son bord avec ordre de se ranger en bataille, ce qui ne put pas être sitôt fait, n'y ayant pas assez de vent pour gouverner les vaisseaux. Les ennemis venaient aussi lentement par la même raison. L'heure de midi se passa sans que les ennemis fussent à nous; sur les deux heures, leur avant-garde mit en panne pour attendre leur arrière-garde. Toute leur armée était composée de trente-neuf ou quarante voiles, tant espagnoles que hollandaises, chaque nation ayant son pavillon d'amiral, vice-amiral, et contre-amiral, et, de plus, neuf galères, qui étaient partagées entre les divisions.

» La mer n'était lors presque pas plus agitée que le canal de Versailles, ce qui favorisa fort les bons canonniers. Sur les trois heures, l'avant-garde ennemie fit voile, et en s'approchant, nous reconnûmes que Ruyter la commandait, ce qui me surprit, ayant vu dans toutes les occasions où je me suis trouvé depuis quarante ans contre les Espagnols, que leur amiral avait toujours fait l'avant-garde, même l'année dernière, au combat vers le Phare, où M. le duc de Vivonne battit les Espagnols, l'amiral faisait la tête de son armée, et moi celle des neuf vaisseaux du roi, et avec trois d'iceux, je combattis l'amiral ennemi et toute sa division. Dans cette dernière affaire-ci, il en a été autrement : l'amiral d'Espagne ayant fait le corps de bataille, et moi celui de l'armée du roi, ce qui a été cause que je n'ai eu affaire à Ruyter que sur le milieu du combat.

» La division de M. d'Almeras faisait l'avant-garde, et le sieur de Gabaret l'arrière-garde, et toute l'armée était fort bien en bataille, attendant les ennemis qui venaient aussi en bataille à bon vent ; et, comme nous étions lors à vue d'Agosta, le vaisseau *la Sirène*, qui avait été coupé par les ennemis plusieurs jours auparavant, et contraint de se retirer dans ce port, nous voyant, mit à la voile, et nous vint joindre un peu avant que l'on fît feu du canon, qui commença sur les quatre heures après midi, et de fort près, par les avant-gardes des deux armées, où le combat s'échauffa premièrement, et pendant une heure le feu y fut très-grand.

» Lors, voyant que l'amiral d'Espagne n'approchait pas assez, je fis davantage de voiles avec ma division, en ayant fait le signal auparavant à notre avant-garde, afin de me donner lieu de partager le feu des ennemis les plus proches. Alors l'amiral d'Espagne, qui n'avait tiré que de loin, arriva à bonne portée sur nous pour seconder son vice-amiral et celui de Hollande, qui nous avaient attaqués ; et, comme toute l'armée du roi était sur une même ligne, en tenant le vent au plus près, cela faisait que les ennemis, qui mettaient souvent leurs huniers en panne, s'approchaient de notre ligne en dérivant, de sorte que nos canons faisaient un grand effet sur eux, dont quatre de leurs gros vaisseaux démâtés seraient tombés en nos mains sans les galères d'Espagne, qui les vinrent prendre et remorquer hors la portée de nos canons, non pas sans en avoir essuyé plusieurs volées.

» Dans ces temps-là, il y eut quelques vaisseaux de notre avant-garde dont les équipages s'ébranlèrent après la mort de leur commandant ; M. d'Almeras ayant été tué d'un boulet de canon, M. de Tambonneau d'un semblable coup dès le commencement, le sieur de Cou blessé d'un éclat dont il est mort ensuite, et le sieur de Cogolin blessé, mais non si dangereusement.

» Après que ces quatre vaisseaux démâtés, et un cinquième dont nous ignorons l'incommodité, furent sauvés par les galères, l'amiral Ruyter se trouva peu accompagné ; il fut contraint de mettre le vent sur ses voiles pour donner lieu aux vaisseaux qui étaient derrière lui de le rejoindre, en sorte qu'il tomba en travers du *Saint-Esprit*, qui était entre *le Sceptre* et *le Saint-Michel*, desquels il essuya un si grand feu, qu'il fut obligé de revirer de bord à la faveur de la grande fumée que causaient les canonnades de part et d'autre, et même de l'obscurité de la nuit qui s'approchait, sans quoi il y aurait sans doute demeuré, et l'on entendra dire quelque jour que jamais vaisseaux ne se sont retirés en si méchant état.

» Cependant les deux vice-amiraux d'Espagne et de Hollande occupaient d'assez loin notre arrière-garde ; il n'y eut que le contre-amiral hollandais, avec sa division, qui tomba sur la queue de ladite arrière-garde, où étaient le chevalier de Léry, le marquis de Langeron, et les sieurs de Beaulieu et de La Fayette, qui le combattirent de si près, qu'ils en vinrent à la voix ; en sorte que des nôtres, qui étaient sous le vent, les défièrent de venir à bord ; enfin, la nuit étant venue, le contre-amiral se rallia au gros de son armée, et ensuite tous firent voile autant que le mauvais état où ils étaient le leur permit, et suivirent leurs galères qui emmenaient les cinq vaisseaux désemparés.

« Du côté de l'armée du roi, il y a eu plusieurs vaisseaux désemparés, et autres de l'avant-garde maltraités de coups de canon. La première nuit après le combat fut employée à réparer, autant qu'il se put, quelques mâts et vergues, sans que l'armée ait pu faire route, n'ayant pu donner ordre que le matin à faire remorquer *le Lys* et *l'Aimable* par d'autres vaisseaux jusqu'à ce qu'ils se soient remis en état ; ce qui n'est pas fait avec l'adresse et diligence requises dans une occasion où il s'agit de soutenir l'avantage que nous avons remporté. Il est vrai qu'ensuite du combat, nous avons essuyé un coup de vent très-fâcheux.

» M. d'Almeras étant mort, et le commandement de sa division étant échu dans le combat à M. de Valbelle, il envoya le marquis de La Porte commander sur *le Vermandois* à la place du sieur de Tambonneau qui avait été tué, ce que j'ai confirmé jusqu'à nouvel ordre du roi ; cependant il y a d'autres capitaines qui disent devoir être préférés à lui par la raison qu'ils sont dans l'armée avec ordre du roi, et lui n'en a aucun ; j'ai remis ce règlement à M. le duc de Vivonne, étant à Messine.

» Cependant, le lendemain du combat, j'envoyai le chevalier de Coëtlogon commander sur *l'Éclatant*, le sieur de Cou étant lors hors de combat, et maintenant étant mort.

» Il reste à donner *le Lys* à un des officiers généraux ; je l'avais offert au sieur de Gabaret, comme plus ancien ; mais il ne l'a pas voulu qu'à condition de changer toutes les divisions, à quoi je n'ai pu consentir pour beaucoup de raisons qui ne cadrent pas au service ; car de pareils changements dans ces occasions ne sont pas à propos, et multiplient les écritures qui sont hors de raison. M. le duc de Vivonne décidera la chose.

» Cependant, sur ce que j'ai appris par *la Sirène* que l'armée navale ennemie avait été deux jours dans la baie d'Agosta avec ses galères et avait mis ses troupes à terre à dessein d'attaquer la place le lendemain, et qu'aussitôt que l'armée du roi eut paru à la garde qui est sur la montagne de Syracuse, ils rembarquèrent leurs troupes, et sortirent en mer pour nous venir chercher, ainsi que j'ai dit, nous les vîmes le lendemain 22, qui fut le jour du combat ; et, comme le jour suivant nous reconnûmes que les ennemis faisaient route vers Agosta et Syracuse d'un temps fort brouillé et la mer grosse, nous mîmes le cap vers eux ; mais les vaisseaux qui remorquaient les nôtres qui étaient désemparés souffrant beaucoup à redonner les amarres qui avaient rompu, l'armée ne pouvait faire des voiles suffisamment pour se soutenir ; néanmoins nous arrivâmes en vue d'Agosta le 25 d'avril, à dessein d'y envoyer apprendre l'état des choses; mais n'ayant pas alors une tartane auprès de moi, les tartanes s'étant écartées le jour du combat, il me fut impossible d'envoyer ce soir-là à Agosta; nous ne laissâmes pas de nous approcher de Syracuse, et d'y remarquer les mâts et les pavillons d'amiral, vice-amiral et contre-amiral d'Espagne et de Hollande, ce qui nous fit croire qu'ils s'étaient retirés là-dedans à l'aide de leurs galères.

Cette même nuit, il se fit un furieux coup de vent du côté de l'ouest qui nous écarta en mer, et nos vaisseaux démâtés abandonnés par ceux qui les remorquaient, en sorte que je fus deux jours à rassembler l'armée, à la réserve du *Cheval-Marin*, lequel ayant rompu son beaupré, s'est écarté de nous, quoique je lui eusse envoyé une tartane, laquelle n'est pas encore de retour. Le vaisseau *l'Aimable*, n'ayant pu remettre de mâts de hune, fit la route de Messine. Cependant, aussitôt que les vents m'ont permis, j'ai retourné vers Agosta, tant pour m'opposer aux entreprises que les ennemis auraient pu faire par terre, que pour apprendre l'état de leurs vaisseaux dans Syracuse. J'arrivai le 28 au matin entre cette place et le port d'Agosta, où j'entrai après avoir vu les vaisseaux ennemis dans ce premier, non pas si distinctement à cause d'un temps fort obscur et mauvais, qui fit rompre le grand mât de hune du *Téméraire*.

» M. de Mornas, commandant dans Agosta, fut fort aise de nous voir, sur ce que d'abord les Espagnols, arrivant à Syracuse, se vantaient d'avoir gagné la bataille et nous avoir tous défaits; c'est pourquoi j'ai affecté de revenir une seconde fois nous faire voir devant leur port, où est leur armée, même une troisième fois, ainsi que l'on verra ci-après.

» Le jour que j'entrai à Agosta, j'appris d'un matelot provençal, ci-devant de l'équipage du sieur de Gossonville, qui s'est sauvé de l'armée d'Espagne, sur laquelle on a fait embarquer ledit équipage, que les vaisseaux hollandais sont fort battus et plus en désordre que les Espagnols, qui reçoivent beaucoup d'injures de ces premiers, qui leur font de grands reproches de n'avoir pas fait tout leur devoir, et qu'il y avait peu de choses dans Syracuse pour raccommoder leurs vaisseaux, et que l'on avait dépêché à Palerme savoir s'ils y trouveraient de quoi, sinon qu'il fallait que ladite armée allât ailleurs, et y attendre le secours de douze vaisseaux hollandais, que le fils de Ruyter ou autre doit lui amener de Cadix, sans lequel secours l'on assure que les Hollandais ne demeureront plus longtemps avec les Espagnols dans ces mers; ce matelot assure que dans ce dernier combat *l'amiral Ruyter a eu une partie du pied emportée d'un boulet de canon, et une jambe cassée, et un éclat par la tête.*

» Je reçus à Agosta une lettre de M. le duc de Vivonne, qui avait eu avis de notre combat; il désirait que l'armée allât à Messine pour résoudre ce qu'il fallait faire, sur les nouveaux ordres de Sa Majesté venus par le major, qui était enfin arrivé après avoir combattu et couru risque d'être pris sur un méchant petit vaisseau, de nouveau acheté pour bon à Marseille, lequel ne vaut pas seulement pour un brûlot, n'allant nullement bien à la voile.

» Cet ordre de M. le duc de Vivonne, et la nécessité de nous radouber et partager le peu de poudre et de boulets apportés par la flûte, et prendre les vivres, heureusement arrivés de Toulon, dont deux des vaisseaux qui en étaient chargés étaient à Messine, et ce qui restait aux magasins, pour aider à nous remettre en mer. Ainsi, pour ne perdre pas de temps, *je mis à la voile le* 29 *au matin*, d'un vent favorable, avec toute l'armée, et, avant que de faire la route de Messine, je mis l'armée en bataille, *et nous approchâmes fort de Syracuse*, dans lequel on nous avait persuadé ci-devant qu'il ne pouvait entrer de gros vaisseaux. Cependant nous eûmes le loisir de voir leur armée réduite à rester dans ce port dans le temps que nous tenions la mer, et paraissions à leurs peuples pendant qu'on les voulait persuader que nous étions tous défaits.

» Il faut avouer que pour cela j'ai un peu fatigué l'armée, notamment ceux qui ont remorqué les plus maltraités, pour leur avoir fait tenir la mer après le combat, et même la plus grande partie des capitaines se plaignaient de n'avoir que très-peu de poudre et encore moins de boulets; mais j'ai cru qu'il fallait risquer dans ce rencontre, et n'épargner pas la fatigue pour nous faire revoir aux ennemis pour la troisième fois.

» J'estime que cette action plaira au roi, qui aime la gloire de sa marine, et même, si Sa Majesté regarde que trente de ses vaisseaux de guerre, sous un pavillon de vice-amiral, sont allés attaquer et ont combattu sous le vent, et battu un plus grand nombre de vaisseaux espagnols et hollandais, sous deux pavillons d'amiraux et autres inférieurs, lesquels ont tout risqué le lendemain du combat pour entrer dans une embouchure de port fort étroite, et se tapir là-dedans, sans avoir osé en sortir à la vue de son armée qui n'avait pas encore pris le loisir de se réparer.

» J'espère que dans peu de temps Sa Majesté aura la satisfaction de voir sa marine en réputation, si elle a agréable de la purger de quelques esprits brouillons et autres mercenaires qui causent de la division dans le corps; au reste, il y a de très-braves gens, qui commencent d'avoir de l'application et de qui on doit tout espérer. Il y en a quelques-uns accoutumés au libertinage quand ils sont dans les rades et dans les ports, et qui ne sont pas assez exacts à l'observation des signaux et ordres de marche pour éviter les abordages, à moins d'une sévérité extraordinaire, de laquelle je suis obligé de me servir avec regret, afin d'éviter d'être contraint de donner pour excuse un manquement à l'exécution de mes ordres dans une occasion importante. J'ai sujet de me louer beaucoup des conseils et des actions de MM. de Preully, de Valbelle, de Tourville et du marquis d'Amfreville qui mérite d'être avancé; le chevalier de Léry se distingue aussi en toutes occasions.

» J'achève cette dépêche à Messine, le 6 de mai, où nous travaillons tous à nous remettre en état, non pas si tôt que je le souhaite, par le manquement de cordages et de mâts; il n'en est venu que huit dans la flûte, quinze milliers de cordages, et sept mille six cents boulets d'une livre, mais qu'on ne tire d'ordinaire que dans les canons de la troisième batterie; il n'y a aussi que trente milliers de méchante poudre qui ne va qu'à trois degrés. Que l'on juge ce qu'il en revient à trente vaisseaux qui ont tiré trente mille coups au dernier combat! Pour des boulets, il y en doit avoir sans nombre dans les vaisseaux du roi, puisqu'ils servent en tous cas de lest, et que lorsqu'il en manque dans une occasion cela cause des mouvements presque dangereux au service du roi, et joint que c'est la moindre dépense; pour ce qui est de la poudre, il y a longtemps, depuis l'année 1661, que le sieur Berthelot fit sa première livraison ; il ne se pouvait en tirer de meilleure ; depuis, elle a toujours été en empirant, et présentement que la guerre est forte, ce n'est que poudre refaite, qui ne dure que quatre mois au plus dans un vaisseau.

» Il y a un autre grand défaut dans l'armée, c'est que l'on y est contraint que chaque vaisseau de guerre soit obligé de porter sur lui ses deux mâts de hune de rechange, selon l'ancienne mode des voyages de paix ou de long cours ; mais en guerre aucune nation ne les porte ainsi, mais sur des flûtes ou autres vaisseaux de charge qui ne vont point au combat ; il s'en est fait trois depuis deux ans, où très-peu de ces mâts de rechange ont échappé d'être coupés de coups de canon en plusieurs endroits, en sorte que quand ça vient à se réparer, il en faut chercher souvent où il ne s'en trouve pas, à cause de la trop grande consommation. Quand je l'ai représenté à messieurs les intendants, comme aussi d'embarquer les officiers et ustensiles de l'hôpital sur deux flûtes, ce qui serait un effet merveilleux pour tenir les équipages en santé, ils renvoient à la cour. De plus, il se fait un dégât de voiles, que l'on nomme en cette mer des *coutelas*, de quoi l'on est obligé de faire des gargouches, faute de donner suffisamment du parchemin pour la quantité de poudre que l'on embarque, ce qui est un grand abus, les commissaires ne sachant pas ce qui se consomme de plus que dans les armements de paix.

» L'armée du roi sortira d'ici sans le moindre article de rechange, et avec peu de poudre, à l'égard de ce qu'il en faudrait pour recharger les ennemis dans une occasion où il faudrait être en état de les pousser à bout.

» Il est vrai qu'il s'est fait une grande consommation de poudre dans les extraordinaires, ce que je ne souffre nullement quand j'ai l'honneur de commander. L'ancienne coutume des galères y contribue beaucoup, parce qu'elles saluent indifféremment de quatre coups de canon en entrant et en sortant ceux qui les vont visiter ; concernant ces choses, j'en ferai un mémoire en particulier, et de tous les articles contenus dans la dépêche du roi, en date du 26 février dernier, que j'enverrai par la prochaine occasion après celle-ci, dont l'expédition est pressée.

» Il est important que Sa Majesté soit informée que tous

ses vaisseaux en partant d'ici ne seront en état de naviguer que l'été prochain, à cause de la grande quantité de coups de canon qu'ils ont dans leurs gros mâts et grandes vergues, et qu'il y en a beaucoup qui font beaucoup d'eau, et que si on croyait une partie des officiers, ils trouveraient leurs vaisseaux non navigables, à moins de réparer les derniers besoins, ce que je trouverais très-juste et utile au service si on en avait le temps.

» J'ajouterai encore ce mot, que quand il y aura des vaisseaux pressés par des voies d'eau, l'on y remédiera du mieux qu'il se pourra jusqu'au retour à Messine pour y être carénés, auquel effet l'intendant de Toulon pourvoiera à tout ce qui sera besoin, sur l'inventaire que les commissaires généraux et particuliers leur en enverront de Messine. Lesdites carènes coûteront moins qu'à Toulon, pourvu qu'il ne faille rien acheter audit lieu de Messine, où il y a de meilleurs calfats qu'en Provence, bien entendu que l'on donne ordre de convertir le vaisseau *le Palmier* en ponton, qui n'est présentement bon à autre chose en l'état qu'il est, dénué de tous mâts, agrès et apparaux; je l'ai trouvé en cet état à mon dernier retour de Toulon, à cause du besoin qu'en ont eu les dix vaisseaux qui étaient restés à Messine.

» DU QUESNE.

« De l'armée navale, dans le port de Messine, ce 6 mai 1676. »

On vient de lire ces mots dans la dépêche de Du Quesne :
« Je mis à la voile le 29 avril au matin, d'un vent favorable, avec toute l'armée, et avant que de faire la route de Messine, *je mis l'armée en bataille et nous approchâmes fort près de Syracuse. Cependant nous eûmes le loisir d'y voir leur armée réduite à rester dans ce port dans le temps que nous tenions la mer.* »

Or, sait-on ce qui se passait le 29 avril dans la baie de Syracuse ? sait-on ce que Du Quesne ignorait lorsqu'il amenait fièrement sa flotte triomphante à la vue de ce port ?

Ce jour-là même, à cette heure-là même, le vieux Ruyter mourait de ses blessures.

Car, sombre et désespérée, rajustant à grande hâte ses voiles, ses mâts et ses manœuvres, déchirés par le fer ou brûlés par le feu, la flotte hollandaise était alors mouillée dans la rade de Syracuse, et à peine restait-il sur les vaisseaux de la république quelques traces de ces affreux ravages que laisse toujours après elle une longue bataille navale.

Un grand navire de guerre, ancré tout au fond du port, contrastait seul, par le désordre de sa mâture et le morne silence qui régnait à son bord, avec l'aspect des autres bâtiments, où se pressait la foule bruyante et occupée des matelots ; car, hormis quelques réparations indispensables faites à la hâte pour assurer sa navigation depuis Agosta jusqu'à Syracuse, ce vaisseau était absolument dans l'état où il se trouvait le soir du combat du 22.

Sa large coque naguère blanche et dorée, mais alors toute noircie par le feu de l'artillerie, s'était éclatée en mille endroits sous le coup des lourds boulets de fer, qu'on voyait encore enfoncés dans les courbes épaisses de sa membrure de chêne ; les débris de ses mantelets de sabords écarlates pendaient çà et là par leurs ferrures, comme des volets brisés par un ouragan, et laissaient voir l'intérieur des batteries désertes : leurs planchers, leurs affûts labourés par la mitraille, et leurs longs canons de fonte, à la gueule encrassée de poudre, qui semblaient gronder encore... A proue, tout était carbonisé jusqu'au premier étage du château d'avant, car, pendant l'action, un brûlot, commandé par l'intrépide capitaine Champagne, avait par deux fois attaché sa flamme dévorante à l'éperon de ce navire ; et puis, dans l'intérieur, c'était un chaos inextricable d'apparaux et d'agrès rompus, de vergues en éclats, de cordages et de manœuvres hachées par une grêle de fer, qui étendaient leur réseau sur le pont rougi d'un noble sang.

Mais, parmi ces taches de sang, il y en avait une surtout, large et grande, au pied de la dunette et proche du panneau, qui était bien souvent saluée avec un saint et douloureux respect par les matelots, qui, s'y arrêtant parfois, disaient les yeux mouillés de larmes : *Voilà pourtant le sang du bon père.*

C'est que ce sang était celui de Ruyter, c'est que ce vaisseau était le sien, c'est qu'à bord de *la Concorde* on avait suspendu tout travail de peur que le bruit ne troublât l'agonie du vieil amiral!

Dans la dunette de ce navire, étendu sur son lit de soldat, le grand Ruyter se mourait alors !

A ses côtés, priant pour lui, épiant avec désespoir les approches de la mort sur cette vénérable figure déjà pâle et froide, s'agenouillait un homme âgé, vêtu de noir, à cheveux tout blancs : cet homme, l'ami, le vieux compagnon de Ruyter, était le pasteur Westovius, celui-là qui, en 1666, vint, on s'en souvient, apprendre à l'amiral la mort de sa fille Anne, de son enfant de prédilection.

Le lendemain du combat, on avait eu quelque espoir de sauver l'amiral, mais bientôt une fièvre ardente augmentant la gravité de ses blessures, elles empirèrent tellement que les forces de Ruyter s'affaiblirent chaque jour, et le 29, dit le naïf historien témoin de cette mort sereine et glorieuse, « ce grand
» homme qui, en tout temps et principalement en allant au
» combat, avait coutume de se préparer à sortir de ce monde
» s'il y était appelé, fit voir qu'il soutenait ce dernier combat
» avec constance, et qu'il envisageait la mort avec des yeux assu-
» rés ; plus sa fin approchait, plus il témoignait le désir d'être
» délivré ; il avait continuellement les mains jointes, priant Dieu
» de lui accorder une heureuse issue, et se servant entre autres,
» pour exprimer sa pensée, du psaume 63. *O Dieu! tu es mon*
» *Dieu! je te cherche dès le matin, mon âme a soif de toi, ma*
» *chair te souhaite dans une terre aride, altérée et sans eau.* »

« Enfin, ce jour-là, sur le midi, commençant à avoir de la
» difficulté de proférer ses paroles, il désira que son pasteur
» Westovius fît la prière pour demander à Dieu une heureuse
» délivrance, et sur le soir, la parole ayant tout à fait manqué à
» l'amiral, lorsqu'on redoublait les mêmes prières, on voyait qu'il
» priait par ses soupirs ; ensuite il fut quelques heures sans
» parler et dans les dernières agonies de la mort jusqu'entre
» neuf et dix heures du soir qu'il rendit l'esprit doucement et
» tranquillement, en présence du pasteur Westovius, du vice-
» amiral de Haan, du contre-amiral Midellant, du capitaine
» Kallenburg et du comte de Styrun, qui, fondant en larmes,
» virent expirer leur vieux chef, qui mourut ainsi, le 29 avril
» 1676, dans la baie de Syracuse, sur son bord, âgé de soixante-
» neuf ans, un mois et cinq jours. »

. . . .

« Le corps de Ruyter fut embaumé pour être enterré à Rot-
» terdam ; mais ses officiers ayant témoigné aux ecclésiastiques
» de Syracuse le désir que son cœur fût inhumé dans leur
» église, ceux-ci refusèrent, disant qu'un membre de la reli-
» gion réformée ne pouvait être placé en terre sainte...

» Alors le lendemain, le premier jour de mai, au soleil cou-
» chant, sans autre pompe que le deuil de toute l'armée qui
» pleurait le *bon père*, le cœur de Michel Ruyter fut porté à
» cent pas de Syracuse, et enseveli sur une petite colline de
» gazon gisant dans la baie et environnée de la mer. »

. . . .

On n'a rien voulu changer à cette relation, qui raconte avec une si touchante et si admirable simplicité cette mort que Ruyter avait pressentie, en disant : JE NE REVIENDRAI PAS DE CETTE CAMPAGNE !

CHAPITRE VI.

Indécision de manœuvre dans la flotte hollandaise après la mort de Ruyter. — Le vice-amiral de Haan quitte la baie de Syracuse, et vient se radouber à Palerme. — Il y arrive le 13 mai. — Description de la ville et du port de Palerme. — La flotte française, commandée par le maréchal duc de Vivonne, arrive en vue de Palerme le 1er juin. — Combat du 2 juin. — Le capitaine Kallemburg, commandant *la Concorde*, défend vaillamment ce vaisseau qui portait le corps de Ruyter. — Le vaisseau amiral espagnol est incendié. — Lettre de Vivonne au roi sur ce combat. — Relation traduite de l'espagnol sur le même combat. — Troubles dans Palerme. — Le prince de Sainte-Agathe. — La *Marina*. — Le peuple s'ameute contre l'archevêque, qui est partisan des Français. — Meurtres et pilleries dans Palerme. — Lettre confidentielle de Vivonne à madame sa sœur, la marquise de Montespan, sur le mauvais vouloir de M. de Louvois, à propos de l'expédition de Sicile. — Dépêche de Du Quesne sur sa croisière. — Journal de Vivonne. — Attaque de Taormine et de la Scaletta. — Fin de l'année 1676.

On a souvent parlé dans ces récits de la toute puissante influence de Ruyter sur l'esprit des marins de ses escadres: on a dit que Ruyter était presque le dieu visible de ce monde flottant qui n'agissait jamais que sous l'inspiration de ce grand génie, merveilleuse conséquence de la soumission de tous à la volonté d'un seul, ou plutôt de la croyance de tous au savoir d'un seul; de sorte que chaque capitaine, chaque matelot plein de sécurité dans la sagesse de la pensée qui le dirigeait, employant dès lors toutes ses facultés morales et physiques au profit de l'action, lui imprimaient souvent une force irrésistible.

Mais cet équilibre une fois rompu, mais cette haute pensée dans laquelle tous avaient une foi, une confiance si aveugle s'étant retirée, chacun devait alors reprendre son droit de raisonnement, d'examen qu'il lui avait pour ainsi dire inféodé, et conséquemment aussi tomber dans la défiance de tout pouvoir nouveau et non encore expérimenté, défiance qui éveillait mille craintes, mille hésitations, mille doutes inconnus jusque-là.

Et il en fut ainsi après la mort de Ruyter; les Hollandais si longtemps insoucieux de leurs alliés et de leurs ennemis, *parce que le bon père était là,* ainsi qu'ils le disaient naïvement, une fois qu'il n'y fut plus commencèrent de s'apercevoir que les Espagnols étaient bien lâches et les Français bien braves! car le vice-amiral de Haan, qui commandait la flotte des Sept-Provinces, pouvait succéder à Ruyter, mais non jamais le remplacer; aussi lorsque sous les ordres de cet officier général les vaisseaux hollandais sortirent de la baie de Syracuse pour aller terminer leur radoub à Palerme, on put remarquer déjà quelques signes d'indiscipline ou de timidité dans leurs manœuvres, qui semblaient présager la sanglante défaite du 2 juin.

Après être restés quelques jours à Syracuse, ensuite de la mort de Ruyter, les Hollandais vinrent donc mouiller à Palerme, où ils arrivèrent le 15 mai, ayant passé par le sud du Phare et doublé la pointe méridionale de la Sicile. Palerme, capitale de la province di Mazzara, est située sur la côte septentrionale de la Sicile, à 50 lieues environ à l'ouest de Messine, par 10° 1′ 30″ à l'E. de Paris, et par 38° 6′ 45″ N.

On a dit que Palerme partageait autrefois avec Messine le droit de posséder les vice-rois de Sicile pendant six mois de l'année, et que la jalouse rivalité de ces deux villes causa surtout les premiers soulèvements qui ébranlèrent ce royaume. Placée au pied du mont Peregrino, au fond d'une baie délicieuse où venaient affluer plusieurs rivières, exposée au vent du nord qui tempérait l'ardeur de son climat brûlant, Palerme était alors un séjour enchanteur ; une multitude de sources d'eaux vives venant des montagnes, jaillissant en mille cascatelles des hauts rochers qui les bornaient, arrosaient ses jardins d'orangers, et y entretenaient une fraîcheur et une végétation merveilleuses ; puis c'étaient partout des palais somptueux aux murs incrustés de mosaïques, des couvents et des églises comblés de richesses incroyables, et de larges rues qui, aboutissant presque toutes à la mer, se terminaient là par de grandes arcades, et semblaient ainsi encadrer dans ces arches de marbre blanc, les vues ravissantes et variées que présentaient les rivages de la baie couverts de villas aux jardins verts et embaumés, baignés par les eaux transparentes du golfe.

Ce qui faisait aussi l'orgueil et la joie des Palermitains, et plus encore des brunes et paresseuses Palermitaines qui n'allaient jamais qu'en litière ou en carrosse, et seulement au soleil couché, c'était la *Marina*, promenade située sur le rempart, au bord de la mer, et toute plantée de sycomores et de citronniers. A minuit, après le théâtre, toute la bonne compagnie de Palerme, qui ne sortait qu'à cette heure, se rendait sur la *Marina* : or, par une singulière anomalie, les Siciliens, d'un naturel si jaloux, respectaient scrupuleusement les ténèbres de la Marina ; car bien que le feuillage des arbres et que la nuit rendissent l'obscurité de cette promenade presque impénétrable, et que les *conversazione* qui s'y établissaient durassent quelquefois jusqu'à trois ou quatre heures du matin, jamais flambeau ne venait troubler par une lumière indiscrète les mystères de ces douces nuits siciliennes si amoureusement passées sous des citronniers en fleurs et au lointain murmure de la mer.

Mais sans parler encore des pompes religieuses et des splendeurs de la fête de sainte Rosalie, qui durait cinq jours ; de ses courses de chevaux, de ses combats de faucons ; le plus précieux joyau de la couronne de Palerme, cette reine de Sicile, c'était une grossière pince de fer qui, par son antique rouille sainte et bénie, resplendissait au milieu d'une châsse éblouissante de pierreries. Cette pince en un mot avait été un des instruments de torture employés à martyriser sainte Agathe.

Or, si l'on va parler ici de cette pince, aussi longuement qu'on a déjà parlé des délices de la Marina, c'est que la *Marina* et la *pince de sainte Agathe* furent pour beaucoup dans l'attaque et la défense de Palerme, à savoir, qu'au lieu de répondre aux vigoureuses bordées des vaisseaux du vieux Du Quesne par de vaillants boulets de fer, les Palermitains se contentèrent d'exposer pieusement la pince de sainte Agathe, comptant sur un miracle ; à savoir, que les beaux sycomores de la Marina, muets témoins de tant d'amoureux secrets, auraient dû, pour rendre la défense de Palerme praticable, être complétement abattus et remplacés par un bon boulevart, dûment crénelé, pallissadé et garni de quelques douzaines de longs canons de fonte, ainsi qu'on le verra plus bas.

Mais pour en revenir à l'exposition de la pince de sainte Agathe, seule manœuvre stratégique exécutée par les Palermitains, voici à quel propos cette pince défensive avait été élevée au saint rang de relique.

En l'an 260, je crois, Quintianus était gouverneur de Palerme pour Décius, *imperator ;* alors vivait dans cette ville une Palermitaine de dix-neuf ans, toute charmante et de la plus merveilleuse beauté qui se pût voir ; Quintianus, fort beau lui-même, s'affola extrêmement de cette infante, et comme il était très-magnifique, il employa tous les raffinements de la belle galanterie pour se faire aimer. Ainsi, la maison d'Agathe étant bâtie tout proche de la mer, le seigneur Quintianus faisait passer sous les fenêtres de celle qu'il idolâtrait de belles théories de jeunes filles qui, montées sur une galère blanche à voiles de pourpre, chantaient sur des lyres d'or les louanges et les beautés d'Agathe. C'était, une autre fois, une espèce de radeau, formant une île de fleurs des plus rares, qui, conduit par un moyen invisible, semblait s'arrêter de lui-même devant la porte d'Agathe, et du sein duquel s'envolaient alors des nichées de tourterelles blanches, portant autour de leur col un ruban de soie bleue où était écrit en perles du plus bel orient le nom chéri d'*Agathe*.

Mais tant et de si gracieuses preuves d'amour ne pouvaient toucher le cœur d'Agathe ; le beau Quintianus y perdait ses théories, ses tourterelles, ses colliers de perles et ses empressements ; Agathe, hélas! demeurait insensible, d'aucuns disent par vertu, d'autres par la passion malhonnête qu'elle nourrissait pour un jeune affranchi ; toujours fut-il que le pauvre et triste Quintianus, voyant bien qu'il ne pourrait jamais toucher le cœur de cette tigresse, après avoir de nouveau tout tenté pour en obtenir seulement un regard de pitié ; de dépit, sans doute, finit par faire arracher les mamelles de l'insensible au moyen de la pince qu'on a dite, et puis après par faire rouler l'opiniâtre Agathe toute nue sur des charbons ardents, ensuite de quoi Agathe devint *sainte Agathe*, ladite pince *relique*, et le seul obstacle que les Palermitains opposèrent aux rudes bordées de la flotte française embossée à demi-portée de mousquet des murailles.

En effet, si Palerme était une ville de luxe, d'amour et de martyrs, c'était aussi la plus détestable place de guerre qui se pût voir, et ce à grand tort, car par sa position Palerme se trouvait un des points les plus importants de la Sicile ; mais cette ville, d'une lieue et demie de circonférence, était à peine défendue par une muraille en mauvais état, droite, sans angles saillants ni rentrants, en un mot sans aucune défense ni aucun couvert ; son château à quatre bastions, situé sur le bord de la mer, avait ses boulevarts occupés par la Marina et les jardins du vice-roi, et pourtant ce château était le seul ouvrage important qui pût défendre cette ville ; quant au port, il était beau, vaste et assuré par un môle artificiel construit à angle droit ouest et sud, s'avançant de 200 toises vers le midi et de 400 vers l'occident, avec un phare et une batterie de dix pièces de canons à son extrémité. A l'abri de ce môle on pouvait mouiller une grosse flotte. Le vent traversier de ce port étant est-nord-est et le vent de terre ouest-sud-ouest.

C'était dans le port que la flotte hollando-espagnole était mouillée depuis le 15 mai, lorsque le 1er juin on signala dans l'est l'arrivée des vaisseaux français, commandés par Vivonne, qui, retrouvant une étincelle de son ancienne énergie et de ce courage qu'il avait si vaillamment montré devant Candie, au passage du Rhin et ailleurs, partit de Messine le 28 mai, doubla Melazzo sans s'y arrêter, et vint en vue de Palerme à la tête de vingt-huit vaisseaux, quarante-cinq galères et neuf brûlots, dans le but de brûler et de détruire la flotte ennemie.

A cette nouvelle écrasante, les Espagnols et les Hollandais halèrent leurs vaisseaux de derrière le môle, et les mouillèrent en demi-cercle, à l'entrée de la rade, ayant une ancre à touer, afin de se pouvoir faire éviter et présenter successivement le côté aux ennemis.

On va voir par une relation écrite par le secrétaire de Vivonne et par une lettre de M. Coëtlogon, que Tourville eut la plus brillante part à cette expédition, et que malgré son éloignement pour le beau chevalier, pour *le langoureux amant de la belle Andronique*, ainsi qu'il avait dit autrefois, l'insouciant vice-roi ne put s'empêcher de reconnaître chez ce jeune capitaine, déjà si renommé, les preuves évidentes d'un grand et vaste génie.

C'est qu'aussi Tourville, qui avait alors trente-quatre ans, et était d'ailleurs plus beau, plus galant, plus muguet que jamais, et désespérait plus de Messinoises et de maris messinois que pas un de la flotte; c'est que Tourville, depuis l'âge de quinze ans qu'il naviguait, avait acquis déjà une longue expérience; c'est que, dans bon nombre d'expéditions, depuis celle de Candie jusqu'à celles de Naples, de Reggio, d'Agosta, il avait donné non-seulement de brillantes preuves d'intrépidité, mais aussi de cette justesse, et surtout de cette spontanéité d'aperçu qui distinguèrent toujours sa manœuvre: ainsi, devant Palerme, devant Tunis, devant Alger, on va voir et on verra toujours le chevalier ne se fiant qu'à lui du soin périlleux de reconnaître la position de l'ennemi, les abords d'une place ou le sondage d'une rade, s'aventurer seul dans une frêle embarcation pour aller, sous le feu des batteries, avec un incroyable sang-froid, chercher ces notions qu'il appelait gaiement *le thème de son discours*. Puis ce coup d'œil perçant et profond une fois jeté, il pouvait aussitôt résoudre avec une merveilleuse rapidité l'expédient le plus convenable à l'attaque, expédient qu'il employa toujours, au contraire de Du Quesne, qui, écoutant rarement sa première inspiration, et, sans se référer pour cela aux avis de ses officiers, aimait, avant de prendre une dernière résolution, à les faire parler sur la manœuvre qui leur semblait la plus sage, et se formait ainsi à part lui *une sorte de contrôle de sa pensée première qui souvent la modifiait*, ainsi qu'il le dit souvent dans sa correspondance.

Mais revenons au combat du 2 juin. On va voir par cette première relation qui est un mémoire pour le roi, qu'à bien dire ce fut Tourville qui, détaché le 1ᵉʳ juin avec MM. de Preully et de Langeron, s'avançant dans une felouque à demi-portée de la flotte ennemie pour observer son mouillage, donna ensuite au vice-roi le plan d'attaque qui réussit au-delà de tout espoir. On remarquera aussi une particularité singulièrement poétique, c'est que le corps de Ruyter, embaumé pour être transporté à Rotterdam, était encore à bord du vaisseau *la Concorde*, vaisseau qui prit une si vaillante part à ce combat du 2 juin, et que le vice-amiral de Haan qui le commandait eut le derrière de la tête emporté par un boulet, et mourut le soir même de cette blessure.

Voici le mémoire pour le roi, et ensuite, comme pièce contradictoire, une longue dépêche écrite de Palerme pendant le combat, et traduite de l'espagnol; on y verra quelle fut la terreur des Palermitains et comment l'archevêque, soupçonné d'être Français, fut sur le point d'être lapidé.

COMBAT DEVANT PALERME.

« Devant Palerme, le 3 juin 1676.

» Les vaisseaux du roi étant obligés de retourner en France pour les raisons dont Sa Majesté a été informée par toutes les dépêches qui ont été écrites depuis un mois, M. le maréchal de Vivonne a trouvé à propos, sur les divers avis qu'il avait eus que l'armée navale des ennemis, composée de leurs vaisseaux et galères, était retirée dans le môle de Palerme, de se servir du retour de ses vaisseaux pour venir avec eux et le corps des galères de France reconnaître la disposition des ennemis, et voir si l'on pourrait rien entreprendre contre eux qui fût glorieux aux armes de Sa Majesté et utile à son service.

» Pour cet effet, étant parti de Messine le jeudi 28 de mai, avec toute l'armée dans l'ordre de ses divisions, savoir :

» L'AVANT-GARDE, commandée par le lieutenant général Du Quesne, et composée des vaisseaux :

Le Fortuné.	Capitaine le marquis d'Amfreville.
L'Aimable.	Idem le sieur de La Barre.
Le Joli.	Idem le sieur de Belle-Isle.
Le Grand.	Idem le sieur de Beaulieu.
L'Éclatant.	Idem le sieur de Coëtlogon.
Le Saint-Esprit.	Du Quesne, et sous lui le sieur de Relingues, capitaine.
Le Mignon.	Capitaine le sieur Du Quesne fils.
Le Parfait.	Idem le sieur de Montreuil.
L'Aquilon.	Idem le sieur de Septesmes.
Le Vaillant.	Idem le sieur de Tourville.

BRULOTS.

La Notre-Dame-des-Lumières.	Capitaine Honnorat.
L'Hameçon.	Idem Verguin.
Le Dangereux.	Idem Du Rivau.

CORPS DE BATAILLE.

L'Agréable.	Capitaine le chevalier d'Ailly.
Le Téméraire.	Idem le chevalier de Léry.
La Sirène.	Idem le chevalier de Béthune.
Le Pompeux.	Idem le chevalier de Valbelle, chef d'escadre.
Le Saint-Michel.	Idem le marquis de Preully, chef d'escadre.
L'Assuré.	Idem le sieur de Villette-Murcé.
Le Brusque.	Idem le sieur de La Motte.
Le Fidèle.	Idem le sieur Chabert.
Le Sage.	Idem le marquis de Langeron.

BRULOTS.

L'Ardent.	Capitaine Dupré.
Le Ligornois.	Idem Serpaut.
L'Orage.	Idem Scion.

» L'ARRIÈRE-GARDE, commandée par le sieur Gabaret, chef d'escadre, portant pavillon de contre-amiral :

L'Heureux.	Capitaine le sieur de La Bretesche.
L'Apollon.	Idem le chevalier de Forbin.
Le Trident.	Idem le chevalier de Belle-Fontaine.
Le Sans-Pareil.	Idem le sieur de Châteauneuf.
Le Lys.	Idem le sieur de Gabaret, commandant.
Le Magnifique.	Idem le sieur Gravier.
Le Vermandois.	Idem le marquis de La Porte.
Le Prudent.	Idem le chevalier de La Fayette.
Le Fidèle.	Idem le sieur de Cogolin.

BRULOTS.

L'Imprudent.	Capitaine Chaboisseau.
L'Inquiet.	Idem Tourteau.
La Notre-Dame-du-bon-Voyage.	Idem Toucas.

» Le corps des vingt-cinq galères de France, sous le commandement des deux chefs d'escadre, les sieurs de la Brossardière et de Manse.

» Toute cette armée, ainsi composée, s'étant rendue devant la ville de Palerme, le dimanche au soir dernier jour de mai ; et le lendemain lundi matin, les ennemis ayant paru hors du môle, M. le maréchal a voulu employer tout ce jour à reconnaître sûrement leur disposition et à prendre sûrement ses mesures pour l'ordre de l'attaque et du combat, et, pour cet effet, les sieurs Gabaret et de Tourville, le marquis de Langeron, et avec eux le sieur de Chaumont, major des vaisseaux, ayant eu ordre de s'embarquer dans une felouque soutenue du corps entier des galères ; s'étant approchés à demi-portée du canon, ils reconnurent que toute l'armée des ennemis, composée de vingt-sept vaisseaux de guerre, quatre brûlots et dix-neuf galères, était rangée sur une ligne sous la ville de Palerme, ayant à sa gauche le môle et ses deux forts, le milieu couvert et défendu de la forteresse de Castellamare, et à sa droite un autre fort et les bastions de la ville, les galères dans les intervalles et sur les ailes des vaisseaux.

» Sur le rapport de cette disposition, M. le maréchal ayant assemblé le conseil et pris l'avis des officiers qui le composent, après une assez longue contestation fondée sur la diversité des avis, n'étant pas facile de connaître d'abord les meilleurs expédients en une affaire si importante et une exécution si périlleuse et si difficile, tous lesdits officiers se sont réduits agréablement au sentiment de M. le maréchal et du sieur chevalier de Tourville, qui a été de faire attaquer les ennemis par la tête de leur ligne avec un détachement de nos navires de guerre et cinq brûlots commandés par le marquis de Preully, chef d'escadre, et de tout le corps des galères, desquels il s'est fait un détachement de sept galères, commandé par le sieur chevalier de Berthomas, pour fortifier le détachement des vaisseaux dans l'attaque de cette tête des ennemis, et servir à remorquer ceux qui pourraient avoir besoin de secours, étant à observer que ces détachements devaient être soutenus de toute l'armée qui devait combattre le corps de bataille et le corps des ennemis, tandis que le premier effort se faisait à la tête de leur aile droite.

» Les capitaines des vaisseaux qui ont été détachés avec le sieur de Preully, leur commandant, ont été MM. de Châteauneuf, d'Amfreville, d'Ailly, Beaulieu, La Motte, Langeron, Léry et Coëtlogon; les capitaines des galères détachés avec le sieur chevalier de Berthomas, leur commandant, ont été les sieurs chevaliers de Breteuil, de Janson, de Forville, Monbousquet, commandeur de Manse et Espanet.

» L'ordre de l'attaque ayant été ainsi réglé et ordonné par M. le maréchal, les vaisseaux détachés s'étant mis à la tête de l'armée avec un vent nord-est qui leur était aussi favorable qu'ils le pouvaient désirer, se sont mis en route étant ainsi soutenus de l'armée, pour approcher des ennemis, et ayant été joints dans leur chemin du corps des galères qui avait passé la nuit dans un mouillage plus avancé vers la ville, ils se sont présentés aux ennemis avec une fierté étonnante, s'étant approchés d'eux plus près que de la longueur d'un câble, étant mouillés sur la bouée de leur ancre sans avoir tiré un seul coup qu'après s'être donné la patience de s'y établir pour le combat et donner moyen aux brûlots de faire leur exécution.

» Les ennemis, plus impatients, commencèrent leur feu aussitôt qu'ils crurent nos vaisseaux à la portée de leurs canons; mais enfin, étant étonnés et surpris de la valeur avec laquelle ils se voyaient attaqués de si près, et de la crainte de nos brûlots, ils commencèrent à couper leurs câbles et à chercher leur salut en échouant dans les terres les plus proches d'eux; le commencement de ces désordres ayant donné occasion aux brûlots de ce détachement de faire leur exécution, trois d'entre eux s'attachèrent avec succès à trois vaisseaux qu'ils brûlèrent, et le corps de notre armée étant tombé sur le corps de bataille, où étaient les amiraux d'Espagne et de Hollande, et sur leur aile gauche, le feu ayant été grand de part et d'autre pendant une heure, les deux brûlots qui restaient du détachement prirent leur temps, à la faveur du feu et de la fumée, pour s'attacher à l'amiral d'Espagne, et l'un d'eux, commandé par Honnorat, l'ayant abordé par son travers, y mit le feu, et l'autre brûlot, qui était fort petit, commandé par Toncas, croyant que pour un aussi grand vaisseau l'on pourrait utilement employer deux brûlots, l'aborda par sa poupe et acheva d'assurer l'embrasement du vaisseau.

»Le feu de tous ces vaisseaux ayant mis l'étonnement et la peur dans toute la ligne des ennemis, l'amiral de Hollande, avec tout le reste de l'armée, prit le parti d'aller échouer confusément entre la ville et le môle; et M. le maréchal, qui observait de sang-froid sur le pont de son vaisseau le désordre et la confusion des ennemis, voulant en tirer tout l'avantage qu'il se pourrait, commanda promptement les quatre brûlots qui restaient pour s'attacher à un gros de navires échoués; ce qu'ils exécutèrent avec courage et tant de bonheur, qu'ils abordèrent chacun le leur; et quoique aucun d'eux n'ait été débordé, ces vaisseaux de guerre enflammés ayant jeté le feu sur d'autres, il se vit incontinent un embrasement de cinq ou six vaisseaux, tellement que, dans toute l'action, il se compte douze vaisseaux de guerre brûlés et quatre brûlots des ennemis, et entre eux l'amiral et le vice-amiral d'Espagne, le contre-amiral de Hollande et neuf autres espagnols ou hollandais; et d'aujourd'hui, nous avons su, par des Turcs échappés des chiourmes des galères d'Espagne, que leur galère réale, *la Patrone*, deux galères de Naples et deux autres des particuliers de Gênes, avaient été abîmées et brûlées, et que le vaisseau qui a été monté ci-devant par Ruyter a été brûlé aussi.

» Un si grand succès, dont il ne se voit presque aucun exemple dans l'histoire, n'ayant pu être remporté sur les ennemis sans que les chefs de l'armée et tous les membres qui la composent y aient notablement contribué de leur valeur et expérience, il est vrai de dire qu'après l'honneur qui doit être rendu à M. le maréchal de Vivonne, pour la netteté avec laquelle il jugea sûrement, dans le milieu des périls, de tout ce qui se put faire de plus avantageux pour la gloire de Sa Majesté et le bien de son service, on ne peut assez dignement parler des autres chefs et officiers de l'armée, n'y ayant que le poste qui leur a été distribué et l'occasion que le hasard leur a présenté qui aient pu y faire remarquer quelque distinction. Il y a été parlé des capitaines des détachements des vaisseaux, de leur action et de leur valeur. A l'égard des galères, il est certain que, hors le sieur Despanet, dont les mesures n'ont pas été rendues si évidentes, les six autres capitaines commandés se sont jetés au milieu des vaisseaux des ennemis sans considérer autre chose que le secours qu'ils pouvaient donner à nos vaisseaux et le dommage qu'ils pouvaient faire aux ennemis. D'autres capitaines, et particulièrement le commandeur de La Bretesche, qui n'étaient point du détachement, ont fait la même chose; et pour ce qui est des autres chefs et capitaines, M. le maréchal a rendu les témoignages de la satisfaction qu'il avait de M. le chevalier de Tourville pour l'avoir secouru à propos de ses avis pour les mouvements de l'armée, et avoir commandé les manœuvres de son vaisseau avec tant de justesse qu'il n'y a rien à désirer.

» Le sieur Gabaret, chef d'escadre, a fait son devoir avec sa valeur et capacité ordinaires; les sieurs de la Barre, chevalier de Béthune, Septesmes et Montreuil se sont approchés des ennemis à la portée du pistolet, et les ont notablement incommodés du feu de leurs canons.

» Les capitaines de brûlots se sont signalés, et on ne peut assez louer Sion, Honnorat, Durivau et Serpaut; et il est à remarquer de ce dernier qu'après avoir exécuté et employé utilement son vaisseau, il a remonté volontairement sur un vaisseau d'un de ses camarades, pour l'aider à faire son devoir; comptant pour rien le péril dont il venait de sortir.

» La perte a été petite, eu égard à une si grande victoire : les sieurs de Gonvalin et Neufville ont été tués en escortant les chaloupes des brûlots; le sieur Valbelle de Saint-Symphorien, enseigne du *Pompeux*, blessé à la main, quelques autres officiers et mariniers ont eu des cuisses et des bras emportés, mais en petit nombre; le sieur de Saint-Hilaire et le chevalier de Chassé, enseignes, se sont fait remarquer, et le sieur de Champigneul, dont la disgrâce l'a réduit à servir de soldat sur *le Téméraire*, y a fait son devoir en officier expérimenté et capable de quelque chose de mieux.

» Sur le rapport qui a été fait par quelques esclaves turcs, et qui ont été interrogés en leur langue par le chevalier de Tourville, les ennemis ont perdu dans cette occasion, outre tout le corps des vaisseaux et galères [1] trois à quatre mille hommes brûlés ou noyés, et six à sept cents pièces de canon.

» Pour monseigneur de Vivonne. »

(*Mélanges de Clairambault.*)

[1] En marge de cette relation, évidemment exagérée, sont ces mots de la

Cette pièce espagnole rend compte des pertes du roi Catholique.

« Los vageles que se han perdido son los siguientes :

DE ESPAGNA.

La capitana real Vieja.
San Antonio.
San Phelipe.
San Salvador.

DE OLANDA.

El Govierno.
La Libertad.
La Muger Verde.
Una fragata pequeña.

» Las galeras que se han perdido son dos, una la Patrona de España, y otra San Joseph de Napoles.

» Los muertos de cuenta son, don Diego de Ibarra, don Francisco Freire, don Francisco de Zuñiga, y su ermano, don Juan de Villaroel, un hijo natural del duque de Avero, el vice almirante de Olanda don Juan Den Haan. »

(Archives de la marine à Versailles).

Cette relation espagnole est fort curieuse comme contradictoire.

TRADUCTION D'UNE LETTRE ÉCRITE DE PALERME.

« Le 2 juin 1676.

» Dimanche, 31 du mois de mai, l'armée de France parut sur le tard à vingt milles loin de notre port; le lundi, qui fut premier du courant, elle se découvrit de nouveau à la pointe du jour, composée de trente vaisseaux de guerre, neuf brûlots, vingt-cinq galères et grande quantité de bateaux, de frelouques dorées; leurs brûlots étaient encore plus gros qu'à l'ordinaire, la plupart avec la poupe dorée, et beaucoup de pièces d'artillerie pour nous tromper; car nous les estimions frégates de guerre.

---

main de Colbert : A mon fils, — Par toutes les nouvelles, il ne paraît que sept vaisseaux et deux galères.

» Notre armée consistait en dix vaisseaux de guerre et un brûlot de notre roi Catholique, dix-sept vaisseaux hollandais de guerre, quatre frégates, trois brûlots et dix-neuf galères, qui commencèrent à sortir de notre port dès le dimanche au soir; et le lundi ils se trouvèrent tous dehors, tant vaisseaux que galères, et se rangèrent au-dessous des murailles de cette ville en ligne sur une ancre. Le même jour, lundi à seize heures, l'armée ennemie se présenta à huit milles loin de cette ville, et dans le même temps les vaisseaux de guerre avec les brûlots firent deux demi-lunes, et les galères se rangèrent toutes devant leurs vaisseaux, et s'approchèrent en cet ordre jusqu'à deux milles de notre armée. La galère commandante accompagnée d'une autre galère vinrent à portée de canon de notre armée, et tirèrent deux coups de canon en terme de défi; la galère commandante de l'escadre de Sicile avec une autre acceptèrent le défi, et partirent de leurs postes pour aller au rencontre des deux de France, lesquelles ne les attendirent pas, mais s'en retournèrent à leurs postes; elles avaient conduit, à cause du peu de vent qu'il y avait, un brûlot à portée de canon de notre armée, et nos deux galères, ne voyant plus l'ennemi en tête pour combattre, mirent la proue sur le brûlot à dessein de le couler à fond; mais les deux ennemies s'en étant aperçues, mirent de nouveau la proue sur elles, et se seraient battues en vue de toute l'armée, ce qui aurait servi de prélude, si le marquis de Bayonna, général des galères d'Espagne, n'avait envoyé ordre aussi auxdites deux galères de s'en retourner à leurs postes; s'unissant avec les autres, elles donnèrent l'ancre, et firent sonde à deux milles de la nôtre, et demeurèrent en cette manière l'espace de deux heures, et ensuite elles serpèrent leurs ancres et s'allèrent joindre aux vaisseaux, et demeurèrent quasi tout le jour à notre vue; mais sur le tard elles firent voiles.

» Le mardi, deuxième du courant, nous découvrîmes de nouveau l'armée ennemie à l'aube du jour, et dans peu de temps (à cause du vent grec qui leur soufflait en faveur) nous les vîmes à tirée de canon de notre armée. L'ennemi s'en venait sur nous rangé en demi-lune, les galères étant toutes d'un côté, proches de terre, à l'abri du canon du château de cette ville. A quatorze heures, notre avant-garde, composée de trois vaisseaux et de deux galères, savoir deux de l'armée royale et un hollandais de cinquante pièces de canon l'un, et des galères la capitane de Sicile et celle de Sainte-Claire de la même escadre, commença à faire un grand feu sur sept vaisseaux de France, qui venaient en deux escadres à notredite avant-garde; ils étaient cinq vaisseaux de guerre et deux brûlots; ils souffrirent tout ce feu sans tirer un coup de mousquet, et s'approchant à portée dudit mousquet, où étant arrivés, ils commencèrent la décharge par iceux et puis après du canon, en telle manière qu'à cause du vent favorable qu'ils avaient, nous nous vîmes tous ensevelis dans l'obscurité de la fumée, en faveur de laquelle les deux brûlots s'approchèrent tellement, que, notre avant-garde désespérant de les pouvoir éviter, ils coupèrent les cordes, estimant mieux aller échouer en terre pour sauver les gens que de se voir brûler; mais il ne leur réussit pas d'y pouvoir arriver, à cause qu'ils avaient le vent et la mer contraires : un d'iceux fut brûlé en mer, et les deux autres en terre sous les murailles de la ville, avec la perte d'une grande quantité d'hommes.

» Les deux galères qui restaient ne pouvant plus souffrir le feu continuel des Français, outre qu'à cause des grands coups de canon qu'elles avaient reçus, elles faisaient de l'eau, comme aussi pour cause de la rébellion de la chiourme de la galère de Sainte-Claire, laquelle fut apaisée par des gentilshommes palermitains, volontaires, qui, avec l'épée à la main, les rangèrent à leur devoir; il y eut aussi dans la capitane de Sicile quelque émotion de la chiourme, mais elle fut apaisée dans moins de temps : les galères prirent parti de se retirer; lesdits trois vaisseaux de l'avant-garde furent brûlés dans un moment.

» Les ennemis poursuivirent, avec le vent qui leur était si favorable, la pointe de leur victoire sur notre armée, qui se trouvait à l'ancre, le commandant des Hollandais n'ayant jamais voulu suivre les ordres que lui avait mandés par diverses fois le général d'Ibarra, général de l'armée de notre roi Catholique, de serper les ancres et se mettre à la voile. Les ennemis profitèrent de notre confusion, et nous chargèrent de telle manière que, depuis les quatorze heures jusqu'aux dix-huit et trois quarts, ils firent une décharge si prompte généralement de tous leurs canons qu'ils ruinèrent tout à fait notre armée, laquelle, à la fin, pour éviter les brûlots, fut obligée de tailler légumes et tâcher d'entrer dans le môle ou autrement cale de cette ville ; mais elle n'y arriva pas si à temps qu'il ne fût brûlé quatre autres vaisseaux, savoir : la capitane réale d'Espagne, après avoir toutefois mis à fond trois brûlots, mais elle fut accrochée par le quatrième, et après avoir eu trois cents hommes de morts, au nombre desquels il y avait le sieur don Diego d'Ibarra ; il se trouva fort peu de gens dans cette réale : car ceux qui avaient échappé du canon ne le furent pas du feu ou du naufrage.

» Le marquis de Bayonna, général des galères, ne dégénéra pas à la valeur de ses ancêtres, et fit mille belles actions ; les trois autres vaisseaux qui brûlèrent de notre armée d'Espagne furent *le Saint-Antoine, le Saint-Philippe, le Saint-Sauveur* ; des Hollandais, *le Gouvernement, les Trois-Montagnes, le Brion*. Cet incendie se communiqua à deux galères, qui sont : *la Patrone*, réale d'Espagne, dont le commandant, nommé le marquis d'Ioran, se sauva avec peine à la nage, et la galère *Saint-Joseph* de Naples.

» La mortalité a été bien grande ; et parmi les personnes de qualité de notre armée d'Espagne, il y a le sieur don Diego d'Ibarra, général, l'amiral Flores, et grande quantité de noblesse ; des Hollandais, le commandant général, appelé M. Haan, et le gouverneur des deux galères brûlées. Il ne s'est sauvé que fort peu de monde. La confusion fut encore plus grande dans la ville, où on n'entendit que pleurs et gémissements pour tout ce grand dommage que faisaient les coups de canon, à mesure que les vaisseaux brûlaient ; car, comme ils se trouvaient chargés, le feu y arrivant, ils tiraient, ou parmi les autres vaisseaux de notre armée, ou dans la ville, où ils ont beaucoup détruit de maisons et tué du monde ; les grenades, qui étaient en quantité dans ces vaisseaux de guerre, pleuvaient épais comme la grêle ; enfin, c'était une image de l'enfer, bien qu'on eût exposé la châsse et la pince de sainte Agathe. Le peuple, se voyant sans armes, et qu'il n'y avait point de canons sur les murailles de la Marina pour tirer sur les ennemis, tourna sa furie contre les commandants, lesquels furent contraints plus vite que le pas à leur donner les armes et le canon de la ville qu'on tient dans le palais ; avec cela, le peuple fut en partie satisfait, et traîna huit pièces de canon sur les murailles, d'où il commença à tirer sur les ennemis, lesquels avaient donné sonde ou autrement l'ancre à vue de cette ville, peu éloignée de la portée du canon, et demeurèrent là avec autant de repos que s'ils avaient été là dans leurs propres maisons.

» Le mercredi matin, ladite armée leva les ancres, et s'éloigna de vingt milles de cette ville, prenant tous les bâtiments qui passaient. Le jeudi, le jour du Corps-de-Dieu, un Hollandais tira des pierres contre un Français, qui était au service de sa nation, pour quelque différend qu'ils eurent ensemble; le Français lui tira un coup de pistolet qu'il avait sauvé du naufrage : les autres Hollandais alors se mirent à crier qu'il le fallait tuer, parce qu'il était Français, ce qui fut entendu de ces gueux qui sont à la place de la Boucherie où cela arriva, et étant sautés sur des pierres, ils lapidèrent le Français, et le peuple étant accouru, et s'étant informé de la chose, ils achevèrent de le tuer, et lui taillèrent la tête, que le Hollandais mit à la cime d'un bâton; et, suivi de tout le menu peuple, ils s'en allèrent au palais de l'archevêque avec l'intention de l'assassiner, pour la grande haine qu'avait conçue ce menu peuple contre lui; car il ne leur avait pas voulu donner les armes ni le canon (et c'est lui qui commande en place du vice-roi qui se trouve à présent à Melazzo), disant que s'ils avaient eu les armes et le canon à temps, les ennemis n'auraient pas fait le dommage et la ruine qu'ils nous ont faits à si bon marché.

» Ce peuple, arrivé qu'il fut au palais de l'archevêché, le premier qu'il rencontra, fut un muet nommé Pepe, créature du prince de Valdina; ils le tuèrent et lui taillèrent la tête ; ensuite, étant montés en haut, et n'y ayant pas trouvé ledit archevêque, qui s'était sauvé dans le palais réal, ils prirent le portrait de notre roi, et retournèrent en bas de la ville en criant, en hurlant, et se portèrent au palais de don Carlo di Valdina; ils commencèrent à jeter tous les meubles par les fenêtres et à brûler ledit palais.

» Les Hollandais cependant emportaient les meubles, dont ayant eu avis le préteur-capitaine de la ville, il monta aussitôt à cheval avec la noblesse pour apaiser ce peuple soulevé, et leur tirer d'entre les mains les cadavres qu'ils traînaient dans les rues et les têtes qu'ils portaient, comme aussi les Messinois qu'ils s'étaient saisis à dessein de les massacrer, et empêcher qu'ils ne continuassent pas de brûler les maisons desdits Messinois, à quoi il réussit; et jusqu'à l'*ave Maria* du soir, il apaisa ces tumultes de la populace. Nous prions Dieu qu'ils soient entièrement assoupis.

» Aujourd'hui, ledit préteur a fait transférer trois cents prisonniers, qui étaient dans les prisons de la ville pour d'autres crimes, dans les galères, de peur que ce peuple ne se mutinât de nouveau, et, leur ouvrant les prisons, ils ne fussent auteurs de sédition; et on a fait en sorte que les capitaines hollandais se sont tous retirés dans leurs vaisseaux avec leur monde qui s'étaient sauvés du naufrage, et qui ne faisaient que courir par les rues, et furent cause du scandale ci-dessus. Le bon Dieu soit loué de ce qu'il a bien voulu nous mortifier, mais non pas nous détruire entièrement; si ce feu d'hier eût duré dans la ville, elle aurait été entièrement ruinée. La perte de l'ennemi ne se peut pas savoir; mais nous voyons bien le reste de neuf brûlots qui ont été brûlés ou coulés à fond sur nos plages. Le nombre des morts de notre part se calcule à plus de trois mille sans les blessés. »

(*Archives de la marine à Versailles.*)

Cette lettre de M. Coëtlogon, un des meilleurs officiers de la marine, dont Tourville fait souvent un si bel éloge, donne aussi de justes louanges à l'habileté du chevalier, qui prédit le succès de l'attaque qu'il avait proposée.

COETLOGON A COLBERT.

« Monseigneur,

« Je n'entreprendrai pas de vous faire une relation de ce qui s'est passé à Palerme; il ne s'est jamais rien fait de plus grand ni de plus heureux à la mer, et on ne peut rien ajouter à la gloire que la marine du roi a acquise dans cette dernière affaire. Tous les capitaines y ont fait des miracles; mais, en vérité, on doit la meilleure partie de tout ce bon succès à la bravoure et à la capacité du chevalier de Tourville : il n'a pas manqué un temps ni une occasion, et ayant reconnu avant le combat la situation des ennemis, il prédit tout ce qui est arrivé, et donna un plan si juste de la manière que se devait faire l'attaque, qu'on s'est trouvé très-bien de l'avoir suivi. Quand les intérêts du roi ne vous seraient pas ce qu'ils vous sont, le corps de la marine est trop à vous pour que vous ne soyez pas touché de ce qu'il a fait. Aussi, monseigneur, attendons-nous toutes choses de votre protection.

» Je suis, avec tout le respect et l'attachement possible,

» Monseigneur,

» Votre très-humble et très-obéissant serviteur,

» Le chevalier DE COETLOGON.

« Le 3 juin 1676. »

(*Bibl. roy. Mss.*)

Pendant que ses vaisseaux obtenaient ce beau succès devant Palerme, Louis XIV envoyait les avis suivants à Vivonne.

LE ROI A VIVONNE.

« Mon cousin,

» Je suis bien aise de vous donner avis que quelques efforts que les Espagnols et les Hollandais fassent pour envoyer des vaisseaux en Sicile, il n'y en peut arriver avant la fin du mois de décembre; je pourrais même presque vous assurer qu'ils n'y en enverront aucun : en sorte qu'après les avantages considérables que vous avez remportés sur eux, et les diligences que j'ai fait faire à Toulon pour envoyer à Messine les vingt-quatre vaisseaux que j'y ai destinés, les six autres qui partiront assurément dans le commencement du mois prochain, je ne doute pas que vous ne soyez en état d'entreprendre par mer tout ce que vous estimerez avantageux au bien de mon service; et quoique je sache bien qu'il n'est pas nécessaire de vous y exciter, je suis bien aise de vous faire savoir mes intentions.

» Il n'y a pas d'apparence qu'après la grande victoire que mon armée navale a remportée sous votre commandement, les ennemis soient en état de se remettre en mer; mais s'ils étaient assez hardis pour le faire; je ne fais aucun doute qu'avec des forces aussi supérieures vous ne les cherchiez partout, et vous n'acheviez de ruiner entièrement le reste des vaisseaux et galères qu'ils ont encore dans les mers de Sicile, si vous les y rencontrez.

» L'état présent où ils sont depuis l'avantage que vous avez eu sur eux devant Palerme me fait bien plutôt croire qu'ils seront demeurés dans le même port pour tâcher de sauver le reste de leur flotte, ou bien, ne se croyant pas assurés dans ce port, ils se seront retirés à Melazzo ou à Syracuse, après avoir pris un léger radoub. En tous cas, j'estime que le parti le plus avantageux que vous puissiez prendre pour achever ce que vous avez commencé avec tant de gloire pour mes armes et pour vous, est de faire sortir mes vaisseaux et galères du port de Messine aussitôt que le sieur Du Quesne y sera arrivé, et d'aller attaquer les ennemis dans l'un de ces trois ports pour les y brûler, ne doutant point que vous ne surmontiez toutes les difficultés qui se pourront rencontrer en cette entreprise, soit qu'ils se trouvent dans les ports de Palerme ou Melazzo, soit qu'ils se trouvent dans celui de Syracuse, et que cette entreprise soit plus difficile à exécuter dans ce dernier que dans les autres; et comme je suis informé particulièrement de tous les officiers de marine de l'état de ces ports, je veux espérer que si vous êtes favorisé du vent, vous achèverez par le succès de cette entreprise de ruiner entièrement toutes les forces maritimes de mes ennemis, ce qui serait également avantageux à mon service et glorieux pour vous. Surtout, je désire que vous ne laissiez pas un seul moment mes vaisseaux et galères inutiles dans le port de Messine. Sur ce, je prie Dieu qu'il vous ait, mon cousin, en sa sainte et digne garde.

« Écrit à Versailles, le 13 juillet 1676.

» LOUIS.
» COLBERT. »

(*Bibl. roy. mss.*)

On voit par cette dépêche que Colbert pressentait pour ainsi dire tous les succès que pouvaient obtenir les vaisseaux du roi ensuite de cette victoire de Palerme, malheureusement l'apathie de Vivonne l'empêcha de profiter de cet avantage; et au lieu de tenter quelque attaque sur une ville sans défense, afin de s'assurer du plat pays, il se contenta de prendre plusieurs bâtiments napolitains chargés de blé, et mit à la voile le 6 juin pour s'en retourner à Messine : seulement, ayant doublé le cap Passaro afin de rentrer dans ce port par le sud du Phare, lorsqu'il se trouva proche d'Agosta, il ordonna aux galères d'insulter un petit fort appelé *la Roca*, qu'elles ruinèrent complétement, après quoi le vice-roi rentra dans le siége de son gouvernement pour s'y reposer de tant de fatigues.

Peu de temps après l'affaire de Palerme, Du Quesne était parti pour Toulon avec les vaisseaux afin d'y aller chercher des vivres et surtout des troupes que Vivonne demandait incessamment; son chargement effectué, Du Quesne partit le 23 juillet des îles d'Hyères, arriva le 17 août en vue des îles Lipari, d'où il écrivit à Vivonne la dépêche qu'on lira plus loin, sorte de journal de sa navigation.

Dans cette lettre, Du Quesne annonce au vice-roi que le nombre des troupes qu'il a embarquées se monte à peu près à trois mille cinq cents hommes; le maréchal en avait demandé au moins huit mille, afin, disait-il, d'être à même de tenter quelque chose d'important. Le mauvais vouloir de Louvois lui paraissant évident, Vivonne, aussitôt après que Du Quesne eut mouillé à Messine, écrivit à Madame sa sœur, la marquise de Montespan, toujours au fort de sa faveur, la lettre confidentielle et secrète qui suit la dépêche de Du Quesne, lettre dans laquelle il expose, ainsi qu'on va le voir, les fatales conséquences que devait entraîner l'opiniâtreté de Louvois, qui, par son incurable jalousie contre Colbert, entravait de sa toute-puissante influence les résultats heureux que pouvaient avoir par terre l'expédition de Sicile, et ce, parce qu'avant toute chose cette guerre étant considérée comme spécialement maritime, Louvois se révoltait à cette pensée que *ses troupes,* car c'est ainsi qu'il parlait des troupes de France, que *ses troupes,* dis-je, *ne fussent qu'un expédient de la gloire de Colbert à qui seul serait revenu tout l'honneur de l'expédition de Sicile.*

Voici d'abord la dépêche de Du Quesne; vient ensuite la lettre de Vivonne à madame de Montespan.

DU QUESNE A VIVONNE.

« Monseigneur,

» Je commence cette dépêche à la vue de Stromboli, pour vous informer de ce qui s'est passé depuis notre partance des îles d'Hyères, avec vingt-quatre vaisseaux de guerre de l'armée navale, sur lesquels sont embarqués environ trois mille hommes d'infanterie ; les six autres vaisseaux sont restés en Provence pour embarquer encore deux bataillons et deux régiments de cavalerie que j'estime être présentement de partance sous la conduite de M. Gabaret.

» Sur l'avis venu de Livourne que l'armée des vaisseaux de Hollande qui restait à Palerme devait en partir pour se rendre en ce même lieu de Livourne, je pris la résolution de faire notre route par le cap Corse, et même sur un autre avis du 18 juillet, qui nous a fait partir le 23, qu'on chargeait deux vaisseaux par l'ordre du vice-roi de Naples, audit lieu de Livourne, de poudre et de boulets pour l'armée ennemie, je détachai MM. de La Fayette et Montreuil avec leurs vaisseaux ; et MM. de Réal et Vaudricourt, que j'avais fait partir avec moi pour cet effet, afin de rapporter à M. Gabaret des nouvelles de ce que nous aurions appris, après avoir pris langue et passé par le canal de Piombino, avec ordre de se rendre à Monte-Christ, d'où je devais renvoyer lesdits sieurs de Réal et Vaudricourt rejoindre mesdits sieurs de La Fayette et Montreuil ; mais les calmes et petits vents contraires nous ont extrêmement fatigués, de sorte que nous n'avons pu arriver au rendez-vous de Monte-Christ que le 5 de ce présent mois, où, n'ayant trouvé aucun de nos vaisseaux détachés, et les vents favorables commençant à souffler, je laissai une tartane sur la croisière de ce rendez-vous, avec ordre à deux de ces messieurs de retourner à Toulon, pour y porter les avis de ce qu'ils auront appris, et aux deux autres, savoir les sieurs de La Fayette et Montreuil, de prendre leur route à Messine par le cap Carbonnaire, cap Bon, canal de Malte et cap Passaro, prenant langue à Agosta. Il y a, avec ces deux messieurs, une barque sur laquelle j'ai mis un officier et des gens de ce bord.

» Cependant, j'ai fait route sans perdre de temps, quoique, dans le nombre des bâtiments chargés de vivres pour les galères, il y en ait quelques-uns de méchants voiliers, jusqu'à jeudi dernier, 13 de ce mois, que je découvris un vaisseau qui faisait route comme venant de Naples, auquel je donnai chasse pour le couper, ce que je fis sans sortir que très-peu de ma route. Il se trouva anglais, venant de Naples, allant à Palerme, ce que j'appris par l'officier que j'envoyai à son bord, et, en même temps, que l'on attendait audit lieu de Naples l'armée navale qui était à Palerme, et qu'il y avait déjà un desdits vaisseaux arrivé; et, comme notre garde d'en haut avait découvert sept ou huit voiles venant vers nous, on avait demandé à l'Anglais si ce n'était pas l'armée ennemie; il dit en riant qu'il n'en savait rien. En même temps, je fis voile vers eux, et toute l'armée voyant la grande enseigne rouge que j'arborai, fit force comme moi, et, en moins d'une heure, nous comptâmes dix-sept vaisseaux qui, aussitôt qu'ils nous eurent découverts, revirèrent le bord au nord-est, ce qui nous confirma que c'étaient les ennemis, lesquels nous gagnions à la voile et au vent d'eux, en sorte que sur le soir nous commencions à découvrir la poupe de leurs vaisseaux, jusqu'au nombre de vingt-quatre voiles, dont une grande partie mirent leurs enseignes de poupes toutes hollandaises. Aucuns assurent avoir reconnu un pavillon de vice-amiral sur l'arrière-garde, et d'un contre-amiral à l'avant-garde. Alors que le soleil se couchait, nous leur avions gagné le vent, en sorte que les ennemis ne pouvaient plus nous passer devant et entrer à Naples suivant leur dessein; il est vrai qu'alors il n'y avait à la tête que les meilleurs vaisseaux de voile de notre armée, le vent continuant au nord-ouest assez frais, à vue de la terre de Palerme et de l'île de Caprée. Avant le coucher du soleil, les ennemis s'étaient rangés en bataille, tenant toujours au vent comme nous, qui arrivions pourtant de temps en temps sur eux, sans néanmoins aucune apparence de les pouvoir joindre de jour. Ayant fait passer M. de Preuilly devant moi avec une partie de sa division, pour empêcher que les ennemis, en cas que le vent prît de la terre, ne passassent au vent de nous. Nous demeurâmes ainsi toute la nuit, sans avoir auprès de moi aucun bâtiment assez bon de voiles pour l'envoyer observer les ennemis, à cause de leur trop grand éloignement, ayant même beaucoup fait de les avoir approchés, de la vue du bout des mâts, depuis midi jusqu'au soir, à reconnaître leurs poupes et leurs pavillons. Le lendemain au matin l'on ne vit plus aucun de leurs vaisseaux, sinon un très-petit qui avait le vent de la terre, qui nous disparut contre la terre, que nous avons approché de fort près, ayant couru tout le jour que nous avons porté au vent de la baie de Salerne, même sous l'île Caprée, à l'entrée du Friou, d'où nous revirâmes à la mer après nous être fait connaître à toute la côte, où nous aurions eu connaissance de l'armée ennemie si elle avait le matin reviré à terre pour entrer à Naples. Mais nous jugeons qu'ayant été fort surpris de nous avoir rencontrés lorsqu'ils ne nous cherchaient pas, et eux peut-être pas en bon état de nous combattre, ils auront pris le dessein de nous éviter. Cependant, monseigneur, si je n'eusse pas été chargé de cette infanterie, dont il tombe un grand nombre malade chaque jour, et de ce convoi de vivres pour les galères, j'aurais suivi et cherché partout cette armée, jusqu'à l'avoir jointe ou poussée hors de ces mers.

« Étant d'une considération importante de sauver cette infanterie, qui ruinerait nos équipages par la dyssenterie et le flux de sang qui sont parmi eux, et d'empêcher que dans peu de jours nous ne soyons contraints par l'eau d'abandonner la mer, j'ai sur ce assemblé messieurs les officiers généraux et conclu que nous ferions servir le vent pour arriver au Phare, y faire entrer le convoi et y débarquer l'infanterie, ou sur les galères, ou à la tour du Phare, s'entend celle qui sera en état de marcher; car, pour les malades, on prétend les mettre sur les flûtes qui entreront, et ce pendant que l'armée tiendra sous voiles ou à l'ancre, pour ensuite, si vous l'approuvez, retourner incessamment en mer chercher et joindre cette armée des ennemis, pour, suivant les ordres de Sa Majesté, les combattre ou chasser entièrement de ces mers; et comme apparemment leur dessein était d'entrer à Naples, suivant le désir de ce vice-roi, et que par notre rencontre ils en ont été empêchés, ils auront pris une autre résolution, vraisemblablement d'aller, suivant leur premier projet, à Livourne y attendre ce convoi des cinq vaisseaux arrivés à Cadix le 27 juin, ou des ordres de Hollande. Vous jugez bien, monseigneur, qu'il n'y aura jamais si beau à pousser les Hollandais hors de ces mers, car il ne nous a paru aucun pavillon d'Espagne parmi eux, quoiqu'ils fussent vingt-quatre voiles.

» Si ladite armée de Hollande a gagné Naples, aussitôt que nous l'aurons reconnue nous retournerons tout court à Messine, n'ayant pas de galères avec nous pour les y attaquer sur leurs ancres avec ce que nous avons de brûlots qui ne sont que quatre ; et en ce cas que lesdits Hollandais ne fussent pas à Naples, comme apparemment je ne les y crois pas encore, vu la route qu'ils ont faite, et celle de notre armée qui a pris à leur vue le bord à l'ouest pour aller à leur rencontre, nous les attaquerons avec vigueur, après avoir touché à Messine, sans leur donner le temps de rentrer dans le port de Naples.

» De plus, monseigneur, ce qui me fait appuyer ce dessein, ce sont les intentions du roi, ainsi que je crois que Sa Majesté vous en informera par la dépêche qui vous sera rendue par ce porteur, ayant encore gardé le duplicata d'icelle pour l'envoyer avec plus de sûreté.

» Il y a encore une autre considération qui est très-forte : c'est que si cette armée de Hollande, après nous avoir rencontrés, ayant perdu l'espérance d'entrer sûrement à Naples, avait pris par Cagliari la route de Barcelone ou à Cadix, M. Gabaret courrait risque d'en être rencontré avec son convoi, et même les deux vaisseaux *le Prudent* et *l'Aquilon*.

» Je vous expose tout ceci, monseigneur, pour vous faire voir la nécessité que ce qui est ici de l'armée du roi tienne la mer jusqu'à ce qu'on sache les Hollandais fixés en quelque lieu, et en attendant que tous les vaisseaux de Sa Majesté soient joints, il me semble que la diligence de remettre en mer est tellement nécessaire qu'il ne se peut davantage. C'est pourquoi, monseigneur, je vous supplie très-humblement et très-instamment qu'au plus tôt il vous plaise de me donner vos ordres auxquels je dois toute obéissance.

» Je ne doute pas qu'aussitôt que vous aurez été informé de notre arrivée à vue du Phare, vous n'ayez envoyé les galères pour la sûreté de l'armée en cas de calme, mais que vous ne les envoyiez encore plus tôt lorsque vous aurez reçu la présente afin d'assurer le passage du convoi et des troupes, et comme aussi pour y prendre le trésorier avec l'argent.

» Vous devez savoir, monseigneur, qu'il doit venir avec le sieur Gabaret deux autres brûlots, et de quoi en armer deux de ceux qui se trouvent à Messine ; que pour cet effet Saint-Maurice est ici, et que je l'enverrai avec son équipage et des artifices pour les deux brûlots : ainsi vous pourriez nous envoyer par les galères ce brûlot de Ponant et ce qu'il nous pourrait apporter d'eau par l'assistance des vaisseaux de guerre qui sont à Messine ; même le sieur Chabert pourrait s'en charger entre ses ponts et partout ailleurs, pourvu que ce soit sans retardement, car, sans une extrême diligence, on ne doit pas espérer de succès en cette affaire ici, qui ne peut pas durer longtemps. Cependant M. Gabaret viendra avec son convoi et les deux vaisseaux détachés, ce sera le moyen de faire tous ensemble quelque grande et belle entreprise.

» Depuis cette lettre, écrite du 16 de ce mois, il a fait des calmes qui ont empêché l'armée d'arriver dès le matin où je me suis fort avancé devant elle, c'est-à-dire entre la Passerie et Lipari, dans l'espérance de faire partir la felouque à ce soir, laquelle j'escorterai moi-même tant que le vent me le permettra, jusqu'auprès du Phare pour qu'elle arrive à Messine avant le coucher de la lune, et qu'elle puisse être de retour ici demain au matin, si vous me faites la grâce de la dépêcher promptement ; cependant, nous travaillerons à disposer les choses ainsi que j'ai eu l'honneur de vous le dire. Il me semble que ce serait beaucoup avancer pour l'infanterie si les galères arrivaient à nous de bon matin. Si nous pouvions avoir avec nous une de ces longues felouques de Messine, elle nous serait d'une grande utilité et vous rapporterait de nos nouvelles en peu de jours. Il ne s'est fait de longtemps si doux, si calme, et la mer si unie que depuis que je suis parti de Messine cette dernière fois, et je crois que jusqu'au mois d'octobre il continuera. Je suis avec tout respect, etc.

» Ci-joint sont les mémoires tant des vaisseaux et barques chargées pour le compte du roi que pour les galères. A l'égard des flûtes chargées de marchandises pour la carène des vaisseaux, le commissaire l'Ortie, embarqué céans, en a les états ;

lesquelles choses sont particulièrement affectées pour la carène, et non pour aucun rechange, chacun des vaisseaux ayant embarqué le sien.

» Nous avons aussi pris une barque chargée de sel, dont l'équipage s'est sauvé : nous ne savons pas bien de quelle nation elle est; on le verra ci-après par l'examen des papiers qu'on y a trouvés.

« Monseigneur,

» Votre très-humble et très-obéissant serviteur,

» DU QUESNE.

« De l'armée navale, entre Lipari et le Phare, ce 17 août 1676. »

(Bibl. Roy. Mss.)

Voici maintenant la lettre de Vivonne à madame la marquise de Montespan.

VIVONNE A MADAME DE MONTESPAN.

« A Messine, le 24 août 1676.

» Vos bontés, ma chère sœur, seront cause que vous aurez souvent la tête rompue de tous les embarras où je me trouve dans l'affaire de Messine. Vous saurez que nous n'avons jamais les choses ensemble ni à temps; cela fait que l'on ne tire pas les avantages que l'on pourrait tirer des bonheurs que j'ai eus contre les ennemis. Quand les galères arrivent, les vaisseaux sont obligés de s'en aller, et les vaisseaux ne sont pas de retour qu'il faut songer à faire retirer les galères, et le peu de vivres qu'elles apportent et les vaisseaux aussi ne nous permettent pas de leur faire faire tout ce qu'on pourrait. Ces deux corps étant ici à présent, et le roi envoyant des troupes de terre, je croyais pouvoir travailler de suite à conquérir le royaume à Sa Majesté; mais le petit nombre des troupes et leur mauvaise qualité diminue beaucoup de mes espérances; sans vous parler de l'embarras horrible dans lequel je me trouve présentement et qui m'oblige de vous envoyer cet homme exprès. L'intendant étant venu hier, accompagné de M. de Vallavoire, des commissaires et des trésoriers, pour m'annoncer que le peu d'argent qui était venu par les vaisseaux n'était pas seulement déjà consommé, mais qu'il en devait encore beaucoup d'autre, et que le blé dont on avait fait capital pour la subsistance de quatre mois pour la ville ne pouvait aller qu'à deux, en ayant fait consommer une partie aux troupes, à cause qu'il n'y a pas eu d'argent pour fournir la munition. Ainsi, cet homme qui voulait tout faire, et qui voulait renverser (pour étendre et établir les fonctions de sa charge) toutes les coutumes et les priviléges de Messine, vint fort bien me dire qu'il ne savait plus par où s'y prendre, que j'étais le maître, que c'était à moi d'ordonner des choses, que, pour lui, il ne me répondait que jusqu'au 8 ou 10 du mois prochain, qu'après cela il ne savait plus ce que pouvait devenir l'armée, ni où la ville prendrait du blé dans deux mois. Cette nouvelle me surprit et ne m'étonna point, me confiant en l'application de Sa Majesté, laquelle n'a pas envoyé des troupes pour les laisser périr avec la réputation de ses armes, et pour perdre, dans le temps que l'on doit le plus espérer, ce qu'il y a de conquis en Sicile. Voilà, ma chère sœur, la fâcheuse situation où je me trouve. Je ne veux point déplaire aux ministres que le roi aime et qui le servent si bien en d'autres occasions; mais aussi, comme bon et fidèle sujet, je ne veux pas manquer à mon devoir en faisant savoir à Sa Majesté ce que de petites haines ou de petits intérêts particuliers pourraient produire contre le service. C'est pourquoi je vous supplie de montrer ceci au roi seul, afin qu'il soit averti de la répugnance qu'a M. de Louvois pour la conquête de la Sicile, puisqu'il nous laisse absolument manquer de tout argent et qu'il ne nous envoie jamais les troupes que le plus tard qu'il peut, les choisissant les plus nouvelles et les envoyant en si petit nombre, qu'il faut ou se résoudre à ne rien faire, ou, si on fait quelque chose, se résoudre à perdre le fruit des conquêtes, n'ayant ni de quoi les soutenir, ni de quoi les faire valoir. Je ne sais si le zèle que j'ai pour le service et pour la gloire du roi, et qui l'emporte dessus tout, me fera trouver des expédients pour me soutenir en attendant que Sa Majesté ait remédié à ces grands maux; mais j'espère bien plus en sa bonté et qu'elle enverra de l'argent par Gabaret, que nous attendons, et donnera des ordres si précis que nous ne tomberons plus dans ces inconvénients à l'avenir; mais, si on ne peut pas le faire, il vaudrait mieux que Sa Majesté se résolût à renoncer de bonne heure à ses justes prétentions que de s'exposer à perdre honteusement des choses qui sont, pour ainsi dire, dans sa main, si elle le veut, et pour l'acquisition desquelles il faudrait si peu de chose au-delà de ce qu'elle fait, particulièrement dans la saison où nous allons entrer, qui est une saison quasi morte pour la guerre dans les lieux où Sa Majesté la fait, et qui est la plus propre pour la faire en ce pays-ci. Toutes ces raisons sont, je crois, plus que suffisantes pour persuader Sa Majesté à donner des ordres prompts et qui soient exécutés. Elle verra, si elle a cette bonté, que je m'emploierai de façon que je crois qu'elle en sera satisfaite. Je vous supplie donc, ma chère sœur, de représenter bien fortement à Sa Majesté tous les obstacles dont je me trouve environné, qui est un véritable abandon, si M. Gabaret n'apporte pas de l'argent, que ces difficultés quoique grandes et extraordinaires, ne m'abattent point le courage. Je sais que c'est dans ces occasions-là qu'on peut mieux montrer son zèle, et ces circonstances sont de celles où les sujets propres à bien servir peuvent véritablement se faire connaître. Et ce n'est pas pour me vanter, mais si je puis, dans un si faible état, éviter toutes les extrémités que j'envisage et me soutenir, j'espère que le roi, qui connaît les affaires de la guerre mieux que personne du monde, me trouvera peut-être digne de l'honneur de servir quelque jour sous lui de delà, quand il verra de quelle manière j'aurai conduit et porté un aussi pesant fardeau que celui qui m'est commis, et que je porte seul sans vanité, et dans lequel il se trouve tant d'embarras. Il importe surtout que le roi me fasse faire réponse en toute diligence ; c'est pourquoi je vous supplie de tout mon cœur de presser sa résolution, et de croire que je m'estimerais bien heureux si je pouvais trouver les occasions de vous faire connaître la tendre et la sincère amitié que j'ai pour vous.

» VIVONNE. »

(*Bibl. roy. Mss.*)

Malgré cette dépêche si pressante de Vivonne à madame sa sœur, l'influence de Louvois l'emporta cette fois encore sur l'influence de madame de Montespan, et les troupes envoyées en

Sicile n'en furent, ni plus nombreuses, ni meilleures pour cela.

En vérité, si l'aveugle obédience de Louis XIV à la brutale volonté de Louvois n'était, à notre sens, un fait avéré, toutes les phases de la guerre de Messine en demeureraient la preuve la plus convaincante.

Comment! Vivonne, appuyé ainsi qu'il l'était et qu'il le devait être par madame de Montespan, par Colbert, par Seignelay; Vivonne, l'ami d'enfance de Louis XIV, qui fut toujours pour lui d'une faiblesse qui passe toute créance, et devient une faute impardonnable lorsqu'il s'agit d'affaires publiques et non de sentiments particuliers; comment Vivonne, enfin, qui avait pour lui la saine raison, la politique, et l'impérieuse exigence des faits; Vivonne, qui pouvait absolument démontrer que, sans troupes de terre, l'occupation de la Sicile était une vanité, puisqu'avec le seul secours de la marine il ne lui était praticable que de contourner le littoral de la Sicile, que d'entamer pour ainsi dire l'écorce, sans jamais pénétrer jusqu'au centre, jusqu'au cœur de ce magnifique royaume; comment, en un mot, lorsque l'amour, l'ambition, l'amitié, et jusqu'à l'inflexible logique des nécessités, tout parlait pour Vivonne, il ne put jamais obtenir de son maître dix mille hommes, qui devaient assurer à la France une aussi riche possession, et porter un coup mortel à la monarchie espagnole!

Comment enfin un simple *non* de Louvois eût-il été l'invincible écueil où vinrent se briser tant de conditions de réussite, si alors Louvois n'eût pas gouverné seul et selon son bon plaisir?

Seulement il faut avouer que ce qui pouvait contribuer à rendre l'inflexible volonté de Louvois plus opiniâtre, et les réclamations de Louis XIV auprès de son fier ministre plus timides, fut l'inconcevable négligence de Vivonne à propos des affaires de Sicile, et sa conduite inqualifiable lors de ses premières expéditions par terre, à Melazzo, par exemple. Alors, fort de tels antécédents, Louvois pouvait notifier bien plus durement à son maître que dix mille hommes de plus ne changeraient rien en Sicile, et que les troupes envoyées dans ce royaume-là, au détriment des grandes armées de Flandre, devaient être considérées comme sacrifiées et perdues sans nécessité, à cause de la paresseuse insouciance de Vivonne.

Sans doute les raisons de Louvois étaient impertinentes, puisqu'elles demeuraient basées sur une simple présomption ; sans doute aussi la faiblesse de Louis XIV à ce sujet était incroyable, car il semble qu'il devait, ou donner à Vivonne les moyens de bien servir, et le chasser s'il ne le servait pas bien, ou le rappeler et envoyer un autre vice-roi en sa place. Mais aucun de ces moyens décisifs ne pouvait convenir à Louis XIV, qui voulait garder sa maîtresse, et avait une peur effroyable de son ministre.

Or, dans l'un ou l'autre de ces accommodements, il eût excité la colère de ce dernier, ou les aigres tracasseries de la première; aussi le *mezzo termine* que garda le grand roi concilia ces intérêts si divers, Louvois et madame de Montespan furent à peu près satisfaits, et la Sicile perdue pour la France, ainsi qu'on le verra plus tard.

Depuis l'affaire de Palerme jusqu'à la fin de l'année 1676, il y eut quelques attaques tentées sur les places du littoral de l'île ; Taormine, le château de la Môle et la Scalette furent insultés, mais sans plus de succès réel pour une véritable prise de possession.

La lettre suivante, de Vivonne au roi, est comme le journal de ces différentes expéditions.

LETTRE DU DUC DE VIVONNE AU ROI.

« 4 novembre 1676.

» Sire,

» Comme je dois un compte exact à Votre Majesté de ce que son armée navale a fait en ce pays, je ne me contenterai pas de lui dépêcher le major de ses galères, qui a été témoin de tous les progrès qui se sont faits ; mais il aura l'honneur encore de lui expliquer quelle a été ma conduite pendant cette campagne. Je dirai donc à Votre Majesté que mon premier dessein fut d'emporter la ville de Syracuse brusquement, en faisant entrer dans son port les vaisseaux et les galères, et, débarquant les troupes en terre pour se jeter dans la ville par un endroit où les murailles ne sont pas hautes. La chose était possible dans la situation où se trouvait cette ville lorsque la cavalerie de Votre Majesté arriva portée par M. Gabaret ; car, ayant fait toutes les démarches nécessaires pour faire croire aux ennemis que j'en voulais à Melazzo, ils avaient réuni en ce lieu-là toutes leurs forces, de manière que les places plus éloignées demeuraient peu pourvues, et celle-là particulièrement, sur laquelle ils ne se figuraient pas que je pusse avoir aucune pensée. Ce qui troubla toute ma bonne disposition, fut que quand toute l'infanterie fut embarquée, et que nous voulûmes faire voiles vers Agosta, le vent se rendit tout à fait contraire, de manière que les galères furent obligées de revenir dans le port; pour les vaisseaux, ils ne rentrèrent pas; mais ils ne purent arriver à Agosta que quatre ou cinq jours après.

» Ce contre-temps cruel fit connaître aux ennemis notre dessein : aussi ne perdirent-ils pas un moment de temps de courir à Lentini, à Catlentini et à Syracuse, et eurent d'autant plus lieu de s'y fortifier de monde, que je ne pus me rendre en ces quartiers que dix ou douze jours après l'arrivée des vaisseaux, à cause que je m'étais trouvé sur les galères quand le mauvais temps nous prit.

» Comme je n'avais pas une corde seule en mon arc, comme l'on dit ordinairement, voyant que ce premier dessein ne pouvait avoir aucun effet, je songeai d'en faire réussir un second, qui était d'insulter Taormine [1]; et pour tromper les ennemis sur ce sujet, comme je l'avais fait sur le précédent, je me tins quelques jours à Agosta pour faire faire du pain, et mettre en état quelque petit équipage pour faire porter de la munition de guerre, et puis je me rendis au camp de Meritti, où M. de Mornas s'était arrêté, après avoir forcé, comme il fit, l'épée à la main, le village de ce nom, qui est voisin d'Agosta. Cette bicoque avait beaucoup incommodé Agosta depuis qu'il est à Votre Majesté, de sorte que M. de Mornas, voulant le châtier, ne donna point capitulation à la garnison qui était dedans : partie fut passée au fil de l'épée, le reste fut fait prisonnier de guerre.

» Après avoir resté quelques jours dans le camp, je m'avançai jusqu'à Saint-Calogero, qui est plus voisin de Catania, sur le bord de la mer, pour donner plus à penser aux ennemis que j'en

---

[1] Port de guerre sur la côte orientale de Sicile, à 30 lieues dans le sud de Messine.

voulais à Lentini ; aussi crurent-ils tout de bon que c'était mon unique but. Pour les confirmer davantage dans cette vue, je restai plusieurs jours dans ce même lieu, mais non pas à ne faire qu'une seule chose ; je fis embarquer sur vingt galères, le soir du 4 au 5 octobre, M. de La Villedieu, avec un détachement de troupes de terre de douze cents hommes, et celui de l'infanterie des galères qui était dans le camp, et leur donnai ordre d'aller faire une descente à Taormine ; elles furent jusqu'à mi-golfe de Catania, et puis elles furent obligées de revenir par le mauvais temps. Ce mouvement se passa durant la nuit, de sorte que les ennemis, ne s'en étant point aperçus, ne changèrent rien dans leur conduite. Ce peu de séjour que je fis à Saint-Calogero me convainquit, Sire, de l'impossibilité où j'étais de faire avancer l'armée jusqu'à Lentini seulement, et par conséquent de rien faire, en la menant dans le pays, sans avoir un équipage de munition, parce qu'y ayant eu un peu de mauvais temps, les troupes se trouvèrent sans pain. Or, si cela arrive quand on est campé sur le bord de la mer, que ne nous serait-il pas arrivé s'il nous en avait fallu éloigner !

» Cette raison, jointe à mon premier dessein, me fit retourner le 6 au camp d'où j'étais parti. Je choisis pourtant un lieu plus voisin de la marine, afin de pouvoir faire embarquer les troupes plus facilement, dès que le temps se ferait bon, pour tenter de nouveau l'entreprise de Taormine. Le temps s'étant montré favorable le 11, M. de La Villedieu se rembarqua de nouveau avec les mêmes détachements de terre et des galères ; et s'étant voulu approcher de Taormine, la mer se trouva grosse : ainsi, ils jugèrent à propos de ne rien hasarder, et continuèrent leur route jusqu'à Messine, où les galères demeurèrent quatre jours. Beaucoup de personnes, qui avaient passé d'Agosta à Messine, publièrent le dessein des galères dans la ville, et néanmoins on fut si heureux que les ennemis n'en pénétrèrent rien ; car, le 16, les mêmes galères, commandées par M. de La Brossardière, étant sorties de Messine, l'entreprise se fit, et réussit très-avantageusement. La chose se passa en cette manière : on débarqua douze cents hommes des troupes de terre et quatre bataillons de l'infanterie des galères, de trois cents hommes chacun, commandés, le premier, par M. le commandeur d'Oppede et M. le chevalier de Piennes; le second, par M. de La Bretesche; le troisième, par MM. de Berthomas et de Mareuil; et le quatrième, par M. de Montaulieu. M. de La Villedieu ordonna si bien toutes choses que les détachements de terre et des galères, l'un commandé par M. de Saint-Cla, qui fut blessé de deux coups de mousquet, et l'autre par M. le chevalier de Piennes, forcèrent les retranchements que les ennemis avaient faits au-delà des faubourgs.

» Ensuite, on arriva à la porte du faubourg que l'on força, après avoir mis la palissade à bas à coups de hache; et les ennemis l'ayant abandonnée, on les poussa vivement jusqu'à la porte de la ville, à laquelle M. de La Villedieu fut blessé. Les ennemis ayant tiré, à l'heure même, pour dernière ressource, un canon à travers la porte, ils donnèrent par là facilité d'y entrer. Le nombre des troupes qui faisaient cette entreprise n'ayant pas été suffisant pour fournir la ville de Taormine et son château, et pour investir le château de la Môle, les ennemis eurent moyen d'y jeter quelque monde. Cela m'ayant été rapporté le 17 par M. de Brégy, je partis du camp d'Alcantara, et je me mis en chemin pour Taormine. En y arrivant, le 20, on me dit que les ennemis avaient fait un effort en plein jour pour y jeter un secours considérable; mais que M. de Vallavoire, qui était venu de Messine deux jours auparavant, ayant appris ce dessein des ennemis dès le matin, fit marcher au-devant d'eux une partie des troupes jusque sur le haut des montagnes. Les ennemis forcèrent d'abord, et firent plier quelques gens détachés; mais le bataillon de Crussol, commandé par M. de Chatenay, se jeta sur eux, l'épée à la main, si vigoureusement, qu'on les rechassa jusque dans la plaine. Le commandant des ennemis, nommé le prince Cicinelli, Napolitain, fut blessé en cette occasion, et ensuite fait prisonnier. Les ennemis firent encore des tentatives les jours suivants pour jeter du secours par d'autres endroits; mais les troupes des galères qui défendaient le poste les repoussèrent vigoureusement. J'arrivai, comme j'ai dit, le 20, et le 21 la Môle se rendit, et j'en signai la capitulation.

» Le 23, je me mis en chemin pour continuer ma route, et le même jour je passai à Saint-Alexis, après avoir signé la capitulation de celui qui y commandait pour Sa Majesté Catholique.

Ceux de la Force, qui est une terre voisine, me remirent pareillement entre les mains leur château, appelé le Crucifix, qui est une situation extrêmement forte. Le 24, ceux de Savoca m'envoyèrent des députés pour me demander capitulation, aussi bien que ceux de Fiume-Denisi; et le 25, je m'arrêtai devant la Scaletta, à dessein de l'assiéger. Je me campai, avec toutes les troupes de terre et des galères, dans la ravine qui est au-delà de la marine, regardant Taormine, et M. de Preully, avec toutes les troupes des vaisseaux, établit son camp à Giampleri. Le 26, M. le marquis de Vallavoire reconnut la place, et M. de Mornas le 27 : leur rapport fut qu'on ne pouvait prendre cette place qu'avec du canon et par le canon, et qu'ainsi il fallait faire, au plus tôt, mettre des batteries en état. M. de Preully, de son côté, ayant été reconnaître où il ferait la sienne, fut attaqué par une sortie des ennemis, lesquels furent si vigoureusement repoussés que, pour mieux se sauver, ils jetèrent les armes; du nôtre, on en fit promptement une de deux pièces de canon, dont le sieur Du Buisson, commissaire de l'artillerie, eut le soin; le major des galères se chargea de la conduite du canon; quoique le lieu fût prodigieusement haut et rapide, il ne laissa pas de faire monter deux pièces, l'une de dix-huit et l'autre de douze, au lieu de ladite batterie.

» Le 29, M. de Monstastruc, capitaine au régiment de Piémont, et qui gardait un poste voisin de celui de M. de Preully, voulut attaquer les ennemis; mais ayant été mal soutenu de ses soldats, il fut battu et repoussé; vingt-un de ses soldats y furent faits prisonniers, et environ dix autres furent tués ou blessés.

» La nuit du 1er au 2 novembre on attaqua une redoute des ennemis, appelée Saint-Antonio; après l'avoir fait battre par le canon de la batterie de Du Buisson, elle fut prise sans beaucoup de résistance de leur part. Les troupes des galères, commandées par le commandeur d'Oppède, ayant fait pendant cette nuit et le lendemain un logement fort avancé, et qui voyait dans la Scaletta, ceux de la garnison firent une sortie en plein jour, et venant par deux endroits, montèrent jusqu'auprès du poste des nôtres, et les surprirent en quelque façon, parce que la plupart des officiers dormaient pour avoir eu la pluie toute la nuit sur le dos, outre le travail du logement ; M. d'Oppède, voyant que d'avoir recours aux armes à feu il y aurait eu désavantage, mit l'épée à la main, et, ayant été suivi de ses soldats et de ses officiers, repoussa les ennemis, et les mena battant jusqu'au bas d'une ravine par où ils étaient venus ; et tout cela se fit ainsi, nonobstant un grand feu continuel de mousqueterie de la place et du canon.

» Le 4 novembre, M. de Châteauneuf, commandant le vaisseau *le Sans-Pareil*, vint faire une furieuse canonnade contre la Scaletta avec *le Saint-Michel*, que commande M. de Preuilly ; *le Vermandois*, que commande M. de La Porte ; *le Cheval-Marin* que commande M. de Saint-Amant ; et *le Brusque*, commandé par M. de La Motte. Cette canonnade dura longtemps, et porta une très-grande ruine aux ennemis. Ces derniers ayant abandonné les maisons de la marine par la peur du canon, plusieurs Messinois, commandés par don Joseph Marchèse, et parmi lesquels étaient don Bernardo Caffaro, ensemble plusieurs Français, s'avancèrent jusque dans ces maisons et les brûlèrent. Il y en avait une entre autres qui appartenait à ce Joseph Marchèse, laquelle il ne voulait pas que l'on brûlât ; mais quand M. de Vallavoire lui eut dit qu'il s'agissait du service de Votre Majesté, il ne fit plus de difficulté, et ne voulut pas même que personne y mît le feu que lui. La nuit du 7 au 8, le régiment de Picardie a attaqué le couvent de Saint-François-de-Paule, qui est un poste qui commande la Scaletta du côté de la terre, et l'a pris ; et les chaloupes qui y gardaient la marine ont pris trois felouques ennemies chargées de munitions de guerre et de bouche, qui voulaient entrer dans la place, et en ont chassé deux autres chargées d'infanterie. Le jour précédent, M. de Brégy était allé sommer le gouverneur de ma part, avec lequel étant tombé d'accord qu'il retournerait le lendemain dans la place, à condition qu'il ne monterait pas s'il ne voulait composer, il arriva qu'y étant retourné, la capitulation fut résolue, et ensuite, la nuit du 9, la capitulation de la Scaletta fut signée, avec cette condition, que le lendemain, après midi, le gouverneur remettrait entre les mains de Votre Majesté le fortin de la marine et les maisons qui y touchent, et que le mardi la garnison ennemie sortirait tout à fait si elle n'était secourue. Tout cela fut exécuté ponctuellement le 10 novembre, ensemble la composition de Saint-Placide, de sorte que ce jour finit tous nos travaux. Je vins à Messine le 11 pour écrire ces lettres, et m'en retourner ce soir pour achever de donner mes ordres au camp, et faire rembarquer le canon débarqué pour les batteries de ce siége. Voilà, Sire, un compte exact de ce que j'ai fait depuis l'arrivée de M. Gabaret; je serai bien heureux s'il peut être agréable à Votre Majesté : ce que je puis lui protester avec sincérité, c'est qu'il est extrêmement véritable. Tout le monde, à l'envi les uns des autres, a fait merveilles. M. de Preully, M. de Langeron, M. le chevalier d'Ailly, M. d'Amfreville, et tous les autres commandants des bataillons, ont montré la plus grande valeur du monde et le plus grand zèle; dans les galères, M. le commandeur d'Oppède, M. de La Bretesche, M. de Bethomas et M. Monteaulieu et le major, ont soutenu des fatigues qu'on ne peut assez exagérer, sans murmure, le plus souvent sans pain, et se voyant à la pluie nuit et jour, sans tente ni autre moyen de se couvrir. Quand Votre Majesté aura la bonté de jeter les yeux sur ce que je me donne l'honneur de lui représenter, elle reconnaîtra combien sa marine a de reconnaissance des bontés de son maître; ma joie, c'est de voir leur bonne volonté. Je ne dois pas finir sans dire un mot d'un volontaire de Provence, nommé Raymondi; il a extrêmement servi dans l'attaque de Taormine et dans le siége de la Scaletta.

» Je suis, avec le plus profond respect du monde,
» Sire,
» De Votre Majesté,
» Le très-humble, très-obéissant, très-fidèle sujet et serviteur,
» DE VIVONNE.

« À Messine, le 14 novembre 1676. »

(*Arch. de la Marine, à Versailles.*)

Ce fut ainsi que se termina cette année 1676. Mais pendant la fin de cette année et le commencement de l'année suivante, il se passa plusieurs événements assez importants sur l'archipel des Antilles et sur les bords de l'Amérique du sud. Ces diverses relations seront le sujet du chapitre suivant.

CHAPITRE VII.

Expéditions maritimes dans l'archipel des Antilles et les mers de l'Amérique du sud, pendant les années 1676, 1677 et 1678. — Les Hollandais attaquent et prennent Cayenne, colonie française. — Projets de M. le vice-amiral d'Estrées, appuyés par Louis XIV. — Entreprise sur Cayenne et Tabago. — M. le comte d'Estrées commande l'escadre et les troupes de débarquement. — Il reprend Cayenne sur les Hollandais, le 21 décembre 1676. — L'amiral Binckes va piller Saint-Domingue et Marie-Galande. — Attaque de Tabago, le 3 mars 1677, par M. le vice-amiral d'Estrées. — Au milieu du combat le feu se déclare dans les deux flottes. — Vaisseaux français et hollandais entièrement incendiés. — Rapport et enquête détaillés sur cet événement. — Le vice-amiral retourne en France au mois de juillet 1677 pour rendre compte au roi de sa conduite.

Vers le milieu de l'année 1676, le comte d'Estrées se trouvant sans emploi et sachant les vaisseaux du roi fort occupés à Messine, avait proposé à Louis XIV d'entreprendre l'attaque et la ruine des forts et des colonies que les Hollandais possédaient soit dans les îles du cap Vert, soit sur la côte orientale et septentrionale de l'Amérique du sud : tels que Surinam, Curaçao et Sainte-Marguerite. Le roi Louis XIV loua fort ce projet, et assura le comte d'Estrées qu'il contribuerait à le faire réussir en lui donnant quatre vaisseaux de cinquante canons et quatre frégates de trente, que ce dernier devait armer à ses frais ; le nombre des soldats aussi entretenus par l'armateur devait s'élever à sept cents, et être commandé par des officiers de la marine payés par le roi pour ce voyage.

Ces sortes d'armements, en courses de compte à demi, étaient alors assez fréquents, et le roi partageait d'ordinaire les prises avec les armateurs.

A peu près au même temps où le vice-amiral d'Estrées formait ces projets, de leur côté les Hollandais avaient tenté une entreprise considérable contre les possessions françaises de l'Amérique ; le prince d'Orange y avait même contribué de son argent pour flatter le génie de la nation, et avait fait armer à grands frais douze vaisseaux et plusieurs brûlots, ainsi qu'un assez grand nombre de bâtiments de charge qui devaient porter les familles destinées à coloniser les terres qu'on allait enlever aux Français.

Cette forte escadre, sur laquelle on avait embarqué quatorze compagnies d'infanterie, détachées des régiments qui servaient dans l'armée des États, devait commencer ses opérations par la prise de Cayenne[1], colonie française, qui, étant presque à égale distance de la rivière des Amazones[2] et des colonies de Surinam[3] et de Berbice[4], se trouvait, pour ainsi dire, au centre des possessions hollandaises, et pouvait leur servir encore à soutenir et préparer leurs nouvelles tentatives du côté des rivières d'Apouague[5] et de Viapoquo.

Les Hollandais, bien préparés pour cette expédition, mirent à la voile dans le mois de mars 1676, et arrivèrent devant Cayenne, qu'ils enlevèrent sans coup férir; le chevalier de Lezy, gouverneur pour la France, n'ayant que deux cent cinquante hommes de garnison à opposer à des forces aussi considérables que celles que l'amiral Binckes avait emmenées. Aussi ce dernier, après avoir mis une forte garnison à Cayenne pour défendre cette place, laissé cent cinquante habitants pour la culture des terres, et dirigé cinq ou six cents nouveaux colons vers les rivages fertiles de la rivière d'Apouague, il partit pour l'île de Tabago[6], en prit possession et y fit élever un nouveau fort.

---

[1] *Cayenne*, port et ville de guerre, sur la côte orientale de l'Amérique méridionale, capitale de la Guyane française au sud de Surinam.

[2] *La rivière des Amazones* sépare la Guyane du Brésil; la Guyane au N. et le Brésil au sud; après un cours de mille lieues elle se jette par plusieurs embouchures dans l'Océan atlantique sous l'équateur. Les effets de la marée et de son courant en rendent la navigation très-dangereuse.

[3] *Surinam*, capitale de la Guyane hollandaise, sur la côte N.-E. de l'Amérique du sud, bâtie sur une rivière à laquelle cette ville donne son nom. La citadelle se nomme *le Feu de Zélande*.

[4] *Berbice*, sur la côte de Surinam.

[5] On a bâti, depuis cette époque (1676), une ville à l'embouchure de cette rivière.

[6] *Tabago*, une des Antilles sous le vent, ou si l'on veut une des Caraïbes. Elle est tout auprès de la pointe du N.-E. de l'île de la Trinité. La côte N. n'est pas abordable, mais le reste de l'île est sain. La pointe du N.-E. se nomme pointe Saint-Galles. Celle du S.-O. pointe de Sable. Cette île est à

En effet, l'île de Tabago, par sa position géographique, était un des points maritimes les plus importants à conserver pour les Hollandais : située proche de l'île de Grenade, terminant au sud cette large ceinture d'îles et d'îlots qui ferme à l'est le golfe du Mexique, puisqu'à le mesurer géométriquement, son ouverture se prendrait depuis l'île de la Trinité jusqu'au cap méridional de la Floride ; très-proche de la côte de l'Amérique méridionale où ils colonisaient, au cœur des Antilles françaises, qu'ils voulaient ruiner, peu éloignée de l'isthme de Panama, offrant un mouillage sûr et une rade excellente, abritée enfin des ouragans si fréquents aux Antilles par sa côte nord, Tabago, ainsi fortifiée, devenait une des positions militaires les plus considérables de l'archipel américain.

Après avoir laissé une forte garnison dans Tabago, l'amiral Binckes continua sa route, remonta vers le nord, et alla brûler la plupart des habitations françaises du Petit-Goave et Saint-Domingue [1] ; puis, revenant au sud, il fit une descente à Marie-Galande [2], enleva les moulins, les chaudières et les nègres, en un mot le matériel des sucreries, afin d'établir plus vite la nouvelle colonie qu'il voulait fonder à Tabago.

L'escadre hollandaise ainsi encombrée de nègres, de bétail, d'ustensiles et de meubles de toutes sortes, fut rencontrée près de la Guadeloupe par le marquis de Grancey, montant *l'Apollon*, et qui, étant au vent et pouvant lui donner chasse à loisir, suivit l'amiral Binckes jusqu'à la Grenade en le canonnant vigoureusement, sans qu'un seul vaisseau hollandais pût lui riposter, tant leurs batteries étaient encombrées de toutes les pilleries de Marie-Galande et du Petit-Goave.

Colbert, apprenant ces nouvelles, pressa plus que jamais l'ar-

---

25 lieues dans le sud-est de l'île de la Grenade, et ces deux îles sont réunies à leur base par un banc qui les joint l'une à l'autre, mais sur lequel il y a grande eau ; il y a sur la côte de Tabago une petite île près la pointe N.-E. qu'on nomme petite Tabago.

[1] Le *Petit-Goave*, bonne rade sur la côte de Saint-Domingue. Le Petit-Goave est situé sur la côte N. du long isthme qui se prolonge à l'E. de Saint-Domingue.

[2] *Marie-Galande*, petite île de la dépendance de la Guadeloupe avec laquelle elle se groupe naturellement, ainsi qu'avec la Désirade, les Saintes, la Petite-Terre.

mement de l'escadre de M. d'Estrées, et le roi lui ordonna avant toutes choses de reprendre Cayenne. M. d'Estrées partit donc de Brest le 6 octobre, à la tête de quatre vaisseaux de cinquante canons, de quatre frégates de trente à quarante, et de quatre cents hommes de troupes de débarquement.

Après être resté huit jours aux îles du cap Vert pour prendre quelques rafraîchissements, il fit voile pour Cayenne, y arriva le 8 décembre, et mouilla son escadre à sept lieues du fort, dans une anse appelée l'anse Miret.

Le comte d'Estrées était, on l'a dit, d'une bravoure reconnue et parfaitement digne et capable de commander toute expédition sur terre, faisant depuis longtemps la guerre; son coup d'œil était juste, prompt, sa décision rapide, presque toujours remplie d'à-propos et justifiée par le succès; malheureusement ces rares qualités ne lui étaient d'aucun secours sur mer, et son intraitable orgueil rendait souvent bien funestes les conséquences de sa complète ignorance des choses de la navigation, ainsi qu'on le verra bientôt.

Quant à cette affaire de Cayenne, elle fut brillante et hardie; le vice-amiral s'y comporta vaillamment, et fut bravement secondé d'ailleurs par ses seconds M. le comte de Blenac et M. le chevalier de Grand-Fontaine, car ce dernier, ne pouvant marcher, se fit porter en chaise au poste qu'il devait attaquer, et qu'il emporta vaillamment.

Le chevalier de Lezy, l'ancien gouverneur de Cayenne, qui avait été obligé de remettre cette place aux Hollandais, avait demandé par grâce à Colbert de servir comme volontaire dans l'armée de M. le comte d'Estrées, afin qu'il pût au moins l'aider à reprendre une place que des forces supérieures l'avaient forcé d'abandonner.

Voici la dépêche de M. le comte d'Estrées au roi; on y remarquera une nuance singulière : autant dans ses dépêches concernant la marine qu'il ignorait, M. le comte d'Estrées affectait un ton tranchant, décidé, cassant, autant dans cette longue lettre, qui rend compte d'une action sur terre couronnée par un beau succès dû à sa vieille expérience et à sa bravoure, le vice-amiral se montre simple et modeste.

RELATION DE LA NAVIGATION DE L'ESCADRE DES VAISSEAUX DE SA MAJESTÉ DEPUIS BREST JUSQU'A CAYENNE, DE LA DESCENTE DANS L'ILE ET DE L'ATTAQUE DU FORT ET DES TRAVAUX, AINSI QUE DE LA PRISE DE LADITE VILLE, LE 21 DÉCEMBRE 1676.

« De la Martinique, 21 janvier 1677.

» Quoique l'escadre des vaisseaux de Sa Majesté soit partie de Brest avec un vent aussi favorable qu'on le pouvait souhaiter, et qu'il ait continué de même jusqu'aux îles du cap Vert, les vaisseaux marchands qui avaient pris l'occasion de son escorte, et *le Fendant* même, qui s'est trouvé différent des autres vaisseaux de Sa Majesté pour la voile, ont tellement retardé sa navigation, que cela, joint à quelques jours de calme près les Canaries et les îles du cap Vert, l'a empêché d'arriver à la rade de Saint-Iago devant le 4 novembre.

» Après avoir fait l'eau nécessaire et construit les chaloupes qu'on avait apportées en fagot, on en partit le 9, et la navigation depuis n'a pas été ni moins longue ni moins ennuyeuse que la première ; il n'y a pas eu de jour qu'on n'ait été obligé d'attendre *le Fendant*, et à compter juste ce qu'on a perdu à l'attendre, on peut assurer que l'on serait arrivé quinze ou seize jours plus tôt. L'on a souffert aussi beaucoup de calmes et de pluies sous les dixième et neuvième degrés de la ligne, qui paraissaient d'une qualité dangereuse, en ce qu'elles engendraient de petits vers en tombant sur le pont et sur les habits.

» Cependant on a été si heureux qu'il n'y avait pour ainsi dire aucun malade dans les bords lorsqu'on est arrivé par le travers de la rivière d'Apouague, à douze lieues de Cayenne.

» Toute notre navigation jusque-là a été accompagnée de peu d'aventures. Aux Canaries, une chaloupe, chargée de douze ou quinze mariniers espagnols et de deux marchands, qui prirent les vaisseaux de Sa Majesté pour la flotte anglaise qui vient en cette saison-là charger du vin de Ténériffe, se mit inconsidérément entre nos mains.

» On remit aussitôt à terre un de ces marchands nommé Remand, parce qu'on le reconnut pour être celui qui avait assisté et secouru de vins et de rafraîchissements les vaisseaux de Sa Majesté à la côte de Guinée, en l'année 1670 ; et l'on descendit l'autre, qui est de Dunkerque, avec ce qui restait de mariniers espagnols, à l'île de Saint-Iago.

» A cent ou six vingt lieues de Cayenne, le grand mât du *Fendant* eut un effort; mais, l'ayant fortifié avec des jumelles, il n'y a rien eu à craindre depuis.

» On rencontra, vers la rivière d'Apouague, un petit vaisseau de Nantes, parti vingt jours après l'escadre, dans lequel étaient les sieurs chevalier de Lezy et Leclerc, secrétaire de M. de Baas. Ils amenèrent un Français qu'ils avaient trouvé traitant avec les Indiens le long de la côte, et qui était sorti du fort de Cayenne, il y avait quinze jours, avec la permission du gouverneur.

» Il apprit que la garnison était composée de près de trois cents hommes de troupes réglées, qui ne s'occupaient ni à la culture des terres, ni à aucun autre emploi qu'à la garde du fort et des travaux ; qu'ils avaient non-seulement rétabli les palissades, mais en avaient mis de nouvelles, élevé des cavaliers et placé vingt-six ou vingt-sept pièces de canons en divers endroits du retranchement, qui pouvaient battre de front et par les flancs à la sortie des bois qui en sont fort proches.

» Cet avis contraire à l'opinion qu'on avait eue jusque-là de la force des ennemis, ne ralentit pas l'ardeur des officiers et des soldats, quoique ce grand nombre de canons fît juger que l'attaque serait plus difficile.

» On mouilla le 17 décembre devant l'anse de Miret, qui est à trois lieues du port, et on se prépara en y arrivant à faire la descente le lendemain; les soldats et matelots, environ à un nombre de huit cents, étaient partagés en deux corps sous les officiers suivants.

» Le premier, où monsieur le vice-amiral était en personne, composé de soldats et matelots du *Glorieux*, du *Fendant*, du *Laurier*, du *Soleil-d'Afrique* et de *la Friponne*, était commandé par le sieur comte de Blenac, capitaine.

LIEUTENANTS.

» Les sieurs de Monmoron, chevalier d'Hervault, de Monbaut, d'Haire, de Courcelles, l'Indien.

ENSEIGNES.

» Les sieurs De la Guerre, de Saint-Privat, De la Roque, Malassis, Changeon.

GARDES DE LA MARINE.

» Les sieurs de Ferolles, Desgranges, Barré, Stavay, Durfort, chevalier de Bayé, Salbert de Marsilly, le sieur de Patoulet, enseigne de *la Friponne*.

VOLONTAIRES SERVANT COMME GARDES DE LA MARINE.

» Les sieurs Julien, Cottodon, Descloches, d'Armanville, faisant les fonctions de major de ce corps-là.

» Le second corps était composé des soldats et matelots du *Précieux*, de *l'Intrépide*, du *Marquis* et de *la Fée*, sous le commandement

» Des sieurs Pannetier, capitaine, de Grand-Fontaine.

LIEUTENANTS.

» Les sieurs de Champigny, Melinière Poyet, Tivas; le sieur capitaine Perrier, lieutenant de *la Fée*.

ENSEIGNES.

» Les sieurs Désaugers, comte d'Aulnay, Meraut de Villiers, Coinard de la Malmaison, Herpin, et Dutertre, enseigne de *la Fée*.

GARDES DE LA MARINE.

» Les sieurs Naudin, Bigotteau, Maison-Blanche, Lescoure, Villers, Guermont, des Jumeaux, Bresme.

VOLONTAIRES SERVANT COMME GARDES DE LA MARINE.

» Les sieurs Morienne, Lavaux, Malassis, le sieur de Bellecroix, faisant les fonctions de major de ce corps-là, et sur le tout, le sieur chevalier d'Arbouville, major de l'escadre. Les volontaires auprès de M. le vice-amiral étaient : les sieurs de Martinac, chevalier Parisot, chevalier de Lezy, Canchy, ci-devant gouverneur de la Grenade; Pinette, secrétaire de M. le vice-amiral; Dubourg, son écuyer; Leclerc, secrétaire de M. de Baas; Delisle, gentilhomme de Bretagne que l'on avait chargé de faire la fonction de commissaire d'artillerie pour la distribution des outils, grenades, poudres, et dont il s'est bien acquitté; l'Honoré.

» Les choses étant ainsi disposées, on crut qu'on devait se partager pour la descente, afin de partager aussi les forces de l'ennemi, s'il voulait s'y opposer ; qu'il était à propos que les cinq grands vaisseaux demeurassent mouillés à la rade de Miret, sous le commandement du sieur Gabaret, pour soutenir l'effort de ceux des ennemis, si l'escadre dont on avait eu avis en partant de France arrivait en ce temps-là, et que *le Laurier, le Soleil-d'Afrique, la Fée* et *la Friponne* s'avançassent le plus près du fort qu'ils pourraient, pour donner jalousie en plus d'un endroit; la barque longue, par le sieur de La Boissière, était destinée à soutenir les chaloupes, ayant été aussi chargée de soldats et matelots, et à retourner ensuite en garde à la tête des grands vaisseaux.

» La mer s'étant trouvée plus grosse qu'à l'ordinaire, tous les deux corps se trouvèrent obligés de descendre à Miret, où la descente est plus aisée. Les ennemis, qui étaient sortis au nombre de deux cents pour s'y opposer, se contentèrent de nous faire observer par cinquante mousquetaires, et de se retirer ensuite dans le fort, soit qu'ils eussent mal pris le temps et les mesures, ou que les mouvements des quatre frégates leur eussent fait craindre qu'on pouvait les couper et descendre en deux endroits. Il est certain qu'ils auraient pu nous incommoder dans la descente et dans les défilés où l'on fut obligé de marcher la nuit avec assez d'incommodités, le terrain étant sablonneux, la chaleur du jour ayant été excessive, et s'y trouvant peu d'eau pour rafraîchir les soldats.

» Le 19 se passa à les faire reposer, à attendre les munitions de guerre et de bouche, outils et matériaux nécessaires, et à reconnaître les postes par où chacun devait attaquer.

» On fut aussi sommer ce jour-là le gouverneur et les officiers de rendre le port par le sieur chevalier de Lezy (plutôt pour reconnaître les travaux, que dans l'espérance qu'ils se rendraient sans combattre). Aussi répondirent-ils qu'étant un si grand nombre de gens, ils mériteraient d'être pendus en Hollande s'ils ne songeaient à se défendre.

» Toute la difficulté de l'attaque consistait, outre les travaux bien palissadés, à rendre inutile cette grande quantité de canons que les Hollandais y avaient placés, et l'on n'imaginait point de meilleur moyen que de les attaquer la nuit ; mais, comme la lune était justement dans son plein, on crut qu'il fallait attendre jusqu'au 21 décembre, qu'il y eut assez de nuit depuis le soleil couché jusqu'au lever de la lune, pour donner le temps à chacun de se porter au lieu de son attaque sans être découvert, parce qu'il fallait défiler les bois à deux cents pas des travaux ; chacun se rendit extrêmement juste au lieu qui avait été marqué, et par différents chemins. Le plan qu'on joint à cette relation [1] servira à faire voir les attaques. Ainsi il suffira de dire qu'elles commencèrent, à l'heure qui avait été concertée, avec tant de vigueur de tous les côtés, que les travaux furent partout emportés en moins d'une demi-heure.

» Les ennemis s'étaient flattés que, parce qu'on avait différé de les attaquer, on n'avait pas résolu de le faire, mais seulement de piller l'île et de se rembarquer. Ce qui les confirma encore dans cette pensée, ou du moins qu'ils ne seraient pas attaqués ce jour-là, c'est qu'ils entendirent battre la retraite à l'ordinaire dans le camp, lorsque les troupes étaient déjà dans les bois et assez près des retranchements.

» Nonobstant toutes ces précautions et la surprise des ennemis, on n'a pas laissé d'y perdre du monde et d'y avoir eu assez de gens blessés, même de coups de piques et d'espontons; mais on ne saurait assez louer la vigueur des officiers, dont il serait difficile de dire en paroles les actions. Cependant, si l'on considère que des troupes levées seulement quinze jours devant l'armement, avec quelques matelots peu aguerris, ont agi dans cette rencontre comme auraient pu faire les meilleurs régiments des armées de Sa Majesté, on l'attribuera sans doute à la valeur et à l'exemple des officiers.

» M. le vice-amiral a été témoin de la conduite et de la vigueur de M. le comte de Blenac à exécuter les ordres qu'il avait donnés, et il est certain qu'il ne s'y peut rien ajouter.

» Le sieur Panetier ayant été blessé dès le commencement de l'attaque d'une blessure très-grande, n'a cessé d'encourager ses soldats à bien faire, quoiqu'il ne fût plus en état d'agir.

[1] Ce plan ne s'est malheureusement pas retrouvé.

» Le sieur de Grand-Fontaine étant incommodé d'un pied, en sorte qu'il ne pouvait marcher, se fit porter en chaise, et son premier porteur ayant été tué d'un coup de mousquet, n'a pas cessé d'achever son attaque avec le même ordre et la même vigueur que s'il eût eu d'aussi bonnes jambes que les autres.

» Le sieur chevalier de Machault, commandé avec trois chaloupes, a bien pris son temps et la marée, et a fort bien fait, aussi bien que le sieur Julien, lieutenant, qui y était embarqué avec lui.

» Les sieurs de La Melinière et chevalier de Lezy, chargés d'une attaque, et le sieur chevalier d'Hervault, d'un détachement de cinquante hommes, ont tous également et parfaitement bien fait : les deux premiers ont pris le gouverneur et quelques officiers prisonniers.

» Le sieur d'Arbouville, major de l'escadre, et Bellecroix, et d'Armanville, ont fait tout ce qu'on pouvait attendre d'eux.

» Tous les volontaires ci-dessus nommés ont été les premiers à arracher les palissades ; et le sieur Patoulet, commissaire général, n'a pas quitté le vice-amiral.

» On peut dire toutefois que l'attaque la plus disputée a été celle de la chapelle, que commandait le sieur comte de Blenac, en présence et sous les ordres de M. le vice-amiral. Un soldat de celle de la porte ayant mis le feu à sa bandoulière à la sortie des bois, les ennemis tirèrent un coup de canon, et quelques gens du bataillon commandé par le sieur comte de Blenac ayant marché sans ordre, ils furent suivis de plusieurs, quoique ce fût rompre l'ordre de l'attaque générale, qui devait, selon qu'elle avait été concertée, commencer par les palétuviers et les cavaliers ; M. le vice-amiral crut toutefois qu'il était plus dangereux de faire revenir les troupes en arrière, que de tomber dans ce contre-temps. Il prit la tête de tout avec M. le comte de Blenac ; mais tout cela fut bientôt réparé, parce que chacun était déjà au lieu de son attaque, et avec même ardeur et même impatience de donner. Il n'y eut pour ainsi dire qu'un moment entre le commencement de cette attaque et celui des autres.

» On a été peu secouru des Français qui étaient restés dans l'île : une partie ayant été retenue prisonnière au fort par les Hollandais ; les autres s'étant trouvés sans armes et sans aucun pouvoir sur les nègres, qui s'étaient pour ainsi dire révoltés, pillant les habitants et se retirant ensuite dans les montagnes; même au temps de l'attaque, il y en eut quarante qui parurent à un corps de garde de quinze hommes qu'on avait laissés pour garder les poudres et les munitions, à dessein de les piller; et ayant mis le sabre à la main à la portée du pistolet, sans la décharge qu'on fit sur eux fort à propos, ils auraient pu embarrasser : dans le camp, on avait aussi laissé un corps de garde de pareil nombre : ils témoignèrent avoir même dessein; mais ils n'approchèrent pas si près ni avec tant de résolution : de sorte que tout le service des habitants a été réduit à servir de guides dans les bois, et que n'en ayant tiré aucun des nègres, les fascines ont été faites par les soldats et matelots, aussi bien que tous les transports de poudres, munitions et matériaux, tellement que les uns et les autres ont été beaucoup fatigués, et ceux qui étaient demeurés dans les vaisseaux ne l'ont pas été moins que les autres, parce qu'étant mouillés à deux lieues et demie pour le moins, les chaloupes chargées de vivres et de toutes les autres choses nécessaires étaient quelquefois huit heures à nager contre les courants, qui ne se peuvent concevoir que par ceux qui les ont vus. A ces incommodités on peut ajouter celles des pluies et des mauvais temps, qui y règnent depuis le mois de décembre jusqu'au mois de mai. Elles commencèrent le lendemain que les troupes furent descendues, et elles passèrent toute la nuit et une partie du jour suivant à essuyer une pluie continuelle sans couvert. On eut beaucoup d'inquiétude que si le temps continuait de même, les choses ne devinssent bien difficiles; heureusement, il se mit au beau le lendemain et le jour de l'attaque, et depuis il n'a cessé de pleuvoir et de faire un temps effroyable.

LES OFFICIERS BLESSÉS SONT :

» *Capitaine*. Le sieur Pannetier, qui a la mâchoire cassée d'un coup de mousquet.
» *Capitaine*. Le sieur comte de Blenac, blessé légèrement à la cuisse d'une grenade.
» *Capitaine*. Le sieur de Grand-Fontaine, blessé au

bras d'un coup de mousquet, mais légèrement.

» *Lieutenant.* Le sieur de La Melinière, la jambe percée d'un coup de mousquet.

» *Lieutenant.* Le sieur de Monbaut, blessé légèrement d'un coup de pique à la tête.

» *Enseigne.* Le sieur De la Guerre, blessé d'un coup de pique à la cuisse.

» *Enseigne.* Le sieur de Saint-Privat, blessé au coude d'un coup de canon chargé de cartouches.

» *Enseigne.* Le sieur Changeon, blessé au bras d'un coup de mousquet.

» *Garde de la marine.* Le sieur Desgranges, blessé légèrement d'un coup de pique au col.

» *Écrivain de la Fée.* Le sieur Russelot, blessé d'un coup de mousquet au genou.

MORTS.

» *Garde de la marine.* Le sieur Bigotteau, tué sur la place.

» *Volontaire.* Le sieur Begon, tué sur la place.

» Trente-huit soldats ou matelots tués sur la place.

» Quatre-vingt-quinze soldats ou matelots blessés, dont il y en peut avoir quinze blessés mortellement.

Du côté des ennemis.

» Un capitaine-lieutenant, mort le lendemain de ses blessures,

» Un capitaine blessé d'un coup de mousquet au bras,

» Un enseigne dangereusement blessé,

» Trente-cinq soldats blessés,

» Et trente-deux morts.

Prisonniers.

» Le gouverneur,
» Trois capitaines,
» Deux lieutenants,
» Deux enseignes,
» Deux capitaines de vaisseau,
» Un ministre,

13.

» Deux commis de la compagnie,
» Un secrétaire et un volontaire,
» Six vingts soldats hollandais embarqués dans une prise pour être dispersés ensuite où l'on pourra.
» Quatre-vingts soldats ou environ de différentes nations, qui ne sont ni sujets d'Espagne, ni de Hollande, qu'on tâchera d'obliger à prendre parti pour remplacer les morts,
» Quatre soldats français, dont on en a fait mourir un pour l'exemple,
» Douze femmes et seize petits enfants.

» Après la prise de Cayenne, on fit partir *la Fée* avec la barque longue pour entrer dans la rivière d'Apouague, et ruiner, s'il était possible, le commencement de la colonie que les Hollandais y ont établie; mais *la Fée* n'ayant pu entrer à cause du fond et de la crainte de toucher, le sieur Bourdet, qui la commande, joignit à la barque longue sa chaloupe armée de trente à quarante hommes, sous le commandement de Perrier, son lieutenant, qui se rendit maître d'une galiote de quatre-vingts à cent tonneaux, qui y servait comme de magasins; elle tira quelques coups de canon de loin; mais ayant ensuite monté dans la rivière, ceux qui étaient dedans eurent le temps de décharger une partie des choses qui y étaient, et de se sauver ensuite dans le canot. Tout cela s'étant fait la nuit, on ne put découvrir le lieu où cette colonie était placée, n'ayant personne qui connût ni la rivière ni la terre.

» Quelques jours ensuite, un petit bâtiment, qui venait de Surinam pour traiter le long de la côte jusqu'à la rivière des Amazones, ayant pris les vaisseaux de Sa Majesté pour ceux de Hollande que l'on attendait depuis longtemps, se vint mettre au milieu de nous, et fut pris par la barque longue, que l'on détacha la nuit pour mouiller près de lui et l'empêcher d'échapper s'il reconnaissait l'erreur où il était tombé.

» On a trouvé dans ce petit bâtiment deux matelots français, qui, ayant été pris vers Dunkerque, avaient été amenés malgré eux à Surinam, où ils ont demeuré dix-huit mois, et servi de pilotes pour l'entrée de la rivière. Cette rencontre parut d'abord favorable pour le dessein qu'on avait ; mais on n'a pas été en état d'en profiter, par les raisons qu'on expliquera dans le mémoire ci-joint. Les mauvais temps et les pluies ne nous ayant pas quittés depuis Cayenne qu'à la vue des îles, et même après avoir fait rompre la vergue de misaine du *Glorieux* assez près de Sainte-Alouzie, comme il fallut un jour entier à la raccommoder et ne pas porter de voiles, cela le fit extrêmement tomber, et les autres vaisseaux, qui n'ont pu se rassembler à cette rade qu'entre le 19 et le 20 ; il n'y a que *le Fendant* qui n'y ait pas encore mouillé, non plus qu'un petit bâtiment qu'on avait pris à Cayenne et chargé de prisonniers. On est persuadé qu'ils ont relâché à la Guadeloupe, et qu'ils seront ici au premier jour.

» *Signé :* Le comte d'ESTRÉES.

« A la rade de la Martinique, le 21 janvier 1677. »

(*Archives de la Marine à Versailles.*)

On voit que cette action fut glorieuse et profitable, et que M. d'Estrées s'y conduisit avec sagesse et valeur. Après avoir rétabli ce que le canon avait détruit, et laissé à Cayenne le chevalier de Lezy, comme gouverneur, avec une garnison suffisante, M. d'Estrées mit à la voile pour la Martinique, ainsi qu'on l'a vu.

Là, le vice-amiral fut instruit que les Hollandais rassemblaient de grandes forces à Tabago, que le fort était pour ainsi dire terminé, et qu'il avait près de mille hommes de troupes réglées de garnison.

M. d'Estrées fit ses préparatifs pour aller attaquer cette place, qui pouvait devenir si importante pour les Hollandais et si funeste aux Antilles françaises, se recruta de quelques compagnies d'infanterie dites *des îles* à la Martinique et à la Guadeloupe, mit à la voile le 12 février, dans l'impatience de prévenir l'arrivée de la flotte hollandaise, qui faisait voile pour Tabago ; mais on ne put la joindre, et l'escadre française n'arriva que le 20 du même mois en vue de l'île, où les vaisseaux hollandais étaient mouillés depuis quinze jours.

M. d'Estrées fit jeter l'ancre à sept lieues de la ville, et prit des renseignements sur la position des ennemis.

Deux prisonniers, qu'un parti détaché amena, lui apprirent que le 5 février les vaisseaux hollandais s'étaient embossés dans le port; qu'il restait encore quelques travaux à faire pour terminer les ouvrages du fort, que la garnison se montait à sept cents hommes; qu'en outre les vaisseaux étaient mouillés si près de terre qu'ils pouvaient donner des secours à la ville, comme ils pouvaient en recevoir.

Le conseil fut assemblé, et l'on y décida que pour neutraliser l'avantage que leur donnait cette dernière communication, il fallait les attaquer à la fois et par terre et par mer.

Voici comment s'exprime M. le comte d'Estrées au sujet du combat qui se livra le 3 mars :

« On donna le même jour l'ordre de bataille; et le vaisseau *l'Intrépide*, qui devait entrer le premier par l'ancienneté de capitaine, commandé par Louis Gabaret, ayant mis à la voile pour prendre son poste, rencontra une roche, sur laquelle il toucha et fut arrêté. Cette roche est à six ou sept pieds, sous l'eau, remarquable par le remou que la mer élevait quand elle est un peu agitée, et ne parut point ce jour-là, à cause du grand calme qu'il faisait. Le vaisseau *l'Intrépide* n'ayant touché que par le côté, il fut aisé de le revirer sans aucune incommodité; mais cet accident ne laissa pas de refroidir ceux des capitaines qui avaient marqué le plus d'envie d'entreprendre cette action, et tous crurent qu'il fallait changer la manière d'attaquer les ennemis. On disait que si l'on était maître du fort, l'on mettrait les vaisseaux ennemis entre les nôtres et les batteries de terre, et qu'ainsi il fallait commencer par attaquer le fort et s'en rendre maître, sans considérer combien il était difficile avec mille hommes d'emporter un fort défendu par sept ou huit cents et soutenu par deux cents hommes, qui, n'étant pas occupés du côté de la mer, pourraient aisément secourir la terre, les vaisseaux n'étant mouillés qu'à la grande portée du mousquet. On fit descendre le lendemain les troupes comme il avait été résolu; les ennemis détachèrent deux cents hommes, selon les apparences, pour défendre la descente; mais deux vaisseaux que l'on fit approcher leur ayant tiré quelques coups de canon, ils se retirèrent, et le comte d'Estrées ayant mené les troupes à l'endroit de la descente, elles mirent pied à terre, et firent un chemin d'une lieue avec les serpes et les cognées pour gagner une hauteur qui était à sept ou huit cents pas du fort, où l'on pouvait camper commodément, parce que cet espace avait été défriché autrefois. Le comte d'Estrées ne manqua pas d'aller le lendemain au camp. L'on voyait de là le mouvement de toutes les chaloupes, et la situation avantageuse où étaient le fort et les vaisseaux ennemis. Cependant, après avoir examiné toutes choses avec les capitaines qui se trouvèrent avec lui, il ordonna à Grand-Fontaine, qui commandait ce détachement, d'attaquer les ennemis entre neuf et dix heures du soir, qu'il ferait en même temps une si puissante diversion du côté de la mer que les équipages des vaisseaux n'oseraient se porter à terre; qu'il fallait toutefois n'attaquer le fort que dans le temps de diversion.

» Le comte d'Estrées étant retourné à son bord ordonna un détachement de quatorze chaloupes, commandées par le marquis d'O et Louis Gabaret, capitaines, avec le peu d'infanterie qui restait sur nos vaisseaux; c'était dans le dessein d'aborder un vaisseau ennemi, mouillé à l'entrée du port, qui voyait tous nos mouvements, et par là nous était fort incommode. Nos chaloupes abordèrent ce vaisseau avec une intrépidité extraordinaire, et ne quittèrent point qu'il ne fût entré fort avant dans le port et défendu de tous les vaisseaux, et après lui avoir tué vingt ou vingt-cinq hommes de son équipage; il coupa ses câbles, et crut ne pouvoir se sauver de nos chaloupes que par ce moyen. Le bruit et le tourment fut grand pendant près d'une heure parmi les vaisseaux ennemis, croyant que l'on faisait entrer des brûlots; mais autant que le bruit était grand d'un côté, autant le silence l'était de l'autre. Le comte d'Estrées descendit aussitôt qu'il fut jour pour aller au camp, et savoir ce qui avait empêché l'attaque du fort. De Grand-Fontaine lui apprit que la pluie qu'il avait fait toute la nuit avait grossi si fort un ruisseau qu'il fallait passer, que l'on avait de l'eau jusqu'à la ceinture, et en particulier que les troupes paraissaient découragées par la vue continuelle de la disposition des ennemis : sur cela, il prit le parti de faire descendre ce qui restait d'infanterie dans les vaisseaux. Il campa lui-même sur la hauteur; et pour avoir plus d'un officier d'infanterie à terre, il ordonna à Hérouard de La Piogerie, major de la marine et capitaine de *l'Émerillon*, de quitter son vaisseau pour venir à terre. Il avait été en Portugal lieutenant-colonel d'un régiment dans l'armée du maréchal de Schomberg. Dans cet état, les troupes de terre demandaient que les vaisseaux entrassent dans le port pour détruire les ennemis, et qu'après cela elles emporteraient le fort plus aisément; mais les capitaines des vaisseaux disaient tout le contraire, et qu'il fallait auparavant être maîtres du fort et des batteries. Les opinions étaient encore partagées sur la manière d'agir à terre : les uns, comme Hérouard de La Piogerie, croyaient qu'il fallait aller aux ennemis par tranchée; les autres, qu'on ne pouvait réussir que par une attaque brusque, et beaucoup de résolution et de hardiesse. Le comte d'Estrées savait qu'il y avait peu de vivres dans les vaisseaux; qu'il ne fallait pas songer à une affaire de longue haleine; que le meilleur parti était celui que l'on avait imaginé d'abord; et s'il avait fait semblant d'abandonner le premier dessein de l'attaque, c'était pour conduire par degrés tous les officiers à une action très-hasardeuse. Il assembla le conseil de guerre pour prendre une dernière résolution; et après leur avoir montré la honte qu'il y aurait de se retirer sans rien faire, que dès que les vaisseaux du roi seraient partis pour retourner en Europe les îles françaises seraient exposées à toutes les entreprises des ennemis, et surtout celle de la Grenade, qui avait peu de force et de défense, il ne put surmonter l'impression que l'accident de *l'Intrépide* avait faite sur les esprits de la plupart; que l'entrée du port était extrêmement difficile et dangereuse, et tous opinèrent qu'il ne fallait pas exposer les vaisseaux du roi à périr inutilement sur des bancs et des rochers, et prêts à signer leurs opinions. Cependant, le comte d'Estrées ne fit point revenir les troupes, résolu de tenter un effort du côté de terre, et d'animer les troupes par un bon exemple. Trois ou quatre heures après, Louis Gabaret, Machaut et Lisines, capitaines, le vinrent trouver pour lui apprendre qu'on venait de prendre une barque, dont le pilote, qui était de l'équipage d'un des vaisseaux ennemis, assura qu'il entrerait les vaisseaux sans aucun péril, pourvu qu'on lui donnât la liberté après le combat.

» On l'amena dans le conseil de guerre que l'on fit assembler dans le moment; on l'interrogea plusieurs fois, et après être assuré qu'il n'y avait ni malice ni légèreté dans ses promesses et ses discours, l'on conclut que l'on ne pourrait se défendre d'attaquer les ennemis par terre et par mer en même temps, d'autant plus que l'instruction donnée au comte d'Estrées portait qu'il fallait chercher partout l'escadre hollandaise pour la combattre et la détruire. On envoya chercher à terre Hérouard de La Piogerie, qui commandait les troupes à terre, pour concerter la manière de l'attaque. Il fut surpris de nous y trouver résolus : il tenait à dessein de nous y animer pour avoir l'honneur de cette action dans le bureau, où il était assez écouté ; mais, comme il représenta qu'il n'avait pas le nombre d'échelles qui lui était nécessaire, et qu'il demanda deux jours pour se préparer, on lui accorda d'autant plus facilement que tous les capitaines étaient pour ainsi dire engagés par serment de ne plus changer de résolution. On convint que l'entrée des vaisseaux dans le port précéderait de trois quarts d'heure l'attaque de terre, et que les troupes au lieu de sortir par des défilés, marcheraient de front et par les lieux les plus ouverts. Les deux jours qu'Hérouard avait demandés étant expirés, on mit à la voile le mercredi des Cendres, 3 mars, et les vaisseaux entrèrent dans le port dans l'ordre que l'on envoie avec cette relation. Ils essuyèrent près de neuf cents coups de canon, sans en tirer aucun qu'après avoir pris leur poste à la portée du pistolet. *Le Marquis* aborda un vaisseau ennemi, et *le Glorieux*, qui portait pavillon, un autre ; ce dernier par la nécessité de le faire pour laisser de la place au *Précieux*, sans quoi il n'aurait pas eu de part au combat, ce qui nous aurait été d'un grand désavantage. On était convenu dans le conseil de guerre, dont j'ai déjà parlé, qu'il fallait vaincre ou mourir, et faire périr tous les vaisseaux ennemis, soit en s'en rendant les maîtres en les abordant, ou à coups de canon, selon que chacun jugerait à propos de le faire pour réussir dans cette action. Il eût été en effet impossible de pouvoir ressortir d'un port où l'on était entré à la faveur d'un vent qui souffle toujours du même côté, s'il était demeuré seulement deux vaisseaux ennemis sans être détruits.

» Pour l'attaque de terre, elle se fit tout au contraire de ce qui avait été résolu. Hérouard, toujours persuadé qu'il fallait éviter le feu des six pièces de canon qui battaient dans l'esplanade par où il fallait marcher de front, s'alla cacher dans des roseaux, qui, à la vérité, en étaient assez proches, et où l'on était à couvert de la vue des ennemis, mais d'où on ne pouvait sortir qu'en défilant. L'attaque du fort commença aussi dans le temps de l'entrée des vaisseaux dans le port ; ce fut un autre contre-temps qu'il fut impossible de réparer : la plupart des officiers tués ou blessés en défilant, en sorte que de quarante il n'y en eut que deux qui n'eurent pas de blessure. Hérouard fut tué, désespéré du peu de succès de l'action ; de Grand-Fontaine eut le bras cassé : l'un et l'autre de ces officiers avaient beaucoup de valeur ; le premier, moins d'expérience et de capacité qu'il ne croyait pour les actions de terre.

» A dix heures du matin, il y avait plusieurs vaisseaux ennemis brûlés ou coulés à fond. Outre que la chaleur était excessive ce jour-là, l'on combattait de si près que les valets que l'on met par-dessus les boulets dans les canons, s'attachant aux vaisseaux, y mettaient le feu.

» *Le Glorieux*, comme j'ai dit, ayant abordé le contre-amiral de cette escadre, s'en rendit bientôt le maître ; mais on s'aperçut bientôt après que le feu y était assez près de la chambre aux poudres pour craindre qu'il ne sautât bientôt. L'on fit tout ce que l'on put pour l'éloigner de nous ; on coupa les amarres qui nous tenaient abordés, mais inutilement ; il n'était pas à vingt pas de nous que le feu prit aux poudres, et accabla *le Glorieux* de toutes sortes de débris de canon et de bois enflammés, qui y mirent le feu. Le comte d'Estrées, prévoyant l'accident qui arriva, avait envoyé auparavant un homme à la nage quérir une chaloupe, les siennes l'ayant abandonné dès le commencement du combat, et l'attendait sur le bord du vaisseau, blessé à la tête en deux endroits. Méricourt, capitaine sur le pavillon, qui avait été aussi blessé d'éclats lorsque le vaisseau ennemi sauta, le vint trouver, et lui représenta que s'il attendait en cet endroit la chaloupe qu'il avait envoyé chercher, tous ceux qui restaient dans le vaisseau s'y jetteraient avec lui, et la feraient couler à fond ; qu'il valait bien mieux la faire venir à la proue, où il serait plus aisé d'empêcher que trop de gens ne s'y jetassent. *Le Glorieux* se trouvait, par l'abordage qu'il avait fait du contre-amiral des Hollandais, dans l'ordre de bataille des ennemis, et si près d'un vaisseau hollandais où il y avait trois chaloupes, que l'on crut que pour sauver tout l'équipage il était comme nécessaire de prendre une de ces chaloupes. Le Bertier, garde de la marine, s'offrit d'y aller avec un matelot. L'action était hardie, quoiqu'on le soutînt avec les armes qui nous étaient restées pour empêcher l'opposition des ennemis ; il nous l'amena sans peine : car ce vaisseau hollandais, qui brûlait par le haut et dans les hunes, comme *le Glorieux*, tirait vivement contre les nôtres, et, selon les apparences, ne s'était pas aperçu du danger où il était et de notre dessein ; de sorte que le comte d'Estrées s'étant embarqué avec les officiers dans la chaloupe hollandaise, devant que de s'éloigner, assura l'équipage qu'il devait venir une chaloupe pour les prendre, et qu'il reviendrait lui-même les chercher plutôt que de les laisser périr sans secours. Il se faisait porter à *l'Intrépide*, qui était le vaisseau français le plus proche ; mais le brûlot ennemi ayant mis à la voile, on ne sait à quel dessein, et présentant à un air de vent qui le mettait entre *l'Intrépide* et la chaloupe, il fut impossible au comte d'Estrées d'en approcher. Il fallut s'éloigner pour ne pas périr de l'enlèvement des poudres de ce brûlot, qui devait être bien prompt. Ce fut dans ce temps-là que Louis Gabaret fut tué d'un coup de canon, après avoir reçu trois blessures fort grandes par des éclats, sans avoir voulu ni songé à se faire panser qu'après la fin du combat : son exemple soutint l'équipage déjà fort affaibli, et quoiqu'il fût de deux cents hommes, et qu'il n'en restât pas quarante à cinquante en vie, on ne vit ni étonnement ni faiblesse tant qu'il vécut. Cependant la chaloupe où était le comte d'Estrées ne pouvant plus arriver à aucun vaisseau français sans faire le tour des deux grands vaisseaux ennemis qui seuls restaient debout d'une si grande escadre, reçut un coup de canon fort bas qui l'emplit d'eau et emporta le talon du soulier du chevalier d'Hervault, et lui fit une si grande contusion qu'il crut avoir le pied brisé.

» Cependant la chaloupe, dont on avait bouché le trou avec un chapeau, et dont on vidait l'eau avec les autres, était devenue très-pesante. Il y avait déjà demi-heure que les matelots criaient qu'il fallait périr ou aller à terre ; le rivage était couvert de matelots des vaisseaux hollandais qui avaient péri, et l'on mit pied à terre guère loin d'une grande portée de mousquet du fort. Dans cette extrémité, le vice-amiral fit porter, par quatre matelots, Méricourt et d'Hervault, hors d'état de pouvoir marcher, et s'étant réservé pour lui environ douze ou treize hommes, il leur dit de ne le point quitter, et de marcher fort serrés avec les sabres et les mousquetons, quoique mouillés, qui étaient restés dans le fond de la chaloupe. On s'avisa de détacher un matelot pour crier à ces gens épars qu'on leur donnait bon quartier : vingt-cinq ou trente se vinrent rendre, et ayant ôté les armes à ceux qui en avaient, on se trouva en état de se mieux défendre ; et la grande chaloupe qu'on avait envoyé chercher, comme j'ai dit, nous ayant joints avec quarante hommes, nous donna moyen de faire quatre-vingt-dix prisonniers, que l'on garda quelque temps dans un macquis, d'où on ne pouvait sortir qu'en défilant, et jusqu'à ce que la chaloupe de *l'Intrépide*, ayant passé assez près de nous, le vice-amiral s'y embarqua avec les officiers qui avaient suivi. Dans ce temps-là, les deux vaisseaux hollandais, amiral et vice-amiral de l'escadre, qui depuis trois heures soutenaient le feu de tous les nôtres, coupèrent les câbles, et s'échouèrent démâtés et presque entièrement ruinés à coups de canon.

Cependant le comte d'Estrées, qui n'avait aucune nouvelle de ce qui s'était passé à terre, avait beaucoup d'impatience d'en savoir ; c'est ce qui le fit courir après la chaloupe de Patoulet, commissaire général, pour en apprendre quelque chose ; l'ayant joint, il lui dit le mauvais succès de l'attaque de terre, et le malheur qui était tombé sur tous les officiers ; il n'en savait pas davantage, ceux de terre ayant envoyé à la nage un soldat assez avisé à nos vaisseaux, mais seulement qu'il ne restait personne pour commander les troupes de terre qu'un officier de milice de Saint-Christophe, appelé Désaugers, homme d'esprit et de courage à la vérité. Cette disposition lui faisait craindre que le premier malheur ne fût suivi d'un second, et il était sur le point de partir pour aller à terre rassurer, par sa présence, les troupes, et leur choisir un poste où elles pussent demeurer en sûreté jusqu'à l'embarquement ; mais Patoulet, ayant fortement représenté que le service le plus important était de retirer les vaisseaux toujours exposés au feu des batteries de dix-sept à dix-huit pièces de canon, dont il y en avait onze de vingt-quatre, il se contenta d'écrire aux officiers de terre qu'il était sorti du combat avec des blessures fort légères, qu'il les irait voir le lendemain, et qu'ils devaient se poster au premier camp, dont la situation était fort avantageuse, et que l'on était résolu de les aller prendre là pour attaquer le fort, où les officiers, les matelots et les soldats, étaient dans la dernière consternation.

» On retira les vaisseaux, par le moyen des ancres de touée, en trois jours, toujours sous le feu des ennemis, quoique l'on s'en éloignât chaque jour un peu ; il y eut même, dans les vaisseaux, quelques gens tués jusqu'au dernier jour. Les ayant mis en sûreté, on ne songea plus qu'à retirer les troupes qui étaient à terre ; pour ôter l'envie aux ennemis de les attaquer dans la retraite, on imagina qu'il était à propos d'envoyer sommer le gouverneur de rendre la place, et lui faire craindre une nouvelle attaque où le vice-amiral serait en personne. Le tambour, qui était un officier déguisé, demanda à parler au gouverneur ; mais ceux qui commandaient sous lui l'ayant assuré qu'il était tombé malade d'une fièvre chaude le lendemain du combat, et qu'ils avaient pouvoir de rendre une réponse positive, il leur dit qu'il avait ordre de demander qu'on remît la place en nos mains, sinon qu'ayant été résolu de l'attaquer avec tout ce qu'il y avait de troupes et de gens sur les vaisseaux, il avait ordre de l'avertir qu'on ne donnerait quartier à personne. Sur cela, les officiers tinrent un conseil de guerre qui dura longtemps, et après quoi ils répondirent en termes qui marquaient leur étonnement, que si les Français étaient résolus à se faire tant de mal à eux et aux autres, qu'il fallait bien, ne pouvant rendre la place avec honneur, s'exposer à toutes sortes d'événements. Ils furent cependant si occupés de l'opinion qu'ils seraient attaqués le lendemain, qu'ils ne firent autre chose la nuit que de travailler au moyen de se mieux défendre.

» Les troupes marchèrent toute la nuit pour venir au lieu du rembarquement, et ayant été embarquées sans avoir été suivies par les ennemis, on mit à la voile un jour après pour porter les blessés à l'île de la Grenade ; on y établit un hôpital, et ils furent bien traités et secourus, quoique le nombre en fût grand. Pour le comte d'Estrées, après avoir passé quelques jours à la Martinique, et ordonné que l'infanterie, au nombre de deux cents hommes, que Colbert avait envoyée sur *le Brillant*, et sur une flûte dont il était suivi, serait portée sur le vaisseau *le Laurier* à Cayenne, pour aller de là à Prouage et à Viapoquo ruiner ces deux colonies, ne jugeant pas qu'avec ce secours il pût tenter une nouvelle action à Tabago, ni que les Hollandais pussent être de longtemps en état de porter du dommage aux îles françaises et aux sujets de Sa Majesté, tellement qu'ayant mis à la voile avec *l'Émerillon, le Soleil-d'Afrique, le Fendant* et *le Galant*, il arriva à la cour dans le mois de juillet. »

On voit par ce rapport que le combat fut vif, et la victoire vaillamment disputée : M. d'Estrées, une fois son vaisseau mouillé, se comporta, comme d'habitude, bravement, et fut assez gravement blessé à la tête. Somme toute, cette affaire fut brillante; car l'amiral Binckes ayant été prévenu du dessein des Français par la patache *la Fortune*, et par un habitant de l'île Saint-Christophe, s'était tenu sur ses gardes, et avait fait toutes les dispositions nécessaires pour se bien défendre; commençant par brûler toutes les maisons situées aux environs du fort pour empêcher les Français de s'y loger, il avait établi dans cet endroit une batterie de dix pièces de canon. Puis, bien qu'il ne crût pas que les Français fussent assez téméraires pour entrer dans un port où se trouvaient dix vaisseaux de guerre, trois frégates, et un brûlot bien préparés à les attendre, dans un port dont on ne pouvait sortir qu'en se faisant touer, tant la passe était étroite, et la brise toujours faite, peu maniable, il avait encore fait élever deux batteries à fleur d'eau, ainsi qu'un four à boulets rouges, et mouillé sa flotte en forme de croissant.

Ce fut dans cet ordre qu'il fut, ainsi qu'on l'a vu, vigoureusement attaqué par les vaisseaux français. Le navire Hollandais *les Armes de Leyde* fut celui qui, le premier, soutint les bordées de M. Louis Gabaret; et, lorsqu'au milieu du combat le feu fut mis au vaisseau du comte d'Estrées par un boulet rouge, *le Truiningher*, qui le combattait, partagea le même sort, et bientôt, l'incendie se développant, engloutit dans cet épouvantable embrasement *l'Étoile d'or, le Popinbourg, le Middelbourg, la Sphera mundi, le duc d'York* et *le Moine d'or*, vaisseaux hollandais qui coulèrent à moitié brûlés.

Ce qu'il y eut de plus affreux dans ce combat, c'est que les habitants de Tabago, ne croyant pas que les Français pussent entrer dans le port, et ne redoutant qu'une attaque par terre, avaient mis leurs femmes, leurs enfans, leurs nègres, sur plusieurs flûtes mouillées dans le port, les croyant ainsi à l'abri de tout danger; mais ces bâtiments marchands, mal gréés, et dénués de toutes ressources contre un aussi effroyable incendie, furent entièrement consumés avec les gens qui les montaient.

Malheureusement les vaisseaux français *l'Intrépide, le Glorieux, le Marquis, le Précieux,* furent réduits en cendres, sans qu'on employât presque aucun moyen pour arrêter les progrès du feu, presque tous les officiers, à commencer par le vice-amiral, ne songeant, ainsi qu'on l'a vu, qu'à gagner la terre.

On va donner ici une pièce bien intéressante et bien significative au sujet de la discipline militaire de ces temps-là.

Car, de nos jours, en cas de naufrage ou de sauvetage, les officiers restent les derniers à bord, et le capitaine ne quitte son bâtiment que lorsque tous ses officiers sont embarqués; mais alors il n'en était pas de même, et ce qui prouve d'ailleurs que ce devoir n'était encore, ni exigé par la discipline, ni par le point d'honneur, c'est que dans les procès-verbaux qu'on va lire, les officiers avouent naïvement que, voyant le feu, et croyant le vaisseau perdu, ils n'avaient songé qu'à se sauver, abandonnant ainsi leurs matelots et leurs bâtiments.

Il y eut encore, ainsi qu'on va le voir, un certain capitaine Mascarini, commandant *le Précieux,* qui, voyant son vaisseau échoué, et tout rempli de blessés et de mourants, le quitta pour aller à bord de l'amiral prendre ses ordres : les ordres de l'amiral furent de brûler le vaisseau, mission que ledit Mascarini allait remplir aveuglément, sans songer un instant aux mourants, qui eussent été brûlés avec le navire, si quelques matelots, encore assez vigoureux, malgré leurs blessures, ne lui eussent arraché la mèche des mains.

Voici l'enquête dont on a parlé, c'est un document précieux encore, en cela que, parmi les témoins, on trouve les dépositions de plusieurs matelots, pilotes et maîtres, qui ont un grand cachet de naïveté, et donnent une idée exacte des fonctions et du caractère de chacune de ces individualités.

PROCÈS-VERBAUX SUR LE COMBAT DONNÉ A TABAGO LE 3 MARS 1677.

PROCÈS-VERBAL DU GLORIEUX.

« Sur l'ordre par écrit qui m'a été donné par M. le vice-amiral d'informer de la manière que les vaisseaux du roi ont été brûlés, échoués et abandonnés à Tabago, j'ai, chevalier d'Arbouville, major à la suite de l'escadre, ayant vu le sieur de Méricourt, capitaine du vaisseau *l'Émerillon*, pour prendre déposition de la manière que ledit vaisseau a été brûlé au combat rendu contre les Hollandais dans la rade de Tabago, le 3 mars 1677, il a dit, après serment fait de dire la vérité :

» Que, suivant le résultat du conseil du 2 mars 1677, nous appareillâmes le lendemain 3, à six heures du matin, pour aller, suivant l'ordre de bataille donné par M. le vice-amiral, attaquer les ennemis dans la rade ou port de Tabago.

» L'on était convenu qu'en approchant les ennemis, si on remarquait qu'ils fissent un grand feu et de durée, ce serait une marque qu'ils seraient forts d'équipage : en ce cas, qu'il fallait aborder chacun le sien, afin d'assurer la victoire, parce qu'en entrant dans un lieu comme celui-là, d'où l'on ne peut ressortir qu'à la touée pendant demi-lieue, il fallait vaincre ou y mourir; et si les ennemis tiraient lentement, ce serait une marque qu'ils seraient faibles : en ce cas, il faudrait mouiller le mieux en ordre que l'on pourrait, à une portée raisonnable pour les canonner, et ensuite leur envoyer le brûlot.

» Ayant donc remarqué, allant aux ennemis, que leur canon allait comme de la mousqueterie, et que le seul brûlot que nous avions avait échoué sur les rochers, à moitié chemin, l'on prit le parti d'aborder. Le *Marquis* aborda le premier. Je demandai à monsieur le vice-amiral auquel il lui plaisait aller. Il me répondit : Au troisième, qui me paraît le plus gros; et afin de laisser les deux autres aux cinq navires qui nous suivaient, je lui menai et posai le grapin d'abordage sur son état de misaine, en essuyant un feu si violent, qu'avant d'avoir tiré un coup de pistolet, nous eûmes plus de quarante hommes tués ou blessés. L'abordage étant fait et l'ancre mouillée en même temps, ainsi que je commandai au maître du vaisseau, au gré de monsieur le vice-amiral, ainsi qu'il m'a fait l'honneur de me témoigner depuis et à M. Patoulet et à quelques autres, les ennemis furent menés si vite par les nôtres, qu'en moins d'un quart d'heure nous en fûmes les maîtres ; M. le chevalier d'Hervault fit le lieutenant prisonnier, et le fit entrer dans *le Glorieux* par un sabord; le sieur de Lisle envoya le pavillon de la prise à monsieur le vice-amiral. La joie de l'équipage fut si grande qu'ils crièrent plusieurs fois : Vive le roi ! Ensuite, ayant remarqué qu'un valet de nos canons brûlait sur l'avant de la prise et y mettait le feu, l'on travailla à y jeter de l'eau pour l'éteindre, et à bord du vice-amiral à couper l'amarre du grapin d'abordage pour déborder et s'en écarter.

» L'on remarqua aussitôt que le feu s'allumait à deux autres endroits dans les galeries de la prise, ce qui obligea monsieur le vice-amiral de commander au capitaine des matelots d'aller couper les amarres de ce navire, afin qu'il s'écartât de nous; d'un autre côté, je faisais prendre un boute-hors pour défier un autre navire qui brûlait au vent de nous; et pour le faire avec plus de facilité, il restait encore deux cargues de la misaine, car les autres étaient coupées, je les faisais carguer, afin d'avoir du jour pour nous séparer plus facilement du navire qui brûlait et le pousser au large. Dans le même temps, le maître m'avertit qu'un coup de canon avait coupé notre câble, et que nous allions tomber sur celui qui brûlait sous le vent, ce qui m'obligea de faire aussitôt couper la bosse d'une grande ancre et de la mouiller, et ensuite une seconde pour plus de sûreté. Nous ne pûmes cependant nous éloigner de ce vaisseau que de deux ou trois brasses, parce qu'il échoua, le terrain étant fort accore et plein de roches. D'un autre côté, le feu reprit au beaupré du *Glorieux*, car il y avait déjà pris une fois, que l'on avait éteint, et, comme je passais devant pour le faire encore éteindre et achever de carguer la misaine, avec partie des gens de monsieur le vice-amiral et quelques soldats, afin de se parer du feu du vent et de celui de sous le vent, le feu de la prise, qui était tout embrasée, prit à ses poudres avec tant de violence, qu'elle démembra tout le derrière du vice-amiral, le couvrit d'eau et de plusieurs pièces de bois enflammées jusque dans les huniers, ce qui fit que le vaisseau se trouva en peu de temps tout en feu. M. le chevalier d'Hervault monta en haut, et me dit qu'une partie des baux (solives) de la seconde batterie était tombée sur la première par la violence du feu des poudres du navire qui venait de sauter, et qu'il pensa y demeurer, tellement que, nous voyant sans espérance de pouvoir sauver le vaisseau, et me voyant blessé d'éclats, je ne songeai plus qu'à chercher monsieur le vice-amiral, que je croyais mort. Je le trouvai enfin vers le travers du grand mât, à l'échelle, sans chapeau ni perruque, blessé d'éclat à la tête et tout couvert de sang, environné de beaucoup de matelots et soldats qui appelaient une chaloupe pour se sauver du feu et de l'eau. Je le priai de s'ôter de là, parce que toute cette populace le pourrait faire noyer s'il venait quelque chaloupe à son secours.

» Nous allâmes à la poulaine, et, apercevant un petit canot ennemi à la dérive, monsieur le vice-amiral commanda au sieur Bertier, garde de la marine, de se jeter à la mer et de l'aller querir, ce qu'il fit. Ensuite monsieur le vice-amiral, accompagné de MM. les chevaliers d'Hervault, d'Arbouville, Parisot, quelques autres et moi, étant descendus dans le canot par l'avant du vaisseau, me commanda de gouverner à nos vaisseaux pour voir ce qui s'y passait et donner ses ordres, en faisant pourtant le tour des deux gros vaisseaux ennemis qui restaient encore, lesquels nous ayant aperçus nous tirèrent neuf ou dix coups de canon, un desquels coula notre canot bas et blessa M. le chevalier d'Hervault au pied. Dans cet état, moitié à la nage, moitié dans ce canot plein d'eau, nous gagnâmes la terre, où nous trouvâmes quantité de matelots ennemis qui nous demandaient bon quartier : nous leur donnâmes de bon cœur, n'ayant aucune arme, et dans la crainte d'être faits prisonniers, parce que le fort n'était pas pris. Un autre hasard nous retira de là peu de temps après et assez facilement, parce que nous étions les maîtres de la mer, et il n'y avait plus que le fort qui tirait sur nous.

» *Signé :* MÉRICOURT. »

« Interpellé, le sieur chevalier d'Hervault, lieutenant du vaisseau du roi *le Glorieux*, pour donner, etc.

» Que, étant descendu à son poste dans la batterie d'en bas

pour faire disposer toute chose, il avait attendu d'être à la portée du pistolet des vaisseaux ennemis pour faire tirer la bordée, ce qu'il fit; et que très-peu de temps après, il vit aborder un vaisseau ennemi; dans ce moment, il monta en haut pour voir s'il pouvait sauter à l'abordage; mais ayant vu que les vaisseaux ennemis qui restaient tiraient sur *le Glorieux*, il crut qu'il n'était pas de son devoir de quitter sa batterie, où il restait les canons de la sainte-barbe et un de l'avant en état de tirer; et y étant descendu, il vit par un sabord le feu à l'arrière d'un vaisseau ennemi. Dans ce temps, il reçut ordre de faire tirer des boulets à deux têtes à l'eau du vaisseau ennemi pour le couler à fond; mais cela ne put avoir effet, parce que *le Glorieux* touchait : il fit fermer les sabords de ce côté-là, crainte du feu, et fit tirer de l'autre bord sur un vaisseau qui était au vent. Dans ce temps-là, le feu qui prit aux poudres du vaisseau abordé fit un tel effet, que la moitié du second pont tomba dans la batterie, ce qui le fit tomber à la renverse; s'étant relevé sans être blessé, il vit que la plupart des gens se sauvaient par les sabords, malgré ce qu'il faisait l'épée à la main pour les empêcher. Par cet accident, la batterie étant hors d'état de pouvoir tirer un coup, il avait monté en haut, où il avait trouvé monsieur le vice-amiral tout en sang, blessé à la tête, et M. de Méricourt au pied; il aperçut que le feu était dans la hune de misaine et au beaupré, qu'il s'augmentait considérablement, malgré tout le secours que M. de Méricourt y faisait; et ne devant plus songer qu'à se sauver, monsieur le vice-amiral s'embarqua dans un canot ennemi, que le sieur Bertier lui avait amené, et avec lui M. de Méricourt et ledit sieur d'Hervault, et que ledit canot ayant été aperçu des ennemis lorsque monsieur le vice-amiral allait voir l'état des vaisseaux, ils tirèrent plusieurs coups de canon dessus, dont l'un le coula à fond et blessa de l'éclat ledit sieur chevalier d'Hervault : l'on fit nager le canot à terre, mettant un chapeau dans le trou; mais cela n'empêcha pas qu'il se remplit d'eau, ce qui obligea monsieur le vice-amiral de se mettre sur les épaules des matelots, qui le sauvèrent à terre, où il n'y avait pas bien loin. Il se trouva plusieurs Hollandais, même avec des armes, et qui demandaient quartier; et une heure de là, la chaloupe de *l'Intrépide* prit monsieur le vice-amiral et les officiers qui le suivaient, et le porta à *la caiche*. A déclaré ne savoir d'autres choses.

» Fait à *l'Émerillon*, le 25 mars 1677.

» *Signé*. Le chevalier D'HERVAULT. »

« Interpellé, le sieur d'Armanville, enseigne en premier dudit vaisseau *le Glorieux* :

» A répondu que, *le Glorieux* étant appareillé, il serait descendu dans la grande batterie qu'il commandait sous le chevalier d'Hervault; qu'il n'aurait tiré qu'à la portée du pistolet, et que l'on avait abordé au grand navire ennemi ; et que montant en haut pour sauter à l'abordage, le sieur de Méricourt l'en empêcha : il descendit à son poste, et se remit à faire feu de trois canons du côté de stribord ; et dans le temps, le feu prit au grand navire ennemi abordé à babord. Ensuite il fut tiré quantité de coups pour le couler à fond, ce qui n'aurait point eu d'effet, puisque le navire sauta et renversa le second pont sur la première batterie, dont ledit sieur d'Armanville fut renversé; qu'après s'être relevé, il avait été en haut pour secourir le navire; qu'il avait vu le feu de l'avant, et aurait appris que monsieur le vice-amiral était blessé et le sieur de Méricourt et autres officiers avaient quitté; qu'ensuite le feu augmentant toujours, étant abandonné de tous les matelots, et voyant le navire hors d'état d'être sauvé, il avait tâché de se sauver lui-même ; mais ayant été abandonné de chaloupes et de tout, il se serait jeté à la mer le dernier du navire avec quelques matelots ; que voulant gagner *le Précieux*, on lui avait tiré un coup de canon qui lui avait tué deux matelots et l'avait contraint de se sauver à terre. Dans ce temps-là, l'avant du *Glorieux* sauta, et déclara ne savoir, etc.

» Fait à *l'Émerillon*, le 26 mars 1677.

» *Signé :* D'ARMANVILLE. »

» Interpellé, le sieur Pierre Thépault, second maître du vaisseau *le Glorieux*, etc. :

» Que le 3 mars 1677, deux heures avant le jour, étant mouillé sous l'île de Tabago, le capitaine, M. de Méricourt, commanda à l'autre maître et à moi de faire virer pour nous mettre à la voile, et aller attaquer les ennemis dans le port dudit Tabago. Nous fûmes aborder un gros navire de soixante-cinq pièces de canon. Le capitaine me commanda de laisser tomber le grapin d'abordage sur l'état de misaine de l'ennemi, et l'autre maître mouilla l'ancre, ainsi qu'il avait ordonné. Nous prîmes l'ennemi, et puis le feu s'y mit, et l'on ne put l'éteindre. M. de Méricourt commanda de couper l'amarre du grapin d'abordage pour déborder, ce que je fis. Il y avait un autre navire qui brûlait au vent, ce qui me mettait bien en peine. Le feu était à notre beaupré, que l'on éteignit. Le capitaine fit parer un boutehors ferré pour défier des navires qui brûlaient au vent et sous le vent, et commanda que l'on carguât la misaine; ce que l'on ne pouvait faire, parce qu'il n'y avait plus qu'une cargue, les autres étant coupées; l'on cria que le câble était coupé. Je le dis à M. de Méricourt et que nous dérivions; il me fit aussitôt couper la bosse d'une grande ancre, et puis encore d'une autre moyenne pour plus de sûreté; aussitôt le feu prit aux poudres de la prise qui était tout en feu, et le mit à toutes nos voiles, dans les hunes et partout, et nous remplit d'eau entre les ponts, et rompit tout l'arrière de notre vaisseau, lequel étant tout en feu, nous ne cherchâmes plus qu'à nous sauver; ce que nous fîmes avec bien de la peine : nous avons tout perdu.

» *Signé :* Pierre THÉPAULT. »

« Interpellé, Denis Thomas, pilote du vaisseau *le Glorieux*, etc. :

» Que peu de temps après qu'on fit appareiller pour aller attaquer les ennemis, qu'il fut blessé au bras d'un éclat; pour lors, je descendis en bas pour me faire panser, et dans le moment je remontai en haut comme le vice-amiral abordait le vaisseau ennemi. Dit, que peu de temps après que l'abordage se fit, le câble du vaisseau *le Glorieux* fut coupé d'un coup de canon, ce qui fit que ledit vaisseau échoua; et que peu de temps après qu'il fut échoué, il vit le feu dans deux endroits dans la prise que nous avions faite, et qu'en moins de demi-heure le feu prit aux poudres, ce qui mit le feu dans le vaisseau *le Glorieux*, ce qui m'obligea de me sauver. A déclaré ne savoir, etc. » *Signé :* Denis THOMAS. »

« Interpellé, Thomas Mareau, maître canonnier du vaisseau *le Glorieux*, etc. :

» Qu'en approchant des vaisseaux ennemis, il fit tirer toute la bordée, et qu'un moment après, il vit aborder un vaisseau ennemi; et qu'étant allé à la sainte-barbe pour faire tirer le canon qui était paré, il aurait vu le feu du vaisseau ennemi par le sabord, et en même temps le sieur chevalier d'Hervault lui aurait ordonné de fermer les sabords, ce qu'il fit, et vint à l'autre bord tirer l'autre bordée sur un vaisseau ennemi qui était au vent; et que peu de temps après, le feu ayant pris dans les poudres du vaisseau ennemi, la moitié du premier pont tomba dans notre seconde batterie et la mit hors d'état, ne pouvant plus tirer; ce que voyant, j'aurais été dans la sainte-barbe pour la garantir du feu, ce que n'ayant pu, je me suis sauvé. A déclaré ne savoir, etc.

» *Signé :* Thomas MAREAU. »

» Interpellé, Laurent Jeunevié, capitaine des matelots du vaisseau *le Glorieux*, etc. :

» Qu'en mouillant l'ancre et après avoir filé trente ou quarante brasses de câble, nous avons abordé les vaisseaux ennemis par les haubans de misaine, et dans le moment dit qu'il y avait au moins quatre pieds d'eau dans ledit vaisseau; et qu'un peu de temps après que j'eus aperçu l'eau qu'il y avait dans le vaisseau, je sentis le navire échouer, et comme le feu était si grand dans les vaisseaux, M. le vice-amiral me commanda d'aller couper le câble de l'ennemi; et bien un quart d'heure après que le câble fut coupé, le vaisseau sauta et renversa, et fit un si grand désordre, tant par le feu que par les éclats, que cela nous obligea de nous en aller. A déclaré ne savoir, etc.

» *Signé :* Laurent JEUNEVIÉ. »

« Interpellé, Guillaume Pellique, pilote du vaisseau *le Glorieux*, etc. :

» Dit avoir vu mouiller l'ancre un peu de temps avant d'aborder les vaisseaux ennemis, et après avoir filé quarante brasses de câble, on aborda le vaisseau par ses haubans de devant, et dans le moment on largua le grapin, qui tomba sur l'étai de misaine ; dit aussi avoir été à bord de l'ennemi et avoir été blessé à la main ; et que peu de temps après que nous fûmes maîtres du vaisseau, le sieur Depenanec, avec qui j'étais, fit descendre à fond de cale au nombre de cinquante Hollandais ; et les écoutilles fermées sur eux, dans l'instant le feu se mit audit vaisseau par les coups de canon qu'on avait tirés du *Glorieux;* le feu fut si grand que je n'eus que le temps de me sauver. A déclaré ne savoir autre chose, etc.

» Fait à *l'Émerillon*, le 25 mars 1677.

» *Signé* : Guillaume PELLIQUE.

» Collationné, etc.

» *Signé :* Le chevalier D'ARBOUVILLE. »

(*Archives de la Marine, à Versailles.*)

PROCÈS-VERBAL DE L'INTRÉPIDE.

« Il est ordonné au sieur d'Arbouville, faisant la charge de major à la suite de cette escadre, d'informer incessamment et aussitôt qu'il le pourra faire commodément de la manière dont chaque vaisseau de Sa Majesté a été brûlé dans la rade de Tabago, échoué à la côte, ou abandonné par ses officiers.

» Fait à la Grenade, le mardi 16 mars 1677.

» *Signé :* Le comte d'ESTRÉES.

» Et plus bas, par monseigneur, PINETTE. »

« Moi, chevalier d'Arbouville, faisant la charge de major, comme dit est, à la suite de cette escadre, ayant su que le sieur Coinard, enseigne de *l'Intrépide*, était dans le navire du roi *les Jeux*, m'y suis transporté pour prendre sa déposition en quel état était le vaisseau quand M. de Gabaret fut tué ; a répondu, après serment fait par lui de dire la vérité, et dit :

» Qu'il y avait bien trente matelots ou soldats de l'équipage de tués dans la batterie qu'il commandait, sans compter les blessés ; et lui-même, étant blessé en deux endroits, au bras et au visage, fit avertir M. de Saint-Pierre, n'étant pas en état de l'aller trouver. Mondit sieur de Saint-Pierre, m'ayant appelé par deux fois, descendit, et il me dit que, me voyant blessé de cette manière, je m'embarquasse avec lui, et qu'il voulait aller demander du secours au vaisseau du roi *le Laurier*, et qu'en même temps il me ferait mettre à quelque bord de ses amis pour me faire panser et avoir soin de moi ; ledit sieur de Saint-Pierre étant embarqué dans sa chaloupe, moi y étant, débordâmes et nous rangeâmes la terre, où nous aperçûmes M. le vice-amiral, et fûmes le prendre et le transportâmes à bord de *la caiche*, là où il donna ordre au sieur de Saint-Pierre d'aller au vaisseau du roi *l'Intrépide* pour y apporter les secours nécessaires pour la sauvation dudit vaisseau, et qu'en cas que ledit vaisseau ne se pût sauver, de le brûler ; ce qu'il n'exécuta point, n'ayant pas même paru à bord, suivant l'ordre que lui avait donné M. le vice-amiral, et ayant retenu la chaloupe toute la nuit sans la renvoyer audit vaisseau, qui aurait été d'un grand secours. A déclaré ne savoir autre chose.

» Fait à bord des *Jeux*, le 23 mars 1577.

» *Signé :* COINARD. »

« Interpellé, le sieur Herpin, enseigne dudit vaisseau du roi *l'Intrépide*, de la manière dont ledit vaisseau du roi a été abandonné, a répondu que,

» Avant la mort de M. Gabaret, il avait été blessé, et un moment après que M. de Gabaret fut tué, l'on vint me dire sa mort, et que M. de Saint-Pierre s'embarqua dans la chaloupe, ce qui m'obligea de me faire porter sur le pont pour tâcher d'agir ; mais ma blessure ne me permettant pas d'y demeurer longtemps, pour cet effet, je fis reconnaître à l'équipage pour officier le sieur Naudin, garde de la marine, n'ayant plus d'officier dans ledit vaisseau ; et, quoique je fusse en bas, le sieur de Mamiel, aumônier du vaisseau, me vint trouver pour me demander d'aller aux autres vaisseaux du roi chercher du secours qu'il ne trouva point, et retourna à bord sur les neuf heures du soir ; je m'embarquai dans la chaloupe du sieur de Saint-Pierre, qui me mena au vaisseau du roi *le Galant*, et déclare ne savoir autre chose.

» Fait à la Martinique, ce 23 mars 1677.

» *Signé :* HERPIN. »

» Interpellé, le sieur de Gizors, écrivain du roi dudit vaisseau, etc.

» Que M. de Gabaret ayant été tué sur une heure après midi, je descendis en bas, ayant été blessé, pour me faire panser, où je trouvai le sieur de Saint-Pierre, à qui je demandai ce qu'il y avait à faire voyant mondit sieur de Gabaret mort, et étant un moment après blessé d'un coup de mitraille à l'œil, un matelot m'ayant conduit en bas; environ une demi-heure après l'on vint me dire que les sieurs de Saint-Pierre et Coinard étaient embarqués, ce qui épouvanta extrêmement l'équipage. Le sieur Herpin se fit porter sur le pont où il demeura le reste de la journée; il s'embarqua sur les neuf heures du soir et il ne laissa dans le bord que le sieur Naudin; les matelots s'étant rendus maîtres du fond de cale s'enivrèrent et pillèrent ce qu'il y avait en plusieurs coffres, et à la pointe du jour je m'embarquai dans un canot, et en débordant je vis le sieur de Saint-Pierre qui me dit qu'il allait à bord; et déclare ne savoir autre chose.

» Fait à la Martinique, ce 23 mars 1677.

» *Signé* : DE GIZORS. »

« Interpellé, le sieur Naudin, etc.

» Que dans le moment que le brûlot des Hollandais appareilla pour venir aborder ledit vaisseau *l'Intrépide,* M. de Gabaret fut tué, et un moment après l'on vint me dire que le sieur de Saint-Pierre était embarqué dans la chaloupe; le sieur Herpin, enseigne, n'étant pas en état d'agir par la blessure qu'il avait, me fit reconnaître à l'équipage pour leur officier, que je fis tirer la batterie que je commandais jusqu'à quatre heures.

» Dit qu'il y avait plus de quatre pieds d'eau dans le navire, parce que l'on n'avait plus pompé; dit aussi qu'il avait vu le sieur de Saint-Pierre venir par trois fois à bord, mais n'entra point dedans. Le lendemain je me jetai à la nage pour aller au *Fendant* chercher du secours; M. de Blenac me dit n'être pas en état de m'en donner; je demeurai dans le bord; et déclare ne savoir autre chose.

» Fait à la Martinique, le 23 mars 1677.

» *Signé* : NAUDIN. »

« Interpellé, le nommé Jean-Baptiste Extradié, capitaine d'armes dudit vaisseau *l'Intrépide*, etc.

» Que une heure après midi s'est aperçu que M. de Gabaret avait été tué; dans le temps j'entrai dans la chambre où je trouvai M. Coinard qui était blessé, et de là je fus entre deux ponts, le gaillard étant abandonné, où je vis le sieur de Saint-Pierre à qui je dis que M. de Gabaret était mort; et M. Herpin fit reconnaître le sieur Naudin pour officier, M. de Saint-Pierre étant absent, lequel fit feu de quelques pièces qui étaient montées pendant quelque temps; et le lendemain jeudi, sur les onze heures du matin, nous fûmes contraints de nous rendre, n'ayant plus que vingt hommes, desquels il y en avait sept qui étaient blessés; déclare ne savoir, etc.

» Fait à bord des *Jeux*, le 16 mars 1677.

» *Signé* : Jean-Baptiste EXTRADIÉ. »

« Interpellé, le nommé Jacques Rouillé, pilote, etc. :

» Que M. de Gabaret avait été tué sur les deux heures après midi, et que le vaisseau était démâté de ses deux mâts; dit aussi que la batterie d'en haut était hors d'état de service, et qu'il s'était embarqué dans la chaloupe du sieur de Saint-Pierre et Coinard, sur les trois heures après midi, pour se sauver, a déclaré ne savoir autre chose.

» Fait à bord des *Jeux*, ce 23 mars 1677.

» *Signé* : J. ROUILLÉ. »

» Collationné aux minutes demeurées en nos mains, le 29 mars 1677.

» Le chevalier d'ARBOUVILLE. »

(*Archives de la Marine, à Versailles.*)

PROCÈS-VERBAL DU PRÉCIEUX.

« Il est ordonné au sieur d'Arbouville, faisant la charge de major à la suite de cette escadre, d'informer incessamment, et aussitôt qu'il le pourra faire commodément, de la manière dont chaque vaisseau de Sa Majesté a été brûlé dans la rade de Tabago, échoué à la côte ou abandonné par les officiers.

Signé : le comte D'ESTRÉES.

» Fait à la Grenade, le 16 mars 1677.

Et plus bas : « Par monseigneur PINETTE. »

» Suivant l'ordre ci-dessus mentionné et pour son exécution, je me suis transporté à bord du vaisseau du roi *le Galant,* où ayant rencontré le sieur de Mascarany, ci-devant capitaine commandant du vaisseau de Sa Majesté *le Précieux,* échoué et perdu dans le port de Tabago ;

» Interpellé de donner sa déclaration de la manière que ce vaisseau s'était perdu, a répondu :

» Qu'ayant été résolu d'entrer dans le port de Tabago avec les vaisseaux du roi pour détruire l'escadre des vaisseaux hollandais qui y était mouillée, il fut arrêté que M. Gabaret prendrait la tête des gros vaisseaux, et que *le Précieux,* que je commandais, suivrait immédiatement le vice-amiral, qui faisait le cinquième de la ligne. M. le vice-amiral ayant vu un grand jour par le défaut des vaisseaux qui n'avaient pas suivi leur ligne, jugea à propos de s'attacher au contre-amiral, qui paraissait le plus grand vaisseau des ennemis, et l'aborda, ce que voyant, je m'attachai à l'amiral qui était immédiatement après ce contre-amiral, afin que par ce moyen je pusse détourner ce grand feu que cet amiral faisait sur *le Glorieux,* et pour m'en rendre maître ; et comme il était dangereux d'échouer, les vaisseaux ennemis étant à l'essor du fond, je jugeai à propos de mouiller en barbe de ce vaisseau amiral, et fis filer le câble en diligence pour pouvoir aborder avec moins de risque ; mais ce vaisseau ennemi, qui ne tirait pas tant d'eau que le vaisseau *le Précieux,* largua son câble et le retint sur la croupière, ce qui fit que *le Précieux* se trouva sous le vent, à la longueur d'une pique ; mais après avoir fait un grand feu de part et d'autre pendant plus de trois heures, lesdits vaisseaux amiral et *Précieux* démâtés et fort incommodés, *le Précieux* eut son câble coupé d'un coup de canon, ce qui le fit donner à la côte.

» D'abord que je vis que ledit vaisseau était échoué, ne trouvant un seul canot de reste, la chaloupe ayant été coulée à fond, j'envoyai le sieur Honoré, volontaire, à bord des vaisseaux qui restaient pour leur demander du secours : les uns me firent faire réponse qu'ils avaient perdu leur chaloupe, les autres qu'ils ne s'en déferaient point, parce qu'ils en pourraient avoir besoin ; il n'y eut que MM. Menchau et Montortier qui m'envoyèrent les leurs ; j'envoyai l'ancre de touée au large pour tâcher de remettré le vaisseau à flot ; mais après avoir fait virer à force, je m'aperçus que la mer perdait, qu'il y avait beaucoup d'eau dans le bord et que le vaisseau était déjaugé d'un pied, ce qui me fit prendre le parti de le vouloir brûler, ne voyant pas qu'on pût le perdre ou sauver autrement pour se garantir que les ennemis ne s'en rendissent maîtres. Pour cet effet, j'ordonnai qu'une partie de l'équipage s'embarquât dans les chaloupes que j'avais pour mon secours, pour être portée dans les autres vaisseaux ; mais ces chaloupes n'étant armées que de matelots du *Précieux* effrayés, ne revinrent plus, ce qui me donna à penser ; mais la chaloupe du *Soleil d'Afrique* étant venue à bord, j'ordonnai au sieur de Breugnon de s'embarquer dans cette chaloupe avec une partie des gens qui restaient : ledit sieur de Breugnon étant retourné avec ses gens au *Soleil d'Afrique* fut retenu dans ce vaisseau ; le sieur Jullien, pour lors commandant, lui représentant qu'il avait affaire de sa chaloupe pour se tirer du danger. Me voyant seul, dénué du seul officier qui me restait, et ayant appris, par un matelot venu à la nage, que M. le vice-amiral vivait, je pris le parti d'aller à bord du bâtiment, avec M. de Champigny, qui était blessé à la cuisse, afin d'empêcher que les matelots n'abandonnassent la chaloupe ; je fus à son bord pour le prier de m'aider de son autorité pour être secouru à retirer quatre-vingt-dix hommes estropiés et une vingtaine de légères blessures ; pour sauver ces gens il m'ordonna de faire mon possible, et brûler le navire puisqu'on ne pouvait le retirer de l'endroit où il était. Je retournai à bord des vaisseaux qui restaient ; mais je les trouvai plus empressés qu'ils n'avaient encore été, travaillant à se touer et sortir de ce port. Demandant du secours, il me fut répondu que partie des gens étaient tués ou blessés, et les autres fort incommodés. Dans cette extrémité, je pris le parti de vouloir brûler, M. le vice-amiral me l'ayant ordonné verbalement ; mais le reste des gens, qui étaient estropiés et hors d'état de se pouvoir sauver à la nage, se jetèrent sur moi et se saisirent du boute-feu que j'avais à la main, me disant qu'ils m'assassineraient plutôt que de souffrir que je les brûlasse, et quatre des moins blessés, armés de pistolets, me dirent que si je ne sortais au plus tôt ils me casseraient la tête, et me chassèrent par force hors du bord, ce qui m'obligea d'aller une autre fois chercher du secours où je le pourrais rencontrer : c'est tout ce que j'ai à dire pour le présent, et ne parlerai point des soins que j'ai pris depuis pour brûler ce vaisseau, soit en armant des chaloupes ou équipant une barque en brûlot que j'ai brûlée dans le port, mais qui n'a pas fait son effet, ayant été détournée par trois chaloupes des ennemis auxquelles je ne pouvais pas m'opposer, n'étant que moi cinquième dans un canot.

» A bord du *Galant*, le 23 mars 1677.

» *Signé :* MASCARANY.

» Interpellé, le sieur de Breugnon, lieutenant du vaisseau *le Précieux*, pour donner connaissance de la perte du vaisseau échoué dans le port de Tabago :

» A dit qu'étant à une portée de fusil sur le pont de navire *le Précieux*, le sieur Mascarany lui ordonna d'aller entre deux ponts pour y faire son devoir; comme il lui est ordonné, il quitta le pont, les deux huniers et la misaine étant appareillés ; qu'il n'a, au surplus, nulle connaissance de ce qui s'est passé sur le pont, sinon que voyant ses canons à la bouche de ceux des ennemis, il fit tirer sa bordée dans le temps que l'on criait sur le pont de mouiller; dit qu'il a été trois heures à faire feu à sa batterie, et a connaissance que le câble qui était mouillé fut coupé d'un coup de canon, ce qui fit donner le vaisseau à la côte; et lorsque je vis que la batterie ne pouvait plus tonner, étant échouée, M. Mascarany m'envoya ordre de ne plus tirer, pour tâcher de pouvoir sauver son vaisseau, et j'eus même ordre d'aller chercher du secours; je fus à bord du *Galant*, qui me donna sa chaloupe sans monde, me disant qu'il n'en trouvait plus pour lui; je fus avec cette chaloupe à bord, M. de Mascarany fit armer et porter une ancre de touée au large, sur laquelle l'on vira inutilement, la mer perdant et le vaisseau étant déjaugé, ce qui lui fit prendre le parti de le brûler. Pour cet effet, il fit embarquer une partie des gens qui y restaient pour les envoyer aux autres bords; mais lesdites chaloupes ne revinrent pas audit navire *le Précieux*. Sur les six heures du soir, ledit sieur de Mascarany s'en fut trouver M. le vice-amiral pour savoir comme quoi l'on en userait à l'égard du navire, il me dit qu'il avait ordre de brûler ledit navire; en même temps

M. de Mascarany m'ordonna de m'embarquer dans la chaloupe du *Soleil d'Afrique*, qui était venue pour sauver notre équipage; je m'embarquai, avec le plus grand nombre de gens que je pus, pour aller trouver le sieur Jullien de la part dudit sieur Mascarany, qui le priait de lui renvoyer encore un voyage seulement sa chaloupe, lequel ne voulut point, en ayant besoin pour la sûreté de son navire, de sorte que je me trouvai arrêté dans ledit navire, ne pouvant retourner au *Précieux*. Alors je laissai les sieurs Mascarany, de Champigny et Belle-Croix, je fus obligé de demeurer dans *le Soleil-d'Afrique* jusqu'au lendemain dix heures. Pendant mon absence les ennemis se sont rendus maîtres dudit vaisseau *le Précieux*, et ne sais point les raisons pourquoi ledit vaisseau n'a pas été brûlé, sinon que j'ai appris par M. de Mascarany qu'il n'avait pas pu à cause de la grande quantité de gens blessés et estropiés qui y étaient, qui l'en avaient empêché; déclare ne savoir autre chose, etc.

» Fait à bord du *Soleil*, le 20 mars 1677.

» *Signé :* DE BREUGNON. »

« Interpellé, le sieur de Champigny, lieutenant du vaisseau *le Précieux*, déclare :

» Que, M. le vice-amiral passant auprès de nous pour entrer en Tabago, M. de Mascarany commanda de couper le câble pour le suivre, étant son poste après lui. En approchant des navires ennemis la vergue de misaine fut coupée d'un coup de canon, qui tomba sur le pont et déralingua et emporta le petit hunier, ce qui nous empêcha d'aller aborder l'amiral de Hollande, n'ayant plus de voiles devant pour gouverner, ce qui obligea M. de Mascarany de mouiller le plus près qu'il put dudit amiral de Hollande. Ledit sieur de Mascarany, en ce temps-là, me commanda de faire tirer ma batterie sur l'amiral ennemi; nous fîmes un fort grand feu où je fus blessé à la cuisse. Après environ une heure de combat, je descendis à fond de cale pour me faire panser. Le chirurgien me mit au plus vite une tente, et aussitôt je remontai en haut où nous continuâmes encore le grand feu pendant deux heures, au bout duquel temps, le pont étant tout rempli de morts et de blessés, et tous les canons de ma batterie démontés, et n'ayant plus que trois hommes avec moi, je descendis dans la batterie de M. de Breugnon, où je trouvai un très-grand désordre par la quantité de morts et de blessés qui y étaient, et de la grande épouvante qui était parmi l'équipage. Dans ce temps-là on dit qu'un coup de canon avait coupé le câble, aussitôt l'on mouilla une autre ancre qui chassa, ce qui fit échouer le navire. Aussitôt on envoya le sieur l'Honoré pour chercher une chaloupe pour porter une ancre qu'il n'amena pas. Le sieur de Breugnon y fut lui-même, qui amena une vieille chaloupe avec deux ou trois avirons : nous mîmes notre ancre à touer dedans pour nous haler dehors, mais ce fut inutilement, car la mer avait déjà beaucoup perdu. Je m'embarquai dans ce canot avec le sieur Mascarany pour chercher du secours : nous fûmes à bord du *Galant* et des *Jeux* qui nous dirent n'être pas en état de nous pouvoir secourir ; le sieur de Mascarany fut averti que M. le vice-amiral était dans la caiche où nous fûmes aussitôt pour rendre compte de l'état du navire et prendre ses ordres. M. le comte d'Estrées dit au sieur de Mascarany de brûler son navire puisqu'il ne pouvait le sauver. Aussitôt nous retournâmes à bord pour exécuter les ordres. L'on fit embarquer du monde dans une chaloupe qui était là, et dans le cano toù j'étais ; je menai cette grande chaloupe au *Laurier* et la fis retourner à bord avec bien de la peine, et j'allai mener les autres dans le *Soleil d'Afrique*, après quoi, je retournai à bord, où je trouvai le sieur de Mascarany qui attendait des chaloupes pour faire embarquer tous les blessés, et me dit qu'il attendait le sieur de Breugnon qu'il avait envoyé au *Soleil d'Afrique* avec la chaloupe dudit vaisseau ; après avoir attendu presque jusqu'au jour, le sieur de Mascarany me dit par un sabord de la sainte-barbe qu'il voulait s'en aller chercher des chaloupes, le sieur de Breugnon ne revenant point. Nous fûmes au *Soleil d'Afrique* pour savoir des nouvelles de la chaloupe que le sieur Jullien avait retenue à bord ne l'ayant pas voulu donner audit sieur de Beugnon, et l'ayant aussi refusée au sieur de Mascarany comme ayant demeuré quatre heures dans ce canot à aller et venir et porter du monde, m'a quitté, s'étant expédié, il me fit porter sur le gaillard du *Soleil d'Afrique* où je me couchai sur le pont ne pouvant plus me soutenir. J'entendis dire au sieur de Mascarany qu'il n'avait pu brûler le navire attendu le grand nombre de blessés qui étaient encore dedans, et l'opposition qu'avaient faite quelques blessés et autres gens, ayant juré qu'ils l'en empêcheraient. Le lendemain je me fis porter au *Laurier* pour me faire panser ; à déclaré ; etc.

» Fait à la Martinique, le 23 mars 1677.

» *Signé :* Champigny. »

« Interpellé, le sieur de Belle-Croix, enseigne du vaisseau *le Précieux*, a déclaré :

» Qu'étant à la première batterie il n'a aucune connaissance des manœuvres qui ont été faites en haut, mais bien qu'il vit que le sieur de Mascarany avait mouillé en barbe du vaisseau amiral des Hollandais pour l'aborder, et qu'ensuite ledit amiral coupa sa croupière, ce qu'il fit quand il fut au vent de nous ; le sieur de Mascarany fit filer du câble, ensuite filant ledit câble fut coupé d'un coup de canon, ce qui fit que ledit vaisseau *le Précieux* échoua. Le sieur de Mascarany fit cesser de tirer voyant ledit vaisseau échoué, espérant le sauver, ce qu'il ne put faire, n'ayant point de chaloupe à bord, et comme j'étais malade depuis deux mois et demi, et étant encore fort incommodé ; déclara ne savoir autre chose.

» Fait à la Martinique, le 23 mars 1677.

» *Signé* Belle-Croix. »

« Interpellé, Guimaret, maître dudit vaisseau *le Précieux*, a dit :

» Comme le sieur de Mascarany voulut arriver pour aborder l'amiral de Hollande, mais la vergue de misaine fut coupée d'un coup de canon et déralingua le petit hunier. Dans ce moment, M. de Mascarany me commanda d'aller faire mouiller, ce que je fis. Dit n'avoir point de connaissance de la manière dont le câble a été coupé, mais bien avoir vu le navire en travers qui chassait ; le sieur de Mascarany me commanda de faire mouiller une seconde ancre, et filant du câble nous aperçûmes que nous étions échoués, environ sur les trois heures ; dans ce moment nous cherchâmes des chaloupes que nous ne trouvâmes point aux vaisseaux. Le sieur de Breugnon s'embarqua dans un canot pour aller aux autres vaisseaux demander du secours, lequel revint un moment après avec une chaloupe où nous embarquâmes notre ancre à touer et deux grelins amarrés bout à bout, que nous envoyâmes au large pour nous virer dessus afin de nous relever de l'échouage, ce que nous ne pûmes faire, attendu que la mer perdait; dit n'avoir sorti que le dernier du vaisseau, et lorsqu'il en sortit qu'il y avait plus de six pieds d'eau dans ledit vaisseau *le Précieux*, et que même l'arrimage s'était relevé d'un demi-pied, et que lorsqu'il s'en alla du vaisseau ce fut par l'ordre du sieur de Belle-Croix; dit ne savoir pas pourquoi l'on n'avait point mis le feu dans ledit vaisseau ; a déclaré, etc.

» Fait à la Martinique, le 20 mars 1677.

« *Signé* GUIMAURET. »

« Interpellé, le nommé Jacques le Pontho, maître-pilote, etc., a répondu :

» Que le sieur de Mascarany m'ayant ordonné de gouverner sur le vice-amiral de Hollande, ce que j'aurais fait, et voyant que M. le vice-amiral n'avait point abordé l'amiral de Hollande, le sieur de Mascarany me commanda de faire venir au vent pour aborder ledit amiral de Hollande, ce qu'ayant fait dans le même temps, la vergue de misaine avait été coupée d'un coup de canon, toutes les voiles de devant auraient été défoncées, et voyant que ledit vaisseau aurait été avancé pour aborder ledit amiral de Hollande, il lui avait fait commandement d'arriver pour aborder ledit vaisseau ennemi, et ayant mis la barre à bord, n'avait pu arriver ; ledit navire ayant couru de l'avant, ledit sieur de Mascarany aurait fait mouiller une ancre et serait tombé entre deux vaisseaux ennemis ; et après une heure de combat, aurait vu le câble coupé ; et ne sait comment le navire étant aussitôt allé à la côte un peu de temps après, il aurait été blessé d'un coup de mousquet au bras, et déclare ne savoir autre chose.

» Fait à la Martinique, le 20 mars 1677.

» *Signé* J. LE PONTHO. »

(Arch. de la Mar., à Versailles.)

PROCÈS-VERBAL DU MARQUIS.

« Il est ordonné au sieur chevalier d'Arbouville, major à la suite de cette escadre, d'informer incessamment, aussitôt qu'il pourra le faire commodément, de la manière dont chaque vaisseau de Sa Majesté a été brûlé dans la rade de Tabago, échoué à la côte ou abandonné par les officiers.

» Fait à la Grenade, ce mardi 16 mars 1677.

» *Signé* Le comte D'ESTRÉES.

Et plus bas

» Par Monseigneur,

» PINETTE. »

« Suivant l'ordre ci-dessus mentionné, et pour son exécution, je me suis transporté à bord de *l'Émerillon*, vaisseau du roi, où ayant rencontré le sieur comte d'Aunay, enseigne du vaisseau du roi *le Marquis*, pour donner sa déclaration de la manière que ledit vaisseau s'était brûlé dans le port de Tabago, au combat donné le 3 mars 1677, a répondu, après serment par lui fait de dire la vérité, et dit :

» Qu'environ sur les dix heures du matin, ayant abordé un vaisseau ennemi de trente-huit pièces de canon, ils s'en seraient rendus maîtres, après avoir combattu l'épée à la main une demi-heure de temps et obligé la plupart des ennemis dudit vaisseau de se jeter à fond de cale, où ils avaient cloué les écoutilles sur eux ; et remontant en haut pour donner des ordres au vaisseau et tirer sur les autres, il aurait vu mettre le feu au petit hunier par un boulet rouge tiré du fort ; ce que voyant, il aurait apporté tous les soins possibles pour y remédier ; mais le vaisseau *le Marquis* étant tombé sous le vent de l'ennemi, son câble ayant été coupé, il n'aurait pu empêcher que le feu ne s'y communiquât, le vent étant frais ; a dit encore que lorsque le feu fut au vaisseau ennemi, il aurait, avec quelques soldats, enfoncé la porte de la chambre, et aurait trouvé le capitaine sur son lit, blessé, et ses pistolets auprès de lui ; il dit n'avoir point abandonné le navire ennemi qu'il n'eût vu les deux vaisseaux en feu : après quoi il s'était jeté à la mer pour se sauver ; et a déclaré ne savoir rien de plus, et a signé sa déposition.

» Fait à bord du vaisseau du roi *l'Émerillon*, le 23 mars 1677.

» *Signé* D'AUNAY. »

« Interrogé, le nommé Paquinet, pilote sur ledit navire *le Marquis*,

» A répondu qu'il avait abordé le navire hollandais après avoir tiré leur bordée, et que partie de l'équipage du *Marquis* ayant sauté à l'abordage, le sieur comte d'Aunay à leur tête, ils se seraient rendus maîtres, et qu'environ une heure après, un boulet rouge venant du côté de la terre mit le feu au petit hunier dudit vaisseau ennemi; et que ledit vaisseau *le Marquis* ayant évité, l'on ne put empêcher que le feu du vaisseau ennemi ne s'y communiquât. A déclaré ne savoir, etc.

» Fait à bord de *l'Émerillon*, le 23 mars 1677.

» *Signé :* PAQUINET. »

« Interrogé, le sieur Morienne, capitaine d'armes dans le vaisseau *le Marquis*,

» A répondu qu'il avait sauté avec le sieur comte d'Aunay à l'abordage d'un vaisseau hollandais; et qu'après s'être rendus maîtres des ennemis, et cloué les écoutilles du fond de cale où la plupart s'étaient jetés, ils seraient revenus dans la chambre du capitaine, où ils l'auraient trouvé sur son lit; qu'ensuite, étant revenu sur le pont, ils avaient vu le feu dans le petit hunier et des gens qui allaient pour l'éteindre, et qu'ils ne savaient pas comme il avait été mis. A déclaré ne savoir autre chose, et a signé sa déposition.

» Fait à bord de *l'Émerillon*, le 23 mars 1677.

» *Signé :* MORIENNE. »

« Interpellé, le sieur Germon, garde de la marine, servant sur le vaisseau *le Marquis*,

» A répondu qu'il avait vu le vaisseau *le Marquis* aborder un vaisseau hollandais où il n'était point sauté, le sieur Lezine lui ayant défendu; et qu'une demi-heure après, il vit le feu au petit hunier du vaisseau ennemi qui prenait fort vite; et l'ayant vu se communiquer au vaisseau *le Marquis*, il aurait été en bas pour avertir le sieur Lezine qui y était pour donner quelques ordres : il monta où il était pour y remédier; et voyant le feu s'augmenter

15.

considérablement, s'est jeté à la nage pour se sauver ; il déclara ne savoir autre chose, et a signé sa déposition.

« Fait à bord de *l'Émerillon*, le 23 mars 1677.

» *Signé* : GERMON. »

« Interrogé, Jacques Teissier, maître du vaisseau *le Marquis*, etc.

» A répondu qu'il avait abordé le vaisseau hollandais nommé *Leyde*, d'environ quarante-six pièces de canon, sur les neuf heures du matin ; a dit avoir vu sauter à bord du vaisseau ennemi le sieur comte d'Aunay accompagné d'environ trente-cinq hommes ; a dit avoir vu le feu audit vaisseau ennemi sur le château devant ; a dit avoir fait couper le câble du vaisseau *le Marquis*, et qu'ensuite le feu gagna leur misaine étant sous le vent de l'ennemi, et a déclaré ne savoir autre chose, etc.

» *Signé* : JACQ. TEISSIER. »

« Interpellé, le nommé Jean Autan, second pilote, etc.

» Que, environ sur les neuf heures du matin, ayant fait porter dans ledit port avec les deux huniers et la misaine, le sieur de Lezine, commandant ledit vaisseau, et se voyant proche d'un vaisseau ennemi d'environ quarante-quatre ou quarante-six pièces de canon, ordonnant au déposant de pousser la barre à l'autre bord pour aborder ledit vaisseau ennemi, suivi d'environ trente-quatre ou trente-six hommes qui se rendirent maîtres de la chambre où ils trouvèrent le capitaine et le lieutenant ; que le capitaine fut tué dans son lit, et que s'étant saisi du lieutenant pour l'amener prisonnier, ledit lieutenant fut tué le voulant pousser à bord du *Marquis*. Interrogé comment le feu avait pris dans le vaisseau des Hollandais, et comme le vaisseau *le Marquis* avait été brûlé, a répondu que les ennemis, se voyant perdus, avaient coupé leur câble, et par ce moyen mis *le Marquis* sous le vent de lui, et que peu de temps après il avait vu le feu sur le château devant dudit hollandais qui, incontinent, gagna à la misaine et le beaupré du vaisseau du roi *le Marquis*, et c'est tout ce que le déposant déclare savoir.

» Fait à bord du vaisseau du roi, etc.

» *Signé* JEAN AUTANT. »

« Interpellé, Élie Godineau, écrivain du roi, etc.

» A répondu qu'étant dans la batterie de bas qui lui empêcha de voir la manœuvre qu'on faisait en haut, et dit que peu de temps après avoir tiré la bordée sur le vaisseau qu'ils abordèrent qui faisait la tête des ennemis, et qu'aussitôt le sieur Chevalier de Villiers, enseigne dudit vaisseau, monta en haut pour aller à l'abordage, et au même instant le sieur Belucheau fut blessé d'un coup de canon en faisant toujours feu sur un des autres vaisseaux ennemis qui était à stribord d'eux et sur le point d'aller à son bord, s'étant rendus les maîtres de celui qu'ils avaient abordé, ils en furent empêchés par le feu qui prit dans la hune de beaupré et civadière, ce qui l'obligea de quitter ladite batterie et monter en haut, où il vit qu'on faisait son possible pour couper le beaupré, mais étant debout au vent le feu empêcha leur dessein ; lequel feu venait du vaisseau ennemi dans lequel il croit que c'étaient les vallets à canon (bourres) qui l'auraient mis, et il était déjà si grand qu'on ne pouvait y apporter aucun remède, ce qui l'obligea de descendre sur la préceinte dudit vaisseau et se jeter à la nage pour se sauver, et vit le sieur de Lezine sur le bord de la saintebarbe avec le sieur Petit, chirurgien-major, qui criait qu'on les sauvât ; il vit au même instant sauter ledit vaisseau ; a déclaré ne savoir autre chose.

» Fait à bord du vaisseau du roi *l'Émerillon*, le 23 mars 1677.

» *Signé :* GODINEAU. »

(Archives de la Marine, à Versailles).

Ainsi qu'on l'a dit, on voit par les enquêtes que tous les officiers des vaisseaux incendiés les abandonnèrent les premiers ; mais on le répète, on ne comprenait pas alors comme de nos jours cette solennelle mission du capitaine, qui, calme au milieu des horreurs d'un naufrage ou d'un incendie, veille à la sûreté de tous, et s'oublie lui-même dans ces moments terribles où chaque minute, chaque seconde vous entraîne à grands pas vers une mort affreuse... et puis, qui, lorsque le dernier de ses officiers est embarqué, jetant un dernier et triste regard sur son navire, s'assurant avec désespoir qu'il n'y a plus aucune chance de salut, ne songe enfin à lui-même qu'alors que son vaisseau va s'abîmer sous ses pieds.

Telle fut l'issue de la première entreprise sur Tabago, entreprise bien funeste d'ailleurs aux Hollandais, puisqu'ils y perdirent sept vaisseaux de guerre. On verra dans le chapitre suivant par quel incroyable hasard la seconde expédition de Tabago fut couronnée d'un si beau succès.

CHAPITRE VIII.

Seconde entreprise sur Tabago. — Une bombe met le feu à une poudrière et fait sauter le château où l'amiral Binckes était à dîner avec son état-major. — Les Français profitent du désordre. — Tabago se rend. — Le corsaire Rasmus. — Départ de la flotte pour la Martinique. — Projet de M. l'amiral d'Estrées sur Curaçao. — Naufrage de l'escadre française sur l'île d'Avès. — Lettre de M. de Méricourt à ce sujet. — Ignorance de M. d'Estrées. — Son opiniâtreté. — Ses prétentions aux connaissances nautiques amènent ce naufrage. — Les flibustiers secourent l'escadre française. — Retour à Saint-Domingue.

Malgré ou à cause de ce désastre devant Tabago, Louis XIV plus irrité, pour ainsi dire, du mauvais succès de ses armes que de la perte de ses vaisseaux, changea en une question de dignité nationale ce qui n'avait été d'abord qu'une sorte de spéculation commerciale.

Il assembla de nouvelles forces navales assez nombreuses; un bon nombre de troupes de débarquement s'y joignirent, et l'escadre appareilla de Brest avec de vives recommandations de ne pas échouer dans cette nouvelle tentative.

On va voir, ainsi qu'on l'a dit, que grâce à un merveilleux hasard, la tâche de M. le vice-amiral d'Estrées devint des plus faciles, car une bombe lancée par une batterie de mortiers dressée par MM. Combes et Landouillet, ingénieurs, tomba sur le fort de Tabago, mit le feu à la poudrière, qui sauta et ensevelit sous ses décombres presque toute la garnison ainsi que l'amiral Binckes. Au milieu de la confusion que causa un pareil désastre, la ville fut aisément prise.

Voici la relation de M. d'Estrées à propos de ce singulier événement, ainsi que les clauses de la capitulation du gouverneur de Tabago.

RELATION DE LA PRISE DE L'ILE ET FORT DE TABAGO, ET DES VAISSEAUX QUI SE SONT TROUVÉS DANS LE PORT.

« De Tabago, le 25 décembre 1677.

» Le pavillon, avec les vaisseaux qui l'avaient suivi au cap Vert, arriva à la vue de la Barbade le 30 novembre. Les Anglais prirent les armes dans tous les quartiers de l'île, comme ils ont accoutumé de faire lorsqu'ils voient plusieurs vaisseaux ; et, de notre part, sous prétexte de confirmer au gouverneur que la bonne intelligence continuait toujours entre Sa Majesté et le roi d'Angleterre, l'on y envoya les sieurs de la Boissière et Matisse Huiliesme, pour s'informer de l'état des ennemis à l'île de Tabago et des travaux qu'ils pouvaient avoir faits depuis la dernière campagne. Ils y furent fort bien reçus, et, pendant deux jours qu'ils y demeurèrent, *le Bourbon, l'Émerillon* avec *la Maligne* joignirent le pavillon, et l'on apprit de M. de Blenac, qui s'était embarqué sur *le Bourbon*, que *le Belliqueux* et *le Brillant* pourraient encore tarder quelques jours à paraître, quoiqu'ils dussent apporter près de six cents soldats ou habitants. On estima toutefois qu'il ne fallait pas différer à aller à l'île de Tabago prévenir les nouvelles que les Hollandais pouvaient recevoir de la Barbade, et s'emparer de la descente avant qu'ils eussent songé à la défendre.

» C'était une des plus grandes difficultés que M. le vice-amiral appréhendait dans cette entreprise, estimant que les ennemis se seraient peut-être corrigés de la faute qu'ils firent la dernière campagne.

» De sorte que, dans la pensée de leur dérober la descente, les vaisseaux ayant mouillé le 6 décembre à une rade éloignée de deux lieues du fort, il détacha dès le soir cinq cent cinquante hommes et en donna le commandement à M. le comte de Blenac, ayant sous lui les sieurs de Chaboissière, de Bleor et de Brevedant, et le nombre d'officiers nécessaires suivant le détachement pour occuper dès la nuit ou à la petite pointe du jour un poste fort avantageux et qui aurait vu par derrière les ennemis s'ils s'étaient fortifiés à une anse nommée des Palmistes, qui est le lieu le plus commode pour la descente.

» On a su par des prisonniers qu'ils avaient résolu de la défendre, et que le 7 au matin ils avaient détaché deux cents hommes qui avaient même marché pour cet effet ; mais qu'ayant appris que nos troupes étaient descendues un peu devant la pointe du jour, ils étaient rentrés dans le fort un moment après.

» M. le marquis de Grancey, comme premier officier général avait désiré d'être chargé de cette action ; mais la nécessité de régler le poste de chaque vaisseau et de les faire mouiller ensuite en l'ordre de bataille pour être en état de soutenir en même temps un combat de mer et continuer l'attaque du fort si l'escadre de Hollande que l'on avait sujet d'attendre avait paru, ne permit pas de le laisser mettre pied à terre ce jour-là.

» Le 7 et le 8 on fit descendre le reste des troupes, qui, toutes ensemble, consistaient en neuf cent cinquante hommes, sans y comprendre les officiers, les munitions de guerre et de bouche, les mortiers, les bombes, les canons, les outils et tout ce qui est nécessaire pour une attaque, qui est un attirail presque infini lorsqu'il en faut faire le transport à force de bras et sur le dos des hommes, par un chemin d'une lieue et demie qu'on a été obligé de faire dans les bois avec des serpes et cognées, et de conduire par des ravines et des éminences fort droites, les ennemis ayant ruiné par de grands abattis celui que l'on avait fait la campagne dernière, et les pluies l'ayant inondé en partie ; elles ont été si grandes depuis qu'on a débarqué les troupes jusqu'à ce qu'on les ait remises dans les vaisseaux, qu'il est difficile d'exprimer les incommodités que l'on en a reçues ; les officiers généraux n'en étant pas plus exempts que les moindres soldats, faisant souvent une et deux fois en un jour ce chemin si rude et si difficile, et où il fallait passer quatre ou cinq ravines ou rivières débordées où il y avait de l'eau quasi jusqu'à la ceinture.

Le 9, les troupes campèrent toutes sur une hauteur qui n'est qu'à six cents pas du fort, et M. le vice-amiral envoya le sieur Gossant vers le sieur Binckes pour lui dire qu'il ne pouvait plus souffrir qu'il contraignît les Français à servir par force, et qu'ayant encore quatre cents prisonniers hollandais entre ses mains, ou de Viapoquo ou du cap Vert, il en userait avec la dernière sévérité s'il continuait à violer ainsi toute sorte de droit.

» Il répondit avec beaucoup d'honnêteté et de respect pour le roi, ajoutant que le meilleur témoignage qu'il pouvait donner qu'on ne faisait violence à aucun Français, c'est qu'ils étaient employés dans les dehors et se promenaient tous les jours sur le rivage.

» Comme le sieur de Gassant était sur le point de le quitter pour rapporter sa réponse, il le rappela et lui demanda par une espèce de raillerie pourquoi — M. le vice-amiral ne lui faisait pas l'honneur de le faire sommer comme la campagne dernière. — En effet, il comptait beaucoup sur les pluies qui n'étaient pas encore finies, et la garnison était composée de neuf cents hommes et peut-être plus, le commis ayant assuré qu'il donnait tous les jours mille rations, dont il y avait six cents dans le fort ou dans les dehors, et trois cents dans les vaisseaux qui étaient si près de terre que c'était y être.

» Cependant, malgré les difficultés que je viens dire, on ne laissa pas de mener sur la hauteur trois mortiers, d'y porter des bombes, des carcasses, des munitions de guerre et de bouche, de conduire trois pièces de canon à moitié chemin de la descente, de faire une batterie pour les mortiers à trois cent soixante ou trois cent quatre-vingts pas du fort, qui commença à tirer le 12.

» Comme elle avait été faite avec diligence et dans un endroit couvert de cannes à sucre et d'arbrisseaux, les ennemis ne s'en étaient pas encore aperçus le 11, lorsqu'un soldat qui alla se rendre leur apprit où elle était.

» Les pluies qui avaient redoublé diminuaient les espérances de beaucoup de gens, et plusieurs croyaient, contre le sentiment de M. le vice-amiral, qu'il fallait attendre à jeter des bombes que l'on eût aussi des canons en batterie; mais, outre que c'eût été augmenter le courage des ennemis que de demeurer si longtemps sans rien faire, il jugeait que les bombes devaient faire un grand effet dans un lieu si resserré.

» Le 12, dès le matin, les ennemis commencèrent à canonner notre batterie et le camp avec cinq pièces de canon qu'ils avaient trouvées de ce côté-là.

» Mais on commanda, sur les dix heures du matin, de tirer des bombes, et la troisième tomba dans le fort, entre une heure et midi, au milieu des poudres, et fit un effet si prodigieux qu'elle enleva Binckes et tous les officiers au nombre de seize, qui dînaient pour lors, avec plus de deux cent cinquante soldats déchirés, étouffés ou brûlés d'une manière extraordinaire.

» M. le vice-amiral, qui dînait chez M. le comte de Blenac qui avait relevé M. le marquis de Grancey, fit aussitôt prendre les armes, et, avec quatre cent cinquante hommes et ledit sieur comte de Blenac, marcha droit au fort pour empêcher le ralliement des ennemis et se rendre maître des vaisseaux aussi bien que du fort. Tout cela fut fait en moins d'une heure, et il n'eut pas besoin du secours de *l'Étoile*, de *l'Hercule* et du *Bourbon*, qu'il avait commandé d'entrer dans le port en cas d'une plus grande résistance.

» Rasmus, fameux corsaire, n'ayant jamais voulu aller dîner dans le fort, après avoir tenté inutilement de rallier les Hollandais épars et fort épouvantés, se mit dans une chaloupe avec quatre ou cinq matelots, et suivit une galiote qui, ayant coupé ses câbles, passa entre les roches. Il y a apparence qu'il s'est sauvé dessus, ou qu'il est allé dans sa chaloupe à la Trinité.

» La corvette *l'Hirondelle* appareilla pour suivre la galiote, et on les vit si proche l'une de l'autre, que l'on espère qu'elle aura été prise, et que l'on en aura des nouvelles à la Grenade.

» *Le Belliqueux* et *le Brillant* arrivèrent le lendemain avec un renfort de près de six cents hommes. Tous les officiers ont très-bien servi en cette occasion, et ont donné des marques de leur zèle.

» MM. de Grancey, de Blenac et de Patoulet, commissaire général, ont eu beaucoup de part aux fatigues et aux soins qui ont contribué à cet heureux succès.

» Comme il serait trop long de nommer ici tous les officiers subalternes qui ont été détachés à terre, on se contentera de dire que lorsque toutes les troupes y ont été jointes, M. le marquis de Grancey les a commandées le premier, sous les ordres de M. le vice-amiral, et a été relevé par M. le comte de Blenac; que l'on avait réglé qu'il y aurait toujours deux capitaines pour commander les troupes sous les officiers généraux, et avec eux le sieur de Brevedant, qui, étant seul de capitaine de frégate égère, n'en a pas bougé depuis le jour de la descente, et a très-bien servi.

» Le premier jour, les sieurs comte de Sourdis et de Bleor;

» Le second, les sieurs de Saint-Aubin et de La Harteloire ;

» Le troisième, les sieurs de Montortier et de Chaboissière ;

» Le quatrième, les sieurs d'Amblimont et Du Drot qui venaient relever lesdits capitaines lorsque la bombe fit son effet.

» Le sieur chevalier d'Hervault a fait sa charge avec beaucoup d'activité.

» Le sieur de Combes a montré beaucoup de capacité et d'intelligence.

» Le sieur Sauvage était destiné pour commander l'artillerie, et le sieur de Belaire les mineurs. En tout l'on a remarqué beaucoup d'ardeur et de zèle ; mais l'adresse du sieur Landouillet leur a ôté les moyens d'en donner des témoignages aussi considérables qu'ils auraient désiré.

» Nous avons six cents prisonniers, sans compter ceux du cap Vert, entre lesquels il y a un ministre, un capitaine et sept ou huit officiers de vaisseaux et plusieurs pilotes, un enseigne des troupes de terre, qui descendait du fort, par je ne sais quel pressentiment, lorsque la bombe fit son effet.

» On a pris dans le port le vaisseau de Binckes de cinquante-quatre pièces de canon, dont il y en a vingt-deux de fonte, et *le Précieux ;* une flûte nommée *le Roi-David*, qui est venue de Hollande le 10 du mois de juillet dernier, et une petite frégate, qui, dans le temps du combat du mois de mars, était à la Barbade, et en est revenu depuis chargée de vivres.

» Tellement qu'à compter ce que les Hollandais ont perdu dans ledit combat, ou dans cette dernière attaque, on peut assurer que Tabago leur coûte seize vaisseaux et peut-être deux galiotes, si *l'Hirondelle* a pris celle à qui elle a donné la chasse ; quinze cents personnes qui ont péri par le fer ou par le feu, et près de six à sept cents par les maladies, au rapport des prisonniers ; qu'on a rendu inutile la dépense de près de quatre millions, car, depuis le 21 décembre de l'année passée, on a détruit entièrement quatre colonies hollandaises : Cayenne, Aprouague, Viapoquo et Tabago, et pris les forts du cap Vert, et de tous lesdits lieux on a eu près de treize cents prisonniers ;

» On a trouvé dans le fort quarante-quatre pièces de canon de fer, un mortier de fonte, neuf bombes et trente mille boulets à terre ou dans les vaisseaux ; ce que l'on verra plus aisément dans les inventaires de M. de Patoulet, commissaire général.

» Le comte D'ESTRÉES. »

(*Archives de la Marine, à Versailles*).

CAPITULATION DU GOUVERNEUR DE TABAGO.

« 29 décembre 1677.

» Entre M. le comte d'Estrées, vice-amiral de France ès mers de Ponant : en présence du sieur Jean-Baptiste Patoulet, commissaire général de la marine, et Jolle Jollezy, capitaine lieutenant de M. Binckes, Lambert Fyten, ministre, Jean Mousen, pilote major, Abraham Jorsen, pilote, Wullent, adjudant lieutenant de M. Binckes, Christophe Croux, premier commis des vivres, Denis Rosens, premier écrivain de M. Binckes, Audricq Frédérick, premier pilote de Middelbourg, Jacob Lickthart, pilote, Audricq Classen, maître canonnier, Adrian van Dougen, enseigne, François Paquel, garde-magasin, Adrian Macre, pilote, Maerlen Schoonhooven, *idem*, Dricqcloff :

» Il a été arrêté les articles contenus au présent traité.

SAVOIR :

» Qu'il sera présentement envoyé à Curaçao, sur un vaisseau du roi, soixante Hollandais prisonniers, pris à Tabago ou à Gorée, des plus malades ou blessés, afin que s'y rendant en peu de jours, ils y recouvrent plus aisément leur santé ; et que pour cela le vaisseau *la Rochelloise*, commandé par le sieur Gelin, sera donné avec dix matelots auxdits officiers prisonniers pour les y porter ; que pour la sûreté duquel lesdits officiers prisonniers ci-dessus nommés promettent qu'aussitôt que le capitaine dudit vaisseau aura mis lesdits malades à terre, à quoi il ne sera apporté aucun retardement, le gouverneur de Curaçao le fera partir quatre jours après son arrivée audit Curaçao, et que ledit gouverneur lui donnera l'eau et le bois dont son équipage aura besoin pour se remettre à la mer.

» Qu'ils s'engagent en outre que le gouverneur dudit Curaçao donnera un passeport audit capitaine Gelin pour se rendre en toute sûreté à la Martinique, lequel passeport aura lieu pendant deux mois, à commencer du départ dudit vaisseau dudit Curaçao. Lesdits officiers promettant aussi que si ledit vaisseau est arrêté par quelques corsaires hollandais ou vaisseaux des États, qu'ils le paieront sur le pied de deux mille six cents livres.

» Que ledit sieur comte d'Estrées promet d'ordonner audit capitaine Gelin de ne faire aucun acte d'hostilité, et assure que cela sera ainsi; sinon, que les prises et les désordres qui seront faits seront restitués de bonne foi sur les premières plaintes qui en seront faites.

» Que lesdits officiers prisonniers s'engagent aussi que les États tiendront compte à Sa Majesté de pareil nombre de prisonniers quand bon lui semblera. Qu'ils s'engagent d'ailleurs pour lesdits prisonniers renvoyés qu'ils ne prendront les armes contre le service du roi de dix-huit mois, à compter du jour de la signature du présent traité.

» En foi de quoi nous l'avons signé pour l'entière sûreté des articles du traité.

» Fait à bord du *Terrible*, le 29 décembre 1677. »

(*Suivent les signatures.*)
(*Archives de la Marine, à Versailles.*)

Après cette expédition si heureusement terminée, M. d'Estrées revint à la Martinique et voulut tenter une autre entreprise sur Curaçao. Ce dernier succès de Tabago, dû, bien plus au hasard qu'à sa science, lui avait néanmoins donné une telle idée de lui-même, qu'il compromit la sûreté de tous les vaisseaux qui lui avaient été confiés, et ce, par l'entêtement le plus grave.

La lettre suivante, qui rend compte du naufrage de l'escadre et des motifs qui l'amenèrent, est de M. le chevalier de Méricourt, qui, pendant deux années capitaine de pavillon de M. d'Estrées, était un homme de mérite et de cœur, couvert de blessures glorieusement reçues, et plus que personne, fort à même de juger l'amiral. On verra par cette dépêche avec quelle réserve et quelle timidité il parle de M. d'Estrées, et l'on aura la clef de bien des fautes de cet officier général, quand on verra que, pour cacher son ignorance aux yeux de ses officiers et de son équipage, il écoutait absolument les avis d'un homme étranger au service, qu'il avait embarqué à Saint-Christophe, et dont il donnait les avis et les instructions comme siens, voulant par là prouver qu'il était fort entendu aux choses de la mer, refusant les pilotes en disant : *Qu'il n'en avait pas plus besoin que ceux qui firent les premières découvertes.* Une telle façon d'agir et de penser chez un général chargé d'aussi grands intérêts serait à peine croyable, si de funestes résultats n'étaient venus confirmer ce jugement et les précédents, rapportés par M. de Méricourt dans la lettre qu'on va lire. On éprouve je ne sais quel sentiment de tristesse et d'amertume en voyant qu'un vieux capitaine, éprouvé par vingt combats comme était M. de Méricourt, fut réduit à supporter la brutale colère du vice-amiral, auquel sa propre faveur et l'éminente position de ses frères donnaient tant d'avantages ; et en vérité, on ne sait que penser des rapports qui existaient alors entre les amiraux et leurs officiers, quand on lit les lignes suivantes qui terminent la lettre qu'on va citer d'ailleurs tout entière :

« Il me disait que si j'étais assez hardi pour remuer la moin-
» dre chose dans le vaisseau sans sa permission, qu'il m'inter-
» dirait, me chasserait de sa chambre, avec de tels emporte-
» ments, qu'il était capable de me faire mourir ; j'avais beau le
» supplier de me faire l'honneur de me donner ses ordres, il
» continuait de s'emporter tellement, qu'il me fallut quelquefois
» sortir au plus vite, et être souvent, de chagrin, deux jours
» sans manger. »

Voici cette lettre en entier.

RELATION DU NAUFRAGE DE L'ESCADRE DES ILES, ARRIVÉ A L'ILE DES OISEAUX [1] AU MOIS DE MAI 1678, PAR LE SIEUR DE MÉRICOURT, AVEC SA LETTRE DU 3 JUIN 1678.

« La perte de l'escadre que M. le vice-amiral vient de faire est trop grande pour la passer sous silence, comme je fis l'action de l'an passé à Tabago ; monseigneur le marquis saura donc, s'il lui plaît, que :

---

[1] *Iles aux Oiseaux, îles d'Avès.* Petites îles parmi les Antilles, non loin de la côte de Terre-Ferme, au S.-E. de l'île Bonnaire, latitude N., 11° 50'; le milieu de la grande 69° 45' à l'O. de Paris. Cette île a une lieue et un quart de long et un sixième de large à la pointe de l'E. A une lieue au large

» Le 5 mai, étant mouillés à la rade de Saint-Christophe, M. le vice-amiral me fit l'honneur de me dire de demander à à un nommé Jean Douce ce que c'était que les mouillages des rades de Porto-Rico et Curaçao; ce qu'ayant fait, je rentrai avec le même Douce chez M. le vice-amiral, auquel je pris la liberté de dire ce que je venais d'apprendre, qui fut que, une lieue au vent de Porto-Rico, il y a une rade pour mouiller plus de deux cents bâtiments, à quinze, vingt et trente brasses d'eau, bon fond.

» Pour Curaçao, qu'il est plus difficile, parce qu'il n'y a de mouillage qu'à une anse nommé Sainte-Barbe, qui est environ à deux lieues au vent du fort, où il ne peut mouiller que dix-huit ou vingt bâtiments grands et petits, une ancre à six brasses d'eau tout proche de terre, et l'autre à cinquante brasses d'eau; après cela plus de fond, et derrière les navires, assez près d'un vent de sud-est, des rochers escarpés. Le même Douce dit que, trois lieues sous le vent du fort, l'on peut encore y mouiller quelques petits bâtiments, desquels on peut aller à terre avec une planche, n'y ayant pas de fond plus au large.

» Cet homme congédié, je pris la liberté de dire à M. le vice-amiral que le commencement de la campagne lui aura été fort heureux; que je ne savais pas son dessein et ne le voulais savoir que lorsqu'il le souhaiterait; mais que s'il n'entreprenait pas quelque place difficile pour la sûreté des navires, ni éloignée de notre route comme Curaçao[1], vu même que la saison s'avançait fort, que ce ne serait pas mal fait. Il me répondit, un peu ému et quasi prêt à s'emporter, qu'il n'avait pas encore déterminé où il voulait aller, que c'était son affaire, qu'il fallait que je me laissasse conduire, et que j'étais trop timide. Je pris encore la liberté de lui dire, qu'il n'avait pas un pilote dans son bord qui eût aucune connaissance aux îles du sud où est Curaçao, que pour moi je n'y connaissais rien du tout; il me re-

---

dans l'E. il y a une ceinture de rochers très-dangereuse qui s'étend de l'E. au N. et tourne ensuite à l'O. On ne doit pas s'approcher de plus de trois lieues dans le N.-E., parce que cette partie est hérissée de hauts fonds, de bancs de sable et de roches sous l'eau, mais des autres côtés elle est saine et abordable.

[1] *Curaçao.* Une des plus petites îles Antilles, située presque vis-à-vis le golfe de Venezuela, sur la côte de Terre-Ferme.

partit en colère : — Encore une fois, laissez-vous conduire, j'aurai des pilotes, comme en avaient ceux qui firent les premières découvertes, — et qu'il voulait appareiller à minuit. L'heure venue, j'entrai dans la chambre de M. le vice-amiral et lui demandai s'il était encore dans le dessein d'appareiller; il me dit que oui, et d'aller du côté de la Guadeloupe. Le jour venu, M. le vice-amiral nous dit sur le pont qu'il voulait aller à Curaçao, et que l'on mît le signal de M. le marquis de Grancey pour l'appeler, afin de le lui dire; ce qui fut fait. Ensuite M. le vice-amiral commanda que l'on fît route pour Orchilla[1], et le donna aux pilotes, ainsi que l'on pourra voir par le journal de ceux dont les navires n'ont pas péri.

» Je pris la liberté de représenter à M. le vice-amiral qu'il serait plus sûr, selon moi, d'aller terrir à la Marguerite, qui passe pour être fort saine, tant pour assurer la navigation que pour éviter les dangers des îles qui sont sous le vent; il me répondit qu'il ne voulait pas prendre un si grand tour et que ce serait trop perdre de temps. J'osai encore lui dire que vent arrière, comme il est là, et le courant c'est un chemin qui est bientôt fait, et que la navigation serait bien plus sûre; il me repartit de ne me pas mettre en peine et de laisser aller à la route qu'il avait ordonnée, et que c'est une autre mer où il n'y a pas de courants comme aux îles du vent.

» Le lendemain je demandai à M. le vice-amiral quand il lui plairait de faire venir un pilote qui connût les terres où nous allions; il me commanda de faire mettre le pavillon de conseil pour appeler les capitaines à bord, ce qui fut fait; il ne fut pourtant mis aucune chose en délibération; M. le vice-amiral fit seulement savoir son dessein pour la descente, pour le partage des prises et pour faire un ban dans chaque vaisseau, afin que tout le butin fût rapporté à la masse à peine de la vie.

» Ensuite chacun songea à se retirer à son bord, et comme je m'informais de pilotes experts pour le pays où nous allions, et que M. le vice-amiral n'y songeait pas, quoiqu'il m'eût fait l'honneur de me le dire, j'appris qu'il en avait un au bord

---

[1] *Orchilla*. Petite île au N. de la province de Caracas, côte de Terre-Ferme.

de M. de La Clocheterie et un autre chez M. le chevalier de Nesmond ; je fus le dire à M. le vice-amiral, qui me dit qu'il les ferait venir le lendemain, parce que ces messieurs s'en allaient et qu'il voulait employer le temps. Je courus pourtant à l'échelle, où je trouvai encore M. le chevalier de Nesmond, auquel je dis qu'il fallait qu'il prêtât son pilote à M. le vice-amiral, parce qu'il allait devant, et qu'il n'en avait aucun expert en ce pays ; il me témoigna qu'il ne le ferait pas avec plaisir, et dit à M. Delestrille qu'il avait tort de m'avoir dit qu'il en avait un.

» Le lendemain je pris encore la liberté de demander à M. le vice-amiral, s'il ne jugeait pas à propos de faire venir un pilote à son bord, parce que cela me tenait fort au cœur ; il me répondit d'appeler M. le chevalier de Nesmond avec le sien, ce qui me réjouit fort.

» Ils vinrent à bord, s'entretinrent avec le vice-amiral, et ensuite il les renvoya ; je n'en ai pas su la raison, si ce n'est que M. le vice-amiral se sentit assez capable.

» Le lendemain j'osai encore prendre la liberté de dire à M. le vice-amiral (l'on ne lui parle qu'en tremblant, tant l'on a de peur qu'il ne s'emporte ; car il dit des choses si piquantes que l'on en meurt presque de chagrin) de faire venir à son bord le pilote de M. de La Clocheterie, qui passe encore pour plus expert que l'autre ; il me fit l'honneur de me dire de faire mettre son signal pour le faire venir avec son pilote, ce qu'ayant fait et amené les huniers, afin de lui aider à nous joindre, je descendis à la grand'chambre, d'où, étant remonté peu de temps après, je trouvai qu'on hissait les huniers tout haut et que l'on déferlait la civadière, ce qu'on ne fait jamais quand l'on appelle quelqu'un qui est derrière soi. Je demandai qui avait commandé cette manœuvre : l'on me dit : M. le vice-amiral. Je lui fis dire que M. de La Clocheterie ne nous pourrait pas joindre, et qu'au contraire il demeurerait bientôt de l'arrière. Il me repartit qu'il voulait employer le temps et que le lendemain il leur parlerait à tous après la hauteur. Je sors, et me promenant sur le pont, rêvant à tout ce que faisait M. le vice-amiral. Un M. Lecorent-Mareuil (qu'il avait pris à Saint-Christophe et fait embarquer sur son bord, et qui s'entretenait souvent avec lui en particulier sur les cartes) quitta M. le vice-amiral, m'accosta et me dit avec un ris innocent qui me déplut fort : — N'appréhendez point tant, nous vous mouillerons bien. — Je lui repartis : — Vous connaissez donc ces pays-ci ? Il me répondit : — Un peu, il n'y a pas fort longtemps que j'y étais. — Je lui repartis : — Tant mieux, vous me réjouissez fort. — Cela me fit conjecturer que M. le vice-amiral avait pris ce monsieur pour le mener et qu'il ne le voulait pas dire, se voulant peut-être attribuer son savoir ; car il s'étudie, autant qu'il peut, à faire connaître qu'il est très-habile homme de mer.

» La hauteur prise, M. le vice-amiral fit, comme à son ordinaire, faire le point à ses pilotes, point qu'il appelle ensuite le *sien ;* car, pour moi, comme il est très-persuadé de mon peu de savoir, il ne me fait guère souvent cet honneur-là. Ils se trouvèrent, et moi aussi, à vingt et vingt-cinq lieues au nord-nord-est d'Orchilla, un peu est, si bien qu'au sud-sud-ouest nous devions terrir à Orchille, qui passe pour être haute et saine ; il n'y eut que Bourdenave, pilote, qui se trouva beaucoup plus ouest, parce que, disait-il, il avait donné toute sa route au sud-ouest[1]. M. le vice-amiral le gronda fort, et me dit tout haut comme j'entrais chez lui : — « Ce coquin me vient toujours dire des sottises », — et le fit sortir rudement. Je n'eus rien à répondre à cela, ne sachant pas qui avait raison ; la suite nous a fait voir que c'était le pilote, quoique jeune.

» Ensuite M. le vice-amiral fit passer tous les capitaines derrière lui et leur demanda où se croyaient leurs pilotes ; ils se trouvèrent presque tous comme les nôtres. Mais, en passant comme cela, l'on n'a pas le temps de se bien expliquer, ni de se bien faire entendre. Cela fait, il fut résolu de faire le sud-sud-ouest, avec seulement les huniers tout bas toute la nuit, pour aller le lendemain trouver Orchilla, qui passe pour saine et haute ; le vent était est-sud-est.

» Environ à neuf heures du soir, comme je recommandais à M. d'Armanville de faire faire bon quart devant comme à l'ordinaire, les gardes dirent : l'on tire des coups de mousquet devant nous et ensuite du canon qui partent d'un petit bâtiment flibustier. Nous jugeâmes aussitôt que c'étaient des dangers sous

---

[1] On peut voir, sur la position géographique déjà citée, que le pilote avait raison.

l'eau, parce que nous ne voyions point de terre, ce qui nous obligea de hisser avec toute la diligence possible les huniers, amurer la misaine, border l'artimon et donner vent devant pour mettre le cap au nord-nord-est d'où nous venions, ce qui fut fait avec assez de diligence. Étant virés et les signaux faits à l'ordinaire, nous nous crûmes parés. Nous trouvâmes tous les navires qui nous venaient de suivre devant nous, tellement qu'allant du lofe pour les uns et arrivant pour les autres, afin d'éviter les abordages, nous nous trouvâmes douze touchés sur des rochers, sans voir de terre ni savoir où nous étions. Nous amurâmes la grande voile pour essayer de nous parer par le moyen de la vague qui était grosse; mais cela nous fut inutile, parce que nous remarquâmes que cette même vague, le vent et les courants qui sont, comme j'ai dit, toujours d'un côté, nous jetaient sur les brisants que nous aperçûmes assez près de nous. L'équipage commença à s'étonner, se voyant échoué sur des bancs de roches et ne voyant point de terre ; nous le rassurâmes le mieux que nous pûmes en lui faisant serrer les voiles, pendant que, de l'autre côté, l'on préparait une ancre pour se porter du côté du vent, afin d'essayer de remettre le navire à flot.

» M. le vice-amiral commanda que l'on mît son canot à la mer avec beaucoup de diligence, où étant il s'y embarqua, et mena avec lui MM. Patoulet, Chabossière et le major. Je les priai de prendre un pilote pour sonder où nous avions dessein de porter l'ancre, ce qu'ils firent. Étant revenus, ils nous dirent qu'à une longueur de câble, au vent, il y avait huit brasses d'eau. Je priai M. le vice-amiral de faire nager la grande chaloupe où était l'ancre et les grelins avec son canot, ce qu'ils firent. Ayant bien filé la moitié du grelin, nous remarquâmes qu'ils n'allaient point de l'avant, et qu'au contraire ils dérivaient sur les dangers, ce qui nous obligea de les rehaler à bord, où l'on remit tout de nouveau les grelins dans la chaloupe pour essayer encore une fois de porter cette ancre, et mîmes le canot de M. Patoulet à la mer pour aider aussi à nager la chaloupe, à quoi l'on réussit. L'ancre mouillée, nous virâmes, mais inutilement, parce que, comme j'ai dit, le vent, la vague et le courant, jetaient de plus en plus le navire sur les dangers, de manière que nous vîmes avec beaucoup de regret et de déplaisir nos efforts et nos travaux inutiles. Nous tînmes conseil pour savoir si nous couperions les mâts. Les plus fortes voix furent de ne pas les couper, alléguant que le navire n'étant plus lié par les haubans, s'ouvrirait plus tôt et que nous serions tous noyés. Nous nous contentâmes donc d'amener les vergues et les mâts de hune. Dans toutes ces entrefaites, le capitaine Paris ayant dit tout haut que tout ce que nous faisions était autant de peine perdue et que jamais le navire n'en relèverait, je ne laissai pourtant de faire tenir les matelots aux pompes, et j'occupai les soldats à porter du pain dans la grande chambre et dans la chambre du conseil, leur disant qu'il n'y avait rien à craindre, et que ce qui restait de nos navires nous viendrait sauver.

Dans ces entrefaites, voyant que le navire se donnait de si grandes secousses qu'on ne pouvait se tenir debout, je descendis au fond de cale pour voir s'il y avait de l'eau dans le puits, et remarquer l'endroit où le navire travaillait le plus. J'entendis comme le navire se redressait du côté du vent, où il se touchait beaucoup à la lame; il rencontrait un rocher à l'endroit du grand mât, contre lequel il frappait d'une si grande force, qu'on eût dit qu'à tout moment il allait s'ouvrir et le devant quitter le derrière. Je remontai en haut; et craignant qu'il ne s'ouvrît, comme il fit environ sept heures après, et qu'en se jetant les uns sur les autres dans la chaloupe, nous courions risque d'être tous noyés, je résolus donc, voyant une si grande consternation dans l'équipage, de prendre mon parti avant qu'il fût jour : pour cet effet, je songeai aux moyens de m'embarquer dans la chaloupe, n'ayant que celle-là, et avec moi tous les officiers qui restaient à bord et ce que nous pourrions porter de matelots, et d'attendre le jour, qui n'était pas loin, auprès du navire. Pour le faire avec moins d'éclat, je dis tout bas aux officiers l'un après l'autre : « Il ne fait plus bon ici ; prenez vos épées comme si vous vouliez faire pomper et porter du pain dans les chambres, et peu à peu vous rangez du côté de l'échelle, où nous ferons venir la chaloupe ; » et comme trop de gens bien étonnés nous observaient, je dis tout haut : « Il faudrait que quelqu'un allât savoir de M. le vice-amiral (qui n'était pas fort loin) si nous ne tiendrons pas encore quelque conseil ? » M. de la Chabossière, comprenant ce que je voulais dire, me dit : « Si vous voulez, je l'irai demander à M. le vice-amiral, à quoi ayant consenti, il s'embarqua et fut du côté où était le canot. Étant de retour, il m'appela et me dit tout haut : « M. le vice-amiral dit que vous veniez avec les officiers pour lui parler, » ce qui facilita un peu notre embarquement. Je fis donc descendre les officiers, et comme je reconnus que la chaloupe s'emplissait trop, je m'embarquai, et restai près le navire jusqu'à ce qu'il fût grand jour. M. de La Chabossière se mit dans le canot de M. Patoulet, et rentra dans le navire pour quelque chose qu'il y avait à faire. Cependant nous entretenions toujours l'équipage dans l'espérance que tous nos navires n'étaient pas perdus et que nous allions les sauver tous.

» Le jour venu, nous vîmes déjà trois petits bâtiments sur le côté, et équipages à la nage, et des brisants à perte de vue qui ne sont point marqués sur les cartes; de l'autre côté, la mer, et à un quart de lieue de là un petit îlot fort bas, et au vent deux petits bâtiments flibustiers. M. le vice-amiral alla au plus près. Nous prîmes encore une partie des matelots qui étaient sur les précentes, afin de nous bien charger, et allâmes après lui à dessein d'aller décharger la chaloupe, et ensuite de retourner sauver autant de l'équipage que nous pourrions, car pour des meubles l'on n'y songeait guère. Étant arrivés au bâtiment de M. le vice-amiral, il nous dit d'aller à l'autre, que le sien était trop petit; ce qu'ayant fait, je m'y embarquai et fis embarquer tous les gens, à la réserve de six matelots et de MM. de la Roque et Des Augers, enseignes, auxquels je dis de retourner querir une chaloupe de monde; cependant, j'allais faire rester le flibustier bord sur bord pour les attendre, et qu'ensuite j'irais à leur place. Étant partis, je demandai aux flibustiers s'ils savaient où nous étions. Ils me dirent que oui, qu'ils y venaient souvent, et que s'ils eussent su que M. le vice-amiral n'eût pas eu des gens de pratique pour ce pays-là, ils se seraient offerts pour le conduire; qu'il faut des praticiens, et que l'on ne navigue pas en ce pays-là par la hauteur; que le lieu où nous étions perdus s'appelle les *rescifs d'Avès;* qu'ils tiennent plus de quatorze lieues de pays; qu'il ne se passe pas d'année qu'il ne s'y perde des navires, et qu'il y en a dont l'on n'entend jamais parler des équipages; et que si nous avions échoué trois lieues plus au vent, nous n'aurions guère sauvé de monde; et que si les navires ne s'ouvraient pas, ils nous allaient donner le moyen et nous aideraient à sauver tous nos équipages; que cependant ils ne pouvaient pas rester là davantage, parce qu'ils pourraient se perdre sur quelque rescif écarté; que je les laissasse faire; qu'ils m'allaient mener tout contre les navires. Ils furent entre des rescifs mouiller au sud-ouest du petit îlot, à deux brasses d'eau, sable mêlé de roches à fleur d'eau. Ils me dirent qu'il fallait porter tous nos gens sur l'îlot, où il y a de l'eau, et là attendre quelque navire pour les prendre.

Pour cet effet, M. d'Armanville se mit dans leur canot et fut avec eux; moi, je me mis dans la grande chaloupe à la place de MM. de la Roque et Des Augers, et je l'armai de flibustiers, ayant mis l'équipage à l'îlot. M. de Combes, ingénieur, me voulut accompagner, et ne me quitta pas que tout l'équipage ne fût presque sauvé. Étant arrivés près les rescifs où les navires étaient perdus, nous trouvâmes dessus, à la nage et sur des pièces de bois et autres choses, quantité de soldats et matelots du *Terrible*, parce qu'il venait de s'ouvrir; nous en prîmes près de cent dans la chaloupe et les portâmes à l'îlot; ensuite nous retournâmes jusqu'à cinq voyages, et mîmes le tout sur l'îlot, à la réserve de deux qui furent noyés, et de quelques-uns qui se sauvèrent sur des radeaux.

» Quand l'équipage du *Terrible* fut sauvé, comme ce fut le premier des navires de guerre qui fut rompu, je sauvai encore plus de cent hommes des autres navires, et aidai à MM. les chevaliers de Nesmond et Flacourt, qui n'avaient que leurs canots, à sauver les leurs; ensuite j'allai trouver M. le vice-amiral au *Duc*, avec une chaloupée de quatre-vingt-dix hommes, laissant *le Terrible*, qui n'avait plus sur l'eau que son mât de beaupré et son épaule de babord.

» S'il y avait quelque chose à redire à cette grande perte, ce serait, à mon jugement, que M. le vice-amiral s'étant vu heureux aux deux premières entreprises, a beaucoup tenté la fortune à la troisième, et trop présumé de son savoir ou de son conseil, que j'ignore; car, pour les gens qui ont un peu de pratique, il en prend très-peu, se croyant un des plus habiles hommes de la mer et que personne n'en sait plus que lui, ainsi qu'il m'a fait l'honneur de me dire plusieurs fois, quand je m'ingérais de lui représenter quelque chose ou de lui citer pour exemple quelque ancien capitaine. Cependant le peu que j'ai de connaissance me fait voir qu'il n'en sait pas encore assez pour mener une escadre, ni même un navire, quoiqu'il m'ait fait l'honneur de me dire plusieurs fois que jamais personne ne se mêlera du détail de son navire que lui. S'il voit que ses capitaines, pour suppléer à leur peu de savoir, prennent quelque précaution, il appelle cela timidité ; mais qui lui oserait représenter la moindre chose, ni même à un capitaine de vouloir faire son devoir, il se pourrait assurer que cela serait suivi de grandes rebuffades. Il m'en a bien pensé coûter la vie après deux mois de maladie, que le chagrin qu'il me donna m'avait causé, me disant que si j'étais assez hardi pour remuer la moindre chose dans son vaisseau sans sa permission, qu'il m'interdirait, me chassant de sa chambre, avec des emportements si grands qu'ils étaient capables de me faire mourir : j'avais beau le supplier de me faire l'honneur de me donner ses ordres, et ensuite si je ne les exécutais pas et ne lui en rendais bon compte, il ferait ce qu'il jugerait à propos là-dessus, il s'emportait tellement qu'il me fallait sortir au plus vite, et être quelquefois, de chagrin, deux jours sans pouvoir ni boire ni manger. J'avais résolu si je pouvais acquérir quelque gloire, de me taire, et de demander pour toute récompense qu'on ne me fît jamais l'honneur de me faire servir sur le vaisseau de M. le vice-amiral : je ne crois point que le purgatoire soit si rude. MM. Patoulet et de Combes, ingénieurs, ont été témoins d'une partie de ces vérités.

» J'ajouterai encore que M. le vice-amiral, pour faire connaître sa capacité au petit peuple, affecte de changer de route à l'insu de ses capitaines, le disant seulement à ses pilotes ou à ses timoniers ; mais je n'aurais jamais fait si j'entreprenais de tout dire sur ce sujet.

» MÉRICOURT.

« A bord du *Duc*, à la rade du Petit-Gouave, le 2 juin 1678. »

(*Arch. de la Marine, à Versailles*).

Après avoir lu cette lettre, on n'a qu'à se rappeler l'enquête secrète dressée par Deseuil, sur les rapports des officiers de l'escadre de M. d'Estrées, à propos du dernier combat de 1673, et l'on se convaincra que toutes les dépositions faites dans ce temps-là par ces capitaines confirment les assertions de M. de Méricourt, puisque alors, comme en 1678, c'étaient toujours l'avis de domestiques ou de gens étrangers au vaisseau qui prévalait, et on conçoit d'ailleurs facilement cette façon d'agir chez M. d'Estrées, qui, à la fois extrêmement glorieux et absolument dépourvu des connaissances nécessaires à un métier qu'il avait embrassé si tard, embarquait toujours d'obscurs conseillers afin de s'approprier les avis qu'ils lui donnaient *pour éblouir le petit peuple sur sa capacité,* comme le disait M. de Méricourt.

Après ce naufrage, M. le vice-amiral d'Estrées resta dans les Antilles jusqu'à la paix, sans tenter aucune entreprise, se contentant, d'après les instructions de Colbert, de faire prendre le plus de renseignements possibles sur les moyens d'attaquer les possessions espagnoles dans l'Amérique du sud.

Mais revenons à ce qui s'était passé en Sicile pendant l'année 1677 et le commencement de 1678.

CHAPITRE IX.

L'année 1677 se passe sans nouvelles tentatives sur l'intérieur du pays. — Démêlés de M. de Vivonne et de M. d'Oppède, intendant pour le roi. — Les troupes françaises désertent en grand nombre. — Lettre de M. de Vivonne à ce sujet à M. le duc d'Estrées, ambassadeur à Rome. — Tentative manquée sur Syracuse. — Vivonne demande un congé à Louvois. — M. le duc de La Feuillade. — Il est nommé vice-roi de Sicile en remplacement de M. de Vivonne. — Louis XIV lui remet des ordres cachetés qu'il ne doit ouvrir qu'à la hauteur de Cagliari. — M. de La Feuillade arrive en Sicile ; il débarque à Agosta ; puis se rend à Messine ; son entrée dans cette ville. — Louis XIV abandonne la Sicile ; mais sa volonté est que cette intention demeure secrète jusqu'au moment où toutes les troupes seront embarquées, et que jusque-là M. de La Feuillade au contraire simule de grands préparatifs pour l'entière occupation de la Sicile. — Singulière comédie jouée à ce sujet par M. de La Feuillade et son secrétaire Maserac. — Il assemble le sénat et lui fait part des volontés de Louis XIV à propos de l'entière conquête de la Sicile. — Les sénateurs et le peuple Messinois sont transportés de joie. — Ils font broder une merveilleuse bannière à ce sujet, et la portent en grande pompe à l'église métropolitaine. — Le duc de La Feuillade fait embarquer toutes les troupes françaises sous le prétexte de tenter la prise de Palerme. — Le 13 mars 1678, toutes les troupes étant retirées de Messine, M. de La Feuillade fait venir les jurats à bord de la frégate de M. de Janson, où il dînait, et leur déclare que Louis XIV les laisse au pouvoir de l'Espagne. — Désespoir des jurats. — Leur retour à Messine. — La plupart des habitants effrayés veulent s'embarquer à la hâte pour échapper à la vengeance de l'Espagne. — Départ de la flotte française. — Lettre de M. le cardinal d'Estrées au sujet de l'abandon de Messine. — Retour des Espagnols à Messine. — Leurs vengeances. — Leur férocité. — Le désespoir les Messinois *veulent se donner aux* Turcs. — Lettres de Louis XIV à ce sujet à M. le duc d'Estrées, ambassadeur à Rome. — Paix de Nimègue, entre la France, l'Espagne et la Hollande. — Louis XIV reçoit le surnom de Grand.

Pendant l'année 1677, il n'y eut en Sicile, aucun événement important. Vivonne, satisfait de ses succès passés, se replongea dans son insouciance habituelle, et continua de se débarrasser du poids des affaires de son gouvernement sur son secrétaire d'Antiége.

D'ailleurs, il faut dire aussi que Louvois s'opiniâtrait à entraver de toutes ses forces la réussite des affaires de Sicile, et que même, dans l'espoir de causer un vif déplaisir à Vivonne, il avait fait rappeler en France M. Colbert de Terron, intendant de l'armée en Sicile, qui, parent et fort des amis de Colbert et de Seignelay, était conséquemment tout à la dévotion du vice-roi, et le jaloux ministre avait envoyé, à la place de cet intendant, M. d'Oppède, une de ses créatures à lui Louvois, homme entendu, capable, mais aussi dur, aussi intraitable que son patron.

L'arrivée de M. d'Oppède à Messine fut le signal d'une lutte sourde et acharnée entre Vivonne, ou plutôt entre d'Antiége et ce nouvel intendant. On dit d'Antiége, parce que Vivonne, tout à la bonne chère, au jeu et aux femmes, ne s'inquiétait que très-médiocrement des prétentions et des visées de M. d'Oppède; en effet, Vivonne, duc et pair, maréchal de France, vice-roi de Sicile, sûr de l'amitié du roi, et aussi de l'influence de madame de Montespan, ne pouvait s'embarrasser fort du bon ou du mauvais vouloir de M. d'Oppède, non plus que de ses rapports à Louvois : sans doute qu'il eût préféré garder M. Colbert de Terron; mais une fois le rappel de ce dernier décidé, l'insouciant maréchal eut vite pris son parti sur les dispositions hérissées et épineuses du nouvel intendant, qu'il mit aussitôt en contact avec son secrétaire pour régler avec lui les affaires du gouvernement dont il ne s'occupait jamais. Alors M. d'Oppède ne pouvant atteindre le vice-roi, défendu de ses attaques par sa position et son indifférence, s'en prit furieusement à d'Antiége ; tout le scandaleux commerce de ce dernier, toléré par M. Colbert de Terron, lui fut durement reproché par M. d'Oppède, qui, arrivant avec des pouvoirs assez étendus, mit fin à toutes les vilenies qui se passaient à l'ombre de l'autorité du vice-roi.

De là l'exaspération de d'Antiége contre M. d'Oppède, exaspération que le secrétaire faisait jusqu'à un certain point partager à Vivonne, en ce sens que d'Antiége, écrivant presque toutes les minutes des dépêches du vice-roi à Louis XIV ou aux ministres, imprégnait sa correspondance de fiel, de calomnies, ou de perfides insinuations contre M. d'Oppède, et souvent même ces ressentiments de la conduite du nouvel intendant étaient si pleins de haine et de brutalité, que, sans doute sur l'ordre de Vivonne, les termes des minutes de d'Antiége étaient adoucis, bien que leur sens restât d'ailleurs le même.

Ces corrections, faites d'une petite écriture ronde et courante, ne sont pas évidemment de la main de Vivonne; leur orthographe est extrêmement correcte, et leur tour décèle un esprit mûr, adroit, sachant le monde et son langage, et qui, malgré ce semblant de tempérament, et tout en paraissant les modifier, rend encore plus juste et plus assurée la portée des délations de d'Antiége en les enveloppant de formes décentes et mesurées.

Toutes les dépêches de cette année, à part quelques lettres relatives à une velléité d'expédition contre Syracuse, qui n'eut aucun résultat, ne contiennent donc que des réclamations à M. de Louvois sur le nombre et le mauvais état des troupes qu'il envoyait, ou des dénonciations contre M. d'Oppède que d'Antiége avait eu l'art de mettre en conflit avec le sénat.

De là cette assertion incessamment répétée : *que l'observation rigoureuse des pouvoirs donnés à M. l'intendant serait la ruine radicale des priviléges des Messinois.*

Puis, par une manœuvre assez commune d'ailleurs, d'Antiége se mit à accuser M. d'Oppède, sinon de se livrer, du moins de prêter son appui aux ignobles trafics que lui, d'Antiége, avait faits autrefois, et qu'il ne pouvait plus faire sur le blé et sur les marchandises auxquelles il accordait la franchise, et qu'il revendait ensuite en exigeant le droit de douanes. Témoin, ce mémoire remis à M. Gaffard, gentilhomme de M. de Vivonne, que ce dernier renvoyait en France.

MÉMOIRE POUR SERVIR A M. GAFFARD.

« Il aura pour agréable, s'il lui plaît, de représenter à M. de Louvois : 1° La nécessité qu'il y a que le roi envoie à Messine, outre les troupes de cavalerie et d'infanterie qu'il y a destinées, deux régiments de cavalerie de plus, et même s'il était possible d'augmenter de deux compagnies les régiments qui sont ici;

» 2° Plus, deux régiments d'infanterie, et de faire passer des recrues de France pour renforcer les dépérissements et les désertions journalières des troupes;

» 3° Il parlera encore du changement que M. le maréchal voudrait faire aux troupes messinoises, et de l'augmentation qu'il voudrait apporter aux dragons;

» 4° D'envoyer l'argent des troupes par avance, et ne pas nous laisser ici des deux mois entiers sans argent, à cause qu'il n'y a pas de crédit à Messine, que les capitaines n'ont pas de quoi avancer aux so'dats, et que cela fait que les soldats n'étant point payés, ils désertent fréquemment et par bandes;

» 5° Qu'on envoie des fonds pour fortifier les principaux postes et pour établir les casernes, les matelas, linceuls et hôpitaux pour les soldats morts, ou blessés, ou malades;

» 6° Qu'en cas de siège il y ait quelque argent extraordinaire pour faire les travaux;

» 7° Des munitions, des piques, des selles, etc., n'y en ayant que fort peu ici;

» 8° Il parlera sur les gabelles de Messine, et qu'elles ne se peuvent point ôter sans ruiner les Messinois, dont la plupart, aussi bien que les monastères et les hôpitaux, ne tirent de quoi vivre que de ces fonds-là;

» 9° Il parlera pareillement de la répugnance invincible qu'ont tous les Messinois à reconnaître la puissance de l'intendant, parce qu'elle met par terre leurs priviléges, desquels ils sont si jaloux, que les Espagnols qui les ont dominés pendant quatre cents ans les ont plutôt augmentés que diminués, et qu'ils ne se sont tirés de la domination espagnole que parce qu'on a voulu toucher cette corde-là;

» 10° Mais sa plus forte instance sera sur le blé et sur les moyens de faire qu'il ne manque pas à Messine, et de l'intérêt du roi à ce que cette affaire soit bien établie; et touchera adroitement comme l'intendant, étant odieux à toute la ville de Messine, n'y a, n'y aura jamais le crédit nécessaire pour le service du roi, outre que la manière dont il s'y est pris jusqu'à présent fait que chacun fuit, tant Français que Messinois, d'avoir affaire à lui; et sur cela il insinuera adroitement la différence qu'il y a entre monseigneur, dont tout le monde se loue ici, étrangers et autres ;

» 11° Il fera tout ce qu'il pourra pour guérir l'esprit de M. de Louvois sur les pensées qu'on peut lui avoir données qu'on peut faire en ce pays-ci tout ce qui se fait en Flandre touchant les contributions et impositions, et fera connaître la différence qu'il y a dans ce climat-ci au climat de là-bas ;

» 12° Enfin il fera voir la nécessité qu'il y a que les munitionnaires de terre et de mer ne touchent pas au blé que les marchands aventuriers portent à Messine, parce que le sénat se mutine tous les jours quand il voit que l'intendant prend les chargements des particuliers pour le service de l'armée ; et que le sénat s'explique nettement que si cela ne se passe bientôt, il se démettra du gouvernement de la police et forcera l'intendant de se charger de nourrir le peuple, et qu'il est aisé de comprendre que si on en arrivait là, il se formerait une grande confusion en cette ville qui ruinerait entièrement le service du roi. Il ajoutera encore à cela, que pour mettre la paix dans le sénat, il serait bon que ceux qui seront chargés des munitions des armées pussent se soumettre à donner un état des vivres qu'ils font entrer dans la ville, afin de faire un état juste des denrées franches de celles qui ne le sont pas, et de désarmer par là la malice que pourraient avoir les sénateurs de prendre une partie des gabelles, et de dire pour leur décharge, comme ils l'ont déjà fait, que si le peuple n'est pas payé des gabelles, ce sont les Français qui en sont la cause en faisant entrer quantité de denrées sans payer, et qui les revendent ensuite au peuple à un taux plus cher que ne se vendent pas celles de la ville qui paient le droit, et auxquelles le sénat met le prix ; que les discours publics qui se sont faits sur ce sujet ne sont pas sans quelque fondement, et qu'il serait utile au service du roi de les faire cesser par l'expédient proposé.

(Bibl. roy. Mss.)

On a vu dans cette instruction donnée à M. Gaffard quelques mots touchant la désertion des troupes. En effet, ces malheureux soldats, à peine vêtus, mal nourris et aussi mal logés, presque jamais payés, tentaient tous les moyens possibles de s'en retourner en France, et s'échappaient fréquemment de Messine.

Les premiers symptômes de cette plaie se déclarèrent à Taormina, ville de guerre commandée par M. de la Villedieu ; et M. de Vivonne signait à ce propos la lettre suivante, écrite par d'Antiége à cet officier général, le 20 avril :

« Je vous prie, monsieur, de croire que j'ai un très-grand déplaisir de ce que vous m'annoncez, que la désertion recommence parmi nos soldats à Toarmina. Je fais chercher les capitaines messinois, qui sont ici au lieu d'être à leur poste, et je leur ferai une bonne réprimande. Vous ferez fort bien d'user de rigueur contre les déserteurs qu'on vous a renvoyés, et je ferai partir demain un exécuteur pour vous servir dans cette occasion.

» VIVONNE. »

Malgré, ou peut-être à cause de cette extrême sévérité, le nombre des déserteurs s'augmenta tellement, qu'en Italie le petit port de Civita-Vecchia en était rempli ; aussi M. de Vivonne écrivit-il à M. le duc d'Estrées, ambassadeur à Rome, la dépêche suivante, et dans laquelle il annonce l'envoi de M. de Chastenay, chargé de promesses et d'un peu d'argent destiné à ramener ces misérables.

A M. LE DUC D'ESTRÉES.

« Messine, 28 avril 1677.

» Monsieur,

» Ayant une occasion propre pour me prévaloir de la proposition que vous eûtes la bonté de me faire il y a quelque temps touchant les soldats de l'armée du roi, qui ont déserté depuis qu'elle est en Sicile, je vous envoie M. de Chastenay, colonel du régiment de Crussol, accompagné de quelques autres, pour voir avec vous, monsieur, s'il y aurait moyen d'exécuter ce qui vous paraissait alors faisable sur ce sujet. Je les fais passer pour cela sur une frégate du roi qui est arrivée ici depuis deux jours avec la galiote de M. de Valbelle, afin qu'étant arrivés à Rome avant que les quatorze galères qui sont ici aient joint les huit qui viennent de France à Civita-Vecchia, ils aient le moyen de rassembler la plus grande quantité qu'il se pourra de ces gens-là, et de les embarquer sur les vingt-deux galères audit lieu de Civita-Vecchia. Pour cacher ce dessein aux Espagnols, nous avons pris cette résolution le plus secrètement qu'il nous a été possible; et je donne des passeports à cet officier et à ceux de sa compagnie comme si c'étaient des officiers réformés à qui je donnasse congé pour s'en retourner en France, et qui par curiosité vont se promener à Rome. Je crois que c'est toute la précaution que je pouvais prendre. Je laisse à votre prudence, monsieur, et à la sagesse desdits officiers, de tenir la meilleure conduite qu'il se pourra pour faire que les Espagnols ne soient pas avertis de ce dessein, afin qu'ils n'en troublent pas l'exécution par le moyen des ministres de Sa Sainteté. Je joins encore à toutes ces précautions une promesse publique, par laquelle je donne ma parole auxdits déserteurs de leur faire grâce, autant qu'il peut dépendre de moi, et de ne leur faire aucun châtiment du monde pour raison du crime de leur désertion. Il serait bon aussi de leur dire, monsieur, que nous avons reçu par un convoi de l'argent, des habits, et de toutes les choses nécessaires pour la bonne subsistance et entretenement de l'armée, de sorte qu'on ne doit plus craindre le manquement de fonds, qui ont été cause que les soldats ont déserté, puisque nous avons et aurons toujours désormais et par avance de quoi les bien payer : de manière qu'ils ne souffriront plus ni sur la paie, ni sur le logement, ni sur leur nourriture, les maux que les troupes ont soufferts pendant qu'elles étaient ici ; outre tout cela, on a donné à M. de Chastenay deux mille écus d'argent comptant, et une lettre de change de douze mille francs pour Livourne, afin de donner quelque avance auxdits soldats, et leur faire comprendre par là qu'ils n'ont à espérer dorénavant dans le service de Sa Majesté en Sicile que toutes sortes de bons traitemens. Je ne confierai point à ce papier les raisons qui nous obligent à avoir recours à la recherche de ces déserteurs, parce que M. de Chastenay vous les expliquera plus au long que je ne pourrais vous le dire. Il me suffira de vous prier avec la dernière instance, de faire tous vos efforts pour nous secourir de ce renfort, dont nous avons assurément un grand et extrême besoin.

» Après quoi je n'ai plus qu'à vous protester, monsieur, avec toute la cordialité possible, qu'on ne saurait être avec plus de passion que je suis, etc. » VIVONNE. »

(*Arch. des aff. Étr. Rome.* 1677.)

A cette lettre était joint le texte d'une proclamation qui promettait un entier pardon aux déserteurs ; mais, malgré l'adresse de M. de Chastenay, les déserteurs ne revinrent pas, et les Espagnols en conçurent de grandes espérances pour le prochain rétablissement de leur pouvoir à Messine.

L'arrivée du convoi commandé par M. de Valbelle, dont Vivonne parlait à M. le duc d'Estrées dans les dépêches ci-dessus, apporta quelques vivres, et assura la subsistance de Messine pendant plusieurs mois.

Vers le 2 juin, M. de Vivonne parut se décider à faire une seconde expédition sur Syracuse ; expédition qui n'eut pas d'ailleurs de résultat plus positif que celle qu'il avait déjà tentée infructueusement au mois d'octobre 1676, ainsi qu'on l'a vu.

Les circonstances semblaient pourtant favorables. M. le commandeur de Bérieux, agent pour le roi à Malte, avait envoyé, le 24 mai, à Vivonne, un plan fort détaillé de Syracuse, lui faisant remarquer les côtés faibles des fortifications de cette ville, et lui assurant qu'il s'était ménagé de telles intelligences dans l'intérieur de la place, que dès que la flotte française paraîtrait, les Syracusains se devaient soulever contre les Espagnols, les empêcher de se défendre et ouvrir leurs portes à Vivonne. Il fallut que la confiance du vice-roi dans les propositions de M. de Bérieux fût bien grande, puisqu'on voit par les minutes de ses dépêches que les ordres les plus minutieux furent donnés pour cette entreprise : ordres de bataille, poste des galères pour remorquer les vaisseaux, signaux destinés à correspondre avec les Syracusains, rendez-vous en cas de séparation, rien n'y manque. Enfin Vivonne s'embarque lui-même, et s'en va à Toarmina surveiller l'exécution de ces projets, lorsque après trois jours de résidence dans ce port, il revient tout à coup à Messine, sans donner plus de suite à cette tentative.

Dans une lettre à M. de Louvois, le vice-roi explique cette singulière conclusion de ses projets en disant que la diversion qu'il espérait obtenir des Espagnols, en simulant une attaque sur Melazzo, n'ayant pas réussi, toute chance de succès était perdue quant à Syracuse. Mais il demeure évident que cette cause n'est pas la véritable ; car, dans le premier plan d'attaque sur Syracuse, il n'était nullement question de cette diversion. Un autre manuscrit contemporain dit que ce fut immédiatement après un entretien secret que Vivonne eut avec d'Antiége, qui vint le trouver à Toarmina, que le vice-roi revint en toute hâte à Messine.

Toujours est-il que cette expédition sur Syracuse n'eut pas de suite; que la fin de l'année 1677 se passa sans aucun événement, sinon que Vivonne, sans doute instruit des intentions de Louis XIV à l'égard de Messine, demanda un congé pour s'en retourner en France.

Or, ce congé, gracieusement octroyé au joyeux vice-roi, servit, pour ainsi dire, de prologue à la curieuse comédie qu'on va dire et que M. le duc de La Feuillade vint jouer à Messine, sous les yeux de l'Europe, par ordre de Louis XIV.

Comédie dont la péripétie un peu sanglante, un peu atroce, il est vrai, fut le massacre des Messinois lâchement livrés aux Espagnols par le grand roi; mais dont le dénouement, on ne peut plus divertissant, fut *la résolution que prit Messine* DE SE DONNER AUX TURCS[1].

Messine *aux Turcs!* Oui, aux Turcs; Messine la sainte, Messine qui s'était vue assez avant dans les bonnes grâces de la mère de Dieu pour en recevoir une boucle de cheveux et une lettre toute charmante; eh bien, Messine crut que sa boucle de cheveux, son autographe, et surtout ses richesses, ses femmes et ses enfants seraient plus sûrement défendus et gardés par le croissant que par la croix, tant cette pauvre ville était lasse de se voir insulter, affamer, violer, piller, décimer, trahir sous l'autorisation immédiate de ses frères en Jésus-Christ les rois de France et d'Espagne, alors extrêmement occupés des choses de la religion, l'un en brûlant les hérétiques, l'autre en commençant de dragonner les protestants en préparant la révocation de l'édit de Nantes.

Encore une fois, Messine la sainte se jetant aux bras des Turcs pour échapper à la protection de Leurs Majestés très-Chrétienne et très-Catholique, ce serait à invoquer Démocrite,

---

[1] Voir plus bas les deux lettres de Louis XIV à ce sujet, adressées à M. le duc d'Estrées, ambassadeur à Rome, sous la date du 17 et du 18 juin 1678.
(*Arch. des aff. étrang. — Rome. — Suppl.* — 1674 à 78.)

si l'histoire n'était une chose *grave*, comme on dit, et s'il ne fallait pas conserver beaucoup de sérieux en racontant ces folies si dévergondées, si bouffonnes, si gaies, si hors de sens, si invraisemblables, et pourtant si réelles, de cette pauvre humanité.

Mais revenons à la mission de M. de La Feuillade, et disons quelques mots de ce seigneur.

François, vicomte d'Aubusson, duc de Roannais et de La Feuillade, maréchal de France, avait alors à peine cinquante ans; il était arrivé à la cour jeune, pauvre et sans appui; mais, dès son début, soit par instinct, soit par une observation juste et rapide du caractère de Louis XIV, il avait aussitôt pressenti que le seul expédient de sa fortune devait être la flatterie, non une flatterie choisie, fine et délicate, mais une grosse adulation, presque brutale, seule capable d'assouvir l'orgueil glouton et immodéré du maître.

Ainsi, entre autres preuves, M. de La Feuillade part de l'armée pendant un court armistice, arrive à Saint-Germain à franc étrier, et, sans se débotter, monte chez le roi, embrasse son genou, et lui dit : *Sire, il y en a qui viennent voir leurs enfants, leur femme, leurs maîtresses, leurs mères; moi, je suis venu pour voir Votre Majesté, et je repars à l'instant...* Puis il repart en effet sans visiter personne[1].

Dès lors sa fortune devait être brillante et magnifique, et elle le devint de reste. D'une extrême bravoure d'ailleurs, M. de La Feuillade fut blessé aux lignes d'Arras et au siége de Mouzon, où le roi assistait. Après la paix des Pyrénées, son caractère aventureux et entreprenant le fit aller servir Montécuculli, avec l'agrément du roi; revenu en France en 1667, il épousa la sœur de M. le duc de Roannais, homme fort dévot et fort retiré du monde; acheta gros le duché de son beau-frère, et en obtint une nouvelle érection vérifiée au parlement, et dès lors prit le titre de duc de Roannais. En 1668, on sait qu'il conduisit, en Candie, une troupe de braves gentilshommes qu'il y fit écharper inutilement, et dont il ne ramena pas le quart. Puis sa faveur

---

[1] On sait que ce fut M. de La Feuillade qui fit déblayer la place des Victoires et y ériger la première statue équestre de Louis XIV.

allant toujours croissant, on a aussi vu, dans les temps, qu'au mois de janvier 1672, après l'audience de congé donnée si fièrement par Louis XIV à M. Grootius, ambassadeur de Hollande, le roi reçut M. le duc de La Feuillade comme colonel du régiment des Gardes-Françaises, sur la démission de M. le maréchal duc de Grammont, et que, par une faveur toute particulière, le roi voulut mettre lui-même la pertuisane à la main du nouveau colonel; formalité que remplissait d'ordinaire un commissaire royal. Enfin, après avoir fait les campagnes de Flandre en 1672, 1673 et 1674, ce favori fut nommé maréchal de France en 1675.

Si la bravoure de M. de La Feuillade était grande, s'il avait souvent montré l'aveugle intrépidité d'un partisan chargé de conduire au feu des enfants perdus, sa capacité comme général d'armée était nulle de tout point, et, sous ce rapport, jamais grade de maréchal de France ne fut plus malheureusement placé. Bouillant, emporté, opiniâtre, glorieux, ne pouvant supporter dans la vie du monde la moindre contradiction à sa volonté, M. de La Feuillade apportait dans les fonctions dont il était si mal à propos chargé cette même irascibilité puérile et folle, qui s'en prenant à tout, hommes, choses ou élémens, dès qu'il trouvait quelque obstacle, entraînait souvent l'impérieux favori hors de toute mesure, de toute raison et de toute humanité.

En un mot, classé selon sa valeur, M. de La Feuillade était un de ces soldats braves, mais sans portée, qui, ne pouvant pour ainsi dire jamais s'élever jusqu'à ces hauteurs d'où les grands hommes de guerre embrassent l'immense horizon des batailles, demeurent en bas, dans la plaine; un de ces nombres armés que Turenne ou Condé ajoute ou retranche indifféremment à ses calculs stratégiques.

On a parlé de la superbe de M. de La Feuillade; elle était telle à propos de sa descendance d'Ébon d'Aubusson, qui fut un des signataires à la donation de Pépin le Bref, que Louis XIV avait coutume de dire : *Pourvu que La Feuillade m'accorde d'être aussi bon gentilhomme que lui, c'est tout ce que je lui demande.*

Quant au mépris de M. de La Feuillade pour tout ce qui

pouvait contrarier le moins du monde sa volonté du moment, on en a une preuve bien manifeste dans une lettre d'Arnoul, intendant de Provence, qui écrit à Colbert, avec un indicible effroi des suites que peut avoir cette épouvantable violation de toute loi d'humanité, qui écrit, dis-je, à Colbert qu'à son retour de Candie, et bien qu'il eût touché un port infecté de la peste, M. de La Feuillade, en arrivant à Marseille, au mépris des lois sanitaires qui ordonnaient une longue quarantaine, est descendu à terre accompagné de MM. les ducs de Saint-Pol et de Caderousse, et qui, après avoir chargé l'épée à la main les gardes qui les voulaient retenir à bord, ces seigneurs sont ensuite montés à cheval pour s'en revenir à la cour, au risque de donner la peste à la France[1].

Tel était le général que Louis XIV chargea de la mission délicate qu'on va voir et qu'il remplit d'ailleurs merveilleusement bien.

Il s'agissait d'abandonner Messine; et dans l'instruction qui existe aux archives du ministère de la guerre il est spécifié *que, le roi étant résolu de compter plutôt au nombre de ses ennemis la couronne d'Angleterre, que de faire une paix qui ne répondît pas à la grandeur de ses conquêtes, voulait retirer ses troupes et ses vaisseaux de Sicile pour augmenter ses forces navales dans le Nord.* On dira plus bas, à la fin de ce chapitre, en jetant un coup d'œil rapide sur les négociations qui amenèrent la paix de Nimègue, à quel sujet et dans quelles circonstances Louis XIV s'exposait « à compter la couronne d'Angleterre au nombre de ses ennemis; » mais le fait de l'abandon de Messine doit être, avant toute chose, raconté.

Or, après en avoir exposé ce motif, l'instruction déjà citée ajoute, à propos du retrait des troupes : *Ce n'était pas chose facile, parce que les troupes étaient séparées sur plusieurs points, et parce qu'il n'y avait pas d'apparence qu'une ville comme Messine, peuplée de plus de 80,000 âmes, sans compter les bourgeois et paysans des villages circonvoisins, qui venaient au marché l'escopette sur l'épaule, et allaient à la messe les jours de fête, dans le même équipage, laissassent embarquer les Fran-*

---

[1] *Biblioth. roy. Lettres de Colbert.* — 1667 à 1668. *M s.*

çais, pour être le moment d'après à la discrétion des Espagnols; on craignait surtout ceux nommés les Merli, qui, pour consommer l'œuvre, eussent volontiers couronné leur fidélité par de nouvelles Vêpres-Siciliennes. Il fallait avoir terminé l'évacuation en cinq semaines, ou se trouver les Hollandais, les Anglais et les Espagnols sur les bras; les uns partis du Texel dans les derniers jours de janvier, avec dix-huit vaisseaux de guerre, et les autres de Londres, à la même époque, pour joindre leur pavillon, qui était avec vingt-et-un grands vaisseaux près d'Alger; et, de là, tous ensemble partir pour Minorque, rendez-vous général des flottes espagnole, anglaise et hollandaise. On juge si le secret était urgent et indispensable pour les causes qu'on a dites.

Or, il était impossible d'exécuter ce dessein sans ruser, ce que fit fort habilement M. de La Feuillade, qui, d'ailleurs, ne fut instruit du véritable but de sa mission qu'une fois en mer.

Le bruit général, qui courut lors de son départ, fut qu'en rappelant M. de Vivonne et en envoyant à sa place un homme aussi actif et aussi entreprenant que l'était M. de La Feuillade, Louis XIV voulait que les affaires de Sicile changeassent de face, et qu'une nombreuse armée d'occupation venant bientôt augmenter les forces françaises rassemblées à Messine, le nouveau vice-roi fût à même de conquérir tout le royaume.

M. de La Feuillade, aussi fort mal avec M. de Louvois, fut irrité de se voir choisi pour une pareille mission, pensant que puisque l'influence de M. de Vivonne et ses adhérences n'avaient su obliger M. de Louvois à lui accorder les troupes nécessaires, lui, La Feuillade, n'aurait pas plus de pouvoir à cet égard, et qu'il perdrait peut-être son crédit dans cette malheureuse entreprise; mais le roi avait parlé, il fallait obéir, et cela sur l'heure, car le temps pressait. Le jour du départ du maréchal, Louis XIV lui remit un paquet cacheté, et, sans l'entretenir autrement, lui dit : — « Monsieur de La Feuillade, vous n'ouvrirez ce paquet qu'à la hauteur des terres de Sardaigne, et vous exécuterez alors les ordres qu'il renferme. »

Pour le coup, M. de La Feuillade se crut disgracié et partit furieux, si furieux que, se rendant à Toulon par la navigation du Rhône, il fit jeter dans cette rivière un commis qui voulait se permettre de visiter ses coffres. Enfin, arrivé à Toulon, il part sur une escadre nombreuse qui l'attendait, sous le commandement de Du Quesne.

A la hauteur de Cagliari, le duc impatient ouvre ses dépêches. Quelle est sa joie! au lieu de cette longue et ennuyeuse mission qu'il redoutait, « il lui est ordonné de ramener les troupes françaises de Sicile; car Louis XIV *abandonne Messine;* mais, ainsi qu'on l'a dit, comme le désespoir des habitants qui se verraient ainsi livrés à la merci des Espagnols serait à craindre, il lui est enjoint d'user d'artifice et de cacher ce dessein sous le semblant de grandes intentions de conquête sur le reste de l'île. »

Le duc arrive donc par le sud du Phare, débarque à Agosta et de là se rend par terre à Messine, où il voulut rester incognito jusqu'au départ de M. de Vivonne, qui quitta cette ville aussi incognito le 22 février, laissant la Sicile dans l'état où il l'avait prise, c'est-à-dire tout entière aux Espagnols, à la réserve de Messine, Taormina et Agosta, seuls fruits de quatre années d'occupation, qui revenaient à la France *à plus de trente millions*, évaluation faite d'après un état dressé pour Colbert par M. Colbert de Terron.

M. de Vivonne parti, M. de La Feuillade commença de jouer son rôle; il avait pour secrétaire un certain Maserac; ce Maserac était un drôle rempli de manége et d'astuce, insinuant, hardi, ayant bu toute honte, en un mot le plus véritablement malhonnête homme qui se pût rencontrer; mais aussi le plus rusé, le plus adroit fourbe du monde. Une fois M. de La Feuillade arrivé, le Maserac commença de s'habituer dans cette classe moyenne de bourgeois, de bas-officiers, de scribes et de greffiers du sénat, qu'il savait être les trompettes les plus retentissantes de tout projet faux ou vrai confié sous le secret à leur commune discrétion.

Mais en homme habile, le Maserac n'allant pas au devant des curieux, les attendit à ses gluaux et ils s'y prirent d'eux-mêmes et y restèrent. Ainsi il se laissa naïvement arracher pour premiers secrets d'état : « que le grand roi était furieusement outré contre
» M. de Vivonne, et qu'à son retour, ce n'était rien moins que
» la Bastille qui l'attendait, et peut-être pis; que de plus, le
» grand roi las de l'inertie de son général des galères, n'avait en-

» voyé en sa place un seigneur aussi entreprenant que M. le
» maréchal de La Feuillade, si connu par son expédition de Can-
» die, que pour conquérir une bonne fois toute la Sicile; et
» qu'une fois toute la Sicile conquise, par une grâce toute par-
» ticulière le nouveau vice-roi ne quitterait jamais Messine, qui
» devenant ainsi capitale du royaume, devait jouir des plus su-
» perbes, des plus lucratives immunités du monde; et que la
» première faveur qui serait nécessairement accordée à cette
» bonne ville de Messine devait être le rétablissement de l'ordon-
» nance de Philippe, portant que toutes les soies de Sicile sorti-
» raient désormais par le seul port de Messine. »

Que sait-on enfin? Le Mascrac eut tellement l'art et le manége d'enchanter et de persuader ces malheureux que, six jours
après l'arrivée de M. de La Feuillade, il n'était bruit dans tout
Messine que des très-magnifiques projets du seigneur duc, et que
la joie la plus grande régnait par toute la ville.

De son côté, M. de La Feuillade, homme d'infiniment
d'esprit, d'astuce et de grâces, fort grand seigneur, et en
ayant les manières et le langage, ne se fit pas une moindre clien-
telle parmi les sénateurs et la haute aristocratie messinoise; sans
blâmer brutalement les antécédents de M. de Vivonne, ainsi que
le Mascrac faisait, il usait d'une réserve fort habile, parlait peu
de son prédécesseur, le défendait même au besoin; ce n'était pas,
disait-il, « manque de cœur, si M. de Vivonne n'avait pas poussé
plus loin ses conquêtes, car il avait toujours vaillamment servi,
c'était plutôt parce qu'il n'avait pas eu à sa disposition des
moyens matériels en rapport avec l'exigence des nécessités; tandis que lui, La Feuillade, se flattait d'obtenir de vastes résultats,
non par sa capacité, certes il n'avait pas cette orgueilleuse prétention, mais par les renforts considérables qu'il attendait, rien
moins que trente mille hommes d'infanterie et cinq mille cavaliers, dont il annonçait officiellement la venue; puis venait la
fable d'un prince du sang que Louis XIV voulait envoyer à
Messine, une fois la Sicile conquise: or, si des vice-rois, tels que
lui La Feuillade et Vivonne, avaient pu se contenter d'une possession qui se bornait à trois ou quatre places fortes, il n'en
était pas de même d'un vice-roi, proche parent du roi; il lui
fallait évidemment un véritable royaume, au moins la Sicile; et

peut-être, » ajoutait confidentiellement La Feuillade, « peut-être même le royaume de Naples, qu'on s'occupait de soulever contre l'Espagne, de sorte que Messine devenait ainsi la capitale de ce vaste empire. » Puis, conséquemment, arrivait le récit de merveilleuses immunités et la promesse du monopole de la sortie des soies.

Enfin, le duc et son secrétaire firent tant et si bien que, lorsque le nouveau vice-roi sortit de son palais, le 28 février 1678, pour aller, comme autrefois Vivonne, prêter le serment de fidélité aux franchises de Messine, le jurer devant Dieu, sur les saints Évangiles, et recevoir pareil serment des sénateurs, ce fut dans la ville une joie si folle et si universelle, que de mémoire d'homme on n'avait jamais vu foule plus transportée : c'était, disent les relations du temps[1], « des danses sans fin, des flambeaux allumés à
» toutes les fenêtres pendant les nuits qui précédèrent et suivi-
» rent la cérémonie de réception du nouveau vice-roi ; et, enfin,
» lors de ce jour solennel, les marchands de soieries et de broca-
» telle d'or et d'argent, sûrs d'avance d'énormes bénéfices qu'ils
» devaient faire, grâce à l'ordonnance concernant les soieries, sa-
» crifièrent on ne sait combien de magnifiques pièces d'étoffe,
» dont ils firent un splendide tapis qui s'étendait sur le pavé de-
» puis le palais du vice-roi jusqu'à l'église métropolitaine, et sur
» lequel tout le cortége, piétons et cavaliers, passèrent dans son
» ordre habituel. »

M. le duc de La Feuillade fut donc élu et proclamé vice-roi de Sicile, le 28 février 1678. Il ne lui restait de plus alors qu'à abandonner sa vice-royauté sous huit jours au plus tard, et, ce, en remplissant les trois conditions de sa mission, à savoir :

De retirer les troupes,

D'embarquer les malades,

Et de s'approvisionner des vivres nécessaires pour nourrir l'armée pendant la traversée de Messine à Toulon.

On avouera que, pour arriver à ce but et dans les circonstances qu'on sait, il fallait ne pas manquer de ruse et d'habi-

---

[1] Voir, pour les détails : Expédition de Sicile, *Mss. Bibl. roy.* — Relation de Messine, 1670-1671, *Mss.* — Annales des Provinces-Unies. — Mémoires de Caffaro, *Mss.* — Abandonnement de Messine, *Mss.* — *Bibl. roy. et Arch. du ministère de la guerre et des aff. étr.*

leté : or, M. de La Feuillade, aidé du Maserac, sortit à ravir de cette difficile entreprise, ainsi qu'on va le voir.

Comme pour embarquer les troupes on devait les retirer d'abord de toutes les positions militaires qu'on avait demandées aux Messinois dès le commencement de l'occupation, afin de pouvoir contenir et dominer la ville en cas de révolte, M. de La Feuillade, le lendemain même du jour où il fut reconnu vice-roi, convoqua les jurats dans son palais, et là, après un discours qui exprimait surtout des sentiments d'une confiance chevaleresque envers les Messinois, il termina en disant aux sénateurs : « Messieurs, j'ai juré hier sur les saints et sacrés Évangiles de vous défendre jusqu'à la mort et de respecter l'intégrité de vos franchises et de vos priviléges ; mais l'un de ces priviléges, le plus précieux de tous pour des gens de cœur et de résolution comme vous l'êtes, est celui de vous garder vous-mêmes ; ce droit, M. le duc de Vivonne vous l'avait demandé, cédant sans doute à un sentiment qu'il croyait de la prudence, car le mot de défiance ne se peut prononcer ni comprendre quand on vous a expérimentés deux jours ; eh bien ! ce droit que vous aviez confié à l'honneur de M. de Vivonne, moi, je vous supplie de le reprendre, car je vais vous parler ici avec la franchise d'un vieux soldat. Gardez vous-mêmes vos portes, vos murailles, c'est là le devoir de tout citoyen libre d'une ville libre ; mais que nous les gardions, nous, vive Dieu ! messieurs, cela seul trop le servage pour vous, et votre dignité en souffre ! Tenez, franchement, c'est parce que je ne voudrais pas être prisonnier que je hais l'office de geôlier ; et puis, s'il faut tout dire, messieurs, j'aime mieux être confiant que défiant ; j'aime mieux venir à vous la poitrine découverte, en vous tendant cordialement la main, que de me couvrir d'une cuirasse et vous soupçonner ; j'aime mieux, enfin, me fier aveuglément à votre honneur, à votre religion, à votre loyauté, que d'en douter un seul moment. »

Les jurats demeurèrent stupéfaits ; dès longtemps revenus de leur engouement pour Vivonne et pour la France, ils regardaient l'occupation des forts par les Français comme un espèce d'outrage fait à leur dignité : que durent-ils éprouver en entendant cette parole franche et généreuse qui allait au-devant d'un vœu qu'ils n'auraient peut-être osé exprimer qu'après mille hésitations! C'était revenir à l'âge d'or. Aussi, après avoir exprimé au vice-roi leur reconnaissance éternelle pour une grâce aussi inattendue, ils sortirent de son palais pour rédiger une proclamation qui rétablissait la milice messinoise dans tous ses droits, « en rendant toutefois hommage à la noble confiance du vice-roi, confiance qui les honorait tant, et leur imposait d'aussi grands devoirs envers un tel et si généreux allié. »

Cette nouvelle causa dans Messine pour ainsi dire un soulèvement d'allégresse; le peuple vint en foule aux portes du palais du vice-roi, qui parut à son balcon, tenant une lettre à la main. Ayant demandé le silence par son interprète, il fit dire par ce dernier « que le roi son maître annonçait officiellement qu'il rendrait à sa bonne ville de Messine le monopole de la sortie des soies. »

En vérité, c'était trop; encore une nouvelle de cette sorte-là, et les Messinois mouraient de joie. Cette nuit et les nuits suivantes furent éclairées par mille flambeaux; il n'y avait plus désormais de ténèbres à Messine.

Une fois les troupes françaises relevées par les troupes messinoises, M. de La Feuillade les fit caserner proche de son palais, sur le bord de la mer, dans un vaste édifice appelé l'ancienne Douane. Restait à opérer leur embarquement. Pour y arriver, M. de La Feuillade fit demander par Maserac tous les plans de Palerme qu'on put trouver, pria les jurats de lui donner tous les écrits, tous les renseignements possibles sur cette ville, s'enferma quatre ou cinq jours dans son palais, y eut de fréquentes conférences avec les officiers généraux de terre et de mer (conférences, dit un témoin oculaire, *qui ne se passaient pas en une médiocre gaieté*, et cela se conçoit, car toute cette comédie devait singulièrement prêter aux plaisanteries). Puis, au bout de ce temps-là, le Maserac passa je ne sais combien de marchés pour l'obtention desquels, afin de compléter l'illusion sans doute, il se fit largement rétribuer. Les signataires de ces marchés devaient fournir, sous le plus bref délai, des bœufs, des voitures, des chevaux, des mulets, que sait-on? de quoi porter l'armée d'Annibal par-dessus les Pyrénées.

Puis, lorsque l'attention et la curiosité publiques furent vivement excités, M. de La Feuillade convoqua de nouveau les jurats et leur exposa qu'il allait tenter immédiatement une grande et décisive expédition sur Palerme, qu'il y avait des intelligences assurées, et que cette ville s'étant d'ailleurs toujours montrée aussi hostile à l'occupation française qu'aux Messinois, son intention était de la traiter avec sévérité une fois qu'elle serait en son pouvoir.

Cette pensée d'une attaque sur Palerme était un coup de maître ; en effet, M. de La Feuillade agissait assurément sur un sentiment si vif qu'il eût fait oublier la folie de cette entreprise, lors même qu'elle n'eût pas été possible et conséquente avec les vues supposées de M. de La Feuillade ; car il mettait en jeu la rivalité incurable et la haine presque féroce des Messinois contre les Palermitains. Aussi ce projet fut-il reçu du sénat d'abord, et ensuite du peuple, avec acclamation ; les expressions manquaient même à cette langue italienne, déjà si riche d'emphase, pour témoigner la joie qu'on avait de cette expédition contre Palerme, et rien n'est plus curieux que de lire quelques rares écrits de cette époque au sujet de l'*incomparable, du divin, du plus que divin* La Feuillade, qui, en quinze jours, *rendait les postes à la milice des Messinois, leur promettait le monopole de la sortie des soies, allait raser Palerme, faire pendre ses habitants et semer du sel sur ses ruines.*

Car dans la ferveur de leur enthousiasme, les Messinois n'attendaient pas moins de la *sévérité* du plus que divin La Feuillade à l'égard de Palerme, leur éternelle et odieuse rivale.

Seulement, M. Caffaro, ayant fait observer au vice-roi qu'il n'était peut-être pas prudent d'avouer ainsi ouvertement tous les projets qu'on avait sur Palerme, dans la crainte de donner l'éveil aux Espagnols : — « Ne voyez-vous pas au contraire, — répondit M. de La Feuillade, — que ces *dons* entendant si ouvertement parler de nos projets sur Palerme y feront d'autant moins d'attention qu'ils les croiront simulés, s'attendant au contraire à être attaqués sur un autre point, et qu'ils prendront ces bruits sur Palerme comme un leurre ? » Cette raison satisfit pleinement M. Caffaro, et les préparatifs contre Palerme continuèrent.

Dans sa joie de cette expédition, le sénat, dit une relation contemporaine : « Le sénat fit broder un magnifique pavillon

» bleu semé de fleurs de lis d'or, ayant d'un côté une figure de la
» Vierge *della Lettera*, et de l'autre une devise contre les Paler-
» mitains, *comme si on allait combattre les infidèles;* on porta
» en grande pompe ce pavillon à l'église métropolitaine pour qu'il
» y fût béni; après quoi on le présenta au vice-roi, qui, après
» l'avoir baisé, le reçut avec beaucoup de respect, l'arbora sur la
» poupe de son vaisseau et fit trois décharges de son artillerie,
» afin d'honorer ledit pavillon. »

On voit que l'expédition contre Palerme tournait singulièrement à la croisade; le nombre d'ex-voto suspendus à la voûte des églises pour le succès de l'expédition passe, dit-on, toute créance, tant le caractère sicilien, éminemment jaloux et vindicatif, s'exaltait à la seule pensée de la ruine de Palerme : bien plus, un corps de deux mille volontaires appartenant à toutes les classes s'organisa comme par enchantement et vint faire ses offres de service à M. de La Feuillade, qui refusant poliment, et parodiant, à ce sujet, le mot si connu de Henri IV, répondit à ces bons Messinois de son air matamore : « A vous, messieurs, l'honneur de vous garder, à nous celui de vous conquérir Palerme, car il faut que tout le monde vive ! »

C'était charmant ; les Messinois ne rêvaient plus que monopole des soies et Palermitains pendus. Les troupes françaises étaient prêtes à s'embarquer; mais il restait deux choses qui embarrassaient assez M. de La Feuillade.

D'abord, le prétexte qu'il donnerait pour embarquer les malades.

Puis la vue importune de deux énormes coulevrines placées sur le bastion du Salvador, qui, battant la rade, pouvaient extrêmement gêner son départ, dans le cas où, par une indiscrétion peu probable d'ailleurs, ses véritables projets auraient été devinés.

Aussi, afin de remédier à l'importunité de ces deux grosses coulevrines qu'on a dites, le vice-roi fit le tour des remparts, sous le prétexte de visiter les fortifications avant son départ pour Palerme, et, arrivé au Salvador, il bondit à la vue des coulevrines : — « Mort-Dieu ! quelle est la pécore qui a placée là ces coulevrines? peste soit des coulevrines! quel est le fâcheux qui a eu la visée malencontreuse de ces coulevrines-là ! »

Les témoins de cette sortie se regardaient béants, lorsque M. de La Feuillade, se récriant sur ce qu'on lui répondait que c'était du temps de M. de Vivonne qu'elles avaient été placées là, se tourna vers les assistans messinois, et leur dit d'un air moitié colère, moitié chagrin, en leur montrant de sa canne les deux couleuvrines : « Et voilà pourtant, messieurs, les résultats de la défiance : parce qu'on n'a pas été assez fort de ses bonnes intentions, on a eu besoin de ces machines de guerre pour assurer son pouvoir sur une ville qui s'était pourtant livrée si confiante à nos armes. Eh bien, pendant mon expédition sur Palerme, que des partisans ennemis s'emparent de ce poste par surprise (car celui qui me dirait qu'on peut le prendre de vive force sur les Messinois, je lui répondrais qu'il a menti) ; mais que des partisans prennent donc ce poste par surprise, voilà qu'on peut tirer ces couleuvrines sur la ville, l'écraser, l'incendier... Non, non!... Pesté, messieurs, qu'on me descende ces couleuvrines-là, et ce, sur l'heure! »

Et les couleuvrines furent descendues, à la grande satisfaction des Messinois, qui ne pouvaient assez admirer la présence d'esprit de ce plus que divin La Feuillade, qui pensait à tout, prévoyait tout, disaient-ils, et qui, dans le fait, demeura allégé du poids de ces deux incommodes machines.

Il ne restait plus alors qu'à assurer l'embarquement des malades : l'esprit inventif du Maserac y pourvut, et ce ne fut pas une des scènes les moins amusantes sans doute pour les acteurs de cette incroyable comédie.

Le Maserac découvrit donc je ne sais quel empirique, nommé Vernun, venu sur un des vaisseaux de la flotte de M. de La Feuillade ; ce Vernun était sans doute quelque homme de sac et de corde, mais d'une rare impudence, toutefois décemment habillé, bien et dûment endoctriné par Maserac : prenant le titre de médecin supérieur des armées de Sa Majesté, il s'en alla effrontément visiter les malades français dans l'hôpital de Messine. Arrivé près d'eux, le drôle les interroge avec gravité ; puis, sur leur réponse, il paraît étonné, absorbé, réfléchit profondément, les interroge de nouveau, leur regarde le blanc des yeux, la paume des mains, et après mille grimaces il finit par demander de la façon du monde la plus naturelle à un des syndics qui l'accompagnaient, *s'il n'y avait jamais eu la peste à Messine.*

On pense quelle fut la frayeur du syndic messinois, qui, au lieu de répondre, s'exclama en demandant à Vernun s'il y avait le moindre danger; à quoi celui-ci répondit tout effaré, en levant les mains au ciel avec de grands roulements d'yeux, qu'il lui fallait sur l'heure se rendre auprès du vice-roi.

Pendant que l'empirique se rend au palais, le syndic s'en va, comme cela devait nécessairement arriver, répandre partout le bruit que la peste est dans l'hôpital français: de là, rumeur croissante dans Messine, qui finit enfin par envoyer une députation à M. de La Feuillade au sujet de cette peste.

M. de La Feuillade accueille à ravir la députation et rassure les Messinois épouvantés, de façon qu'ils aient plus de terreur encore. « Ce n'est rien, messieurs, leur dit-il, ce n'est absolument rien; M. le médecin supérieur n'a trouvé aucun symptôme de peste; il a bien remarqué très-vaguement, çà et là, quelques petits signes qui lui feraient craindre que les malades, renfermés dans un endroit resserré, au sein d'une nombreuse population, sous ce climat brûlant, ne pussent par la suite être atteints d'une maladie contagieuse; mais, quant à présent, il affirme qu'il n'y a pas le moindre danger, à moins que par une fatalité, du reste hors de toute probabilité, les variations que l'équinoxe amène toujours dans la température ne viennent tout à coup à développer quelque venin caché; mais M. le médecin supérieur assure, ainsi que je me donne l'honneur de vous le répéter, que, quant à présent du moins, il n'y a pas la moindre crainte à avoir. »

Il n'en fallait pas davantage pour combler d'effroi les Messinois: aussi vinrent-ils de nouveau supplier le plus que divin vice-roi, qui leur avait montré jusque-là un esprit si rempli de ressources, de les délivrer de cette peste redoutée qu'ils voyaient déjà décimant leur malheureuse ville.

A cela le vice-roi répondit, par ce qu'il avait déjà dit : que cette crainte était des plus chimériques, du moins quant à présent. — « Ah! — ajoutait-il, — bien certainement, messieurs, s'il y avait le moindre danger réel, je n'hésiterais pas un moment, je ferais embarquer la totalité des malades et les transporterais sur un point isolé, salubre et sûr, à la Rocca, par exemple, petite île proche d'Agosta, où on établirait une sorte de campement à la hâte dans des maisons de pêcheurs ; mais maintenant ! lorsqu'il n'y a aucune nécessité de déplacer ces pauvres malades, aller les exposer à des fatigues que je n'hésiterais pas d'ailleurs à leur faire endurer s'il s'agissait du salut d'une ville tout entière, c'est à quoi, véritablement, je ne consentirai jamais, tant qu'il n'y aura d'autre nécessité à cela que celle de rassurer quelques esprits timides mal à propos effrayés. » — M. de la Feuillade termina enfin par dire très-brusquement : qu'on avait vu jusqu'ici qu'il n'avait reculé devant aucun sacrifice pour prouver aux Messinois combien il avait à cœur leur satisfaction, mais qu'il n'y condescendrait jamais à ce point de leur sacrifier la vie de ses soldats.

On pense le chagrin des syndics, l'émoi de la foule, qui avait déjà presque mis en quarantaine l'hôpital français ; enfin M. de La Feuillade, qui ne demandait qu'à être forcé de prendre une mesure qui lui importait autant, après des supplications sans nombre, consentit à grand'peine à ce que les malades fussent embarqués pour être déposés par lui à l'île de Rocca lorsqu'il passerait devant Agosta pour se rendre à Palerme par le sud.

Il serait impossible d'exprimer tout ce que cette condescendance du plus que divin La Feuillade inspira aux Messinois, qui se crurent, en voyant embarquer les derniers malades, délivrés des sept plaies d'Égypte, et firent immédiatement démolir ledit hôpital par de malheureux esclaves turcs qu'on y enferma au moyen d'une muraille élevée à la hâte, et autour de laquelle veillaient incessamment des patrouilles chargées de faire feu sur tout esclave qui tenterait de sortir de cette enceinte redoutée.

Enfin, le 13 mars, à trois heures du soir, les chaloupes qui portaient les dernières troupes françaises à bord de la flotte démarrèrent du quai de Messine, M. de La Feuillade fit ses adieux au sénat et sortit de son palais pour s'embarquer dans une magnifique felouque, aux cris de joie frénétiques de toute la population ; qui lui criait : A Palerme !.. à Palerme !..

Alors le duc, étendant sa main vers l'ouest de Messine, où est située Palerme, leur dit à haute voix : « Oui, mes braves amis, à Palerme ! et vive Messine, bientôt la seule reine de Sicile ! »

. . . .

Et la felouque du vice-roi, quittant le quai aux clameurs retentissantes de ce malheureux peuple, gagna la flotte qui l'attendait mouillée à l'entrée de la rade, hors de toute portée de canon. Là M. de La Feuillade, qui devait dîner à bord de la frégate de M. de Janson, dîna, et après dîner, envoya prier les jurats de venir à son bord pour une communication importante.

On laisse un témoin oculaire raconter la scène qui va suivre :

« Le duc de La Feuillade s'étant retiré hors de la portée du » canon de la ville, manda les jurats à bord de la frégate de » M. de Janson où il dînait; les jurats vinrent, très-étonnés et » très-stupéfaits, et il leur dit : *que le roi son maître avait tou-* » *jours eu dessein de continuer sa protection à la ville de Mes-* » *sine, et qu'il avait encore plus d'envie que jamais d'achever* » *la conquête du reste de la Sicile; que pour cet effet il avait* » *ordonné un grand nombre de troupes d'infanterie et de cava-* » *lerie qui devaient y passer à la fin de mars; mais que l'An-* » *gleterre s'était liguée avec les ennemis de S. M. qui, connais-* » *sant que tous les discours de paix qui lui étaient proposés* » *n'étaient que pour donner le temps aux Anglais de joindre* » *les Espagnols et les Hollandais avec trente vaisseaux, lui* » *avait envoyé ses ordres pour faire embarquer ses troupes,* » *faire partir ses galères, et s'en aller à l'île de Ponce afin que* » *les ennemis ne pussent se mettre entre Messine et les troupes* » *qui devaient venir de France; que s'ils pouvaient garder leur* » *ville pendant deux mois, les vaisseaux de S. M. étant joints,* » *ils viendraient tenter la fortune d'un combat; et que s'ils ne* » *pouvaient pas garder leur ville, ils eussent à prendre le parti* » *qu'ils pourraient, car il était résolu de suivre rigoureusement* » *les ordres qu'il avait reçus.*

« Une déclaration si peu attendue fut un coup de foudre pour » les jurats, qui, sentant l'inutilité de leurs remontrances, de- » mandèrent au moins qu'on reçût dans les vaisseaux ceux que » leur fidélité au roi de France exposait aux supplices les plus » cruels. Le duc de La Feuillade, sans refuser une demande » aussi juste, l'éluda en ne leur accordant que vingt-quatre

» heures pour s'embarquer, eux, leur famille et ce qu'ils pou-
» vaient emporter d'argent. Un terme si court ne pouvant abso-
» lument suffire, les jurats se jetèrent à ses pieds, lui exposant
» que ce terme était trop court pour des gens qui allaient quit-
» ter leur pays pour toute leur vie, le conjurant de leur donner
» plus de temps; mais le duc les refusa, et ils allèrent annoncer
» cette triste nouvelle dans toute la ville. Elle jeta les habitants
» dans une consternation inexprimable; l'épouvante et le déses-
» poir étaient au comble; on vit une multitude infinie d'hommes,
» de femmes et d'enfants sur le rivage, qui y avaient apporté
» tout ce qu'ils croyaient pouvoir transporter dans un royaume
» étranger, afin d'y subsister; l'air retentissait des cris et des
» hurlements de ces misérables, qui voulaient s'embarquer pour
» échapper aux Espagnols qui devaient si terriblement les punir
» de leur rébellion et de leur attachement à la France. Ils im-
» ploraient, en pleurant, d'être reçus dans les chaloupes qui
» transportaient quelques familles de sénateurs qui partaient sur
» l'heure; voyant qu'on les refusait, les uns voulaient se jeter à
» la mer si on n'avait pas pitié d'eux; les autres s'accrochaient
» aux chaloupes avec des prières mêlées d'imprécations et ne
» pouvaient être détachés que par des coups de sabre. Plusieurs
» de ces malheureux se noyèrent de désespoir; enfin, le duc,
» après avoir laissé embarquer sur sa flotte à peu près cent fa-
» milles sur quatre-vingt mille Messinois qui demeurèrent livrés
» à la rage des Espagnols, mit à la voile et s'arrêta quelques
» jours à Agosta, où il fit sauter la tour d'Avalos, enclouer les
» canons de fer, embarquer celui de fonte, et enlever jusqu'aux
» cloches. Le duc fut obligé de se faire remorquer par les ga-
» lères, parce que la tempête, qui dura huit jours, ne lui au-
» rait pas permis de passer le détroit dont il voulut s'éloigner à
» quelque prix que ce fût. La désolation de ceux qu'il avait re-
» çus sur sa flotte redoubla lorsqu'ils furent arrivés à Marseille,
» où on les obligea à rester jusqu'à nouvel ordre; cependant ils
» se consolaient croyant qu'ils auraient bientôt la permission
» d'aller à la cour où ils espéraient que leur présence réveillerait
» la charité du roi, mais on les dispersa en différents lieux et la
» plupart périrent de misère.

» Aussitôt après le départ des Français, don Vicenzo Gonzaga

» fut nommé vice-roi par le roi d'Espagne, et arrivé à Messine,
» il exerça les plus grandes sévérités, laissa commettre pendant
» trois jours tous les excès à ses troupes, fit emprisonner et
» mourir la plupart des Messinois considérables, et toute la Si-
» cile rentra sous l'obéissance de l'Espagne, qui aima mieux
» ruiner un aussi beau pays que de ne pas assouvir sa ven-
» geance. »

(*Abandonnement de Messine.*) — *Bibl. roy. mss.*

. . . .

Telle fut donc l'issue de la guerre de Sicile. Cet abandon était si peu prévu et si peu motivé que, dans les dépêches suivantes, M. le duc d'Estrées écrivait à M. de Pomponne qu'il ne regardait ce bruit que comme une fable des ennemis de l'honneur du roi son maître, et il en donnait d'excellentes et fort logiques raisons ; mais dans sa seconde dépêche, alors que le fait lui fut confirmé, rien n'est plus curieux que de le voir retorquer les raisons de la première, et trouver nécessairement toute la justice possible dans la conduite de Louis XIV à l'égard de Messine.

Voici ces dépêches :

« Monsieur,

» Le vice-roi de Naples a expédié une felouque en Espagne et une ici, pour donner part à l'ambassadeur que M. de La Feuillade étant parti le 10 mars de Messine, après avoir fait un édit que tous les marchands français eussent à se retirer en France dans quinze jours, ayant rendu les forts de Messine aux Messinois, et ayant embarqué hommes, femmes, enfants, malades, et meubles de quelques sénateurs qui n'y voulaient pas rester, avait fait voile du côté de France ; que les Messinois avaient envoyé ensuite des députés au comte Barbo et à l'évêque de Reggio, qui étaient ensuite entrés à Messine au bruit du canon, y arborant le portrait, les armes et l'amnistie du roi d'Espagne ; qu'un sergent qui les avait accompagnés jusqu'à l'entrée du port de Messine, et qui était venu en diligence porter cette nouvelle, offrait sa tête pour en maintenir la vérité, et que sur cela il lui expédiait cette felouque, et lui en expédierait une autre dès qu'il en aurait la confirmation.

» L'ambassadeur a débité cette nouvelle, et dans une audience du pape, qu'il a prise sur l'arrivée d'un courrier de Madrid, il lui a donné part de cette nouvelle, et ensuite à toute sa faction dont il a reçu chez lui les compliments. Ses émissaires racontent la chose diversement entre eux : les uns disant que M. de La Feuillade a déclaré aux Messinois que le roi ne les pouvait plus soutenir à cause de la guerre d'Angleterre, et qu'il les avait ainsi remis à leur propre garde ; et les autres qu'il n'a point embarqué de femmes, ni d'enfants, ni abandonné Messine ; mais qu'étant allé avec beaucoup de monde pour l'entreprise de Palerme, qui a manqué, ayant été jeté par la tempête du côté de l'île de Malte, et n'ayant laissé que trois cents Suisses à Messine pour la garde des bastions, les Messinois avaient pris leur parti, se servant de la conjoncture et étant excités à cette résolution par la réflexion qu'on les voulait sacrifier au traité de paix ; que, cependant, les Français ne s'étaient pas retirés en France, mais seulement à Agosta.

» Cette diversité de discours et le nouveau courrier qui n'arrive point depuis six jours, joint à un courrier du nonce de Naples qui arriva hier au palais, et qui parle de cette nouvelle avec beaucoup d'incertitude, tiennent le marquis de Lira en grande inquiétude, soit qu'elle soit sincère ou affectée, et l'on commence à se ranger du parti de ceux qui n'y ont ajouté aucune foi, par l'expérience qu'ils ont de l'effronterie avec laquelle les Espagnols publient et appuient les circonstances des plus fausses nouvelles. Quant à celle-ci, on a remarqué que le vice-roi en a écrit sur la foi d'un simple sergent, sans aucune suite, et pouvant faire disparaître ce sergent ensuite selon la nécessité ; que la conjoncture de leurs affaires leur fait craindre le changement de vice-roi, celui-ci étant actif, heureux et fort entreprenant ; qu'ils redoutent l'arrivée du convoi de Toulon qui peut les chasser de toute l'île ; que, par l'intelligence entre le vice-roi de Naples, le gouverneur de Milan et l'ambassadeur de Rome, et par cette fausse nouvelle qu'ils hasardent, en même temps que leurs envoyés peuvent être dans les cours d'Italie pour y solliciter une ligue, ils peuvent, en paraissant fortifiés du retour de Messine sous leur domination, exciter ces princes à une union, pour détourner la guerre du Milanais, et leur faire considérer que la domination d'Espagne étant toujours plus fixée en Italie, il leur est important de s'accommoder à un intérêt invariable. Ils considèrent de plus que tout le temps qu'on éloigne la perte est autant de gagné, et que si cette nouvelle est publiée par terre et par mer comme indubitable, le convoi pourra ne point partir de Toulon ou s'arrêter dans quelque port, s'il est parti, jusqu'à nouvel avis, et que cependant la résolution de la guerre ou de la trêve qui pouvait se résoudre en douze ou quinze jours pourrait rétablir leurs affaires; la guerre d'Angleterre pouvant, selon eux, engager la France à ne penser pas à de nouveaux progrès en Sicile, et la paix ou la trêve les délivrant aussi des nouvelles entreprises, et qu'ainsi le retardement de quinze jours peut être fort utile, puisque, si M. de La Feuillade réussissait à quelque grand dessein, les prétentions du roi dans le traité pourraient augmenter, ce qu'il est bon d'empêcher par toutes sortes de stratagèmes.

On a encore observé, dans cette nouvelle, outre la diversité de leurs discours, l'éloignement de toute sorte de vraisemblance. *En effet, si le roi avait voulu abandonner Messine par la considération des Anglais, cette même considération était sur le tapis et même plus vive quand M. de La Feuillade était encore en France; ainsi Sa Majesté n'aurait pas envoyé un nouveau maréchal de France pour faire cet abandon, et M. de Vivonne en aurait eu l'ordre. Que si cette résolution avait été prise depuis le départ de M. de La Feuillade, le même courrier qui aurait porté cet ordre en aurait porté à Toulon pour que le convoi n'en partît pas, et ainsi on n'aurait pas eu la nouvelle qu'on a eue du départ de ce convoi. D'ailleurs, si M. de La Feuillade avait voulu faire une entreprise par mer, il ne se serait chargé ni de femmes, ni d'enfants, ni de meubles, comme ils le disent; et s'il avait voulu abandonner Messine, il ne l'aurait fait qu'après en avoir tiré tous les Français, marchands et autres, et ne les aurait laissés aucunement exposés à la boucherie ni les uns ni les autres. Ainsi, bien qu'il soit vrai qu'un fait seul extraordinaire et mal à propos puisse détruire quelquefois plusieurs raisonnements, fondés sur le bon sens et la vraisemblance; toutefois cette nouvelle est si grossièrement imaginée, si contraire aux notions premières et à toute proba-*

bilité, que la seule effronterie de ceux qui la débitent et le nombre de leurs partisans ont pu lui attirer une croyance de quelques heures. On attend d'un moment à l'autre quelque avis fort contraire et qui réponde aux notions précédentes de Messine, et il est arrivé ce matin un vaisseau vénitien à Civita-Vecchia, qui est parti le 24 de ce mois de Messine, par lequel on apprend la fausseté de ce qui s'est dit; mais seulement qu'ayant vu embarquer M. de La Feuillade avec tant de monde, quelques gens avaient soupçonné qu'il ne dût plus revenir, et qu'on avait défendu à des Français qui voulaient quitter la ville d'en sortir; et dans ce moment un prélat qui a des intrigues avec les Espagnols m'apprend qu'ils sont fort embarrassés d'avoir publié cette nouvelle.

» Le cardinal D'ESTRÉES. »

(*Archives des affaires étrangères.* — Rome, 1677-1678.)

On voit par les dernières lignes de cette dépêche que M. le cardinal d'Estrées démontre toutes les raisons de politique et d'humanité qui devaient empêcher le roi d'abandonner Messine; mais dans cette seconde dépêche, le cardinal commence par sembler douter encore de ce fait accompli, puis finit après tout par trouver mille bonnes raisons en faveur de cet abandon.

« Ce 26 mars 1678.

» Le siége de Gand et vraisemblablement les entreprises qui en seront la suite, effaceront les nouvelles que les Espagnols publient ici avec beaucoup de fête du retour de Messine et d'Augosta sous leur puissance, par l'abandon qu'ils assurent que M. de La Feuillade en a fait sur l'ordre de Sa Majesté. Ils en ont donné par deux fois en six jours à Sa Sainteté; ils en ont fait des réjouissances publiques, et l'on assure qu'ils en feront chanter demain le *Te Deum* à Saint-Jacques-des-Espagnols.

» Comme ils ont eu un courrier en confirmation du premier avis, il semble qu'on n'en puisse douter, comme on l'a fait pendant les six jours d'un courrier à l'autre, et ce, sur plusieurs motifs très-apparents. Mais comme ils disent qu'ils y entrèrent le 16 mars, et qu'on a des lettres, par un vaisseau vénitien arrivé en huit jours à Civita-Vecchia, que M. de La Feuillade avait rentré le 15 au soir dans le port, résolu pourtant de se remettre à la mer dès que le vent le permettrait, il paraît qu'on doit encore suspendre son jugement. M. l'ambassadeur n'en a rien cru jusqu'ici, et continuait encore ce matin d'assurer qu'il ne savait rien d'approchant; mais, à dire la vérité, les démarches des Espagnols sont si fortes, et tant de lettres de tant de particuliers s'accordent dans une même relation par ce nouveau courrier, que la première expérience qu'on a de toutes les faussetés que les Espagnols font courir et par lesquelles ils éblouissent le public sur de semblables apparences en toutes sortes d'occasions, ne peut empêcher qu'ils ne trouvent de la créance en celle-ci. Il y a d'ailleurs de certaines notions précédentes de divers endroits qui semblent ne pas s'opposer tout à fait à cet événement.

» Quoi qu'il en soit, ils seront en opprobre par la fausseté de la nouvelle, ou, selon que le disent les politiques de cette cour, *nous paraîtrons par la vérité du fait avoir abandonné une conquête qu'on regardait comme avantageuse au roi dans la guerre ou dans la paix, et avoir détruit pour longtemps tous les mouvements favorables dans les peuples d'Italie qui reconnaissent la domination espagnole.* On avait dit encore que M. de La Feuillade avait le dessein d'une autre conquête, comme Syracuse, Reggio ou Melazzo, et qu'ayant remis tous les forts, délivré tous les prisonniers d'état et pour dette, et laissé peu de garnison dans Messine, il avait été trahi dès qu'on l'avait vu en pleine mer.

» Mais il n'y a en cela aucune vraisemblance; l'on en cite mille raisons qui paraissent toutes conclure que s'il est d'une si grande dépense de garder une ville si éloignée, si peuplée, et qui ne peut recevoir des vivres que de loin, lorsqu'on a tant d'ennemis à la fois, il n'est pas moins hasardeux et désagréable de protéger des gens qui conspirent à tous momens contre leurs protecteurs, qui ont, à la manière des insulaires, la légèreté et l'infidélité en partage, qui ne peuvent être gagnés ni retenus par la clémence ou par la sévérité.

» Cette guerre de quatre ans ou environ, s'il est vrai qu'elle soit finie, l'est d'une manière dont les Espagnols ne doivent pas se vanter, puisque leur valeur ni leur habileté n'y paraissent aucunement, et a néanmoins, selon les réflexions de plusieurs personnes sensées de cette cour, fort occupé cette monarchie et l'a privée de plusieurs secours en Flandre ou en Catalogne, ouvrant les moyens à la France d'acquérir toute l'île, ou par l'envoi d'un souverain, ou par l'expédition d'une armée une fois suffisante et capable de conquérir. Mais d'autres répondent que la déclaration et la présence d'un souverain n'auraient peut-être pas fait davantage, et qu'en ce cas il eût été la fable de l'Europe par la contrariété des Palermitains et des Messinois, qui, les empêchant de s'imiter jamais les uns les autres, aurait attiré peu de succès à cette résolution. Qu'une grande armée tout à la fois aurait encore eu plus de peine de subsister dans un pays où l'on ne nous aurait pas aimés, ni comme protecteurs de Messine, ni comme Français, par la crainte des Siciliens, qui, jugeant faussement de nos inclinations par les leurs, par l'expérience de celles des Espagnols, ne peuvent se persuader que nous ayons si généreusement oublié la vengeance de nos ancêtres, et qu'en troisième lieu, les dépenses que le roi a été engagé de faire dans la guerre de Sicile auraient non-seulement suffi à repousser ailleurs les secours que l'Espagne aurait pu tirer d'Italie, mais encore à conquérir utilement en des régions moins éloignées.

» Je vous dis, monsieur, tout ce qu'on remarque ici bien ou mal, plusieurs personnes ajoutant que le roi pourra employer ses troupes plus glorieusement et avec plus de fruit dans le Milanais ou en d'autres provinces plus voisines de ses États, et qu'il faut qu'un si sage et si généreux prince ait eu des raisons proportionnées à sa gloire et au bien de son État pour prendre cette résolution. On savait ici que les ambassadeurs de Messine, selon leur coûtume de se plaindre de tous leurs vice-rois, s'étaient plaints sans ombre de raison au roi notre maître de quelques domestiques de M. le maréchal de Vivonne; qu'ils avaient demandé la garde de leurs forts comme ils l'avaient sous les Espagnols, se plaignant qu'ils étaient moins libres sous les Français et qu'on leur montrait trop de défiance; et qu'ils témoignaient craindre qu'on ne les sacrifiât à la faim, bien qu'ils se fussent donnés sous des conditions différentes. Les Espagnols ajoutent qu'il n'y a pas de vivres pour huit jours, et ils montrent des lettres qui marquent qu'on y avait recommencé à manger de la chair de cheval, de chats, de chiens et autres bêtes semblables ; en sorte qu'en se mettant à leur propre direction, on n'avait fait que pourvoir à leurs plaintes, à leurs soupçons et à leurs besoins, après avoir dépensé de grandes sommes et gagné plusieurs combats de terre et de mer contre les Espagnols et les hérétiques, dans la seule vue de les protéger, sans aucun égard à l'ancienne cruauté des *Vêpres Siciliennes*, ni à l'infidélité de leurs nouvelles et fréquentes conjurations, et sans aucun dessein que de les délivrer de la tyrannie dont ils se plaignaient, et de leur accorder la présence d'un souverain quand les nouvelles conquêtes qu'il supposait faire dans l'île, pour peu de monde qu'on lui envoyât, pour soutenir leurs intelligences dans plusieurs villes, eussent donné jour de déclarer un souverain pour eux avec la sûreté nécessaire ; en quoi l'extrême prudence et l'héroïque générosité du roi ont éclaté, l'une à ne rien hasarder à contre-temps, l'autre en secourant ce peuple avec de telles armes, dans le temps qu'il pouvait employer ses troupes dans des divisions plus faciles.

» Le cardinal D'ESTRÉES. »

Encore une fois, rien de plus amusant que la contradiction évidente qui règne dans l'esprit de ces deux dépêches écrites l'une avant l'autre, après l'abandon de Messine. Pour terminer tout ce qui a rapport à cette malheureuse expédition, voici enfin les lettres de Louis XIV dont on a parlé, et qui annoncent à M. le duc d'Estrées, ambassadeur à Rome, cette nouvelle si extraordinaire : *que les Messinois désespérés veulent se donner* AUX TURCS.

DU ROI AU DUC D'ESTRÉES.

« Du 17 juin 1678, à Saint-Germain.

» Mon cousin,

» *Mon zèle si ardent pour le bien de la chrétienté*, et la douleur avec laquelle je verrais qu'elle s'ouvrît quelque jour aux nouvelles entreprises que son ennemi irréconciliable pourrait faire contre elle, m'obligent à vous dépêcher ce courrier exprès. J'ai avis de Messine que ces peuples, qui sont retournés avec une affliction sensible sous le joug des Espagnols lorsque l'état de mes affaires ne m'a pas permis de les en soulager plus longtemps, cherchent tous les moyens possibles pour s'en délivrer. On peut juger combien il leur est odieux et insupportable par la résolution si extraordinaire qu'ils ont prise. *Je sais, et j'ai lieu de n'en pas douter, qu'ils ont écrit et dépêché en secret à Constantinople pour demander non-seulement assistance*, MAIS POUR SE DONNER TOUT A FAIT AUX TURCS. La peine que j'aurais de voir une ville si chrétienne jusqu'à cette heure tomber entre les mains des infidèles, le péril dont le reste de la Sicile se voit menacé, et la crainte des armes d'un ennemi si puissant pour le reste de l'Italie, m'ont porté à chercher les moyens d'y remédier. Nul autre ne m'a paru plus capable de le faire que de donner partout cet avis au pape ; son zèle et sa charité lui en feront faire tout l'usage qu'il croira le plus utile pour détourner un si grand mal : c'est ce que je remets à sa prudence. Il jugera des mesures qu'il doit prendre pour ce sujet avec les Espagnols, et peut-être croira-t-il que les voies violentes dont la cour d'Espagne a accoutumé de se servir pour punir les fautes dans lesquelles elle croit que les Messinois sont tombés, sont plus capables d'aigrir que de guérir ces sortes de maux.

» Je dois aller au-devant d'une raison que les ministres d'Espagne apporteront peut-être pour éluder les sages conseils de Sa Sainteté, particulièrement s'ils pénètrent que cet avis soit venu de moi : ils pourront l'attribuer au désir de procurer quelque soulagement aux Messinois qui sont demeurés, et de faciliter plus aisément le retour dans leur patrie à ceux qui se sont retirés en France ; mais pour ces derniers, je n'ai point besoin d'autre moyen pour les rétablir que de la paix, qui est sur le point de se conclure, et dans laquelle j'ai fait de leur restitution une condition expresse. Ainsi, assurez fortement le pape que je n'ai autre vue, dans l'avis que je lui donne par vous, que de le mettre en état d'aller au-devant d'un péril si fort à craindre pour l'Italie et pour la chrétienté en général ; il pourra, s'il le juge à propos, garder le secret dans cette affaire, ainsi que vous le garderez de votre côté, et s'appliquer aux moyens de chercher un prompt remède : qu'il soit seulement assuré que la chose est telle que je la lui communique, et que le seul intérêt de la chrétienté me fait agir en cette rencontre. Je veux m'assurer que Sa Sainteté me saura un gré particulier de l'attention avec laquelle je veille dans une affaire si importante, et que je sais qu'elle affectionne si fort.

» Sur ce, mon cousin, etc.

» LOUIS. »

LE ROI AU DUC D'ESTRÉES.

(Même date que la précédente.)

« J'ajoute encore à l'avis que je vous donne ordre de confier au pape, *que la proposition qui est faite à Constantinople* pour l'entreprise de la Sicile, marque que la descente se *doit faire à Agosta*, où quelques fortifications ont été rasées : qu'ainsi ce serait à cette place qu'il importerait aux Turcs de se pourvoir.

» Après avoir communiqué à Sa Sainteté les soins que je prends de détourner par mes moyens les maux que la chrétienté peut appréhender au dehors de la part des infidèles, vous lui donnerez part de ceux que j'ai pris de la poser au dedans; vous lui ferez voir que j'ai bien voulu abandonner pour le bien de la paix tant et de si importantes conquêtes, que je suis en état de retenir et l'espérance d'en faire de nouvelles. J'ai lieu d'espérer que Dieu bénira mes intentions pour la tranquillité publique, et l'application que Sa Sainteté a donnée par sa médiation, que les États-Généraux ont accepté les conditions de paix que j'ai offertes ; que les ministres d'Espagne à Bruxelles paraissent y consentir; que le roi de la Grande-Bretagne quitte la pensée de faire la guerre, vu le peu de largesses de son parlement pour lui. Ses nouvelles sont qu'il est à savoir le sentiment de l'empereur ; mais qu'il y a sujet de croire qu'il ne voudra pas, où autres cas, ne pourra pas s'opposer à un bien si général, et désiré si ardemment de l'Europe. »

MESSINE ÉPOUVANTÉE VOULANT SE DONNER AUX TURCS.
TELLE FUT L'ISSUE DE L'EXPÉDITION DE SICILE QUI COUTA TRENTE MILLIONS A LA FRANCE.

. . . .

Maintenant, on va jeter un rapide coup d'œil sur les événements qui amenèrent la paix de Nimègue.

Il est dit dans les dépêches précédentes que Louis XIV craignait quelque entreprise de l'Angleterre, vers le mois de janvier 1678, et que, dans cette appréhension, il avait cru devoir retirer ses troupes de Messine. Pour expliquer comment cette division, momentanée d'ailleurs, avait été amenée entre ces deux bons frères de France et d'Angleterre, il faut dire quelques mots des faits antérieurs à ce refroidissement passager.

On a parlé, dans les temps, de la quotité des subsides accordés au roi Charles par Louis XIV, et on sait, qu'à ce prix le bon Rowley [1] s'obligeait à proroger son parlement, dès que les instances des communes deviendraient trop vives à propos du rôle singulièrement passif que jouait l'Angleterre au milieu des grands événements qui se passaient sur le continent.

Bon an, mal an, de subsides en prorogations, le joyeux monarque était arrivé au mois de février 1677. Il fit l'ouverture de la session avec sa bonhomie habituelle, répondit évasivement lorsqu'il s'agit de la France, et finit son discours en suppliant les communes de *mettre l'union entre ses revenus et ses dépenses, qui,* ajouta-t-il gaiement, *étaient en un perpétuel désaccord.*

Les communes ne le savaient que de reste ; mais elles rirent de cette saillie, et allaient peut-être, se montrant moins rebelles que d'habitude, mettre en bonne intelligence les revenus et les dépenses du roi Charles, lorsque les rapides et décisives conquêtes des armées de Louis XIV vinrent mettre tous les bons Anglais dans une effroyable anxiété. En effet, en moins de six semaines, et pour ouverture de la campagne (de l'année 1677), les trois plus fortes places des Pays-Bas demeuraient au pouvoir de la France, et le prince d'Orange était complétement battu.

Les communes, effrayées du poids immense que de pareils succès donnaient à la France, adressèrent aussitôt une adresse à Charles, pour le supplier de « prendre, en de telles circonstan- » ces, la position qui appartenait à l'Angleterre, qui ne devait » plus rester simple spectatrice de tels envahissements, et dans » l'intérêt de sa propre sûreté, et dans l'intérêt de l'Europe. »

Mais le cabinet français s'était si bien attendu à l'exaspération probable des communes à la nouvelle des succès qu'on espérait, que M. de Barillon, ambassadeur à Londres, avait obtenu de Charles II, avant l'ouverture de cette campagne, dont les résul-

---

[1] On sait que ce fut un des surnoms du roi Charles Stuart.

tats devaient si fort épouvanter l'Angleterre, avait obtenu, dis-je, au prix de deux millions, l'assurance de Charles, qu'après deux ou trois séances il prorogerait son parlement jusqu'au mois d'avril 1678, sans donner de suite à ses observations et à ses adresses (on était alors en février 1677).

Avant que d'exécuter sa promesse envers la France, le vieux Rowley voulut essayer un bon coup, comme il disait, et voir s'il ne pourrait toucher à la fois et les gages de Louis XIV, et les subsides votés par les communes. Aussi répondit-il à une adresse du parlement, fort explicite, dans laquelle lui, Charles, était humblement supplié « de conclure, ne pas différer des alliances » conformes aux vœux et aux besoins de l'Angleterre, et que » dans le cas même où S. M. se trouverait, par ces nouvelles al- » liances, engagée à une guerre contre la France, le parlement » accorderait des subsides capables de faire respecter l'honneur » de la nation. »

Le joyeux monarque, qui ne voyait dans tout ceci qu'une balance à faire entre les gages qu'il recevait de Louis XIV et ce qu'il pourrait détourner des subsides à lui confiés pour se mettre en état de soutenir une guerre contre la France; le roi Charles, dis-je, ajourna sa réponse, et avant tout, demanda quel serait un peu le chiffre de ces subsides destinés à faire respecter l'honneur de la nation?

Vingt mille livres sterling à emprunter sur l'accise addition- nelle, lui répondit le parlement.

Vingt mille livres sterling pour faire respecter l'honneur de la nation anglaise! s'écrie le roi Charles, mais *codfish*[1]! cela est une pitié; accordez-moi six cent mille livres sterling, et je m'en charge à ce prix; sinon, les choses resteront comme elles sont!

Les communes, qui savaient à merveille que ces six cent mille livres sterling si vaguement destinées à *faire respecter l'honneur de la nation anglaise*, fondraient, comme tant d'autres milliers de livres sterling dans les mains dissolvantes des maîtresses et des favoris du bon roi plus soumis que jamais à la charmante Kerouale, duchesse de Portsmouth, les communes s'en tinrent à leur offre de 20,000 livres sterling.

[1] Un des jurons favoris du roi Charles : *fish*, poisson ; *cod*, espèce de merluche.

Voulant tenter un dernier effort sur ces intraitables, le roi Charles essaya de faire de cette question toute politique, une question toute personnelle à lui, et de mettre son parlement dans la difficile alternative ou de lui accorder les 600,000 livres sterling, ou de le faire passer aux yeux de l'Europe, lui, Charles, roi d'Angleterre, pour un roi sans foi ni honneur.

C'était jouer gros jeu, et peut-être que si Charles eût su que déjà le cabinet français commençait d'acheter secrètement à Londres, et à un prix raisonnable, les membres de l'opposition de la chambre des communes et du parlement, afin de les faire un jour agir contre lui Charles s'il tentait de rompre les chaînes dorées qui le liaient à la France, peut-être que Charles ne se fût pas inutilement exposé à l'affront sanglant qu'il reçut; car ayant fait venir les deux chambres à Withe-Hall, il leur dit : *Donnez-moi les 600,000 livres sterling que je vous demande, et vous n'aurez pas à vous repentir d'une aussi grande confiance, rien ne pourra m'entraîner à les détourner pour un autre usage* JE VOUS EN ENGAGE MA FOI ET MA PAROLE DE ROI.

Eh bien ! malgré de si belles protestations, l'opposition soldée par Louis XIV refusa les 600,000 livres sterling; *la foi et la parole du bon Rowley* fut méprisée à la face de l'Europe ; mais, pour le consoler, madame la duchesse de Portsmouth fit en anglais une chanson contre les communes, dont le refrain, beaucoup moins érotique dans la traduction que dans l'original était celui-ci :

> Vous avez Louis, vous avez Louise,
> Beauté de France, or de France, vins de France,
> Buvez, faites l'amour, dépensez votre or
> Et moquez-vous de ces babillards.

Le gai monarque trouva que sa belle maîtresse avait après tout raison ; il but, il fit l'amour, il dépensa son or et il prorogea les babillards jusqu'au 13 décembre 1677.

On voit avec quelle justesse et sagacité de prévision M. de Barillon, ambassadeur à Londres, homme extrêmement habile, fin et entendu, souvent témoin des fréquentes irrésolutions du roi Charles, avait senti que l'emplette des membres de l'opposition parlementaire pouvait devenir d'une haute importance.

Les événements prouvèrent bientôt combien M. de Barillon

avait agi sagement. Vers le mois d'août, Guillaume d'Orange quitte l'armée, se rend à Londres, et ensuite de longues conférences entre lui, le chevalier Temple, le roi Charles et le duc d'York, le mariage de la fille de ce dernier avec le prince d'Orange est convenu, arrêté, et a lieu presque immédiatement après sa demande.

Toute cette affaire fut menée avec un tel secret et une telle rapidité, que c'est à peine si M. de Barillon put en être instruit, et les articles du mariage étaient signés, que l'ambassadeur de France n'en avait pas encore averti sa cour.

Ce mariage, on le comprend, causa un vif déplaisir au cabinet de Versailles; le génie du prince d'Orange commençait à se révéler, et cette alliance de deux puissances maritimes aussi importantes que l'Angleterre et la Hollande, était un juste sujet de craintes pour Louis XIV; mais ce mariage demeurant conclu, il ne restait plus aux ministres français qu'à entraver de toutes leurs forces les projets qui avaient pour ainsi dire été les corollaires de cette union toute politique.

En effet, un plan de pacification générale avait été dressé dans ces fréquentes conférences entre Charles II, le chevalier Temple, le duc d'York et Guillaume d'Orange. Ce plan devait être notifié à Louis XIV par le chevalier Temple et si dans trois jours il n'était pas accepté, la guerre devait être immédiatement déclarée à la France par l'Angleterre. Le prince d'Orange partit donc avec madame la princesse sa femme pour s'en retourner en Hollande, se croyant bien sûr des résolutions de Charles II, qu'il pensait avoir décidé à rompre avec la France par une promesse de subsides beaucoup plus considérables que ceux que Louis XIV lui accordait, subsides que Guillaume devait obtenir secrètement des États-Généraux, en leur faisant comprendre tous les avantages qu'ils tireraient de ce sacrifice en formant une alliance avec l'Angleterre contre la France.

Une fois le prince d'Orange parti, Charles II n'étant plus sous son influence, commença de réfléchir sagement que les états républicains sont rarement généreux, que ces subsides hollandais pourraient peut-être se faire attendre bien longtemps, que ce n'était après tout qu'un espoir, tandis que les subsides de Louis XIV se payaient bien, et comptant et sonnant, en belles guinées de Dieu ; aussi, sans toutefois rompre pour cela ses négociations avec les Provinces-Unies, le vieux Rowley continua de vivre en bonne intelligence avec son frère de France ; envoya bien, selon que cela avait été convenu avec le prince d'Orange, le plan de pacification au cabinet de Versailles, mais au lieu de charger de cette mission décisive le chevalier Temple, homme intègre, ferme, et avant toutes choses ennemi déclaré du système français, le roi Charles non-seulement envoya en France, pour porter ce plan de pacification, M. le comte de Ferversham, homme distingué, capable de toutes façons, mais sincèrement dévoué aux intérêts de la France, et de plus il notifia positivement à M. de Barillon que, nonobstant l'apparente mission du comte de Ferversham, il serait toujours prêt, moyennant subsides bien entendu, à rendre à Louis XIV tous les bons offices qu'il pourrait attendre de son inaltérable amitié.

M. de Ferversham néanmoins trouva Louis XIV fort refroidi : le mariage du prince d'Orange avec la fille du duc d'York, l'avait rudement froissé ; et d'ailleurs il haïssait personnellement ce prince, qui, par cette union, venait de s'assurer des droits éventuels à la couronne d'Angleterre : aussi, instruit des négociations que le roi Charles continuait d'entretenir avec la Hollande au sujet des subsides promis, sûr de tenir dans la main l'opposition du parlement anglais qu'il avait achetée, ayant des forces de terre et de mer capables au besoin de balancer celles de la Hollande et de l'Angleterre, n'ayant rien à craindre pour ainsi dire de la marine espagnole par son intelligence avec don Juan d'Autriche, Louis XIV rompit brusquement avec Charles II, congédia M. de Ferversham, et à la fin du mois de décembre M. de Barillon refusa au pauvre Rowley de lui payer ses gages échus.

Le pauvre Rowley, d'abord un peu étourdi de ce coup imprévu, mais servi par cette admirable présence d'esprit qui ne le quittait jamais, assemble aussitôt les deux chambres le 15 janvier 1678, et là, dans un discours merveilleusement pathétique et national, il dit qu'il veut, avant tout, être l'*homme de son peuple* ; puis, par un admirable mouvement d'éloquence, il s'élève énergiquement, contre l'ambition démesurée du roi de France, et joue si bien son rôle, qu'après avoir été écouté avec acclamations, il obtient, tant la haine du parti français était forte, un subside de 2 millions de livres sterling, pour l'équipement de quatre-vingt-dix vaisseaux et l'entretien d'une armée de vingt mille hommes qui devait aller servir en Flandre sous le commandement du duc d'York, et signe enfin avec les États-Généraux une alliance offensive et défensive.

Ce fut alors, dans cette rapide péripétie, que Louis XIV, dans le cas possible d'une guerre avec l'Angleterre, retira ses forces de terre et de mer de la Sicile ; ce fut du moins, ainsi qu'on l'a dit, la base ou plutôt le prétexte de l'instruction qui fut donnée à M. de La Feuillade. On dit le prétexte, car Louis XIV, ainsi qu'on va le voir, était trop sûr des résolutions du roi ou du parlement, pour croire sérieusement à une guerre avec l'Angleterre.

En effet, voyant Charles II revenir à son parlement par cesse des subsides français, M. de Barillon fit agir alors vigoureusement, mais peu à peu, l'opposition qu'il avait achetée, mais qui dans cette question ne pouvait tout à coup et ouvertement se prononcer pour la paix avec la France contre le roi Charles, tandis que lors de la session précédente, elle lui avait refusé les 600,000 livres sterling de subsides, parce qu'elle ne trouvait pas ses promesses d'agir contre Louis XIV assez explicites ; aussi Barillon, agissant avec prudence et mesure, exploitant habilement les préjugés nationaux, montra d'abord, malgré le bill de catholicité, le duc d'York à la tête des armées d'Angleterre. Ce fut un coup de partie, et l'opposition réduisit le subside, d'abord voté de deux millions sterling à un ; puis enfin le bill fut hérissé de tant de difficultés, que son adoption fut retardée jusqu'à ce que Louis XIV, revenant à Charles, lui accorda six millions ; aussitôt les levées cessent, l'armée est licenciée, et les armements interrompus. Ce nouveau traité fut conclu le 27 mars 1678.

Alors le cabinet de Versailles, tranquille du côté de l'Angleterre, songe à la paix que les États-Généraux souhaitaient vivement, sûrs de conserver leur territoire, et déclare nettement qu'il gardera pour prix de son adhésion à la paix, la Flandre et la Belgique.

Effrayées de ces prétentions, l'Espagne et les Sept-Provinces s'adressent à Charles II comme médiateur ; mais Charles II, gagné par Louis XIV, est fort embarrassé ; car se voyant obligé d'envoyer à La Haye le chevalier Temple, il lui enjoint en secret d'agir contrairement à sa mission ; mais Temple, malgré les recommandations du roi, conclut en six jours un traité avec la Hollande, qui obligeait l'Angleterre à déclarer la guerre à Louis XIV, s'il n'avait pas abandonné dans deux mois la Flandre à la Belgique.

Ce traité mettait, ainsi qu'on dit vulgairement, Charles II au pied du mur, puisqu'il fallait, ou réunir son parlement et briser les liens qui l'attachaient à Louis XIV, c'est-à-dire renoncer à ses subsides, ou révoquer les pouvoirs donnés à Temple, et refuser, chose sans exemple, de reconnaître le traité signé par son ambassadeur.

Le bon Rowley, assez peu scrupuleux de sa nature, se décida intrépidement à faire une chose sans exemple, mais demanda pour prix de cette innovation gouvernementale 14 millions à Louis XIV.

Que fait Louis XIV ? Sûr de l'opposition anglaise, qui lui est vendue, et qu'il a voulu éprouver lors de son premier refus de subside, il fait aussitôt *part des propositions de Charles II aux Sept-Provinces, leur montrant à quel point leur médiateur est vénal et indigne de cette solennelle mission, puisqu'il offre de rompre un traité signé en son nom pour* 14 *millions.*

Alors les États, indignés, se hâtent de conclure un traité séparé avec Louis XIV, dans lequel ils lui reconnaissent la Flandre.

Ce fut alors que le prince d'Orange, au désespoir de voir la paix signée, ayant, dit-on, la nouvelle du traité dans sa poche, attaqua par surprise M. le maréchal de Luxembourg, qui se croyait en paix, afin de rompre et de recommencer la guerre s'il en était temps encore ; mais ce fut inutile ; il n'y eut que beaucoup de monde de tué de part et d'autre.

Quoi qu'il en soit, l'exemple des Sept-Provinces entraîna les autres puissances, et les trois traités de Nimègue furent signés, le 10 août, avec les États-Généraux, le 17 septembre avec l'Espagne, le 5 février 1679, avec l'Europe.

Quant à Charles, une fois la paix faite, Louis XIV lui refusa durement l'argent promis par la convention du 27 mars, et le bon Rowley tomba, comme on peut le croire, dans un furieux embarras.

. . . .

La paix conclue par le traité de Nimègue, ce traité subtil, obscur, artificieux, qui, assurant à Louis XIV une partie de ses inutiles conquêtes, si chèrement achetées au prix de tant d'or, de tant de sang et de tant d'infâmes trahisons, contenait encore dans sa forme ambiguë les germes de tous les désastres qui devaient s'abîmer sur la France. Le traité de Nimègue, tel fut donc le fruit de cette terrible guerre qui coûta au monde Ruyter, Jean de Witt et Turenne; de cette guerre soulevée sur l'Europe par Louvois, qui tenait si singulièrement *à donner de l'importance à son ministère, et bien embarrasser Colbert.*

Sans doute, il est assez honteux pour la *dignité humaine*, ainsi qu'on appelle cela, de voir d'aussi grands, d'aussi funestes événements qui retentissent pendant des siècles, amenés par une cause puérile, odieuse et misérable ; et pourtant cette cause est non-seulement la seule vraie, mais encore la seule qui soit vraisemblable, et puisse expliquer le pourquoi de cette guerre.

En un mot, sans l'impérieuse volonté de Louvois, pourquoi Louis XIV aurait-il entrepris la guerre de Hollande? Cette guerre entrait-elle dans ses goûts, dans sa politique? Non.

Louis XIV n'aimait ni ne comprenait la guerre ; il n'était pas né soldat ni général, et avait peur au feu. Ceci est un fait si avéré qu'il demeure hors de toute discussion. Cette guerre se trouvait donc opposée à sa nature et à ses penchants. Était-elle davantage exigée par la politique? Non.

Avant et après le traité d'Aix-la-Chapelle, quelle nécessité avait pu forcer Louis XIV à troubler la paix que Mazarin croyait avoir assurée pour si longtemps par le traité des Pyrénées? Est-ce qu'à cette époque l'immorale, mais merveilleusement habile corruption employée par de Lionne, ne soumettait pas l'Europe tout entière à Louis? Est-ce que, malgré l'injuste et parjure invasion de ce prince dans les Pays-Bas espagnols (cette première et fatale preuve de l'influence de Louvois) ; est-ce que, malgré sa félonie envers les Sept-Provinces ; est-ce que, malgré l'arrogance de ses ambassadeurs, toutes les puissances, largement payées pour cela, ne rendaient pas hommage à la suprême influence de la nation française, en choisissant son roi pour médiateur de tous leurs différends ?

Cette guerre n'était donc, ni dans le génie, ni dans les intérêts de Louis XIV ; et d'ailleurs, dans les manifestes, dans les déclarations de guerre, quels sont les motifs avoués ? Aucun de réel, de plausible, sinon l'insolence de cette république qui se veut ériger en souveraine.

Dira-t-on que cette effroyable invasion avait pour but de renverser, en Hollande, le culte hérétique, et d'abattre le protestantisme en Angleterre, afin de rétablir partout l'unité catholique ; mais cela n'a pas la moindre solidité. On a lu les dépêches, les négociations relatives à ces temps-là ; jamais le mot de catholicité n'y a été dit qu'une seule fois, et ç'a été afin de servir de prétexte au plus sordide, au plus scandaleux des traités.

Maintenant, quel intérêt avait Louvois à faire cette guerre ? Évidemment celui de soustraire le monarque à l'influence de Colbert, et de substituer sa propre influence à lui Louvois, à celle de son rival. Or, les idées de Colbert étant extrêmement portées vers la paix, celles de Louvois devaient nécessairement se tourner vers la guerre.

Car, on l'a déjà dit, la politique de Colbert, comme celle de Lionne, était une : il considérait l'or comme instrument, la corruption comme moyen, la paix comme résultat ; non une paix servile, mais une paix hautaine et impérieuse, grâce au droit acheté de parler en maître qui paie bien et veut être obéi. Cette paix une fois assurée, profonde, Colbert voulait donner alors un rapide et large développement à l'industrie, au commerce, aux arts, et, en 1666, il faut dire qu'en vérité il marchait à grands pas vers ce but : les impôts étaient moins lourds, moins odieusement répartis ; les finances en bon état ; les manufactures s'établissaient de toutes parts ; *la marine militaire, seulement destinée, dans le génie de Colbert, à protéger la marine marchande,* prenait de l'extension, et déjà les avantages qui résultaient de ce système mettaient Louis XIV à même de satisfaire son penchant immodéré pour le faste, la représentation et la magnificence. Ce fut alors aussi, pour ainsi dire, le règne de Colbert, et peut-être la plus belle période de ce qu'on est convenu d'appeler le siècle de Louis XIV.

Certes, il fallut que Louvois comptât bien sur sa hardiesse, sur son opiniâtreté, sur les conseils du vieux Le Tellier, son père, ancien et implacable ennemi de Colbert, pour venir, dans de telles circonstances, non-seulement attaquer de front un tel système, représenté par des hommes comme Lionne et Colbert, mais encore essayer d'en faire triompher un autre qui, de plus, se trouvait entièrement opposé aux goûts que le roi manifestait alors.

Et pourtant Louvois réussit en agissant incessamment sur la vanité de Louis XIV ; sur la vanité ! cette mauvaise qualité, froide, négative et perfide, qui n'est pas même un vice, mais qui, une fois mise en jeu chez les gens faibles et sans énergie, dont elle est la seule passion, peut s'exalter jusqu'aux plus terribles conséquences.

Une fois le joint trouvé (qu'on excuse cette vulgarité), la tâche de Louvois était facile : il fit sentir à Louis que ses goûts de paix achetée, de commerce, de manufactures, semblaient de fort bas lieu, qu'on en causait en Europe, et que ce rôle ne paraissait pas celui que devait jouer un jeune roi de qualité, qui n'avait qu'à tirer son épée pour voir le monde à ses genoux. Louvois ajoutait que la fidèle noblesse se plaignait d'être peu occupée, et pour dernière raison, enfin ; selon la langue précieuse de ce temps-là, que les dames trouvaient le prince le plus galant du monde, extrêmement Hercule, honnêtement Adonis, mais pas suffisamment *Mars*.

Une fois Louis convaincu qu'il était du bel air pour un roi de France d'avoir toujours l'épée hors du fourreau, il ne s'agissait plus pour Louvois que de trouver à ce conquérant novice un adversaire commode, facile et qui, se laissant faire, ne rebutât pas dès l'abord cette toute jeune vocation guerrière. La Flandre espagnole, qui dormait, en 1668, paisible et désarmée sur la foi du traité de renonciation, convenait de tous points pour cet essai ; de sorte que cette grasse, molle et paresseuse province n'eut pas vu plus tôt le nouveau vaillant porter la main à son épée, qu'elle tomba à genoux et cria merci.

Alors ce fut un beau moment dans la vie de Louis XIV que ce début héroïque ; il ne marcha plus dans les allégories qu'en manière de Jupiter tonnant ou rayonnant comme un soleil. Mais ces triomphes firent moins d'impression sur l'apprenti conquérant qu'une certaine émotion involontaire, mais nerveuse et profonde, qu'il avait ressentie à la première tranchée où il se trouva, et qui lui valut d'un de ses vieux serviteurs cette apostrophe un peu brutale que l'on sait.

Aussi, malgré de si magnifiques commencements, Louis XIV abandonna-t-il bien vite son armée pour venir, sous les frais ombrages de Fontainebleau, s'occuper sans relâche, avec mademoiselle de La Vallière, à donner le texte à venir d'une foule de discussions civiles et théologiques à propos de la légitimation des bâtards[1].

Colbert, un moment effrayé par cette malencontreuse velléité martiale, triomphait de nouveau en voyant le jeune roi revenir à des pensées de paix et de magnificence : les projets gigantesques de Versailles et de Marly n'effrayaient pas le sage ministre ; car il aimait mieux encore fournir de l'or pour ces prodigalités fastueuses qui au moins restaient à la France, donnaient une immense impulsion aux arts et à l'industrie, et occupaient des milliers d'ouvriers, que de laisser Louis XIV s'affoler de l'esprit de conquête qui, dépensant tout sans rien rapporter qu'il ne fallût rendre tôt ou tard, consommait ainsi beaucoup sans résultat.

Ce voyant, Louvois pestait on juge comme, lorsque le vieux Le Tellier lui donna l'ingénieuse idée de faire rédiger par quelques gens sûrs et secrets, sous la rubrique des Sept-Provinces, les pamphlets les plus injurieux, les plus outrés contre le grand roi et ses maîtresses; puis le bon ministre parut un jour les larmes aux yeux ; il lui fallait, hélas ! dévorer des outrages sans nombre, attirés à son maître par sa longanimité, ses goûts pacifiques, qu'une conquête facile et brillante n'avait même pu

---

[1] A propos des maîtresses de Louis XIV on doit citer ici une lettre fort singulière de Louis XIV à Colbert, au sujet de M. de Montespan : la voici telle qu'elle est insérée dans les œuvres du roi, tom. v, p. 576.

« Saint-Germain-en-Laye, le 15 juin 1678.

« A M. Colbert.

» Il me revient que Montespan se permet des propos indiscrets : c'est un fou que vous me ferez le plaisir de faire suivre de près ; et pour que le prétexte de rester à Paris ne lui reste pas, voyez Novion, afin qu'on se hâte au parlement. JE SAIS QUE MONTESPAN A MENACÉ DE VOIR SA FEMME, ET COMME IL EN EST CAPABLE et que les suites seraient à craindre, je me repose encore sur vous pour qu'il ne parle pas. N'oubliez pas les détails de cette affaire, et surtout qu'il sorte de Paris au plus tôt.   LOUIS. »

changer, par sa faiblesse pour des malheureux qu'un pli de son front ferait rentrer dans la poussière, qu'il écraserait d'un seul *quos ego*, tandis qu'on le représentait comme timide et n'osant se venger de tant et de si insolentes injures.

Or, ce dernier expédient aplanissant toutes les résistances que la timidité du roi avait opposées jusque-là, l'incessante et obsédante volonté de Louvois prévalut, et le traité de 1670 avec l'Angleterre servit de prélude à cette guerre monstrueuse qu'on a dit.

Maintenant, si l'on nie un fait qu'on pense avoir déduit de preuves irrécusables, il faut bien alors adopter pour seul mobile de cette guerre *la volonté providentielle* au lieu de la volonté de Louvois, et supposer que la Providence voulait par là sans doute donner encore au monde une de ses terribles leçons d'une si singulière moralité.

Montrer Louis XIV trahissant les Hollandais ses alliés en 1666, en leur refusant les secours promis; — trahissant en 1668 son serment solennel juré sur l'Évangile de renoncer à la succession d'Espagne; — trahissant en 1670 les Hollandais, ses alliés, en soudoyant contre eux l'Angleterre, la Suède, et les princes électeurs; — trahissant en 1672 les Hollandais, ses alliés, en leur faisant la guerre la plus atroce sans aucun prétexte fondé; — trahissant en 1672 et 1673 les Anglais, ses nouveaux alliés, en ordonnant à ses vaisseaux de ne pas se battre, au risque de souiller le pavillon de France d'une tache indélébile; — en 1678 enfin, trahissant les Messinois qui s'étaient donnés à lui, et, en 1679, volant au roi Charles jusqu'au prix de son traité honteux.

A moins, encore une fois, que cette *volonté providentielle* qu'on a dit n'ait accumulé tant d'infamies et de trahisons en si peu d'années qu'à cette fin de montrer Louis XIV, au moment le plus désastreux de son règne, *recevant le surnom de* GRAND, qui lui fut en effet décerné en 1679, sur l'hôtel de sa bonne ville de Paris, et de montrer aussi, sur un horizon moins élevé, Louvois, ayant épuisé la France d'or et de sang, l'ayant flétri dans son honneur, tout triomphant dans sa gloire, tandis que Colbert, presque chassé de la cour, va mourir de chagrin et de désespoir, et que le peuple menace de déchirer son cadavre si on ose l'enterrer publiquement.

LIVRE SEPTIÈME.

CHAPITRE XII.

Voyage du roi à Dunkerque. — Le vaisseau l'*Entreprenant* entre dans le port. — Louis XIV se rend à bord de ce vaisseau. — Seignelay. — Le chevalier de Léry. — Costumes des matelots et des officiers. — Le roi part pour Ypres. — Pendant son séjour à Dunkerque M. de Seignelay a reçu de Colbert la liste des capitaines corsaires de Dunkerque qui lui a été envoyée en 1676 par M. Hubert. — Jean Bart et Keyser sont en tête de cette liste. — Autres capitaines corsaires remarquables. — Renseignements curieux sur la manière de combattre de Jean Bart et Keyser. — Louis XIV accorde en 1676 une chaîne d'or à Jean Bart. — Lettre de M. Hubert à ce sujet. — Traité des prises, rédigé par M. de Valincourt, pour l'instruction de M. le comte de Toulouse.

Le 27 juillet 1680, un mouvement extraordinaire régnait dans la ville de Dunkerque; Louis XIV y était arrivé la veille avec la reine, monseigneur le dauphin, madame la dauphine, et Marie-Anne-Victoire de Bavière, mariée à Monseigneur vers la fin de 1679.

On sait que ce fut à l'époque et à l'occasion de ce mariage que les affaires étrangères furent retirées à M. de Pomponne; car depuis longtemps Louvois et Colbert, bien qu'ennemis irréconciliables, s'étaient unis pour ruiner Pomponne dans l'esprit de Louis XIV; mais si ces deux ministres avaient le même but, il n'en était pas ainsi du motif qui les faisait agir. Louvois, au fort de sa faveur, et bien qu'il fût à peu près le maître des relations extérieures, et par son influence sur Louis XIV, et par la diplomatie occulte qu'il gageait; Louvois brûlait de réunir le ministère des affaires étrangères à son ministère : c'était une visée chimérique, sans doute; mais dès longtemps Louvois n'en était plus à s'arrêter à de tels empêchements. Quant à Colbert, son motif était moins personnel, il désirait seulement de voir cet important ministère entre les mains de son frère, M. de Croissy, que l'on a vu longtemps ambassadeur à Londres, et qui, en 1679, négociait à Munich, ainsi qu'on l'a dit, le mariage de Monseigneur.

Dans cette occasion Louvois fut fort habilement joué par Colbert, qu'il en exécra d'autant. On dira bientôt comment et pourquoi; mais il faut avant reprendre le fil de cette intrigue.

Il s'agissait donc de perdre M. de Pomponne. Ce ministre, il faut le dire, depuis assez longtemps se montrait peu assidu aux affaires, soit par paresse, soit qu'il n'y prît qu'un médiocre intérêt, froissé de subir jusque dans son ministère l'omnipotence de Louvois. Mais cette indifférence aux intérêts publics ne fut que le prétexte de la chute de M. de Pomponne; la véritable cause fut son jansénisme: car Louvois et Colbert s'étaient trop bien aperçus de la nouvelle haine que madame de Maintenon venait d'inspirer à Louis XIV contre cette secte, pour ne pas insinuer habilement que leur rival, sans doute extrêmement homme de bien, plein de mesure, de réserve et de modestie, incapable de grandes vues, il est vrai, mais d'une parfaite droiture et fort habitué aux affaires, était malheureusement atteint de cette épouvantable hérésie qui obscurcissait l'éclat de tant de belles qualités; en un mot qu'il était janséniste, et qui pis est fils, frère, neveu et ami des jansénistes les plus déclarés. Or, ce qui, en 1671, lorsque M. de Pomponne prit les affaires étrangères, n'avait été aux yeux de Louis XIV qu'une tache dans une belle vie, devint, en 1679, plus qu'un tort impardonnable; la raison de ce changement dans les idées de Louis XIV était simple: à madame de Montespan, gaie, moqueuse et libertine, succédait déjà madame de Maintenon, grave, austère, dévote, et qui, pour diverses raisons, toutes particulières, qu'on dira plus tard, s'était déclarée l'ennemie la plus ardente du jansénisme.

La cause de Pomponne était donc perdue d'avance; il ne s'agissait plus que de trouver l'occasion opportune, car ce ministre était un de ces hommes si honnêtes, si vertueux et si généralement aimés et estimés, qu'on ne pouvait le chasser brutalement; il fallait un prétexte, et Pomponne le donna bientôt par ce peu d'application aux affaires qu'on a dit.

C'était au fort des négociations pour le mariage de monseigneur le dauphin, et le roi attendait les nouvelles de Bavière avec la plus grande impatience, lorsque M. de Pomponne dit à madame la princesse de Soubise, extrêmement de ses amies, qu'il avait l'intention d'aller passer quelques jours à sa terre de Pomponne, propriété charmante, située près Lagny et sur les bords de la Marne. Madame de Soubise, alors dans tout l'éclat de sa merveilleuse beauté, avait souvent consolé Louis XIV des aigres tracasseries de madame de Montespan et de la niaiserie de la belle et malheureuse duchesse de Fontanges; mais cela toujours dans l'ombre et dans le secret le plus impénétrable, qui ne fut guère trahi que par la prodigieuse fortune de M. de Soubise, qui, de simple gentilhomme, doté de mille écus de rente, se vit en peu d'années prince, avec un revenu de quatre cent mille livres.

Or madame de Soubise savait, grâce aux confidences du roi, qu'on n'attendait que l'occasion de perdre M. de Pomponne; aussi, lorsque ce ministre lui vint parler de ce voyage à Pomponne, elle lui dit : « De grâce, demeurez ici, n'y allez pas; » il insista, elle insista plus fort; mais toutefois sans lui donner aucune raison ni s'expliquer davantage, craignant de compromettre le secret de son intimité avec Louis XIV en se montrant mieux instruite. M. de Pomponne, regardant comme un caprice cette opiniâtreté de madame de Soubise à ne le laisser point aller à Pomponne, ne s'y arrêta point, et partit. Comme il montait en voiture, arrive un courrier de Bavière. C'était le jeudi soir. Par une insouciance bien condamnable d'ailleurs dans un ministre, Pomponne donne les dépêches à déchiffrer sans attendre la traduction du chiffre, recommande au courrier de ne point paraître, et se met en route pour sa terre. Malheureusement le courrier appartenait à M. Colbert de Croissy, qui négociait le mariage. Sans tenir compte de l'injonction de M. de Pomponne, le courrier va trouver Colbert, lui raconte comment il a apporté des dépêches, et comment M. de Pomponne est parti en lui recommandant de ne se point montrer.

On pense si une pareille bonne fortune fut perdue pour Colbert et Louvois, qui exaspérèrent à l'envi la curiosité de Louis XIV sur ces dépêches et sa colère contre la coupable paresse du ministre janséniste. Le jeudi et le vendredi se passèrent de la sorte dans l'attente du chiffre; M. de Pomponne était toujours à sa terre; enfin il en arrive le samedi, croyant son courrier toujours inconnu, il prend ses dépêches alors déchiffrées, et arrive à la cour... mais trop tard; car de son air impassible Colbert le pria de la part du roi de lui remettre sa démission de sa charge de secrétaire d'état des affaires étrangères.

Mais le curieux de ceci fut l'accablement de Louvois, lorsque, triomphant, il alla tout raconter à son père, le ministre Le Tellier, qu'il n'avait pas mis dans la confidence de son rapprochement momentané avec Colbert. — *Mais,* — lui dit Le Tellier de son ton goguenard, — *avez-vous au moins quelqu'un à mettre à la place de Pomponne ? — Non, mon père, je n'ai songé qu'à le renverser pour tâcher de joindre son ministère au mien, ou de l'exercer par intérim comme je fis lors de la mort de Lionne. — Ouais... Vous n'êtes qu'un sot, mon fils,* — dit le vieux courtisan: — *le roi n'y consentira jamais, et à l'heure qu'il est l'homme de marbre* (Colbert) *a mis là une de ses créatures, et c'est pour lui que vous avez si bien travaillé.*

Le Tellier avait raison, puisque, ainsi qu'on l'a dit, ce fut Colbert de Croissy qui fut mis là par Colbert; et depuis cette époque (décembre 1679), il garda le département des affaires étrangères.

Cette longue mais nécessaire parenthèse épuisée, venons au voyage du roi à Dunkerque, cette ville qui, pendant la guerre passée, avait déjà plus d'une fois retenti du glorieux nom de Jean Bart, que nous y retrouverons bientôt.

Louis XIV fut reçu dans ce port par M. le comte d'Estrades, qu'on a vu dans les temps ambassadeur à La Haye, et qui, ayant bravement fait sur terre les campagnes de 1672 et 1673, obtint le gouvernement de Vesel et de Maëstricht, fut nommé en 1675 maréchal de France, et plus tard plénipotentiaire pour traiter la paix de Nimègue, conjointement avec MM. Courtin et d'Avaux.

Seignelay, qui exerçait la survivance de la charge de son père en l'absence de ce dernier, accompagnait le roi; car Colbert, déjà fort malade de la gravelle, était demeuré à Paris; d'ailleurs Louis XIV, à son retour de Flandre, avait durement traité ce ministre lorsqu'il lui était venu nettement exposer le délabrement des finances, en s'opposant de toutes ses forces à l'emprunt désastreux que proposait Louvois. Aussi, quelques jours après, présentant à Louis XIV un compte de travaux pour une grille de Versailles : — *Il y a de la friponnerie là-dedans,* — lui dit brusquement Louis XIV. — *Sire, j'ose espérer que ce n'est pas moi que Votre Majesté accuse.*—*Je ne sais; mais il faut voir les travaux des fortifications de Flandre faits par Louvois : c'est là un prodige d'économie qu'il faut observer et imiter.*

Colbert sortit la mort et le désespoir dans le cœur, et de ce moment sa santé, déjà usée par un travail excessif, commença de décliner, et il n'eut d'autre consolation que la fortune croissante de son fils, qui véritablement était aussi prodigieuse que celle de ses filles, dont la dernière venait d'épouser M. le duc de Mortemart, fils de M. de Vivonne.

M. de Seignelay s'était aussi récemment marié pour la seconde fois en épousant mademoiselle de Matignon, mariage non moins magnifique que son premier avec mademoiselle d'Alègre, héritière de plus de 60,000 livres de rentes. Cette union n'avait pas été heureuse, et on lit dans les cartons manuscrits de d'Hozier une note bien significative à propos des relations plus que rudes qui existèrent encore entre Colbert et son fils, même alors que ce dernier n'était plus en âge de recevoir des corrections paternelles. Cette note est ainsi conçue : « Mademoiselle
» d'Alègre n'avait épousé M. de Seignelay qu'avec répugnance,
» à cause de son origine; mais les marquis d'Alègre et de
» d'Urfé, ses oncles et tuteurs, s'étaient laissé gagner par Col-
» bert. Ce mariage valut au comte de Sommariva, fils du der-
» nier, l'évêché de Limoges, et au père des lettres de recom-
» mandation pour les principaux officiers du parlement de Bor-
» deaux, où il avait un grand procès contre M. le comte de
» Mailly, son neveu, pour la succession de madame la duchesse
» de Croy. Le mépris que la marquise de Seignelay avait pour
» son mari causa souvent entre eux des différends, et ce mar-
» quis, fier de son naturel, s'emporta un jour jusqu'à donner un
» soufflet à sa femme, ce qui étant venu à la connaissance de
» Colbert père, il le régala de quelques coups de bâton, qui le
» rendirent sage par la suite. »

Dans ce voyage de Dunkerque, Seignelay commença de donner des preuves de cette inflexible opiniâtreté de caractère qui le distinguait, et qui n'était pas une de ses moindres ressemblances avec Louvois.

Louis XIV n'avait jamais vu de vaisseau de guerre armé ; Seignelay lui ayant positivement assuré qu'il en verrait un à Dunkerque, avait conséquemment ordonné au chevalier de Léry d'amener *l'Entreprenant* de la rade dans le port, chose qui ne s'était jamais faite jusque-là, le bassin n'étant pas jugé assez profond pour recevoir un vaisseau de guerre. M. de Léry assembla les pilotes, fit sonder et resonder le port et le chenal. Le résultat fût l'avis unanime, signé de tous les pilotes, qu'il était impossible d'y entrer *l'Entreprenant*, les courants étant trop rapides dans le chenal et le port n'ayant pas assez d'eau. On pense la fureur de Seignelay. Le roi arrivait, et s'attendait à trouver ce vaisseau tout armé. Seignelay dépêche courrier sur courrier, et à toutes les objections qui véritablement paraissaient basées sur la raison et la nécessité, il répond : — *J'ai promis au roi que le vaisseau entrerait ; je veux qu'il entre, et il entrera.* Grâce à cette persistance de volonté qui n'admettait rien d'impossible, malgré le procès-verbal des pilotes et les terreurs de presque tout Dunkerque, amené sur la jetée par la crainte de voir le vaisseau se perdre et s'échouer, *l'Entreprenant* entra dans le chenal, mouilla dans le port, et ce fait démontra la fausseté des assertions des pilotes, qui avaient mal sondé, ou plutôt qui s'étaient entêtés d'un esprit de routine et de préjugé. Il faut dire aussi que l'inflexibilité de M. de Seignelay à propos de l'entrée de ce vaisseau était fortifiée par l'avis de M. Decombes, un de nos ingénieurs les meilleurs et les moins connus, qui avait positivement assuré au jeune ministre que le chenal et le port étaient praticables ; mais néanmoins un homme d'un caractère moins absolu que celui de Seignelay se fût peut-être laissé imposer cet avis universel qui semblait appuyé par la pratique et par l'expérience, et de la sorte n'eût pas obtenu ce résultat doublement avantageux, en cela qu'il ruinait un préjugé ridicule, et qu'il prouvait la possibilité d'avoir des vaisseaux de guerre armés dans le port de Dunkerque.

Enfin Seignelay fut récompensé de sa persistance ; car le roi et toute sa cour se montrèrent des plus satisfaits du spectacle que leur offrit la manœuvre de *l'Entreprenant*. On avait choisi pour le monter les matelots les mieux faits du royaume et les plus adroits, à qui on avait fait faire exprès des habits de même façon ; car, ainsi qu'on l'a dit, les soldats de l'armée de terre seuls commençaient à être uniformément vêtus, les officiers n'entendant pas porter cet habit, qui sentait, disaient-ils, *trop la livrée et la servitude* ; et à ce sujet on ne peut s'empêcher de trouver dans ce fait, assez puéril en soi-même, la cause de l'incroyable insubordination qui régnait dans les armées françaises. Jusqu'au temps où les marques distinctives des grades, représentées par un signe visible, furent reconnues et honorées, tout gentilhomme une fois à l'armée traitait non-seulement d'égal à égal avec les généraux, mais encore refusait certaines déférences inhérentes au service militaire : ainsi l'on vit plusieurs maréchaux de France refuser d'obéir à Turenne, sous le prétexte que, maréchal comme eux, il devait rouler avec eux et non les commander, n'ayant pas un grade supérieur au leur.

Pour en revenir aux costumes des officiers et des marins qui montaient *l'Entreprenant*, les matelots avaient des culottes rouges avec un petit galon sur les coutures et de petites écharpes blanches ; les soldats étaient habillés d'un drap tirant sur le musc, doublé de drap rouge ; les gardes de la marine étaient vêtus d'écarlate galonné d'or ; les officiers avaient des justaucorps bleus, avec un galon beaucoup plus large, et ceux des capitaines étaient entièrement couverts de points d'Espagne d'or et d'argent (l'ancien justaucorps à brevet) ; enfin jamais on n'avait vu équipage de vaisseau plus leste et plus galant.

Le lendemain, 27, Louis XIV donna audience au comte d'Oxford et au colonel Churchill, plus tard si fameux sous le nom du duc de Marlborough, envoyés du roi Charles et du duc d'York, pour le complimenter, et ensuite reçut le marquis de Warin, envoyé par le duc de Villa-Hermosa, gouverneur des Pays-Bas espagnols, pour complimenter Louis XIV, au nom de son maître, Charles II, roi de toutes les Espagnes, qui avait épousé, à Burgos, le 18 novembre 1679, la nièce du roi, la princesse Marie-Louise, fille de Henriette d'Angleterre, pauvre jeune femme qui mourut, dit-on, comme sa mère, par le poison.

Le 28, le roi se rendit à bord de *l'Entreprenant*, accompagné de monseigneur le dauphin et de toute sa cour; Seignelay lui servait de *cicerone*; et lorsque le roi parut à la coupée, l'équipage était rangé à son poste de combat.

Le chevalier de Léry et de Seignelay expliquèrent la manœuvre au roi, qui se montra surtout fort satisfait d'un simulacre d'abordage, exécuté sur l'ordre du chevalier de Léry avec tant d'adresse, d'ensemble et d'activité, que le roi dit au dauphin et aux autres seigneurs de sa cour ces paroles *mémorables*, empruntées aux diverses relations du temps : « Admirez comme » sans se brouiller il pourvoit à tout : c'est qu'il s'est autrefois » trouvé dans de semblables occasions qui n'étaient pas des jeux » comme ceux-ci, et dont il s'est fort bien démêlé. » Le soir de ce même jour, la reine alla aussi visiter le vaisseau de M. de Léry, qui ne lui causa pas moins d'admiration qu'à Louis XIV.

Enfin, Louis XIV, des plus satisfaits, quitta Dunkerque le 30 juillet pour aller à Ypres.

Pendant le séjour que fit Seignelay à Dunkerque, il reçut deux lettres de Colbert qui, lui adressant plusieurs mémoires de M. Hubert, ancien intendant de la marine à Dunkerque, et récemment remplacé par M. Descluzeaux, lui enjoignait de s'enquérir si, dans le nombre des capitaines *capres* (ou corsaires) avantageusement cités dans ces États et qui avaient bravement fait la dernière guerre, il ne s'en pourrait pas rencontrer de dignes et capables d'entrer au service du roi.

Colbert s'était fait envoyer ces renseignements, en 1676, par M. Hubert; on verra plus bas à quel propos.

En tête de ces États, on va trouver les noms de JEAN BART et de son ami KEYSER, qui, après s'être échappés, ainsi qu'on l'a vu dans les temps, du *Canard doré* du bonhomme Svoelt, au mois d'avril 1672, pour ne se voir pas forcés de servir en Hollande, étaient venus à Dunkerque où ils avaient pris de l'emploi sur un corsaire.

Pendant l'année 1673, Jean Bart et Keyser servirent comme seconds et maîtres d'équipage, puis bientôt appréciés à leur valeur, les armateurs leur confièrent à chacun un bâtiment; et le 2 avril 1674, Jean Bart, commandant la galiote *le Roi-David*, et Keyser *l'Alexandre*, firent leur première prise à la hauteur de la Meuse, et se rendirent maîtres de *l'Homme-Sauvage*, bâtiment hollandais chargé de charbon ; puis la réputation de Jean Bart et le nombre des prises qu'il fit seul ou en compagnie de Keyser augmenta tellement qu'en 1676 Louis XIV lui fit présent d'une chaîne d'or, ainsi qu'on va le dire.

On remarquera, en lisant cet état des capitaines corsaires de Dunkerque, que l'amitié de Jean Bart et de Keyser n'avait pas failli, et avec quel concert ils agissaient ; surtout on s'instruira de plusieurs particularités bien singulières à propos de la façon de combattre de ces deux intrépides marins : ainsi, lorsqu'il s'agissait de réunir leurs deux corsaires pour attaquer un bâtiment, Keyser, quoique âgé de cinq ans de plus que Jean Bart, recevait ses instructions et prenait ses ordres pour la marche et la manœuvre de son bâtiment. Puis un autre curieux détail consigné dans cet intéressant document, c'est que Jean Bart, sans doute par un raisonnement puisé dans sa connaissance parfaite du caractère des matelots, croyait intéresser davantage ses marins au succès d'une attaque en leur donnant accès dans la délibération, afin qu'ils eussent de la sorte à la fois part et au conseil et à l'action ; ainsi, avant le combat, Jean Bart prenait familièrement l'avis non-seulement de ses officiers, mais aussi de ses matelots, sachant par lui-même combien une longue pratique, rudement expérimentée, peut souvent suggérer de conseils remplis de sens et d'à-propos. C'est de cette façon qu'il discutait son plan d'attaque avec son équipage, et qu'il le mûrissait par cet échange d'avis souvent contraires ; mais une fois ce plan bien convenu, bien adopté, et pour ainsi dire sanctionné par cette libre discussion où tous avaient pris part, il fallait qu'il fût rigoureusement observé, et autant Jean Bart s'était montré conciliant avant et pendant la délibération, ne se prévalant jamais de sa position de capitaine pour faire dominer son opinion, autant il devenait dur, impérieux et absolu dès qu'il s'agissait de l'exécution de ce que tous avaient consenti.

Sans aucun doute, Colbert frappé non-seulement du grand nombre de prises faites par Jean Bart, mais encore de son intrépidité et de l'influence qu'il exerçait sur les autres capitaines corsaires, avait eu l'idée de former, pour ainsi dire, une escadre de course, composée de ces bâtiments, qui devait être destinée à Jean Bart, au commandement duquel le reste des corsaires se serait soumis avec joie. Cette idée de Colbert devait porter d'heureux fruits, car Dunkerque était un des points les plus importants pour faire la course, cette guerre incessante, acharnée, qui, bien plus que les batailles rangées, frappe au cœur et à mort la puissance attaquée, en cela qu'elle agit tous les jours sur son commerce qu'elle entrave et ruine à la longue.

Quant à penser que ce fut la naissante renommée de Jean Bart qui donna lieu à Colbert de demander cet état des capitaines corsaires à l'intendant de la marine de Dunkerque, on peu d'autant moins en douter que c'est dans la lettre suivante où il annonce que le roi accorde une chaîne d'or à Jean Bart pour le récompenser d'un brillant combat dont on parlera plus tard, que Colbert enjoint à M. Hubert de lui envoyer cet état des capitaines corsaires dont on a parlé.

MÉMOIRE DU ROI AU SIEUR HUBERT, EN RÉPONSE A SA LETTRE DU 4 SEPTEMBRE 1676.

« Du 18 septembre 1676, à Versailles.

» Sa Majesté a été bien aise d'apprendre qu'un capre de Dunkerque, commandé par le capitaine Jean Bart, ait pris un vaisseau de guerre de Hollande de trente-deux pièces de canon. Comme il est important d'exciter lesdits capitaines à continuer la guerre qu'ils font aux Hollandais, il trouvera ci-joint une chaîne d'or, que Sa Majesté a bien voulu accorder audit capitaine Bart pour récompense de l'action qu'il a faite.

» Comme Sa Majesté pourrait tirer un service considérable desdits capitaines armateurs de Dunkerque s'ils pouvaient se réduire en escadre et obéir à un d'entre eux pour faire la guerre aux ennemis, Sa Majesté veut que M. Hubert envoie un mémoire exact du nombre et des noms desdits capitaines, dans lequel il doit marquer la réputation que chacun d'eux s'est acquise, les actions qu'ils ont faites depuis le commencement de la guerre, la qualité des bâtiments qu'ils montent, et qu'il examine soigneusement si, moyennant les secours que Sa Majesté pourrait leur donner, soit en leur accordant de ses vaisseaux à armer en course sans payer le tiers, soit en leur accordant d'autres avantages, ils pourraient se réduire à obéir à un d'entre eux, ainsi qu'il est dit ci-dessus; mais surtout que Sa Majesté défend à M. Hubert de se déclarer de ce qui est dit ci-dessus à qui que ce soit, ne voulant pas que le dessein que Sa Majesté peut avoir sur ce sujet puisse parvenir à la connaissance desdits armateurs, et désirant que ledit sieur Hubert prenne bien garde de suivre les ordres qui lui sont donnés et de garder un secret inviolable. »

(*Mém. et ordr. du Roi concernant la marine*, 1676, p. 270, Arch. de Vers.)

Hubert remit la chaîne d'or à Jean Bart le 20 septembre, ainsi qu'il en donna avis à Colbert, par cette lettre du 24, où il dit aussi s'occuper du mémoire sur les capitaines corsaires, et dans sa dépêche (celle du 28), qui suit cette lettre, il annonce l'envoi de ces renseignements.

« 24 septembre 1676, Dunkerque.

» J'ai mis dans les mains du capitaine Bart la chaîne d'or que Sa Majesté a bien voulu lui accorder. Si le présent a été reçu de lui avec grande joie, il ne donne pas moins d'envie aux autres de faire de même que lui quelque belle action.

» Dans la pensée que Sa Majesté aurait de tirer service de ces sortes de gens-ci, il y en aurait bonne partie qui se soumettrait volontiers à obéir audit Bart : sa bravoure et sa manière de commander (quoique peu expérimenté) lui a donné quelque créance parmi eux ; mais à quelque service qu'on les mette, l'intérêt et le gain les font agir ; il est bon même de les intéresser, et d'engager quantité de matelots étrangers à demeurer dans le pays et à s'y attacher. Je crois que, leur donnant les secours que Sa Majesté se propose, ils se disposeront à les recevoir et à faire du service. Du moins pourra-t-on les porter (faisant la course) à attaquer particulièrement les navires de guerre. Je travaille à faire le mémoire qui m'est demandé ; si la pensée en est sue, je puis vous assurer, monseigneur, que cela ne viendra pas de moi : je sais garder le secret quand il le faut et qu'il m'est recommandé. » HUBERT.

(En *P. S.*) » Les armateurs m'ont apporté les lettres de leur capitaine Bart, qui apparemment rend grâce du présent qui lui est fait. »

(*Ordr. de Dunk.*, Hubert, 1676-79. — Arch. de Vers.)

LE SIEUR HUBERT, INTENDANT DE LA MARINE.

« A Dunkerque, le 28 septembre 1676.

» J'ai commencé, par mes dernières, à répondre au Mémoire du roi du 19 du courant ; je fais encore ce qui m'est ordonné, en envoyant, par l'état ci-joint, les noms et les qualités des capitaines armateurs de Dunkerque, avec le nombre et la sorte des bâtiments qu'ils commandent, sur les pensées qui m'ont été données ; je réponds au bas du même état, et donne les sentiments qui me sont venus, sur les propositions qu'on fait ; je dirai encore que la chose me paraît faisable, prenant les mesures nécessaires *avec les armateurs et matelots, qui se défient toujours des engagements au service de Sa Majesté.* Voulant donner ses vaisseaux sans intérêt, je crois qu'il serait bon de commencer à en bailler un à la disposition du capitaine Bart en faveur de ses armateurs, qui ont perdu dans son dernier voyage, et qui demande, pour la prise du convoi hollandais, la remise du droit de monseigneur l'amiral, au lieu des 500 livres accordées par chacune pièce de canon, de vaisseaux pris. Cet intérêt paraîtra moins affecté, et donnera lieu aux autres armateurs de désirer la même chose, et à donner dans les pensées qu'on peut avoir de se servir d'eux ; après cela, le reste sera aisé à faire.

» Les barques longues *la Fidèle* et *la Fine* sont arrivées samedi à la fosse de Mardik avec toutes les belandres pour y prendre des vivres ; le sieur Selingue était allé à Bologne, avec les ordres de Sa Majesté, pour en prendre possession ; ne les ayant pas trouvées, il est retourné ici ; et hier à la même fosse, y faisant la revue, il fit son rétablissement et le mit en possession de toutes choses. La barque *la Fidèle*, ayant besoin de radoub, ne pouvant demeurer à la mer de mauvais temps, j'ai fait donner en sa place la barque longue *la Surprenante*, un peu plus forte, qui s'est trouvée en état de servir, et qui, par le reversement des armes et des munitions sera en état demain d'aller à la mer. Tous les deux bâtiments reçoivent présentement les vivres que je leur ai ordonnés ; il y a longtemps que les équipages demandent leur solde, et je ne puis leur faire payer sans ordre et sans fonds ; les 6,000 livres dernières ordonnées ne sont pas encore remises.

» Comme je n'ai pas reçu de réponse sur le lest jeté par l'Anglais dans la fosse de Mardik, je lui fis rendre, samedi dernier, les voiles de son vaisseau qui était en disposition de s'en aller ; je ne sais si j'ai bien fait.

» Je travaille présentement à extraire l'état au vrai de la recette et dépense faites pendant l'année dernière, pour, en même temps, rendre raison de celles faites cette année, et l'envoyer incessamment. Il serait nécessaire à l'avenir d'obliger M. le trésorier général d'envoyer à ses commis, au temps des ordres, des fonds à mesure qu'ils sont ordonnés, afin que nous puissions aisément nous trouver conformes. » HUBERT. »

Puis vient l'état suivant annexé à la dépêche.

ÉTAT DES CAPITAINES CAPRES DE DUNKERQUE ET DES NAVIRES QU'ILS COMMANDENT.

Le capitaine JEAN BART, âgé d'environ trente ans, fait capitaine depuis trois ans, commandant à présent la frégate nommée *la Palme*, armée de 24 pièces de canons et équipée de 150 hommes.

Dans sa dernière action, le même capitaine Bart a pris lui seul encore un autre convoi hollandais de 32 pièces [1].

Pendant qu'il a été lieutenant, son capitaine rendit témoignage aux armateurs de sa conduite et de sa bravoure, ce qui lui fit donner sa première frégate de 8 pièces de canon, avec laquelle il prit un convoi hollandais de 10 pièces de canon en compagnie du capitaine Keyser.

Avec sa seconde frégate, de 24 pièces de canon, accompagnée d'une autre de 20 pièces de canon, commandée par le même capitaine Keyser, ils prirent chacun un convoi hollandais avec leur flotte chargée de harengs.

Les deux mêmes ensemble, avec un autre de moindre force, ont attaqué une flotte sortant d'Angleterre pour Ostende, convoyés de trois navires de guerre; le capitaine Bart s'attacha à celui de 18 pièces de canon, et le prit à la vue des deux autres convois, laissant aux deux autres capitaines de Dunkerque leur flotte entière amenée pour eux.

---

[1] Voir plus bas la liste et les procès-verbaux, des pièces de Jean Bart, empruntées aux archives du royaume.

Le capitaine KEYSER, âgé de trente-cinq ans, commandant la frégate nommée *le Grand-Louis*, armée de 20 pièces de canon et équipée de 150 hommes.

Ce qui est dit de lui ci-dessus fait connaître la liaison qu'ils ont ensemble; le capitaine Bart et lui, tous deux sont de service, ce dernier déférant à l'autre ; mais il *leur faut laisser cette liberté de vivre comme ils font familièrement avec leurs équipages, conférant avec les officiers et matelots quand il faut entreprendre quelque chose ; après cela leur commandement est absolu.*

Le capitaine Michel SMALL, âgé de trente-six ans, commandant la frégate neuve de 18 pièces de canons, de 10 livres de balles chacune, équipée de 150 hommes.

Il a fait plusieurs prises, revient encore de la mer avec six flûtes qu'il a enlevées en présence des convois, et n'a pas moins de courage et de conduite que les deux capitaines ci-dessus.

Le capitaine WACRENIÉ, âgé de cinquante ans, commandant la frégate nommé *l'Oie*, armée de 18 pièces de canon et équipée de 180 hommes.

Ce capitaine a fait plusieurs prises dans la pensée de trouver aussi occasion de se signaler : il n'a pas moins de courage et de génie que le capitaine Bart ; quoique charpentier de son premier métier, il est bon pilote et peut rendre des services, se croyant capable, et avoir autant de courage que les autres ; on aurait peine à les accorder sur le commandement ; il y a cette différence entre eux, que Bart hasarderait plus et ménagerait moins sa personne.

Le capitaine LASIE, âgé de quarante-cinq ans, commandant la frégate *la Poudre-d'Or*, armée de 18 pièces de canon, équipée de 180 hommes.

Ce capitaine a fait quantité de prises, mais n'a pas trouvé occasion de combattre ; il est bon officier, et a été ci-devant lieutenant sur la frégate *la Mignonne*.

Le capitaine SOUTENUIE, âgé de vingt-six ans, commandant une frégate neuve de 10 pièces de canon et équipée de 100 hommes.

Ce capitaine a aussi fait plusieurs prises et rien autre chose digne de marque.

— 1680 —

Le capitaine DELASTRE, âgé de vingt-huit ans, commandant une frégate de 10 pièces de canons, équipée de 100 hommes.

Le capitaine VERMULLE, âgé de quarante ans, commandant une frégate neuve armée de 12 pièces de canons, équipée de 100 hommes.

Le capitaine GOUVERNASEN, âgé de quarante ans, commandant une frégate de 8 pièces de canons, équipée de 70 hommes.

Le capitaine PITREBAS, commandant la frégate *la Fortune*, armée de 6 pièces de canon, équipée de 59 hommes.

Le capitaine YAN-YANCE, âgé de trente ans, commandant la frégate *le Saint-Michel*, armée de 6 pièces de canon, équipée de 60 hommes.

Le capitaine LIEVENS, âgé de vingt-huit ans, commandant une frégate de 6 pièces de canon, équipée de 60 hommes.

Le capitaine HERY, âgé de quarante-six ans, commandant la frégate *le Coq*, armée de 6 pièces de canon, équipée de 60 hommes.

Il y a encore deux frégates neuves qui s'équipent, et qui n'ont pas encore de commandants.

Ce capitaine, quoique chirurgien de son métier, par les voyages qu'il a faits à la mer, s'est rendu connaissant de la navigation, et paraît avoir de l'activité et du courage.

Pendant qu'il a monté une barque longue il a fait plusieurs prises, la plupart de considération ; sa conduite et sa valeur l'ayant fait estimer, on lui a donné la frégate de 12 pièces de canon dans l'espérance d'une plus grande.

Ce capitaine, quoique brave soldat, n'a pas été si heureux que les autres.

Ce capitaine est bon marinier, brave homme, capable de servir.

Il n'a fait autre chose que la course sur les ennemis, estimé plus courageux que rempli de conduite.

De même que le précédent.

Ce capitaine est chirurgien de son métier, plus capable de le faire que d'aller à la mer.

BARQUES LONGUES.

Charles LANSCOT, âgé de quarante-six ans, commandant une barque longue armée de 6 pièces de canon, équipée de 56 hommes.

Ce capitaine a fait diverses prises assez de conséquence, paraissant courageux et homme de conduite.

Le capitaine BOWIN, âgé de trente ans, commandant une barque longue de 6 pièces de canon, équipée de 50 hommes.

Ce capitaine est Anglais de nation, habitué à Dunkerque au commencement de la guerre, estimé habile et courageux.

Le capitaine Josse CONTANT, âgé de trente-six ans, commandant la barque longue nommée *le François-de-Paul*, armée de 4 pièces de canon, avec 40 hommes.

Ce capitaine est estimé un des plus habiles et courageux, capable de servir.

Le capitaine GILLETANT, âgé de vingt-six ans, commandant une barque longue armée de 4 pièces de canon, et équipée de 40 hommes.

Il est jeune, avec moins d'estime et d'expérience.

Le capitaine HAUTEBART, commandant une autre barque longue, armée de 6 pièces de canon, et équipée de 55 hommes.

Il est bon pilote et courageux.

Le capitaine BLANKEMIN, âgé de trente-deux ans, commandant une autre barque longue, armée de 6 pièces de canon, et équipée de 56 hommes.

Il est estimé bon marinier.

Le capitaine Albert LECLUZE, âgé de trente-six ans, commandant une barque longue, de 3 pièces de canon avec 30 hommes d'équipage.

Idem.

Le capitaine Baptiste ROUSSEL, âgé de quarante-deux ans, commandant une barque longue, de 4 pièces de canon, équipée de 50 hommes.	Il est estimé bon marinier.
Le capitaine ARNAULD-YANSE, âgé de 46 ans, commandant une barque longue de 4 pièces de canon, avec 40 hommes d'équipage.	*Idem.*
Le capitaine NICOLAS, âgé de trente-six ans, commandant une autre barque longue, de 4 pièces de canon, avec 39 hommes.	*Idem.*
Le capitaine SUANNE, âgé de cinquante ans, commandant une petite corvette d'une pièce de canon, avec 20 hommes d'équipage.	Ce capitaine est Anglais, habitué à Dunkerque depuis deux ans, homme estimé, courageux et de bonne conduite.
Le capitaine Charles MARÉCHAL, âgé de quarante ans, commandant une barque longue, de deux pièces de canon avec 40 hommes d'équipage.	Estimé marinier.
Le capitaine LOMBARD, âgé de trente-deux ans, commandant une des barques longues de Sa Majesté, donnée en course, de 4 pièces de canon avec 40 hommes.	Il est de Calais, expérimenté, courageux, avec assez de conduite.

AUTRES CAPITAINES SANS EMPLOI.

Le capitaine Alexandre JACOBSEN, âgé de quarante-cinq ans.	Il est estimé malheureux, et le crois sans courage.

Le capitaine Gaspard DUPRÉ, âgé de trente-six ans.	Il est estimé habile et très-bon soldat.
Le capitaine Jean PITRE, âgé de trente-six ans.	Il est bon pilote; mais peu de conduite.
Le capitaine MARTINBOURE, âgé de trente-six ans.	Il n'est pas en grande estime.
Le capitaine David TRUELLE, âgé de quarante ans.	Il est bon pour officier.
Le capitaine Michel PATEL, âgé de trente-huit ans.	Idem.
Le capitaine Jean AUGUSTIN, âgé de trente-six ans.	N'est pas grand'chose.

Par cet état, il y a : de frégates appartenant à des particuliers. 15
De barques longues. 12
De capitaines. 33

» Dans le nombre des hommes qui forment les équipages, il y a quantité d'officiers mariniers aussi courageux et de conduite qu'aucun des meilleurs capitaines; et parce qu'ils sont connus, et que les commandants ont la disposition de faire leurs équipages, ils les choisissent particulièrement, leur faisant bonne condition.

» On croirait peut-être, par le nombre des bâtiments ci-dessus spécifiés, qu'il y aurait beaucoup de matelots à Dunkerque : il est bon de dire que les vaisseaux y sont, mais qu'ils ne sont jamais tous ensemble à la mer, soit que les matelots aient la liberté de changer à chaque voyage, à quoi ils sont d'autant plus disposés par l'envie de s'engager à ceux qui leur donnent le plus, ou que les armateurs veuillent quelquefois surseoir leur armement; il se fait un continuel changement de vaisseaux et d'équipages, selon l'état des navires et l'argent que les armateurs ont à y employer, et ils ne vont que l'un après l'autre à la mer.

» Sur ce que peut-être aussi Sa Majesté pourrait croire avoir tenu ses matelots à Dunkerque, comme ses véritables sujets, dépendant d'elle, je suis obligé de représenter qu'il y en a, à la vérité, de Calais, Boulogne, et d'ici, mais il y en a beaucoup plus sujets d'Espagne, habitués à Nieuport, Ostende et même en Zélande, qui viennent par l'espérance du gain, qui servent volontiers et aussi bien que les autres contre nos ennemis. La plupart, à la vérité, naturellement Dunkerquois, sortis d'ici par suite des incommodités publiques ; au lieu de les charger ainsi qu'on fait, les étrangers au contraire les ont reçus agréablement, sans les charger d'aucunes assises ni aucune charge de ville ; la douceur qu'ils sentent les retient ; non-seulement ils y demeurent, mais y en attirent d'autres avec eux. Il en serait autrement si Sa Majesté voulait avoir la même considération à Dunkerque ; comme ils aiment naturellement leur pays, qu'il y a beaucoup de disposition à leur entretien, ils y retourneront infailliblement, et ne sauraient y venir sans en attirer d'autres.

» Je fais ce petit raisonnement pour représenter la force des bâtiments qui sont ici, les sujets propres à les commander et la qualité des matelots qui les servent. Dans la vue qu'on donne, s'il n'y a qu'à exciter ceux qui arment par les avantages qu'on propose, il n'y a pas de doute qu'ils n'ouvrent les yeux dès le moment que l'ouverture leur en serait faite ; il y a même beaucoup de gens ici sans bâtiments, qui la recevront bien agréablement ; mais si Sa Majesté, en leur donnant ses vaisseaux, pensait se servir d'eux dans une occasion, il faudrait renfermer ses pensées à peu d'armateurs, former entre les principaux, adroitement, une manière de compagnie pour disposer de leurs plus forts bâtiments avec ceux de Sa Majesté, et ordonner de la subordination entre les capitaines, ce qui ne me paraît pas bien difficile, ménageant l'intérêt des officiers mariniers et matelots (qui envisagent toujours le bien, et qui risquent volontiers leur vie pour l'acquérir), leur accordant, au lieu du tiers des prises qu'ils ont ordinairement, la moitié, ou quelque chose à peu près de celles qu'ils avaient avec les bâtiments de Sa Majesté. J'oserais espérer que la chose se pourrait faire ainsi, les prévenant auparavant d'un désir de bien pour eux sans aucune marque d'intérêt, les amorçant par un commencement de bénéfice ; le faisant ainsi, il reviendra des matelots qui servent ailleurs quasi par force, et diminuera extrêmement les moyens qu'ont ceux d'Ostende d'armer contre nous. » HUBERT. »

(*Biblioth. roy. Mss. — Colbert.*

Colbert, selon son habitude, fit faire secrètement une enquête contradictoire sur les mêmes capitaines, afin de s'assurer de la vérité des renseignements donnés par Hubert. Voici le résultat de cette seconde enquête adressée à Colbert, un mois après la première.

LISTE DES PRINCIPAUX CAPITAINES COMMANDANT LES VAISSEAUX CORSAIRES DE DUNKERQUE.

» JEAN BART, commandant une frégate de vingt-quatre pièces. } Bons soldats et matelots.
» KEYSER, commandant une frégate de dix-huit pièces.

» Je mets ces deux capitaines ensemble, parce qu'ils naviguent de concert ordinairement. Ils sont originaires de Dunkerque, âgés de trente à trente-cinq ans, et fils et petit-fils de deux fameux corsaires, qui ont fait beaucoup parler d'eux durant la guerre qui était entre les Espagnols et les Hollandais, avant le traité de Munster, et dont l'un, G. Bart, fut blessé au dernier siége de Dunkerque.

» Ils sont sortis avec honneur de toutes les occasions qu'ils ont trouvées dans leurs courses. Ils n'ont point dégénéré, quoique leur mauvaise fortune les ait obligés de servir d'officiers-mariniers ou de matelots dans le commencement de la guerre d'aujourd'hui, et s'étant rendus dignes de commander, ils ont pris jusqu'à cinq frégates ennemies, dont la moindre a toujours été plus forte qu'eux. Entre plusieurs prises considérables qu'ils ont faites, on compte celle d'une frégate de Hollande, chargée de poudre d'or pour 80,000 livres; et celles des belandres, dont il sera parlé ci-après au sujet de Pitre Lasep. Ledit Bart a encore enlevé depuis peu un vaisseau des États de trente-deux pièces de canon. Je ne sais point le détail de cette action.

» PITRE VERMULLE, âgé de quarante ans ou environ.

» Celui-ci a servi de maître d'équipage sur la frégate

la Mignonne, et depuis s'étant mis dans la caprerie[1], a très-bien fait son devoir ; il a fait quantité de prises très-riches, et a été un des plus heureux capitaines du port ; mais comme il n'a commandé que des bâtiments de quatre et six pièces, sa bravoure n'a pas fait encore tant de bruit que celle des autres.

» PITRE LASEP, âgé d'environ quarante ans.

» Il a été de même au service du roi sur *la Fidèle*, en qualité de maître d'équipage. Ayant eu le commandement d'une frégate armée en course, il a fait paraître qu'il la méritait ; car au premier voyage qu'il fit avec les sieurs Bart et Keyser, il attaqua le premier trois vaisseaux ennemis dont le moindre était plus fort que lui, et ayant essuyé tout leur feu, il donna moyen auxdits Keyser et Bart de les venir charger : ensuite de quoi ils prirent un desdits vaisseaux ennemis, mirent les deux autres en fuite, et prirent neuf belandres chargées de toutes sortes de marchandises qui étaient sous le convoi desdits ennemis.

» NICOLAS NOUX, âgé d'environ quarante ans.

» C'est un bon capitaine, qui a fait plusieurs courses dans la guerre de 1667 et dans celle d'à présent ; il a commandé des barques longues dans la Manche pour le service du roi, et a été entretenu quelques années dans le port à 100 livres par mois. M. le vice-amiral l'estime beaucoup.

» JOSSE CONTANT, âgé d'environ vingt-huit à trente ans.

» Encore bon capitaine, et qui a fait beaucoup de prises.

» Il y a quantité d'autres petits corsaires qui font aussi beaucoup de prises, mais dont la réputation n'est pas égale à celle des ci-devant nommés.

» Ce 16 novembre 1676. »

Cette lettre n'est pas signée.
(Biblioth. roy. Mss. — Colbert.)

---

[1] On appelait capitaines ou vaisseaux capres les officiers et bâtimens, soit corsaires, soit marchands ; tous ceux enfin qui n'étaient pas de la marine du Roi.
Rien n'indique l'auteur de cette note.

M. Hubert, peu de jours après, envoyait à Colbert ce mémoire sur les armements en course, mémoire dans lequel il donne de curieux détails sur le mode suivi par les armateurs de Dunkerque.

MÉMOIRE D'HUBERT SUR LES ARMEMENTS EN COURSE A DUNKERQUE.

» Par ceux ci-devant envoyés, j'ai marqué le nombre et la force des bâtiments de guerre qui sont à Dunkerque appartenant à des particuliers, les sujets pour les commander, et la qualité des matelots qui pourraient les servir pour les desseins qu'on pourrait avoir; outre qu'il y a peu de matelots pour les armer tous, et pour former une forte escadre, il y a tant de sortes d'intéressés dans les frégates, qu'il y aurait peine à les préparer tous à l'emploi qu'on en voudrait faire : les désordres et les procès qu'on voit journellement parmi eux, le font dire, et, à moins d'un grand avantage pour eux, il serait difficile de les y porter, particulièrement dans le temps qu'ils voient retourner leur navire de la mer avec grandes dépenses, n'y ayant trouvé que tous vaisseaux exempts ou porteurs de passeports de Sa Majesté; dans cet état, ils voient bien que la navigation ennemie se faisant par de forts convois, il y aura plus de dépenses et de risques à courir que de bien et de fortune à espérer pour eux; et, comme la plupart sont peu accommodés, ils cesseront d'armer indubitablement, ainsi que ceux de Calais ont déjà fait, s'ils ne sont secourus d'ailleurs, pour les obliger à continuer leurs courses vers le Texel et le Vly ; fatiguant de sorte la navigation des ennemis, que cela puisse empêcher leur commerce, ou les obligeant à faire de grands armements, qui seront plus de dépense qu'à charge aux autres, parce qu'ayant moyen de s'étendre à la mer, ils pourront aller ailleurs au passage des flottes qu'ils ont dehors, et revenir de temps en temps à leur port continuer la guerre, même aller souvent vers le Nord interrompre leur pêche, qui leur est d'autant plus sensible, qu'elle fournit presque la subsistance de leur pays, et fait le plus considérable négoce qu'ils aient, néanmoins gardés par de simples convois aisés à enlever.

» Si Sa Majesté pense simplement à porter ceux de Dunkerque à faire la guerre à ses ennemis de la manière qu'ils ont fait, il n'y a pas nécessité de les obliger tous à faire de fortes escadres; outre qu'il n'y aurait pas de matelots assez, il y aurait moins à espérer pour eux, et de mal à faire aux autres. Ou le commerce des ennemis cesserait, voyant des forces dehors, ou ils en auraient d'autres pour le favoriser. Dans la disposition où sont la plupart des armateurs, il serait assez difficile de les porter tous à l'armement de leurs vaisseaux; il y a tant de différentes personnes intéressées, que souvent ils ont peine à convenir de ce qu'ils ont à faire; et pour le dessein qu'on aurait de les joindre tous ensemble, il faudrait les pressentir et quasi leur dire la pensée qu'on aurait, ce qui me paraît de conséquence.

» La mienne serait de préparer adroitement ceux qui ont les plus considérables bâtimens, leur offrant quelques secours; même si Sa Majesté voulait leur accorder de ses frégates, les donner en la place de celles qui n'auraient pas de disposition à se joindre à eux, on pourrait demander le dixième des prises qui se *feraient,* leur laissant le reste pour augmenter la part des matelots, et pour les désintéresser d'ailleurs; de la sorte, ils pourraient s'engager dans la dépense d'armemens (qui ne sont pas de peu de considération). Peut-être que les autres armateurs, voyant quelques apparences de profit, viendront insensiblement demander à joindre leurs navires, et à former une ou plusieurs escadres, selon le besoin. Il est bon d'observer sur cela que les prises qui se sont faites n'ont pas beaucoup enrichi les armateurs : la plupart de leurs gains sont en vaisseaux qui leur demeurent sur les bras, et peu d'argent comptant pour faire des armemens; ainsi, outre les frégates de Sa Majesté, il les faudra secourir d'ailleurs, les intéressant de telle sorte que l'apparence de profits les fasse agir; mais de quelque manière que le secours se donne, soit de vaisseaux, ou d'autre chose, il est nécessaire que là tout paraisse à eux, et que rien ne soit connu de ce qu'exige Sa Majesté, du moins dans les commencemens des armemens. Pour cet effet, il faudrait commencer par l'armement de trois à quatre bâtimens, et continuer le reste ensuite, pour se joindre, en cas de besoin, selon les occurrences : de cette sorte, on pourra être en état d'attaquer toutes les flottes qui entrent et sortent, et incommoder extrêmement les ennemis de Sa Majesté.

» A l'égard des matelots, pour peu qu'on augmente leur part, et qu'ils sentent du bien, il en viendra assez d'ailleurs s'engager à servir.

» HUBERT. »

Maintenant, ces antécédens de Jean Bart bien établis, il reste, pour faciliter l'appréciation de ce qui va suivre, à donner une idée rapide et sommaire des différentes particularités qui se rattachaient alors à la signification du mot *prise*, ou plutôt des formalités nécessaires pour valider une prise faite par un corsaire.

On insiste d'autant plus à donner ces éclaircissemens, qu'ils serviront pour ainsi dire d'introduction et d'explication à tous les combats particuliers de Jean Bart, et aux nombreux faits d'armes de la marine française qui, depuis 1681 jusqu'en 1688, ne fit pour ainsi dire qu'une longue guerre de corsaires, soit dans les possessions espagnoles, soit dans la Méditerranée ; et puis enfin parce que cet admirable travail court et succinct résume en peu de pages une des matières les plus épineuses et les plus hautes du droit et de la législation maritimes, puisqu'il embrasse depuis cette question : *La mer est-elle commune à tous les hommes?* jusqu'aux détails les plus minutieux des usages de la navigation.

Ce précieux travail, complétement inconnu jusqu'ici, est dû à l'un des hommes les plus éclairés du dix-septième siècle, et dont on a vu le nom bien souvent cité dans les épîtres ou la correspondance littéraire de tous les grands écrivains de ce temps-là. Cet ouvrage, en un mot, est dû à M. de Valincourt.

Jean-Baptiste du Trousset et de Valincourt était né à Saint-Quentin, le 1ᵉʳ mars 1653, d'une famille des meilleures et des plus riches de Picardie ; ses qualités, son esprit charmant, gracieux et salé, quoique sans méchanceté, l'avaient fait rechercher fort jeune par la société la plus exquise et la plus choisie ; ayant lui-même beaucoup de lettres, de connaissances et de savoir, il s'était intimement lié avec Racine et Despréaux, puis après avoir publié quelques épîtres d'un tour élégant et facile, plusieurs critiques saines, logiques et mesurées, il fit paraître, en 1684, une *His-*

toire de François de Lorraine, duc de Guise, écrite d'un style nerveux, précis, et remplie de faits et de renseignemens.

Ce fut quelques années après que Bossuet, reconnaissant dans M. de Valincourt un esprit mûr, orné, profond, joint aux plus éminentes vertus, le désigna à Louis XIV comme pouvant mieux que pas un remplir auprès de son fils, M. le comte de Toulouse, amiral de France, les fonctions de secrétaire général de la marine, et présider à l'éducation maritime de ce jeune prince.

En effet, M. de Valincourt était instruit de beaucoup de parties de la navigation, s'étant longtemps occupé avec M. d'Herbigny de rassembler les matériaux de la magnifique *ordonnance de la marine,* un des plus beaux monumens du génie de Colbert.

Le Traité sur les prises, dont on donne ici les fragmens les plus considérables, fut donc spécialement destiné à l'instruction de M. le comte de Toulouse ; et en lisant cet ouvrage, on se convaincra facilement du puissant esprit d'ordre et d'analyse, ainsi que de la pénétrante sagacité qui ont présidé à la rédaction de ce travail sur les matières les plus hérissées et les plus épineuses.

On verra comment, pour instruire et intéresser à la fois le jeune prince, M. de Valincourt a merveilleusement bien mélangé les particularités pittoresques et historiques au développement successif des institutions maritimes : ainsi, sous ce point de vue, et pour choisir un exemple entre mille, le chapitre touchant l'*origine du droit de congé,* est un chef-d'œuvre ; rien de plus curieux que de suivre la filiation de ce droit à travers les croyances païennes et les usages de l'antiquité : ce sont d'abord, pour en expliquer l'origine, des citations courtes et concluantes empruntées à la mythologie, à Tite-Live, aux *Commentaires de César;* puis au moyen âge, ce droit, un moment oublié, refleurit plus vivace que jamais sur les prétentions énergiques de Pierre de Dreux, duc de Bretagne, surnommé *Mauclerc,* à cause des mauvais traitements qu'il faisait subir aux clercs et aux ecclésiastiques de son duché. Enfin Pierre de Dreux, *cet homme intolérable et de dure conversation,* dit la chronique citée par M. de Valincourt, persistant à soutenir que ce droit étant régalien, il avait seul le droit de l'exercer comme prince souverain, suscite à ce propos cette guerre singulière, dite *des congés*, dont le plus sanglant combat fut donné près de Châteaubriand, ville dont le seigneur était tout dévoué à Pierre de Dreux, qui gagna la bataille, et conséquemment aussi son *droit de congé*.

En vérité, lorsqu'on songe que les connaissances si variées et si indispensables à l'étude du droit maritime, qui peut seul donner la solution d'une foule de problèmes historiques, que ces connaissances se déroulent ainsi, faciles, rapides, nettes et ingénieusement colorées, de sorte qu'elles se réfléchissent et se gravent à jamais dans la mémoire, on demeure émerveillé. Quelle incroyable patience ! quelle vivacité d'imagination ! quel esprit profond et analytique n'a-t-il pas fallu à celui qui dut concentrer tant de science dans un travail si précis ! à celui qui, non-seulement a suivi avec l'opiniâtreté d'un légiste ou d'un savant le fil de l'histoire au milieu d'un dédale de lois, de coutumes, d'usages de tous les siècles et de tous les pays, mais qui encore a donné la vie et le mouvement à cette trame, en la peignant de figures brillantes et largement dessinées !

C'est surtout en lisant ce travail que l'on comprendra avec quels regrets tous les gens éclairés de ce temps-là apprirent que la magnifique bibliothèque de M. de Valincourt, renfermant sept ou huit mille volumes des plus rares et des plus choisis, mais surtout riche de plusieurs ouvrages et mémoires manuscrits de M. de Valincourt, venait d'être entièrement détruite par l'incendie qui avait embrasé sa belle maison de Saint-Cloud. Ce fut à propos de ce cruel événement que M. de Valincourt dit avec une courageuse et stoïque résignation : « *Je n'aurais guère profité de mes livres, si je ne savais pas les perdre.* »

Enfin, pour terminer, voici comment s'exprime M. de Saint-Simon au sujet de l'auteur du *Traité des prises* : « M. de Valincourt était un homme d'infiniment d'esprit, et qui savait extraordinairement, d'ailleurs, un répertoire d'anecdotes de cour où il avait passé sa vie dans l'intrinsèque, parmi la plus illustre compagnie ; solidement vertueux et modeste, toujours en sa place et jamais gâté par les confiances les plus importantes et les plus flatteuses ; d'ailleurs très-difficile à se montrer, hors avec ses amis particuliers, et peu à peu. Devenu grand homme de bien, c'était un homme doux, gai, piquant sans vouloir l'être, et qui répandait naturellement les grâces dans la conversation, très-sûr et extrêmement aimable, qui avait su conserver la confiance du roi, être considéré de madame de Maintenon, et ne lui être pas suspect en demeurant attaché à madame de Montespan jusqu'à sa mort. »

Voici ce travail, intitulé :

TRAITÉ SUR LES PRISES, POUR L'USAGE DE M. LE COMTE DE TOULOUSE, AMIRAL DE FRANCE, PAR M. DE VALINCOURT, SECRÉTAIRE GÉNÉRAL DE LA MARINE.

DES PRISES QUI SE FONT SUR MER.

CHAPITRE PREMIER.

La mer commune à tous les hommes.

« Vous avez souvent observé, monseigneur, en regardant des cartes de géographie, que toute la terre habitable est divisée en plusieurs parties, dont chacune est soumise à un prince ou à une république qui commande à ceux qui l'habitent, et qui peut empêcher que ceux des autres pays ne viennent y demeurer et ne puissent même y passer sans sa permission.

» Vous avez vu aussi que ces parties sont, pour la plupart, divisées par des montagnes, par des rivières, ou par des déserts même, que Dieu semble avoir placés exprès pour les séparer et pour leur servir de bornes; mais vous n'avez rien remarqué de semblable sur la mer : non-seulement il n'y paraît aucune séparation ; mais il est impossible aux hommes d'y en faire aucune, ce qui marque assez que Dieu a voulu qu'elle leur fût commune à tous.

» Cette vérité a été reconnue de tout temps, et même par le peuple le plus jaloux d'étendre sa domination, c'est-à-dire par les Romains, dans le temps qu'ils s'appelaient maîtres de l'univers, et qu'ils l'étaient en effet. Leurs plus fameux jurisconsultes reconnaissaient que la mer est naturellement ouverte à tout le monde, qu'elle est aussi commune que l'air, et que l'usage en appartient indifféremment à tous les hommes.

» Je sais bien, monseigneur, que les Anglais ont une prétention fort contraire à ce principe, et j'espère avoir l'honneur de faire voir quelque jour à Votre Altesse Sérénissime combien elle est chimérique ; mais comme il n'y a qu'eux seuls qui la soutiennent dans le monde, il n'est pas nécessaire de s'y arrêter présentement, et cela ne doit pas m'empêcher de vous établir, comme une maxime constante et universellement reçue, que la mer est commune à tous les hommes, et qu'aucun prince n'y peut avoir plus de droit qu'un autre. »

CHAPITRE II.

Quelle autorité ont les princes sur la mer, et comment ils peuvent faire des lois maritimes ?

« Vous direz peut-être, monseigneur, puisque la mer n'appartient point aux princes, comment donc peuvent-ils exercer leur autorité, et à quoi servent les lois maritimes ? car les lois des princes ne sont observées que dans les lieux qui leur appartiennent, et où ils ont le droit de commander. A cela, monseigneur, je vous réponds que lorsqu'un prince fait des lois maritimes pour des choses même qui veulent être exécutées en pleine mer, on ne peut pas dire qu'il commande hors du lieu où il a droit de commander : car ces lois s'exécutent dans un vaisseau, et par ceux qui sont toujours ses sujets en quelque lieu qu'ils se puissent trouver.

» En effet, on peut regarder un vaisseau comme une petite ville qui est toujours sous l'autorité de son prince, quelque part qu'elle soit située ; et comme les ordres du roi ne s'exécutent pas moins à Quebec qu'à Paris, de même un vaisseau français qui est au milieu de la mer des Indes, n'est pas moins sujet à ses lois que dans le port de Brest ou de Rochefort.

» Il s'ensuit donc de là que les princes peuvent faire telles ordonnances qu'ils jugent à propos pour leurs vaisseaux ou pour ceux de leurs sujets qui vont en mer, sans qu'il soit moins vrai de dire qu'elle est commune à tous les hommes, et que personne n'y a droit particulier. »

CHAPITRE III.

Les souverains peuvent ordonner à leurs vaisseaux et à ceux de leurs sujets de prendre en mer ceux de leurs ennemis.

« Supposant maintenant le droit que les souverains ont de faire la guerre, qui est un droit incontestable, on ne peut douter que, par une suite nécessaire, ils n'aient aussi le droit de nuire à leurs ennemis sur mer et sur terre ; qu'un roi par conséquent ne puisse permettre et ordonner à ses sujets de prendre leurs vaisseaux, et que ceux qui s'en rendent maîtres de cette manière n'en deviennent les véritables et légitimes possesseurs ; mais comme l'envie de s'enrichir porterait aisément ceux qui se trouveraient les plus forts à prendre également les vaisseaux amis et ennemis, se déguisant souvent sous l'apparence d'amis, il a été nécessaire d'établir des règles pour l'un et l'autre de ses abus. C'est, monseigneur, ce que je vais avoir l'honneur de vous expliquer dans le chapitre suivant. »

CHAPITRE IV

Deux sortes de vaisseaux peuvent faire des prises en mer.

« Vous ne doutez pas, monseigneur, que les vaisseaux du roi, commandés par ses officiers, n'aient droit de combattre et prendre ceux de ses ennemis; mais vous pouvez peut-être douter si les particuliers qui ont des vaisseaux ont ce même droit. En effet, comme il n'est point permis à un particulier d'attenter sur la vie de son ennemi, il ne lui est pas permis aussi de s'emparer de son bien ; et lorsqu'il le fait de son autorité privée, c'est un vol qu'il commet, et il mérite punition. C'est pour cela, monseigneur, que quand le roi déclare la guerre à ses ennemis, il permet et ordonne en même temps à ses sujets de leur courir sus, tant par mer que par terre, afin de leur donner un droit qu'ils ne sauraient avoir que de lui. Mais afin qu'ils n'abusent pas de cette permission générale, il faut que celui qui veut faire des prises sur mer, outre cette permission générale, obtienne encore une permission particulière. »

CHAPITRE V.

Des commissions pour armer en course ou en guerre.

« C'est un des plus beaux droits de votre charge, monseigneur, qu'aucun vaisseau français ni étranger ne puisse sortir des ports de France sans prendre un congé de vous ; mais comme il ne s'agit ici que des prises, et que j'aurai l'honneur de vous expliquer quelque jour ce qui regarde les congés, en vous parlant des droits de votre charge, je ne vous entretiendrai présentement que des permissions ou congés que sont obligés de prendre ceux qui veulent armer pour faire des prises.

» Cette permission, qu'on appelle communément *commission en guerre* ou *commission pour armer en course,* doit contenir le nom et le port du vaisseau et celui du capitaine, le nombre de ses canons et de son équipage, et le lieu d'où il part.

» Lorsque vous apprendrez les constructions, on vous montrera, monseigneur, tout ce qui regarde le port des vaisseaux et la manière de les mesurer. Je dois vous dire ici, afin qu'il n'y ait aucun mot dans ce mémoire qui puisse vous paraître obscur, que *le port* d'un vaisseau signifie sa capacité, et qu'un *tonneau*, en terme de mer, signifie la pesanteur de deux mille livres : un vaisseau de cent tonneaux, deux cent mille livres, et ainsi du reste.

» Pour revenir à mon sujet, voici, monseigneur, quelques dispositions importantes des ordonnances sur le sujet des commissions en guerre, dont je tâcherai de vous expliquer les raisons et les motifs, afin de vous les rendre plus intelligibles.

» Il est défendu à tous sujets du roi de prendre une commission d'aucun roi, prince ou État étranger pour armer des vaisseaux en guerre sans permission expresse, à peine d'être traités comme pirates, c'est-à-dire d'être punis de mort.

» Il y a deux raisons de cette défense : la première est qu'un prince n'ayant aucune autorité sur les sujets d'un autre, il ne peut lui conférer le pouvoir ni le droit de se rendre maître du bien d'autrui, et qu'ainsi tout ce que ferait un armateur français qui voudrait courir sur les Hollandais et qui aurait pris une commission du roi d'Espagne, pourrait courir sur eux, et pillerait ainsi les alliés du roi sans qu'ils eussent moyen de s'en plaindre.

» Ceux qui courent la mer sans commission d'aucun prince ni État souverain, sont encore plus criminels. Vous en verrez aisément la raison, si vous vous souvenez de ce que j'ai eu l'honneur de vous dire, qu'un particulier ne se peut donner à lui-même le droit de s'emparer du bien d'autrui : ainsi ceux qui entreprennent de le faire sans permission doivent être regardés et punis comme des voleurs publics.

» Ceux qui se trouvent au contraire saisis de deux commissions de différents princes sont traités de même, et la raison en est bien évidente ; car un armateur ne doit courir que sur les ennemis de son souverain, qui sont désignés dans la commission qui lui est donnée. Si donc il prend une commission d'un autre prince, ce ne peut être que pour courir sur des peuples sur lesquels son souverain ne lui a pas permis de courir, et c'est ce qui mérite punition.

» Il était aussi autrefois défendu, sous les mêmes peines, à ceux qui arment en course, *d'avoir plusieurs pavillons différents dans leurs bords;* il y a une autre ordonnance du 23 février 1674, par laquelle le roi veut que ceux qui s'en trouveront saisis soient traités comme pirates ; mais on s'est relâché sur cet article en faveur des armateurs, et l'on souffre maintenant qu'ils aient plusieurs pavillons, pourvu qu'ils ne combattent que sous celui du prince dont ils ont commission.

» Vous savez, monseigneur, que l'usage des pavillons à la mer est de distinguer les vaisseaux : chaque nation a son pavillon particulier, et c'est par là qu'on connaît ou du moins que l'on juge à qui appartient un vaisseau qu'on voit de loin.

» Vous voyez par là de quel usage il peut être aux armateurs d'avoir différents pavillons : cela leur sert à pouvoir plus facilement s'approcher des vaisseaux dont ils veulent se rendre maîtres, et qui prendraient la fuite à la vue d'un pavillon ennemi. Ainsi, par exemple, un corsaire français voyant de loin un vaisseau qu'il croit hollandais ou anglais, mettra pavillon de l'une de ces nations pour le pouvoir venir reconnaître de plus près, et l'attaquer ensuite s'il se trouve plus faible que lui, ou le laisser passer s'il se trouve plus fort ; mais lorsqu'il a commencé à tirer et qu'il en vient au combat, il est obligé de mettre pavillon français, et il serait puni s'il en usait autrement. La raison est qu'un vaisseau qui en attaque un autre est obligé de se faire connaître, afin que le vaisseau attaqué sache s'il doit résister ou se rendre, et que l'on ne puisse pas lui imputer de s'être défendu mal à propos.

CHAPITRE VI.

Des quatre sortes de vaisseaux qui sont de bonne prise.

» Après vous avoir expliqué, monseigneur, ce qui est nécessaire à un armateur pour pouvoir légitimement faire des prises en mer, il faut vous dire maintenant quels sont les vaisseaux qu'il lui est permis de prendre, ce qu'on appelle communément de bonne prise ; il y en a de quatre sortes :

» 1° Les vaisseaux qui ont fait refus d'amener leur pavillon, amis ou ennemis ;

» 2° Les vaisseaux que l'on reconnaît par leurs papiers appartenir aux ennemis de l'État ;

» 3° Les vaisseaux qui n'ont aucun papier qui puisse faire connaître à qui ils appartiennent ;

» 4° Les vaisseaux même des amis et des alliés qui se trouvent chargés d'effets appartenant aux ennemis.

» Chacune de ces espèces demande une explication particulière, que je tâcherai de rendre le plus claire qu'il se pourra.

CHAPITRE VII.

Des vaisseaux qui font refus d'amener, et du droit de visite en mer.

» Comme les armateurs changent souvent de pavillon pour n'être pas reconnus des vaisseaux qu'ils veulent prendre, les vaisseaux qui craignent d'être pris usent aussi des mêmes précautions pour les éviter. Un marchand de Hollande qui craindra d'être pris par les Français mettra, par exemple, un pavillon de Suède ou de Danemark, qui sont des royaumes alliés à la couronne. Pour empêcher cette fraude, on a établi la visite des vaisseaux en mer, qui se pratique de cette sorte :

» L'armateur qui aperçoit en mer un vaisseau, quelque pavillon qu'il porte, lui tire un coup de canon sans balle : ce coup s'appelle semonce ; et aussitôt le maître du vaisseau est obligé d'amener ses voiles, de mettre sa chaloupe en mer, et de venir à bord de celui qui a tiré, avec tous les papiers qui peuvent justifier de quelle nation est le vaisseau et à qui appartiennent les marchandises dont il est chargé.

» S'il refuse d'amener ses voiles après la semonce, l'armateur est en droit de l'y contraindre par artillerie ou autrement ; et en cas qu'il soit pris dans le combat, il est déclaré de bonne prise, de quelque nation qu'il puisse être.

» *Cette maxime du droit de visite n'est pas universellement reçue* : elle fut établie par l'ordonnance de 1584, article 55 ; mais on voit que huit ans après, c'est-à-dire en 1592, elle n'était pas encore regardée en France comme fort assurée, ni au parlement de Paris, ni à celui de Bordeaux. L'ordonnance de Philippe II défend très-expressément aux vaisseaux marchands de souffrir la visite. Je vous prépare, monseigneur, un mémoire très-exact sur cette matière, qui est des plus importantes de toutes les matières maritimes. Mais comme l'ordonnance de 1681 a renouvelé celle de 1584 en ce point, il ne reste aucune difficulté pour l'exécution, et l'on doit juger de bonne prise tous vaisseaux qui auront été pris ayant refusé d'amener leurs voiles.

CHAPITRE VIII.

Des vaisseaux que l'on reconnaît par leurs papiers appartenir aux ennemis de l'État, et des papiers qui se doivent trouver dans un vaisseau.

» S'il paraît par les papiers que le vaisseau appartienne aux ennemis de l'État, l'armateur doit l'amener, et il sera déclaré de bonne prise ; cela ne reçoit aucune difficulté. Ce chapitre doit donc être employé à vous expliquer, monseigneur, quels sont les papiers qui se doivent trouver ordinairement dans un vaisseau ; il y en a de deux sortes : les papiers qui regardent le corps du vaisseau, et ceux qui regardent son chargement, c'est-à-dire les marchandises dont il est chargé.

» Les papiers qui regardent le corps du vaisseau sont les lettres de mer, les congés ou passeports, la charte-partie et le contrat de vente.

» Les papiers qui regardent le chargement sont les connaissements ou polices du chargement, les factures et les lettres d'adresse.

Papiers qui regardent le corps du vaisseau.

» Les lettres de mer sont des lettres du magistrat de la ville d'où est le vaisseau ; elles sont scellées du sceau de la ville, et font mention du nom et du port du vaisseau, de celui à qui il appartient et du capitaine qui le monte.

» Le congé[1] ou passeport est la permission accordée à un vaisseau pour aller d'un lieu à un autre ; il doit faire mention du lieu d'où part le vaisseau et de celui où il doit aller.

» La charte-partie est le contrat qui est fait avec le maître d'un vaisseau pour porter des marchandises à quelque endroit. Par exemple, un marchand de Bordeaux qui voudra porter des vins en Irlande louera un navire pour ce voyage en promettant une certaine somme par tonneau : l'acte qui fait mention de ce marché s'appelle charte-partie. Il faut vous dire en passant, monseigneur, l'origine de ce mot qui peut vous paraître bizarre ; il vient de *charta partita,* qui signifie papier partagé ou déchiré. Anciennement, après que le maître du vaisseau et le marchand avaient fait écrire leurs conventions sur *un papier, on le déchirait en deux : le marchand en gardait une moitié et le maître l'autre.* Il y a des exemples de ces sortes de contrats dans les livres des anciens ; et le président Boyer de Bordeaux, dans un livre qu'il a écrit de ces matières, dit que de son temps ces sortes de chartes-parties étaient encore en usage. Présentement on ne s'en sert plus en France, et le maître et le marchand gardent chacun une copie entière de l'acte qu'ils ont fait ensemble ; mais les peuples du nord s'en servent encore.

» On trouve aussi quelquefois dans un vaisseau le contrat de vente, et cela est principalement nécessaire lorsque les lettres de mer ne sont pas du même lieu où le vaisseau a été fabriqué. Par exemple, si l'on trouve un vaisseau fabriqué en Hollande ou en Angleterre avec des lettres de Suède, il est bon qu'il ait aussi le contrat par lequel il paraisse que ce vaisseau hollandais a été acheté par un Suédois à qui il appartient, sans quoi l'on pourrait soupçonner les lettres de mer de fausseté.

[1] Voir plus bas la notice historique de ce mémoire sur le droit de congé, qui renferme les renseignements historiques les plus curieux sur l'origine de ce droit.

Papiers qui regardent le chargement.

Le connaissement ou police de chargement est un billet par lequel le maître reconnaît qu'il a reçu d'un tel une telle quantité de marchandises pour porter à tel endroit, et délivrer à tel, en payant une telle somme. On appelle ces billets connaissements, parce qu'ils servent à faire connaître à qui appartient la marchandise. On les nomme aussi en Levant police de chargement, du mot italien *polizza*, qui signifie billet ou obligation.

» Comme on fait les chartes-parties doubles, on fait les connaissements triples : un demeure à celui qui a chargé la marchandise, l'autre au maître qui la conduit, et le troisième est envoyé par une autre voie à celui à qui la marchandise est adressée.

» La facture est un état ou mémoire de toutes les marchandises qui sont dans le vaisseau, avec les noms de ceux par qui elles ont été chargées, et de ceux à qui elles sont adressées : ainsi, au lieu qu'un connaissement n'est que pour une partie du chargement, la facture est pour le chargement entier, et l'on peut dire que c'est un connaissement général.

» Outre ces papiers, il se trouve souvent dans les vaisseaux des lettres écrites par des marchands à leurs correspondants ou associés, par lesquelles ils leur donnent avis des marchandises qu'ils leur envoient, et cela fait le même effet que les connaissements. Je n'ai fait, monseigneur, que vous donner simplement la définition de tous ces actes, afin que vous puissiez seulement entendre ce qu'ils signifient ; car il faut un traité entier pour expliquer leur nature et leurs effets, la manière dont ils doivent être conçus, et le bon et mauvais usage qu'on en peut faire.

CHAPITRE IX.

Des vaisseaux qui n'ont aucuns papiers qui puissent faire voir à qui ils appartiennent.

» L'ordonnance de 1681 (article 6) déclare de bonne prise les vaisseaux avec leur chargement dans lesquels il ne sera trouvé la charte-partie, connaissement, ni factures ; les anciennes ordonnances disent à peu près la même chose.

» La raison de cette disposition est aisée à comprendre ; car étant un usage reçu généralement par toutes les nations, qu'un maître de vaisseau doit avoir les titres des marchandises qu'il conduit, lorsqu'il ne les présente pas, on a sujet de croire de deux choses l'une : ou que c'est un pirate qui a volé celles qu'on trouve dans son vaisseau, ou qu'elles appartiennent à des ennemis, puisque, si elles appartenaient à des amis, bien loin d'en cacher les papiers, il n'aurait qu'à les représenter pour être mis en liberté.

CHAPITRE X.

Des vaisseaux des amis et des alliés qui se trouvent chargés d'effets appartenant aux ennemis.

» L'ordonnance de 1681 (article 7) déclare de bonne prise tous les vaisseaux qui se trouveront chargés d'effets appartenant aux ennemis, et tous les effets aux amis qui se trouveront dans un vaisseau ennemi, et qu'on exprime ordinairement dans ces termes : robe d'ennemi confisque robe d'ami. *Roba* est un mot italien qui signifie en général tout ce qui peut appartenir à quelqu'un, soit argent, marchandises, habits de vaisseau, etc. Confisquer est un mot dont les praticiens français se servent pour dire rendre sujet à confiscation, lorsqu'on les trouve ensemble sur mer, soit que la marchandise fasse confisquer le vaisseau, ou que le vaisseau fasse confisquer la marchandise. Cette disposition est fort ancienne, et on la trouve établie dans les ordonnances des conseillers de Barcelone, de l'an 1484 ; mais comme elle est extrêmement rigoureuse, et contraire en quelque façon à la liberté du commerce, elle n'a jamais été observée de la même manière. Les histoires et les traités des peuples du Nord *sont pleins de modifications* qu'ils y ont apportées suivant les diverses conjonctures. Il sera nécessaire, monseigneur, que vous examiniez quelque jour cette matière dans toute son étendue, avec celle des marchandises de contrebande, dont je ne parlerai point ici ; cependant il suffit de vous dire qu'elle est observée aujourd'hui en France. Vous en voyez la raison : c'est qu'on suppose qu'un marchand qui met ses marchandises dans un vaisseau ennemi, ou qui donne son vaisseau pour porter les marchandises qui leur appartiennent, on suppose, dis-je, que cet homme a intelligence avec les ennemis, et qu'il doit, par conséquent, être traité comme eux. Il s'ensuit de là que si cet homme peut prouver qu'au temps qu'il a donné son vaisseau ou chargé ses effets il n'avait aucune connaissance de la guerre, ils doivent lui être rendus, et c'est ce qui s'observe exactement.

CHAPITRE XI.

De ce qu'un armateur est obligé de faire après avoir pris un vaisseau ennemi.

» Aussitôt que l'armateur a reconnu par quelques-unes des choses que je viens d'avoir l'honneur de vous expliquer, que le vaisseau est de bonne prise, il doit se saisir de tous les papiers, tant de ceux qui concernent le corps du vaisseau, que de ceux qui concernent le chargement, fermer les armoires, coffres, chambres et autres lieux où sont les marchandises, afin qu'il n'en soit fait aucun pillage. Il doit ensuite faire passer sur son bord le maître et les principaux matelots de la prise, sur laquelle il mettra de son propre équipage le nombre qu'il jugera suffisant pour le conduire au port d'où elle est partie.

» Il doit conserver les papiers, parce que c'est par là principalement qu'il peut justifier que le vaisseau est de bonne prise, et qu'il a eu droit de l'amener.

» Il doit faire passer des gens de la prise sur son bord, afin de diminuer leurs forces et leur ôter le moyen de se sauver en se rendant maîtres de ceux qu'il met pour les conduire, comme cela est arrivé quelquefois.

» Enfin, il doit prendre les clefs des lieux où sont les marchandises et en empêcher le pillage, parce qu'il n'a aucun droit sur la prise avant qu'elle ait été déclarée bonne par les juges, et parce qu'il est juste qu'on ne dispose de rien qu'en présence de tous ceux qui y ont intérêt. Vous verrez dans la suite, monseigneur, qui sont ceux qui ont intérêt à une prise en voyant comment elle se partage.

CHAPITRE XII.

De ce que l'on doit faire lorsque la prise est arrivée dans le port.

» Aussitôt que la prise est arrivée, celui qui l'a faite, ou celui qui a été chargé de la conduire, doit aller trouver les juges de l'amirauté, et déclarer exactement en quel lieu, en quel temps et en quelle manière la prise a été faite. Cela s'appelle faire le rapport ou la déclaration. Le rapport étant fait, les juges doivent se transporter sur le vaisseau, où ils font un procès-verbal, c'est-à-dire une relation exacte de tout ce qu'ils y ont trouvé ; ensuite ils scellent avec le sceau de l'amirauté tous les lieux qui renferment les marchandises, et mettent un gardien sur le vaisseau pour en avoir soin et en répondre jusqu'après le jugement.

» Si parmi ces marchandises il s'en trouve quelques-unes qui courent risque de se gâter dans le vaisseau, comme des vins, des huiles, du poisson, et autres choses semblables, les juges les font mettre dans un magasin, et les font même vendre lorsqu'il y a lieu de craindre qu'elles ne se gâtent ; l'on en dépose le prix entre les mains d'une personne sûre, qui le remet à ceux à qui il est ordonné par l'arrêt.

CHAPITRE XIII.
De la manière dont on instruit le jugement des prises.

» Le juge ayant reçu des mains de celui qui a fait la prise tous les papiers qui y ont été trouvés, fait venir le maître de la prise avec un interprète, pour interpréter les réponses s'il n'entend pas le français, ce qui arrive presque toujours, et un greffier pour les rédiger par écrit. Il commence par lui ordonner de lever la main et de jurer qu'il répondra la vérité sur les demandes qu'on lui en va faire.

» Après cela il lui demande son nom, son âge, son pays, sa religion ; le greffier écrit ce qu'il répond sur ces articles, et il s'en est trouvé d'assez misérables parmi les Hollandais pour répondre quelquefois, sur l'article de leur religion, qu'ils n'en avaient aucune, n'en ayant point encore choisi.

» Ensuite on leur demande à qui appartiennent le vaisseau et les marchandises, d'où ils venaient et où ils allaient ; enfin, après que le juge leur a fait toutes les questions dont il peut s'aviser pour découvrir la vérité, on l'oblige de signer ses réponses, s'il sait écrire, sinon le greffier signe pour lui, et en fait mention.

» On lui représente tous les papiers qui ont été trouvés dans la prise, on lui demande s'il les a reconnus, on les lui fait parafer ; après quoi on les donne à l'interprète pour en faire la traduction.

» Si le juge trouve à propos d'interroger les autres matelots de la prise, il le fait avec les mêmes formalités, et leurs réponses sont rédigées par écrit de la même manière.

» C'est, monseigneur, ce rapport ou déclaration de l'armateur, ce procès-verbal de transport sur le vaisseau pris, ces interrogatoires des matelots, et ces traductions de papiers, qui font ce qu'on appelle instructions d'une prise, et c'est sur cela qu'on juge si elle est bonne ou si elle doit être relâchée.

CHAPITRE XI.

Ce qui rend le jugement des prises difficile.

« Il semble d'abord qu'il ne peut y avoir aucune difficulté à juger une prise, parce qu'en examinant les papiers et les réponses des matelots, il doit aisé de connaître à qui tout appartient ; mais les juges ne laissent pas d'y être souvent fort embarrassés, et d'avoir besoin de toute leur pénétration pour démêler les artifices dont on se sert pour cacher les véritables propriétaires. Un seul exemple vous fera comprendre la chose plus clairement que tous les raisonnements que l'on pourrait faire.

» Un marchand de Hollande qui veut aller en Espagne, et qui craint d'être rencontré par des armateurs français, trouve moyen d'obtenir des lettres de mer d'un pays qui n'est pas en guerre avec la France, par exemple de Danemark, et mettra sur son vaisseau le pavillon de cette couronne : avec ces lettres, qui le font passer pour Danois, il fera des connaissements au nom d'un Danois, et non du Hollandais qui a chargé la marchandise, et cela s'appelle un vaisseau masqué. Je ne rapporte ceci que comme un exemple ; il y a cent autres déguisements de cette nature, dont il est inutile de vous faire ici le détail, aussi bien que des moyens dont on se sert pour les découvrir.

» Tout cela s'expliquera de soi-même en vous expliquant tout ce qui regarde les papiers qui doivent se trouver dans un vaisseau.

CHAPITRE XV.

Des mainlevées et des jugements de bonne prise.

» Lorsque les interrogatoires, et les papiers ne fournissent pas de preuves suffisantes pour juger que le vaisseau et les marchandises appartiennent aux ennemis, on ordonne que tout sera rendu au maître, et c'est ce qu'on appelle faire mainlevée ; s'il paraît même que l'armateur n'ait pas dû faire la prise, c'est-à-dire qu'il n'ait pu douter qu'elle appartînt aux ennemis ou aux alliés, on le condamne à payer des dommages-intérêts, tant du retardement qu'il a causé au voyage que le vaisseau devait faire, que du dépérissement ou du dégât qui peut être arrivé aux marchandises ; et afin que ces condamnations, qui sont assurément très-justes, soient plus facilement exécutées, on ne laisse sortir aucun armateur pour aller en course *qu'il n'ait auparavant donné caution*, c'est-à-dire qu'il n'ait fourni *quelque riche bourgeois* qui s'oblige à payer pour lui jusqu'à la somme de quinze mille livres, au cas qu'il y soit condamné.

» Lorsqu'il paraît, au contraire, clairement que le vaisseau appartient aux ennemis, on déclare qu'il est de bonne prise, et on ordonne qu'il sera vendu par-devant les juges de l'amirauté, qui ont soin de faire l'administration du prix comme elle doit être faite.

CHAPITRE XVI.

De la manière dont se font les armements, et de la distribution du prix de la vente des prises.

» Pour bien entendre comment se doit faire la distribution du prix de la vente d'une prise, il faut savoir de quelle manière se font les armements.

» On peut considérer trois sortes d'intéressés dans un armement : le bourgeois, l'équipage et l'avitailleur.

» Le bourgeois est celui qui fournit son vaisseau, et vous remarquerez, monseigneur, que ce mot, en matière de marine, signifie *le propriétaire du vaisseau*, celui à qui le vaisseau appartient, au lieu que le mot de maître signifie celui qui est mis sur le vaisseau pour le conduire, et qui, la plupart du temps, n'y a aucune part.

» Le bourgeois doit fournir son vaisseau bien étanché, c'est-à-dire ne faisant point d'eau, avales, agrès, les apparaux, les canons et autres armes qui sont nécessaires.

» L'avitailleur fournit les vivres et les poudres avec tous les ustensiles.

» Le maître ou le capitaine fournit l'équipage, c'est-à-dire les soldats et les matelots.

» Après que la prise a été vendue, on commence à payer les frais du déchargement et de la garde du vaisseau et des marchandises, suivant l'état qui en est arrêté par le juge ; ensuite on prend le dixième qui vous appartient, monseigneur, puis les frais de justice, c'est-à-dire ce qui est dû aux juges pour avoir fait l'instruction de la prise.

» Le restant du prix se partage en trois, dont les deux tiers appartiennent à ceux qui ont fourni le vaisseau et les munitions, et l'autre tiers à l'équipage.

» Mais comme les armements se font d'ordinaire par des sociétés particulières, c'est-à-dire que plusieurs particuliers fournissent les sommes qui sont nécessaires pour faire l'armement, les uns plus, les autres moins, sans se mettre en peine de fournir les armes ni les victuailles, le prix de la vente se partage aussi suivant les sommes qu'ils ont fournies et le traité particulier qu'ils ont fait ensemble.

» J'ai cru, monseigneur, que ce petit abrégé suffirait pour vous donner une légère idée de la matière des prises, en attendant que vous soyez en état de la pouvoir approfondir davantage. Elle renferme un nombre infini de détails et de questions difficiles et importantes dans lesquels je ne suis point entré, pour ne vous pas fatiguer inutilement. J'en mettrai seulement une ici qui ne vous fera aucune peine à entendre, et qui ne laisse pas d'être assez difficile à décider.

De l'origine de l'établissement des congés dans la Méditerranée et dans l'Océan.

» Je crois, monseigneur, qu'il ne sera pas indigne de votre curiosité, ni même tout à fait inutile, d'examiner de quelle manière s'est introduit l'usage de donner des congés aux bâtiments qui vont en mer ; j'en ai ramassé ce que j'ai pu de divers endroits, n'y ayant aucun auteur qui ait traité exprès de cette matière, que je tâcherai dans la suite d'éclaircir encore davantage.

Origine des congés donnés au Levant.

» Je commencerai, monseigneur, par les congés donnés au Levant, parce qu'ils nous viennent des Romains, et que nous n'avons rien de plus ancien sur cette matière.

» Comme la mer Méditerranée, qui est la première sur laquelle on a commencé à naviguer, est extrêmement orageuse pendant l'hiver, et que les anciens n'avaient pas l'art de construire des bâtiments assez forts pour résister aux tempêtes, ni pour se conduire dans les temps difficiles, la navigation cessait entièrement durant six mois de l'année, c'est-à-dire depuis le mois de novembre jusqu'au mois d'avril. On trouve cet usage établi par tous les anciens auteurs grecs et latins. Il est inutile de vous en rapporter ici tous les passages, que Son Altesse Sérénissime remarquera elle-même avec plaisir lorsqu'elle les lira quelque jour.

» On appelait ce temps *mare clausum*, et le retour du printemps s'appelait *mare apertum*, c'est-à-dire le temps où recommençait la navigation; cela se passait même avec beaucoup de cérémonie. Les Romains faisaient des vœux et des sacrifices en l'honneur de Neptune, et les Grecs offraient un vaisseau à Diane, qui est la Lune, qui, en cette qualité, comme vous savez, monseigneur, peut être regardée comme la déesse de la mer. Cette cérémonie avait quelque sorte de rapport à celle qui se fait tous les ans à Venise le jour de l'Ascension; et afin que vous en puissiez juger par vous-même, je vous rapporterai ici la manière dont Diane en parle elle-même dans le XI° livre d'Apulée.

» La religion des peuples a consacré le nom de tous les gouverneurs qui donnèrent de ces sortes de congés; mais comme les meilleures lois ne servent tout au plus qu'à rendre les abus moins fréquents, ou à les changer sans les pouvoir entièrement détruire, l'usage de ces congés ne laissa pas que de continuer, et les gouverneurs établirent aussi une espèce de droit pour chaque permission *particulière* qu'ils donnaient aux vaisseaux de sortir après que la mer était ouverte.

» On ne saurait douter que cet usage n'ait été établi en Provence et en Languedoc par les Romains, qui ont si longtemps gouverné ces deux provinces, et que les seigneurs particuliers qui, dans la décadence de l'empire, chassèrent les gouverneurs et se mirent en leur place, ne s'attribuassent les droits dont ils avaient joui. Une chose qui semble prouver infailliblement cette conjecture, c'est de voir que longtemps depuis l'établissement de la monarchie ces mêmes seigneurs prétendaient avoir les droits d'amirauté, et en étaient en possession. Le cardinal de Richelieu leur ôta absolument celui des congés, qu'il réunit à sa charge ; mais il ne put leur ôter le droit d'ancrage : ils l'ont conservé jusqu'en 1688, qu'il leur fut fait défense de le lever sans avoir rapporté leurs titres, et j'espère que nous le verrons bientôt remis à la charge de Votre Altesse Sérénissime, à laquelle il appartient légitimement.

Origine des congés qui se donnent en Ponant.

» L'Océan n'a jamais été fermé comme la Méditerranée, et la navigation y a toujours été aussi libre en hiver qu'au printemps. Aussi l'origine des congés qui s'y donnent est fort différente de celle des congés qui se donnent en Levant. Ce droit était regardé anciennement comme un droit royal et appartenant au souverain, et n'a jamais été prétendu par des seigneurs particuliers.

» On peut dire même qu'il est plus ancien que la monarchie. Noel II, septième roi de Bretagne depuis Cornian, et qui vivait en 484, c'est-à-dire du temps de Chilpéric, père de Clovis, en jouissait comme d'un droit établi en Bretagne de temps immémorial.

» Ce droit même produisait dès ce temps là un revenu considérable ; car on trouve dans la vieille chronique de Bretagne que Noel, mariant sa fille au fils du seigneur de Léon, il lui donna en mariage *le droit de donner des congés* dans la terre de Léon, avec celui des bris et naufrages.

» Ces congés, qu'on appelait, comme on fait encore aujourd'hui, *brevets, brefs* ou *brieux,* étaient de trois sortes : bref de conduite ou de guidage, bref de sauveté, et bref de victuailles.

» Il y a deux sortes de brefs de conduite : les premiers furent introduits, parce que les côtes de Bretagne étant très-dangereuses et pleines de rochers cachés sous l'eau, les rois de Bretagne établirent dans chaque port de leur royaume des pilotes avec des barques et des chaloupes pour conduire hors des dangers les bâtiments qui allaient en mer; et c'est de là que vient l'usage des pilotes lamaneurs, qui est maintenant établi partout le royaume. Ces bâtiments étaient obligés de payer un certain droit sous peine de confiscation, et en le payant, on leur donnait un bref scellé des armes du roi : c'est ce qui s'appelait bref ou brevet de conduite.

» La deuxième espèce de brefs de conduite fut établie à l'occasion des Normands et des autres peuples du Nord, qui, s'étant mis à courir la mer au temps de la décadence de l'empire romain, pillaient et emmenaient tous les vaisseaux qu'ils trouvaient en mer, sans aucune distinction d'amis ni ennemis. Les rois de Bretagne, pour assurer le commerce de leurs sujets, établirent des convois de vaisseaux armés, qui escortaient les marchands jusqu'au lieu de leur destination, et leur aidaient non-seulement à se défendre des corsaires, mais même à faire des prises sur eux, dont une partie appartenait au roi, tant pour payer les frais du convoi, que pour ce qu'il fournissait aux marchands des armes et d'autres choses dont ils avaient besoin.

» Dans la suite, les marchands s'étant mis eux-mêmes en état de se défendre et de les attaquer, et trouvant même que ces sortes de convois leur étaient souvent à charge au lieu de leur servir, l'usage s'en abolit peu à peu; mais le droit du souverain sur les prises demeura, et fut réduit au dixième; du moins c'est l'opinion de M. d'Argentré, président au parlement de Bretagne, dans son commentaire sur les anciennes coutumes de cette province.

» Il ne serait pas difficile de trouver une origine plus éloignée au droit du dixième. Vous savez, monseigneur, qu'Abraham l'offrit à Melchisedech du butin qu'il avait fait sur ses ennemis. Vous verrez dans Tite-Live que les Romains les consacrèrent aussi à leurs dieux, et vous vous souvenez peut-être d'avoir lu dans les *Commentaires de César* que les Gaulois observaient la même chose à l'égard du dieu Mars. Vous avez succédé, monseigneur, à tous ces dieux de l'antiquité, et l'on pourrait vous donner le nom de *Pradator*, que les Romains donnaient à

Jupiter pour marquer qu'il avait part à toutes les prises.

» Pour retourner aux congés, les seconds s'appelaient brefs de victuailles : ceux qui en étaient porteurs avaient seuls la permission d'acheter des vivres en Bretagne, qu'on refusait à tous les autres, parce que, la mer n'étant point encore policée comme elle l'a été depuis, on n'avait que ce moyen pour connaître les corsaires, dont j'ai eu l'honneur de vous dire que la mer était toute couverte.

» Les brefs de sauveté n'étaient proprement qu'une sauvegarde contre la coutume barbare qui régnait alors de confisquer au profit du prince les bâtiments, les marchandises et les hommes même qui faisaient naufrage sur les côtes.

» Il était égal à ces pauvres malheureux de voir leurs biens engloutis par la mer, ou de gagner une terre où ils devaient être dépouillés. Souvent même les habitants couraient au-devant d'eux pour achever ce que la mer n'avait fait que commencer; et non contents de briser leur vaisseau, ils leur arrachaient souvent une vie que la tempête avait épargnée.

» Il est inconcevable que cette coutume ait pu subsister dans des lieux où la religion chrétienne était connue; cependant, monseigneur, vous verrez dans le Mémoire que je prépare sur cette matière à Votre Altesse Sérénissime, qu'il a fallu beaucoup de temps pour l'abolir, et qu'il n'y a pas deux cents ans qu'elle est entièrement détruite.

» Mais, en attendant que j'aie l'honneur de vous en entretenir, je ne puis m'empêcher de vous rapporter la première loi qui ait été faite contre un si cruel usage : c'est celle du grand Constantin, et j'ai cru que vous aimeriez mieux la lire dans sa langue naturelle : *Si navis naufragio ad littus adpulsa fuerit, ad dominos pertineat; fiscus meus non se interponat, quid enim juris habet fiscus in alienâ calamitate, ut e re tam luctuosâ lucrum scitetur?*

» J'aurai l'honneur de vous faire voir, monseigneur, dans l'histoire de la navigation, que presque tout le commerce de France en ce temps-là consistait dans le transport des vins de Bordeaux et des marchandises de La Rochelle vers le pays du nord : ainsi les marchands de ces deux villes, cherchant à se garantir de ce qu'ils avaient à craindre des Bretons, souffrirent que le roi de

Bretagne établît dans leurs villes des bureaux où on distribuait en son nom, et moyennant une certaine somme, des brefs de sauveté et de victuailles.

» Ce qui n'avait été dans son établissement qu'une précaution, devint par la suite une nécessité. Les ducs déclarèrent sujets à confiscation tous les vaisseaux qui partaient de Bordeaux et de La Rochelle sans brefs; et c'est de là sans doute qu'est venu l'usage de confisquer aujourd'hui ceux qui partent des ports sans prendre des congés; et j'ai vu une sentence de 1394 qui confisque le bâtiment et les marchandises d'un nommé Pierre Duport, marchand de Bordeaux, faute d'avoir pris un bref avant que de partir.

» Au reste, ces brefs étaient fort semblables aux congés que donne aujourd'hui Votre Altesse Sérénissime : c'étaient de petits billets scellés en blanc, que l'on remplissait du nom du vaisseau et du lieu où il devait aborder.

» Noel II ayant, comme j'ai eu l'honneur de vous dire, monseigneur, donné en mariage à sa fille le droit de donner des congés dans la terre de Léon, dont elle avait épousé le seigneur, environ l'an 484, ce droit demeura aux seigneurs de Léon jusqu'au temps de Pierre de Dreux, surnommé Mauclerc, qui devint duc de Bretagne par son mariage avec Alix, fille de Constance, qui en était héritière en 1212.

» Ce prince, qui avait beaucoup d'esprit et de valeur, mais qui était, comme dit la chronique de Bretagne, intolérable et de dure convention, après avoir tourmenté tous les états de son royaume l'un après l'autre, et principalement les ecclésiastiques, ce qui lui attira le surnom de Mauclerc, il s'aviva de quereller Guyomar, seigneur de Léon, sur le droit des brefs; il soutint que c'était un droit royal, et qui ne pouvait être exercé que par le prince souverain.

» Guyomar, qui était allié aux plus grands seigneurs de Bretagne, implora leur secours : une partie de la noblesse que le duc maltraitait en toutes occasions se joignit à eux : ils se liguèrent tous contre lui et chassèrent tous ceux qu'il avait envoyés pour lever ces droits; ils appelèrent les Angevins, les Manceaux et les Normands, et ayant fait un corps d'armée considérable, ils commencèrent à piller la terre de Châteaubriant, où était leur rendez-vous, et dont le seigneur tenait pour le duc. Le duc, de son côté, ayant ramassé un assez bon nombre de gens à pied, mais ayant peu de cavalerie, parce que toute la noblesse était contre lui, vint à eux et leur donna bataille proche Châteaubriant, en 1223. Elle fut fort sanglante de part et d'autre ; mais la valeur et la bonne conduite du duc lui firent emporter la victoire : il tailla les ennemis en pièces, prit tous leurs chefs prisonniers, et entre autres le sénéchal d'Anjou, le comte de Vendôme et le seigneur de Maillé, qui avaient amené les Normands et les Manceaux ; et les Bretons furent obligés de se soumettre aux conditions qu'il voulut leur imposer.

» C'est ainsi que finit cette petite guerre, que l'on peut appeler la guerre des congés, et qui remit les ducs en possession de ceux qui avaient été cédés au seigneur de Léon.

» Pierre, suivant son naturel chagrin et inquiet, ne voyant plus personne à qui il pût faire des affaires, trouva moyen de s'en faire à lui-même : il se brouilla avec Louis VIII, roi de France, et se mit ensuite à la tête du parti que formèrent les grands seigneurs du royaume durant la minorité de saint Louis.

» Cela lui attira une guerre qui ne finit que par le traité d'Angers, en 1231, par lequel il soumit sa personne et le duché de Bretagne au roi saint Louis et à ses successeurs. Par le même traité, le roi promit de le conserver dans tous les droits où il était avant la déclaration de la guerre : « comme de forger et de
» faire monnaies, comme à lui et ses successeurs plaira donner
» sauvegarde, avoir ports de mer, romptures de nefs, avec for-
» faitures, amendes et émoluments, tant pour raison de nefs
» pareilles, comme des brevets ou sceaux de mer, prendre, per-
» cevoir et avoir et lever ès-villes, havres et ports de son duché,
» et en la mer toutes et quantes fois le cas èsdits lieux ou aucun
» d'iceux adviendra, pêcheries en mer, desviations en terre,
» poissons royaux, permis en la mer de Bretagne, brevets ou
» sceaux des brevets, c'est à savoir de salvation et de saufs-con-
» duits de vivres pour les marchands et passans par la mer de
» Bretagne, en la salvation et faveur d'iceux marchands d'an-
» cienneté par certaine composition pour ce ordonnée, tant aux
» ports, havres et villes de son duché, comme aussi à Bordeaux
» et à La Rochelle. »

» Par où vous voyez, monseigneur, non-seulement que le droit de congé était regardé comme un droit de souveraineté, mais que du temps de saint Louis les bureaux de Bordeaux et de La Rochelle étaient regardés comme établis de temps immémorial et autorisés par les rois de France.

» Ce même droit fut encore confirmé à Jean de Montfort, duc de Bretagne, lorsqu'il fit hommage de son duché à Charles VI, en 1381.

» J'ai vu un livre intitulé : *le Grand Routier et Pilotage de mer*, composé par Pierre Ferrande, pilote de Saint-Gille, sur sa vie, par lequel il paraît que cet usage, tant à l'égard des congés que des naufrages, s'observait encore à la rigueur en 1483, c'est-à-dire huit ans seulement avant le mariage d'Anne de Bretagne, où il ajoute que ceux qui, ayant chargé dans les lieux où il y a des brefs établis, ont négligé d'en prendre, sont à la volonté du seigneur, corps et biens.

» J'aurai l'honneur de vous rendre compte, monseigneur, dans le mémoire touchant l'amirauté de Bretagne, de la manière dont les choses furent changées lorsque cette province fut unie à la couronne.

» Voilà ce que j'ai pu trouver de vraisemblable touchant l'origine des congés qui sont présentement attribués à votre charge.

» Mais il est important, monseigneur, que vous remarquiez qu'encore que ce droit, dans son établissement, paraisse avoir été non-seulement inutile, mais même très-injuste, il est aujourd'hui d'une nature bien différente, et l'on ne pourrait le supprimer sans introduire en même temps le désordre dans la navigation. »

On le répète, on ne saurait nier l'admirable clarté de ce travail, et avec quel merveilleux esprit d'ordre et d'analyse toutes les parties les plus ardues de cette législation sont classées et résumées.

Maintenant, cette matière bien connue et explorée, on va retrouver Jean Bart et parcourir alors sans peine le tableau si mouvant de ses prises et de ses combats.

CHAPITRE XIII.

Jean Bart. — Sauret. — Nicole Gontier, sa femme. — François-Cornille Bart, son fils. — Anne-Nicole, sa fille. — Le curé de Drinkham. — Amitié de Jean Bart pour lui. — Conversation singulière de Jean Bart et du maréchal d'Estrades à propos de la lieutenance de vaisseau donnée par le roi à Jean Bart, qui ne veut servir que comme capitaine. — Gaspard Keyser. — Première prise de Jean Bart. — L'*homme sauvage.* — La galiote *le Roi David.* — Registre des prises faites par Jean Bart depuis 1674 jusqu'en 1679. — Détail de ces prises. — Procès-verbaux des plus importantes.

On se souvient peut-être de la vieille maison de maître Cornille Bart, située dans la rue de l'Église, à Dunkerque, cette bonne ville où le petit Jean Bart passa son enfance, sous la surveillance du vieux Sauret, battant les mousses anglais, grimpant dans les hunes de tous les bâtiments du port, et s'aventurant en haute mer, à la grande terreur de mademoiselle Bart, ou bien encore écoutant le récit des combats de son père, les hardis exploits du Renard de la mer, ainsi que les miraculeuses et véridiques histoires du vieux Sauret. Or, au mois d'août 1680 cette maison existait encore; mais mademoiselle Bart et son mari Cornille Bart étaient morts, et leur fils Jean Bart avait religieusement conservé l'habitation paternelle où il logeait avec sa femme et son fils.

Rien ne paraissait changé dans la vieille maison : c'était toujours ses hautes et étroites croisées, son perron de grès soigneusement lavé, la date de la construction du bâtiment chiffrée en barres de fer sur sa modeste façade, et son épaisse porte de chêne à gros clous de cuivre luisants comme de l'or, que le vieux Sauret entr'ouvrait comme autrefois pour causer longuement avec les voisins et leur raconter quelques-uns de ces contes merveilleux; car la verve mensongère du vieillard était loin d'être épuisée, et comme depuis longues années il ne naviguait plus, il se retranchait dans ses histoires d'autrefois, qui, s'éloignant de plus en plus du temps présent, prenaient aussi un caractère croissant de merveilleux.

C'était donc vers la fin du mois d'août 1680, quelque temps après le voyage du roi à Dunkerque. Dans la grande salle basse qui donnait sur le jardin, et dont les fenêtres à vitraux encadrés de plomb étaient comme d'habitude à moitié cachés sous les pousses vertes et fraîches du houblon qui tapissait le mur extérieur, se tenaient Jean Bart et Nicole Gontier, sa femme, qu'il avait épousée le 3 février 1675.

Si rien n'était changé à l'extérieur de la vieille maison de la rue de l'Église, il n'en était pas de même à l'intérieur, qui présentait un assez singulier coup d'œil; car dans sa vie aventureuse tout capitaine de corsaire s'emparait ordinairement des meubles qui lui convenaient à bord des prises qu'il faisait; de là le peu d'ensemble de l'ameublement de la maison de Jean Bart : ici une pièce d'étoffe précieuse enlevée sur un navire hollandais, formait une portière magnifique; ailleurs c'étaient un grand canapé tressé de joncs du Japon, et tantôt une natte de Lima ou quelque beau tapis de Turquie qui couvraient les planchers.

Jean Bart avait alors trente ans; à cause de la grande chaleur, il s'était débarrassé de son justaucorps, ne conservant qu'un long gilet écarlate et son large haut-de-chausses de toile grise attaché par deux boutons faits de piastres espagnoles; sa figure s'était plus équarrie, plus dessinée, et sa longue moustache blonde, à la marinière, qu'il conservait encore selon l'ancienne mode, aurait donné un caractère sévère à sa figure sans l'expression habituelle de gaieté et de bonhomie qui l'épanouissait toujours. A ce moment surtout, Jean Bart semblait le plus heureux du monde; car, étendu dans un large fauteuil, il jouait avec son fils François-Cornille Bart, alors âgé de trois ans et trois mois, celui-là même qui, bien digne de son glorieux nom, devint un jour vice-amiral de France et lieutenant général des armées navales [1].

Madame Bart, car alors les usages allant se modifiant, cette distinction qui voulait autrefois qu'on appelât demoiselles au

---

[1] Il fut promu à ce grade le 1er septembre 1757, ainsi qu'on le verra plus tard, il était né à Dunkerque le 18 juin 1677. Voir le Registre de naissance de cette ville, reg. n° 4, 1675-1678.

lieu de dames les femmes de gens qui n'étaient pas nobles, ne s'observait plus alors; madame Bart avait vingt ans environ, et était vêtue à la flamande, c'est-à-dire d'une robe de bure noire à long corsage, d'une collerette raide et empesée, et d'un bonnet blanc et étroit qui laissait à peine voir de petits crochets de beaux cheveux blonds; elle tenait sur ses genoux une petite fille âgée d'un peu plus de deux ans[1], qu'elle considérait avec amour et tendresse; enfin, pour compléter ce tableau, le vieux Sauret, assis dans un coin de cette salle, devant une table de noyer à pieds torses, semblait collationner attentivement quelques pièces qu'il tirait d'un carton.

Une forte et pénétrante odeur de tabac imprégnait cet appartement; car Jean Bart était toujours un intrépide fumeur, et ce qui causait alors ses rires bruyants qui vinrent interrompre Sauret et attirèrent au corsaire une douce réprimande de Nicole, c'était la figure singulière que faisait le petit Cornille Bart au milieu de l'épais nuage de fumée que Jean Bart venait d'exhaler de sa pipe.

— Jean,... y penses-tu, — dit Nicole, — c'est faire mal à ce pauvre enfant que de lui faire respirer cette fumée... Tiens, vois déjà comme il tousse...

— Bah! — dit Jean Bart, — au contraire, Nicole, rien n'est plus salutaire aux jeunes marins que cette fumée-là... N'est-ce pas, vieux Sauret?

Sauret, après avoir ôté ses lunettes et posé ses papiers sur la table, se retourna gravement et répondit d'un ton doctoral :

— Si salutaire, notre jeune monsieur, que j'ajouterai, révérence parler, que l'aspiration de cette fumée est, pour ainsi dire, indispensable à l'éducation de tout jeune marin destiné plus tard à respirer la glorieuse vapeur de la poudre à canon.

— Comment cela, vieux Sauret?

— Elle est indispensable en cela, notre jeune monsieur, que les jeunes gosiers des jeunes marins, s'habituant d'abord à respirer cette innocente fumée, ne se trouvent pas plus tard oppressés par la fumée du canon; sans cela à la première aventure de guerre ils courraient grand risque de demeurer suffoqués par cette glorieuse fumée de canon que j'ai dit, qui, bien que prodi-

---

[1] Anne-Nicole, née le 16 mai 1678.

gieusement glorieuse, n'en étant pas moins extrêmement âcre et épaisse, leur entrant dans le gosier, y séjournerait comme, révérence parler, dans un tuyau sans ouverture, et leur causerait alors cette espèce d'étranglement qui fait trembler, tousser, fermer les yeux, et donne enfin cette maladie d'étouffement qu'on appelle vulgairement la peur.

— Ah! — dit Jean Bart en riant plus fort, — l'entends-tu, Nicole,... voilà qui te ferme la bouche... Que peux-tu répondre à cette raison de tuyau bouché?

— Révérence parler, — dit Sauret d'un air un peu piqué, — vous riez de cela, notre jeune monsieur, et pourtant rien n'est plus véridique, ainsi que je vais vous le prouver.

— Bon, tu vas dire quelque menterie, vieux Sauret, — s'écria Jean Bart.

— Non, notre jeune monsieur, et ce que je vais vous dire est connu de tous ceux qui l'ont vu : au combat de 1673, il y eut à bord du *Moine-d'Or*, vaisseau de Rotterdam, de cinquante-quatre canons, un jeune gars qui, s'étant sauvé à fond de cale, y mourut de cette maladie de peur; alors, pour faire un exemple, le capitaine décida qu'on couperait la tête de ce lâche, et qu'on la clouerait au mât d'artimon : eh bien! notre jeune monsieur, le coupeur de ladite tête m'a raconté qu'à peine avait-il ouvert le gosier de ce couard, qu'il en était sorti une si énorme et si prodigieuse colonne de fumée de canon, qu'il en avait été aveuglé, et que pendant huit jours les yeux lui étaient demeurés couleur d'écrevisse.

A cette singulière assertion, Jean Bart et Nicole se prirent à rire si fort, que Sauret, tout déconcerté, ne sut d'abord que répondre, puis :

— Enfin, notre jeune monsieur, ne me croyez pas si vous le voulez, mais faites toujours respirer la fumée du tabac à mon petit jeune monsieur, puisque vous voulez bien permettre au vieux Sauret d'appeler ainsi le petit-fils de votre père, et vous verrez qu'il respirera d'autant mieux celle du canon, qu'il la respirera enfin avec autant de délices qu'on aspire une bonne bouffée d'air frais par un temps lourd et étouffant comme celui d'aujourd'hui.

— Juste ciel! — dit Nicole effrayée et ne riant plus alors, —

la fumée du canon !... j'espère bien qu'il ne la respirera jamais !... pauvre enfant !

— Lui !... — dit le corsaire : — ah ! Sainte-Croix ! j'espère bien qu'à dix ans, si le bon Dieu nous donne la guerre, il l'aura déjà sentie cette fumée-là, et qu'à quinze ans son gosier en sera aussi noirci que le tuyau de ma pipe. N'est-ce pas, vieux Sauret ?

— Révérence parler, notre jeune monsieur, vous croyez railler, mais tout le monde sait que le dedans du gosier d'un homme qui a vu beaucoup de combats est pour ainsi dire bronzé par cette continuelle aspiration qui...

— Oui, oui, — dit Jean Bart en riant de nouveau et interrompant Sauret, — le gosier d'un homme de guerre est de la couleur de l'âme[1] d'un vieux canon. Eh bien ! tu auras donc un gosier bronzé, puisque Sauret le veut, n'est-ce pas, mon brave petit Cornille ! — dit Jean Bart en prenant son fils dans ses larges mains, et le soulevant au-dessus de lui pour le dévorer des yeux.

— Ah !... Jean... pouvez-vous donc désirer un tel avenir pour ce pauvre enfant ? — dit Nicole avec un soupir.

— Un tel avenir ! eh ! mais, c'est pour cela que justement je lui ai donné le nom de mon père !

— Tenez, révérence parler, notre jeune monsieur, voilà tout comme disait défunte mademoiselle Bart votre mère, quand maître Cornille riait en vous voyant taper des mains dès que vous entendiez le canon pendant le siége de 1658... Ah ! min Dieu ! min Dieu !... qu'il y a longtemps de ça... Vous aviez huit ans alors, et maître Cornille était bien souffrant de sa blessure dans le fauteuil où vous voilà...

— Oui, — dit Jean Bart tristement, — les Anglais !

— A propos d'Anglais, mon jeune monsieur, — reprit Sauret pour chasser l'expression de tristesse que le souvenir de son père avait amené sur le front de Jean Bart, — vous rappelez-vous certain galopin fils d'un Bosseman ?...

— Attends donc,... vieux Sauret, — dit Jean Bart, qui voulait aussi chasser cette pensée chagrine par une autre moins triste, — attends donc,... le petit... John Brish !

---

[1] On appelle âme d'un canon l'intérieur de cette arme.

— C'est cela même, notre jeune monsieur : il s'appelait John Brish. Ah! madame Nicole! — dit le vieux Sauret en joignant les mains avec admiration, et se tournant vers la femme de Jean Bart, — ah! madame, si vous aviez vu,... ou plutôt si vous aviez entendu, car c'était un bruit sourd, continu, et répété comme ferait une balle sur un tambour; si donc vous aviez entendu les glorieuses gourmades que notre jeune monsieur donnait à ce grand roseau d'Angleterre, qui avait bien au moins douze ou quinze ans de plus que lui!... Ah! min Dieu! quelles terribles gourmades! ça résonnait si fort, qu'un aveugle aurait cru entendre battre la caisse d'un timbalier.

— Ah! ah! le vieux gausseur! — s'écria Jean Bart en riant aux éclats; — le petit John Brish qui avait douze ou quinze ans de plus que moi, qui alors en avais huit; de sorte que ces gourmades-là je les donnais à un garçon de vingt ou de vingt-trois ans,... moi,... à huit ans... Hein! Nicole,... c'est ça qui était glorieux pour ton mari, j'espère!

— Je vous jure, notre jeune monsieur, — répondit Sauret, confus des éclats de rire de Jean Bart et de sa femme, — que pour la force, et c'est ce que je voulais dire; que pour la force, ce John Brish avait bien douze ou quinze ans de plus que vous... car il faut être véridique...; et pour preuve de cette force merveilleuse dans un enfant de son âge, je me souviens que ce petit Goliath de John Brish (car je me rappelle maintenant que même ses camarades l'avaient surnommé Goliath, à cause de la force prodigieuse que j'ai dit); que ce petit Goliath souleva un jour, sur le rempart, un énorme affût de canon qui pesait bien...

— Goliath! on le surnommait Goliath! — s'écria Jean Bart presque avec admiration en regardant sa femme, et interrompant Sauret; — on l'avait surnommé Goliath! il n'y a qu'un intrépide faiseur de bourdes comme Sauret pour inventer de ces choses-là... Ah çà! mais vieux pêcheur, tu veux donc damner à jamais ton âme au grand diable d'enfer? — s'écria le corsaire en menaçant joyeusement Sauret. Puis voyant la portière de tapisserie soulevée par un autre personnage vêtu comme un ecclésiastique et âgé de quarante ans, Jean Bart ajouta : — Ah! Sainte-Croix! quand on parle du diable on voit son contraire... Cousin Nicolas, voilà un vieux pêcheur que je vous livre; si vous faites son salut, quant aux menteries, je boirai du goudron et je mangerai de l'étoupe pendant dix ans!

Ce nouveau personnage, Nicolas Bart, cousin germain de Jean Bart, était curé de Drinkam, dans la châtellenie de Bergues-Saint-Vinoc : il fit en souriant un signe de tête négatif prouvant son peu d'espoir de convertir le vieux Sauret.

— Bonjour, cousin,... bonjour, cousine Nicole, — dit affectueusement le curé de Drinkam.

— Bonjour, cousin Nicolas, — dit Jean Bart, en serrant cordialement la main du prêtre qu'il aima et vénéra toute sa vie, et chez lequel, sur la fin de sa carrière, il allait passer quelques mois pour se reposer des fatigues de la guerre.

Ce curé de Drinkam était un homme bon, doux, simple, et surtout extrêmement timide, mais rempli de solides vertus, de savoir, et d'un courage d'humanité tel, qu'il sauva deux personnes près de Furnes, lors de la rupture des écluses, en 1703. Il mourut vers 1719, supérieur du séminaire de Bergues, généralement estimé et honoré; mais, on le répète, sa timidité était si excessive, que se trouvant un jour mandé chez M. d'Estrades, gouverneur de Dunkerque, qui l'invitait à s'asseoir avec insistance, le pauvre curé tout éperdu s'asseyait dans un énorme brasier de cuivre, si le maréchal ne l'eût retenu. Aussi, longtemps n'appelat-on à Dunkerque, en manière de plaisanterie, ces sortes de brasiers que « des siéges du curé de Drinkam. »

— Bonjour,... cousin Nicolas, — dit donc le corsaire au curé, pendant que celui-ci embrassait les enfants, — et quelles nouvelles ?

— Aucunes, cousin Jean, sinon que je m'en retourne à Drinkam...

— Et quand donc cela ? — dirent à la fois Nicole et son mari, avec une expression de regret.

— Mais, demain, mes amis. Savez-vous que voilà plus de quinze grands jours que j'ai laissé là-bas mon troupeau sans pasteur ?

— Bah! cousin Nicolas, il n'y a pas de loups à Drinkam,... soyez tranquille.

— Il n'y a pas de loups, mon pauvre Jean ! — dit le curé en souriant avec bonhomie; — est-ce que nous n'avons pas tous nos loups? est-ce que le vieux Sauret que voilà n'a pas en lui un vilain et énorme loup de menteries qui dévorera son âme si on n'y met ordre... Hein! est-ce vrai, vieux Sauret?

— Hélas! que voulez-vous, mon père? — dit piteusement Sauret, — la vérité lui tend toujours ses pièges, et le seigneur loup n'y veut jamais tomber, ce n'est pas ma faute.

— Ah çà! ne vous en allez pas encore, Nicolas, — dit Bart, — restez ici quelques jours de plus.

— Cousin,... ne nous refusez pas, — ajouta Nicole.

— Si, mes amis, je vous refuse, il le faut; mais venez à Drinkam, vous savez bien que mon pauvre presbytère est à vos ordres.

— Quant à cela oui, — dit Jean Bart, — et, Sainte-Croix! je m'y plais bien mieux qu'ici : mon petit Cornille est si content quand il court dans votre verger, et quand il se bat bravement avec votre gros coq-d'Inde;... et puis vous avez aussi un paon qui fait mes délices;... enfin, je ne sais pas, mais on est là si tranquille, si à son aise, si calme; et puis vos prairies sont si vertes, et votre rivière,... et votre bateau,... ah! votre bateau, hein! cousin Nicolas!

— Ne parlez pas de mon bateau, cousin Jean, n'en parlez pas, — dit le curé, en faisant un geste de reproche amical à Jean Bart; — vous avez failli me noyer deux *fois* avec ce bateau, grâce à vos imaginations d'y mettre une voile,... à un bateau plat,... et le pis de me forcer à aller avec vous, au risque de...

— Oui, oui, — dit Jean Bart en interrompant le curé, — faites donc comme si vous ne saviez pas nager, cousin Nicolas; je vous devine,... on sait vos frasques.

— Comment, vous me devinez, vous savez mes frasques? — dit le pauvre curé tout étonné.

— Dites donc qu'il y a onze mois vous n'avez pas retiré un petit enfant qui se noyait sans vous dans votre rivière, hein?

— Ah!... cousin Jean, il n'y a pas besoin de savoir bien nager pour...

— Pour remonter ce courant-là d'une main, en soutenant un enfant à moitié mort de l'autre! Peste! cousin Nicolas! faites donc le novice... Allez, allez,... c'est honteux de cacher cela à ses amis.

— Mais, cousin Jean, je ne l'ai pas caché; je ne pouvais pas non plus aller vous parler de ça; pourquoi faire? ah! certes, si ce pauvre enfant et sa mère avaient eu besoin de quelques secours, assurément j'en aurais parlé à la cousine Nicole, que je sais bien compatissante et pitoyable...

— Quand je te dis, Nicole, qu'on ne le changera pas, — dit Jean Bart... — C'est égal, allez, cousin Nicolas, vous pouvez bien dire que j'ai passé chez vous, lors de mon mariage, et après mes dernières courses de 1679, le meilleur temps de ma vie. Aussi, dans une vingtaine d'années, si le bon Dieu me conserve, et que ça plaise à Nicole, j'irai acheter un coin de terre à côté du vôtre pour me retirer, vivre en repos,... et planter mes choux, comme on dit.

— Et pourquoi pas avant vingt ans, mon ami? — dit Nicole; — nous sommes, Dieu merci! dans l'aisance, et les prises que vous avez faites nous ont assez enrichis...

— Oui,... et ce garçon-là? — dit Jean Bart, en montrant son fils, — qui est-ce qui lui apprendra à nouer son premier nœud d'agui? qui est-ce qui le fera épeler dans les agrès d'un navire, si ce n'est son père? Est-ce qu'il ne s'appelle pas Cornille Bart? est-ce que son père, son grand-père et son aïeul n'ont pas été corsaires? veux-tu donc qu'il apprenne son métier sur le bateau plat de la rivière du cousin Nicolas?

— Jean a raison, — dit le curé, — voyez-vous, Nicole, le petit Cornille a devant lui une belle carrière, et quand ce ne serait que pour son enfant, Jean ne doit pas abandonner si tôt son métier. Et même, laissez-moi vous dire une chose, cousin Jean, et ne m'en voulez pas de ma franchise;... mais il me semble que...

— Et le curé s'arrêta en hésitant.

— Eh bien! Sainte-Croix! dites donc, cousin Nicolas; est-ce que je vous fais peur?

— Eh bien! cousin Jean, ne prenez pas cela en mauvaise part,... mais il me semble que vous ne prenez pas de soin de votre fortune... Tenez, au dernier voyage du roi ici, vous auriez pu vous faire présenter ou à Sa Majesté, ou à monseigneur le ministre de la marine, pour leur faire votre révérence...

— Ma révérence! à qui... à ce gros rougeot à la grande perruque?

— Oui, M. le marquis de Seignelay.

— Pourquoi faire ?

— Mais, par exemple, pour le remercier de la chaîne d'or que son père, monseigneur Colbert, vous a envoyée, en 1676, de la part du roi.

— Le remercier de cette chaîne !... pourquoi ça ? puisque je l'ai gagnée et que je ne l'ai pas demandée ?... On ne remercie que des choses qu'on demande et qu'on n'a pas gagnées, cousin Nicolas.

— A la bonne heure ;... mais au moins vous, auriez toujours pu faire votre révérence à Sa Majesté.

— D'abord je ne sais pas faire la révérence, cousin Nicolas, et puis si le roi voulait me voir il n'avait qu'à le dire.

— Qu'à le dire ! — reprit le bon curé en joignant les mains, tout stupéfait du ton délibéré de son cousin, — Sa Majesté n'avait qu'à le dire !...

— Eh oui, qu'à le dire !... j'y serais allé, je lui aurais dit : eh bien ! quoi, Sire ? Il m'aurait répondu,... et puis ça aurait été fini.

— Vous auriez dit à Sa Majesté : *quoi, sire,* — reprit le curé, de plus en plus étonné, car le ton de Jean Bart annonçait une confiance si naïve, si sincère, qu'il paraissait hors de doute qu'il n'eût pas agi ainsi qu'il le disait, et comme il agit d'ailleurs plus tard.

— Mais oui, — reprit Jean Bart ; — qu'est-ce qu'il y a d'étonnant là-dedans ? on me dit qu'un quidam veut me parler, je suppose, j'y vais et je lui dis : quoi ! Eh bien ! mettez sire au lieu du quidam, ça fait : *quoi, sire ?* Après ?

— Il aurait dit à Sa Majesté : quoi, sire ? — repartit le curé avec une stupéfaction profonde, — comment, cousin, sans vous troubler,... sans trembler... Mon Dieu ! il me semble à moi que si j'étais en présence de Sa Majesté ou de son éminence monseigneur l'archevêque de Paris,... ou même de son premier vicaire,... ou seulement de son second ou de son troisième vicaire,... je serais plus mort que vif.

— Eh bien ! moi, non.

— Vous, non ! vous, non ! Écoutez, cousin Jean, si vous aviez vu le roi de près,... là, comme nous sommes,... allons, franchement, vous auriez été tout ému, tout troublé, comme anéanti : voyez-vous, cela est dans l'humanité; il ne faut pas vous en défendre; et sans parler du roi, je suis sûr que la présence d'un simple seigneur de sa cour vous intimiderait extrêmement.

— Un seigneur ! un seigneur qui m'intimiderait ! oui,... comme une chouette intimide au vautour. Écoutez, cousin Nicolas, le vieux Sauret peut vous le dire : c'était en 1666, j'avais seize ans et j'étais second maître d'un brigantin appelé *le Cochon-Gras*; le capitaine, pour avoir expédié un homme de son équipage par-dessus le bord, avait été appelé à l'amirauté, et moi je me trouvais, pendant qu'il était absent, commander une caravelle qui devait conduire trois de ces seigneurs que vous dites,... et des plus huppés, encore ! c'était pour aller à bord du grand Ruyter; eh bien ! demandez à Sauret si j'ai eu seulement l'ombre de peur ni d'émoi, et si, quand l'un de ces plumets a levé sa canne sur moi, je ne lui ai pas regardé rudement le blanc des yeux.

— Allons, cousin Jean, je vous accorde un seigneur, à la bonne heure ;... mais le roi, cousin Jean ! le roi !

— Le roi ! ah çà ! voyons, est-ce que le roi est grand marin, pour qu'il me rende honteux et m'intimide?

— Comment ?

— Oui, enfin, là, en conscience, cousin Nicolas, comment diable voulez-vous que j'aie de l'émoi en parlant à quelqu'un qui, avant de venir ici à Dunkerque, n'avait seulement jamais vu de sa vie un vaisseau de guerre, lui qui en a tant ! pendant que moi la mer m'a servi de berceuse. Allons donc, cousin Nicolas, vous vous gaussez de moi.

— Mais non, — dit le curé, qui ne pouvait comprendre ce singulier raisonnement de Jean Bart, — c'est vous au contraire qui raillez ; comment, parce que le roi n'est pas marin il ne vous intimide pas ?

— Non, non, Sainte-Croix ! mille fois non ! tandis qu'un grand marin qui ne sera pas roi m'intimidera... J'ai peut-être tort, mais je suis fait comme ça...

— C'est extraordinaire, en effet, — dit le curé.

— Et tenez, cousin Nicolas, la première fois que j'ai vu le grand Ruyter, j'ai d'abord été comme si on m'avait donné cent coups de bâton sur la tête; j'étais terrassé, le cœur me battait, parce que pour celui-là j'étais de son métier, et que je sentais qu'il en savait mille milliards de fois plus que moi; enfin que c'était mon roi à moi. Eh bien! j'ai quinze ans de plus, et je serais tout de même devant lui, j'en suis sûr, s'il n'avait pas été tué bravement à son bord par le vieux Du Quesne... Eh bien! tenez, cousin, M. Du Quesne, voilà encore un homme devant lequel je me sentirais suer... Mais devant le roi, mais devant un seigneur! pourquoi ça? ils ne feraient pas plus mon métier de corsaire que je ne ferais le leur; partant quitte.

— Mais enfin le roi vous commande, le ministre vous commande, cousin Jean.

— Oui, ils me commandent, et j'obéis : c'est vrai, parce que c'est leur état de commander et que le mien est d'obéir; mais une fois que j'ai obéi, il n'y a pas de raison pour qu'ils m'intimident.

— Je n'y conçois rien...

— Ah! cousin Nicolas, — dit madame Bart, qui avait écouté cette conversation avec un intérêt mêlé de crainte pour Jean Bart, — si vous saviez dernièrement encore comme il a parlé brusquement à M. le maréchal d'Estrades.

— A M. le maréchal d'Estrades? — dit le curé.

— A lui-même.

— Allons, vous auriez encore peur de celui-là, cousin Nicolas?

— Pas peur, Jean; mais enfin il a une mine si fière et si hautaine, et rien qu'à le voir, il me semble qu'il m'intimiderait terriblement, — dit ce pauvre curé sans se douter de l'avenir.

— Eh bien! moi, il ne m'intimida pas, et je vais vous dire comme tout s'est passé : il y a deux mois qu'il me rencontre sur la jetée où je fumais ma pipe; il était avec l'intendant, M. Desclouseaux : « Voilà M. le capitaine Bart, — dit l'intendant au maréchal. Alors M. d'Estrades me dit : — Bonjour, monsieur Bart. — Bonjour monsieur. — Eh bien! monsieur Bart, vous ne voulez donc pas prendre du service comme lieutenant sur un vaisseau de Sa Majesté? — Non. — Mais pourtant Sa Majesté vous a envoyé un brevet de lieutenant de vaisseau, monsieur Bart. — Oui, le 12 janvier 1679 [1]. — Et vous ne voulez pas servir Sa Majesté, monsieur Bart? — Comme lieutenant, non ; comme capitaine, oui. »

— Vous avez répondu cela à M. le maréchal d'Estrades ?

— Tenez, Nicole peut vous le dire ; je lui ai raconté tout en rentrant.

— Cela est pourtant vrai, cousin Nicolas, — dit madame Bart en secouant la tête.

« Et pourquoi ne voulez-vous pas servir comme lieutenant, monsieur Bart ? — Parce que j'aime à avoir mes coudées franches et faire à mon bord ce que je veux. — Mais, monsieur Bart, au bout d'un an vous serez peut-être capitaine. — Mais, monsieur, je le suis déjà. — Mais capitaine des vaisseaux du roi, monsieur Bart ! — Mais capitaine corsaire de Dunkerque, monsieur ! » — Pendant ce temps-là, cousin Nicolas, — ajouta Jean Bart en riant de ce souvenir, — l'intendant me faisait des yeux comme un homme qui se noie et me tirait par mon justaucorps.

— Je le crois bien, — dit le curé de Drinkam.

— Enfin, le maréchal fit la mine de se fâcher, et me dit : « Mais, monsieur Bart, si l'on vous forçait à servir ? — Me forcer à servir, moi ! — Oui, monsieur Bart. — Eh bien ! celui qui pourrait se vanter de me faire servir malgré moi, il faudrait qu'il ait, voyez-vous, rudement du poil aux yeux ! »

— Mais c'était à vous faire enfermer ! — s'écria le prêtre.

— Laissez donc, cousin Nicolas ! « Mais enfin, me dit le maréchal, monsieur Bart, il y a des prisons dans Dunkerque et des soldats pour y enfermer les mauvais serviteurs. — Après... est-ce cela que vous appelez me forcer à servir ? — Mais si le roi vous l'ordonnait lui-même, monsieur, à son prochain voyage ? — Eh bien ! monsieur, je lui dirais non. — Vous diriez non à Sa Ma-

---

[1] Aujourd'hui, 8 du mois de janvier 1679, le roi étant à Saint-Germain et voulant commettre des personnes capables et expérimentées au fait de la guerre et de la navigation pour faire les fonctions de lieutenants sur ses vaisseaux de guerre, et sachant que le sieur Jean Bart a toutes les qualités nécessaires pour s'en bien acquitter, S. M. l'a retenu, ordonné, retient et ordonne lieutenant d'un de ses vaisseaux, etc., sous l'autorité de M. le comte de Vermandois, amiral de France, etc.

(*Arch. de Dunk.* n° 62, f° 6, verso.)

jesté, monsieur Bart? — Oui, monsieur, comme je vous le dis à vous, et je lui dirais de plus : Sire, vous avez tort, je fais un pas trop mauvais capitaine de corsaire, et sans que vous vous donniez de peine ni que vous dépensiez un sou pour cela, je vous fais gagner des tiers de prise; je vous prends des bâtiments, des canons; je vous étrille des Hollandais et des Anglais, que c'est une bénédiction; laissez-moi donc faire mon métier, ou donnez-moi une frégate : alors je pourrai vous être bon à quelque chose; mais comme lieutenant, non. C'est convenu; vous n'en tâterez pas, ni moi non plus. » — Il fallait voir la mine du maréchal et de l'intendant. Alors M. d'Estrades me dit d'un air rengorgé : « Je plaisantais, monsieur Bart, jamais Sa Majesté n'a forcé personne; car on a toujours été trop honoré de la servir. » — Et là-dessus il me tourna ses talons, et faisant le gros dos, et moi je tournai les miens.

— Mais il y a de quoi couper court à toute faveur! — dit le cousin Nicolas. — Quel bonheur que vous n'ayez pas eu affaire à M. le marquis de Seignelay, qu'on dit si emporté!

— Eh bien! cousin Nicolas, comme je le disais dans le temps à ce seigneur, qui me disait qu'il avait été sur le point d'être un peu chaud : Eh donc! si vous aviez été chaud, j'aurais été brûlant; si le ministre s'était emporté, moi j'aurais pris le mors aux dents.

— Mais un ministre... fils d'un ministre!... cousin Jean!

— Mais un Bart, fils de Cornille Bart, cousin Nicolas!

— Mais il a sa puissance.

— Et moi la mienne, donc! tenez, cousin Nicolas, que demain il y ait la guerre, je vous gage, moi, qu'en faisant seulement écrire par Sauret ces mots : *Le capitaine Jean Bart demande quels sont les capitaines capres qui veulent venir faire la course avec lui*, j'ai dans vingt-quatre heures douze ou quinze bâtiments, bien armés, de solides garçons, tout prêts à se faire hacher et mitrailler sur un signe de moi? Ainsi, voyez-vous, cousin Nicolas, quand on peut faire cela, on se f... des ministres quand ils seraient fils de ministres et pères de ministres! Pardon pour votre robe, si j'ai juré, cousin Nicolas; mais j'ai dit le mot, et c'est vrai.

— Le bon curé, persuadé qu'il ne convaincrait pas Jean Bart, et ce avec raison, sourit, et lui dit en soupirant :

— Allons, allons, cousin Bart, adieu; je ne vous verrai jamais amiral.

— C'est ce dont je me moque fort, cousin, pourvu que je sois amiral des corsaires de Dunkerque.

— Allons, à bientôt; je vous attendrai à Drinkam; — et le curé sortit après avoir reçu les adieux affectueux de Jean Bart et de Nicole.

— Maintenant, — dit Jean Bart à sa femme, — si tu veux, Nicole, tu vas écrire avec Sauret cette liste des prises qu'ils veulent au greffe de l'amirauté pour régler le total des droits.

— Sans doute, mon ami : voilà déjà longtemps qu'on te la demande.

— Allons, es-tu prêt, vieux Sauret?

— A vos ordres, notre jeune monsieur.

Et le vieux Sauret prenant d'un air magistral un gros registre de vélin, le posa sur le pupitre, et se prépara à lire la liste des prises faites par son jeune monsieur Jean depuis 1674.

Ce recueil de pièces, copiées par Sauret avec un soin extrême, d'après les procès-verbaux du greffe de l'amirauté, était la lecture continuelle et favorite du vieux marin, qui, bien qu'ait pu faire et dire Jean Bart, avait fait précéder cet état d'un frontispice allégorique orné de canons, d'ancres et de haches, dus à la plume de Sauret, frontispice au milieu duquel on lisait ce magnifique exorde, aussi composé par lui, et écrit en grosses lettres alternativement rouges et noires :

« *Relation prodigieuse des prises extraordinairres et merveilleuses faites avec la plus grande intrépidité du monde sur la mer océane, malgré la plus furieuse et la plus terrible défense des vaincus, par l'incomparable, redoutable et fameux capitaine capre Jean Bart, fils du non moins fameux capitaine Cornille Bart, et petit-fils du non moins fameux capitaine Antoine Bart, fidèle matelot du grand Jacobsen, surnommé* le Renard de la mer. »

Après avoir lu ce sommaire tout d'une haleine, Sauret se retourna triomphant vers Jean Bart, qui lui dit d'un air brusque :

— Eh, Sainte-Croix! vieux Sauret, ôte donc ces sottes choses-là... voilà vingt fois que je te le dis; j'ai l'air, mort-Dieu! d'être ton complice et de faire ainsi l'âne pour avoir du son. Tu verras qu'un jour je prendrai les ciseaux de Nicole pour effacer une bonne fois ces menteries-là...

— Oh! notre jeune monsieur... vous ne feriez pas cela, — dit Sauret devenant tout triste à cette pensée. — Songez que c'est mon livre à moi, mon seul et unique livre, que tout le jour je ne lis pas autre chose, puisque je ne puis plus, hélas! vous suivre en mer. Ainsi qu'est-ce que cela vous fait que je mette là en haut ce que je pense au fond de mon âme de votre courage? Votre vieux Sauret a bien ce droit-là, j'espère... il vous a vu assez de fois au feu, et...

— Assez, assez donc, vieux Sauret; pas un mot de plus, — dit Jean Bart séduit par un regard suppliant de sa femme. — Continue, et donne seulement la date et le nom des prises à ma femme, qui va les écrire.

— Seulement le nom et la date, notre jeune monsieur?

— Eh! mort-Dieu! ne vas-tu pas vouloir lire au long les procès-verbaux des scribes de l'amirauté? ce serait à crever d'ennui...

— A crever d'ennui!... un procès-verbal d'une prise faite par vous, notre jeune monsieur!... A crever d'ennui! mais autant vaudrait dire que...

— Il ne s'agit pas de cela... Je te défends de lire autre chose que tel jour tel navire a pris tel navire.

— Rien de plus, notre jeune monsieur?

— Non.

— Mais au moins le nom du navire pris, ainsi que le nombre de canons et d'hommes composant l'équipage?

— Cela, oui, c'est nécessaire pour la liste que l'amirauté demande... Mais, une fois pour toutes... veille bien à ne pas faire de menteries sur le nombre de canons et d'hommes d'équipage... tu m'entends?

— Comment! des menteries, notre jeune monsieur? — dit Sauret d'un air tout ébahi et le plus naturel du monde.

— Allons, fais donc l'étonné, vieux fourbe. N'as-tu pas eu le front, une fois que je te faisais faire une pareille liste, d'écrire qu'avec ma galiote *le Roi-David* j'avais pris un vaisseau de soixante canons, tandis que cette prise n'en avait que six au lieu de soixante? Hein? est-ce vrai? comme tout à l'heure les vingt ans du Goliath John Brish.

— Notre jeune monsieur, je vous jure que ça aura été un petit zéro qui se sera trouvé là… par hasard…

— Ce n'était pas en chiffre… c'était écrit en lettres… Qu'as-tu à répondre ?

— Notre jeune monsieur, j'entendais par là que, lors même que le navire eût été de soixante canons, vous l'auriez pris tout de même…

— Allons, tu es un vieux fou. Lis, et surtout pas de mensonges, et toi, Nicole, écris.

Alors Sauret commença de lire la liste qu'on lui demandait : seulement, à défaut des expressions louangeuses et exagérées qu'il eût bien voulu employer pour raconter les hauts faits de son jeune monsieur, la voix du vieillard prenait un accent glorieux et emphatique lorsque, par exemple, il lisait ces mots : *la galiote le Roi-David, capitaine Jean Bart, a pris*, etc. ; tandis qu'au contraire lorsqu'il en était à énumérer le chargement de la prise, ou le nombre de canons et d'hommes composant l'équipage, son accent devenait moqueur et sarcastique ; puis il faisait une pause, suivie d'un clignottement de paupières et d'un sourire muet si singulièrement grotesque et narquois, que la femme de Jean Bart ne pouvait s'empêcher de rire aux éclats.

Voici donc la liste des prises de Jean Bart telle que le vieux Sauret la dicta[1].

Année 1674. — Prises faites sur le pavillon hollandais.

« Le 2 avril, la galiote[2] *le Roi-David*, commandée par le capitaine Bart, en compagnie de *l'Alexandre*, capitaine Keyser, a pris *l'Homme-Sauvage*, dogre chargé de charbon de terre, qu'ils ont rencontré vers la Meuse. — Le roi étant en son conseil l'a déclaré bonne prise, et l'adjuge au capitaine Bart.

— Oui ;… — dit Jean Bart, — voilà la première prise que j'ai faite avec ce brave Keyser, mon bon matelot qu'Ostende me garde bien longtemps : or ça, j'avoue, Nicole, que ça m'a fait un singulier émoi lorsque je suis entré dans notre ville de Dun-

---

[1] Cette liste sommaire est extraite des registres du conseil des prises. (*Arch. du roy.*)

[2] *Galiote hollandaise.* Bâtiment fait pour la charge et qui portait depuis cinquante jusqu'à trois cents tonneaux.

kerque, ayant derrière moi *l'Homme-Sauvage*, et que tous nos amis étaient là battant des mains sur la jetée. Tiens, vrai, j'ai pris bien des navires depuis, j'en ai pris de bien richement chargés, mais, Sainte-Croix! jamais je n'ai éprouvé autant de plaisir qu'à amariner ce pauvre dogre chargé de charbon de terre!

— Oh! je me le rappelle bien, Jean, j'étais parmi les curieuses du port, et je me souviens qu'en mettant le pied sur la jetée, comme tous tes amis te félicitaient, tu leur dis en montrant M. Keyser : mais dites donc la moitié de tout cela à mon matelot.

— Et quant à moi, notre jeune monsieur, quand on vint m'annoncer que vous entriez dans le port avec une prise,... j'étais occupé à regarder une belle grosse horloge de poche appartenant au syndic des corroyeurs : alors mon émoi fut si grand que je pâlis tout à coup, et que, les bras me tombant de joie et de stupéfaction, je laissai choir l'horloge de poche de maître Van Burel : elle se cassa en mille pièces, et c'est ce bruit qui, me rappelant à moi, me donna la force de courir comme les autres jusqu'à la jetée, pour vous admirer de mes deux yeux.

— Ah, Sainte-Croix! — dit Jean Bart en riant, — voilà une fameuse aubaine pour le corroyeur ; mais continue...

Et Sauret continua :

» Le 6 avril, la galiote *le Roi-David*, commandée par le capitaine Bart, a pris la pinasse[1] appelée *l'Aventure-de-l'Ami* près du Vlie[2], ladite pinasse montée de dix pièces de canon, chargée de vins d'Espagne. — Le roi étant en son conseil l'a déclarée de bonne prise, et l'adjuge au capitaine Bart.

» Le 15 mai, la galiote *le Roi-David*, commandée par le capitaine Bart, a pris, vis-à-vis de la Meuse, un dogre, après lui avoir donné la chasse pendant deux heures ; ledit dogre chargé de quatre mille écrevisses, de noisettes et de quatre cents paires de bas.

---

[1] *Pinasse*. Bâtiment de mer à poupe carrée, long et étroit ; d'une grande vitesse et propre à la course ; il avait trois mâts et allait aussi à rames.

[2] *Vlie* ou Vly, île de la Manche, sur la côte de Hollande, à l'entrée du Zuyderzée ; c'est l'île la plus voisine à l'E. de l'île du Texel.

— Le roi étant en son conseil l'a déclaré de bonne prise, et l'adjuge au capitaine Bart.

» Le 24 juin, *le Roi-David*, capitaine Bart, a pris, à douze lieues du Vlie, la galiote *l'Amitié*, chargée de sept cents setiers de blé. — Le roi étant en son conseil l'a déclarée de bonne prise, et l'adjuge au capitaine Bart.

» Le 25 juin, *le Roi-David*, capitaine Bart, a pris, vers le Dogger-Bank[1], après deux heures de chasse, une flûte chargée de vins de Bordeaux, appelée *le Saint-Pierre-de-Bruges*. — Le roi étant en son conseil l'a déclarée de bonne prise, et l'adjuge au capitaine Bart.

» Le 28 juin, *le Roi-David*, capitaine Bart, a pris, vers le Vlie, une buisse de pêche appelée *le Corbeau-Noir*. — Le roi étant en son conseil l'a déclarée de bonne prise, et l'adjuge au capitaine Bart.

» Le 27 août, la frégate *la Royale*, capitaine Jean Bart, en compagnie de *l'Alexandre*, capitaine d'Horn, a pris, devant les côtes de Zélande, la galiote *l'Élisabeth*, chargée de planches et cordages.

» Le 13 septembre, la frégate *la Royale*, capitaine Bart, en compagnie de la frégate *l'Alexandre*, capitaine d'Horn, a pris, devant le Texel, une grande flûte, nommée *le Flambeau-Doré*, montée de huit canons et de quarante hommes d'équipage, après un combat de quatre heures; ladite flûte chargée de onze baleines. — Le roi étant en son conseil l'a déclarée de bonne prise, et l'adjuge aux capitaines d'Horn et Jean Bart.

» Le 24 octobre, la frégate *la Royale*, capitaine Bart, en compagnie du *Dauphin*, capitaine Jacobsen, a pris la flûte *le Saint-Georges*, à huit lieues du Dogger-Bank, chargée de planches de Norwége. — Le roi étant en son conseil l'a déclarée de bonne prise, et l'adjuge auxdits capitaines Jean Bart et Jacobsen.

» Total de l'année 1674 : dix prises. »

Année 1675.

« Le 23 janvier, la frégate *la Royale*, capitaine Bart, a pris,

---

[1] *Dogger-Bank*. Banc des chiens ; ce banc de sable, très-considérable, est situé entre la côte E. de l'Angleterre et celle de la Hollande.

devant l'île des Chelmy, une galiote chargée de grains, nommée *la Ville-de-Paris*. — Le roi étant en son conseil l'a déclarée de bonne prise, et l'adjuge au capitaine Bart.

» Le 21 janvier, la frégate *la Royale*, capitaine Bart, a pris, devant le Vlie, un navire de guerre qui servait de convoi à trois marchands ; lequel navire de guerre, appelé *l'Espérance*, monté de dix canons et de cinquante hommes d'équipage, a été pris après une heure de combat. — Le roi étant en son conseil l'a déclaré de bonne prise, et l'adjuge au capitaine Bart.

— Eh! Sainte-Croix! ce navire était bien nommé *l'Espérance*, car c'est dix jours après que je t'ai épousée, Nicole.

— Si tu savais mon ami, — dit Nicole avec un soupir, — toutes mes craintes pendant cette course..., car, bien que tu fusses mon fiancé, tu ne voulus jamais attendre le jour de notre mariage sans retourner en haute mer.

— Non, non, je ne le voulais pas, Nicole,... parce que je n'avais pas encore un assez beau cadeau de noces à t'offrir, il me fallait bien en trouver un, et quel plus riche cadeau pour la femme d'un corsaire que celui d'un joli navire comme *l'Espérance*, si bien nommé.

— Mais à quel prix, Jean,... à quel prix... pouviez-vous l'acheter ?

— Eh! Sainte-Croix! au prix d'un bras ou d'une jambe, la seule monnaie que le bon Dieu nous ait donnée pour faire ce commerce de coups de hache et de mousquet.

— Taisez-vous donc Jean, vous me faites trembler,... — dit Nicole.

— Diable !... ne tremble pas, surtout en écrivant pour les corbeaux du greffe... Continue, vieux Sauret.

» Le 30 juin, sur les trois heures du matin, à la hauteur de la rivière de l'Elbe, la frégate *la Royale*, capitaine Bart, le *Grand-Louis*, capitaine Keyser, ont pris *les Armes-de-Hambourg*, après une heure de chasse, chargé de poudre d'or. — Le roi en son conseil l'a déclaré et déclare de bonne prise.

» Le 5 août, la frégate *la Royale*, capitaine Bart, en compagnie du *Grand-Louis*, capitaine Keyser, a pris la frégate *le Levrier*, convoi de dix buisses, après deux heures de combat; une des buisses s'appelant *le Canard-Doré*. — Le roi en son conseil l'a déclarée de bonne prise, et l'adjuge aux capitaines Bart et Keyser.

» Le 23 mars, la frégate *la Royale*, capitaine Jean Bart, en compagnie du *Dauphin*, capitaine Jacobsen, a pris un senau appelé *le Premier-Jugement-de-Salomon*, chargé de soufre à l'embouchure du Vlie. — Le roi étant en son conseil l'a déclaré et déclare de bonne prise, et l'adjuge aux capitaines Bart et Jacobsen.

» Le 8 octobre, la frégate *la Royale*, capitaine Bart, en compagnie des *Armes-de-Dunkerque*, capitaine Keyser, et *l'Alexandre*, capitaine d'Horn, a pris entre le Vlie et le Texel, une flûte appelée *la Baleine-Grise*, chargée de planches. — Le roi étant en son conseil l'a déclarée de bonne prise, et l'adjuge aux capitaines Bart, Jacobsen et Keyser.

» Le 24 octobre, la frégate *la Royale*, capitaine Jean Bart, en compagnie des frégates *le Dauphin* et *l'Alexandre*, commandées par les frères Jacobsen, a pris une flûte venant de Drontheim[1], chargée de cuivre, et nommée *l'Arbre-de-Chêne*. — Le roi étant en son conseil l'a déclarée de bonne prise, et l'adjuge auxdits frères Jacobsen et au capitaine Bart.

» Total des prises de l'an 1675 : sept. »

Prises de l'année 1676.

— Nous voici arrivés, — dit Jean Bart, — au moment où j'ai pris *la Palme*, qui m'a glorieusement remplacé la pauvre galiote *le Roi-David* et *la Royale*. Pauvre *Roi-David !* pauvre *Royale !* Vraiment, Nicole, cela m'a fait de la peine de laisser là ces deux vieux navires à moitié criblés, qui m'avaient tant et si bien servi. Sainte-Croix ! je les aimais comme un chasseur chérit les braves chiens qui vont intrépidement lancer le loup qu'il doit tirer ;... mais il faut dire aussi que *la Palme* fut une rude frégate, maniable, commode, leste, à virer de bord dans un verre d'eau.

— Sans compter aussi, notre jeune monsieur, — dit Sauret de l'air le plus galant du monde, — que cette *Palme* devint sous vos ordres *la Palme de la gloire !*

---

[1] *Drontheim*, sur la côte O. de la Norwége.

— Entends-tu Sauret, Nicole? — dit Jean Bart en riant... — Veux-tu bien te taire, vieux gausseur, et continuer.

— Je continue, notre jeune monsieur.

« Le 28 mars, le capitaine Bart, montant *la Palme*, frégate, étant parti en compagnie des capitaines Keyser, Lassie et Hennarker, a pris, la nuit suivante, entre Niewport et Ostende[1], une frégate, appelée *la Tertoule*, la pinasse *le Saint-Joseph*, et les belandres *le Saint-Paul, le Saint-Christophe, le Saint-Jean, le Saint-Michel, la Sainte-Anne*, et trois autres sous le nom de *Saint-Pierre*, en tout onze bâtiments. »

— Mon Dieu! que de bâtiments de saints! — dit le vieux Sauret en s'interrompant, — c'est comme un calendrier.

— Allons, continue de lire, — dit Jean Bart.

» Le roi étant en son conseil a déclaré lesdits navires de bonne prise, et les adjuge aux capitaines Jean Bart, Keyser, Lassie et Hennarker.

» Le 3 septembre, la frégate *la Palme*, en compagnie de la frégate *l'Ange-Gardien*, capitaine Pitre Lassie, et du capitaine Keyser, commandant *l'Alexandre*, ils prirent une flûte à la hauteur d'Ostende, appelée *l'Espérance-de-Brême*, chargée d'huile, de beurre, de peaux, et de ballots de bas et de mitaines noires. »

— Et que même, — dit Jean Bart en riant, — tous nos matelots avaient pris de ces mitaines et de ces bas, et qu'ils avaient l'air de nègres. »

« Le roi en son conseil, — continue Sauret, — déclare *l'Espérance-de-Brême* de bonne prise, et l'adjuge auxdits capitaines.

» Le 7 septembre... »

— Ah! — dit Sauret en s'interrompant, — voici, notre jeune monsieur, un de vos plus beaux combats, c'est la fameuse prise de la frégate *le Neptune*, où vous fîtes un feu si prodigieux.

— Et tu fais, toi, le plus prodigieux bavard du monde. Lis sans observation.

---

[1] *Ostende*, port de Flandre, à peu près à la même distance de Niewport et de Bruges.

« Le 7 septembre, le capitaine Bart, commandant la frégate *la Palme*, à la hauteur d'Ostende, a pris, après un long combat, le navire *le Neptune*, frégate de soixante canons. »

— Soixante canons, Sauret ?

— De trente, de trente, notre jeune monsieur.

— C'est bien heureux ;... mais, — dit Jean Bart, — à propos de ce combat, je n'ai jamais vu l'effet d'un coup de feu pareil à celui que produisit mon pistolet sur le capitaine du *Neptune*.... J'étais sauté à l'abordage, et lui, bravement posté pour me recevoir, leva sa hache sur ma tête : d'un coup de coutelas j'écarte la hache et je lui envoie à brûle-pourpoint deux lingots et une balle dans la poitrine.

— Tais-toi, Jean,... pour l'amour du ciel, — dit Nicole en pâlissant.

— Attends donc, Nicole, voici l'effet que je te disais.... A peine j'avais lâché la détente de mon pistolet, que ce diable de capitaine hollandais se mit à faire deux énormes sauts de carpe en tournant sur lui-même, et puis tomba en travers de la drôme, où je ne suis pas resté longtemps à regarder ses tours, comme bien tu penses ; mais je n'ai jamais vu de coup de feu pareil.

— Révérence parler, notre jeune monsieur, cela est fort simple, — dit Sauret, — vos deux lingots auront sans doute touché la détente du pylore, espèce de grande roue dentelée que nous avons dans l'intérieur de la poitrine et qui est destinée à moudre les aliments ; or la détente de ce ressort étant rompue par vos lingots, laquelle détente étant aussi forte que le ressort d'un mousquet à rouet, a causé ces deux sauts de carpe que vous dites..., cela arrive toujours ainsi dès que le pylore est brusquement endommagé.

— Comment, — dit Jean Bart, paraissant cette fois accorder assez de confiance aux études physiologiques du vieux Sauret, — nous avons un pareil ressort dans le corps ?

— Sans doute, — répondit gravement Sauret, — je tiens cela du chirurgien de votre frégate, notre jeune monsieur ; il vous le répétera lui-même, et vous le croirez, car il est savant ; aussi m'a-t-il guéri d'une douleur qui me revenait de cette ancienne blessure que j'ai à la jambe gauche, en m'y faisant mettre la patte droite de devant d'un lièvre[1].

— Ça, c'est un remède connu,... — dit Jean Bart, dont les connaissances anatomiques n'étaient pas fort étendues, — il y en a seulement qui disent que la patte gauche vaut mieux quand c'est le côté gauche qui souffre.

— Non, non, notre jeune monsieur, toujours la patte droite pour la douleur gauche et *vice versa,* parce que, comme ça *contrarie* la douleur, elle s'en va...

Il n'y avait rien à objecter à un raisonnement si logique, aussi Jean Bart ne put dire autre chose à Sauret que de continuer.

« Le 10 septembre, le capitaine Jean Bart, commandant *la Palme,* en compagnie des capitaines Keyser et Lassie, a pris, à la hauteur du Vlie, une buisse, appelée *le Faucon-Doré.*

» Le 22 novembre... »

— Ah! notre jeune monsieur, laissez-moi respirer sur cette date, où vous avez si bravement abordé *la Demoiselle-Catherine* et *le Prophète-Daniel.* Singulière et impudique compagnie que cette demoiselle pour un aussi savant prophète.

Mais sur un signe impératif de Jean Bart, Sauret continue.

« Le 22 novembre, le capitaine Jean Bart, en compagnie du *Dauphin,* capitaine Neumarker, a abordé, à la hauteur du Vlie, deux bâtiments convois, après deux heures de chasse et une heure de combat; un seul a pu être pris, *la Demoiselle-Catherine.* — Le roi en son conseil a déclaré et déclare cette prise de bonne prise, et l'adjuge auxdits capitaines Bart et Neumarker.

« Le 24 novembre, étant à trois lieues du Texel, la frégate *la Palme,* capitaine Bart, en compagnie de *la Mignonne,* frégate commandée par Antonin Lombard, a pris une flûte appelée *le Pélican,* de huit canons, et faisant route pour Amsterdam, venant de l'Amérique, chargée de bois des îles, indigo, girofle, etc.

» Le roi étant en son conseil déclare le navire *le Pélican* de bonne prise, et l'adjuge auxdits capitaines.

» Le 15 novembre, le capitaine Jean Bart, commandant *la*

---

[1] Voir *Moyens de Chirurgie,* 1663, in-fol. — Amsterdam.

Palme, se trouvant à vingt lieues en mer, à la hauteur du Vlie, a pris une galiote chargée de vins, nommée *le Corbeau-Vert*. — Le roi en son conseil déclare la prise bonne, et l'adjuge au capitaine Bart.

» Total des prises de 1676 : seize. »

Année 1677.

— Ah ! Sainte-Croix ! cette année-là commence bien, vieux Sauret, — dit Jean Bart : — de belles et bonnes rançons en bel or et bon argent ; mais aussi la défense de l'amirauté de m'ingérer de donner des permissions de pêche, que je donnais, par Dieu ! ni plus ni moins qu'un officier de l'amirauté. Lis cela tout au long, vieux Sauret, pour que je voie bien si je ne me suis pas trompé pour mes réclamations.

— Enfin c'est heureux, notre jeune monsieur, que vous m'en laissiez lire une.

Et Sauret commença de lire le procès-verbal suivant, d'une voix qui trahissait sa joie mal contenue.

« 5 avril 1677, au camp devant Cambrai.

» Vu par le roi étant en son conseil, le procès-verbal fait par le secrétaire en l'amirauté de Dunkerque, sur le rapport de Jean Bart, commandant la frégate *la Palme*, du 21 février 1677, contenant que le 19 janvier, étant devant la Meuse, en compagnie du capitaine Lassie, il aurait aperçu un dogher portant pavillon du prince d'Orange, qu'il aurait pris retournant de la pêche, et aurait fait passer le maître dans son bord après l'avoir rançonné, moyennant la somme de 2,800 liv., argent de Hollande ; que le 12 février il aurait pris deux autres doghers, qu'il aurait rançonnés l'un pour 2,500 liv., l'autre pour 300 liv., argent de Hollande, et qu'il aurait donné des billets aux maîtres pour achever leur pêche ; que le 15 dudit mois il aurait encore pris un autre dogher, pour la rançon duquel il aurait traité avec le maître pour la somme de 2,500 liv., argent de Hollande, et qu'il a fait passer les maîtres desdits doghers, seulement parce que s'il en avait pris davantage, le reste n'aurait pu continuer la pêche et conduire les bâtiments. Interrogatoire du 21 février dernier de Thisclassen-Day, natif de Maeslandsluys, y demeurant, maître du dogher *le Cabilhau;* de Pitre Claissen, natif de Zericxée, y demeurant avec sa famille, maître sur le dogher *la Femme-de-Wesby;* de Cornille Haze, natif de Zéricxée, y demeurant, maître sur le dogher *le Faucon,* par lequel il paraît que lesdits doghers leur appartiennent et à des bourgeois de Maeslandsluys et de Zéricxée; qu'ils ont été pris ainsi qu'il est contenu au rapport des preneurs. Ouï le rapport du sieur de Harlay, conseiller du roi en ses conseils, maître des requêtes ordinaires de son hôtel, commissaire à ce député, et tout considéré ;

» Le roi étant en son conseil a adjugé et adjuge audit capitaine Bart les quatre rançons par lui faites ensuite des prises des doghers *le Cabilhau, le Caroos, la Femme-de-Wesby* et *le Faucon,* à la réserve du dixième desdites rançons appartenant au sieur amiral de France, et d'un autre dixième qui sera payé à l'hôpital de la ville de Dunkerque. Fait Sa Majesté très-expresses inhibitions et défenses audit Bart et à tous autres armateurs de s'immiscer à l'avenir de donner aucune permission de pêcher aux vaisseaux qu'ils auront rencontrés, à peine d'être leur procès fait et parfait.

» Enjoint au lieutenant de l'amirauté de Dunkerque de tenir la main à l'exécution du présent arrêt, qui sera enregistré au greffe de ladite amirauté, publié et affiché où besoin sera, à la diligence des procureurs de Sa Majesté audit siége, afin que personne n'en ignore. »

— A la bonne heure, on n'en ignorera pas... Je ne... Comment y a-t-il, vieux Sauret? je ne me *ministrai* plus... de donner des permissions de pêche...

— Non, notre jeune monsieur, révérence parler, ce n'est pas ministrer :... il y a que vous ne vous *immiscerez* plus de donner, etc.

— Quel diable de mot est-ce là ?...

— C'est sans doute, notre jeune monsieur, de l'argot de ces greffiers et scribes, que Lucifer confonde ! et qui veulent empêcher de braves capitaines corsaires de donner des permissions de pêche aux bâtiments qu'ils ont vaillamment enlevés.

— Continue,... continue, vieux Sauret, laisse là les scribes et les greffiers.

« Le 16 février, la frégate *la Palme*, capitaine Jean Bart, en compagnie de *la Mignonne*, capitaine Lombard, a pris, à la hauteur de la Meuse, un dogher, nommé *le Prince-Guillaume*, que le roi en son conseil a adjugé auxdits Bart et Lombard, à la réserve du dixième, qui appartient à M. le comte de Vermandois. »

— Diable! — dit Jean Bart, — voilà ces dixièmes qui commencent. Continue, Sauret.

» Le 21 février, la frégate *la Palme*, étant à la hauteur de Gravelines, a pris un petit capre hollandais, appelé *la Bonne-Aventure*. — Le roi étant en son conseil l'a adjugé et adjuge audit Bart, sauf le dixième dû à M. l'amiral de France.

» Le 22 février, à dix lieues du Texel, la frégate *la Palme*, capitaine Jean Bart, en compagnie du capitaine Coopman, a pris un dogher chargé de vin, nommé *l'Éléphant*. — Le roi étant en son conseil l'a déclaré de bonne prise, et l'adjuge aux capitaines Bart et Coopman, sauf le droit du dixième de M. l'amiral.

» Le 7 mai, à la hauteur d'Ostende, la frégate *la Palme*, en compagnie de *l'Espérance*, capitaine Soutenaye, a pris *le Dauphin-Doré*, chargé d'oranges, de sucre, de limons et d'une pipe de jus de limon, faisant route pour Middelbourg. »

— Le fait est, Sauret, — dit Jean Bart, — que *le Dauphin-Doré* était une véritable limonade.

» Le roi en son conseil l'a déclaré de bonne prise, et l'adjuge au capitaine Bart, sauf le dixième.

» Total des prises de l'année 1677 : seize. »

— Oui, le reste de l'année je fus malade et souffrant; mais continue... l'année 1678, qui s'ouvrit aussi tard...

— Oh! très-tard, notre jeune monsieur, seulement le 18 juin, — continua Sauret.

— Ciel! — s'écria Nicole, — Jean, c'est ce jour-là que vous avez été blessé si grièvement aux deux jambes, et où vous avez eu le visage, les cheveux et les mains si horriblement brûlés... Ah! vraiment, j'ai cru mourir quand le lendemain maître Keyser et Soutenaye entrèrent dans ma chambre en vous tenant sous le bras. Oh, Jean! si le vieux Sauret ne m'avait appris cela avant votre arrivée... et avec de grands ménagements, j'étais morte;... jugez dans l'état où je me trouvais...

— Mais aussi, — dit Jean Bart, — qui me guérit tout de suite, Nicole?... la vue de mon brave petit Cornille qui venait de naître et qui entrait en ce monde juste au moment où je me harpaillais chaudement avec *le Scherdam.* Tu vois bien, Nicole, que quand il n'y aurait que cette raison-là, d'être né pendant que son père était au feu, il faut que le petit Cornille soit corsaire, le bon Dieu le dit assez clairement, j'espère.

— Au contraire, Jean, au contraire, n'est-ce pas plutôt un terrible exemple qui doit vous encourager à rester désormais en repos, puisque, sans la volonté de Dieu, ce pauvre enfant perdait son père au moment qu'il entrait dans la vie...

— Du tout, Nicole, le bon Dieu, au contraire, a voulu que la naissance de mon petit Cornille fût datée d'un jour glorieux pour son père, afin de lui donner goût au métier; n'est-ce pas, vieux Sauret?

— Révérence parler, notre jeune monsieur, et sans vouloir contrarier ni vous ni madame Nicole, je crois que l'intention du bon Dieu, en vous mettant dans un aussi affreux danger le jour de la naissance de mon petit jeune monsieur et en vous en tirant, est de faire comme une manière de parabole, qui signifie que votre fils se battra aussi rudement que son père et son grand-père, et qu'il n'en mourra pas.

— Très-bien, vieux Sauret,... j'accepte ta parabole; mais lis cela tout au long, ma foi j'avoue que c'est un de mes meilleurs abordages; car depuis le lieutenant jusqu'au dernier gourmette, tous furent d'avis d'attaquer.

— Avec grande joie, je vais lire, — dit Sauret en poussant un long soupir de satisfaction.

Et il commença de la sorte la lecture du procès-verbal d'un des plus beaux faits d'armes de Jean Bart et de Keyser.

« Saint-Germain, 19 août 1678.

« Vu par le roi étant en son conseil, le procès-verbal fait par le lieutenant en l'amirauté de Dunkerque, sur les rapports des capitaines Charles Keyser, Jean Bart et Jean Soutenaye, commandant les frégates *l'Empereur, le Dauphin* et *la Notre Dame-de-Lombardie*, des 13 et 14 juin dernier, contenant que le 18 dudit mois, environ à la hauteur du Texel, ils découvrirent un navire de guerre, auquel ils donnèrent la chasse; que ledit navire les ayant attendus, ledit Bart l'aborda le premier, Soutenaye le seconda, et se mit à son côté pour jeter son monde dans sa frégate, afin de plus aisément aborder ledit navire de guerre; qu'ensuite ledit capitaine Keyser l'aborda par la poupe, et après un combat d'une heure et demie, ils s'en rendirent les maîtres : dans lequel combat ils eurent six hommes tués, trente blessés, et ledit capitaine Bart eut le visage et les mains brûlés, et les gras de jambes emportés d'un coup de canon; et ont fait conduire ladite prise à Dunkerque. Interrogatoire dudit jour, 14 mars, de Willems Ranc, natif de Noort, y demeurant, capitaine sur la frégate prise, nommée *le Scherdam*, portant qu'elle appartient aux officiers de l'amirauté de Rotterdam; qu'il est parti de la Meuse pour convoyer les doghers de la pêche du nord, ayant vingt-quatre pièces de canon, quatre-vingt-quatorze hommes d'équipage et pavillon du prince d'Orange, avec une commission des États de Hollande et des officiers de l'amirauté de Rotterdam; qu'ayant été abordé par lesdits trois capitaines, il s'est défendu le mieux qu'il a pu, et après un combat d'une heure, dans lequel il a eu plus de cinquante hommes tant tués que blessés, il a été contraint de se rendre, et croit qu'à l'abordage et au pillage de son coffre par les matelots preneurs, sa commission a été perdue. Interrogatoire du même jour de Sébastien van der Concke, natif de Zierickz, demeurant à Rotterdam, lieutenant sur ladite frégate prise, conforme à celui de son capitaine, ajoutant que ledit capitaine Soutenaye était à l'avant-garde, qu'eux déposants voyant que ce n'était qu'une petite frégate, firent voile sur lui pour le mettre hors de combat; que le vent n'étant pas favorable, leur frégate fut abordée par le capitaine Bart, qui essuya la première décharge; que ledit Soutenaye soutint ledit Bart, et Keyser en même temps l'aborda par derrière; et après un combat d'une heure et demie, pressés de tous côtés, et le monde desdites trois frégates étant dans leur bord, ils furent obligés de se rendre. Interrogatoire dudit jour de Cornille Lodeweck, natif de Rotterdam, y demeurant avec sa famille, second pilote sur ladite frégate *le Scherdam*, et de dix autres hommes, tant officiers que matelots du même équipage, tous de Rotterdam et des environs, conforme aux précédents. Ouï le rapport du sieur de Bezons, etc.

« Le roi étant en son conseil a déclaré et déclare ledit navire de guerre nommé *le Scherdam*, ses agrès, apparaux, armes, munitions, mitrailles et autres choses étant en icelui, de bonne prise, et en conséquence les a adjugés et adjuge auxdits capitaines Keyser, Bart et Soutenaye, à la réserve du dixième de ladite prise appartenant au sieur comte de Vermandois, amiral de France, qui sera fourni et payé au receveur de ses droits.

« Enjoint Sa Majesté, etc. »

— J'en tremble encore, mon ami, — dit Nicole en prenant la main cicatrisée de Jean Bart dans les siennes.

— Le fait est, Nicole, — dit le corsaire, — que ce Willems Ranc fit une rude défense... continue, Sauret.

« Le 7 juin, étant à la hauteur de Dermude, après une heure de chasse, la frégate *le Mars* prit, après deux heures de chasse, une flûte nommée *le Saint-Martin*, chargée de vins de Bordeaux, d'eau-de-vie et de pruneaux ; laquelle prise Sa Majesté en son conseil adjuge audit capitaine Bart.

» Enfin le 31 août 1678, étant à la hauteur de Niewport et d'Ostende, la frégate *le Mars*, capitaine Bart, a pris un dogher, appelé *le Saint-Antoine*.

» Total des prises de 1678 : trois. »

— Allons,... as-tu fini, bonne Nicole ?...

— Oui, Jean...

— Tu n'as pas écrit, j'espère, ce que le vieux Sauret a lu si lentement ?

— Non, mon ami,... seulement j'ai écrit la date et le nombre d'hommes d'équipage comme aux autres.

— Très-bien, Nicole ;... car, de la manière dont Sauret lisait cela, et à sa lenteur, j'aurais cru qu'il te le dictait comme le reste.

— Écoutez donc, notre jeune monsieur, je lis longuement le récit de vos belles victoires par la même raison que j'aime à vous regarder longtemps ;... ce n'est pas un mal après tout...

— Non, pardieu ! mon vieux matelot, je plaisantais... Allons, va vite porter cette liste à l'amirauté.

Et le vieux Sauret sortit bientôt.

. . . .

On va maintenant s'occuper des divers événements qui se passèrent dans la Méditerranée au commencement de 1681.

CHAPITRE XIV.

Mort du chevalier de Valbelle. — Du Quesne poursuit des corsaires tripolitains jusque dans le port de Scio qu'il canonne. — Réclamation du commandant turc. — Négociation de M. de Guilleragues, ambassadeur de France à Constantinople. — Extrait d'une lettre turque à ce sujet. — Effroi que cause le nom de Du Quesne à Scio et à Constantinople. — Conduite timide de M. de Guilleragues à cette occasion. — Présent fait par lui au sultan. — Fin de l'affaire de Scio en 1681. — Du Quesne est rappelé pour commander l'escadre destinée contre Alger. — Mémoires de Du Quesne sur les moyens à tenter soit par mer, soit par terre, pour réduire Alger. — Bernard Renau d'Eliçagaray. — Sa naissance. — Sa jeunesse. — Il invente les galiotes à bombes et propose de s'en servir pour le bombardement d'Alger. — Il part avec la flotte française. — Position d'Alger. — Ses forces. — Son gouvernement. — Premier essai des galiotes. — Description d'une galiote à bombes. — Intrépidité de Renau au milieu d'une galiote enflammée. — Baba-Hassan. — Fin de l'expédition de 1682. — Nouvelle tentative sur Alger en 1683. — On bombarde de nouveau cette ville. — Relation de Bernard Renau. — Parlementaires. — Restitution d'esclaves. — Trêve. — Mezzo-Morto. — Sa trahison. La trêve est rompue. — Les prisonniers français sont attachés à la bouche des canons. — Lettre de M. le chevalier de Choiseul, sauvé de cette mort affreuse par le dévouement d'un capitaine turc. — Fin de l'expédition de 1683. — Du Quesne retourne en France, laissant M. de Léry pour croiser devant Alger. — Négociation pour la paix avec Alger, entamée par le chevalier de Tourville en 1684. — Paix d'Alger. — Principales clauses du traité.

Le 17 avril de cette année 1681, M. le chevalier de Valbelle mourut à sa terre de la Reynarde, près Marseille; on a dans les temps assez parlé des belles actions de guerre de cet excellent officier, on a assez donné de preuves de son esprit à la fois si juste, si sagace et si fin, pour qu'il suffise de consigner ici la date de la mort de ce brave marin qui fut si universellement regretté.

Depuis la paix de Nimègue jusqu'en 1689, sauf le bombardement de Gênes, il n'y eut, pour ainsi dire, d'autres guerres maritimes que des expéditions permanentes contre les Barbaresques. On verra par la suite que le grand roi trouva de solides ressources pécuniaires dans ces entreprises faites apparemment pour *exterminer les infidèles* et dédommager le commerce des vols et pilleries commis par ces forbans d'Alger ou de Tripoli; mais il faut dire que si la chrétienté en général et les négociants en particulier ne tirèrent pas un gros bénéfice de cette guerre méditerranéenne, le trésor de Louis XIV s'en trouva merveilleusement bien : les rançons et indemnités de toute espèce, exigées par les commandants de ses escadres, venant toutes affluer dans ses coffres, soit en numéraire, en bijoux, armes, meubles ou denrées; car tout était bon pour les commissaires aux prises délégués par Louis XIV, qui semblaient avoir résolu le problème de la pierre philosophale en changeant en or les matières les plus vulgaires.

En lisant plus bas à ce propos l'état des objets donnés par les Tripolitains pour racheter leur ville et faire cesser le bombardement qui les écrasait, on y remarquera non-seulement des pièces d'or de toute espèce, mais des bracelets de femmes, des yatagans, des selles de chevaux et jusqu'à des barils de lard et d'huile portés en compte; de fait, la rapacité barbaresque n'a jamais pu approcher de la cupidité qui présidait à ces transactions pécuniaires dont le commerce ne profitait en rien. Mais on ne doit pas anticiper sur les faits, et avant de parler de la guerre de Tripoli, assez fructueuse d'ailleurs, il faut dire un mot de l'expédition de Scio [1], qui, par la grande faiblesse de l'ambassadeur français près la Porte-Ottomane, M. de Guilleragues, fut loin d'être une *bonne affaire* pour le trésor du grand roi, et porta même une cruelle atteinte à sa dignité.

Cette expédition, assez peu importante en elle-même, bien que commandée par Du Quesne, offre une particularité des plus

---

[1] Chios ou Scio, île de l'archipel du Levant, près de la côte d'Ionie, à 30 lieues à l'O. de Smyrne.

intéressantes, en cela qu'on peut juger, d'après différents extraits traduits d'une lettre écrite par un Turc [1], de l'épouvante inspirée à Constantinople par ce seul nom de Du Quesne, « ce maudit vieillard de serdar (capitaine) des vaisseaux francs, » qui, selon l'emphase de la relation orientale, « sait vivre d'air, et danser,
» et se réjouir avec les flots de la mer la plus irritée, marchant
» sur elle comme sur la terre la plus immobile ; lequel, comme
» un véritable poisson, ne se soucie ni d'hiver ni d'été, et ne se
» lasse pas de vivre quoiqu'il ait cent ans et que depuis quatre-
» vingts il fasse une grande provision dans le marché où l'on
» vend le bon manége, les finesses et les fourberies. »

Voici les faits. Vers le mois de juin 1681, plusieurs corsaires tripolitains ayant enlevé quelques bâtimens français sur les côtes de Provence, Du Quesne, à la tête d'une division de sept vaisseaux, avait été à leur recherche, et les ayant joints près de l'île de Scio, le 23 juillet de la même année, il les chassa si rudement, que les corsaires se réfugièrent dans le port de cette ville qui appartenait au sultan. Du Quesne envoya l'un de ses officiers, M. de Saint-Amand, sommer le pacha commandant à Scio de faire sortir les corsaires du port, sinon qu'il allait s'embosser sous ses murs et le ruiner complétement. Le pacha refusa, et aussitôt Du Quesne commença un feu si vigoureux, qu'en moins de quatre heures, il démolit on ne sait combien de maisons et de mosquées, démantela les remparts et jeta la consternation dans la ville, ainsi que le raconte cette relation turque :

« Les infidèles Français, que Dieu veuille exterminer, gens
» inquiets et de nul repos, sont venus à Scio sous le comman-
» dement d'un vieil capitaine qui avait un beau galion escorté de
» cinq ou six autres ; ils ont tiré pendant quatre ou cinq heures
» sur les vaisseaux de Tripoli de Barbarie, ils ont aussi endom-
» magé les forteresses et les mosquées, et n'auraient point cessé
» si les canons des fidèles croyants, à corps de bronze et gueule
» de dragons, vomissant la braise et le boulets, n'eussent ac-
» compli sur eux cette parole de notre écriture : *Ils ont jeté la
» crainte dans leurs cœurs.* La terreur s'étant saisie en cette ma-
» nœuvre de ces maudits Francs (dont l'enfer est le dernier gîte),

---

[1] Affaires étrangères. — Afrique, 1680-1685.

» ils ne laissèrent pas, ne pouvant plus user de force ouverte,
» de rôder autour du port de Scio, d'arrêter les bâtiments de
» marchandises qui portaient de l'assistance aux Tripolitains, et
» d'aller et de venir comme des fous, en faisant de grandes me-
» naces; mais ils parurent ramasser un peu leurs esprits dans
» leur tête lorsque le capoudan-pacha, lieutenant absolu de l'em-
» pereur des sept climats sur les mers de ce vaste monde, eut
» honoré le canal de Scio de lui faire porter les galères du suc-
» cesseur à l'empire de la terre dont la gloire sera perpétuelle.
» Ce souverain de la mer, que Dieu veuille toujours favoriser des
» vents ou de la bonace pour la propagation du musulmanisme,
» n'eut pas plus tôt arrêté sa route formidable et conquérante en
» faisant jeter l'ancre dans le port de Scio, que le serdar des
» Français lui envoya un de ses capitaines, lequel ayant frotté son
» visage à la veste du lieutenant souverain de la mer, l'assura de
» la passion du serdar franc de ne rien faire qui puisse donner
» atteinte à l'amitié établie depuis plus d'un siècle entre le grand
» et souverain empereur de la terre habitable et le plus grand
» empereur de tous les potentats de la croyance du Messie, sur
» qui soit le salut. »

Pour rétablir les faits, un peu altérés dans cette pompeuse relation orientale, il faut dire qu'après quatre heures du feu le plus vif, le commandant turc de Scio envoya un parlementaire supplier Du Quesne de cesser de tirer, et lui proposa d'entrer en accommodement par l'intermédiaire de l'ambassadeur de France à Constantinople, M. de Guilleragues; Du Quesne y consentit, mais continua de bloquer étroitement le port de Scio.

Cependant le commandant de Scio dépêcha un courrier à Constantinople « au souverain empereur de la terre habitable, » pour lui faire part de la ruine des mosquées de Scio, causée par les canons « du vieil serdar franc, ce damné vieillard qui, ajoutait-il, *depuis ce temps-là semblait avoir épousé la mer de Scio et ne quittait les entours de cette ville.* »

Aussitôt après l'arrivée du courrier « le souverain empereur de la terre habitable, « Méhémet IV, entra dans une effroyable colère, et d'abord ne parla de rien moins que de faire étrangler tout net, M. de Guilleragues; aussi le 23 d'août, le kiayah, ou lieutenant du grand visir, ayant mandé l'ambassadeur fort impérieusement, lui fit les plus vifs reproches sur l'épouvantable audace du « vieil serdar français, » et finit par lui dire que le grand visir allait l'appeler à une conférence particulière, et que s'il voulait éviter la corde ou au moins la forteresse des Sept-Tours, il lui fallait offrir au sultan par l'intermédiaire du grand visir cent mille écus comme indemnité du ravage de Scio, et s'obliger à faire une réparation et des excuses publiques à Sa Hautesse. Puis, sans doute afin d'intimider Du Quesne, le sultan fit partir le capoudan-pacha, « ce lieutenant absolu de l'empereur des sept climats sur les mers de ce vaste monde, » lequel, ainsi qu'on l'a dit, « fit l'honneur au canal de Scio de lui faire porter les trente-deux galères du successeur de l'empire de la terre. »

Du Quesne laissa fort galamment les trente-deux galères turques entrer dans le port; mais, une fois qu'elles y furent, il signifia crûment qu'elles « n'auraient plus l'avantage d'honorer le canal de Scio de leurs carènes, » jusqu'à ce qu'il ait eu satisfaction des corsaires tripolitains, et que si l'on tardait trop, il irait jusque dans le port chercher ces forbans, qu'il les y brûlerait et avec eux aussi les trente-deux galères de l'empereur absolu de sept climats, favori de la bonace, si elles faisaient la moindre démonstration hostile.

Or le capoudan-pacha fut si fort effrayé de ces menaces du « vieil serdar, » qu'il envoya la chiourme des galères turques dans les montagnes, et qu'il supplia les résidents de Hollande et d'Angleterre de lui prêter des vaisseaux ou de s'opposer aux projets « de ce vieux démon qui ne se pouvait tenir en repos, et ne se lassait pas de vivre, quoiqu'il eût cent ans. »

Mais, pendant que Du Quesne soutenait ainsi noblement l'honneur de son pavillon, M. de Guilleragues, face à face avec le grand visir, le fatal lacet et les Sept-Tours, ne parlait pas un langage aussi fier. Dès longtemps il était en discussion avec le grand visir au sujet d'un privilége honorifique qu'il réclamait à propos du sofa, prétendant être assis au haut bout dudit sofa dans les conférences, au lieu d'être assis au bas bout; mais l'affaire du sofa devint secondaire, et la plus importante fut le paiement de 100,000 écus, que le sultan exigeait pour s'indemniser de la ruine de Scio; enfin cette réclamation devint si instante, qu'après une audience du grand visir, M. de Guilleragues, menacé d'être étranglé, bâtonné, mis aux Sept-Tours, fut brutalement enfermé dans une chambre du sérail, dont il ne devait sortir que lorsqu'il aurait payé les 100,000 écus exigés par Sa Hautesse.

C'était une grave et terrible atteinte portée au droit des gens dans la personne d'un ambassadeur du roi de France. Pourtant M. de Guilleragues, au lieu d'affronter intrépidement la colère du sultan, prit un *mezzo termine*, refusa de l'argent, mais voulut bien s'obliger à faire un présent, comme dédommagement du dégât de Scio, mais ce « *en son nom personnel* » et non pas en celui du roi.

Le grand visir ne se contenta pas de cette promesse, il exigea un *écrit;* l'ambassadeur donna l'écrit. Ce ne fut pas tout, le grand visir voulut encore que le mot *honnête* fut ajouté au mot *présent;* M. de Guilleragues ajouta donc ce mot, et promit par billet de faire au sultan un *présent honnête* pour l'indemniser de la canonnade de Scio.

Une fois sorti de prison, M. de Guilleragues reçut une lettre de Du Quesne, qui lui mandait de ne pas démordre de ses prétentions à propos du sofa, et quant à l'indemnité, non-seulement de n'en pas donner, mais d'en demander une pour le séjour prolongé que les vaisseaux du roi leur maître étaient obligés de faire devant cette place en attendant l'heure de châtier les Tripolitains; — car, — ajoutait Du Quesne, — « j'ai déclaré que si dans les huit jours tout ceci n'était pas accommodé à l'avantage et à la gloire du roi, j'entrerais de force dans Scio pour y mettre tout à feu et à sang, et m'y faire justice moi-même de ces mécréants. »

M. Du Quesne en parle bien à son aise! pensa M. de Guilleragues, épouvanté de ces menaces du vieux marin, qu'il savait bien capable de les réaliser de reste; aussi lui écrivit-il à la hâte de se calmer, de rester tranquille, surtout de ne rien tenter contre Scio et de se reposer sur lui des intérêts du roi leur maître : après quoi l'ambassadeur se hâta de conclure le traité par lequel, moyennant le *présent honnête*, le sultan s'engageait à faire sortir les Tripolitains du port de Scio, afin qu'ils allassent ailleurs subir le rude châtiment que le vieil serdar franc leur

destinait. Le traité fut signé ; et, selon la lettre turque déjà citée, « l'on fit partir aussitôt des ordres au capoudan-pacha d'a-
» chever la négociation des Tripolitains, parce que l'ambassadeur
» franc avait promis de réparer le dommage de Scio. Ce traité
» fut confirmé au pied du trône du héros qui a le monde en sa
» tutelle, et l'affaire se termina, mais non à la toute satisfaction
» du vieil serdar des vaisseaux francs, que l'on était bien aise
» de renvoyer mourir dans son pays ; mais, au lieu de vouloir
» s'en retourner, cette espèce d'homme marin donna des démon-
» strations de vouloir demeurer là, et même ce téméraire vieil-
» lard, que l'ange de la mort semble avoir oublié (mais qui ne
» demeure en vie, par la permission de Dieu, que pour augmen-
» ter ses crimes et brûler davantage en enfer), avait eu l'audace
» de visiter quelques galères turques. Le capoudan-pacha, in-
» digné de tant d'effronterie, n'aurait pas laissé de paraître de-
» hors pour le punir et le châtier, si la mer et la saison, trop
» contraires aux galères, ne l'en eussent empêché ; il se contenta
» d'en faire passer l'avis à l'excelse vestibule, dont les fonde-
» ments sont inébranlables. »

L'excelse vestibule eut bien envie de faire mettre le lacet au cou de l'ambassadeur, à propos de cette nouvelle frasque du *vieil homme marin;* « car, — ajoute la lettre turque, — le su-
» prême visir, dont l'intelligence angélique sait remédier à
» tout, ne fut pas plus tôt instruit de la présomption, vaine
» gloire, et superbe mal fondée du vieillard, capoudan des vais-
» seaux francs, qui prétendait arrêter, comme en prison, les ga-
» lères et l'amiral de l'empereur du monde, conclut qu'il fallait
» finir par intimider davantage l'ambassadeur, regardant d'ail-
» leurs comme il devait, l'opiniâtreté et la persévérance sans
» bornes de ce vieux soldat de mer, qui, paraissant devoir crain-
» dre la mort comme fort proche pendant qu'elle paraissait
» avoir peur de lui, agissait comme si une jeunesse de trente
» ou quarante ans lui promettait encore une longue vie. »

Malgré le traité signé, l'exécution traînait en longueur ; car pour offrir les *présents honnêtes* au sultan, il fallait faire les fonds nécessaires, et le crédit de M. de Guilleragues n'était pas grand, d'autant plus que les prêteurs, sachant que l'ambassadeur n'avait voulu s'engager que comme particulier et non comme agissant selon les ordres de son maître, craignaient, avec beaucoup de sens, que Louis XIV ne crût expédient de ne pas reconnaître comme sienne la dette contractée par M. de Guilleragues, afin de pouvoir opposer cette excellente raison aux malicieux en leur disant : — La preuve que les *présents honnêtes* ont été faits par mon ambassadeur et non par moi, c'est qu'il les a payés de sa poche et que je ne les lui ai point remboursés.

Le vieux Du Quesne cependant, ayant eu vent de ce traité peu honorable, fit mine de vouloir aller un peu croiser vers les Dardanelles, avec la moitié de sa division, pour activer la négociation relative au sofa, et engager M. de Guilleragues à ne rien céder; mais ce dernier le conjura de ne pas approcher de Constantinople, et finit par trouver les fonds nécessaires pour offrir le *présent honnête*, qui fut considéré comme tel, puisqu'il coûta 80,000 écus, payés d'ailleurs par le commerce français de Constantinople, auprès duquel M. de Guilleragues joua le même rôle que Louis XIV devait jouer, c'est-à-dire qu'il dit dans sa dépêche à M. de Croissy que ça avait été absolument pour assurer *la tranquillité du commerce français à Constantinople* qu'il s'était engagé, prouvant ainsi à son tour que ce traité avait été une question toute particulière et personnelle au commerce, puisque le commerce avait payé l'indemnité exigée, et non pas lui.

En un mot, le 27 du mois de mai 1682, la cérémonie de l'oblation des *présents honnêtes*, moyennant lesquels on devait forcer les Tripolitains à sortir du port, se passa de la sorte :

Le 27, le grand seigneur, souverain du monde habitable, se rendit exprès sur le bord de la mer dans un kiosque; il y mangea, et ensuite on lui donna le divertissement d'un combat de lutteurs frottés d'huile; cependant on porta les présents honnêtes dans une chambre proche du kiosque, par ordre d'un officier du grand visir, appelé teskelgi. Ces présents consistaient : 1° en une magnifique ceinture de pierreries; 2° deux fauteuils, l'un grand et l'autre petit, couvert de brocart de France avec des crépines d'or et d'argent d'un beau dessin, et d'une sculpture délicate sur le bois doré; 3° un grand miroir de Venise, qui renfermait une horloge et marquait les heures à la turque autour de la glace : la bordure était aussi de glace, où l'on avait gravé des fleurs et diverses figures ; 4° cinq pièces d'horlogerie à pendule ; 5° un très-grand tapis des Gobelins à grosse moire peints à fruits et à fleurs sur un fond d'or ; 6° douze vestes de brocart d'or et d'argent, et d'autres de satin et de drap.

Les présents offerts, le kiaiah prit les ordres du sultan et dit : — *Le Grand Seigneur a reçu très-agréablement le présent de l'ambassadeur de France ; Sa Hautesse l'a fort estimé, et elle en est très-satisfaite.*

Puis on rendit à M. de Guilleragues le billet qu'il avait souscrit, après quoi l'ambassadeur retourna chez lui.

On a omis de dire que vers le commencement de l'année 1682, Du Quesne, ayant reçu l'ordre du roi de revenir immédiatement en France pour se préparer à l'expédition d'Alger, qui eut lieu en 1682 et 1683, abandonna le blocus de Scio, à la grande joie des corsaires tripolitains, qui de la sorte ne furent pas châtiés, et coûtèrent, au contraire, une grosse amende au commerce de France.

Telle fut en un mot l'issue de cette affaire de Scio.

. . . .

Au mois d'octobre 1680, les Algériens avaient pris plusieurs bâtiments français sans déclaration de guerre ; sur leur refus de les restituer à leurs propriétaires, l'expédition de 1681 fut résolue.

Pour donner une idée exacte de la position topographique de toute cette partie du littoral africain qui, s'étendant depuis Tunis jusqu'à Tanger, va servir de théâtre à de nouveaux combats, il faut, pour ainsi dire, diviser la mer Méditerranée en deux bassins, le bassin de l'est et le bassin de l'ouest.

Le premier qui s'enfonce dans les terres par le golfe Adriatique, le golfe Libyque, les mers grecques, le Pont-Euxin et le Palus-Méotide.

Le second qui, communiquant avec l'Océan par le détroit de Gibraltar, baigne de ce côté les rivages si rapprochés d'Espagne et d'Afrique, contourne vers le nord les côtes d'Espagne, au Levant celles de France et d'Italie, puis vient enfin se jeter dans le bassin de l'est par le détroit de Messine et par ce canal, large d'environ trente lieues, qui sépare la pointe occidentale de la Sicile de la côte d'Afrique, à la hauteur du cap Bon : tandis qu'à partir de ce cap, la partie méridionale de ce bassin d[e] l'ouest est comme encaissée par les hautes terres de la côte d'A[f]frique, qui, s'étendant à peu près parallèlement au mont Atlas serpentent, ainsi qu'on a dit, depuis Tunis jusqu'à Tanger.

C'est donc à peu près au milieu de cette vaste façade du litto[ral] ral africain, qui, regardant le nord, est baignée par les eau[x] méditérranéennes du bassin de l'ouest, que sont situés le port [et] la ville d'Alger.

Environ à soixante lieues, vers le nord, les Baléares, Minorqu[e] et Majorque, marquent à peu près le milieu de la route d[e] Toulon à Alger; à l'ouest la distance d'Alger au détroit d[e] Gibraltar est partagée par la ville d'Oran et le port de Mersal quivir; tandis qu'à l'est le port de Bone coupe en deux le par cours d'Alger au cap Bon ou à Tunis, ville placée en face de l[a] Sardaigne, et distante de cette île de cinquante lieues environ.

Cette position géographique déterminée, il reste à parler som mairement des expéditions importantes qui précédèrent cell[e] de 1683 et 1684.

En 1504, Ferdinand le Catholique, d'après les conseils inces sants du cardinal Ximenès, toujours ardent à poursuivre l[a] destruction des Maures réfugiés en Afrique, résolut de tente[r] une grande expédition sur la côte d'Afrique, et le port de Mer salquivir, en arabe Mers-el-Kebir (le grand port) éloigné de deu[x] lieues d'Oran, fut désigné comme le point de débarquement.

L'armée navale, qui mit à la voile de Malaga le 29 août 1504 était, selon Mariana, composée de six galères et d'un gran[d] nombre de bâtiments de charge, transportant cinq mille homme[s] de troupes de débarquement, commandées par Diègue de Cor doue; Ramon de Cardonne avait la flotte sous ses ordres. Ce[s] forces de terre et de mer, contrariées par les vents, n'arrivèren[t] que le 11 septembre à la vue de Mersalquivir; et après peu d[e] résistance des Maures, cette position resta au pouvoir des Espa gnols, qui firent un traité de paix avec les Maures d'Oran.

Cinq ans après cette expédition, en 1509, le cardinal Xime nès fit nouer quelques intelligences avec un Juif, dont le roi d[e] Tremecen se servait pour percevoir les impôts qu'il levait su[r] Oran; s'étant de la sorte assuré de la reddition de deux poste[s] importants commandés par deux Maures vendus à ce Juif, l[e] cardinal assembla toutes ses forces dans le port de Mersalquivir ; au mois de février tout fut prêt, et le 16 mai S. E. s'embarqua pour aller attaquer Oran, à la tête de dix-huit cents lances, de quatre bataillons de piquiers, formant environ dix mille hommes, sans compter les volontaires et les enfants perdus, qui faisaient en tout quinze mille hommes de troupes éprouvées. Le 17, le cardinal était en vue d'Oran ; les postes qu'il avait achetés lui furent livrés, et après une sanglante bataille, Oran demeura possession espagnole.

Ce succès justifiant les espérances du cardinal et agrandissant ses vues, il engagea instamment le roi Ferdinand à poursuivre ses conquêtes en Afrique ; et le 1er janvier 1510, une flotte de treize vaisseaux de guerre sortit du port de Mersalquivir, sous les ordres de Pierre de Navarre, se dirigeant sur Bougie. Cinq jours après, Bougie était au pouvoir de Ferdinand, et les rois de Tunis et d'Alger envoyaient des ambassadeurs au comte Pierre de Navarre pour lui demander alliance et paix, et faire leur soumission. Les rois de Tremecen, de Tedeliz et les Maures de Mostagan imitant cet exemple, presque tous les chefs des tribus voisines devinrent de la sorte presque feudataires de la couronne de Castille.

Mais les fruits de si belles et de si rapides conquêtes ne restèrent pas longtemps aux mains des Espagnols ; Alger et Tunis retombèrent bientôt au pouvoir des Turcs, et leurs corsaires commirent de nombreuses hostilités contre les sujets espagnols.

En 1535, Charles Quint, persuadé de la solidité des vues du cardinal Ximenès sur l'Afrique, entreprit de rétablir l'autorité espagnole dans ces possessions, d'y poursuivre les Maures et d'y détruire la piraterie dont se plaignaient cruellement les sujets de son vaste empire, qui embrassait alors l'immense littoral de l'Espagne et de l'Italie.

Le fameux Barberousse, cet intrépide corsaire dont la naissance et l'origine ne sont plus un mystère, était dey de Tunis ; il avait savamment fortifié cette ville ; et le port de la Goulette, par sa position naturelle, servait d'abri à ces essaims de pirates qui en sortaient bien souvent pour aller butiner dans toute la Méditerranée et quelquefois s'abattre jusque sur les côtes d'Espagne, de France et d'Italie.

Charles Quint voulant donc châtier Barberousse partit le 16 juillet 1535 de Cagliari, à la tête de cinq cents bâtiments de guerre ou de charge, portant trente mille hommes de vieilles bandes espagnoles, commandées par le marquis Du Guast; et vint attaquer Barberousse dans Tunis; une flotte de dix-huit galères était dans ce port, armée de cent pièces d'artillerie; vingt mille cavaliers maures et une innombrable infanterie défendaient la ville par terre!... Pourtant un mois après la venue de Charles Quint, jour pour jour, Barberousse était en fuite; Tunis, ses galères et son artillerie demeuraient au pouvoir de l'empereur, qui rétablit sur le trône, sous la vassalité de l'Espagne, Mussey-Hassan, dépossédé par Barberousse. Fatale réussite! en cela que ce succès obtenu à Tunis éveilla dans Charles Quint une ambition démesurée de s'étendre en Afrique, et qu'il lui fit rêver des projets d'agrandissement gigantesque, qu'une terrible catastrophe vint ruiner, ainsi qu'on va le voir. Mais avant d'exposer ce dernier fait, il faut jeter un rapide coup d'œil sur les divers événements qui s'étaient passés à Alger jusqu'au moment où Charles Quint entreprit de le soumettre.

Lorsqu'en 1510 les Espagnols s'étaient rendus maîtres de toute la côte avoisinant Alger, ils avaient élevé tout proche de cette ville, sur un roc isolé, un fort nommé le *Pénon d'Espagne*, qui date, pour ainsi dire, l'importance d'Alger comme position militaire. Ce fort, bâti sur le roc qui commandait l'entrée de la baie, était d'une telle importance, qu'il assurait la domination espagnole dans cette ville et sur toute la côte en fermant ce port aux pirates dont il avait été si longtemps le refuge.

En 1516, à la mort de Ferdinand le Catholique, les Algériens voulant tenter de sortir des mains de l'Espagne, avaient pour y parvenir réclamé l'assistance de Selim-Eutémi, chef arabe de grande renommée, qui se joignit à Barberousse pour attaquer le Pénon. Le fort ne put résister à ces deux partisans, soutenus par une sédition qu'ils avaient soulevée dans la ville; de sorte que la domination espagnole fut tout à fait ruinée dans ce port, qui devint plus que jamais le repaire et le centre de toutes les pirateries.

En vain, alors et plus tard, la couronne d'Espagne tenta de ressaisir ce point important: en 1517, une flotte portant vingt-six mille hommes de troupes de débarquement, sous les ordres de Francesco de Vero, n'arriva en vue d'Alger, le 30 septembre, que pour se perdre sur les rochers, et, en 1549, une autre armada partagea le même sort.

Barberousse, depuis 1516, était dey d'Alger; il mourut en 1518; son frère Cheredin Barberousse lui succéda et repoussa avec non moins de succès une autre attaque faite contre son royaume par Moncade, à la tête d'une escadre de dix-huit vaisseaux et de six mille hommes de débarquement.

Ce fut donc en 1541, que, maître d'Oran et de Tunis, Charles Quint se crut certain d'emporter Alger, et pourtant au soin extraordinaire qu'il prit de former sa flotte, au choix des amiraux et des généraux, au nombre et à la vaillance aguerrie des soldats et des marins qu'il embarqua sur ses vaisseaux, on pouvait préjuger que le grand empereur comprenait les difficultés sans nombre de cette entreprise, qui pourtant semblait se réduire à écraser un nid de pirates.

C'était néanmoins quelque chose d'imposant et de grandiose que la composition de cette immense armada commandée par Charles Quint en personne, par Charles Quint qui, à cette heure, disposait en souverain de presque toute l'Europe!

Pour porter les troupes et assurer leur débarquement, c'étaient les marines réunies d'Espagne et d'Italie : Gênes, Naples, Venise, avaient envoyé leurs galères; et qui commandait toutes ces forces navales rassemblées? André Doria! le plus grand homme de mer de son temps! Et qui avait-il pour volontaires à son bord? Fernand Cortès... et ses trois fils! Quant aux troupes de terre, les Colonna, les Spinola avaient levé ces vieilles bandes de condottieri, si éprouvées dans les guerres d'Italie, Pierre de Tolède et Ferdinand de Gonzagues y avaient joint quelques milliers de soldats wallons d'une valeur et d'une discipline proverbiales; et enfin le duc d'Albe à la tête d'une foule de grands et de nobles espagnols, était aussi sur cette formidable flotte qui partit pour Alger le 18 octobre 1541, forte de deux cents vaisseaux de guerre, trois cents navires de charge, soixante-dix galères, et portant plus de quarante mille hommes de troupes.

Il y a en vérité quelque chose de singulièrement fatal dans

toutes les circonstances de cette expédition ; on voit combien cette armée est menaçante, quels hommes la composent : Fernand Cortès, le duc d'Albe, Pierre de Tolède !... quels noms la commandent : André Doria sur mer ! Charles Quint sur terre !... Eh bien ! Doria et Charles Quint n'eurent pas même Barberousse le pirate pour adversaire !... Barberousse était à Constantinople ; à sa place il avait laissé pour défendre Alger un eunuque renégat, Hassan-Aga, Sarde de naissance et souillé de tous les crimes.

Ce fut donc l'eunuque renégat que combattirent Doria et Charles Quint... l'eunuque renégat qui huit jours après l'arrivée de cette puissante armada devant Alger, vit, du haut de son palais, la mer en furie engloutir presque toute cette flotte innombrable... et sur terre les vieilles bandes espagnoles, épouvantées par les hurlements des Maures, harcelées par leurs cavaliers, s'ébranler, fuir, jetant leurs armes, se précipiter dans les flots pour échapper au couteau des Arabes ;... tandis qu'au loin un bâtiment démâté, menaçant de s'abîmer sous chaque effort de la tempête, emportait en fuyant Charles Quint et Doria !

Telle fut l'issue de l'expédition de Charles Quint contre l'Afrique. On a vu dans les temps le peu de réussite de celles qui furent tentées sur Gigeri et Bougie par le duc de Beaufort ; on va s'occuper de celle-ci, qui, commandée par Du Quesne, fut une des plus importantes, et n'eut pourtant pas de sérieux résultats.

On a dit, à propos de l'affaire de Scio, que vers le mois de mars 1682, Du Quesne fut rappelé en France par le roi, qui méditait une entreprise contre Alger, et qui, d'après l'avis de Colbert, voulut consulter ce marin si expérimenté sur les chances de cette attaque. Depuis longtemps Du Quesne avait mûrement réfléchi à une expédition contre les Barbaresques, et entre un grand nombre de mémoires de cet homme infatigable, nous donnons les deux suivants : dans le premier, de beaucoup antérieur à l'autre, Du Quesne propose *de boucher l'entrée du port d'Alger au moyen de vaisseaux maçonnés qu'on y coulerait ;* dans le second il donne un plan *d'attaque, de débarquement et d'incendie*, qui serait toujours extrêmement curieux lors même que la comparaison, qu'on en peut établir avec les projets d'attaque tout récents, n'y donnerait pas un double intérêt.

PROJET DE DU QUESNE CONTRE LES BARBARESQUES. —VAISSEAUX
MAÇONNÉS, DESTINÉS A FERMER LE PORT D'ALGER.

(Sans date.)

« Tous les sages ne mettent point en doute que la prudence ne soit absolument nécessaire pour former les desseins et pour projeter les entreprises; et l'expérience nous apprend qu'après qu'elle a prévu tous les obstacles, et qu'elle a digéré tous les événements, que la fortune en décide par des incidents que cette sage vertu n'avait pas vus ni osé espérer; mais il ne faut pas s'étonner si cette circonstance tient quelque empire sur la prudence, puisque celle-ci n'est formée que par notre tempérament et par la disposition des organes du corps humain; tandis que celle-ci prend son origine du ciel, et nous est donnée par les secrets de la Providence.

» Je conclus donc de ces deux propositions que l'on doit former les entreprises avec prudence, et en remettre le succès à la fortune.

» Le sujet de cette réflexion est fondé par celle que j'ai faite plusieurs fois sur le dessein que pouvait avoir le roi, en ne faisant armer que dix vaisseaux, dont Sa Majesté a donné le commandement à M. le commandeur de Nœuchaise, son vice-amiral, ne voyant pas qu'il y ait beaucoup d'apparence de réussir contre les barbares avec si peu de forces, car il est constant qu'il n'y a que trois choses à exécuter contre eux : la première, de s'emparer d'un poste sur la côte d'Afrique, par exemple, de la ville et forteresse d'Hippone, vulgairement appelée Bone, où l'on dit qu'il y a un rempart assez considérable. Mais pour exécuter ce grand dessein, qui servirait à réduire Alger, Tripoli, et autres lieux, à se soumettre aux lois de notre grand roi, il faut faire des préparatifs convenables à la conséquence et à l'utilité de cette entreprise-là; ce qui ne se trouvant pas dans l'armement de monsieur le vice-amiral, elle doit être remise pour quelque autre temps où Sa Majesté sera mieux préparée. On pourrait aussi former quelque dessein sur Tripoli et sur la Goulette ou port Farine; mais il faut être muni de toutes les choses qui sont nécessaires aux entreprises de terre, et de bon nombre de gens de guerre pour les exécuter. Le retour de M. le chevalier de Clerville pourra éclaircir de ce qui peut se faire; et, quand le temps sera venu que Sa Majesté voudra penser à prendre un poste sur ces côtes d'Afrique, elle ne manquera pas de personnes bien instruites de ce qui se pourra entreprendre, et des moyens qu'il faudra tenir pour y réussir.

» La seconde chose regarde principalement la ville d'Alger contre laquelle on pouvait ci-devant exécuter deux entreprises, dont l'une est de brûler les vaisseaux dans le port, laquelle s'est rendue très-difficile et même comme impossible par les tentatives que nous, et récemment les Anglais, avons faites sans avoir eu aucun succès considérable; ce qui a donné sujet aux barbares de se tellement précautionner, que ce serait un coup du ciel, si on trouvait une conjoncture favorable pour exécuter un dessein si public et si connu des infidèles; l'autre se pourrait encore exécuter, qui consiste à maçonner six de nos vieux vaisseaux ou grandes flûtes, et les mener enfoncer dans l'embouchure du port d'Alger, à la faveur du canon et de la mousqueterie de nos vaisseaux de guerre, et de quelques galères pour remorquer et placer les susdits vaisseaux maçonnés auparavant que de les enfoncer, et je ne trouve, selon mon petit jugement, que ce dessein-là qui puisse être exécuté avec espérance de bon succès, par monsieur le vice-amiral, avec le nombre de vaisseaux qu'il a ordre de mettre à la mer, et j'ose avancer que l'on ne peut faire un plus grand dommage aux barbares que de boucher l'entrée de leur port, pour lequel rendre en l'état qu'il est à présent, ils ont dépensé plus d'un million.

» Je serais donc d'avis que Sa Majesté, n'ayant que dix vaisseaux de guerre armés, ordonnât que l'on préparât les six susdits vaisseaux maçonnés avec le plus grand secret qu'il serait possible; puisque, par ce moyen, la dépense que Sa Majesté a faite deviendra utile à la gloire et à la sûreté de ses sujets; et ce dessein est d'autant plus considérable qu'il n'empêchera pas la troisième chose, à laquelle peuvent être employés, ensuite de cet exploit-là, les dix vaisseaux du roi. Pour ce fait il faudrait les séparer en deux brigades, l'une pour croiser vers le détroit et la côte d'Espagne, et l'autre vers les îles Saint-Pierre et ailleurs, où il sera jugé le plus à propos par les gens experts, pour de concert faire le courre contre les corsaires de Barbarie, et tâcher de prendre leurs vaisseaux et conserver ceux de nos marchands; ce qui ferait deux bons effets : l'un, qu'en ruinant nos ennemis, nous rétablirons la sûreté du commerce, et l'autre, que les affaiblissant d'hommes, nous fortifierons les chiourmes de nos galères. Voilà ce que le zèle et la fidélité que je dois à notre généreux monarque ont suggéré à mon esprit; vous suppliant, monsieur, d'obtenir de sa bonté le pardon que mérite la hardiesse que j'ai prise de vouloir pénétrer dans les desseins qu'il peut avoir sur la côte d'Afrique.

» Du Quesne. »

SECOND MÉMOIRE DE DU QUESNE SUR L'ATTAQUE D'ALGER. — SUR LE DÉBARQUEMENT ET L'INCENDIE DE VAISSEAUX BARBARESQUES.

« Les nuits qui précéderont l'attaque du môle d'Alger, il faudra qu'à la faveur des coups de canon des galères, quatre chaloupes s'approchent des murailles, à force de grenades, afin d'en chasser les ennemis; cela réitéré pendant quatre nuits les rebutera peut-être de s'y rendre pour la cinquième, qui doit être celle de la véritable attaque, en laquelle je me disposerai en la manière suivante, sans préjudice à ce qui pourra être résolu de mieux dans le conseil qui en sera tenu auparavant.

» Je partagerai les sept cents hommes en trente-cinq chaloupes, et en moins s'il est possible; car il est nécessaire d'en avoir toujours de réserve pour remplacer celles qui pourront être coulées à fond, et particulièrement pour servir à la retraite.

» Les chaloupes n'étant pas également grandes, c'est ce qui fera que dans les unes il y aura plus de monde que dans d'autres, de sorte que cela ne se peut régler que sur les lieux; le plus grand nombre de chaloupes sera toujours de mon attaque, puisque j'aurai plus de gens que les autres.

» Après que le môle aura bien été reconnu, l'on décidera des endroits où il faudra faire les trois attaques; mais par avance j'assurerai que si la tour du fanal se peut escalader, il faut absolument y faire une attaque; je m'en expliquerai plus au long.

» Pour en revenir à la suite de mon discours, je dirai que chaque chaloupe et chaque homme sera muni de tout ce qui peut être nécessaire pour cette action.

» Des officiers seront nommés pour demeurer dans les chaloupes, tandis que nos troupes seront aux mains avec les ennemis.

» Des gens aussi seront destinés dans chacune des chaloupes pour dresser les échelles; l'état en sera fait nom par nom, aussi bien que l'ordre de la marche des chaloupes et de la descente des troupes, le tout écrit et signé de moi, et délivré aux principaux officiers de chaque attaque.

» Le signal pour faire partir les chaloupes en sera fait par des fusées dont on conviendra, afin que tout marche à la fois et dans l'ordre prescrit; ce sera une leçon si souvent répétée qu'il sera impossible que chacun n'exécute bien ce qu'il aura à faire.

» Nous conviendrons, Berthomas et moi, des signaux qu'il sera nécessaire d'avoir entre nous, et du temps que les galères et les chaloupes marcheront; car il faut que son attaque et les nôtres se fassent toutes à la fois, que cela se conduise par une grande intelligence et une grande netteté de part et d'autre.

» Il faudra néanmoins examiner si nos attaques se pourront faire dans le même temps que l'on mettra le feu à la barque qui sera conduite à la chaîne; il y a à croire que le désordre que l'on attend de cette bombe nous pourra autant nuire qu'aux ennemis, puisque dans ce même temps-là nous serons mêlés parmi eux; c'est à Landouillet à expliquer ce qu'il en pense.

» Je continuerai en disant que lorsque la nuit sera choisie pour l'entreprise, et que les seize galères auront canonné environ deux heures au plus, car il nous en faut trois de nuit pour l'action, j'enverrai donner avis au chevalier de Berthomas qu'il est temps de marcher avec les huit galères.

» Lorsqu'il aura reçu cet avis, il sera encore fort utile que, dans ce même moment, quatre autres galères s'en aillent sur la droite de la ville, que je ferai remarquer, et qu'elles y fassent une fausse attaque en continuant de canonner.

» Je marcherai à la tête de ma division dans un petit canot; chaque commandant en fera de même, à telles fins de mieux reconnaître le terrain avant que toutes les chaloupes y abordent, et être aussi plus dégagé pour mettre l'ordre dans le débarquement.

» L'ordre général sera que les grenadiers débarqueront les premiers, et pour cet effet ce seront eux qui seront sur la proue des chaloupes; en se débarquant, ils courront au pied des murailles, et de là jetteront des grenades pour en chasser de l'autre côté les ennemis; à la faveur de ce feu, un officier dans chaque chaloupe sera chargé, avec des gens destinés pour cela, de mettre à terre les échelles et de les dresser contre la muraille; ensuite les grenadiers qui seront les plus près, mêlés d'officiers, monteront les premiers, et ainsi du reste.

» Les cent matelots destinés pour porter les feux d'artifice seront partagés dans chaque attaque; mais une seule chaloupe les portera dans chaque division; un capitaine et un lieutenant seront à la tête de chacune de ces troupes, afin que ces feux d'artifice ne soient pas employés mal à propos; ils conduiront lesdits matelots, lorsque celui qui commandera le jugera à propos, à l'endroit des vaisseaux, ou à la nage, ou selon quelques autres moyens que la fortune fournira.

» On aura aussi des feux d'artifice que l'on pourra jeter à la main de dessus le môle dans les vaisseaux; du moins faudra-t-il y essayer.

» L'attaque qui aura le plus tôt gagné le haut des murailles ne songera point au dessein de brûler les vaisseaux qu'elle n'ait auparavant donné facilité à la plus prochaine de monter et de se joindre à cette première : alors, ayant poussé les ennemis, ils ne perdront point de temps pour exécuter les moyens d'envoyer les feux d'artifice auxdits vaisseaux, et enverront sur les ailes des pelotons pour se maintenir dans l'endroit où ils seront.

« Je tiens même qu'avant de songer à brûler les vaisseaux, la première chose qu'il faudra faire sera de se rendre maître du fort Babassan, qui est sur le môle et qui est fermé; c'est ce qui est de plus important, parce qu'il flanque tout le long du môle, dont la place ne serait pas tenable tandis que les ennemis seraient maîtres de ce fort : ce sera donc une seconde escalade, puisque c'est un second retranchement.

» Si la tour du fanal est insultable, rien ne saurait nous assurer davantage notre action; et si la fortune voulait que l'on s'en rendît les maîtres, l'on pourrait la garder quelques jours, à moins qu'elle ne fût par trop commandée des batteries de la ville ; mais il faudra toujours se munir de tout ce qui sera nécessaire pour s'y maintenir.

» Les grenadiers ne pourront au plus porter que six grenades chacun, à cause de la trop grande pesanteur ; et du bas des murailles, il ne leur sera permis d'en jeter que trois au plus, afin qu'il leur en reste encore autant lorsqu'ils seront sur le môle, pour en cas qu'il fût nécessaire de chasser les ennemis de quelque autre poste, il leur sera défendu de ne point tirer leurs fusils que dans la dernière extrémité.

» Le mot de reconnaissance les uns parmi les autres pour ne se pas tuer mal à propos, ce qui pourrait arriver dans l'obscurité de la nuit, sera de : *Vive le roi.*

» Les troupes des galères doivent avoir le même, au cas qu'elles se joignent aux nôtres.

» Le mot du rembarquement sera : *Marche à moi, Marseille,* et défense sur peine de la vie de prononcer celui de *rembarque,* parce que toujours il fait prendre de la terreur aux troupes et donne de la hardiesse aux ennemis pour charger dans ce moment-là, qui est d'ordinaire où le désordre se met et où presque toujours les officiers ne sont point écoutés du soldat : la raison qui doit exclure entièrement le mot de *rembarque,* est parce qu'il est entendu de toutes les nations.

» Je crois qu'il est utile pour le bien du service de savoir à quoi s'en tenir pour le commandement entre Berthomas et moi ; il y aura tant de choses dans cette action qui doivent passer entre ses mains et les miennes, qui auront relation l'une avec l'autre, ou avant l'action, ou dans l'action, qu'il est nécessaire que l'un commande à l'autre ; monseigneur le marquis sait bien que mon attaque est la grosse et l'essentielle, en un mot c'est moi qui mène le corps de toute cette action, et duquel l'on doit attendre le succès ; d'ailleurs monseigneur sait bien que les officiers des vaisseaux ont toujours commandé à ceux des galères.

» Je supplie monseigneur le marquis de considérer que Pontier, chirurgien-major de la marine, peut être fort utile dans cette campagne.

» Du Quesne. »

Ces plans d'attaque par terre et par mer que proposait Du Quesne pour réduire Alger offraient sans doute des chances de réussite assurée; mais un autre que ce vieux marin devait inventer un nouvel expédient plus prompt, plus terrible et dont l'effet fut tel, que si, en 1682 et en 1683, ainsi qu'on va le voir, les vents forcés et contraires n'eussent pas obligé Du Quesne de mettre à la voile, il eût sans doute obtenu des Algériens toutes les réparations et toutes les indemnités possibles, tant l'épouvante de ces Barbaresques fut grande lorsqu'ils virent pleuvoir sur leur ville les bombes ardentes lancées par les *galiotes*; en un mot l'expédient dont on parle, et qu'on peut regarder comme une de ces créations les plus épouvantablement dangereuses du génie de la guerre et de la destruction, était l'invention des GALIOTES A BOMBES, qui, de même que la Minerve mythologique, venaient de sortir toutes armées du cerveau d'un modeste et brave jeune homme, parfois emporté comme un partisan, d'autres fois distrait comme un astronome, ou rêveur comme un poëte, lequel jeune homme se nommait Bernard Renau d'Eliçagaray, surnommé *Petit-Renau*, à cause de l'exiguïté de sa taille.

Bernard Renau était né dans le Béarn, en 1652; les uns disent que son père, ayant peu de bien et beaucoup d'enfants, s'était trouvé fort heureux de le confier à madame de Gassion, femme d'un président à mortier du parlement de Paris, et fille de M. Colbert du Terron, intendant de la Rochelle; d'autres, ainsi qu'on l'a dit en son lieu, affirment que le petit Renau était fils naturel du même Colbert du Terron. Toujours fut-il que Renau vint fort jeune habiter à Rochefort la maison de M. Colbert du Terron, et qu'il y reçut le nom de frère de la tendre amitié dont l'honorèrent toujours les deux filles cadettes de cet intendant, madame la princesse de Carpègne et madame de Barbançon.

Renau, bien que fort petit, était robuste, agile et courageux; et, par un singulier contraste, autant, lorsqu'il fallait se montrer homme d'action, on retrouvait en lui tout le feu, toute l'ardeur méridionale, autant, lorsqu'il s'agissait de concevoir, il devenait calme, prudent et réfléchi. Aussi remarqua-t-on curieusement son intrépide activité dans l'exécution de ses projets, toujours si longuement médités et mûris.

Il est hors de doute que Renau, habitant un port de mer depuis son enfance, et de plus, étant élevé chez l'intendant de la marine de la province, dut à ces circonstances le goût prononcé qui se révéla bien vite en lui pour les choses de la navigation. Généralement Renau cherchait beaucoup moins à s'instruire par l'étude des théories déjà connues, que par le fruit de ses propres observations ; aussi méditait-il bien plus sur ses remarques pratiques que sur les ouvrages réputés classiques à propos de ces matières. Ce fut de la sorte qu'il apprit la science de l'édification des vaisseaux dans le vaste chantier de Rochefort, ce vivant et immense traité de construction navale, et qu'il puisa aussi çà et là, dans la conversation fruste et grossière, mais extrêmement solide et nourrie d'expérience des maîtres charpentiers jurés du port, ces enseignements imparfaits, ces germes incultes, mais de nature saine et forte, que son génie devait un jour féconder et grandir.

Or, de cette perpétuelle tension de l'esprit de Renau, qui voulait atteindre ainsi la solution des problèmes qu'il dédaignait de chercher dans des livres, vinrent ces habitudes de rêverie et de naïve distraction qu'il portait partout ; encore un trait particulier à ce rare et excellent esprit, c'est que généralement il passait peu ou point de temps dans la retraite : c'était au milieu de la meilleure compagnie de la province, qui affluait chez M. Colbert de Terron, que le jeune Renau s'occupait de préférence de songer à ses plans favoris, et il assurait que les calculs et les propositions les plus ardues lui semblaient moins difficiles à résoudre au milieu du bruit incessant des conversations que dans le calme du cabinet.

Étant fort jeune, Renau, dont l'esprit habitué aux études abstraites avait sans doute une merveilleuse affinité pour l'inconnu, voulut aborder la ténébreuse, profonde et sonore vanité des écrits du P. Mallebranche sur *la recherche de la vérité, la distribution de la grâce, la création de l'infini,* et autres de ces folles et ridicules subtilités, décorées généralement du beau nom de métaphysique. La métaphysique ! cette prétentieuse et niaise inutilité, ce gouffre étroit et sans fond qui, après avoir englouti des trésors d'érudition, d'esprit et d'éloquence, est et sera toujours béant jusqu'à la fin du monde ; la métaphysique, cette spéculation hideuse et stérile, qui a dévoré jusqu'à la sublime raison de

Pascal, cet unique et religieux martyr du *vouloir croire*, c'est-à-dire *comprendre*. Pascal! ce fatal et terrible enseignement du sort réservé à ceux qui, au lieu d'admettre indifféremment comme simples coutumes, les misérables, insolentes et grossières *causes* auxquelles l'orgueil incurable de l'homme ose attribuer l'incompréhensible origine de *ce qui est*, veulent pénétrer cet immense et éblouissant mystère de la création, auquel nulle intelligence humaine ne peut seulement songer sans tomber frappée de vertige et de folie.

Quant à Renau, loin de mettre cette effrayante persistance à s'élever jusqu'à une sphère d'idées inaccessibles, il considéra sans doute l'attention qu'il donnait parfois, mais modérément, à ces subtilités, comme une sorte d'exercice stimulant fort salutaire pour son intelligence, qui sortait de cette épreuve plus agile et plus souple : de fait, l'étude des choses métaphysiques employée avec une extrême mesure et réserve, ne m'a jamais semblé un peu saine que sous ce dernier point de vue, et m'a paru aussi avoir à cet égard une extrême analogie avec le moyen dont on se sert dans le nord du Holstein pour dresser les aldraves, sortes de chevaux auxquels on fait acquérir une grande vitesse de trot en les habituant à vouloir dépasser l'ombre qu'ils projettent.

Pour revenir à Renau, lorsque Colbert de Terron eut reconnu le goût prononcé qui poussait son fils adoptif vers l'étude des mathématiques et de la navigation, il le soutint et le dirigea à l'aide de son savoir et de sa vieille expérience ; puis, lorsqu'il le crut capable de se produire, il se servit de la puissante protection de son cousin, le grand Colbert, pour faire entrer Renau, en 1669, chez M. le comte de Vermandois, amiral de France, et ce (rapprochement assez singulier), dans le but d'apprendre au jeune amiral les mêmes choses que M. de Valincourt enseigna plus tard à M. le comte de Toulouse, après la mort de M. de Vermandois.

Depuis longtemps, d'après l'avis de Du Quesne, de Tourville et de Gabaret, qui voulaient donner un mode uniforme de construction à chaque classe des vaisseaux du roi, les règles d'architecture navale sur lesquelles se devait baser cette réforme se discutaient dans le conseil de la marine, que présidait M. le comte de Vermandois. Un jour Renau, qui accompagnait toujours l'amiral de France au conseil, interrogé par Du Quesne au sujet de certaines courbures des varangues qui distinguaient surtout les vaisseaux construits à Rochefort, Renau, tout en répondant à cette question, exposa comme par hasard, et sans s'en douter lui-même, un système tout nouveau de construction.

On dit sans y songer, parce que cela était encore type chez ce caractère *sui generis* et original; la création lui étant naturelle, instinctive, il n'y attachait jamais l'importance qu'on met d'ordinaire à toute chose laborieusement acquise ; de là cette modestie, pour ainsi dire naturelle, conséquente à cet esprit créateur qui, ignorant et ne comprenant pas les peines que les autres se donnaient pour approcher de l'invention qu'ils n'atteignaient jamais, parlait de ce don comme d'une chose simple, facile et sans prix à ses yeux.

Le système de Renau, qu'il modifia plus tard (en 1689) dans *la Théorie navale* qu'il fit paraître, était alors d'alléger beaucoup la proue et la poupe des vaisseaux, de les dégager des énormes châteaux d'avant et d'arrière qui les écrasaient, d'étendre à l'échantillon des pièces de l'arcasse la même épaisseur qu'au reste de la membrure (système que de nos jours on suit dans toutes les constructions nouvelles); de donner moins de tonture aux vaisseaux, d'imiter les Hollandais dans la disposition des sabords, qu'ils disposaient en échiquiers, et d'affecter enfin un calibre égal à toutes les pièces d'artillerie qui armaient un vaisseau, pour éviter les erreurs de gargousses, qui amenaient souvent la plus détestable lenteur dans le service du canonnage.

On juge de l'étonnement du conseil lorsque Renau produisit modestement ce système tout nouveau, tout admirable, mais qui lui semblait à lui fort simple et fort naturel, parce qu'en effet il n'était à ses yeux que logique, ne faisant après tout que répondre à toutes les exigences de la navigation. Aussi Renau, avec cette merveilleuse naïveté du génie qui lui était propre, en était à se demander *comment on n'avait pas songé à cela avant lui!*

En entendant ces propositions du jeune Renau, Du Quesne ne les approuva que médiocrement : ce vieux marin était extrêmement de l'ancienne école de construction, et se louait fort de l'utilité des châteaux d'avant et d'arrière, objectant que, par leur élévation, ils servaient de forts, dans lesquels on pouvait se retrancher en cas d'abordage, et de la sorte rendre plus difficile l'occupation du navire par l'ennemi ; à quoi Renau répondait, emporté par sa vivacité méridionale : « *Que puisqu'on s'opiniâ-trait à faire d'un vaisseau une forteresse, il ne faudrait pas s'étonner si les vaisseaux ne marchaient non plus que des forteresses.* »

Malgré son caractère hautain, épineux et absolu, le vieux Du Quesne supporta la contradiction de ce jeune homme, la provoqua même, et, avec la droiture de tout bon esprit, il en vint à reconnaître et à admettre pour bonnes et vraies p'usieurs des réformes ou des améliorations demandées par Renau en faveur de la construction.

Un des plus grands services rendus à la marine par Renau, et aussi un des plus ignorés, fut la ruine du prétendu droit de *secret de construction*, droit, sinon reconnu, du moins qui existait de fait et que s'arrogeaient les maîtres charpentiers des ports. Voici comment : Environ jusqu'en 1680, les règles pratiques de l'édification des vaisseaux étaient demeurées une sorte de mystérieux arcane, un secret impénétrable aux profanes, que les maîtres charpentiers jurés se transmettaient de génération en génération ; chaque maître famé, Hubac à Dunkerque, Blaise Chabert et Pâris à Toulon, Legonidec à Brest, avaient leur mode, leur procédé particulier de construction à eux ; et quant aux changements réclamés par les officiers qui, venant d'expérimenter les vaisseaux à la mer, pouvaient sciemment parler de leurs défauts ou de leurs qualités, bien que gentilshommes et souvent des plus comptés, les capitaines étaient quelquefois rudement rabroués par maître Blaise ou maître Hubac, qui, sachant (à leur dire) mieux qu'officier au monde ce qui convenait ou non à la marche des navires, par esprit de routine ou de contradiction, n'entendaient presque jamais à faire aucun changement. Or, telle était l'autorité ou l'espèce de respect et de déférence qu'imposait le mystérieux savoir de ces maîtres charpentiers, que ni capitaine, ni intendant n'osait souffler, craignant de perdre d'aussi habiles faiseurs.

Renau, en proposant à Colbert de fonder une école publique de construction navale et un corps d'ingénieurs, porta donc un coup mortel à ce monopole exercé par quelques maîtres charpentiers, qui, dépourvus des connaissances que donne la complète et large étude des sciences abstraites, n'avaient ni n'auraient jamais pu sortir d'un mode uniforme et routinier de construction ; tandis que Renau, le premier peut-être, comprit le vaisseau de guerre comme devant être, pour ainsi dire, l'imposant résumé de toutes les connaissances physiques et mathématiques qu'il a été donné à l'homme d'acquérir.

Enfin, si l'on ne craignait de tomber dans un rapprochement de mauvais goût, on pourrait dire que Renau poussait aussi loin la science de la construction que la science de la destruction, ainsi que le prouve son invention des *galiotes à bombes*, dont on a parlé ; mais si tous les mérites de ces derniers bâtiments étaient réellement incontestables, ils demeurèrent assez longtemps niés et regardés comme de pures imaginations.

A un des conseils de marine présidés par M. le comte de Vermandois, c'était vers la fin de 1682, lorsque Du Quesne fut revenu de son expédition de Scio, la discussion tourna sur Alger et la guerre que le roi se proposait de faire à ces Barbaresques. On avait énuméré les moyens d'attaque déjà connus ; l'on venait d'examiner longtemps le projet des vaisseaux maçonnés, anciennement destinés, selon les vues de Du Quesne, à rendre impraticable l'entrée du port, et l'on avait surtout reconnu qu'il y aurait plus que de la témérité à essayer une descente par terre : de nombreux et funestes antécédents démontrant jusqu'à l'évidence le mauvais et dangereux succès des débarquements tentés sur cette côté et contre ces nuées d'Arabes et de Maures, qui, en un instant, s'abattaient sur le rivage ; il avait donc été unanimement résolu de ne rien entreprendre par terre, et l'on allait sans doute s'arrêter à un blocus étroit ou aux vaisseaux maçonnés de Du Quesne, lorsque Renau, sortant de sa rêverie, *demanda pourquoi on ne bombarderait pas Alger ?*

A cette question incongrue, il lui fut répliqué avec l'indulgence due à son extrême jeunesse, qu'il lui était sans doute bien pardonnable de demeurer absorbé dans ses calculs mathématiques, mais qu'il devait se rappeler qu'on était convenu de rejeter toute entreprise par terre. A cela Renau répondit à son tour, qu'il savait parfaitement bien qu'on avait résolu de ne faire aucune attaque par terre, mais qu'il proposait de *bombarder Alger par mer*.

Bombarder Alger par mer! cette proposition avait quelque chose de si grotesque et de si insolite, que ce fut à peine si la présence de M. le duc de Vermandois put contenir l'hilarité qu'elle provoqua dans des bornes décentes. Bombarder Alger par mer! Le vieux Du Quesne et Colbert, assez peu rieurs de leur nature, s'en donnaient à cœur joie. Enfin, quand le conseil se fut un peu rassis, et que sa gaieté moqueuse ne se trahit plus que par quelques derniers éclats çà et là comprimés, Colbert fronça ses épais sourcils, et, bien qu'il aimât beaucoup le fils adoptif de son cousin de Terron, il lui demanda sévèrement comment la présence de S. A. monseigneur le comte de Vermandois ne l'avait pas retenu de dire de pareilles sottises?

Renau, un instant surpris de ces rires, se calma bientôt, et répondit à Colbert :

— Hélas! monseigneur, j'ai tort en effet de n'avoir pas tenté de vous démontrer avant ce que j'entendais par cette proposition.

— Expliquez-vous donc alors, — dit Colbert.

A ces mots le conseil prêta l'oreille avec un sentiment de vive curiosité.

Alors Renau, avec une grande simplicité, déroula son plan de construction. A mesure qu'il avançait dans cet exposé, l'attention s'éveillait; on le suivait avec un intérêt toujours croissant, en regrettant, par exemple, que de si belles utopies ne pussent se réaliser jamais; car il était impossible de nier qu'il n'y eût un immense avantage à pouvoir bombarder une ville par mer, puisque de la sorte, en évitant les fatigues, les travaux et les dangers inhérents à la construction d'une batterie de mortiers sur un terrain solide qu'il fallait d'abord enlever, assurer et défendre, on obtenait néanmoins tous les bons et utiles résultats qu'elle offrait d'ailleurs par terre; aussi le conseil admira fort ce projet de Renau, mais rangea cette invention au nombre de ces rêves spéculatifs, tels que le mouvement perpétuel ou la quadrature du cercle.

Renau voulut insister, on le railla; on lui accorda bien que sa théorie de galiotes à bombes était un noble désir de jeune homme, une illusion toute permise à ses vingt-huit ans; mais quant à la vouloir présenter sous le jour d'une réalité, c'était, lui dit-on, plus que se moquer de la gravité des membres du conseil.

Renau, calme et stoïque au milieu du débordement général que causent ses « malencontreuses visées, ses chimériques et ridicules espérances, » ne dit qu'un mot, fort significatif, et rapporté dans la correspondance de Colbert : — *Ils ont raison de ne pas me croire, puisqu'ils n'ont pas encore vu l'épreuve; mais ils me croiront plus tard.* Car, lui, Renau, croyait à ses galiotes, et si fermement, que par son assurance il décida Seignelay, d'ailleurs fort avide et curieux de nouveautés, à demander à son père l'autorisation de faire construire un de ces bâtiments au Havre. Colbert, gagné par Seignelay, consentit, et Renau se rendit au Havre pour faire exécuter sous ses yeux sa galiote d'après ses plans. Quand ce bâtiment fut terminé, il fit faire l'essai de mortiers; cet essai répondit en tout point à sa propre attente. Qu'on juge de l'étonnement et de l'admiration générale! Quant à Renau, ne trouvant là rien que de fort simple, que de fort conséquent avec ses idées, il dit naïvement : — *J'en étais bien sûr!*

Seignelay vint au Havre s'assurer par lui-même de ce véritable miracle d'artillerie; et sur sa recommandation, appuyée de celle de plusieurs officiers de mérite et aussi de Du Quesne, Colbert ordonna immédiatement à Renau de faire construire deux autres galiotes pareilles au Havre et deux à Dunkerque.

Alors, pour prouver ce qu'il entendait par l'uniformité des constructions, Renau envoya du Havre des plans et des notes, qui suffirent à des ouvriers même assez peu exercés pour construire les deux autres galiotes à Dunkerque d'après ces excellents devis, détaillés et annotés avec une extrême clarté.

Mais toute invention d'une grande et rare utilité devant toujours être combattue, décriée, insultée avec l'opiniâtre et aveugle acharnement de l'envie, lorsque les galiotes furent construites, et qu'on ne put nier davantage la possibilité de la projection de leurs bombes et l'installation de leurs mortiers sur un plateau construit d'une façon à la fois solide et élastique, à cette fin qu'il pût supporter la masse énorme de cette machine et qu'il offrît moins de résistance à sa commotion, de tous côtés les jaloux s'écrièrent que des bâtiments construits et chargés de la sorte ne pourraient jamais tenir la mer. Renau leva les épaules, sourit de dédain, et proposa sur l'heure à Colbert d'aller à Dunkerque chercher ses deux galiotes, et de les amener par mer jusqu'au Havre pour opérer leur jonction avec les trois autres y construites ; Colbert consentit, et Renau partit.

C'était pendant le mois de décembre 1681. Renau, arrivé par terre à Dunkerque, en sortit par mer avec un temps assez maniable, mais fut assailli, à peu près à la hauteur de Calais, par une si épouvantable tempête qu'un des bastions de Dunkerque fut démoli, que les digues de Hollande crevèrent, et que plus de quatre-vingts bâtiments périrent corps et biens par la violence de ce terrible ouragan, qui dura trois jours.

Les deux galiotes construites à Dunkerque s'appelaient *la Cruelle* et *la Brûlante*. M. des Herbiers, capitaine de brûlot, commandait *la Brûlante*, et M. de Combes, dont on a déjà plusieurs fois parlé, montait *la Cruelle* où Renau était embarqué.

Lorsque le lendemain du départ de ces deux bâtiments le ciel se voila peu à peu à l'horizon, que la brise tomba et que les grandes lames de la Manche s'affaissèrent quelques heures dans ce calme effrayant qui précède la tempête, Renau, bon observateur, prévit l'ouragan, et répondit à M. de Combes, son ami, qui lui proposait, lorsqu'il en était temps encore, de relâcher pour éviter un temps forcé : *Non, car je ne retrouverai peut-être jamais une meilleure occasion de prouver que mes galiotes peuvent tenir la mer.*

M. de Combes, comprenant parfaitement les raisons de Renau, ne songea donc plus qu'à se préparer à lutter avec les éléments qui allaient bientôt se déchaîner contre le navire de son ami. Il donna des signaux de conserve et de sauvetage à *la Brûlante*, se tint prêt à tout et attendit...

C'était un beau spectacle que de voir, malgré tant de présages sinistres, malgré ce ciel qui se couvrait de plus en plus de nuages et de ténèbres, malgré cette mer sombre qui commençait de mugir sourdement dans ses abîmes, c'était un beau spectacle que de voir ces deux bâtiments silencieux continuer leur marche, tandis qu'au loin, profitant des derniers moments de ce calme trompeur, tout ce qu'il y avait en mer de navires et de barques de pêcheurs rentraient en grande hâte dans les ports voisins...

Soudain la tempête mugit et éclata. De Combes et Renau échangèrent un regard sublime, puis l'un s'élança sur son banc de quart pour prendre le commandement de la galiote, et l'autre se mit à contempler froidement cet effroyable combat du vent et des flots en furie contre ce frêle navire qu'il venait de créer avec tant de soins et d'amour.

Cette tempête dura pendant deux jours et trois nuits... ou plutôt pendant une longue et terrible nuit de soixante heures ! car on ne peut appeler jour ce court crépuscule, dont la lueur incertaine et blafarde vint par deux fois pâlir la cime noirâtre des vagues, ces montagnes mouvantes de la mer, du faîte aux profondeurs desquelles le navire de Renau roulait pour remonter et puis rouler encore noyé dans l'écume.

Pendant ces longues heures d'angoisse et de mortelle inquiétude, à chaque fois que sa galiote recevait bravement le choc impétueux d'une lame qui l'inondait, Renau, tout à cette exaltation fiévreuse qu'excitait en lui et le danger et la joie de voir son navire se montrer si bien le navire de ses vœux et de son génie ; Renau ne pouvait s'empêcher de s'écrier parfois avec orgueil, en redressant son front tout ruisselant d'écume : *Et ils disaient que mes galiotes ne tiendraient pas la mer !* Noble orgueil ! admirable orgueil ! quand on se berce de son enivrement au milieu des mugissements de la tempête, et alors que depuis trois jours on dispute sa vie aux flots déchaînés !

Enfin, le 2 janvier 1682, par un singulier hasard, les deux galiotes qui avaient été séparées pendant cet affreux ouragan, arrivaient ensemble au Havre, où elles furent reçues aux cris de toute la ville attirée sur le port par ce merveilleux événement.

Quant à Renau, sa modestie fut toujours la même, se contentant de répondre à ceux qui lui exprimaient leur admiration sur la solidité de ses galiotes : *Je savais bien qu'elles tiendraient la mer.*

Ce dernier et favorable succès confirma toutes les espérances qu'on avait attendues des galiotes à bombes, et Renau demanda fort instamment à Colbert de faire partie de l'expédition d'Alger, où ces nouveaux bâtiments devaient avoir un poste si important.

Colbert lui accorda cette demande, et les cinq galiotes, parties du Havre dans le mois de janvier, arrivèrent sans accidents à Toulon, rendez-vous général de l'armée navale commandée par Du Quesne.

M. le duc de Mortemart, fils de M. de Vivonne qui lui avait cédé, avec l'autorisation du roi, son duché-pairie de Mortemart et sa charge de général des galères, devait commander ce dernier corps lors de cette expédition. M. de Mortemart, à peine âgé de vingt ans, avait épousé, le 13 février 1679, la troisième fille de Colbert, dotée de 450,000 livres. De son côté, Louis XIV, pour être agréable à madame de Montespan en avantageant son neveu, avait donné au gendre de Colbert un million de livres, qui selon le contrat de mariage de M. le duc de Mortemart, devait être employé en achat de terres.

M. le duc de Mortemart était rempli de droiture et de courage, doué des meilleures et des plus solides qualités, joignant à cela un esprit charmant, une grâce parfaite et des connaissances nautiques assez étendues, une grande réserve et une non moins grande modestie; il pria Du Quesne de lui donner ses ordres, lui assurant qu'il s'en rapporterait entièrement à lui du soin de diriger l'expédition d'Alger, et qu'il serait toujours fier et heureux de servir sous les ordres d'un aussi grand capitaine et praticien. Malheureusement, après quelques campagnes honorables, M. de Mortemart mourut très-jeune, ainsi qu'on le dira en son lieu, et fort regretté de ses beaux-frères, MM. de Chevreuse et de Beauvilliers. Quant à M. de Vivonne, on a pu voir par une note quel peu d'intérêt il devait prendre à la mort de son fils, et avec quel imperturbable égoïsme il le railla jusqu'à l'agonie.

Du Quesne partit donc de Toulon le 12 juillet, à la tête de onze vaisseaux et de cinq galiotes.

Le Saint-Esprit.
L'Aimable.
Le Cheval-Marin.
L'Assuré.
Le Vigilant.
Le Vaillant.

Le Prudent.
Le Laurier.
L'Indien.
L'Étoile.
L'Éole.

GALIOTES.

La Menaçante.	Capitaine des Herbiers.
La Cruelle.	Chevalier de Combes.
La Bombarde.	De Pointis.
La Foudroyante.	Des Herbiers.
La Brûlante.	Beaussier.

Le 18, après une assez favorable traversée, Du Quesne mouilla à Yviça[1], où il trouva quinze galères commandées par M. le duc de Mortemart.

GALÈRES.

La Sirène.	*L'Invincible.*
La Madame.	*La Couronne.*
L'Amazone.	*La Saint-Louis.*
La Hardie.	*La Forte.*
La Réale.	*La Fleur de lis.*
La Valeur.	*La Reine.*
La Fière.	*La Grande.*
La Patrone.	

Parti d'Yviça avec une bonne brise, il mouilla le 23 devant Alger à la tête des forces navales qu'on vient d'énumérer.

Alger, d'après une relation manuscrite de l'époque, s'avançait dans la mer, vers le nord, sur un coteau en forme d'amphithéâtre, toutes ses maisons ayant vue sur la mer. Près l'une des portes, au plus haut de la ville, il y avait un château moins fort qu'il ne le paraissait par sa position élevée. Le château, *l'ancien Penon des Espagnols*, bâti sur un roc qui s'avançait beaucoup dans la mer, couvrait principalement le port, et était armé de cinquante pièces de canon en batterie. Au bout de cette île, du côté du nord, était la tour du Fanal avec vingt-sept pièces de canon étagées en trois batteries. Cette île était jointe à la ville par un môle qui couvrait le port du côté du nord; et du côté du sud, une chaîne fermait son entrée. La ville avait environ mille pas; du côté du septentrion, il y avait un fortin, appelé le fort des Anglais, garni de douze pièces de canon. Plus

---

[1] *Yviça* ou *Ivice*, île de la Méditerranée; c'est l'ancien Ebusus.

près de la ville, était le fort de Babalouet, avec quinze pièces de canon; au midi de la même ville, et près de la mer, était le fort de Babasan, armé de douze pièces de canon. Il y avait encore sur le sommet de la montagne un fort nommé le fort de *l'Empereur*, ainsi nommé parce que Charles Quint y campa en 1541, lors de cette fatale expédition qu'on a dite.

La force des fortifications d'Alger se montait donc à près de cent soixante pièces de canon en batterie, dont quatre-vingts étaient de vingt-quatre et de soixante; les milices d'Alger campaient dans la ville, et tous leurs navires de guerre étant rentrés dans le port à l'approche de la flotte française, y avaient été désarmés et la chaîne du port tendue.

On sait que cette rade est mauvaise et remplie de roches à fleur d'eau; les courans y portent généralement à terre, et les vents d'est, de sud-est, de nord et de nord-ouest, qui y règnent ordinairement, mettent souvent les vaisseaux en danger d'aller à la côte par des temps forcés.

Du Quesne, comptant sur le calme qui règne ordinairement à cette époque de l'année, donna d'abord l'ordre de bataille suivant. On voit que les galères devaient remorquer les vaisseaux et les galiotes à demi-portée de canon du côté du nord de la ville; la plupart devaient se ranger sur une ligne au nord-est, et le reste le long de la terre, pour battre le fort de Babalouet et celui des Anglais pendant que les premiers battraient en ruine la ville d'Alger. Voici ce plan, ainsi qu'il est indiqué de la main de Du Quesne.

ORDRE DE MARCHE POUR ALLER A LA CANONNADE, AINSI QU'IL EST MARQUÉ PAR LE PLAN POUR TIRER CONTRE LA TOUR DU FANAL ET DANS LES FLANCS QUI FERONT FEU SUR LES VAISSEAUX ET GALIOTES.

L'Aimable.	La Sirène.
Le Cheval-Marin.	La Madame.
L'Assuré.	La Hardie.
Le Vigilant.	La Réale.
Le Vaillant.	La Valeur.
La galiote la Menaçante. .	La Fière.
La galiote la Cruelle. . . .	La Patrone.
Le Saint-Esprit.	L'Invincible.
La galiote la Bombarde. .	La Couronne.
La galiote la Foudroyante.	
La galiote la Brûlante. . .	La Saint-Louis.
Le Prudent.	La Forte.
L'Étoile.	La Reine.
L'Éole.	La Grande.
	La Fleur de Lis.
Le Laurier.	L'Amazone.
L'Indien.	

Pour tirer contre le fort et boulevart de Babalouet, et porte du Môle.

Pour tirer contre le fort de Babalouet, est sur la côte plus proche du côté de Nord, et celui qui que ce dernier tire à revers sur les vaisseaux et galiotes; sinon ils ne tireront que sur Babalouet.

Quoiqu'il semble que l'on ait prescrit à chaque vaisseau l'endroit où ils doivent tirer, on laisse néanmoins à la prudence de ceux qui les commandent de tirer préférablement aux lieux d'où ils seront le plus incommodés.

Fait à la rade d'Alger, le 29 juillet 1682.

Du Quesne.

Le 13 août, la flotte s'avança dans cet ordre de bataille ; mais après quelques bordées, il s'éleva un coup de vent d'ouest-sud-ouest si violent, que c'est à peine si les vaisseaux purent gagner le large, et le 15 d'août, comme les galères manquaient d'eau, Du Quesne jugea bien de les renvoyer en France, et resta seul devant Alger avec les vaisseaux et ses galiotes.

Le 20 août, le temps s'étant remis au beau, Du Quesne tint un conseil de guerre, dans lequel il fut résolu d'user d'un stratagème, qui réussit à ravir. Tous les vaisseaux eurent ordre d'appareiller et de suivre Du Quesne. On passa de la sorte en ordre de bataille sous les forts d'Alger pour savoir la portée de leurs canons : la ville en tira plus de cent coups sans faire aucun effet, bien qu'il fît un grand calme et que les vaisseaux ne marchassent pas ; il n'y eut que deux navires d'atteints, *l'Assuré*, qui reçut un boulet dans ses œuvres vives, et *le Saint-Esprit*, monté par Du Quesne, qui eut la hampe de sa grande hune coupée. Du Quesne fit alors mouiller intrépidement en croissant autour du môle, sous la volée de son canon ; après quoi il fut ordonné que la nuit suivante on porterait cinq ancres pour touer les cinq galiotes qui devaient jeter des bombes. On alla mouiller à portée de pistolet des murailles de la place, et les galiotes se touèrent jusqu'à ce qu'elles furent à pic de leurs ancres ; puis on en essaya le feu et la portée. Mais Renau, qui dans un canot surveillait tout avec Tourville, s'aperçut que la portée était trop longue ; et les deux jours suivans, le chevalier de Léry et de Belle-Ile s'étant chargés de faire porter les ancres à touer les galiotes plus près de la ville, M. de Léry fit mouiller les ancres des trois premières à l'est du port, et M. de Belle-Ile celles des deux autres au nord-est, et cela sous le feu le plus vif de la mousqueterie des Algériens.

Le 30, sur le soir, le temps s'étant remis au beau, les galiotes allèrent à leur poste, en se touant sur les ancres mouillées sous les murailles du port.

Ce fut un beau moment pour Renau, qui allait enfin voir et jouir du succès de son invention. Le marquis de Bellefonds, le duc de Villars et beaucoup d'autres volontaires de qualité s'embarquèrent sur la galiote qu'il montait, et Du Quesne y joignit deux chaloupes armées pour la soutenir.

On engagea le feu. Renau, monté sur *la Fulminante*, jouissait de l'effet que les projectiles allaient produire, lorsqu'une carcasse[1] dont on allait charger le mortier prit feu, et au lieu de décrire sa parabole, retomba aussitôt dans l'intérieur de la galiote, et mit le feu aux voiles et à quelques mèches soufrées. L'équipage de cette galiote, terrifié, et croyant déjà voir en feu les deux cents bombes qu'elle avait à bord, malgré les ordres du capitaine et de Renau, se sauve à la nage; et les autres galiotes, interrompant un moment leur feu, se hâtent de prendre le large pour n'être pas abîmées par l'explosion de cette horrible machine, qui devint bientôt par ses flammes ardentes le point de mire de l'artillerie algérienne. Un des plus braves officiers de l'armée, le major de Ramondi, qui commandait une des chaloupes préposées au soutien des galiotes, voyant *la Fulminante* en feu et tout son équipage déborder, eut la généreuse idée de s'y rendre, en blâmant la faiblesse des fuyards, dans l'espoir de sauver peut-être cette galiote. Mais s'approcher d'un pareil bâtiment, qui pouvait faire une explosion mille fois plus dangereuse que celle d'un brûlot, paraissait au moins imprudent à l'équipage de la chaloupe de l'intrépide major; pourtant celui-ci, moitié menaçant, moitié priant, promettant, finit par décider son équipage à nager droit sur la galiote. Presque tout le feu des Algériens était alors dirigé sur ce point enflammé; et avant d'accoster *la Fulminante*, le major perdit huit hommes des vingt-neuf qui armaient sa chaloupe; enfin il accoste... Et que voit-il? Renau et de Combes s'occupant avec un sang-froid merveilleux à couvrir de cuir vert les bombes qui auraient pu

---

[1] *Carcasse*, espèce de cartouche destinée aux mortiers : sa figure est celle d'un sphéroïde allongé par une de ses extrémités et aplati par l'autre ; elle est composée de deux arcs de cercles ou plutôt d'ovales de fer qui se coupent à angles droits, et qui se terminent à la partie aplatie de la carcasse qui est une espèce de petite écuelle de fer que l'on nomme *culot* ; tout l'intérieur de la carcasse se remplit de grenades et de petits canons de fusils, chargés de balles de plomb, comme aussi de poix noire et de poudre grenée, après quoi on recouvre le tout d'étoupe goudronnée et d'une toile forte qui lui sert d'enveloppe, on fait un trou à cette toile pour mettre une fusée à la carcasse, comme celle que l'on met aux bombes, et on la tire avec le mortier de la même manière que la bombe.

s'enflammer, — *et courant au plus pressé*, — dit Renau, — *qui était de mettre les bombes à l'abri, le feu s'éteindrait bien ensuite.*

Les bombes recouvertes, le feu fut bien vite éteint, grâce à l'aide que donna l'équipage de la chaloupe du major, et *la Fulminante* fut encore la première à engager le feu, qui dura jusqu'au point du jour.

Plusieurs esclaves s'étant sauvés d'Alger à la nage pendant le tumulte, rapportèrent que le désordre et l'épouvante régnaient par toute la ville; que les bombes avaient tué quantité de gens, renversé plusieurs maisons, et écrasé plus de deux cents personnes sous les débris de la grande mosquée, qui était tout à fait ruinée; que la plupart des Algériens se sauvaient dans les montagnes; qu'il s'était formé dans la ville plusieurs partis; mais que le plus nombreux voulait la paix; qu'on avait enfin voulu forcer Baba-Hassan, chef de la milice d'Alger, d'envoyer un parlementaire au général français; mais que Baba-Hassan était parvenu à apaiser cette sédition en promettant au peuple de faire enlever les galiotes françaises, et qu'à cet effet, on avait armé une galère, trois brigantins, quelques barques longues, et plusieurs chaloupes qui devaient sortir la nuit prochaine.

Toute la journée du 1er au 2 septembre fut employée aux préparatifs qu'on fit à bord des vaisseaux français pour repousser la sortie que voulaient faire les Algériens.

En effet, dans la nuit du 3 au 4, les galiotes se halèrent, comme elles avaient fait la nuit précédente, et comme elles commençaient leur salve, les bombardiers entendirent crier dans la direction du port : « galère! galere! » C'était en effet la galère et les brigantins barbaresques sortis d'Alger pour remplir la promesse de Baba-Hassan, qui avait juré sur le Coran de livrer les galiotes françaises.

La galère algérienne s'avança et fit une décharge d'artillerie et de mousqueterie sur la galiote *la Cruelle*, où se trouvaient Tourville, Renau et Landouillet; *la Cruelle* soutint si bravement le feu de l'algérienne, que cette dernière fut obligée de l'éviter et tomba sur *la Menaçante*, qui la reçut si rudement, qu'elle fut forcée de virer de bord et de s'en retourner à Alger en voguant tout. Alors les galiotes continuèrent toute cette nuit de jeter des bombes dans Alger, et elles y firent un tel désordre, que le 4 septembre au matin, le R. P. Levacher, consul de France à Alger, vint en parlementaire demander la paix à Du Quesne, et le prier, de la part du divan assemblé, de ne plus jeter des bombes. Du Quesne répondit « qu'il n'était pas venu là pour parler de paix, mais pour châtier les corsaires, et que s'ils avaient quelques propositions à faire, ils devaient venir eux-mêmes, et que jusque-là il continuerait son feu. » En effet, le P. Levacher parti, la nuit vint, et les bombes recommencèrent de pleuvoir dans Alger. Le lendemain, nouveau retour du P. Levacher, et nouvelle réponse de Du Quesne, qui déclara avoir encore quatre mille bombes à jeter avant son départ : que pourtant, si le divan voulait rendre quatre cents esclaves qu'on demandait, on pourrait parler de paix. Le P. Levacher reporta ces paroles à Baba-Hassan, qui allait peut-être se rendre à ces conditions, lorsqu'une sédition s'éleva dans la ville et le força de continuer les hostilités contre les Français.

La nuit du 7 au 8, les galiotes commençaient à s'approcher de nouveau, lorsque le vent fraîchit tout à coup du nord-ouest, et Du Quesne redoutant les tempêtes de l'équinoxe, partit le 12 et arriva avec les galiotes et les bâtiments de charge à l'île de Formentera [1], laissant devant Alger le chevalier de Léry, avec MM. de Saint-Aubin, de Belle-Ile et de Belle-Fontaine, pour croiser devant le port et le bloquer étroitement, jusqu'à ce que la saison permît de venir continuer ce bombardement, qui ne fut, pour ainsi dire, que l'essai de celui de 1683.

En arrivant en France, Du Quesne alla à la cour, et fut assez froidement reçu par Louis XIV ; néanmoins il donna les deux mémoires suivants sur la conduite à tenir pour les affaires d'Alger ; on y trouvera sévèrement énoncés plusieurs griefs touchant le grand nombre de volontaires de qualité et de gardes marines qui encombraient les bâtiments.

---

[1] *Formentera*, petite île de la Méditerranée, tout auprès d'Yviça, dont elle est éloignée de deux lieues dans le S.-S.-E.

MÉMOIRE DU SIEUR DU QUESNE, CONTENANT UNE PROPOSITION POUR TERMINER LA GUERRE D'ALGER, SELON LES CAS QUI Y SONT MENTIONNÉS, ET QUI PEUVENT ARRIVER PENDANT LA CAMPAGNE DE L'ANNÉE PROCHAINE 1683.

« Si les corsaires d'Alger qui sont présentement en mer prennent le parti de ne pas rentrer dans leurs ports que leur paix ne soit faite avec la France, pour éviter le risque d'être brûlés par les bombes ardentes ou enfoncés par les bombes ordinaires, dont ils ont expérimenté les effets dans leur ville, et se retirent dans les ports du Levant dépendant du grand seigneur, pour rechercher sa protection en lui proposant les avantages qu'il pourra tirer du service qu'ils lui rendront avec leurs vaisseaux.

» Comme aussi, dans la conjoncture présente, qu'il se rencontre plusieurs vaisseaux marchands français dans les Échelles du Levant, supposez qu'il y en eût de renfermés dans leurs ports, l'on peut croire qu'ils tenteront auprès du grand seigneur de les faire arrêter, pour l'engager ensuite à faire leur paix avec la France, ce qu'il est important d'éviter, à cause qu'ils tireraient cette négociation en d'excessives longueurs, y trouvant leur avantage.

» Enfin, s'il arrive que les puissances d'Alger, n'ayant pas leurs vaisseaux dans leur port, prennent la résolution d'essuyer l'attaque des galiotes et de voir ruiner leur ville par les bombes, sur quoi ils témoignent de l'indifférence, suivant le rapport d'un esclave chrétien, en se vantant qu'ils sont assez riches pour la rebâtir plus belle qu'elle n'est.

» Pour les prévenir là-dessus, je ne vois point d'expédient que de tenter, dans la saison favorable, de boucher l'entrée de leur port avec des vaisseaux dont le lest, qui sera de plus grosses pierres qu'à l'ordinaire, sera cimenté ; il faudra que ces vaisseaux soient conduits à la voile, par un vent fort et favorable, contre l'estacade qui est à l'entrée du port ; et pour les faire servir à plus d'un usage, il faudra disposer l'entre-deux des ponts comme celui des brûlots, et y joindre encore d'autres machines que la poudre fera sauter et crever ensuite dans le lieu où elles tomberont, ce qui produira sans doute un très-grand désordre, soit dans la ville, ou dans le port, ou dans les batteries du môle, où sont leurs plus gros canons.

» Et, pour l'exécution de cette entreprise, qui sera tenue secrète, l'on choisira cinq vaisseaux du port de Toulon, entièrement hors de service pour la guerre, et l'on prendra le prétexte, en cimentant le lest, que c'est pour les couler bas et faire la jetée des écueils du Port-Vendre ; et quoique ces vaisseaux ne soient pas suffisants pour boucher toute l'entrée du port d'Alger, quand même ils y seraient disposés à souhait ; cependant l'on ne doute pas que les Algériens ne voient l'entreprise possible quand on voudra les pousser à bout.

» Il est important de remarquer que tant qu'on laissera aux corsaires d'Alger la liberté de sortir pendant l'automne et l'hiver, ils incommoderont fort le commerce, parce que ce sont les six mois de l'année auxquels il est plus fréquent, et qu'alors il n'y a point de galères en mer, et qu'il n'y a eu jusqu'à présent que très-peu de vaisseaux en état de les joindre. C'est pourquoi il est nécessaire que Sa Majesté ordonne que l'on bâtisse trois vaisseaux à Toulon, le premier de cent quarante-deux pieds de long, semblable au *Saint-Esprit ;* un autre de cent trente-deux, et le troisième de cent vingt-deux ; et que ce premier soit achevé avant le mois de septembre prochain, afin de pouvoir aller en mer l'hiver, si le service du roi le demande.

» J'ai cru devoir faire à Sa Majesté la proposition de ce qui est contenu dans ce mémoire, afin que cette campagne ne finisse point sans succès, quand même les Algériens prendraient toutes les mesures dont il a été fait mention ci-dessus.

» DU QUESNE.

« Au mois de septembre 1682. »

MÉMOIRE CONCERNANT L'ARMEMENT NAVAL QUI SERA DESTINÉ POUR FAIRE UNE FORTE GUERRE AUX CORSAIRES ET A LA VILLE D'ALGER, JUSQU'A CE QU'ILS SOIENT CONTRAINTS A DEMANDER LA PAIX ET A RÉPARER L'INSULTE QU'ILS ONT FAITE AUX SUJETS DU ROI.

« Il est nécessaire d'armer quinze bons vaisseaux de guerre choisis en Levant et en Ponant, les moindres de quarante canons et de trois cents hommes d'équipage, deux frégates légères, deux brûlots et trois barques de guerre. De ces frégates légères, il y en a une à Toulon, et l'autre pourrait être celle qu'a faite M. Blaise, le charpentier napolitain, à Brest, laquelle il sera bon d'éprouver.

» Tous ces quinze vaisseaux et autres bâtiments doivent être absolument et uniquement destinés pour cette guerre, et ne doivent être divertis à aucun autre service, quel qu'il puisse être; autrement il serait absolument impossible de terminer cette entreprise avec succès, pour la raison que, pour réussir, il faut que tous ces vaisseaux soient portés et distribués selon les occurrences, lesquelles ne se peuvent bien prévoir que dans le temps que l'on est sur les lieux; car il est quelquefois de conséquence de ne pas perdre certaines occasions, qui le plus souvent ne sauraient plus se recouvrer, et nous en avons eu un exemple cette dernière campagne, où, si les quinze vaisseaux et autres bâtiments qui avaient été premièrement destinés par les ordres du roi à se joindre devant Alger s'y fussent en effet trouvés vers la fin du mois de novembre, on les aurait postés en sorte que les vaisseaux corsaires qui étaient dans ce port n'auraient pas entrepris de sortir ainsi qu'ils ont fait, ne voyant à leur rade ni sur la croisière de leurs plus proches caps que quatre vaisseaux; le cinquième était allé faire du bois et de l'eau aux îles de Formentera.

» Il est de la dernière nécessité d'avoir un port qui soit près de la côte d'Alger, comme celui de Yvice et de Minorque; ce premier étant le plus près d'Alger, on s'en doit servir préférablement, et de l'autre dans le besoin, lorsque l'on aura nécessité d'avoir des rafraîchissements.

» Il faut prendre ses mesures en sorte que les vaisseaux de guerre qui partiront de Toulon avec le commandant n'embarquent que pour quatre mois de vivres, et qu'il y ait à sa suite trois flûtes, dont la plus grande chargera les victuailles des vaisseaux qui auront passé l'hiver à la mer.

» Une autre portera tout ce qui est nécessaire pour la carène; et ce sera celle qui a déjà été disposée pour cela par le capitaine Baissier, premier maître d'équipage, qui la doit commander; celle-ci demeurera avec la première dans le port de Yvice, où sera le rendez-vous général de tous les vaisseaux et autres bâtiments venant de Toulon, et de ceux de la mer qui auront besoin de vivres et de faire aiguade ou d'autres nécessités.

» La troisième sera celle que l'on appelle la bien chargée ; elle servira à la suite de l'escadre où sera le commandant pour porter partie de son rechange, et même celui que l'on porte ordinairement à la suite d'une flotte pour faire une expédition à une côte ennemie ; il faudra aussi qu'elle porte une grande partie des cordages et ancres pour touer les galiotes, afin de n'en point embarrasser les vaisseaux de guerre, étant une chose essentielle qu'ils soient fort dégagés de tout ce qui n'est pas absolument nécessaire.

» C'est pourquoi je crois qu'il est à propos pour le bien du service que, pendant la guerre contre les corsaires, l'on n'embarque aucun garde de la marine ni volontaire, attendu qu'il leur faut à tous des lits, des tables et des siéges, ce qui occupe beaucoup de place et cause de l'embarras ; et de plus ils font une grande dissipation d'eau et de rafraîchissements, parce qu'ils sont souvent malades de la mer. Dans une autre guerre où les ennemis nous attendent ou viennent à nous, et où il n'est pas besoin de courir après, on peut alors sans conséquence les embarquer.

» L'on est convenu à Toulon de ce qu'il y aurait à faire aux galiotes pour disposer les mortiers sur leur plate-forme pour tirer droit en avant ; cela s'ajustera facilement, selon que le commissaire bombardier le demande. Il a été résolu aussi d'y faire un pont léger qui se démontera dans l'occasion, et qui ne servira seulement que pour la navigation, afin de les garantir de la mer, et prévenir l'inconvénient qui pensa arriver l'année passée ès mer de la Manche ; on leur doit mettre aussi un mât devant et une voile latine, qui se démonteront de même.

» A l'égard des deux galiotes que l'on doit construire, on prendra garde de ne point tomber dans le défaut qui s'est trouvé aux autres ; il sera nécessaire qu'elles soient bien fournies de câbles et d'ancres, savoir : chacune de six câbles, de quatre grosses ancres et d'une à touer.

» Et comme il y a augmentation de galiotes, il faut aussi augmenter le nombre des bombes, et ne point tant compter sur celles que l'on a rapportées de devant Alger, parce qu'il s'en est trouvé beaucoup de défectueuses. Ce serait un grand défaut s'il arrivait que l'on en manquât après tant de précautions et de dépenses.

Il faudra aussi donner ordre pour soixante-quinze milliers de poudre neuve à mousquet, de la plus fine, afin que les bombes ne manquent point leurs coups, comme il est arrivé à plusieurs qui n'ont pas crevé.

» Il faudra faire exprès huit bonnes chaloupes, et les garnir de mâts, voiles et rames, pour servir à touer les galiotes, et pour tout autre service aux jours d'occasion.

» Les officiers de ces galiotes se plaignent que leurs équipages étaient trop faibles; ils demandent au moins trente bons matelots sans y comprendre les officiers, et point de soldats sur leur état: les vaisseaux de guerre leur en fourniront dans le besoin; il sera nécessaire aussi que l'on ne leur embarque à Toulon que pour quatre mois de vivres, et que le surplus soit sur les flûtes qui viendront ensuite au rendez-vous.

» Je crois qu'il suffira pour cette expédition d'avoir dix galères destinées pour la rade d'Alger, pourvu qu'elles soient bien choisies et bien armées de chiourme, et équipées de fer et de gumns. Il faudra qu'elles aient aussi une flûte ou autre bâtiment pour embarquer leurs mâts, antennes et autres rechanges, et une autre pour faire leur aiguade, afin que la chiourme ne pâtisse pas, et par-dessus tout cela choisir le commandant et les capitaines qui aiment la mer, afin que l'union et la bonne intelligence entre les vaisseaux et galères produisent un succès avantageux et agréable au roi.

» La partance desdites galères doit être au 10 avril, pour être au rendez-vous sur la fin du mois, où il faut que les vaisseaux de guerre et les autres bâtiments se rencontrent aussi, afin que, suivant les avis que l'on recevra des vaisseaux du roi qui auront croisé pendant l'hiver, on puisse prendre un parti convenable; et que si on apprend que tous les corsaires ne soient pas rentrés dans leur port, on tâche de les rencontrer à la mer, en se servant de l'avantage que les vaisseaux du roi nouvellement espalmés auront sur les leurs, qui auront été à la mer pendant deux ou trois mois.

» Il est important qu'aussitôt et toutes les fois que les vaisseaux reviennent de la mer, on travaille à leur radoub de charpente, et qu'on leur donne une carène sans suif, jusqu'à ce qu'on les veuille mettre en mer ; et quand l'équipage est tout assemblé et les vivres près à embarquer, alors on leur donne la dernière carène avec le suif, et puis l'on part avec la dernière diligence, et ainsi l'on profite du temps auquel les vaisseaux sont en état de bien marcher ; c'est ce qu'il faudra pratiquer en cette occasion, où il est surtout nécessaire de bien aller à la voile, et même cela contribuera à faire partir les vaisseaux dans le temps précisément ordonné par la cour, ce qui n'arrive pas ordinairement, parce que l'on commence trop tard les radoubs de charpente, et que l'on n'y travaille que lorsque les vaisseaux sont destinés pour aller à la mer.

» Il est aussi d'une nécessité absolue que le vaisseau *le Trident*, qui doit servir d'hôpital, soit uniquement destiné à ce service particulier, et qu'il soit en état de partir avec le commandant : l'exemple du grand nombre de malades qu'il y a eu les deux dernières campagnes le fait assez connaître ; et il faut de plus, outre les officiers de médecine, chirurgiens, apothicaires et autres gens destinés à ce service, qu'il y soit embarqué deux cents matelas, des draps et des couvertures à proportion pour les malades, et que ce ne soit pas de ceux que l'on a rapportés de Sicile. Il faut aussi qu'il soit pourvu en partant de Toulon de bœufs, vaches, moutons et poules, et que le munitionnaire emporte avec lui des fonds suffisants pour renouveler ces rafraîchissements quand il en sera besoin : c'est ainsi que cela s'est pratiqué autrefois, comme il est aisé de le voir par les anciens états. Et en effet il est de la dernière importance pour le service du roi que cela soit ainsi, afin de conserver en bonne santé les équipages des vaisseaux de Sa Majesté, parce que de cette manière aussitôt que quelque soldat ou matelot tombe malade, on le sépare de ceux qui se portent bien, et ainsi le mal ne se communique pas, comme il a coutume de faire quand ils sont tous ensemble.

» Le mal de terre ou scorbut étant des plus ordinaires sur la mer, et l'air de la terre y étant un souverain remède, il faudra disposer un lieu sous des tentes, à l'endroit où les vaisseaux donneront carène, pour y laisser un nombre de matelas et quelques gens de l'hôpital pour avoir soin des malades invétérés que l'on y mettra, qui sans doute guériront plutôt, et les vaisseaux qui viendront caréner prendront soin de rembarquer les convalescents, et de les rendre ensuite chacun à leur bord.

» Il faudra qu'il y ait un commissaire intelligent qui sache le détail des carènes, et qui prenne un soin exact de la distribution des rafraîchissements; mais principalement pour mettre le bon ordre et empêcher les contestations qui arriveront entre les écrivains du roi et les commis du munitionnaire sur la qualité des vivres qui viendront de Toulon sur les flûtes; car il est sous-entendu que les vaisseaux de guerre, sans une nécessité imprévue, n'iront point à Toulon chercher leurs vivres pour éviter la perte du temps : et ainsi il faudra qu'aussitôt que les premières flûtes auront déchargé leurs vivres, elles soient renvoyées à Toulon sous l'escorte de celui des navires qui se trouvera avoir le plus besoin de carène, afin que dans le temps qu'il la donnera on charge les flûtes de vivres pour la subsistance de l'armée, ainsi que le roi l'aura ordonné, et qu'elles soient ensuite escortées par le même vaisseau, qui les reconduira au rendez-vous destiné, que l'on juge devoir être l'île de Yvice, qui sera l'endroit où l'on tiendra toujours correspondance avec l'armée, et où les ordres de la cour seront adressés, pour de là passer en sûreté à l'armée.

Il est donc très-nécessaire que l'intendant de marine de Provence ait des ordres précis pour tenir prête la quantité de vivres que l'on doit porter au rendez-vous, où les vaisseaux n'en prendront que pour trois mois, après avoir donné carène, à la fin desquels ils y retourneront encore, afin de pourvoir aux mêmes nécessités, suivant que les occasions le demanderont.

» Du Quesne.

« Au mois de septembre 1682. »

Les plans de campagne pour l'année 1683 ayant été basés suivant les rapports et projets de Du Quesne, il partit de Toulon le 6 mai à la tête de six vaisseaux de guerre, et donna pour rendez-vous aux galiotes, galères et vaisseaux de charge les îles Formentera, près Yviça. Voici une lettre de Renau qui est comme le journal d'une partie de cette seconde expédition sur Alger.

COPIE DE LA RELATION DU BOMBARDEMENT D'ALGER, ENVOYÉE AU MARQUIS DE SEIGNELAY PAR RENAU D'ÉLIÇAGARAY.

« L'armée arriva le 4 juin aux îles Formentera; *le Laurier, l'Étoile* et les galiotes y arrivèrent le 9, et après y avoir attendu les galères jusqu'au 15, pendant quoi on travailla à charger deux mille bombes, M. Du Quesne appareilla et fit route le lendemain pour venir ici. On y arriva le 18, et on y trouva MM. d'Amfreville, de Septesmes, de Villette, de Mené et de Saint-Mars; M. d'Amfréville avait une prise anglaise chargée de citrons, qu'il reprit sur un Turc qui se disait de Tétouan; mais l'on a vérifié qu'il était forban, ayant aussi commission d'Alger : il y avait vingt-cinq Algériens dedans et quelques Salétins.

» M. Du Quesne résolut de se servir des galiotes sans attendre les galères; et comme cela paraissait délicat à cause que les ennemis avaient deux galères prêtes et deux autres que l'on disait aussi être bientôt en état de sortir, il ordonna que l'on viendrait d'abord mouiller un peu en deçà de la grande portée de canon de la ville, et que l'on ferait porter un peu plus près de la ville sept vaisseaux à égale distance des batteries des ennemis, et de porter sept ancres à touer vis-à-vis d'eux, environ à six cents toises du môle, aussi à égales distances des batteries, dont les haussières seraient frappées sur ces vaisseaux, et qu'outre ceux-là l'on porterait encore plus près de la ville deux vaisseaux aux deux ailes, qui auraient chacun une ancre à touer aussi plus près de la ville que les premières ancres à touer et à leur côté, afin qu'étant avancé dessus, ils pussent être sur les deux ailes des galiotes pour les pouvoir flanquer en cas de sortie des ennemis lorsqu'elles seraient en place pour jeter des bombes. Il y aura ci-joint un bout de plan d'Alger, avec l'ordre de ce mouillage, pour tâcher d'en donner une idée claire.

» Toutes ces ancres à touer sont plus près les unes des autres que les vaisseaux sur lesquels elles tiennent, qui occupent plus d'espace pour pouvoir éviter à tous les changements de vents et de marées, afin que les galiotes qui se halent dessus ne fassent point un si grand front pour pouvoir mieux être flanquées par les deux vaisseaux des ailes.

» Le 20 l'armée mouilla, et le lendemain les neuf vaisseaux se postèrent dans l'ordre que je viens de dire ; ce jour-là et le 22 se passèrent à préparer les touées de galiotes et celles des deux vaisseaux des ailes.

» Le 23, à dix heures du matin, on fut porter les ancres à touer; M. de Tourville porta celle du vaisseau du nord, et M. d'Amfreville celle du sud, qui devaient être les plus proches de la ville ; M. de Léry porta celle du milieu, se réglant sur les deux des ailes, ensuite celle des intervalles furent portées par les capitaines des vaisseaux sur lesquels les haussières devaient être frappées, se réglant tous sur les trois qui avaient leurs chaloupes dessus. Tout cela se fit avec beaucoup d'ordre et de justesse.

» Les ennemis ne tirèrent pas un seul coup, croyant que tous ces mouvements se faisaient pour savoir la portée de leurs canons. M. le duc de Mortemart était dans le canot de M. de Tourville, accompagné de M. le marquis de La Porte.

» Le reste de ce jour fut employé à préparer toutes choses pour bombarder au premier beau temps, et le soir on donna ordre à M. le major de mener des chaloupes en garde pour empêcher les ennemis de draguer les ancres à touer; mais ils ne sortirent point.

» Le 24 la mer fut grosse, et M. Du Quesne se contenta de donner les mêmes ordres pour les chaloupes de garde, et comme elles furent portées par les marées proches des murailles, les ennemis tirèrent quelques coups de mousquet sans blesser personne.

» Le 25 il y eut fort mauvais temps et l'on ne fit rien.

» Le 26 la mer fut fort grosse ; mais comme le vent manqua entièrement le soir, et que l'on était dans l'impatience de commencer à faire quelque chose, M. Du Quesne vint faire marcher les galiotes et les deux vaisseaux des ailes dans l'ordre qu'il avait prescrit, après avoir fait donner aux galiotes dix gardes de la marine, dix grenadiers et dix soldats d'augmentation à chacune, et il ordonna au major de poster la moitié des chaloupes armées vers les vaisseaux du nord et l'autre vers ceux du sud, après qu'il en aurait donné deux à chaque galiote pour s'en servir, et qu'il en aurait porté deux fort proche de la sortie du port, pour brûler des amorces de temps en temps en cas que les ennemis fissent quelque sortie, afin qu'à ce signal toutes les chaloupes des ailes marchassent vers les galiotes qui auraient pu être attaquées.

» L'on ne commença à tirer qu'à une heure après minuit, tant à cause que l'on différa fort longtemps à se mettre en marche pour donner le temps à la mer de se calmer, que parce que l'on fut quelque temps à se poster à cause qu'il en faut toujours beaucoup, et l'on continua de tirer pendant une heure et demie ou deux; après quoi M. Du Quesne tira deux coups de canon pour la retraite. Dans ce temps-là il vint un vent de terre fort frais qui nous aurait empêchés de nous orienter. L'on tira environ quatre-vingt-dix bombes, toutes à douze et à quinze livres de poudre; il y en eut huit ou dix de crevées en sortant du mortier ou en l'air, les bonnes furent toutes tant sur le môle que dans le port, et cinq ou six dans les premières maisons de la ville. Les ennemis tirèrent environ trois cents coups de canon sans blesser personne, quoiqu'il y eût quelques coups sur les galiotes.

» M. le duc de Mortemart, accompagné de MM. de La Porte, de Blenac et de M. Le Motheux et de son écuyer, étaient dans le canot de M. de Tourville, qui était présent à tout avec M. de Léry, allant et venant dans tous les endroits, et envoyant le major porter des ordres de tous côtés.

» M. de Léry avait dans le sien MM. de Gèvres, de Belle-Fontaine, d'Aligre, de Combes et de Combes l'ingénieur; beaucoup d'autres officiers et volontaires allaient dans les autres chaloupes.

» Le 27 au soir la mer s'abattit entièrement et il y eut tout à fait calme, et comme il faisait des éclairs de tous côtés et que le ciel était fort chargé avec assez d'apparence de mauvais temps, M. Du Quesne fut quelque temps irrésolu; cependant, après avoir donné les mêmes ordres que le soir auparavant, il fit marcher tout dans le même ordre. On fut en place environ à onze heures, et on jeta des bombes jusqu'à environ une heure qu'il survint un si gros coup de vent de terre que la mer devint furieuse. Les galiotes s'en retournèrent fort vite auprès des vaisseaux, et toutes les ancres à touer chassèrent. On tira ce soir-là environ cent dix bombes, aussi à douze et à quinze livres de poudre; il y en eut environ quinze ou seize qui crevèrent en sortant du mortier ou en l'air. Les ennemis redoublèrent leur feu et tirèrent environ six cents coups de canon ; il n'y eut que M. de Choiseul, enseigne sur *le Prudent*, qui fut tué [1] avec deux autres hommes de sa chaloupe qui furent tués du même coup que lui.

» M. le duc de Mortemart, accompagné des mêmes gens, M. de Tourville, M. de Léry et M. d'Amfreville, qui n'avait pas la fièvre si fort qu'auparavant, furent présents à tout comme la nuit précédente.

» J'étais dans le canot du major ce soir aussi bien que partout où il a été les autres fois, pour vous pouvoir mander, monseigneur, avec la dernière exactitude, selon vos ordres, tout ce qui s'est passé ici.

» Le 28, Babasan envoya un député avec un autre Turc interprète et le père Vacher, à neuf heures du matin, pour proposer la paix. M. Du Quesne leur dit qu'avant que d'écouter aucune proposition, il voulait qu'ils lui envoyassent tous les esclaves français et tous ceux qui avaient été pris sous la bannière de France, sans excepter aucun, sans quoi il n'écouterait rien ; il leur donna cela fort succinctement par écrit, sans vouloir que le P. Vacher se mêlât d'aucune négociation. Babasan renvoya deux ou trois heures après les deux Turcs avec une lettre du P. Vacher en réponse ; mais il les renvoya sans les vouloir écouter, ni voir leur lettre, disant qu'il fallait que les choses se passassent entre lui et les puissances d'Alger, sans entremetteur, et qu'il ne fallait plus revenir sans satisfaire premièrement à ce qu'il voulait ; ils revinrent encore à six ou sept heures du soir pour demander en grâce que l'on ne tirât point de bombes ce soir-là, et que le lendemain à midi tous les esclaves qu'ils pourraient envoyer seraient à bord, et qu'ils continueraient à les envoyer à mesure qu'ils les ramasseraient. M. Du Quesne leur accorda ce qu'ils demandaient pour ce soir-là ; aussi bien il lui aurait été impossible de faire tirer, les ancres à touer ayant chassé le soir d'auparavant ; il aurait fallu les replacer avant que nous songeassions à y retourner ; et ils prièrent que l'on tirât un coup de canon pour faire connaître à ceux d'Alger qu'on leur avait accordé ce

[1] On verra par la lettre suivante que le bruit de la mort de M. de Choiseul n'était pas fondé.

qu'ils demandaient. Ils étaient convenus de ce signal avant que de repartir de la ville, ce qui fit connaître qu'il fallait qu'ils fussent fort pressés; en effet, l'on apprit le lendemain, par M. de Beaujeu (qu'ils amenèrent avec cent quarante-deux esclaves, à l'heure qu'ils avaient promis) qu'il y avait beaucoup de division, de partis déclarés, et beaucoup de terreur parmi eux, par le grand désordre que les bombes avaient fait la dernière nuit. Cependant il est certain que l'on n'avait fait que de commencer fort médiocrement, et que ç'aurait été toute autre chose lorsque l'on aurait eu de belles nuits pour commencer de bonne heure, et que l'on aurait approché les ancres comme l'on allait faire pour tirer de près les bombes et les carcasses. Jusqu'à cette heure ils sont fort ponctuels à suivre ce que M. Du Quesne leur a prescrit, et je ne doute point qu'il ait d'eux tout ce qu'il leur demandera, et je ne crois point que le plus et le moins soit à l'épreuve de quatre ou cinq cents bombes, de la manière qu'il semble qu'ils les envisagent.

» Le 29, comme j'ai dit ci-dessus, cent quarante-deux, sans M. de Beaujeu; le 30, ils ont amené cent vingt-quatre.

» Le 1er juillet cent cinquante-deux, et vinrent demander en grâce, de la part de Babasan, à M. Du Quesne les Turcs de la prise de M. Léry; mais il ne voulut leur accorder que le rey (c'est le capitaine de la caravelle); encore leur dit-il que c'était seulement en considération de Babasan à qui il voulait faire ce présent sans conséquence.

» Le 2, ils en ont encore amené quatre-vingt-trois, et plusieurs aujourd'hui avec quatre femmes dont il y en a trois Messinoises de la famille de *Guenegau*, jurat de Messine, et une Marseillaise.

M. Le Motheux, qui porte les nouvelles et qui va partir tout présentement, ne me donne que le temps de vous envoyer, monsieur, la copie de la lettre que j'écris à monseigneur le marquis. Je crois que vous serez bien aise d'apprendre ces commencements de paix-ci. Si le reste suit du même air, je ne crois pas qu'il puisse y avoir rien de plus glorieux pour la marine.

» Je suis, Monsieur,

» Votre très-humble et très-obéissant serviteur,

» RENAU.

« A la rade d'Alger, le 3 juillet 1683. »

« Si M. Le Motheux m'avait donné le temps, j'aurais envoyé une copie de ceci à monsieur votre frère pour toute la société ; si je ne puis lui en envoyer, je vous prie, monsieur, de lui en donner une. »

(*Bibl. Roy. Mss.*)

Le journal de M. Renau, à Seignelay, s'arrêtant là, on doit continuer cette relation. Le 23 juillet, Du Quesne nomma des otages pour convenir de la paix : c'étaient des principaux citoyens de la ville et des plus riches, que M. de Beaujeu revenant d'esclavage lui avait indiqués. On se disposait donc dans Alger à tout accorder aux prétentions de Du Quesne, telles rudes qu'elles parussent, lorsqu'un certain Mezzo-Morto, qui était au nombre des otages, pria Du Quesne de le renvoyer à Alger, promettant d'ajuster quelques empêchements qui retardaient la ratification du traité. Du Quesne, instruit par M. de Beaujeu que Mezzo-Morto avait, en effet, une assez grande influence à Alger, et principalement sur la milice, lui accorda cette demande ; mais Mezzo-Morto ne fut pas plus tôt de retour dans la ville que, rassemblant les officiers de la milice, il leur représente le peu de forces des Français, la faiblesse du dey ; puis les exaltant, les enivrant, il marche à leur tête au palais de Baba-Hassan, le poignarde de sa propre main, et se fait proclamer dey à sa place.

Du Quesne ne voyant pas revenir son otage fit recommencer à tirer des bombes dans la nuit, et le nouveau dey, animant la milice par son exemple, répondit vigoureusement au feu de Du Quesne : toutes les nuits les galiotes s'approchaient et bombardaient la ville, qui n'était plus qu'un monceau de ruines. Les Algériens, furieux, recommencèrent leurs cruautés et chargèrent un de leurs canons avec le R. P. Levacher, qu'ils envoyèrent ainsi par morceaux au milieu de l'escadre française.

Dans ces extrémités, deux partis se formèrent à Alger, l'un, composé de ceux dont les maisons étaient détruites, qui voulait la continuation de la guerre, et l'autre, composé de ceux dont les maisons avaient encore quelque chose à craindre, qui voulait la paix. Mezzo-Morto se battit plusieurs fois contre les fauteurs de cette sédition ; cependant les bombes pleuvaient toutes les nuits, et surtout pendant la nuit du 7 août, elles firent un épouvantable ravage : la fureur des Algériens s'exaspéra, ce fut alors qu'ils mirent à la bouche d'un canon M. le chevalier de Choiseul-Beaupré, qui fut sauvé par la reconnaissance d'un capitaine turc. Ce fait est si universellement connu, qu'on lira sans doute avec grand intérêt cette lettre de M. de Choiseul à M. de Seignelay, dans laquelle il rend compte de sa terrible position. Cette lettre est d'une noble et belle simplicité, et cette dernière phrase offre un trait bien caractéristique du temps : *Comme je ne puis pas écrire à M. le comte de Choiseul* (son père), *ayez la bonté de l'assurer qu'il ne se mette point en peine, car, de quelque couleur qu'on me peigne ma mort, elle n'est pas capable de me faire fausser ma religion, ni faire honte à ma maison, ne voulant point de salut que de mon Dieu et de mon roi, duquel j'espère mourir véritable sujet.*

Cette lettre est aussi fort curieuse, en cela qu'elle donne comme un journal des effrayantes sensations de M. de Choiseul, depuis le jour où il fut pris jusqu'à celui où il se vit lier à la bouche du canon.

LETTRE DU CHEVALIER CHOISEUL-BEAUPRÉ.

« 19 décembre 1683.

» Depuis que je suis fait esclave, j'ai été assez malheureux de ne pouvoir trouver une seule occasion pour assurer à votre excellence de mes très-humbles respects, que celle-ci, qui n'est pas même sûre ; mais j'espère que ces gens-ci la trouveront bonne, n'ayant rien à informer votre excellence qui les regarde ; permettez, s'il vous plaît, que je vous rende compte de la manière dont j'ai été pris. Vous saurez, monseigneur, que le vingt-neuvième de juillet M. Le Motheux ayant eu ordre de M. Du Quesne d'appareiller pour la garde d'un petit vaisseau saletin qui a été depuis acheté par un Anglais, ici, et d'envoyer sa chaloupe à la chaîne pour joindre les autres qui s'y devaient trouver, pour ensuite se poser en sorte que l'on pût remarquer si le vaisseau levait l'ancre ; M. Le Motheux, duquel votre excellence m'a fait l'honneur de me faire lieutenant, me donna sa chaloupe armée de cinq soldats et de onze matelots, et comme il n'avait rien paru sortir les jours auparavant de cette ville, M. Du Quesne ne donna point de lieu de rendez-vous comme à l'accoutumée ; je fus droit à la chaîne, comme il m'était ordonné ; étant assez près pour voir qu'il n'y avait point de chaloupes, je m'en fus au vaisseau à dessein d'y rester jusqu'au jour, selon mon ordre ; une demi-heure après, il en sortit un canot que je suivis aussitôt pour, en le prenant, savoir de lui quelque chose, mais je fus arrêté par une gaillote et quatre chaloupes qui faisaient leur ronde ; ayant demandé : Qui vive ? je tirai le premier, et eux ensuite, mes matelots s'étant tous renversés comme morts, les coups et les cris ne leur purent faire lever la tête, répondant seulement qu'*ils étaient morts*. Les ennemis furent près d'une demi-heure sans oser nous aborder ; ils firent encore une décharge de pierriers et mousqueterie, blessèrent mon sergent et un soldat ; nous restâmes trois combattans, l'autre s'étant mis du nombre des dormants, nous fûmes abordés de tous côtés ; ils commencèrent à tailler ; étant à moi, j'en renversai un dans la mer avec moi, d'où, étant tiré malgré moi, je fus conduit au gouverneur, qui, m'ayant renversé à ses pieds, puis m'ayant relevé, ne pouvant me tenir, étant presque mort des bourrades qu'ils m'avaient données, me dit que, sachant la mort du consul, j'étais sorti à dessein de venir brûler ses vaisseaux ; que, pour moi, je méritais le feu ; que demain j'irais au canon. Je lui dit : — tout-à-l'heure si tu veux. — Le lendemain, le peuple nous prit ; il nous aurait assommés si l'on ne nous eût enfermés. L'on me mit la chaîne et on me donna la bastonnade ; huit jours après, nous fûmes portés au canon, et après m'avoir assommé de coups, je fus livré pour être attaché ; ensuite on me délia, on remit ma partie au lendemain ; je fus ensuite gardé pour le dernier et attaché... Comme on allait mettre le feu, le capitaine de la caravelle que M. le chevalier de Léry avait pris *se mit sur le canon, disant qu'il voulait mourir ou ma grâce*, qu'on lui accorda. Je ne voulus pas qu'on m'ôtât qu'on ne me rendît mon valet, qui, lié sur un autre canon, attendait aussi qu'on mît le feu ; tout me fut accordé ; l'on nous amena ici aux bagnes du bailly, attendant un pareil sort, que l'on nous promet tous les jours. J'ai resté deux mois jetant le sang à force de coups ; cela est passé. M. le chevalier de Tourville m'a envoyé quinze louis et du linge. Ordonnez, s'il vous plaît, monseigneur, quelques secours et l'honneur de votre protection, ayant résolu de prier Dieu jusqu'au dernier moment pour votre excellence et votre famille; comme je ne puis pas écrire à M. le comte de Choiseul, ayez la bonté de l'assurer qu'il ne se mette point en peine, car, de quelque couleur que l'on me peigne ma mort, elle n'est point capable de me faire fausser ma religion, ni honte à sa maison; ne voulant point de salut que de mon Dieu et de mon roi, duquel j'espère mourir véritable sujet, et de votre excellence le très-humble très-obéissant et fidèle serviteur.

» CHOISEUL-BEAUPRÉ. »

Pour en revenir aux négociations de la paix d'Alger, il faut savoir que Hadgi-Hussein, ou Mezzo-Morto, fut obligé, pour détrôner Baba-Hassan, de faire paraître des sentiments fort opposés à ceux de celui qu'il voulait perdre, bien qu'intimement il partageât la même façon de voir. Mezzo-Morto était un homme trop habile et trop fin pour s'abuser un moment sur les forces des Français; aussi ne voulait-il autre chose que de se faire forcer à demander la paix. Il faut dire que la vivacité des attaques de Du Quesne semblait devoir le mettre en merveilleuse position pour cela; car le bombardement continuait. Le 9 septembre, la mer étant belle, les galiotes tirèrent le matin plus de trois cents bombes; le 10, elles en tirèrent cinquante; enfin, le 11, les Algériens firent sortir du port une galère, qui voulut enlever *la Fulminante*, commandée par M. de La Bretesche, et soutenue par plusieurs chaloupes; mais on fit un si grand feu de mousqueterie et de grenades, que la galère turque fut obligée de se retirer. Il y eut quarante-quatre Turcs de blessés; les Français perdirent M. de Bracourt, père de M. de Sepville; M. de La Bretesche reçut deux coups de feu, dont il mourut quelques jours après; MM. de Taussien et d'Agout, volontaires sur *le Prudent*, furent tués; MM. de Marcillac et de Bois-Joly, gardes de la marine, grièvement blessés. Le 14, on jeta encore plusieurs bombes, et on apprit par un esclave que Mezzo-Morto était aussi blessé.

Bientôt les vents contraires, qui soufflent ordinairement pendant le mois de septembre, commencèrent à se faire sentir. Les munitions de Du Quesne étant épuisées, les équipages fatigués, il lui fallut s'éloigner encore de cette ville sans avoir rien terminé, et y laisser M. de Choiseul, entre autres prisonniers; Du Quesne revint donc à Toulon avec son escadre, où il arriva le 15 octobre. Pour terminer ce qui est relatif à Alger, il faut savoir que la paix fut faite avec cette puissance par l'intermédiaire de M. de Saut, agent français à Alger, et aussi du chevalier de Tourville, qui vint avec des pouvoirs fort étendus pour traiter de cette paix, vers la fin du mois de mars de l'année suivante, 1684.

Le 2 avril, à midi, le chevalier de Tourville, envoyé pour cette négociation, mouilla donc sur la rade d'Alger; M. de Saut l'alla voir, et lui apprendre que le dey devait envoyer dix capitaines à son bord pour le complimenter, ce qui fut exécuté le lendemain. M. de Tourville les ayant parfaitement accueillis, les renvoya très-satisfaits, et les fit saluer de sept coups de canon. Le 5 et le 6, MM. le marquis d'O et Mayer, commissaire général de la marine, allèrent complimenter le dey de la part de M. de Tourville; et le même jour le dey lui écrivit, afin de savoir à quelles conditions le roi de France voulait la paix. M. de Tourville les donna, et au bout de huit jours le traité suivant fut conclu. On en donne seulement ici la teneur :

« 1° Le dey rendra tous les Français généralement détenus esclaves dans le royaume et domination d'Alger, et on lui rendra seulement les janissaires du Levant qui sont sur les galères de France ; 2° les vaisseaux d'Alger ne pourront faire de prises dans l'étendue de dix lieues des côtes de France ; 3° tous les Français pris par les ennemis de l'empereur de France qui seront conduits à Alger et aux autres ports du royaume seront aussitôt mis en liberté sans pouvoir être retenus comme esclaves ; 4° les étrangers, passagers sur les vaisseaux français, ni pareillement les Français pris sur les vaisseaux étrangers, ne pourront être faits esclaves sous quelque prétexte que ce soit, quand même les vaisseaux sur lesquels ils auraient été pris se seraient défendus ; 5° si quelque vaisseau français se perdait sur les côtes de la dépendance d'Alger, soit qu'il fût poursuivi par les ennemis, ou forcé par le mauvais temps, il sera secouru de tout ce dont il aura besoin pour être mis de nouveau en mer et pour recouvrer les marchandises de son chargement, en payant le travail des journées qu'on y aura employées, sans que l'on puisse exiger aucun droit ni tribut sur les marchandises qui seront mises à terre, à moins qu'elles ne soient vendues dans les ports de ce royaume ; 6° il ne sera donné aucun secours ni protection contre les Français aux corsaires de Barbarie qui seront en guerre avec eux, ni à ceux qui auront armé sous leur commission ; 7° le dey, pacha, divan et milice d'Alger feront défense à tous les sujets d'armer sous commission d'aucun prince ennemi de la couronne de France : ils empêcheront aussi que ceux contre lesquels l'empereur de France sera en guerre puissent armer dans leurs ports pour courre sur ses sujets ; 8° les Français ne pourront être contraints, pour quelque cause et prétexte que ce soit, à charger sur leurs vaisseaux aucune chose contre leur volonté ; ni faire aucun voyage aux lieux où ils n'auront point dessein d'aller ; 9° toutes les fois qu'un vaisseau de guerre de l'empereur de France viendra mouiller devant la rade d'Alger, aussitôt que le consul en aura averti le gouverneur, ce vaisseau sera salué à proportion de la marque du commandement qu'il portera, par les châteaux et les forts de la ville, et d'un plus grand nombre de coups que ceux de toutes les autres nations ; 10° la même chose se pratiquera dans toutes les rencontres des vaisseaux de guerre à la mer ; 11° si la paix venait à être rompue, tous les marchands français qui se trouveront dans l'étendue du royaume d'Alger pourront se retirer où bon leur semblera, sans qu'ils puissent être arrêtés pendant le temps de trois mois. »

Cedit traité fut fait pour *cent ans.*

Telle fut la fin de cette campagne d'Alger qui coûta gros à la France, et dont l'issue semble justifier cette insolente bravade de Mezzo-Morto, qui, apprenant ce qu'avait dépensé Louis XIV pour le bombardement d'Alger, répondit : *Votre empereur n'avait qu'à me donner la moitié de ce qu'il a dépensé, et je ruinais Alger moi-même.* »

Vers le milieu de 1684 une ambassade d'Algériens, assez ridicule, vint *rendre hommage à la grandeur de Louis XIV,* et préluder, pour ainsi dire, au funeste et fastueux voyage du doge de Gênes, qui causa en Europe un soulèvement général d'indignation contre Louis XIV.

CHAPITRE XV.

Mort de Colbert. — État comparatif des finances et de la marine depuis 1661, époque à laquelle Colbert prit ce département, jusqu'en 1684, époque de sa mort. — Incroyable accroissement de la marine pendant cette période. — Seignelay. — Expédition de Gênes. — Dépêche de M. de Saint-Olon, résident français à Gênes. — Causes vraies de cette expédition. — M. de Rion. — M. et madame la comtesse de Fiesque. — Seignelay s'embarque sur la flotte, et part pour Gênes. — L'envoyé de Gênes est mis à la Bastille. — Bombardement de Gênes. — Traité de paix. — Voyage du doge à Paris. — Lettre de M. le duc de Mortemart au sujet du salut du pavillon.

Pour ne pas interrompre l'historique des campagnes d'Alger, en 1682, 1683 et 1684, on a été obligé d'omettre en leur date deux grands événements du XVIIᵉ siècle, à savoir, la mort de Colbert et celle de Marie-Thérèse, reine de France, décédée au mois d'août 1683.

La mort de Marie-Thérèse, cette faible et malheureuse princesse, toujours si dédaigneusement abandonnée, fut un grand événement, en cela qu'elle rompit le dernier lien qui empêchait Louis XIV de se vouer suprêmement à madame de Maintenon, qui avait chassé madame de Montespan du cœur de ce monarque; aussi, vers le mois de février 1684, le grand roi épousa-t-il, bel et bien, la veuve du cul-de-jatte Scarron, celle qui, dans sa jeunesse libertine, avait mené la folle et joyeuse vie de sainte Madeleine avant sa conversion et même partagé, dit-on, la couche quelque peu lesbienne de la voluptueuse Ninon : le mariage se fit à minuit; le P. Lachaise, de la compagnie de Jésus et confesseur du roi, dit la messe, Bontemps, valet de chambre par quartier la servit, et MM. de Harlay, archevêque de Paris, de Louvois et de Montchevreuil furent témoins de cette prodigieuse union.

Singulier rapprochement, Colbert, le dernier disciple de Mazarin, le dernier de ces ministres qui avaient porté si haut la splendeur de la France, Colbert mourait presque au moment où la période la plus désastreuse de ce règne s'ouvrait par un mariage dont les conséquences furent si énormes !

Le 6 septembre, sur les trois heures de relevée, mourut donc à Paris, à l'âge de soixante-quatre ans, dans son hôtel de la rue Neuve-des-Petits-Champs, très-haut et très-puissant seigneur messire Jean-Baptiste Colbert, chevalier, marquis de Châteauneuf-sur-Cher, baron de Sceaux, Lignières et autres lieux, conseiller ordinaire du roi en tous ses conseils, du conseil royal, commandeur et grand trésorier de ses ordres, ministre et secrétaire d'État de la marine et des commandements de S. M., contrôleur général des finances, surintendant et ordonnateur général des bâtiments, arts, commerce et manufactures de France.

Le jour même de la mort de son père, M. le marquis de Seignelay était à Fontainebleau pour remplir les devoirs de sa charge et présenter au roi les membres de l'Université de Paris qui venaient complimenter S. M. sur la mort de la reine.

M. de Seignelay avait laissé son père à l'agonie..., mais on a dit que Louis XIV s'était fait un devoir, duquel il ne se départit jamais, de ne prendre en aucune considération les convenances ou peines de famille de ses domestiques ou de ses parents ; son service passait avant toutes choses, et dans la pensée du grand roi, les chagrins les plus cruels, les pertes les plus douloureuses, devaient s'oublier ou s'effacer devant l'honorable et imposant caractère des fonctions que ses serviteurs étaient trop heureux de remplir auprès de lui. Ainsi Colbert mourut sans pouvoir serrer la main de son fils aîné pour lequel il avait tant fait... Et quelle agonie ! et quelle mort !

Depuis longtemps écrasé de travail, dévoré de l'inquiétude de ne pouvoir plus suffire aux ruineuses prodigalités de Louis XIV et aux folles guerres de Louvois, rongé de soucis, Colbert menait déjà une vie bien misérable, lorsque des souffrances aiguës, causées par la pierre, vinrent joindre à ses angoisses morales une douleur physique souvent intolérable..... et lorsque les étreintes fiévreuses de la maladie lui laissaient quelque repos... quel était le tableau sur lequel il pouvait reposer son esprit ? la ruine prochaine du crédit, des finances, du commerce et de l'industrie ! ainsi penchait déjà vers sa ruine ce monument qu'il avait si laborieusement élevé ; et cela au prix du travail incessant de sa vie et de la haine du public que la suppression des rentes sur l'Hôtel de Ville de Paris avait surtout soulevé contre ce grand ministre.

Et pourtant, malgré cette mesure que l'impérieuse nécessité lui commandait, les services que Colbert rendit à la France sont immenses et irrécusables : les chiffres le prouvent.

En 1661, lorsque Colbert prit les finances, les impôts s'élevaient à QUATRE-VINGT-CINQ MILLIONS.

En 1683, à l'époque de sa mort, bien qu'il eût dû fournir à toutes les guerres de Louvois, au faste de Louis XIV, et créer l'immense matériel d'une marine de guerre, les impôts ne s'étaient accrus que de *deux millions* et ne montaient QU'A QUATRE-VINGT-SEPT MILLIONS.

En 1661 la taille s'élevait à 53 MILLIONS.
En 1683 elle était réduite à 35 millions.
En 1661 la dette s'élevait à 52 MILLIONS.
En 1683 elle était réduite à 32 millions.
En 1661 le revenu disponible s'élevait à. . . . 31 MILLIONS.
En 1683 ce revenu s'élevait à 83 millions.

Maintenant, quant à la marine, l'extension qu'elle prit sous Colbert depuis qu'il eut ce département est à peine croyable.

Il résulte des renseignements contenus dans l'agenda de Marine de Colbert (*Biblioth. roy. mss.*) pour 1683, que lorsqu'il entra au ministère, en 1661, la marine du roi se composait de :

3 vaisseaux du 1er rang de 60 à 70 canons.
8 —— du 2e rang de 40 à 50 —
7 —— du 3e rang de 30 à 40 —
4 Flûtes.
8 Brûlots.

Total. 30 bâtiments de guerre.

A la mort de Colbert, en 1683,

La marine du roi se composait de :

12 vaisseaux du 1ᵉʳ rang de 76 à 120 canons.
20 ——— du 2ᵉ rang de 64 à 74 ———
39 ——— du 3ᵉ rang de 50 à 60 ———
25 ——— du 4ᵉ rang de 40 à 50 ———
21 ——— du 5ᵉ rang de 24 à 30 ———
25 ——— du 6ᵉ rang de 6 à 24 ———
  7 Brûlots, depuis 100 jusqu'à 300 tonneaux.
20 Flûtes et bâtiments de charge de guerre de 80 jusqu'à 600 tonneaux.
17 Barques longues.

TOTAL. 176 Bâtiments de guerre, plus 68 bâtiments en construction ; en tout 244.

Si l'on ajoute à ces bâtiments 32 galères construites depuis 1676 jusqu'en 1683, on aura un effectif de 276 BATIMENTS DE GUERRE A LA MER OU EN CONSTRUCTION.

Quant au matériel de l'artillerie, dû aux nombreuses fonderies établies par Colbert, on reste étourdi de son rapide et extraordinaire accroissement qui devait nécessairement suivre la proportion du nombre de vaisseaux. Ainsi :

En 1661, le total des canons de marine s'élevait à 1,045 (dont 570 canons de fonte et 475 canons de fer).
En 1683, le total des canons de marine s'élevait à 7,623 (*dont 2,004 canons de fonte et 5,619 canons de fer*).

Quant aux approvisionnements des ports, on voit d'après le même inventaire qu'ils étaient considérables ; et, pour ne citer qu'un exemple, le total des mâts de vaisseaux en magasin, répartis dans les arsenaux de Rochefort, de Brest, du Havre, de Dunkerque et de Toulon, s'élevaient, en 1683, au nombre de 1,442 mâts depuis 30 palmes de hauteur jusqu'à 16.

Or, pour résumer ce qui concerne spécialement la marine, lorsqu'en 1661 Colbert prit ce département, la France avait TRENTE BATIMENTS DE GUERRE, et lorsqu'en 1683, ce grand ministre mourut, il lui en laissa DEUX CENT SOIXANTE-SEIZE, et lui légua la magnifique ordonnance maritime de 1689 qui demeurera un des plus beaux monuments administratifs de ce siècle.

Maintenant, si l'on considère ce que dut à ce grand ministre le commerce en général, les résultats passent toute croyance : ce sont d'abord les compagnies des Indes, les canaux de Languedoc et de Bourgogne, la chambre des assurances maritimes, puis les manufactures de tapisseries, de glaces, de draps, de soieries, de brocards d'or et de points, objet de luxe ruineux que l'on tirait à grand prix d'Espagne, de Venise et de Hollande. C'est encore la réforme de l'ordonnance judiciaire de 1667, le code marchand, le code noir. Ce n'est pas tout, les arts et les belles-lettres lui doivent aussi, l'Académie des sciences, celle des inscriptions et belles-lettres, l'Observatoire et l'École de peinture française à Rome.

Tels furent les fruits de ce long et laborieux ministère qui dura vingt-deux ans ! On l'avoue, c'est presque avec un saisissement religieux qu'on s'est approché de ces immenses recueils d'ordres et d'instructions presque tous écrits de sa main. On demeure accablé en songeant à l'incroyable puissance et opiniâtreté de travail de cet homme, chez qui l'ordre, l'exactitude, la rectitude de jugement et la persévérance, qualités généralement communes aux esprits ordinaires, devinrent bien véritablement du génie, par la sage, sévère et continuelle application qu'il fit de ces facultés aux intérêts publics.

Et cela devait être ainsi ; car, on l'a dit, si lorsqu'il s'agit de la cause première de tous les grands mouvements politiques ou des sanglantes perturbations sociales, telles que les déclarations de guerre, les alliances, les envahissements, les ruptures ou les révolutions, on y retrouve presque toujours la trace profonde et indélébile d'une passion tout humaine et souvent puérile et misérable, parce qu'après tout, les proportions de l'esprit de l'homme ne peuvent grandir en raison de l'importance des immenses intérêts dont il se trouve parfois la providence. Il en est de même en fait de finances, de commerce, d'industrie ; seulement, comme il ne s'agit plus alors de prétendre à fixer par un mot la destinée des peuples, et que selon leur espèce même, ces questions secondaires et matérielles descendent à la juste portée de l'esprit humain tel qu'il est ; et peut-être, en cela, par exemple, que l'administration d'une fortune particulière ressemble de tous points à l'administration de la fortune publique, il y a de nombreuses chances pour que cette partie infime des affaires soit beaucoup plus sagement conduite que la première ; en un mot, il faudrait être au moins un dieu pour régner sans fautes et sans reproches, et il suffit d'être un homme d'excellent sens et jugement pour arriver aux merveilleux résultats obtenus par Colbert.

Aussi, on le répète, ce qui à nos yeux paraît surtout admirable chez ce ministre, c'est le *bon sens* appliqué aux vastes intérêts matériels, le bon sens, qui fut le grand génie de Colbert; et cela parce que, grâce à ce rare et précieux *bon sens*, il voulut rester homme d'affaires dans le maniement des affaires, et non pas y jouer l'homme à hautes visées politiques : le résumé de ses principes, ses lettres, ses instructions à son fils en donnent mille preuves; et ce qui est aussi le complément de cette organisation si logique et si conséquente, c'est l'extraordinaire esprit de conduite qui régla toujours la vie de ce ministre : tenant une maison grande et honorable, mais économe et plein d'à-propos dans ses dépenses, il maria très-avantageusement ses filles, et laissa de grands biens, que son fils devait d'ailleurs dissiper en folles et brillantes prodigalités, comme il dissipa le sang et l'or de la France dans des guerres maritimes aussi hardies qu'elles furent insensées pour la plupart; car, de même que son père, Seignelay devait aussi se montrer cruellement conséquent avec soi-même, et mettre autant de fastueuse insouciance à dépenser ses propres biens qu'il en mettait à dépenser la marine de la France, cette marine que Colbert lui avait léguée aussi florissante, aussi belle que son patrimoine.

On s'est beaucoup élevé contre la fortune prodigieuse de Colbert, et pourtant il appert de renseignements exacts que d'abord elle était assez considérable, ainsi qu'on va le voir, à l'époque de la mort du cardinal Mazarin ; puis, que les dons du roi et plusieurs spéculations commerciales fort heureuses l'avaient beaucoup augmentée, et qu'enfin grâce à l'excellente gestion de ce ministre elle était devenue ce qu'elle était.

On a dit que la fortune de Colbert était assez considérable lors de la mort de M. le cardinal Mazarin ; la lettre suivante le prouve et jette un jour curieux et nouveau sur le commencement de la carrière de Colbert.

Par une singulière délicatesse de reconnaissance, Colbert, au mois d'avril 1665, fit imprimer et répandre cette lettre, voulant ainsi donner autant de publicité que possible aux raisons qu'il avait de se considérer comme la créature du cardinal.

LETTRE DU SIEUR COLBERT, INTENDANT DE LA MAISON DE MONSEIGNEUR LE CARDINAL, A SON ÉMINENCE[1].

Monseigneur,

Bien que j'aie reconnu en mille occasions, par l'honneur que j'ai d'approcher à toute heure de votre éminence, qu'elle ne cherche point d'autre récompense de ses vertueuses actions que ses actions vertueuses mêmes, et que sa magnanimité oublie aussi facilement ses bienfaits qu'elle a de dispositions à pardonner les injures, je la supplie de trouver bon que je ne paraisse pas insensible à tant de faveurs qu'elle a répandues sur moi et sur ma famille, et qu'au moins en les publiant je leur donne la sorte de paiement que je suis capable de leur donner. Si elle a de la peine à souffrir que je la fasse souvenir des obligations infinies que je lui ai, qu'elle ne m'envie pas la joie de les apprendre à tout le monde, et qu'elle me permette de lui enquérir pour serviteurs tous ceux qui sont touchés de la beauté de la vertu, en leur faisant voir de quelle manière elle traite les siens et quel avantage il y a de lui être fidèle.

Je ne veux pas, monseigneur, entrer dans le vaste champ de tous les bienfaits et de toutes les grâces qui sont sorties des mains de votre éminence; je me renfermerai dans les choses qui me regardent, et ne lasserai ni sa modestie ni sa patience, n'employant que peu de paroles pour ce grand nombre de bienfaits dont il lui a plu de me combler; quelles paroles aussi bien pourraient exprimer ses libéralités, puisque toute l'étendue de ma gratitude même ne saurait les égaler.

Je dirai seulement qu'après quelques épreuves de mon zèle dans la campagne de 1649 et 1650, où votre éminence me commanda de la suivre en Normandie, en Bourgogne, en Picardie,

---

[1] Cette lettre, tirée alors à un grand nombre d'exemplaires, est devenue extrêmement rare.

en Guyenne et en Champagne, m'ayant dès lors confié le soin de toutes les dépenses qu'elle faisait faire dans ses voyages pour le service du roi, après avoir donné des marques publiques d'en être satisfaite par une chanoinie de Saint-Quentin qu'elle fit obtenir à mon frère, nonobstant les instances que quelques personnes considérables en auraient faites, dans ce grand orage qui s'éleva en 1651, et qui obligea votre éminence à céder pour un temps à sa furie, elle ne fut pas hors du royaume qu'elle jeta les yeux sur moi pour me commettre la direction de toutes ses affaires; et j'avoue qu'encore que je mette à un très-haut prix toutes les bontés qu'elle m'a témoignées, il n'y en a pourtant aucune que je fasse entrer en comparaison avec celle-là, soit que je la considère du côté du jugement avantageux qu'elle faisait de moi, soit que je la considère du côté de l'emploi, qui est en soi très-honorable, et que l'exemple de feu M. le cardinal de Richelieu fait voir digne de l'ambition des personnes de la condition la plus haute dans l'Église, dans l'épée ou dans la robe, lesquelles ne l'eussent pas moins recherchée pour voir votre éminence éloignée, sachant assez qu'elle ne l'était pas du cœur de Leurs Majestés, et qu'en s'attachant à ses intérêts, leurs services n'en auraient pas été moins reconnus; soit, enfin, que je la considère du côté de l'utile, puisqu'elle me servait comme d'assurance de tous les biens que j'en pouvais prétendre en bien servant, et que j'ai reçu depuis au-delà de mes prétentions et de mes espérances. Votre éminence voulut encore ajouter à la grâce d'un si grand bienfait : celle de donner des marques d'une confiance entière et même d'une très grande fermeté à maintenir le choix qu'elle avait fait, lorsque ceux qui avaient été élevés à sa recommandation aux premières charges de l'État s'étant déclarés, par diverses pratiques, de ne vouloir avoir aucune sorte de conférence avec moi, dans la vue de se rendre maîtres de ses affaires, elle leur en écrivit en des termes si pressants et si positifs, qu'ils furent contraints d'en perdre la pensée et de s'accommoder à ses intentions. Ces termes mêmes étaient accompagnés de tant de marques de sa bonté pour moi, qu'une princesse qui avait eu part à ce démêlé ne fit pas difficulté de me dire qu'elle se tiendrait bien récompensée si, après avoir servi votre éminence dix ans le plus utilement, elle recevait quatre lignes de sa main de la manière dont votre éminence aurait écrit quatre pages sur mon sujet. Une faveur en toutes façons si importante fut suivie de plusieurs autres presque en même temps : votre éminence me donna un bénéfice de mille livres de rente pour ce même frère à qui elle avait procuré une chanoinie de Saint-Quentin ; et à un autre qui venait d'être blessé sur la brèche de Chastel en Lorraine, elle fit accorder une lieutenance au régiment de Navarre ; et pour un troisième, elle obtint de la reine la direction des droits de tiers des prises faites par les vaisseaux du roi sur les ennemis de cette couronne. Mais, comme si votre éminence eût résolu de ne point laisser passer d'année sans la signaler par de nouveaux bienfaits, la suivante ne fut pas commencée, que je me vis honoré de la charge d'intendant de la maison de monseigneur le duc d'Anjou, et que je vis ce même frère gratifié d'un autre bénéfice de huit cents livres de rentes, votre éminence couronnant tant de biens par un dernier d'un prix inestimable, je veux dire par les témoignages avantageux qu'elle voulut bien rendre de moi en diverses rencontres au roi et à la reine, comme si elle eût voulu justifier ses grâces par mon mérite, quoiqu'elles n'eussent autre principe ni autre fondement que sa bonté et sa munificence. Votre éminence me les continua encore l'année 1653, par la permission que j'eus de tirer 40,000 livres de récompense de la charge d'intendant de la maison de monseigneur le duc d'Anjou, et par le dessein qu'elle forma de me faire avoir celle de secrétaire des commandements de la reine à venir. Dans le cours de la même année elle fit donner une compagnie au régiment de Navarre à celui de mes frères à qui elle avait fait donner une lieutenance[1] ; elle fit agréer mon autre frère[2] pour la direction des préparatifs et pour l'intendance de l'armée de terre destinée à l'entreprise de Naples, et nomma un de mes cousins germains[3] à l'intendance de l'armée de Catalogne, qui, depuis, fut convertie en celle de toutes les affaires de ses gouvernements de La Rochelle et de Brouage.

[1] Colbert de Maulevrier.
[2] Colbert de Croissy.
[3] Colbert de Terron.

Enfin, au commencement de l'année 1654, elle exécuta le dessein qu'elle avait conçu pour la charge de secrétaire des commandements de la reine à venir, de laquelle elle me fit revêtir, refusant ses offices pour la même charge à une personne à qui, sans cette excessive bonté qu'elle a pour moi, une infinité de raisons les devaient faire accorder. Dans la même année elle mit le comble à ses faveurs par une abbaye de 6,000 livres de rente qu'elle impétra de Sa Majesté pour mon frère. Je dois encore à l'efficace de ses bons témoignages la pensée que la reine a eue d'acheter pour moi une charge considérable de la maison du roi, avec ces paroles si avantageuses, qu'elle ne l'achèterait pas pour me faire plaisir, mais pour le service du roi son fils ; et je ne puis taire que votre éminence, même avec quelque résistance de ma part au torrent de ses libéralités, a pensé cette année encore à les accroître par un autre bénéfice de 8,000 livres de rente.

Voilà, monseigneur, en abrégé ce qui se peut exprimer et connaître des bienfaits dont je suis comblé par la bonté immense de votre éminence, étant infiniment au-dessus de mes forces d'exprimer la manière avec laquelle vous en avez su rehausser la valeur ; car, comme il n'y a que votre éminence qui puisse concevoir et produire toutes ces grâces dont vous les accompagnez, qui surpassent infiniment les bienfaits mêmes, et que vous imprimez si puissamment dans les cœurs, il n'y a qu'elle seule qui les puisse dignement exprimer. Je ne lui en dis autre chose, sinon qu'elle surpasse autant mon mérite que mes souhaits ; que leur grandeur et leur nombre m'ôtent le moyen et le loisir de les goûter comme il faudrait, et que plus sa bonté veut même relever le peu que je vaux, pour leur donner quelque apparence de justice, et plus j'en rapporte les motifs à cette bonté, sans que je prétende pouvoir jamais en demeurer quitte envers elle, quelques services que je lui puisse rendre, quand je lui en rendrais des siècles entiers.

Toutes ces grâces, monseigneur, et une infinité d'autres que votre éminence a répandues sur toutes sortes de sujets à proportion de leurs mérites, et même beaucoup au-delà, devraient bien étouffer la malice de ceux qui ont osé publier que les grâces et les bienfaits ne sortaient qu'avec peine de ses mains, et quelques-uns de ceux mêmes qui en ont été comblés ont été de ce nombre, comme si dans le même temps qu'ils recevaient ces bienfaits ils cherchaient des couleurs pour les diminuer, afin de se décharger du blâme de l'ingratitude qu'ils méditaient. C'est une matière dont personne ne peut guère mieux parler que moi : la meilleure partie de ces grâces ont passé devant mes yeux, et je n'en ai jamais vu aucune, pour peu de mérite qu'ait eu la personne qui les a reçues, qui n'ait été redoublée par la manière obligeante de la faire. Il est vrai que souvent ces grâces ont été fort ménagées, parce qu'elles étaient faites pour de très-puissantes considérations d'état, et non pour celles des personnes qui les recevaient, qui souvent en étaient très-indignes. Je dois ce témoignage à la vérité, et c'est principalement pour cela que je supplie votre éminence de souffrir que j'en fasse connaître à chacun ce que j'en ai éprouvé moi-même, afin que si quelques particuliers lui dérobent la gloire des bonnes actions qui leur ont été profitables, le public lui rende justice et ne dénie pas à ces bonnes actions la louange qui leur est due.

J'avoue, monseigneur, que votre éminence trouverait facilement une infinité d'autres sujets plus dignes que moi de sa munificence ; et toutefois, si un cœur bien persuadé de ses obligations et brûlant de désir d'y bien répondre pouvait tenir lieu de mérite, je croirais que le mien a toute la disposition dont il est capable, et que votre éminence peut justement désirer pour les grandes choses qu'elle a faites pour moi ; et du moins je ne lui laisserai pas le déplaisir de les avoir semées en une terre ingrate.

Ce n'est pas, monseigneur, que pour m'être entièrement dévoué au service de votre éminence et de sa maison et en avoir montré l'exemple à mes frères et à mes proches, ni pour élever mes enfants dans la profession de ne pas vivre et mourir que dans la religion où Dieu les a fait naître, avec le même zèle et la même constance que moi ; ce n'est pas, dis-je, que je prétende satisfaire à ce que je dois à ces bontés : mes soins et mes travaux, quelque grands et utiles qu'ils puissent être, demeureront toujours au-dessous de ce qu'elle a droit d'attendre de moi en toute l'étendue de ses intérêts et de ses commandements ; mes paroles mêmes, quelque puissantes qu'elles fussent, ne lui sauraient faire qu'imparfaitement connaître ma gratitude en lui en voulant exprimer la grandeur. Je me trouve réduit à me servir des termes trop ordinaires et trop faibles d'une protestation très-véritable d'être éternellement, avec toute sorte de respect et de dévotion,

Monseigneur,

De votre éminence,

Le très-humble, très-obéissant, très-obligé et très-fidèle serviteur,

COLBERT.

Paris, le 9 avril 1655.

On ne peut s'empêcher d'être frappé de l'expression de profonde reconnaissance qui règne dans cette lettre, et demande au retentissement de la presse de répéter partout et au loin la gratitude que l'obligé éprouve pour son bienfaiteur.

Malheureusement, l'inflexible animosité de Colbert contre Fouquet et le faux semblant de confiance et d'amitié dont il la colora pour perdre plus sûrement le malheureux surintendant, et jouir de ses dépouilles, resteront toujours une tache dans la vie de ce grand homme; une tache, si l'on considère cette trahison comme une atteinte aux lois du monde et de l'intimité, mais peut-être une action utile et profitable à la France, si l'on compare l'administration de Colbert à celle de Fouquet.

Toujours est-il que si, malgré les immenses bienfaits dont il avait doté la France, l'égoïsme et la dureté connue du caractère de Colbert lui méritèrent une peine, il la subit violente et amère : ses derniers moments furent épouvantables de souffrance et de désenchantement, et ses regrets d'avoir tant fait pour un roi qui le sacrifiait si facilement, furent atroces. Aussi lorsque Louis XIV envoya, grand formaliste qu'il était, un de ses gentilshommes s'informer de la santé du ministre mourant, Colbert refusa de le recevoir et s'écria : *Je ne veux plus entendre parler du roi, qu'au moins il me laisse mourir tranquille. Si j'avais fait pour Dieu ce que j'ai fait pour cet homme, je serais sauvé dix fois, et je ne sais ce que je vais devenir.*

Le fait est que Colbert, bien que fort convenable pour les usages religieux, s'était plus occupé des affaires du roi que de celles de sa conscience. Ennemi déclaré des jésuites, et favorisant de toutes ses forces les protestants, qu'il trouvait surtout *travailleurs, économes et patients*, il s'opposa jusqu'à sa mort, et avec la dernière vivacité, à la révocation de l'édit de Nantes que Louvois demandait déjà fort instamment, ainsi que madame de Maintenon, qui disait à ce sujet : *Il n'y aura bientôt plus qu'une religion dans le royaume; c'est le sentiment de M. de Louvois, et je le crois là-dessus bien plus que M. Colbert, qui ne pense qu'à ses finances et jamais à la religion.*

Colbert mourut ainsi sans revoir son fils; et pendant sa lente et cruelle agonie, il entendit sans doute les clameurs insultantes de la populace ameutée sous les fenêtres de son hôtel.

Et puis, lorsqu'on apprit la mort de ce grand homme, ce fut une joie, une allégresse générale. Le roi fut satisfait parce qu'il se sentait délivré d'un censeur qui devenait souvent fort importun, et qu'il voyait Louvois débarrassé de l'objet d'une haine impitoyable; la cour fut satisfaite parce qu'elle avait à se partager la dépouille du mort, et que là, comme à la loterie, tout le monde espère jusqu'au jour où les heureux sont connus; la ville fut satisfaite, parce que les Parisiens se croyaient ainsi vengés du remboursement des rentes de l'Hôtel de Ville; la populace, enfin, fut satisfaite parce que cette mort la vengeait aussi, elle, de l'immense fortune de Colbert, qu'on lui avait dit, comme toujours, être spécialement et uniquement arrosée, fécondée, nourrie de la sueur du peuple.

On ne put songer à enterrer publiquement ce grand homme, et à honorer ses cendres ainsi qu'elles devaient l'être, tant les menaces de déchirer son cadavre, ou de le traîner sur la claie, étaient devenues formidables... Aussi, le lendemain de sa mort, à une heure du matin, par une nuit obscure, on jeta le corps dans un méchant carrosse, afin de détourner les soupçons, et il fut de la sorte conduit en toute hâte dans l'église de Saint-Eustache, sous l'escorte de plusieurs cavaliers du guet.

TELLES FURENT LES FUNÉRAILLES DE COLBERT!! Telle fut la fin qui couronna cette longue, noble et glorieuse vie tout entière passée à servir utilement la France.

. . . .

A la mort de son père, le marquis de Seignelay eut la marine, et le roi répartit de la sorte le reste des charges du défunt : celle de contrôleur général des finances fut donnée à Claude Lepelletier, conseiller d'État; la charge de surintendant des bâtiments fut donnée à Louvois, avec le patronage de l'Académie de peinture et de sculpture ; et pourtant, de son vivant, Colbert avait obtenu la survivance de cette charge pour son second fils, Jules-Armand Colbert, marquis de Blainville ; mais la volonté de Louvois l'emporta sur la promesse faite par Louis XIV.

Outre Seignelay, le marquis de Blainville, et mesdames les duchesses de Chevreuse, de Beauvilliers et de Mortemart, Colbert laissa encore deux jeunes fils : Louis Colbert, âgé de seize ans, abbé de Notre-Dame de Bon-Port et prieur de Ruel, et Charles-Édouard, âgé de treize ans, chevalier de Malte, qui fut destiné à servir dans la marine.

Deux mois après la triste fin de Colbert, une autre mort assez mystérieuse fit quelque sensation : le 18 novembre 1683, mourut à Courtray, Louis de Bourbon, comte de Vermandois, fils naturel de Louis XIV et de mademoiselle de Lavallière, amiral de France, né en 1667, puis légitimé et pourvu, en 1669, ainsi qu'on l'a vu, de la charge d'amiral de France, après la disparition de M. le duc de Beaufort, lors du siège de Candie.

Il courut, sur la mort imprévue et prématurée de ce jeune prince, un bruit singulier, mais, selon toute apparence, dénué de fondement et de solidité. On disait alors qu'emporté par la violence de son caractère, M. de Vermandois ayant souffleté monseigneur le dauphin, Louis XIV irrité, avait fait répandre la nouvelle de la mort de son fils naturel, et que l'homme au masque de fer n'était rien moins que M. de Vermandois. Une de ces sortes d'imaginations avait déjà eu cours lors de la disparition de M. de Beaufort, aussi amiral de France ; mais l'extrait mortuaire de Marchiali, nom vrai ou supposé de l'homme au masque de fer, décédé à la Bastille, le 19 novembre 1703, et inhumé le 20, dans l'église paroissiale de Saint-Paul à Paris, semble démentir suffisamment ces assertions, malgré l'anagramme *hic amiral*, qu'on fit, dans ce temps-là, de ce nom de *Marchiali*. Toujours est-il que M. le comte de Vermandois disparut, et que M. le comte de Toulouse, fils adultérin de madame de Montespan et de Louis XIV ; né le 6 juin 1678, succéda au fils de mademoiselle de Lavallière dans la charge d'amiral de France dont il fut pourvu cette année 1683.

On pense quelle fut la joie de M. de Seignelay de se voir enfin chargé du département de la marine. Ce ministre avait alors trente-trois ans. On a dit dans son temps la différence complète, profonde, radicale, qui existait entre la manière de voir de ces deux hommes d'État, et qui prit un caractère croissant de contradiction, dès que Seignelay, livré à lui-même, put sans gêne ni entraves se livrer à son goût dominant : *la guerre !* goût encore irrité par la haine et la jalousie qu'il nourrissait contre Louvois.

De ce moment, tous les sages conseils, toutes les recommandations instantes et paternelles de Colbert s'effacèrent de l'esprit de Seignelay : il ne considéra plus la marine militaire comme le soutien, la conséquence, la garantie de la marine marchande et du commerce ; mais comme une arme de guerre, dorée, brillante et hardie, mais vaine et inutilement dangereuse, comme l'épée d'un spadassin. Il voulut rivaliser de folles, ruineuses et injustes agressions avec Louvois ; actif comme lui, entreprenant, glorieux, opiniâtre, résolu comme lui, il sembla lui jeter un menaçant défi qui fut encore payé par le sang et l'argent de la France.

Colbert mort, on dirait que Seignelay voulut garder comme une sorte de décorum, et attendre un *temps moral* pour commencer cette fatale carrière qui fut si courte, mais malheureusement si remplie d'irréparables erreurs, qu'à bien dire ce fut le fils de Colbert qui porta les premiers et les plus rudes coups à cette merveilleuse organisation maritime que MM. de Pontchartrain père et fils devaient tout à fait ruiner et abattre, en haine de M. le comte de Toulouse, ainsi qu'on le dira en son lieu.

Le bombardement de Gênes, en 1684, fut, à bien dire, le premier acte du ministère de M. de Seignelay, qui avait voulu une guerre à tout prix, pour essayer un peu de son autorité. De fait, le moment était des plus opportuns ; l'Europe entière était en paix sur terre, à l'exception de l'Empire qui guerroyait contre les Turcs. Et puis, ce qui surtout dut décider Seignelay à se hâter, ce fut le désir bien naturel de jouir du dépit de Louvois, qui n'aurait pas sur terre la moindre escarmouche à opposer à cette expédition maritime.

En effet, malgré et depuis la paix de Nimègue, Louvois avait incessamment jeté Louis XIV dans de nouvelles tentatives de guerre, sous le prétexte de ses prétentions sur quelques parties des Pays-Bas. En vain l'Espagne, par la crainte des suites fâcheuses que pouvaient avoir ses refus, céda quelques places ; Louis XIV en demandait d'autres, et pour appuyer ses reprises, il fit faire entre autres le blocus de Luxembourg, et accabla le pays de contributions. Le gouverneur des Pays-Bas espagnols, par représailles, publia, le 12 octobre 1683, un ordre de faire les mêmes ravages sur les terres de France. Dès lors la rupture entre les deux couronnes éclata : les troupes françaises prirent Courtrai et Dixmude, et, l'année suivante, Luxembourg, tandis que l'Espagne appelait en vain à son secours les puissances intéressées à la garantie du traité de Nimègue.

Mais cette guerre n'eut pas de durée. Louvois, ayant eu à la mort de Colbert, la surintendance des bâtiments, et se trouvant ainsi entre les mains un moyen facile et sûr d'occuper Louis XIV, d'augmenter son crédit et de se rendre nécessaire, poussa fort à la paix, et cette guerre fut terminée par une trêve de vingt ans, d'abord conclue entre la France et les Provinces-Unies, ensuite entre la France et l'Espagne, et, enfin, entre l'empereur et la France.

On le répète, Seignelay ne pouvait donc trouver de circonstances plus favorables à ses vues pour faire cette expédition de Gênes qu'il méditait, d'abord pour en tirer le plus de gloire et d'honneur possible, puis pour rendre de très-importants services à deux de ses amis les plus familiers, et enfin pour satisfaire à la superbe de Louis XIV, déjà extrêmement affriandée d'hommages publics, par les ridicules ambassades et soumissions des envoyés algériens, tripolitains et siamois.

Pour comprendre une partie de ceci, il faut remonter aux griefs reprochés à Gênes par Louis XIV, et dont le ressentiment causa la ruine de cette malheureuse ville. Ces griefs étaient au nombre de quatre, desquels deux, très-évidents et très-particuliers, étaient et furent comme absorbés dans le retentissement des deux autres, qui, au contraire, étaient fort vagues, fort incertains, et des plus contestés.

On reprochait donc aux Génois : 1° d'avoir tenu des propos

injurieux à l'honneur du grand roi ; 2° d'avoir armé et mis en mer quatre galères malgré les représentations de Louis XIV (que cet *accroissement* de forces navales *inquiétait si fort,* qu'il fit notifier au doge par son résident, que si les galères étaient lancées, il prendrait ce fait même comme une déclaration de guerre) ; 3° d'avoir refusé le passage des sels de France par Savone pour Mantoue ; 4° d'avoir refusé à M. le comte de Fiesque une indemnité qu'il réclamait de la république.

On le répète, ces deux derniers griefs décidèrent principalement Seignelay à attaquer Gênes plutôt que toute autre puissance d'Italie ; car les bonnes raisons de la force des deux premiers griefs ne lui eussent pas manqué pour prétexter toute autre guerre maritime.

Pour l'intelligence du grief dit *des sels*, il faut savoir qu'un cousin germain de madame de Biron, fort amie de M. de Chevreuse (on le sait, beau-frère de Seignelay), nommé M. de Rion, homme actif et intelligent, cadet de la maison d'Aydic, et aussi proche parent de M. le duc de Lauzun, avait été autrefois employé aux négociations de Munster : ayant, dans le cours des affaires été envoyé à Mantoue, il y forma des liaisons, et plus tard traita avec les ministres du duc d'une fourniture de sel de France, de sorte que par cet arrangement le fermier général du duc de Mantoue s'obligeait à se servir exclusivement du sel de France pendant six années.

C'était une affaire d'or pour M. de Rion, si le roi eût pu obtenir de Gênes la liberté du passage du sel par Savone pour Mantoue. M. de Chevreuse, poussé par madame de Biron, insista fort auprès de M. de Seignelay pour faire obtenir cet avantage à M. de Rion ; M. de Seignelay en parla très-vivement à M. de Croissy, son oncle, qui avait les affaires étrangères, et il fut ordonné à M. Pidou de Saint-Olon, résident de France à Gênes, de demander cette grâce à la république. Le conseil de Gênes répondit avec toutes sortes de mesures que depuis longtemps les Génois étant en possession de faire ce commerce de sel avec le duc de Mantoue, accorder le passage des sels de France par Savone serait faire un tort immense aux sujets de la république, et ruiner ainsi une de leurs branches d'industrie les plus profitables. Ces raisons ne satisfaisant pas Louis XIV, ou plutôt M. de Croissy, ou plutôt M. de Seignelay, ou plutôt M. de Chevreuse, ou plutôt madame de Biron, c'est-à-dire M. de Rion, ce refus du passage des sels demeura une des causes les plus vraies de cette expédition.

Quant à l'indemnité réclamée par M. le comte de Fiesque, très-cher et intime ami de M. de Seignelay, sa réclamation datait de fort loin. M. le comte de Fiesque était d'une branche aînée de cette illustre maison, originaire de Gênes, qui a donné tant de généraux et de prélats. Après la conjuration si connue du comte de Fiesque, toute cette maison fut proscrite, et une branche aînée vint s'établir en France. Le chef de cette branche, Scipion, comte de Fiesque, chevalier d'honneur d'Élisabeth d'Autriche, femme de Charles IX, et de Louise de Lorraine, femme de Henri III, mourut à Moulins, en 1598, à l'âge de soixante-dix ans, laissant un fils unique, qui fut tué jeune au siége de Montauban, et eut trois fils, dont l'aîné épousa la tante paternelle de madame la duchesse d'Arpajon, et fut le père du comte de Fiesque dont il s'agit ici.

Or, la famille de Fiesque avait une assez grosse indemnité à réclamer de la république de Gênes, répétition d'ailleurs fort litigieuse, et qui jusqu'alors, et depuis la proscription de la maison de Fiesque avait toujours été écartée. Seignelay, fort de l'intimité de M. et de madame de Fiesque, ainsi qu'on l'a dit, fut ravi de trouver cette occasion de faire rentrer ses amis dans une somme aussi considérable, et activa de toutes ses forces l'expédition de Gênes.

Ces 100,000 écus ne venaient pas d'ailleurs mal à propos ; car madame de Fiesque était une des femmes les plus follement prodigues du monde. Ce fut elle qui fit cette ravissante et naïve réponse à un de ses amis qui lui demandait comment elle avait fait, elle dont les affaires étaient si fort dérangées (cela se passait avant les 100,000 écus de Gênes, pour pouvoir mettre autant d'argent à l'achat d'un de ces miroirs de Venise, qui dans leur nouveauté coûtaient des sommes prodigieuses : — Mon Dieu ! — dit madame de Fiesque, — il me restait dans un coin de la Beauce une mauvaise petite ferme qui ne me rapportait que du blé, et je l'ai changée pour ce beau miroir... N'ai-je pas eu vraiment du bonheur ?

Quant à M. de Fiesque, c'était un homme prodigue comme madame sa femme, et de la meilleure et de la plus amusante compagnie; il était encore fort galant, faisait de jolis vers qu'il chantait à merveille, parfois aussi il lui échappait des épigrammes salées et mordantes, comme celle qu'il fit sur le fameux Béchameil, et qui pensa faire mourir Louis XIV de rire.

Saint-Simon dans ses *Mémoires* rapporte une scène assez vive qui se passa à Saint-Maur entre *M. le Duc* et le comte de Fiesque, au sujet d'un point d'histoire. *M. le Duc* affirmait ne se point tromper; M. de Fiesque, assez érudit, soutenait son dire sans en démordre; enfin, d'affirmations en assertions, les choses en vinrent à ce point que *M. le Duc*, pour dernier dilemme, jeta une assiette à la tête du comte de Fiesque, et le chassa de sa table. M. de Fiesque, outré, alla dîner et coucher chez le curé du village; mais M. le Duc étant plus rassis le lendemain et ayant fait toutes les avances d'un raccommodement, ils continuèrent de vivre dans la même familiarité qu'auparavant.

On n'a pas cru ces détails inutiles, en cela qu'ils donnaient un léger crayon des causes premières de cette expédition, car il est facile de se convaincre que l'ambition personnelle de Seignelay, puis les intérêts particuliers de MM. de Rion et de Fiesque, amenèrent seuls cette guerre; étant impossible d'accorder aucune solidité à ce reproche si banal de *propos injurieux contre le grand roi*, non plus que de reconnaître comme juste ce droit que Louis XIV s'arrogeait de limiter les armements de ses voisins, surtout un armement aussi inoffensif que celui de quatre galères, qui ne furent même pas armées en guerre; et qui ne servirent qu'à donner dans le port quelques divertissements.

La guerre résolue, Louis XIV, par une incroyable violation du droit des gens, agissant plus brutalement encore que le sultan n'avait autrefois agi avec M. de Guilleragues, fit mettre à la Bastille l'envoyé de Gênes, M. de Marini, avant que la guerre eût été déclarée à la république.

Voici le texte de ces deux lettres de cachet (*Arch. des aff. étr.* — *Gênes*, 1682-1685) :

ORDRE DU ROI DE FAIRE ARRÊTER LE SIEUR MARINI, ENVOYÉ DE GÊNES.

Du 28 avril 1684, à Valenciennes.

DE PAR LE ROI,

Il est ordonné au sieur exempt de la prévôté de l'hôtel et grande prévôté de France de se transporter incessamment au logis du sieur Marini, envoyé de Gênes, et de se saisir de sa personne, pour le conduire sous bonne et sûre garde au château de la Bastille, où il demeurera jusqu'à nouvel ordre de Sa Majesté.

Puis vient la lettre pour M. de Bèsemaux, gouverneur de la Bastille.

Dudit jour.

M. de Bèsemaux, ayant donné les ordres nécessaires pour conduire en mon château de la Bastille le sieur de Marini, envoyé de Gênes auprès de moi, je vous écris cette lettre pour vous dire que vous ayez à l'y recevoir et à le garder sûrement jusqu'à nouvel ordre de ma part; il faut néanmoins que vous le traitiez avec honnêteté, et que vous lui laissiez la liberté de se promener dans le château.

La présente n'étant, etc.

LOUIS.

On le répète, on ne sait que penser de cette étrange violation de toute justice, qui paraît encore plus brutale et injustement hostile, lorsqu'on lit la dépêche suivante de M. Pidou de Saint-Olon, envoyé de France à Gênes. Louis XIV, voulant hâter le terme de l'expédition, avait ordonné à son envoyé de demander ses passeports; mais, M. de Saint-Olon ayant un peu tardé, parce qu'il ne pensait pas les choses aussi avancées, fut vertement rabroué par M. de Croissy, au nom du roi. C'est à cette lettre sévère que répond M. de Saint-Olon; et on va voir combien la conduite des Génois fut différente de celle de Louis XIV, à propos de l'agent diplomatique de ce prince, qui fut, au contraire, comblé d'égards par le doge et le conseil, au moment de son départ, bien qu'il ne fût bruit dans Gênes que des préparatifs du roi de France contre cette ville.

« A Gênes, le 15 avril 1684.

» Sire,

» Ce que Votre Majesté m'a fait l'honneur de m'écrire le 12 avril me donne bien de la confusion et du chagrin, en me faisant connaître combien j'ai su mal interpréter ses royales intentions dans celle du 17 mars; et quoique je présume assez de ses grandes bontés pour me flatter qu'elle voudra bien ne point donner d'explication contraire à la sincère ingénuité des motifs qui ont retardé les effets de ma prompte obéissance, je veux, pour m'en punir moi-même et pour marquer un plus grand respect à Votre Majesté, supprimer toutes excuses qui pourraient donner à ma conduite une légère justification, et tâcher à réparer par la diligence de mon retour le crime innocent et involontaire du retardement de mon départ.

» Il eût été néanmoins, Sire, assez difficile de l'avancer suivant les termes des premiers ordres de Votre Majesté, qui ne m'enjoignaient que de repasser incessamment dans son royaume avec toute ma famille, puisque, outre les embarras nécessaires et difficiles du déménagement et du transport des meubles d'une maison entière, le peu de sûretés des chemins de terre et de mer n'ont pu me permettre encore, ainsi que Votre Majesté l'aura appris par mes précédentes dépêches, de faire partir avec mes ballots prêts et embarqués, il y a plus de quinze jours, ceux de mes gens que j'avais destinés pour les accompagner; et que je suis même obligé de laisser ici toutes mes hardes jusqu'à ce que les bâtiments français se puissent croire à couvert des courses et des prises des Majorquins.

» Mais quel qu'en doive être l'événement, je dois, Sire, et suis résolu d'en abandonner tout le soin pour n'en prendre plus d'autre que celui de me conformer entièrement aux volontés de Votre Majesté; aussi est-ce en cette vue que, n'en ayant reçu qu'avant-hier assez tard ces dernières explications, je me portai dès le soir même à l'audience des collèges pour m'en congédier, ayant cru, puisqu'il plaisait à Votre Majesté de m'en laisser le choix, qu'il était bon de faire voir à la république que je n'ai pas moins d'honnêteté sur ce qui regarde les devoirs de bienséance qu'elle aurait trouvé de désintéressement en moi sur ce qui aurait pu m'engager en quelques obligations envers elle, si elle m'en eût donné l'occasion par l'offre de quelque présent ; mais, soit pressentiment, épargne, manque de temps ou défaut de volonté, elle ne s'est point mise en état de l'éprouver, et a seulement répondu à ma civilité par l'envoi de quatre gentilshommes dont je refusai la visite, que n'ayant plus de meubles et ne songeant qu'à partir, je n'étais plus en commodité de les recevoir. Je fus au sortir de là chez monseigneur l'archevêque, je fis faire le lendemain des compliments à l'envoyé d'Espagne et au prince d'Oria, lesquels m'ont aussi rendu visite et compliments, et je me suis mis en état de partir infailliblement demain matin, sous la bonne foi d'un passeport authentique que j'ai obtenu du comte Melgard, pour me rendre incessamment, et par la voie la plus courte, aux pieds de Votre Majesté.

» Cependant, Sire, pour ne pas manquer de rendre compte à Votre Majesté, comme je le dois, de ce que j'apprends de ce qui se passe ici pendant que j'y suis, je me donnerai l'honneur de lui dire qu'il n'y paraît pas moins de terreur que de certitude d'une prochaine attaque de Gênes ou de Savone par l'armement naval de Votre Majesté, et que les différents avis que ces gens-ci en reçoivent, joints à ce que le sieur de Marini leur écrit de la réponse peu satisfaisante que Votre Majesté a nouvellement faite aux instances réitérées de milord Preston en leur faveur, les ont jetés dans une consternation si grande et si subite, que rien n'est pareil à la précipitation de leurs conseils et à l'aveuglement de leurs résolutions. Ils s'assemblent soir et matin depuis cinq ou six jours ; ils ont fait quantité d'officiers pour l'artillerie, pour la marine, pour leurs murailles et pour le commandement des troupes qu'ils prétendent employer à leur défense ; ils ont dépêché à Milan et envoyé prier le résident d'Espagne de joindre ses offices à leurs instances pour hâter la venue des galères de Sa Majesté Catholique ; et les collèges ont enfin fait passer au grand conseil la dérogation si souvent tentée par le doge et la faction d'Espagne, de la loi qui ne permettait pas au consigliette de faire aucunes ligues, traités, confédérations et autres choses de cette nature, qu'elles ne fussent autorisées par le concours des quatre-cents, de leurs suffrages, en sorte que les deux tiers y suffiront dorénavant; et comme ceux qui sont opposés à cette faction ne composent pas ce nombre, il est constant qu'on peut dire que la république est aujourd'hui sous l'entière disposition du parti d'Espagne; mais il y a beaucoup d'apparence que sous un chef qui lui sera moins dévoué, cette nouvelle loi, qui donne au consigliette une autorité trop étendue et trop importante aux intérêts généraux et particuliers de toute la noblesse, pourra bien recevoir des atteintes préjudiciables à l'union et à la tranquillité de ce gouvernement.

» Les galères qui étaient allées en Corse en sont revenues avant-hier et ont tiré la république par leur retour d'une grande appréhension qu'elle avait conçue sur leur sujet.

» Voilà, Sire, toute l'information que le peu de temps qui me reste encore à être ici me permet d'en donner à Votre Majesté, que je supplie très-humblement de n'écouter que les mouvements de sa clémence et de ses bontés ordinaires, dans le compte que je me dispose à lui aller rendre incessamment de ce qui n'a eu pour objet dans toutes les fonctions de mon ministère qu'une obéissance soumise et respectueuse et un désir extrême de faire connaître à Votre Majesté qu'on ne peut rien ajouter à la fidélité parfaite et au zèle inviolable avec lesquels je suis, comme je dois,

» Sire,

» Votre très-humble et très-obéissant serviteur,

» Pidou de Saint-Olon. »

(*Affaires étrang. Gênes,* 1683-84, p. 411 et suiv.)

Seignelay voulant hâter lui-même l'armement de la flotte et l'embarquement des troupes, partit pour Toulon, où il arriva le 25 avril. Le 5 mai il partit avec l'armée navale, composée de 14 vaisseaux de guerre, de 20 galères, 10 galiotes, 26 tartanes, 2 brûlots et 8 flûtes.

Bien que Du Quesne dût commander en chef cette expédition, ce fut M. de Seignelay qui, en assumant sur lui-même toute la responsabilité, donna, comme ministre, des ordres qu'il exécutait comme général. Le mécontentement de Du Quesne, aigri d'ailleurs par l'âge et de fréquentes et continuelles injustices, fut tel, qu'il refusa de prendre aucune part au commandement de l'expédition, signifiant nettement *qu'il la commanderait en chef et selon ses vues, ou qu'il ne mettrait pas le pied hors de sa chambre.* M. de Seignelay ne tint compte de ces menaces, et Du Quesne agit ainsi qu'il l'avait dit.

La flotte partit donc le 6 mai 1684.

Les VAISSEAUX étaient :

L'*Ardent.*	Du Quesne-Guiton, capitaine. — Du Quesne, lieutenant général.
Le *Ferme.*	Chevalier d'Ailly.
Le *Vigilant.*	De La Roque.
L'*Aimable.*	De Saint-Aubin.
Le *Parfait.*	Chevalier Desgouttes.
L'*Assuré.*	De Belle-Ile-Érard.
La *Fortune.*	Chevalier de Mèné.
Le *Saint-Jacques.*	De Septesmes.
Le *Fleuron.*	Marquis de Laporte.
L'*Aquilon.*	Chevalier de Bellefontaine.
L'*Indien.*	Forau.
Le *Capable.*	De Lamotte.
Le *Bizarre.*	De Chaumont.

LES GALÈRES.

La *Réale.*	Le duc de Mortemart.
—	M. le marquis de Seignelay.
La *Patrone.*	Le chevalier de Noailles, lieutenant général.
L'*Invincible.*	Le chevalier de Berthomas, chef d'escadre.
La *Forte.*	Le chevalier de Breteuil, chef d'escadre.
La *Victoire.*	Le chevalier de Janson.
La *Peine.*	De Montolieu.
La *Valeur.*	Duvivier.
La *Sirène.*	De Forville.
La *Grande.*	De Monbousquet.
La *Belle.*	Le chevalier de Bucil.

La Favorite.	Le chevalier de Piennes.
La Hardie.	Le chevalier de Saint-Herem.
L'Amazone.	Le chevalier de Rochechouart.
La Fidèle.	De Montfuron.
La Galante.	Le chevalier de Buous.
La Ferme.	Le vicomte de Lauzun.
La Dauphine.	Le chevalier de La Fare.
La Fleur de lis.	Le comte du Luc.
La Couronne.	Bourseville.
La Perle.	Le chevalier de Tincourt.

LES GALIOTES.

La Brûlante.	La Péaudière.
La Cruelle.	De Pontac.
La Bombarde.	Decombes.
La Menaçante.	Goneton.
La Foudroyante.	De Lamotte-Airan.
L'Ardente.	Du Quesne-Monnier.
La Fulminante.	Goubaut.
La Belliqueuse.	Beaussier-Felax.
La Terrible.	Patoulet.
L'Éclatante.	De Grandpré.

BRULOTS.

L'Hameçon.	Serpaut.
Le Caché.	Blin.

Favorisé par le temps le plus propice, la flotte française arriva devant Gênes le 17 mai. Voici deux relations des événements de cette expédition : l'une est adressée à M. de Louvois, et l'autre à M. de Croissy ; dans la seconde, surtout, on trouve d'étranges détails et particularités sur les ravages occasionnés par le bombardement, et sur le massacre de plusieurs Français qui furent victimes de l'exaspération des Génois.

A M. LE MARQUIS DE LOUVOIS.

« A bord de la Réale, devant Gênes, le 19 mai 1684.

» Quoique je ne doute pas, monsieur, que vous n'appreniez

par de meilleures plumes ce qui se passe ici, je ne laisserai pas de vous en faire un petit détail.

» Nous arrivâmes avant-hier au soir devant cette superbe ville, la flotte mouilla hors de la portée du canon ; après que nos galères eurent remorqué les vaisseaux et posté les galiotes à la petite portée du canon, elles donnèrent un cap aux vaisseaux. La nuit se passa fort tranquillement, et hier matin le sénat envoya le maître des cérémonies à M. le marquis de Seignelay, pour savoir s'il trouverait bon que des députés vinssent le complimenter, à quoi il consentit. Ils furent à neuf heures du matin sur le vaisseau *l'Ardent*, et après leur harangue, M. de Seignelay leur fit un fort beau discours sur la conduite qu'ils ont tenue à l'égard du roi, et leur expliqua les intentions de Sa Majesté, qui sont d'avoir quatre de leurs galères, dont l'une serait tout armée, la liberté du passage des sels à Savone, et quatre sénateurs pour aller demander pardon au roi. Ils répondirent avec beaucoup de respect et de soumission et demandèrent vingt-quatre heures pour aller assembler leur conseil; M. le marquis de Seignelay ne leur accorda que jusqu'à cinq heures du soir. Il y avait, avec ces députés, un envoyé du général des galères d'Espagne, qui venait prier, de la part de son maître, de faire ôter certains bâtiments (c'est son terme) qui étaient mouillés sous son canon et qui l'incommodaient (il voulait dire nos galiotes), à quoi on ne fit aucune réponse. Les députés s'en retournèrent avec un mémoire des demandes qu'on leur faisait; M. le marquis leur dit même qu'il n'y avait rien à changer, et que s'ils tiraient un coup de canon il n'aurait plus de propositions à leur faire et que le roi ne leur pardonnerait jamais. Sur les quatre heures et demie, la ville tira deux coups de canon sans boulets, et un moment après ils commencèrent tout de bon, et nos galiotes répondirent sur-le-champ avec leurs bombes ; elles ont continué toute la nuit, et à l'heure, monsieur, que je vous écris, il y en a environ deux mille cinq cents de tirées, qui ont fait un fort grand désordre dans la ville, autant que l'on peut en juger par la fumée qui en sort continuellement. Nous avons été depuis hier jusqu'à sept heures du matin avec dix galères pour soutenir les galiotes et pour empêcher que les galères qui sont armées à l'embouchure du port ne les enlevassent. La ville n'a pas fait grand feu cette nuit, leurs canons étant fort petits du côté qu'elle a été attaquée ; ils ont changé leurs batteries, et apparemment que cela ira mieux dans la suite. On attend un temps favorable pour faire tirer la grosse bombe qui tient deux milliers de poudre et qui doit faire un furieux fracas. Voilà, monsieur, ce qui s'est passé jusqu'à présent ; j'aurai soin de vous informer de la suite de cette guerre ; cependant je vous supplie de m'accorder toujours quelque part dans votre estime, que je puis dire en mériter quelque façon, monsieur, par l'attachement que j'ai pour vous.

» Mes compliments, s'il vous plaît, à nos amis et amies, et faites-moi l'honneur de me donner quelquefois de vos nouvelles, dont je suis bien en peine.

» Je suis véritablement, monsieur, etc.

» SAINTE-BEUVE. »

(*Bibl. roy. Mss.*)

DÉTAIL DE CE QUI S'EST PASSÉ DEVANT GÊNES, DEPUIS LE 17 MAI QUE L'ARMÉE Y EST ARRIVÉE, JUSQU'AU 28 QU'ELLE EN EST PARTIE.

« M. le marquis de Seignelay étant arrivé devant Gênes avec quatorze vaisseaux, dix galiotes, deux brûlots, deux frégates, huit flûtes, vingt-et-une tartanes, trente chaloupes, trente-huit bateaux, dix felouques et vingt galères. Après les saluts et les cérémonies accoutumés du sénat, qui députa à M. de Seignelay le 18, sur les neuf heures du matin, après leur avoir fait connaître les intentions du roi et les sujets de plainte qu'ils ont donnés à Sa Majesté, leur demanda de sa part les quatre corps de galère qu'ils firent construire l'année dernière et armer pour les Espagnols, l'une desquelles serait armée et en état de naviguer ; l'entrepôt du sel à Savone, et que quatre sénateurs iraient demander pardon au roi de leur conduite à son égard, et le prier d'oublier le passé.

» Les députés du sénat demandèrent avec beaucoup de soumission du temps pour assembler le conseil et en délibérer. M. de Seignelay leur accorda jusqu'à cinq heures du soir, et leur dit que s'ils passaient cette heure, ce ne serait plus les mêmes conditions, et qu'ils devaient s'attendre à la désolation de leur ville s'ils n'accordaient pas ce qu'il leur demandait de la part de Sa Majesté.

» Cependant l'armée se mit en état, et les galiotes se postèrent sous le canon de la ville, et si près que le commandant des galères de Gênes envoya prier M. de Seignelay de faire retirer ces bâtiments qui étaient sous son canon, à quoi l'on ne fit aucune réponse.

» Sur les quatre heures et demie, les Génois, au lieu de venir rendre compte de leur délibération, tirèrent sur nos galiotes, lesquelles commencèrent à jeter des bombes dans la ville, et ont continué jusqu'au 22, que M. de Seignelay fit cesser le feu, et envoya le major des vaisseaux leur dire qu'il était informé du désordre que les bombes avaient fait dans leur ville, qu'ils étaient encore à temps de répondre aux propositions qu'il leur avait faites; ils demandèrent jusqu'au lendemain, ne pouvant pas répondre sur l'heure sans s'assembler.

» Le lendemain matin, M. de Seignelay ne recevant point de réponse, fit recommencer de jeter des bombes; quelque temps après, ils envoyèrent un homme sans caractère dire qu'ils ne pouvaient point s'assembler sous le feu et à la chaleur des bombes; que leur consolation était qu'ils n'avaient point mérité le traitement qu'ils recevaient, et que toute la chrétienté les plaindrait. On recommença à tirer de part et d'autre, et à résoudre la descente qui avait été projetée.

» Le 24, deux heures avant le jour, M. le marquis d'Amfreville, chef d'escadre, fit une fausse attaque du côté de l'est, proche les infirmeries, avec six cents hommes, et M. le duc de Mortemart fit une descente à la pointe du jour à Saint-Pierre-d'Arène, avec deux mille cinq cents hommes, et sous lui M. le chevalier de Tourville, lieutenant général, MM. les chevaliers de Léry et de Berthomas, chefs d'escadre, avec plusieurs capitaines et officiers subalternes des vaisseaux, huit capitaines de galère et cinquante-deux officiers subalternes, le major des galères, les gardes et officiers de la compagnie de M. le duc de Mortemart.

» L'on débarqua proche un pont du côté de l'ouest, vis-à-vis une enceinte de murailles, où on trouva une forte résistance, d'où les ennemis firent un très-grand feu; s'y étant retranchés, ils en furent vigoureusement chassés par les ordres que M. le duc de Mortemart donna si à propos dans le commencement et dans la suite de l'action, qu'il s'est fait admirer dans le succès d'une entreprise aussi dangereuse.

» M. le chevalier de Léry se fut poster proche un marais rempli de roseaux et un petit bois couvert, où une partie des ennemis s'était retirée, et d'où ils continuèrent de faire un très-grand feu, pour leur ôter la communication d'un pont qui leur était fort avantageux; quelques-uns se cachèrent dans les palais et nous tuèrent assez de monde, sans pouvoir découvrir d'où venait le feu.

» Une autre partie des ennemis gagna du côté de l'est, vers le fanal; MM. les chevaliers de Tourville et de Berthomas, avec d'autres officiers des vaisseaux et des galères, les suivirent, et coupèrent le chemin à ceux qui pouvaient venir du côté de la ville.

» M. le duc de Mortemart ayant fait poster le reste de ses troupes en divers endroits du faubourg du côté de la ville, et ayant donné les ordres nécessaires pour s'en rendre le maître, ordonna qu'on fît débarquer les artifices et qu'on commençât de mettre le feu au faubourg du côté de la ville, toujours en se retirant jusqu'au lieu où l'on avait fait le débarquement, et d'où il fit sa retraite après que le feu eut été mis par tout le faubourg.

» M. le chevalier de Noailles, lieutenant général des galères, et M. le commandant de La Bretesche, chef d'escadre, furent commandés, avec dix galères, pour canonner les batteries du fanal et pour favoriser la descente et la retraite de nos troupes; six galères par M. le chevalier de Breteuil, chef d'escadre, pour soutenir les galiotes; et les quatre autres par M. le comte de Bueil, capitaine de galère, pour la fausse attaque de M. le marquis d'Amfreville.

» Cette action ne se fit pas sans une perte considérable de part d'autre.

VAISSEAUX.

MM. Le chevalier de Léry, tué.
Le marquis d'Amfreville, dangereusement blessé.

MM. Le chevalier Des Adrets, capitaine, dangereusement blessé.
De La Motte, capitaine, prisonnier ou tué.
De Bois-Joly, lieutenant, *idem*.
Le marquis de Mongon, lieutenant, tué.

Lieutenants.

MM. De Perussis, dangereusement blessé.
De Nointel, *idem*.
De Chaulieu, *idem*.
De Beaujeu, légèrement.
De Sartaux, *idem*.
De Surgères, *idem*.
Le chevalier Desgouttes, *idem*.
Le chevalier de Brayers, *idem*.

Enseignes.

MM. De Pontis, commissaire d'artillerie, légèrement blessé.
Le marquis de La Rivière, tué.
De Sourche, dangereusement blessé.
Le chevalier de Bussy, légèrement blessé.

Gardes anciens.

MM. Le comte de Tourville, tué (neveu du chevalier de Tourville).
D'Argy, blessé.
Gaudemart, *idem*.
Du Chesneau, *idem*.
Constantin, *idem*.
De Grenonville, *idem*.
Un garde nouveau, tué.
Vingt-deux blessés.
Dix-sept prisonniers ou morts.
Un volontaire blessé.
Un prisonnier ou tué.
Sept matelots tués.
Quatorze blessés.
Neuf grenadiers prisonniers ou tués.
Quatorze soldats tués.
Quarante-et-un blessés.

             Morts. 26
             Blessés 97
             Prisonniers ou tués. 29
                                ———
                  Total. 152

   GALÈRES.

MM. Dagoust, sous-lieutenant de *la Réale* et lieutenant
    des grenadiers, dangereusement blessé.
  Le chevalier Chasteuil, enseigne et sous-lieutenant
    des grenadiers, tué.
  Le chevalier Moncy, enseigne et sous-lieutenant des
    grenadiers, tué.
  Trois bas officiers tués et cinq blessés.
  Quatorze soldats tués et trente blessés.
  Un matelot tué et sept blessés.
  Six forçats blessés.
             Morts. . . . 18
             Blessés . . . 48
                          ———
             Total. . . . 66
                     (*Bibl. Roy.*)

Telle fut l'issue de cette sanglante et véritablement injuste agression, les faubourgs de Gênes la Superbe furent réduits en cendre ; presque tous les édifices publics, ainsi que les magnifiques palais du doge et des sénateurs, furent ruinés et écrasés par les bombes qui furent tirées au nombre de 2 à 3,000 ; car après l'incendie des faubourgs de Gênes, le bombardement recommençant les 25, 26 et 27 mai, on continua de jeter des bombes.

Enfin le 28, Seignelay donna le signal du rembarquement des troupes : les chaloupes allèrent en plein jour remorquer les galiotes sous le feu des batteries de Gênes, et le soir Seignelay partit pour Toulon sur une frégate ; le duc de Mortemart mit à la voile avec les galères pour aller croiser sur les côtes de Catalogne, et le 29 Du Quesne mit à la voile avec ses vaisseaux pour la même destination.

Ce qu'il y eut surtout de fâcheux dans cette injuste attaque, ainsi qu'on l'a déjà dit, c'est que la plupart des marchands français habitant Gênes furent à jamais ruinés, et que plusieurs furent massacrés par la populace; car Seignelay voulant tenir son expédition la plus secrète possible, afin d'en assurer le succès, n'avait pu faire prévenir les marchands français de se retirer; aussi furent-ils victimes de ces expédients.

Quant au ravage causé par les bombes et l'incendie, il est à peine croyable, et plusieurs relations l'élèvent à plus de 100 millions. On va citer, à ce sujet, une dépêche de M. Lenoc, envoyé peu de temps après à Gênes par M. de Croissy, ministre des affaires étrangères, auquel il rend compte de ce qu'il a vu dans cette malheureuse ville.

RELATION DU BOMBARDEMENT DE GÊNES.

« Sur les premières nouvelles qu'on reçut à Gênes que l'armée navale du roi venait de ce côté-là, les marchands français y furent menacés par le peuple, et ne purent depuis sortir quoi que ce soit de leurs maisons, parce que leurs voisins les en empêchèrent; lorsque la flotte parut, les menaces devinrent plus violentes, et les Français ne voyant pas de sûreté pour leur vie, prirent le parti d'abandonner leurs biens et leurs familles pour se retirer les uns dans la ville, les autres dehors dans des couvents de religieux. D'abord qu'on eut tiré les premières bombes, on pilla les principaux, sans même épargner le sieur Aubert, consul de la nation; on enfonça les portes de leurs boutiques, on prit leur argent, leurs meubles, leurs marchandises; et leurs papiers, aussi bien que leurs livres de compte, furent brûlés ou déchirés. Le lendemain il se forma dans la ville un corps d'environ quatre cents hommes du peuple, lesquels, agissant de leur chef et de concert, se divisèrent en quatre troupes et achevèrent d'enlever tout ce qu'ils découvrirent appartenant aux Français. Ils en usèrent de même à l'égard de plusieurs Piémontais; et, sous prétexte de chercher ceux de l'une ou de l'autre nation qui se cachaient, ils entrèrent dans les maisons de quelques Génois et les pillèrent; mais le sénat, pour prévenir la suite de ces désordres, commit le sieur Carlo Tassis, maître de camp général, avec une pleine autorité de se servir des voies qu'il jugerait à propos pour cela, lequel fit publier une défense générale, sous peine de la vie, de porter des armes, et commanda quelques détachements des troupes d'Espagne qui arrêtèrent en deux jours trente ou quarante de ces voleurs, qu'il fit arquebuser, et par là il dissipa entièrement les autres ; ce qui donne lieu aux Espagnols de se vanter qu'ils ont sauvé Gênes, autant de ses propres habitants que des armes des Français. Le sénat fit ensuite publier que tous ceux qui avaient pillé les effets des Génois et des étrangers eussent à les rapporter au palais neuf, à peine de la vie ; mais il y en eut si peu qui obéirent, qu'on peut dire que cet ordre demeura sans exécution. Cependant la perte des Français a été fort grande, et les Génois même tombent d'accord qu'elle va à plus de 500,000 écus.

» Il serait long et inutile de faire ici le détail des insultes qui ont été faites presque à tous les Français qui ont paru en ce temps-là dans les rues : il suffira de dire qu'il y en a deux qui ont été tués, l'un avec une barbarie sans exemple, l'autre avec une perfidie qui fait horreur. Le premier fut avec une troupe de Génois, qui en le menant lui donnaient à l'envi des coups de baïonnettes, et qui, l'ayant conduit sur le môle, lui coupèrent la tête, mirent son corps en quartiers et en jetèrent les pièces dans les canons qu'on tirait sur la flotte du roi ; l'autre s'étant réfugié avec tous ses effets chez un Génois qui se disait son ami et qui lui avait offert sa maison, fut tué par cet homme d'un coup de pistolet par derrière.

On n'a point su encore précisément les noms des Génois qui ont été maltraités pour avoir été soupçonnés d'être d'inclination française, si ce n'est le sieur Christophe Centurion, qui fut pris, attaché et battu par une troupe de canailles, des mains desquelles Hippolyte Centurion, son parent, qui commandait au môle, ne le put tirer qu'en les assurant que c'était pour le faire mourir plus ignominieusement ; mais il ne le garda qu'un jour ou deux, après quoi il le laissa aller pour lui donner le moyen de se remettre en sûreté à la campagne.

» On pourrait encore comprendre dans ce nombre le capitaine Pallavicini de la Valteline, lequel, accusé d'intelligence avec les Français pour avoir supposé, à ce qu'on dit, un ordre qui ne lui avait point été donné de changer de poste, fut mis en prison et y est encore.

» On n'a point appris que les nobles aient aucune part aux mauvais traitements qui ont été faits aux sujets de Sa Majesté; ils ont, au contraire, aidé à les sauver; ils les ont fait recevoir dans leurs maisons de campagne, et leur ont fait donner des escortes pour sortir de l'État, après en avoir retenu une partie dans les palais pour les mettre à couvert de la fureur du peuple. Les deux courriers ordinaires de Rome, qui dans les commencements s'étaient malheureusement engagés dans la ville, ont assuré aussi que le doge et les officiers de la république leur avaient accordé tout ce qu'ils avaient demandé pour se garantir d'insulte. On a su même que Dominique Spinola ayant été accusé d'avoir donné asile à quelques Français en son château de Campi, comme il était vrai, le sénat ne l'a point désapprouvé.

» A l'égard de l'effet des bombes, il a été terrible de toute manière. Les premières qui tombèrent dans la ville y mirent partout d'abord une confusion incroyable, et elle augmenta considérablement lorsque la nuit fit voir plus distinctement les feux dont le palais public et ceux des particuliers étaient embrasés. Ce fut alors que la plupart des gens, même ceux de la noblesse, abandonnèrent leurs maisons pour mettre leurs personnes en sûreté, et se sauvèrent sur la montagne; le doge s'y retira avec sa femme, et fut loger avec le conseil à l'Albergo; ce qui a fait dire que le roi a mis le sénat à l'hôpital. Mais le lendemain chacun ayant pensé à enlever de chez soi ce qu'il y avait de meilleur, ce fut une autre manière de confusion : les hommes et les femmes de toutes sortes de condition allaient criant et courant confusément dans les rues, chargés de tout ce qu'ils pouvait porter, sans savoir même où ils le devaient mettre; et ce fut en ce temps-là que, sous l'escorte d'un détachement d'Espagnols, on fit transférer à l'Albergo le trésor de Saint-Georges, et que les juifs qui se réfugièrent hors de la ville, se mirent sur une colline où ils avaient porté tout ce qu'ils avaient sorti de leurs maisons, et comme ils étaient campés sous des tentes en fort grand nombre, il semblait que ce fût une nouvelle ville.

« Enfin la perte est si considérable, que parmi ceux qui la

connaissent davantage, les uns disent qu'elle est de 60,000,000 de livres, monnaie de France, les autres qu'on ne saurait presque l'estimer si l'on fait réflexion aux bâtiments, aux marbres, aux peintures, aux meubles et aux marchandises qui y ont péri ; un marchand joaillier a même dit qu'il s'y était fondu une quantité considérable de perles, dont on fait un grand commerce dans cette ville-là.

» Mais, quelques désordres qu'il y ait dans la ville, il n'y en a pas moins dans le gouvernement. Le doge, quatre sénateurs et quatre nobles, tous attachés à l'Espagne par leurs intérêts particuliers, et qui ont été nommés dans cette conjoncture, par la république, pour la direction générale des affaires avec une autorité entière et indépendante des conseils, en forment un qu'ils appellent la junte, et sont les maîtres absolus de toutes les délibérations ; en sorte qu'il ne faut pas s'étonner s'ils ont fait, depuis le départ de l'armée navale du roi, une nouvelle ligue offensive et défensive avec l'Espagne, et s'ils ont donné un décret portant défense à tous les Génois de proposer de s'accommoder avec la France que du consentement de l'Espagne. Ils ont envoyé leurs dix galères, commandées par Jean-Marie Doria, à la rencontre de celles d'Espagne, lesquelles étant arrivées le 16 de ce mois devant Gênes, au nombre de vingt-sept, et ayant été saluées, selon la coutume, n'ont répondu que par trois coups de canon, et ont commencé par là à traiter les Génois comme leurs sujets ; ces galères n'ont pas été plus tôt dans le port, que les officiers qui les commandent y ont choisi les lieux où ils ont voulu les placer, et on mis en chacune de celles de la république une compagnie de Napolitains pour en être les maîtres comme des leurs ; dans le même temps on a remis aux troupes du Milanais qui étaient dans la ville les postes du palais public, du Castellet, de la Lanterne, la porte du Pont-Réal et celle de Saint-Thomas ; de sorte que ce jour-là a paru celui d'une véritable prise de possession, et que les Espagnols commencent à dire que l'acquisition de Gênes peut bien les consoler de la perte du Luxembourg. Cependant la junte a résolu de faire construire encore trois galères, lesquelles, avec les dix autres et les vingt-sept d'Espagne, feront une flotte de quarante. Par un décret qu'elle a fait publier, elle accorde le titre de noblesse à qui armera un vaisseau pour aller en course contre les Français, et promet des récompenses à ceux qui voudront armer des barques à même fin. Pour subvenir aux dépenses nécessaires, cette junte a résolu de faire de nouvelles impositions, outre la taxe de trois pour cent qui fut faite il y a un mois sur tous les sujets de la république; et parce que quantité de noblesse et de bourgeoisie avait quitté la ville dans le commencement du désordre, on a publié un décret par lequel il est ordonné aux absens de revenir, et défendu à tous autres d'en sortir, à peine de confiscation de leurs biens.

» Le terze espagnol de don Francisco de Cordova, celui des Napolitains du marquis de Grottolé, celui de Lombardie de Cappotroppa, capitan Barile, sont du nombre des troupes que le comte de Melgard a mises dans Gênes; mais c'est la république qui les paîe et qui fournit le pain de munition. »

(*Affair. étrang. Gênes,* 1682-84, p. 203.)

Il serait difficile d'exprimer l'étonnement profond où cette sanglante et vaine expédition de Gênes plongea l'Europe; l'indignation fut à son comble, et les motifs qui poussaient la Hollande, l'Empire, l'Espagne et plusieurs électorats à fonder assurément la ligue d'Augsbourg s'en accrurent d'autant.

A son retour, Seignelay fut parfaitement reçu du roi qui, ravi d'avoir si vaillamment châtié cette misérable république, fit signifier au doge que si satisfaction ne lui était pas donnée il recommencerait le bombardement l'année prochaine. Mais le pape intervint, et Louis XIV, qui avait d'ailleurs besoin de ses forces pour une grande et lucrative entreprise contre les Barbaresques, prêta l'oreille à un accommodement.

Au mois de janvier 1685, le roi fit donc sortir de la Bastille l'envoyé de Gênes, ainsi qu'on le voit par la lettre suivante.

« 14 janvier 1685.

» Monsieur de Bèsemaux,

» Je vous fais cette lettre pour vous dire maintenant que, sitôt que vous l'aurez reçue, mon intention est que vous mettiez hors de mon château de la Bastille et en pleine liberté de sa personne le sieur Marini, envoyé de Gênes, moyennant quoi vous en demeurerez bien et valablement déchargé; et n'étant à autre fin, je prie Dieu, etc.

» LOUIS. »

(*Affair. étrang. Gênes,* 1241-1686, p. 13.)

Voici le texte du traité conclu avec la république de Gênes le 2 février 1685. On y remarquera surtout l'article V. Par cet article, fort conséquent d'ailleurs avec la pensée qui dicta, la même année, la révocation de l'édit de Nantes, Louis XIV, mu par l'égoïsme religieux le plus implacable, *consacre au rétablissement des lieux saints détruits par ses bombes les sommes qu'il exige de cette république comme indemnité des pertes immenses que les Français habitant Gênes ont soufferts pendant le siège de cette ville.*

Ainsi ce fut au prix de la ruine de ses malheureux sujets que le grand roi fit rétablir les couvents et les églises d'une ville ennemie et étrangère! Mais il est juste aussi de dire que par l'article VI du même traité, Louis XIV réclame et obtient de la même république 100,000 écus, pour que cette pauvre madame de Fiesque n'en soit plus réduite à troquer ses fermes de Beauce pour des miroirs de Venise.

Tel est le texte du traité signé de Colbert de Croissy et du nonce du pape comme médiateur.

« Louis, par la grâce de Dieu, roi de France et de Navarre, à tous ceux qui les présentes lettres verront, salut :

» Comme notre amé et féal conseiller en tous nos conseils, président à mortier en notre Cour de parlement de Paris, secrétaire d'État et de nos commandements et finances, le sieur Colbert, chevalier, marquis de Croissy, en vertu du plein pouvoir que nous lui en avions donné, aurait conclu, arrêté et signé, le 12 février dernier, avec le sieur marquis de Marini, envoyé extraordinaire de la république de Gênes, pareillement muni de pleins pouvoirs de ladite république, les articles par eux accordés à ladite république, dont la teneur s'ensuit.

» Le roi ayant rétabli le repos de toute l'Europe par les traités de Trêve, signés à Ratisbonne, le 15 août dernier, et Sa Majesté se voyant dans une pleine et entière liberté de prendre contre la république de Gênes telles résolutions qu'elle aurait estimées être les plus convenables à sa gloire et à sa justice, elle a néanmoins bien voulu, en considération de Sa Sainteté, dont les soins infatigables pour la conservation de la tranquillité publique ne peuvent être assez estimés, préférer les voies de douceur à celle de la force et des armes; et sur les assurances qui ont été données à Sa Majesté par le sieur archevêque Ranuzzi, évêque de Gano, nonce extraordinaire de Sa Sainteté, de l'entière résignation desdits Génois aux conditions qu'elle leur a demandées, et du pouvoir qu'ils ont envoyé au sieur de Marini, envoyé extraordinaire de la république de Gênes auprès de Sa Majesté, pour les accepter en leur nom, et en convenir avec celui qu'il plairait à Sa Majesté commettre pour en dresser et signer les articles, elle aurait autorisé à cet effet le sieur Colbert, chevalier, marquis de Croissy, conseiller du roi en tous ses conseils, secrétaire d'État et des commandements de Sa Majesté, lequel en vertu du pouvoir qui sera ci-après inséré, aurait avec le sieur de Marini, autorisé par la république de Gênes, en vertu de la lettre des ducs, gouverneurs et procurateurs de ladite république, signée Girolamo de Marini et Carlo Mascardi, et datée du 29 janvier 1685, qui sera ci-après transcrite, arrêté, conclu et signé les articles suivants:

I.

» Que le doge à présent en charge et quatre sénateurs aussi en charge se rendront, dans la fin du mois de mars prochain ou au plus tard dans le 10 avril, en la ville de Marseille ou autre ville du royaume, d'où ils s'achemineront au lieu où Sa Majesté sera. Lorsqu'ils seront admis à son audience, revêtus de leurs habits de cérémonie, ledit doge, portant la parole, témoignera au nom de la république de Gênes l'extrême regret qu'elle a d'avoir déplu à Sa Majesté; et se servira dans son discours des expressions les plus soumises, les plus respectueuses, et qui marquent le mieux le désir sincère qu'elle a de mériter à l'avenir la bienveillance de Sa Majesté et de la conserver soigneusement.

II.

» Le doge et les quatre sénateurs rentreront, à leur retour à Gênes, dans leurs charges et dignités, sans qu'il en puisse être mis d'autres à leurs places pendant leur absence, ni lorsqu'ils seront retournés, sinon après que le temps ordinaire de leur gouvernement sera expiré.

III.

» La république de Gênes congédiera, dans le temps d'un mois, toutes les troupes espagnoles qu'elle a introduites dans les villes, places et pays dépendants dudit État, et renonce dès à présent, en vertu de ce traité, à toutes les ligues et associations qu'elle pourrait avoir faites depuis le 1er janvier 1683.

IV.

» Lesdits Génois réduiront aussi, dans le même temps, leurs galères au même nombre qu'ils avaient il y a trois ans, et pour cet effet désarmeront celles qu'ils ont fait équiper depuis.

V.

» Sa Majesté ayant demandé que la république de Gênes dédommageât tous les Français, non-seulement de ce qui leur a été pris et enlevé, tant dans la ville de Gênes que dans le pays qui en dépendait, mais aussi de toutes les prises qui ont été faites sur eux par les vaisseaux et autres bâtiments armés ou autorisés par lesdits Génois, suivant l'état qui en serait dressé et fourni dans trois mois; et ladite république ayant offert de rendre aux sujets de Sa Majesté tout ce qu'elle a pu retirer des effets qui leur appartiennent, Sa Majesté acceptant ladite offre, mais suivant les mouvements de sa piété, a bien voulu se contenter qu'au lieu des dédommagements ci-dessus dits, ladite république s'obligeât, comme elle fait par cet article, de contribuer à la réparation des églises et lieux sacrés qui ont été ruinés ou endommagés par les bombes, que le refus de donner à Sa Majesté une juste satisfaction a attirées indistinctement sur ladite ville, toute la somme d'argent que N. S. P. le pape estimera convenable, Sa Majesté remettant aussi à Sa Sainteté de régler le temps dans lequel lesdites réparations devront être faites.

VI.

» Le comte de Fiesque ayant imploré la protection de Sa Majesté sur les anciennes prétentions de sa maison contre ladite république, Sa Majesté a désiré qu'il fût payé présentement audit comte de Fiesque la somme de 100,000 écus, monnaie de France; et comme ladite république a voulu encore témoigner en cela sa déférence pour Sa Majesté, et mériter d'autant plus l'honneur de ses bonnes grâces, elle s'est obligée par ce seul motif, et non autrement, de payer dans deux mois audit comte de Fiesque ladite somme de 100,000 écus, sans préjudice des arrérages qu'elle prétend avoir contre ledit comte de Fiesque et sa maison, qui ne pourront recevoir aucune atteinte par ledit jugement; et en considération de la promptitude avec laquelle ladite république satisfait en cela à la volonté du roi, Sa Majesté promet qu'elle n'appuiera point de la force de ses armes ni d'aucune voie de fait les prétentions du comte de Fiesque et de sa maison, Sa Majesté voulant qu'elles ne puissent être poursuivies que par les voies de droit; et comme l'intention de Sa Majesté est que le paiement ci-dessus dit ne soit fait que par provision, sans préjudice des raisons des parties, aussi elle déclare que ledit comte de Fiesque, ses hoirs et ayant-cause poursuivant leurs droits et actions en justice, comme il a été dit, ladite république puisse compenser sur ce qui pourrait leur être adjugé ladite somme de 100,000 écus que ledit comte de Fiesque aura reçue en vertu dudit traité.

VII.

» Sa Majesté étant contente des satisfactions ci-dessus dites, et voulant bien rendre l'honneur de ses bonnes grâces à la république de Gênes, elle sera bien aise aussi de faire au doge et aux sénateurs tout le favorable accueil qui leur puisse marquer sa bonté et le retour de sa bienveillance royale; et après qu'ils se seront acquittés des fonctions pour lesquels ils se doivent rendre auprès de Sa Majesté, ils pourront s'en retourner à Gênes pour y exercer leurs charges, ainsi qu'il est convenu par l'article II dudit traité, Sa Majesté déclarant qu'il ne leur sera fait de sa part aucune autre demande, ni imposé d'autres conditions que celles qui sont exprimées et établies par le présent traité.

VIII.

» Tous les actes d'hostilité cesseront: savoir, par terre, dès le jour de la signature du traité, et par mer, dans un mois, à commencer dudit jour; et s'il y a quelques sujets du roi détenus dans les prisons, galères ou vaisseaux de Gênes et autres lieux, ils seront incessamment élargis, Sa Majesté voulant bien aussi faire mettre en liberté tous les Génois qui pourraient être retenus, soit dans ses prisons, ou dans ses galères, vaisseaux et autres lieux.

IX.

» Le présent traité sera ratifié incessamment par ladite république de Gênes ; les ratifications échangées avec celles de Sa Majesté au plus tard dans trois semaines : en foi de quoi nous avons signé les susdits articles, et à iceux fait apposer les cachets de nos armes.

» Fait à Versailles, le 2ᵉ jour de février 1685 ;

» *Signé :* A. RANUZZI, archevêque, évêque de Fano ;

» COLBERT DE CROISSY. »

(*Aff. étrang. Gênes,* 1684-1685.)

D'après ce traité le doge partit donc de Gênes le 29 mars 1685 avec quatre sénateurs pour venir en France faire des soumissions au roi de la part de la république.

Quoiqu'il n'eût point passé à Turin, et qu'il eût traversé incognito tous les états de M. le duc de Savoie, son altesse royale ne laissa pas d'envoyer le général de sa maison pour l'y défrayer dans tous les lieux de son passage : la république envoya le sieur Doria pour en remercier son altesse royale au nom du doge et des sénateurs.

Il arriva le 20 avril à Lyon ; il n'y reçut aucun compliment ni visite de la part des magistrats, et en repartit le 14 par la diligence, qui le rendit à Paris le 18 ; il vint descendre dans la maison de madame de Beauvais, au faubourg Saint-Germain, près de la Croix-Rouge ; il n'avait avec lui que le sénateur Garibaldi ; les trois autres nommés Agostino Lomellino, Marcello Durazzo et Paris Maria Salvago, arrivèrent quelques jours après avec les six gentilshommes de la suite du doge, qui étaient les sieurs Giuseppe Lomellini, Gio, Ambrogio Doria, Francisco-Maria Negrone, Agostino Centurione, Cesare Durazzo et Dominico Franzone.

Le doge demeura incognito dans Paris jusqu'au 15 mai, qu'il fut admis à Versailles à l'audience du roi, conduit par M. de

Bonneuil, introducteur des ambassadeurs. M. le maréchal d'Humières avait été nommé pour l'aller prendre, quoique le doge eût prétendu d'avoir un prince ; mais comme le doge avait refusé *de donner la main* chez lui à ce maréchal de France, c'est-à-dire la droite, Louis XIV le révoqua, et ne lui donna personne autre que M. de Bonneuil. De plus, on lui avait fait dire quel jours avant ; « de faire ôter les clous dont la housse de son car
» rosse était garnie, cette distinction n'appartenant qu'aux per
» sonnes royales et aux souverains. »

Le doge arriva à Versailles, sur les dix heures et demie dans les carrosses du roi et de madame la Dauphine ; il était dans le premier avec M. de Bonneuil et les sénateurs ; le sieur de Marini, envoyé de Gênes, était dans le second avec le sieur Giraud, aide des introducteurs des ambassadeurs, et quelques gentilshommes de sa suite ; le premier carrosse du doge, qui les suivait immédiatement, était vide, et son cortége remplissait tous les autres. Le doge et les sénateurs avaient trois carrosses à eux et une calèche : le premier était tiré par huit chevaux et les autres par six ; il était fort grand, massif, et orné de sculptures et de dorures au dehors, et le dedans était d'un velours rouge à fond d'or, mais de peu d'éclat et peu proportionné à la campane, qui était d'or trait, fort haute et formant par espaces les armes et les chiffres du doge et des sénateurs ; il y avait sur le milieu de l'impériale et au dehors, qui n'était que de cuir, une couronne de cuivre doré, fermée et portée par les écussons du doge et des sénateurs ; au dos du carrosse était une peinture assez ordinaire qui représentait la Paix et le temple de Janus ; au-devant, au derrière et aux portières étaient les armes du doge avec une couronne fermée, et pour support la France et la Ligurie ; celles des quatre sénateurs étaient aux quatre coins.

La marche de ces carrosses était précédée de douze pages à cheval et de quarante estafiers ; la livrée était d'un drap rouge couvert de galons rouges et blancs, mais sans or ni argent.

Ils ne trouvèrent à leur arrivée aucun soldat sous les armes ni même en haie, il n'y avait en dehors que les sentinelles ; mais en dedans les gardes de la porte étaient en haie et sous les armes ; les suisses étaient rangés en haie avec leurs hallebardes ; les gardes du corps se trouvaient aussi en haie et sous les armes dans la salle ; M. de Duras, capitaine des gardes du corps, qui se trouvèrent aussi en haie, les y reçut à la porte, et les conduisit jusqu'au trône du roi, qui avait été mis au bout de la grande galerie, à l'entrée du salon de madame la Dauphine. Dès qu'ils approchèrent du trône de Louis XIV, qui avait à ses côtés monseigneur le Dauphin, M. de Chartres, M. le Duc, M. de Bourbon, M. le duc de Maine et M. le comte de Toulouse, le roi se leva et se découvrit ; le doge et les sénateurs montèrent sur le trône ; le roi se couvrit, fit couvrir le doge ; les sénateurs restèrent découverts ; tous les princes, qui ont le privilége de se couvrir dans les audiences des ambassadeurs, se couvrirent. Le roi demeura debout tant que le doge parla ; après que son discours fut fini, suivant les termes du traité, et que Sa Majesté lui eut répondu, les sénateurs lui firent un compliment chacun en leur particulier, et le roi leur répondit à tous séparément ; on remarqua seulement que le doge se tint découvert pendant que les sénateurs parlaient, quoique le roi les écoutât toujours couvert.

L'audience finie, ils s'en retournèrent par le même chemin ; M. de Duras les reconduisit jusqu'où il les avait pris, où ils trouvèrent, dans la salle des ambassadeurs et dans celles attenantes, quatre tables préparées pour leur dîner ; il y en avait une cinquième dans le grand commun pour la suite : elles furent toutes servies avec beaucoup de magnificence. MM. de Livry, de Bonneuil et Magalotti mangèrent à celle du doge, qui avait un fauteuil *ad distinctionem* des sénateurs et des autres. Ils quittèrent tous leurs habits de cérémonie pendant le dîner, après lequel ils les reprirent, et furent conduits à l'audience de monseigneur, puis à celle de madame la Dauphine, ensuite chez messeigneurs les ducs de Bourgogne et d'Anjou, pour qui madame la maréchale de La Motte, leur gouvernante, répondit ; après quoi ils furent chez Monsieur et chez Madame, et l'on observa en tous ces lieux les mêmes cérémonies que chez le roi.

On les mena ensuite chez M. de Chartres, où les sénateurs commencèrent à se couvrir, et continuèrent dans toutes les visites qu'ils firent après.

Il furent au sortir de là chez Mademoiselle, qui fit cinq ou six pas au-devant du doge, lui donna sa joue à baiser, le reçut debout, et le reconduisit jusqu'où elle avait été au-devant. La même chose se passa chez mademoiselle de Montpensier et chez madame de Guise, chez qui madame la grande duchesse se trouva, et reçut conjointement leur visite dans le même appartement.

On les conduisit de là chez M. le duc, qui avait avec lui M. de Bourbon : ils les reçurent ensemble à la porte de leur appartement, qui donne sur la galerie; ils firent passer le doge le premier, ces princes suivirent et les sénateurs après, jusque dans la chambre de M. le duc, où l'on avait préparé trois fauteuils et quatre tabourets : le doge se mit dans celui du milieu, les princes dans les deux autres et les sénateurs sur les tabourets; ils les conduisirent de la même manière jusqu'à la même porte où ils les avaient pris. Ils ne virent point M. le prince, parce qu'il n'était pas à Versailles.

Ils furent ensuite chez madame la duchesse, qui les reçut couchée sur son lit; le doge la baisa et s'assit dans un fauteuil, et les sénateurs sur des tabourets, mais tous couverts. Mademoiselle de Bourbon, qui se trouva avec madame sa mère, les vint recevoir à la porte de sa chambre, se tint assise sur le lit pendant que la visite dura, et les reconduisit jusqu'au même endroit.

Madame la princesse de Conti les reçut aussi sur le lit; le doge l'y salua, et après avoir terminé là toutes leurs visites, environ sur les cinq heures et demie, ils s'en retournèrent à Paris de la même manière qu'ils en étaient venus, et les soldats aux gardes ne parurent non plus à leur retour qu'ils avaient fait à leur entrée.

Il est à remarquer qu'ils avaient prétendu de ne voir que le roi; mais Sa Majesté leur régla le cérémonial de la manière qu'il paraît ci-dessus qu'il a été pratiqué.

Le jeudi suivant ils dînèrent chez M. Magalotti.

Le vendredi, le doge retourna à Versailles avec les sénateurs pour en voir les appartements; ils étaient en habits ordinaires; ils assistèrent au dîner du roi, comme tous les autres courtisans, et Sa Majesté leur fit un très-bon accueil : madame la princesse de Conti et mademoiselle de Nantes, accordée à M. le duc de Bourbon, mangèrent ce jour-là avec Sa Majesté. Ils dînèrent dans l'appartement de Mademoiselle, où M. de Livry leur avait fait préparer un magnifique repas ; après le dîner, ils furent voir Trianon et la ménagerie dans des calèches que le roi leur avait fait préparer ; ils s'en retournèrent le même soir dans leur second carrosse, qui versa et ne blessa personne.

Le samedi, ils furent voir Saint-Cloud, où Monsieur les reçut et les régala.

Le 23, le doge retourna à Versailles pour y voir les eaux ; il assista comme les autres courtisans au lever de monseigneur le Dauphin ; il fut ensuite à celui du roi, après lequel il fut voir les écuries, et revint à la messe du roi. M. de Livry lui avait préparé les deux tables du grand maître et du chambellan, où lui, toute sa suite et quelques seigneurs de la cour dînèrent ; après le dîner, il fut voir jouer toutes les eaux, et assista à un grand bal, que Sa Majesté fit faire exprès pour lui dans le salon de la musique, où toutes les dames et les jeunes seigneurs parurent avec une magnificence extraordinaire, et finit à onze heures et demie ; et le doge, à qui l'on avait fait faire collation au retour de la promenade, s'en alla souper et coucher à Paris ; il fut toujours accompagné de MM. de Bonneuil et de Magalotti. Sa Majesté, qui n'avait eu qu'un habit tout simple le jour de son audience, en avait un le jour du bal sur lequel il y avait pour 10,000,000 de pierreries.

Le 24, après midi, le doge et les sénateurs reçurent chez eux la visite de monseigneur le duc et de M. de Bourbon ; ils vinrent recevoir les princes avec leurs habits de cérémonie jusqu'au bas des degrés du perron, qui est dans la cour, les conduisirent en leur donnant la main jusque dans leur appartement, les reconduisirent jusqu'à leur carrosse, et ne se retirèrent que quand le carrosse commença à marcher ; ils furent ensuite à l'hôtel de Soissons voir madame la princesse de Carignan avec les mêmes habits, et y auraient vu madame la princesse de Bade si elle y eût été ; mais elle est reléguée à Rennes à cause du mariage du prince de Carignan.

Le 26, le doge et trois sénateurs (le sieur Salvago étant malade) prirent leur audience de congé du roi, avec toutes les mêmes formalités pour le cérémonial qui s'étaient observées à sa première audience, à la réserve qu'ils ne virent ce jour-là que Sa Majesté et personne autre.

Le 27, ils furent à la plaine de Grenelle voir faire la revue aux gardes françaises, et visitèrent le palais des Invalides.

Ils ne rendirent pendant leur séjour aucune visite aux ministres du roi ni à ceux des princes étrangers.

On n'a autant insisté sur les minutieux détails de cette vaine et puérile cérémonie, qui, jointe aux 100,000 écus de M. le comte de Fiesque, à la reconstruction des couvents et églises de Gênes, et à la satisfaction particulière de M. de Seignelay, fut le seul résultat de cette inutile et injuste expédition maritime qui coûta cher à la France; on n'y a insisté, dis-je, qu'afin de faire ressortir davantage le ridicule et l'odieux de cette agression.

L'odieux de cette agression, — quand on pense que pour complaire à la superbe importance de M. de Seignelay, servir sa jalousie contre Louvois, et satisfaire à l'avidité des amis de son ministre, Louis XIV a laissé presque détruire de fond en comble une ville innocente, ruiner ou massacrer ceux de ses sujets qui l'habitaient, et sacrifier des gens de grande valeur et de grand renom qui l'avaient longuement et vaillamment servi dans sa marine.

Des gens tels, entre autres, que ce brave chevalier de Léry, tué devant Gênes et qui, à part sa brutalité, sa rogue et son imagination de *miracle* à propos de l'entrée de *l'Entreprenant* dans le port de Dunkerque, fut un des capitaines les plus braves et les plus expérimentés de notre marine, et si bien reconnu et apprécié comme tel par Tourville, que ce dernier le choisissait toujours avec M. de Coëtlogon pour lui servir de matelots lorsqu'il s'agissait de quelque entreprise téméraire et décisive; des gens tels encore que M. le comte de Tourville, neveu du chevalier, jeune garde-marine, qui déjà donnait les plus brillantes espérances; des gens enfin, tels que M. le marquis d'Amfreville, qui fut atrocement blessé dans cette affaire.

On a dit le ridicule des résultats de cette agression, — parce que rien ne paraît plus tristement bouffon que de voir avec quelle morgue fière ce matamore, Louis XIV, se prélasse de toute la hauteur de la France, si cela se peut dire, au-dessus de cette pauvre république inoffensive et incapable de résister seule un moment à une entreprise sérieuse; en un mot, parce que c'est un bien niais et bien misérable triomphe que celui de recevoir en grande pompe à Versailles, aux yeux de l'Europe, le doge Lascaro humilié, soumis et repentant, digne conséquence des ambassades de Siam et d'Alger, digne prélude de celles de Tunis et de Tripoli !

Enfin tels furent les causes, les faits et l'issue de l'expédition de Gênes.

La dépêche suivante de M. le duc de Mortemart qui contient d'ailleurs quelques nouveaux détails sur les ravages causés à Gênes par les bombes, est fort curieuse en cela qu'on voit par cette lettre du jeune général des galères à M. de Seignelay, son beau-frère, qu'il a reçu *la mission de chercher les galères d'Espagne pour leur demander le salut du pavillon, et les combattre en cas de refus.*

D'après une phrase qu'on a soulignée, il est évident que les instructions confiées à M. de Mortemart, à ce sujet, étaient fort obscures et indécises ; mais il est à croire que celles données à Tourville par M. de Seignelay, dans le même but, furent plus précises, ou que Tourville prit sur lui de les préciser davantage, car son beau combat contre l'amiral Papachim, dont on parlera en son lieu, n'eut pas d'autre cause que le refus que fit cet amiral espagnol de ramener son pavillon devant celui de France.

On voit que Seignelay continuait de profiter du goût passager de Louvois pour la paix et les bâtiments, et qu'il cherchait sur mer autant de causes de rupture avec l'Espagne qu'autrefois Louvois en avait cherché sur terre.

Voici d'abord la lettre de M. le duc de Mortemart.

LETTRE DU DUC DE MORTEMART AU MARQUIS DE SEIGNELAY

« De Gênes, 15 juin 1684.

» J'arrivai, mon cher frère, hier au matin ici, où tous les saluts se rendirent à l'accoutumée. Tout le peuple est dans tout l'état de Gênes si civil au moindre Français, qu'il est aisé de voir la terreur dans laquelle ils sont encore et qu'ils se ressouviennent du châtiment que le roi leur a fait ; il est difficile aussi qu'ils l'oublient sitôt. Des gens qui ont été dans la ville m'ont dit avoir trouvé le désordre des bombes bien plus grand qu'ils ne l'avaient ouï dire et qu'ils ne se l'étaient imaginé. On ne voit encore dans toute la ville que transporter les ruines des maisons, et des maçons qui travaillent partout ; il n'y a jusqu'à présent presque rien de réparé ; la misère y est la plus grande du monde, et on dit qu'il y a bien des gens qui avaient un bien considérable qui ont été entièrement ruinés par la perte de leurs maisons et de tout ce qu'ils avaient dedans. Quoique vous ayez eu des relations fort justes de tout le désordre que les bombes ont fait en cette ville, je doute, de la manière dont j'en entends parler, que vous ayez une idée juste de l'état où elle a été réduite. On m'a dit une particularité assez extraordinaire, qui est qu'il manque encore dans la ville vingt mille personnes, qui en sortirent à cause des bombes, et dont on n'a point de nouvelles. J'empêche avec beaucoup de soin qu'aucun homme de l'équipage ne descende à terre, et je ne laisse même aller que très-peu d'officiers, afin d'éviter les désordres qui pourraient arriver.

» Il ne s'est rien passé dans notre navigation de Marseille ici qui mérite que je vous en rende compte. Je trouvai en mer les deux galères de Gênes qui sont allées pour prendre le doge.

» Comme nous n'avons pas pu décharger à Villefranche la barque de pain que j'y avais envoyée, j'ai été obligé de la faire venir jusqu'ici, et ce n'a même pas été sans peine que les galères ont embarqué ici les six jours de biscuit qui étaient dessus.

» Il y a environ quinze jours que les galères d'Espagne sont parties de ce port, et j'ai appris ici de plusieurs endroits qu'elles sont jointes à celles de Naples, Sicile et Sardaigne, et qu'elles sont toutes dans le port de Langon au nombre de vingt-deux et deux galiotes. Je veux croire qu'elles y sont sans dessein, et qu'elles en seront parties avant que je sois de côté-là ; mais il est toujours bien sûr qu'elles y sont, ou du moins qu'elles y étaient il y a fort peu de jours : je l'apprends par trop d'endroits, et j'en sais des particularités trop grandes, pour en pouvoir douter. Si elles y étaient encore il serait, ce me semble, assez vraisemblable que ce ne serait pas pour rien ; car ce n'es point un endroit où elles soient accoutumées de se tenir toutes ensemble, et si elles n'y étaient venues que pour prendre l'escadre des particuliers, elles ne demeureraient pas si longtemps ;

le plus, elles sont justement dans un lieu auprès duquel il faut que nous passions. J'avoue que cela m'embarrasse beaucoup, et tout autre que moi le serait à ma place ; *car vous savez bien que mon instruction porte de les chercher pour leur demander le salut ; qu'il n'est pas limité jusqu'à quel nombre je dois les chercher et les combattre en cas de refus, et en un mot qu'il n'est point parlé de la conduite que je devrais avoir dans une occasion comme celle où je pourrais être bien près de me trouver.* Je sais bien que vous avez été jusqu'à présent toujours fort assuré que les galères d'Espagne, en quelque nombre qu'elles seraient, éviteraient celles du roi, et que peut-être présentement même vous savez certainement que je ne les rencontrerai point ; mais moi qui ne sais pas ce qui en sera, je me trouve dans un embarras fort légitime, dont vous m'eussiez tiré facilement en me faisant savoir précisément les intentions du roi en pareil cas : et je ne serais pas dans l'incertitude où je serai peut-être de savoir si je devrais les chercher ou les éviter. J'ai assemblé les officiers généraux pour leur demander leur avis sur cela ; mais ils ne savent lequel me donner ; et, à la vérité, si ces galères-là sont encore à Livourne, il n'y aura point de parti à prendre qui ne puisse être mauvais, ne sachant point les intentions que les Espagnols peuvent avoir, ni ce que Sa Majesté voudrait qu'on fît dans une occasion comme celle-là. J'ai envoyé deux félouques à Livourne, l'une desquelles doit revenir au-devant de moi pour me faire savoir les nouvelles qu'elle aura apprises, et l'autre doit aller jusqu'à Porto-Ferrare pour en avoir encore de plus certaines. Je partirai cependant demain d'ici pour aller à Porto-Venere, où j'attendrai une de mes félouques, qui y arrivera apparemment après-demain matin, et je prendrai mon parti sur les nouvelles qu'elle me donnera.

» Je vous demanderai toujours, mon cher frère, la continuation de votre amitié, et je vous prie d'être bien assuré qu'il n'y a personne de qui je la souhaite tant que de vous et pour qui j'aie une si forte tendresse.

» Le duc DE MORTEMART.

» Comme il n'y a à présent en cette ville ni président, ni consul, ni personne à qui on puisse se fier, je ne puis prendre de mesures justes que je n'aie de nouvelles plus certaines : ce qui m'a fait prendre le parti d'attendre ici le retour d'une de mes felouques, que j'espère avoir cette nuit, ou demain au plus tard. »

CHAPITRE XVI.

Mort de Charles II, roi d'Angleterre. — Soupçons d'empoisonnement. — Avènement de M. le duc d'York au trône sous le nom de Jacques II. — Négociations de M. de Barillon, ambassadeur de France. — Expéditions maritimes contre les Barbaresques. — Lettres et mémoires de M. le maréchal d'Estrées sur Tripoli. — Bombardement de cette ville. — Traité de paix. — État du paiement fait par les Tripolitains. — Retour du maréchal d'Estrées en France. — Révocation de l'édit de Nantes. — Instructions données par Louis XIV aux capitaines de ses vaisseaux pour arrêter la migration des protestants.

Si, par une bien étrange fatalité, la mort de Colbert et celle de la reine semblèrent arriver à point, en 1683, pour amener le funeste mariage de Louis XIV avec madame de Maintenon, et priver en même temps la France du dernier sage et grand ministre qui l'ait défendue pendant ce siècle contre les cruels désordres de ses maîtres, en 1685 ; la mort de Charles II, et conséquemment l'avènement du duc d'York au trône d'Angleterre, semble aussi merveilleusement bien préparer la révocation de l'édit de Nantes, qui eut lieu à la fin de cette même année 1685.

En effet, entre le jésuite Piter, directeur de Jacques II, et le jésuite Lachaise, directeur de Louis XIV, les visées sont les mêmes : l'exaltation du catholicisme *de Rome* et la ruine du protestantisme. Seulement, comme Jacques II, pour opérer cette réaction chimérique, devait agir, contre son serment, contre la loi fondamentale du royaume et surtout contre le *génie* du peuple anglais, trois ans plus tard, il perdit la couronne.

Quant à Louis XIV, lui, s'il ne perdit point le trône par cette inepte, folle et atroce mesure, il perdit du moins une innomrable quantité de sujets (et généralement, ainsi que le remarquait Colbert, les plus industrieux et les plus actifs); un numéraire énorme sortit de France; les manufactures et le commerce périclitèrent; de sanglantes séditions surgissant de tous côtés, désolèrent et ruinèrent la France; enfin la formidable ligue d'Augsbourg se conclut entre des princes protestants, le pape et les rois chrétiens, pour renverser un monarque on ne peut plus catholique, et cela parce qu'il agissait sous l'immédiate inspiration et volonté de la Société de Jésus ! la fleur des pois du catholicisme pur! Or toute cette partie de la fable *providentielle*, ainsi qu'on le voit, est assez inconséquente ; mais il ne faut guère compter sur la logique, la vraisemblance et la sagesse de la donnée de cette grande comédie sérieusement bouffonne qu'on appelle l'humanité. Aussi doit-on la prendre telle qu'elle est, *n'en pleurer jamais et s'en moquer toujours*, comme dit le sage Hafiz.

Mais revenons à l'avènement de M. le duc d'York au trône d'Angleterre ; on parlera plus tard sommairement, et en ce qui a trait à la marine, de la révocation de l'édit de Nantes, déclarée aussitôt après la campagne de Tripoli.

Le 16 février 1685, un peu après onze heures du matin, Charles II, roi d'Angleterre, mourut à White-Hall, à l'âge de 54 ans. Avant d'entrer dans aucun détail sur cette mort si imprévue, on doit jeter un coup d'œil rapide sur les affaires d'Angleterre, qui ont eu, ont et auront surtout tant de connexion avec les affaires maritimes de France.

On a dit en son lieu, et lors de la paix de Nimègue, que le *bon Rowley*[1], cruellement abandonné par Louis XIV, qui ne voulait pas lui payer ses gages échus, fort compromis d'ailleurs avec son parlement qui lui refusait des subsides, se trouvait dans un énorme embarras.

Bientôt le fameux complot, si mystérieux et encore si inexplicable et si inexpliqué de Titus Oates, sans tirer le roi Charles de son embarras, vint du moins faire une diversion qu'il crut d'abord utile à ses vues, c'est-à-dire au moyen de tirer de l'argent soit de son parlement, soit de Louis XIV ; car, pour le

[1] On a dit déjà que les familiers de Charles l'avaient ainsi surnommé.

joyeux monarque, toute préoccupation, pensée, ou inquiétude politique se simplifiait et se concentrait absolument dans ce mot : SUBSIDES.

On sait que le prétendu complot révélé par Titus Oates n'était rien moins que la découverte d'une certaine déclaration du pape, qui, vu l'hérésie du roi d'Angleterre et de ses sujets, se mettait en possession des trois royaumes, au nom du *très-haut*, et déférait au R. P. Oliva, de la société de Jésus, tout pouvoir de nommer aux premières fonctions de ce pays ainsi catholiquement régénéré ; la reine et M. le duc d'York, catholiques exaltés, étaient complices de ce projet, et une armée de quarante mille jésuites armés de torches et de poignards devait venir mettre Londres à feu et à sang.

Bien que le ridicule et le merveilleux luttassent dans cette trame supposée, on sait quelles furent ses terribles suites, et quelle haine incurable elle excita en Angleterre contre le parti catholique ou papiste.

De là, une singulière complication d'intrigues. M. de Barillon, ambassadeur de France, parfaitement dirigé par Colbert de Croissy, qui connaissait mieux que pas un la cour d'Angleterre, y ayant si longtemps et si habilement résidé comme ambassadeur ; Barillon, en achetant l'opposition parlementaire, avait voulu d'abord embarrasser Charles II, pour le forcer toujours à revenir à Louis XIV, puis renverser le lord trésorier Danby, ennemi de la France ; mais lord Shaftsbury, chef de l'opposition, une fois engagé dans cette lutte contre Danby qu'il haïssait, ne s'arrêta pas là ; il fit faire à son parti un pas énorme contre le duc d'York, qu'il exécrait aussi, et que pourtant Barillon tenait à ménager et à défendre pour des raisons qu'on dira plus bas.

Plusieurs historiens attribuent donc la fable du complot de Titus Oates à lord Shaftsbury, qui aurait suggéré à ce misérable ce tissu d'absurdités, d'autant plus dangereuses et capables d'enflammer la populace, qu'elles étaient plus imprévues, plus impossibles et plus fantastiques ; quant au but de Shaftsbury, il était simple, c'était d'exciter jusqu'à la dernière violence la haine du peuple contre le duc d'York et la reine.

Personne, je crois, n'a attribué la pensée première de ce prétendu complot à Charles II, et pourtant, sans vouloir donner ici la moindre autorité à cette hypothèse, on fera remarquer que l'esprit de cette conspiration tendait singulièrement à montrer Charles II, 1° comme hérétique, et conséquemment lié de religion et d'intérêt avec son peuple ; 2° à inculper aussi la reine afin de préparer peut-être l'opinion publique à un divorce que souvent les conseillers de Charles lui proposèrent ; et 3° à éloigner le duc d'York, que Charles n'aimait pas à voir aux affaires à cause de ses idées opiniâtres et résolues dans tout ce qui touchait au catholicisme.

Encore une fois on ne donne ceci que comme le résultat d'un simple rapprochement, et sans y attacher d'autre importance. Toujours fut-il que cette prétendue conspiration exalta l'opposition parlementaire à un tel point contre les catholiques, que les communes, trompant en ce sens les prévisions que l'on suppose au roi Charles, ne voulurent point entendre parler de subsides avant d'avoir fait passer le bill du *Test*, qui obligeait toute personne revêtue d'une charge publique ou civile *à abjurer avec détestation le dogme de la transsubstantiation, et à déclarer idolâtre le culte des saints et de la vierge.*

Le bon Rowley, aussi suprêmement sceptique et indifférent en matière de transsubstantiation, de culte, de saints et de vierge, qu'il était actif et croyant en matière de subsides, et qui aurait dit, je crois, comme l'amiral Herbert, qui, pressé par le duc d'York de se déclarer catholique, lui répondit : « qu'il ne pouvait pas, parce qu'il avait donné parole au grand turc dans le cas où il se déciderait pour une religion ; » le bon Rowley, dis-je, dans l'espoir de se mettre bien avec son parlement et d'en obtenir un subside par ce coup décisif, consent le bill du *Test*, désapprouve de toutes ses forces les idolâtries qui y sont incriminées, souscrit bravement au bannissement des catholiques qui, à l'exemple du duc d'York (seul exempté du serment par un amendement de la chambre des lords), ont refusé de jurer la teneur du *Test* ; et enfin, non content de cela et espérant cette fois voir les communes lui ouvrir large et béant le trésor de l'État, il se montre presque froid avec son frère, et accueille au contraire avec la plus expansive tendresse le brillant duc de Montmouth, ennemi déclaré des papistes et du duc d'York, qui redoutait l'influence bien connue de ce fils naturel du roi Charles.

Ayant fait tant d'avances aux communes, le bon Rowley, se croyant certain des subsides, faisait déjà préparer ses quittances, mais il espérait en vain ; le subside ne vint pas encore cette fois, car le pauvre Charles ignorait que l'ambassadeur de France tenait toujours l'opposition dans sa main : aussi, ne concevant rien à cette dureté des communes qu'il tâchait pourtant d'attendrir par toutes les concessions possibles, le roi d'Angleterre ayant le plus grand besoin d'argent s'adresse une dernière fois à Barillon, *et lui demande « la modeste somme de* 3,000,000 fr. *pour proroger son parlement pendant trois ans* [1]. »

Mais Croissy, qui trouvait sans doute l'entretien de l'opposition parlementaire d'un taux moins élevé que celui des subsides demandés par le roi Charles, répond à Barillon, qui lui exposait les besoins du roi d'Angleterre : *Ménagez, au contraire, les factions diverses pour continuer les embarras de Sa Majesté d'Angleterre ; c'est ce qui me paraît à cette heure le plus convenable.*

Mais Charles n'était pas à bout de combinaisons : ne désespérant pas encore de Louis XIV et de son parlement, il prend tout à coup trois mesures qui prouveront à la fois ses désirs de satisfaire à tous : 1° il casse son parlement pour plaire à Louis XIV ; 2° il envoie le duc d'York en Flandre pour plaire aux ennemis des catholiques, et 3° il convoque un autre ministère pour plaire à la nation ; puis il attend pour voir si d'un de ces trois côtés il ne fleurira pas au moins un subside. Point : Barillon reste sourd, le nouveau parlement est plus démocrate que jamais, les murmures contre les papistes se changent en menaces, et pas la moindre apparence de subsides ni du côté de Louis XIV, ni du côté des communes.

Alors le bon Rowley ayant tout tenté sans résultat, se jette dans un parti désespéré, et veut essayer à tout hasard de se montrer l'homme de son peuple ; aussi avec sa merveilleuse facilité à persuader les autres et à les ramener par un apparent retour sur lui-même, il fait venir Temple, l'intègre et vertueux

---

[1] *Aff. étrang. Anglet.* 1686-1688. — [2] *Idem.* Suppl. 1670-1683.

Temple, le soutien des bons principes de la vieille Angleterre, l'ennemi implacable du système français, et lui dit : — J'ai essayé de tout, les remords m'assiégent, je me jette entre vos bras, vous le meilleur et le plus patriote des vrais Anglais : que faut-il faire ? je suis prêt à suivre aveuglément vos conseils. — Temple, prenant cette conversion fort au sérieux, sent ses larmes couler et tombe aux genoux de son roi en lui prédisant que de beaux jours vont renaître pour l'Angleterre. Puis aussitôt, avec l'autorisation de ce prince, il compose un conseil privé qui doit guider la marche de Charles; ce sont des noms respectés et imposans : Essex, Godolphin, Russel, tous gens capables de tempérer l'élan plus que démocratique de la chambre des communes par leur caractère honorable et leur considération personnelle.

Charles crut sans doute qu'en s'appuyant ainsi sur le parti véritablement national, modéré par la haute et sage influence des membres de son conseil privé, il ramènerait l'opposition de la chambre des communes, et qu'alors *les subsides*, sa grande, seule et incessante affaire, seraient enfin votés ; mais cet espoir fut encore déçu : la chambre basse approuva sa conduite, la loua fort ; mais la liberté de la presse qui venait d'être rendue enflammant tous les esprits d'une nouvelle irritation contre les catholiques, les communes refusèrent de dire ou d'entendre le mot *subsides*, avant que le bill qui excluait M. le duc d'York du trône, comme catholique, ne fût passé ; tandis que la chambre des lords, moins impérieuse, proposa le bill de *limitation*, c'est-à-dire une loi qui voulait que le successeur de Charles II fût dépossédé du trône du moment où il reviendrait à la religion catholique.

Charles, avec ce merveilleux instinct qui lui montrait toujours, mais en vain, le côté vrai des choses, se rebella fort contre le premier de ces bills ; car reconnaître aux communes le droit d'exclure ses successeurs naturels à la couronne, ou limiter seulement sous condition l'exercice de leur pouvoir, c'était porter une mortelle atteinte à l'essence même de la monarchie. Et en cela l'intérêt particulier de Charles lui faisait donc une loi de soutenir son frère contre les prétentions exagérées des communes, et pourtant Charles fut sur le point de méconnaître une aussi éclatante et fondamentale vérité, et de sacrifier non-seulement les droits éventuels de son frère, mais les siens propres, en un mot d'adopter le bill *d'exclusion* pour la somme de 800,000 liv. sterl. que madame la duchesse de Portsmouth et M. le duc de Montmouth lui promirent au nom des communes dans le cas où il voudrait consentir cette loi qui privait le duc d'York de sa succession au trône.

Quant aux motifs qui faisaient agir ainsi madame de Portsmouth, en cela d'accord avec M. le duc de Montmouth, fils naturel du roi, ils étaient fort simples : dans le cas où Charles eût adopté le bill d'exclusion, un des articles de ce bill lui conférait, ainsi qu'il l'avait conféré à Henri VIII, le droit de nommer son successeur ; or la duchesse de Portsmouth avait un fils du roi, M. le duc de Richemond ; M. de Montmouth était lui-même fils du roi : aussi en bons courtisans, lui et madame de Portsmouth devaient s'entendre pour perdre le duc d'York, quitte à se diviser après pour se partager ses dépouilles.

Charles se résolut donc à cette énormité, mais il voulut que le subside fût voté avant le bill d'exclusion ; malheureusement les communes ne se fiant pas plus à lui qu'il ne se fiait à elles, le projet manqua et les embarras de Charles redoublèrent. En vain pour attendrir l'opposition, il refuse au duc d'York la permission de revenir en Angleterre ; en vain il envoie Montmouth en Écosse contre les papistes et les catholiques ; en vain il accorde le bill de l'*habeas corpus*, cette sauve-garde de la liberté individuelle chez les Anglais, aucun subside ne vient...

Que faire ? Le pauvre Rowley s'abaisse et s'humilie une dernière fois devant Barillon, et les larmes aux yeux lui dit : « *Conjurez donc votre maître de consentir à mettre l'Angleterre sous la dépendance pendant toute ma vie*[1]. »

Enfin quelque espoir luit ; Louis XIV ordonne à Barillon d'aboucher M. le duc de Sunderland et madame la duchesse de Portsmouth. Il s'agissait de proroger le parlement pendant trois ans ; M. de Sunderland demandait pour cela 15,000,000 ; madame de Portsmouth 12,000,000 ; le pauvre Rowley se contentait, lui, de 3,000,000, c'est-à-dire 1,000,000 par an... rien de

---

[1] *Aff. étrang. — Anglet.* 1679.—1688.

plus. Mais, hélas! malgré la bassesse et la modestie de ces prétentions, au moment de signer l'acte, aucun ministre n'ose s'en charger; Barillon élève de nouvelles difficultés, reçoit ordre de renouer avec le parti populaire, et ces trois malheureux millions échappent encore à Charles II.

Alors Charles n'y résiste pas : dévoré de soucis et d'amertumes, profondément humilié de tant d'ignobles et d'inutiles démarches, il s'affecte, et tombe gravement malade à Windsor... A la nouvelle de la maladie de ce prince, qui réellement avait quelque racine au fond du cœur des masses, le peuple fit éclater de grandes marques de chagrin. Ces preuves d'intérêt firent du bien à Charles; il crut inconsidérément que ces témoignages d'affection changeraient les dispositions des communes à son égard, ou plutôt à l'égard des subsides, comme si le peuple était les communes. Fol espoir! les subsides ne furent pas votés. Pourtant, que faire pour avoir de l'argent? les communes en refusaient; il ne fallait pas penser, dans l'état d'irritation où étaient les esprits, à recourir à une taxe arbitraire; Louis XIV venait même de faire durement signifier à Charles par Barillon *que toute tentative pour obtenir de nouveaux subsides de la France serait considérée comme inutile et peu obligeante;* et pendant ce temps Louis XIV achetait à bas prix l'incorruptible républicain Sidney. *J'ai donné à Sidney,* écrit Barillon, *ce que Votre Majesté m'a permis de lui donner; il aurait bien voulu avoir davantage, et si on lui faisait une nouvelle gratification, on pourrait l'engager entièrement : car c'est un homme qui serait fort utile si les affaires d'Angleterre se portaient* A LA DERNIÈRE EXTRÉMITÉ (*Aff. étr.* 1685—1688).

On voit là les bénignes intentions de Louis XIV pour son frère d'Angleterre, qui essayait, avec une persistance véritablement louable, de faire encore quelques concessions avantageuses au pays : il signait un traité avec l'Espagne pour s'engager à défendre les Pays-Bas des prétentions de Louis XIV; il convoquait son parlement, et là, son traité d'Espagne à la main, exposait ses besoins, la disette de son trésor; mais à cela la majorité lui répondait par la proposition du bill d'exclusion de son frère, après quoi, disait-elle, on penserait aux subsides.

Mais Charles, perdant tout espoir d'en jamais toucher des communes, répondit fermement : *Je m'opposerai toujours au bill d'exclusion parce que s'il passait il ne me resterait plus qu'à me détrôner moi-même.* Puis, il proroge le parlement et rappelle le duc d'York qu'il avait jusque-là éloigné, pensant que ce rapprochement ferait peut-être quelque bon effet sur Louis XIV; mais malgré ce rapprochement et cette prorogation, Barillon écrit au roi : « *Je vois ce que Votre Majesté désire : c'est d'empêcher qu'il ne se fasse une réunion du roi et de son parlement.* »

Charles ne se rebutant pas encore, convoque un nouveau parlement à Oxford. Mais ce parlement, où tous les députés se firent accompagner d'amis armés, fut si ouvertement séditieux que Charles II le cassa sur l'heure; et que Louis XIV, craignant de se voir dépasser par l'opposition qu'il payait, mais qui marchait alors à une révolution radicale, proposa un nouvel arrangement; il accorda enfin à Charles 2,000,000 pour la première année de prorogation, et 1,000,000 pour les autres. Le duc de Sunderland eut de la France une gratification de 100,000 livres.

Mais une fois en argent, Charles joue le rôle que Louis XIV avait joué avec lui, il méconnaît ses promesses; refuse à son frère la permission de venir à Londres, accueille à merveille le prince d'Orange, et déclare à Louis XIV que, s'il entreprend quelque chose contre le Pays-Bas, il convoquera son parlement et secourra l'Espagne. Pendant ce temps, Guillaume d'Orange travaillait déjà sourdement à rassembler les éléments épars qui devaient composer la formidable ligue d'Augsbourg; aussi eut-il de si fréquentes conférences avec Charles, que Louis XIV prévint ce dernier que, si le prince d'Orange ne s'en retournait immédiatement en Hollande, *il allait rendre public le traité de Douvres de* 1670, *conclu par l'entremise de* MADAME.

Cette menace et 1,000,000 de gratification supplémentaire, arrêtèrent Charles, il éluda les réclamations de l'Espagne qui l'invoquait comme médiateur armé, d'après le dernier traité fait avec elle; et le vieux Rowley se trouvant bien en fonds, laissa le maniement de toutes les affaires au duc d'York, et se replongea plus que jamais dans ses chères délices : ses maîtresses, la table et la paresse.

La conspiration de Rye-Housse contre sa vie ne le tira pas de ses plaisirs, il laissa son frère et le cruel Jefferies opérer, sous le prétexte de ce complot, les plus sanglantes réactions, et préparer, par ces violences, la révolution qui devait, en 1688, précipiter Jacques II du trône.

Louis XIV, voyant alors ces discordes intérieures affaiblir l'Angleterre, le prince d'Orange en mésintelligence avec quelques États de Hollande, et le duc d'York dans une voie de réaction catholique qu'il suivait pour ainsi dire *gratis*, Louis XIV étant gêné lui-même, suspend tout à coup le paiement des subsides, et laisse arriérée la dernière année, sur laquelle Charles n'avait reçu que 30,000 livres.

Ce dernier coup frappa violemment le roi d'Angleterre. Il vint à penser, dit-on, à la funeste administration du duc d'York, et comprit que c'en était fait de la monarchie si son frère persistait dans ses errements; en effet, depuis que Charles, gagé par Louis XIV, et tout occupé de ses plaisirs, avait laissé prendre au duc d'York la plus grande part aux affaires, le mécontentement était devenu général, les plaintes du peuple contre les catholiques augmentaient tous les jours. Aussi Charles, on l'a dit, rappelé à lui et aux affaires par le cesse de subsides, prit en grande froideur M. le duc d'York, et sur la fin de 1684 se rapprocha beaucoup du duc de Montmouth, et correspondit souvent avec le prince d'Orange. Alors son caractère, ordinairement bon et affectueux, devint brusque et morose; puis on l'entendit, le 11 février, s'écrier, à propos du duc d'York : « *Il faut que l'aîné ou le cadet fasse le voyage d'Écosse;* » enfin, il témoigna souvent à madame de Portsmouth le désir « de sortir une bonne fois de toutes ces tracasseries en vivant en bonne intelligence avec son parlement, et en rompant avec Louis XIV. »

Aussitôt que Louis XIV fut instruit de ces tendances, si contraires à ses visées, non-seulement les subsides en retard furent payés tout aussitôt à Charles, mais il reçut même en plus 30,000 liv., et dans l'espace de cinq jours, Louis XIV fit enregistrer à la cour des comptes les lettres de naturalité du duc de Richemond, fils de Charles II et de madame la duchesse de Portsmouth.

Trois jours après Charles était mort d'apoplexie.

Bien que Bukingham, Burnet et Barillon parlent hautement

de poison, ils mettent à l'abri de tout soupçon le caractère si bravement loyal de M. le duc d'York, mais non pas quelques hommes exaltés du parti catholique qui, voyant la ruine de leur cabale dans le rapprochement du roi Charles et de son parlement, auraient commis ce crime. Voici, d'ailleurs, selon les mêmes historiens, comment la mort arriva.

Depuis longtemps le roi Charles ne prenait pas son exercice accoutumé, c'est-à-dire ne faisait pas une promenade de trois ou quatre heures dans le parc, en donnant à manger à ses oiseaux, mais ce, en marchant d'un tel pas, que c'était une véritable fatigue pour ceux qui devaient le suivre. Le 1er février 1685, il était donc resté longtemps dans son laboratoire, car il s'occupait toujours beaucoup de chimie et d'expériences de physique. Puis, ayant dîné avec appétit, il alla le soir chez madame de Portsmouth, et demanda un bouillon, mais l'ayant trouvé trop fort pour son estomac, il n'en but que quelques cuillerées, et passa la nuit avec de grandes inquiétudes; le lendemain et le surlendemain, son état empira, et les évêques protestants lui ayant offert leurs services, il les refusa. La veille de sa mort, le duc d'York ayant insisté pour qu'il reçût les sacrements d'un prêtre catholique, on dit que Charles y consentit. A part cette cérémonie, on ne lui entendit rien répondre aux exhortations des évêques anglicans qui l'engageaient à demander pardon à Dieu des licences de sa vie; et le propos le plus religieux que lui arracha *la douleur du feu qui le brûlait,* disait-il, *intérieurement,* fut de dire *qu'il espérait bien, pardieu ! grimper jusqu'aux portes du ciel.*

Le jour de sa mort, le matin, Charles fit ouvrir les fenêtres pour voir encore le soleil; il dit adieu au duc d'York, lui recommanda madame la duchesse de Portsmouth, répétant qu'il l'avait aimée et l'aimait jusqu'à la fin, et termina en disant : « *Ne laissez pas, je vous en prie, mourir de faim la pauvre Nelly.* » C'était une de ses maîtresses, danseuse favorite du public. Tels furent les derniers mots du bon Rowley, il ne parla ni de la reine, ni du peuple, ni de ses enfants, ni du paiement de ses dettes qui étaient énormes... Et s'éteignit ainsi le 6-12 février, à onze heures du matin.

Après sa mort, on fit l'autopsie de son cadavre. Les docteurs

Lewer et Needham, qui avaient remarqué des traces bleuâtres au dehors de l'estomac, voulurent qu'on l'ouvrît ; mais un des médecins qui présidaient à cette scène, au nom de l'autorité, dit par deux fois : « Needham veut nous perdre en s'obstinant à faire ouvrir l'estomac, il doit bien comprendre qu'on ne le veut pas. »

Short, autre médecin catholique, s'exprima fort librement sur la cause de la fin prématurée de Charles, et mourut peu de temps après, disant qu'il était empoisonné, pour avoir parlé inconsidérément de la mort du roi.

Le corps du roi, dit Burnet, « *fut extrêmement négligé ; une partie des entrailles et quelques autres morceaux de graisse furent laissés dans l'eau, où on les avait lavés, et on en prit si peu de soin, qu'on les vit assez longtemps arrêtés à la grille d'un égout où l'on avait jeté cette eau* [1]. »

. . . .

Le 3 mai 1685 Jacques II fut déclaré roi d'Angleterre, les subsides accordés à Charles, par Louis XIV, furent continués à Jacques, car le lendemain même de la mort de Charles, M. de Croissy avait envoyé 500,000 livres au duc d'York de la part de son maître *pour assister le roi d'Angleterre dans les plus pressants besoins qu'il pourrait avoir dans les commencements de son règne.*

Jacques, on ne peut plus sensible à cette attention de Louis XIV pour lui, remercia beaucoup M. de Barillon en le priant

---

[1] Voici une note de Burnet sur cette mort qui paraît devoir donner une grande créance au soupçon d'empoisonnement. « J'ajouterai à ce que je viens de dire une histoire surprenante que je tiens de M. Neuley de Hampshire, qui me la raconta en 1709 : il me dit que la duchesse de Portsmouth était venue en Angleterre en 1699 ; il apprit qu'elle disait que Charles II avait été empoisonné, et qu'ayant souhaité savoir ce qui en était de la propre bouche de la duchesse, elle lui dit qu'elle pressait continuellement le roi de se mettre à son aise ainsi que son peuple et d'entretenir une parfaite intelligence avec son parlement ; qu'il avait enfin pris la résolution d'envoyer son frère hors du royaume, et de convoquer un parlement, *ce qui devait être exécuté le jour après celui où il fut attaqué de son premier accès ; que le roi lui avait sur toutes choses recommandé le secret, et qu'elle n'en avait parlé qu'à son confesseur ; mais qu'elle croyait que son confesseur avait confié ce secret à des gens qui avaient employé l'empoisonnement pour prévenir le coup qui la menaçait.*

de l'excuser auprès du roi *s'il avait pris sans le consulter* COMME IL LE DEVAIT ET COMME IL LE DEVAIT FAIRE EN TOUT, *la prompte et importante résolution d'assembler son parlement; mais c'était une mesure qui ne tirait à aucune conséquence étant seulement alors motivée par la nécessité.*

En effet, comptant sur l'appui et les secours de Louis XIV, le malheureux Jacques II, poussé par le jésuite Piter, et d'ailleurs ferme et inébranlable dans sa conviction, commença de marcher à grands pas dans cette voie qui devait amener sitôt la révolution de 1688 et conséquemment une des plus importantes guerres maritimes que la France ait eu à soutenir dans ce siècle.

Revenons maintenant à l'expédition de Tripoli qui précéda de si peu la révocation de l'édit de Nantes.

Mais avant d'entrer dans aucun détail sur cette guerre maritime, qui se fit sous les ordres de M. le comte d'Estrées, on a cru devoir donner ici le texte des provisions du grade de maréchal de France, dont ce dernier fut pourvu le 24 mars 1681.

En effet, rien ne caractérise mieux l'époque, rien n'est plus singulièrement naïf que les *considérants* dont cette nomination est précédée. Ainsi, après avoir longuement énuméré les combats sur terre où M. d'Estrées avait d'ailleurs toujours fort vaillamment servi, on arrive jusqu'à la campagne de 1667; puis tout à coup on lit ces mots : *Dès lors il s'appliqua avec tant de soin à la connaissance de la marine* QUE NOUS (*Louis XIV*) RÉSOLUMES, EN 1668, DE LUI DONNER LE COMMANDEMENT D'UNE ESCADRE DE NOS VAISSEAUX.

Ce fut donc dans le cours d'une année, de 1667 à 1668, que M. d'Estrées acquit le savoir et l'expérience nécessaires pour commander une escadre de vaisseaux de guerre; et cela est sérieusement écrit! c'est à n'y pas croire. Mais le rare, est que l'aveugle vanité de M. d'Estrées se montrait si folle et si opiniâtre, que s'il n'était pas lui-même entièrement convaincu de ce miracle de savoir nautique, il agissait du moins en tout et partout comme si rien ne devait demeurer plus évidemment admis et avéré pour les autres que ses connaissances maritimes si soudaines et si impromptues. Ainsi on a dit en son lieu que naviguant pour la première fois et étant assez heureux pour avoir un homme tel que Du Quesne sous ses ordres, non-seulement M. d'Estrées accabla M. Colbert de Terron de dénonciations contre ce grand marin, le traitant de *timide* et d'*imprévoyant*, mais encore qu'il critiqua fort arrogamment sa manœuvre. Or, en cela, il faut l'avouer, M. d'Estrées n'était guère que l'écho des gens obscurs qu'il embarquait à son bord comme conseillers secrets, afin de cacher sa profonde et entière ignorance des choses de la mer, en répétant les leçons souvent funestes de ces mentors ineptes.

Pourtant M. d'Estrées fut créé vice-amiral, puis maréchal de France ! et certes jamais faveurs de cour ne furent plus fatalement placés, si l'on songe à leurs terribles conséquences ! On ne parle pas de la conduite inqualifiable, ou plutôt trop qualifiable de M. d'Estrées, lors des combats de 72 et 73; la politique éhontée de Louis XIV l'avait voulu ainsi. Mais à Tabago ? mais à l'île d'Avès ! ne fut-ce pas l'impéritie coupable de M. d'Estrées qui, le poussant à entrer dans un port sans s'être assuré les moyens d'en sortir en cas de mauvais succès, y fit incendier sa flotte ? Ne fut-ce pas sa profonde ignorance qui causa la perte de ses vaisseaux sur des récifs, par cela qu'il s'entêta de suivre les conseils des gens indignes de créance plutôt que d'avouer son incapacité.

Et M. d'Estrées fut maréchal de France ! et M. de Vivonne fut maréchal de France ! pendant que Du Quesne, demeurant toujours simple lieutenant général des armées navales, grade qui équivaut à peine à celui de contre-amiral de nos jours, n'obtint que l'ingratitude et l'injustice pour prix de ses longs et nombreux services. Voici à quel propos.

Après l'expédition de Gênes, pendant laquelle, ainsi qu'on l'a dit en son lieu, *il ne voulut pas sortir de sa chambre,* justement choqué de voir M. de Seignelay commander à la fois comme ministre et comme amiral, Du Quesne vint à Versailles rendre compte au roi de sa conduite, se plaindre avec énergie des empiétements de M. de Seignelay, et notifier qu'il quittait la marine puisqu'on n'avait égard ni à son ancienneté, ni à ses antécédents.

Louis XIV le reçut d'un air superbe et froid, et lui dit seulement : *Monsieur Du Quesne, j'aurais voulu que vous ne m'empêchassiez pas de récompenser vos services comme ils méritent de l'être; mais* VOUS ÊTES PROTESTANT, ET VOUS SAVEZ MES INTENTIONS LA-DESSUS. Du Quesne répondit avec sa rudesse habituelle : *Sire, je suis protestant, c'est vrai ; mais j'avais toujours pensé que mes services étaient catholiques.* Puis, saluant le roi, il se retira et ne servit plus jusqu'à sa mort, qui arriva le 2 août 1688.

Du Quesne mourut donc à Paris à l'âge de 78 ans (il était né en 1610). On a déjà dit qu'il ne put être enterré en France pour cause de religion, et que son fils aîné fut obligé de transporter son corps à Aubonne, dans l'état de Berne, où il fut inhumé ainsi qu'il convenait à sa qualité.

Exiler jusqu'au cadavre d'un de nos plus célèbres amiraux pour cause de protestantisme, quand ce grand homme avait servi la France pendant soixante ans, non-seulement comme marin d'une valeur et d'une expérience proverbiales, comme général profondément tacticien et ayant toutes les parties de ce difficile métier, mais encore comme administrateur plein de vues qui amenèrent les améliorations les plus importantes dans l'organisation du corps de la marine. Tel devait être un des misérables précédents de la révocation de l'édit de Nantes.

En un mot, Du Quesne mourut lieutenant général, et son corps fut proscrit...

Maintenant revenons aux provisions de la dignité de maréchal de France accordée à M. d'Estrées. La lecture de cette pièce offrira le contraste le plus curieux et le plus piquant, puisqu'on connaît *le réel, le vrai* qui se meut sous ces brillants dehors.

LETTRES DE PROVISIONS DE LA DIGNITÉ DE MARÉCHAL DE FRANCE EN FAVEUR DE M. LE COMTE D'ESTRÉES DU 24 MARS 1681.

« Louis, par la grâce de Dieu, roi de France et de Navarre, à tous ceux, etc., salut.

» Comme nous avons toujours fait une de nos plus importantes fonctions de celle de commander en personne nos principales armées, et que c'est aux soins que nous en avons pris, et à ceux de récompenser dignement les services les plus signalés qu'on nous y a rendus, que nous devons, après Dieu, l'état florissant où se trouve aujourd'hui notre royaume, nous ne saurions aussi rien faire qui doive davantage exciter la valeur de nos sujets à se signaler dans les guerres que nous pourrions avoir à soutenir, tant par terre que par mer, que de faire voir qu'on peut parvenir aux plus nobles et aux plus importantes charges de notre royaume quand on ne s'est pas moins distingué dans le commandement de nos armées navales que dans celles de terre par des preuves éclatantes de courage et de bonne conduite ; c'est dans cette vue que nous avons cru ne pouvoir honorer de l'état et office de maréchal de France un plus digne sujet que notre très-cher et bien amé le sieur comte d'Estrées, lieutenant général en nos armées de terre et vice-amiral de France, lequel, ayant hérité de la valeur de notre cousin, le maréchal d'Estrées, son père, duc et pair de France, commença à en donner des preuves dès l'âge de seize ans, à la tête d'un régiment d'infanterie sous son nom, qu'il commandait, en l'année 1644, à l'attaque de la contrescarpe de Gravelines, et quoiqu'en soutenant, quelques jours après un logement, il y fut blessé de deux coups de mousquet, de l'un desquels, qu'il reçut à la main droite, il est demeuré estropié, il ne laissa pas néanmoins de continuer la campagne et de se signaler à l'enlèvement d'un quartier d'infanterie à Cassel, sous le commandement du maréchal de Gassion. Les premiers essais de son courage ayant été de plus grandes preuves qu'il en donna, aussi bien que de sa bonne conduite dans la campagne suivante à la tête d'un régiment plus ancien que celui qu'il avait eu dans celle de 1646, nous lui donnâmes, en 1647, la commission de mestre de camp de notre régiment de Navarre, et la satisfaction que nous eûmes des services qu'il nous y rendit, tant au siège de la Bassée qu'à celui d'Ypres, et en plusieurs autres importantes occasions, nous porta à l'honorer de la qualité de maréchal de camp, et ensuite il fut détaché du quartier de Saint-Denis pour conduire, sur la rivière d'Aisne, les troupes de cavalerie et d'infanterie, sous les ordres de nos cousins, les maréchaux d'Estrées, son père, et Du Plessis-Praslin, et de s'opposer au passage de l'armée d'Espagne, commandée par l'archiduc Léopold.

» C'est en cette même qualité qu'il a depuis continué à nous servir avec beaucoup d'assiduité et de réputation jusqu'en l'année 1654, qu'étant le plus ancien maréchal de camp, il fut des premiers à forcer les lignes d'Arras à la tête des régiments de la marine et de Mouskry, ce qui lui ayant fait mériter la qualité de lieutenant général, dont nous l'honorâmes en l'année 1655. Il donna encore cette même année et les suivantes des marques de ce que peuvent l'expérience et la capacité jointes à la valeur, car non-seulement il défit avec cinq cents chevaux douze cents hommes de pied des ennemis, qui, par des chemins couverts et à la faveur des bois, voulaient se jeter dans Avesne, mais aussi il soutint au siége de Valenciennes le quartier où il commandait avec tant de fermeté, qu'il ne put être forcé, et combattit ensuite pour secourir les autres, jusqu'à ce qu'accablé du trop grand nombre d'ennemis, et après avoir donné le temps à douze cents hommes de pied de se retirer en sûreté à Condé, il demeura prisonnier; et son mérite trop connu de ceux au pouvoir desquels il était le mit hors d'état de nous continuer ses services, jusqu'à ce que, la guerre, ayant recommencé en 1667, il nous suivit pendant toute la campagne, toujours prêt à nous donner de nouvelles marques de sa valeur, et, pour la pouvoir signaler en tout temps, aussi bien par mer que par terre, *dès lors, il s'appliqua avec tant de soin à la connaissance de la marine, que nous résolûmes, en* 1668, *de lui donner le commandement d'une escadre de six de nos vaisseaux, avec lesquels il alla en qualité de lieutenant général de nos armées navales aux îles d'Amérique, où sa vigilance y maintint nos sujets en repos, et répara tout ce que la guerre avec les Anglais y avait causé des désordres.*

» *Cette épreuve nous ayant fait assez juger que nous ne pouvions confier la charge de vice-amiral de France à personne qui fût plus capable de nous y rendre de grands et importants services, nous voulûmes bien l'en honorer en l'année* 1669, et lui donnâmes encore le commandement de six de nos vaisseaux pour faire la guerre aux corsaires d'Alger, de Tunis et de Salé; ayant augmenté cette escadre, l'année suivante, de quelques autres vaisseaux, et pour la rendre plus considérable, il continua cette guerre avec tant de vigilance et de fermeté, qu'il fit périr, à la vue de Salé, cinq vaisseaux qui appartenaient à cette ville, en prit un autre, en retira deux de leur pouvoir, et porta la terreur au milieu de cette ville par le feu continuel de nos canons, en sorte, qu'il assura le commerce de nos sujets, et obligea la ville d'Alger à préférer la paix que nous voulûmes bien lui accorder à tous les pillages que ses corsaires faisaient continuellement. Tant de témoignages de sa bonne conduite dans le commandement de nos armées navales nous obligèrent, en 1672, de lui donner le commandement d'une escadre composée de trente gros vaisseaux de guerre, dix brûlots et tous les autres bâtiments nécessaires pour le service de cette flotte, qui devait faire, suivant l'obligation dans laquelle nous étions entrés par le traité que nous avions fait avec le roi d'Angleterre, la seconde escadre de l'armée navale avec laquelle ce prince était tenu d'attaquer les Hollandais par mer, pendant que nous entreprendrions, à la tête de notre armée de terre, la conquête de leur pays ; et ledit sieur comte d'Estrées fit tant de diligence pour partir de Brest, qu'il se rendit près de l'île de Wight avant même que l'armée navale d'Angleterre fût prête, et sur le point que celle des Hollandais commençait à paraître pour venir charger les Anglais, avant la jonction de nos vaisseaux, en sorte qu'étant faite si à propos, elle donna lieu au duc d'York de pousser les ennemis jusque sur leurs côtes, d'où ils n'osèrent sortir jusqu'à ce que l'armée navale d'Angleterre, ayant mouillé à la rade appelée Sole-Bay pour y prendre des rafraîchissements, s'y vit attaquée par celle des États généraux, qui ayant le dessus du vent sur des vaisseaux dégarnis de la plus grande partie de leur équipage, aurait pu remporter un avantage considérable, si la prévoyance dudit sieur comte d'Estrées ne lui avait donné moyen de s'élever à la mer, d'y reprendre l'avantage du vent, et non-seulement de combattre l'escadre des ennemis qu'il avait en tête, mais aussi de secourir les Anglais avec tant de vigueur, qu'il força Ruyter à se retirer, et donna lieu au duc d'York de repousser cette flotte une seconde fois jusque sur les côtes de Hollande.

» Cette même escadre de trente de nos vaisseaux n'acquit pas moins de réputation l'année suivante, 1673, sous le commandement dudit sieur comte d'Estrées, qui fit voir, dans trois batailles ou combats consécutifs, qu'il ne manquait rien ni à la bonne conduite ni à l'intrépidité du chef, ni à la valeur des capitaines qui lui obéissaient, ni au devoir courageux des soldats et matelots, en sorte qu'il ne nous laissa rien à désirer pour la gloire de nos armes sur mer. Il la soutint encore, en l'année 1674, dans le commandement d'une grande escadre de nos vaisseaux, pour la défense de nos ports et côtes, et il l'augmenta, en 1676, par l'attaque de l'île de Cayenne, dans l'Amérique, qu'il emporta, l'épée à la main, sur les Hollandais, quoiqu'ils eussent plus de trois cents hommes dans leurs forts et retranchements, et qu'il n'eût débarqué que cinq cents hommes, avec lesquels il tua une grande partie des ennemis et prit le reste prisonnier.

Il n'acquit pas moins d'honneur dans l'attaque de l'île de Tabago, où, ayant trouvé quatorze vaisseaux de guerre dans le port et huit cents hommes dans le fort, il ne laissa pas de faire sa descente malgré tant de forces, et, ayant fait entrer dans le port neuf des vaisseaux qu'il commandait, il combattit avec tant de fermeté, et par terre et par mer, depuis 7 heures du matin jusqu'à 2 heures après midi, qu'après avoir abordé et enlevé un vaisseau ennemi, il n'y en demeura plus en ligne, ayant tous été brûlés, à la réserve de trois qui s'échouèrent à la côte. Le fort de cette île n'ayant pu être emporté cette année, lui donna encore lieu d'acquérir plus de gloire la campagne suivante, 1677, pendant laquelle, étant retourné pour l'exécution de nos ordres dans ladite île, il s'en rendit maître, après y avoir fait périr près de trois cents hommes des ennemis, fait six cent soixante prisonniers, et pris tout ce qui restait du débris et qui avait pu échapper au feu des bombes et des canons.

L'île de Gorée, qu'il avait aussi prise en passant par le Cap-Vert, en se rendant maître des deux forts défendus par six-vingts hommes de garnison et munis de quarante-quatre pièces de canon, nous fit encore connaître l'utilité de ses services, et il nous les a encore continués, depuis la paix, dans le commandement de nos vaisseaux, contre les corsaires de Salé et dans les îles de l'Amérique; ainsi tous ces témoignages de son expérience et de sa conduite, tant dans les expéditions de terre que de mer, sont de pressants motifs qui nous convient à lui faire connaître de plus en plus l'entière satisfaction que nous en avons reçue.

Pour ces causes, et autres grandes considérations à ce nous mouvant, avons par ces présentes, signées de notre main, fait, constitué, ordonné et établi, faisons, constituons, ordonnons et établissons ledit comte d'Estrées, maréchal de France, et ledit état et office, que nous avons de nouveau créé et augmenté, créons et augmentons en sa faveur, outre et par-dessus ceux qui sont à présent, lui avons donné et octroyé, donnons et octroyons, pour l'avoir, tenir, et dorénavant exercer, en jouir et user aux honneurs, autorités, prérogatives, prééminences, franchises, libertés, gages, pensions, droits, pouvoirs, puissance, facultés, revenus et émolumens qui y appartiennent, tels et semblables que les ont et prennent, et tout ainsi qu'en jouissent les autres maréchaux de France, encore qu'ils ne soient ici particulièrement spécifiés, tant qu'il nous plaira.

» Si donnons en mandement à nos amés et féaux les gens tenant nos cours de parlement, et à tous nos lieutenants généraux, gouverneurs, capitaines, chefs et conducteurs de nos gens de guerre, et à tous nos justiciers et officiers qu'il appartiendra, que ledit comte d'Estrées, duquel nous nous réservons de prendre le serment, et icelui mettre en possession dudit état et office de maréchal de France, ils fassent, souffrent et laissent jouir et user d'icelui, ensemble de tout le contenu ci-dessus, pleinement et paisiblement; et à lui obéir et entendre ès-choses touchant et concernant ledit état et office de maréchal de France.

» Mandons en outre à nos amés et féaux conseillers, les gardes de notre trésor royal et trésoriers de l'extraordinaire de nos guerres présents et à venir, et à chacun d'eux, ainsi qu'il appartiendra, que les gages, pensions et droits que nous avons affectés et attribués audit état et office, tels et semblables qu'en jouissent les autres maréchaux de France, ils paient, baillent et délivrent, ou fassent payer, bailler et délivrer audit comte d'Estrées, par chacun an, aux termes et en la manière accoutumée, et rapportant cesdites présentes ou copies d'icelles dûment collationnées, avec quittance dudit sieur comte d'Estrées sur ce suffisant; nous voulons que, tout ce que payé, baillé et délivré, lui aura été à l'occasion susdite, soit passé et alloué en la dépense de leurs comptes déduit et rabattu de la recette d'iceux par nos amés et féaux, les gens de nos comptes, auxquels mandons ainsi le faire sans difficulté, car tel est notre plaisir; en témoin de quoi nous avons fait mettre notre scel à ces présentes.

» Donné à Saint-Germain en Laye, le vingt-quatrième jour de mars 1681, et de notre règne le trente-huitième.

» *Signé :* LOUIS.

Et sur le repli,

» *Par le roi :* COLBERT.

» Et scellé sur simple queue du grand scel de cire jaune. »

Voici l'instruction donnée par le roi à M. d'Estrées. On y trouve spécifiés dans le plus grand détail les sujets des plaintes de Louis XIV contre les Tripolitains.

INSTRUCTION QUE LE ROI VEUT ÊTRE MISE ÈS-MAINS DU MARÉCHAL D'ESTRÉES, VICE-AMIRAL DE FRANCE EN PONANT, COMMANDANT LES VAISSEAUX QUE SA MAJESTÉ TIENDRA DANS LA MÉDITERRANÉE PENDANT LA CAMPAGNE PROCHAINE.

« Sa Majesté ayant donné la paix à toute l'Europe, a forcé les Algériens de lui venir demander pardon et d'accepter les conditions qu'elle a voulu leur imposer; il ne reste, pour donner une sûreté entière au commerce maritime de ses sujets, que de renouveler le traité de paix fait en l'année 1676 avec le gouvernement de Tunis, qui n'a pas été bien observé par les différentes révolutions arrivées dans ledit pays, et à forcer les corsaires de Tripoli de demander la paix qu'ils ont violée depuis le mois de décembre 1682, nonobstant le traité que le sieur Du Quesne avait fait avec eux en l'année 1681, après la rencontre de Scio.

» C'est pour parvenir à l'exécution de ce dessein que Sa Majesté a fait armer à Toulon les vaisseaux, brûlots, galiotes à mortier et à rames, et autres bâtiments dont il trouvera la liste ci-jointe; et, bien que cet armement proportionné aux forces des ennemis contre lesquels il est destiné, ne soit pas grand par le nombre des vaisseaux, elle a regardé le service qu'elle en attend comme très-important, et pour l'assurer d'autant plus, elle a choisi ledit sieur maréchal d'Estrées, dont l'expérience, la valeur et la capacité lui sont connues par les grandes actions qu'il a faites à la mer, et lui répondent de l'heureux succès des entreprises qui lui sont confiées.

» Du nombre des vaisseaux qui doivent servir sous ses ordres, Sa Majesté en a fait préparer trois à Toulon, qui doivent en partir incessamment sous le commandement du sieur marquis d'Amfreville, pour se rendre devant Tripoli, afin d'empêcher ces corsaires de sortir de leurs ports et de donner moyen de brûler leurs vaisseaux, s'il est possible, soit par le moyen des brûlots qui y pourraient entrer, soit par les bombes qui y seraient jetées, et il trouvera ci-joint copie de l'instruction dudit marquis d'Amfreville, par laquelle il sera informé des ordres qu'il a reçus et du temps auquel il doit se rejoindre au reste de l'escadre.

» Sa Majesté a donné ses ordres pour faire embarquer pour six mois de vivres sur les vaisseaux qui partiront sous le commandement dudit sieur maréchal, et elle veut qu'il mette à la voile le 20 mai au plus tard.

» Elle a donné ordre au sieur de Vauvré de tenir cinq mille bombes prêtes à être embarquées, et de préparer deux flûtes pour porter et servir d'hôpital à la suite de ladite escadre.

» En partant de Toulon il fera route vers Tunis, où Sa Majesté estime nécessaire de faire paraître ses vaisseaux, tant pour demander raison des contraventions qui ont été faites à l'ancien traité de paix, que pour en faire un nouveau, suivant ce qu'il fut proposé par le gouvernement de ladite ville lorsque le sieur Du Quesne y envoya, en l'année 1683; à quoi Sa Majesté estime qu'il sera d'autant plus aisé de parvenir, que ledit royaume est agité depuis longtemps par des guerres civiles, et afin qu'il puisse mieux profiter d'une conjoncture qui paraît favorable, il doit être informé que les deux beys, commandant les troupes, se font la guerre depuis longtemps, qu'ils ont même assiégé plusieurs fois la ville de Tunis, et qu'ayant été attaqués par les troupes d'Alger pendant l'année dernière, ils se sont joints ensemble pour se défendre; en sorte que cette guerre, partageant tout le royaume, a occupé tous ceux qui armaient des vaisseaux, et empêché depuis longtemps qu'il n'en ait pu être mis en mer. Il doit aussi savoir qu'en 1683 ceux qui gouvernaient à Tunis ayant fait passer en France le nommé Lemaire, marchand français, pour demander la paix, le sieur Du Quesne eut ordre d'aller à Tunis en revenant d'Alger; mais n'ayant point exécuté cet ordre, il y envoya son fils, qui rapporta le mémoire des conditions auxquelles ils consentaient de traiter, et comme Sa Majesté a estimé à propos d'y apporter quelques changements, ainsi qu'il verra par ses apostilles, elle veut qu'il suive ponctuellement ce qui est contenu audit mémoire.

» Les Français avaient autrefois la permission de faire le commerce des blés et la pêche du corail au cap Nègre, à l'exclusion de toutes les autres nations; mais les Anglais s'en étant emparés en ont joui assez longtemps, et ont été dépossédés depuis un an par l'un des beys; et comme il importe au commerce du royaume d'obtenir de nouveau la concession de ce poste en faveur des sujets de Sa Majesté, elle estime que le moyen le plus assuré pour y parvenir est de demander auxdits dey, divan et milice de cette ville, la restitution des prises faites sur ses sujets, dont la valeur monte à 30,000 écus, suivant le mémoire ci-joint, parce qu'il est vraisemblable que, n'étant pas à présent en état de restituer cette somme, épuisés comme ils sont par les dernières guerres, ils aimeront mieux compenser cette restitution en accordant pour un temps la propriété de ce poste, après lequel il faudra convenir avec eux que ledit cap demeurera en la possession des Français, en payant par ceux qui en jouiront les mêmes dîmes que lesdits Anglais leur payaient en dernier lieu, et c'est à quoi ledit sieur maréchal d'Estrées doit s'appliquer avec beaucoup de soin, étant important de remettre les marchands français en possession de ce commerce.

» En cas que lesdits dey, divan et milice de Tunis offrent de concéder pour un temps la propriété dudit cap Nègre et ses dépendances, Sa Majesté lui permet d'accepter la compensation de la susdite somme de 30,000 écus pour ledit cap.

» Le sieur Gautier s'embarquera sur les vaisseaux pour traiter cette affaire sous ses ordres, et en cas que lesdits dey, divan et milice de Tunis acceptent cette proposition, Sa Majesté veut qu'il fasse en sorte qu'ils consentent au traité ci-joint en faveur dudit Gautier, à qui il donnera toute sorte de protection pour réussir dans cette négociation.

« Sa Majesté étant informée qu'il y a plus d'un an que l'on retient à la chaîne dans ladite ville quatre capucins missionnaires d'Italie, sur ce que quelques esclaves de Livourne ont écrit au dey que ces religieux avaient donné avis au grand duc de l'armement d'une galiote de Tunis qui a été prise par ses galères, elle veut que ledit sieur maréchal d'Estrées fasse les instances nécessaires pour les faire mettre en liberté.

» Il doit conclure la négociation avec Tunis, avec toute sorte de diligence, afin de se rendre de bonne heure à Tripoli où doit être la principale action de l'escadre,

» Aussitôt qu'il sera arrivé devant Tripoli et qu'il aura rejoint les vaisseaux commandés par ledit sieur marquis d'Amfreville, Sa Majesté veut qu'il examine s'il est nécessaire de canonner la ville, ou s'il faut seulement mettre en usage les bombes qui seront embarquées pour la brûler ; et quoique Sa Majesté se remette entièrement à lui de ce qui est en cela de l'exécution de ses intentions, tant pour le temps que pour la manière dont cette entreprise doit être faite, elle veut qu'il s'informe de tout ce qui s'est passé devant Alger et devant Gênes pour suivre les mêmes choses dans l'exécution des mortiers tant pour l'approche des galiotes de la ville que pour les faire tirer le jour, se remettant pour le surplus aux nouvelles lumières qu'il tirera par la connaissance des lieux et par la nature du terrain et des mouillages.

» Si les vaisseaux de ces corsaires sont dans leur port, il y a lieu d'espérer qu'il ne sera pas impossible de les y brûler par le moyen des bombes que l'on pourra aisément y jeter avec les mortiers, et ce serait le plus considérable et le plus important que Sa Majesté pût attendre.

» Et quoique le principal fruit de cette guerre soit d'obliger lesdits corsaires à désirer la paix, et que Sa Majesté veuille bien même y consentir sans les forcer à la restitution des effets de prise sur ses sujets depuis l'infraction de la paix que le sieur Du Quesne fit à Scio avec leur amiral, au mois de novembre 1681, elle veut cependant qu'il tente tout ce qui sera possible pour les obliger à cette restitution.

» A l'égard de celle des esclaves français, c'est une condition sans laquelle Sa Majesté ne veut point entendre à aucun traité ; elle se remet, pour le reste des conditions, au projet de traité qu'il trouvera ci-joint ; et comme il est informé de quelle importance il est au commerce de ses sujets d'avoir la paix avec lesdits corsaires, et que d'ailleurs il sait qu'il est de sa gloire de n'entendre aucune proposition de leur part qu'ils n'aient senti ce qu'ils ont à craindre de la témérité qu'ils ont eue de recommencer leurs actes d'hostilité, elle ne doute point que, suivant ces deux principes, il ne se serve des conjectures favorables qu'il aura pendant cette campagne pour réussir à cette paix, s'il est possible, et l'avoir aux conditions portées par ledit projet.

» En cas qu'étant devant Tripoli il se présente des vaisseaux de guerre ou marchands hollandais, Sa Majesté ne veut pas qu'il leur permette l'entrée, et s'ils voulaient se mettre en état de passer nonobstant sa défense, elle veut qu'il les attaque, et qu'il s'en rende maître, pour les envoyer dans les ports du royaume.

» Sa Majesté donnera ordre à son ambassadeur de faire des instances auprès du roi d'Angleterre pour empêcher qu'aucun vaisseau de guerre anglais n'aille à Tripoli pendant cet été; mais s'il s'en présentait quelqu'un, Sa Majesté veut que ledit sieur maréchal d'Estrées représente au commandant les raisons qui l'empêchent de lui donner permission d'entrer, et en cas qu'il insiste ou qu'il se mette en état d'entrer malgré sa défense, l'intention de Sa Majesté est qu'il s'y oppose et qu'il emploie même la force pour cet effet, en se ménageant pourtant autant qu'il pourra en ces occasions, suivant ce qu'il connaît de l'union et de la bonne correspondance qui est entre Sa Majesté et le roi de la Grande-Bretagne.

» Elle lui recommande sur toutes choses de lui donner très-souvent de ses nouvelles, et de faire en sorte qu'elle ne soit jamais un mois entier sans en recevoir, quand même il n'aurait qu'à rendre compte des dispositions qu'il donnera à ce qui est des intentions de Sa Majesté.

» Elle veut qu'aussitôt qu'il aura conclu la paix et reçu les esclaves à la restitution desquels les Tripolitains auront consenti, il ramène ses vaisseaux à droite route à Toulon, où il sera informé de ce qu'il aura à faire pour son service.

« Il visitera tous les vaisseaux étrangers qu'il rencontrera en mer, et en retirera les Français qu'il trouvera sur leurs bords, pour être punis suivant la rigueur des ordonnances: Sa Majesté veut qu'il fasse visiter tous les vaisseaux génois, soit de guerre, soit marchands, qu'il leur fasse rendre avec ponctualité les honneurs qu'ils doivent à tous ses vaisseaux, et retire tous les Français qu'ils auront sur leurs bords.

« En cas qu'il rencontre des vaisseaux anglais, il ne les visitera point.

» A l'égard des saluts, Sa Majesté veut que le réglement de 1665 soit exécuté, et pour cet effet, que ledit sieur maréchal d'Estrées se le fasse rendre par tous les vaisseaux des autres nations, à l'exception des seuls Anglais, auxquels il ne demandera ni ne rendra aucun salut.

» S'il arrivait que quelqu'un des vaisseaux de l'escadre se séparât du vaisseau commandé par ledit sieur maréchal d'Estrées sans ordre, Sa Majesté désire qu'il lui en donne avis.

» Elle veut aussi que pendant tout le temps qu'il sera en mer il visite le plus souvent qu'il pourra lesdits vaisseaux, et remarque les capitaines qui tiendraient leurs vaisseaux en bon état, et la propreté dans leurs bords, n'y ayant rien de si nécessaire pour y conserver la santé, de quoi elle veut qu'il lui donne avis. Ledit sieur maréchal d'Estrées s'appliquera aussi à faire soigneusement observer les règlements et ordonnances de marine, et particulièrement celle qui défend aux officiers de coucher hors de leurs bords.

» Il fera souvent faire l'exercice du canon sur son bord, et excitera les capitaines des autres vaisseaux à suivre son exemple, afin de rendre les canonniers experts et diligents à la manœuvre du canon, et d'en multiplier le nombre.

» Il tiendra aussi la main à ce que les écrivains de chaque vaisseau prennent garde à la conservation de leurs agrès, apparaux, et rechanger munitions, armes et ustensiles, et qu'il ne s'en fasse aucune consommation superflue.

» Elle veut qu'il s'applique soigneusement à maintenir la discipline entre les soldats qui serviront sur lesdits vaisseaux, et bannir les différends et les démêlés qu'il y a eu jusqu'à présent entre les officiers qui y ont été embarqués.

» Il sait que Sa Majesté fit armer, en 1681, des bâtiments exprès pour l'instruction des officiers qui, naviguant le long des côtes du royaume, étaient informés de l'exercice des manœuvres par commandements réglés ; et comme cet établissement est très-considérable et très-utile pour le service de Sa Majesté, et qu'il peut être suivi dans le voyage qu'il doit faire, il doit continuer à exercer des manœuvres sur les vaisseaux qu'il commande, le tout suivant le modèle qui fut approuvé dans ladite année, et dont il trouvera ci-joint plusieurs copies pour les distribuer aux capitaines.

» Fait à Versailles, le 8 avril 1685.

» LOUIS. »

Et plus bas,

» COLBERT. »

(*Affair. étrang. Afrique*, 1685, t. II, p. 1.)

A propos de cette signature de *Colbert*, apposée au bas de cette instruction, on remarquera qu'à la mort de son père Seignelay prit et signa le nom de *Colbert* dans presque tous les actes de son ministère. On a vu dans la précédente instruction qu'il était ordonné à M. d'Estrées de commencer par l'attaque de Tunis, dans cette lettre supplémentaire, Louis XIV change l'itinéaire de l'expédition.

DU ROI AU MARÉCHAL D'ESTRÉES.

« Mon cousin,

« Je vous ai expliqué par l'instruction qui vous a été remise ès-mains que mon intention était qu'en partant de Toulon vous fissiez route à Tunis pour conclure un nouveau traité avec les corsaires de cette ville ; mais comme j'estime qu'il est plus à propos que tous les vaisseaux que vous commandez aillent à droiture à Tripoli, pour profiter de la belle saison et exécuter plus promptement les entreprises que vous devez tenter contre cette ville, je vous fais cette lettre pour vous dire que je veux que vous remettiez à votre retour la négociation avec Tunis.

» Ayant estimé du bien de mon service de faire repasser incessamment l'envoyé d'Alger avec les esclaves qui lui seront restitués, j'ai donné ordre au chevalier de Tourville de se rendre promptement à Toulon pour cet effet. Il partira dans le commencement du mois prochain au plus tard avec les vaisseaux *l'Agréable, le Bizarre*, et une caravelle d'Alger que le sieur de Vauvré a ordre d'armer en guerre pour l'exécution de cet ordre, et je m'attends que n'ayant rien de nouveau à négocier avec ceux d'Alger, il ne fera que repasser devant leur port, et en partir pour vous aller joindre devant Tripoli, suivant les ordres exprès que je lui donne. Et la présente n'étant qu'à cette fin, je prie Dieu qu'il vous ait, mon cousin, en sa sainte et digne garde.

» Écrit à Versailles, le 13 avril 1685.

» LOUIS.

Et plus bas,
» COLBERT. »

(*Affair. étrang. Afrique*, 1685, t. II).

DE M. DE SEIGNELAY AU MARÉCHAL D'ESTRÉES.

« Monsieur,

» Par la lettre que j'ai reçue du sieur de Vauvré, du 5 de ce mois, j'ai appris que deux patrons qui ont été esclaves à Tripoli, ayant été interrogés sur ce qui se peut tenter contre cette ville et contre les vaisseaux qui se trouveront dans le port, ils y ont dit qu'il y avait beaucoup de facilité d'en approcher les galiotes et d'insulter lesdits vaisseaux, que la rade est bonne, qu'à la campagne d'Alger, lorsque ces corsaires crurent qu'on devait les aller bombarder, ils y avaient fait retirer tous leurs vaisseaux; et qu'ils croient qu'ils s'y retireront encore.

» J'ai vu aussi, par une copie du traité que ces corsaires ont fait avec les Anglais, dont vous trouverez un duplicata ci-joint, qu'ils se sont soumis à des conditions plus avantageuses que celles que vous devez demander par le projet de traité qui vous a été remis; sur quoi Sa Majesté m'ordonne de vous dire que ce projet de traité doit vous servir seulement à vous faire connaître jusqu'où elle vous permet de vous relâcher; mais si, par un succès inespéré, vous pouviez les réduire à des conditions plus glorieuses, comme serait de restituer les effets ou de les compenser par la liberté qu'ils pourraient donner à tous les esclaves chrétiens, de quelque nation qu'ils fussent, vous feriez une chose très-glorieuse et très-agréable à Sa Majesté.

» Je suis, Monsieur,
» Votre très-humble et très-obéissant serviteur,
» SEIGNELAY.

» A Versailles, 19 avril 1685.

(*Affair. étrang. Afrique*, 1685, t. II).

Les lettres suivantes de M. d'Estrées au roi et à M. de Seignelay étant un journal complet et circonstancié de toute cette expédition, depuis l'arrivée de ce maréchal à Toulon jusqu'au bombardement, aux traités et à la paix de Tripoli, de Tunis et de Suze, on les donnera de suite et sans commentaire.

LETTRE DU MARÉCHAL D'ESTRÉES AU MARQUIS DE SEIGNELAY.

« De Toulon, 6 mai 1685.

» Monsieur,

» Je me serais contenté de la lettre que je me suis donné l'honneur de vous écrire hier, et que je fis porter à Marseille pour être remise au courrier que vous avez dépêché, si je n'avais reçu depuis des avis de M. l'intendant touchant la sortie de tous les vaisseaux de Tripoli de leur port, touchant leur crainte et leur résolution de traiter la paix, à la vue de l'armée navale de Sa Majesté, tant dans la ville que dans les vaisseaux, supposé que l'on puisse les rencontrer; mais il semble d'autant moins difficile de les rencontrer, que ces mêmes avis portent que ces corsaires n'oseraient se retirer dans les ports fermés du grand seigneur après avoir manqué d'obéir à ses ordres.

» Sur ces avis, il n'est pas possible à des gens qui désirent de finir cette petite guerre une fois pour toutes, de s'empresser de former quelques projets.

» On considère donc qu'après avoir été devant la ville de Tripoli, l'avoir ruinée par les bombes, l'avoir obligée par là ou par telle entreprise que la vue et la disposition des lieux nous fera croire possible, à rendre les esclaves, on pourrait aller chercher ces corsaires, et partout où on pourrait les rencontrer, hors les ports d'une entrée extrêmement difficile, tâcher de les brûler, afin d'en être délivré une fois pour toutes. Mais comme le roi désire qu'on détache deux vaisseaux après avoir été devant Tripoli, il n'est pas possible de tenter ce second point s'il n'apporte du changement à cet ordre; on le peut faire, ce me semble, sans rompre aucune mesure et sans augmenter que de fort peu de chose la dépense; car les galiotes à rames qui ne seront plus nécessaires après Tripoli, ni plus propres à naviguer plus loin, étant renvoyées ici, arriveront aussitôt que les vaisseaux que j'ai ordre de détacher, tellement que leurs équipages et celui de quelqu'une des flûtes qu'on pourrait renvoyer formeraient à peu près l'équipage de deux vaisseaux, et je suis persuadé qu'avec une augmentation d'un mois et demi de vivres pour les vaisseaux, on pourrait réussir dans l'action de brûler les corsaires, ce que l'on serait bien aise d'avoir acheté d'un prix plus considérable.

» J'espère que *l'Agréable* pourra mettre à la voile le 13 ou le 14, que le reste pourra partir le 25 de ce mois; ainsi il y aura assez de temps pour recevoir les ordres du roi, soit pour l'exécution de ce que l'on propose, soit pour ne rien faire au-delà de ce qui est porté par mes instructions, ne recevant pas de nouveaux ordres.

» Trouvez bon, monsieur, qu'en cas qu'il plaise à Sa Majesté de m'ordonner d'aller chercher les corsaires, je vous supplie très-humblement d'y ajouter celui d'y faire embarquer le sieur Cleron, enseigne, qui a des connaissances parfaites de ces mers-là et de beaucoup d'autres; comme je ne me suis guère trompé jusqu'ici touchant les officiers dont j'ai eu l'honneur de vous parler, je prends la liberté de vous dire qu'il sera bien plus utile pour le service de le faire servir sur les vaisseaux que de le laisser languir dans le port avec les qualités que je sais qu'il a.

» Je suis avec beaucoup de respect et de passion, monsieur, votre très-humble et très-obéissant serviteur.

» Le maréchal D'ESTRÉES. »

MÉMOIRE DU MARÉCHAL D'ESTRÉES SUR TRIPOLI.

« Toulon, du dimanche 13 mai 1685.

» *L'Agréable* est en état de mettre demain à la voile, et les envoyés d'Alger me paraissent si satisfaits, que j'ai lieu de croire que M. de Tourville n'étant pas obligé de mouiller longtemps devant Alger, pourra se rendre à la Lampedouze le 8 ou 9 du mois prochain, qui est le rendez-vous qu'on a choisi pour se joindre avec son escadre et les galiotes à rames, d'où l'on partira tous ensemble pour aller à la rade de Tripoli.

» *L'Agréable* porte tous ses vivres et les autres en ont pris le plus qu'il leur a été possible, et j'ai ménagé que les bâtiments de charge prissent beaucoup d'eau au-delà de ce qu'ils ont accoutumé d'en porter, pour le secours des vaisseaux à la rade de Tripoli, afin d'épargner une cinquième flûte pour porter de l'eau. Je ne peux m'empêcher de faire considérer que bien que leurs équipages paraissent aussi forts par le nombre qu'ils ont été autrefois, hormis *l'Ardent* et *l'Agréable*, il n'en est pas toutefois de même pour les services pénibles du vaisseau, à cause de la quantité de gardes de la marine qui y sont embarqués, qui ne pourront pas servir au cabestan, ni à amurer les voiles avec même force et même plaisir que font les soldats, tellement que s'il convenait au service du roi que l'on embarquât sur les vaisseaux un certain nombre de nouveaux gardes, proportionné à l'équipage de chacun, le service s'y ferait aisément et sans préjudice des manœuvres, et tout le monde y trouverait ses commodités : par exemple, n'en embarquer que vingt sur trois cents hommes d'équipage, et suivre cette proportion sur les plus forts; cependant les nouveaux gardes qui demeureraient dans le port, continuant leurs exercices et les études du métier, ne perdraient pas leur temps.

» J'ai déjà fait savoir en gros ce qui me paraissait de la machine du sieur de Pointis; pour répondre à cette heure aux observations que l'on a faites, et pour le faire avec ordre, je dirai que la première est la difficulté de la naviguer.

» A quoi on répond que l'expérience a prouvé le contraire.

» La deuxième, que quand elle pourrait naviguer aisément, il serait difficile de se retirer d'une côte si l'on y était surpris d'un vent frais après y être descendu et que la retraite fût nécessaire; il est aisé de se garantir de cet inconvénient, soit en laissant tomber une ancre à cinq ou six cents pas du lieu de la descente, ou mettant un vaisseau à une distance de la machine, laquelle, y étant tenue par des amarres, pût se retirer promptement et aisément.

» La troisième est le désordre que les coups de canon causeraient à la machine s'ils perçaient les chaloupes sur quoi la plateforme est posée, où l'on prétend mettre l'infanterie; il est difficile de répondre de l'événement d'une action; mais il est certain que préparant les chaloupes avec une certaine quantité de liége dedans, elles ne couleraient pas à fond pour être percées de coups de canon; joignez que l'accident de recevoir des coups de canon dans une descente n'est pas particulier à la machine, mais commun à toutes sortes de chaloupes et bateaux plats qu'on emploierait à cet effet.

» J'ajouterai que s'il y avait un grand feu de canon à essuyer, il y aurait non-seulement de la témérité, mais même de la folie à tenter une descente, si le feu des vaisseaux n'avait précédé et détruit ou ralenti en partie celui des ennemis.

» Il ne sera pas moins aisé de remédier aux accidents que causeraient les coups de canon dans les hauts de la machine; mais pour la rendre plus sûre et plus forte, on croit qu'il faut ajouter une chaloupe aux trois du modèle que l'on a vu, afin que les petits baux ou chevrons sur quoi la plate-forme est posée eussent moins de portée et par conséquent plus de force; faire les bascules du pont pour descendre, servant aussi de parapets avant que de les avoir abaissées, d'une hauteur raisonnable sans être pesantes, et propres à résister aux coups de mousquets, ce qui se peut faire par le moyen de deux planches de sapin, garnies entre les deux de vieux cordages, avec des traverses légères, mais fortes, pour les tenir bien jointes et liées ensemble.

» Outre cela, il faut mettre à couvert les rameurs, ce qu'il sera aisé de faire, car c'est en quoi consiste le prompt effet de cette machine, qu'il y ait moins de désordre qu'il se pourra parmi ceux qui tiennent et servent les avirons.

» Une machine de la sorte portera deux cents hommes presque disposés en ordre de bataille; et supposé que l'on voulût faire descendre, par exemple, deux mille hommes, on pourrait avoir trois ou quatre de ces machines; laisser des intervalles entre elles, et dans ces intervalles avoir six ou sept chaloupes avec une pièce de canon chacune de six livres et même de huit livres de balle chacune, comme j'en ai fait l'expérience à Brest, et derrière les machines, des chaloupes chargées d'infanterie pour occuper la place de ceux qui seraient descendus, et, descendre ensuite promptement et dans le même ordre. Ainsi, avec quatre machines, on formerait en un moment quatre petits bataillons qui se trouveraient aussitôt en ordre et avec leurs intervalles.

Pour le transport, il est aisé de le faire en portant toutes les pièces et matériaux en fagot, préparées et travaillées de sorte qu'on pût les joindre et remettre ensemble en trois ou quatre heures.

» Le maréchal D'ESTRÉES. »

LETTRE DU MARÉCHAL D'ESTRÉES AU MARQUIS DE SEIGNELAY.

« De Toulon, 15 mai 1685.

» Monsieur,

» Je me trouve obligé d'avoir l'honneur de vous écrire sur deux choses, qui me feraient de la peine si j'avais d'autres vues dans les emplois que les occasions de rendre service, et si celui que j'ai maintenant dans le Levant ne finissait avec la campagne.

» M. l'intendant, comme je vous l'ai déjà mandé, me fit entrevoir au retour de Marseille des ordres du roi sur un modèle de journal de navigation; l'autre sur un remplacement d'officiers au commandement des escouades des soldats gardiens et des soldats de la demi-solde; il me donna ensuite un mémoire qui portait le nombre d'officiers nécessaires, et que ce choix devait être fait conjointement par le commandant et l'intendant; depuis, sans m'avoir fait voir le fondement de cette prétention, il m'a appris que ce choix ne se devait faire que pour vous envoyer une liste, de sorte qu'ayant délivré un ordre sur la presse qu'il m'en avait faite, je l'ai fait retirer aussitôt, par le scrupule ordinaire que j'ai aux occasions de cette nature; cependant je ne peux trouver de raison à cette conduite, si ce n'est qu'il soit bien aise de faire valoir aux officiers qui seront choisis, qu'il leur a procuré cet emploi. Quoi qu'il en soit, cela ne me regarde que parce que je ne le crois pas dans l'ordre, n'étant pas persuadé qu'un intendant doive partager avec un commandant que le roi a honoré de la dignité de maréchal de France, le choix des officiers, qui est une fonction purement militaire et un des fondements de la discipline, surtout quand on ne fait paraître aucun ordre précis, et que ce partage ne peut apporter aucun avantage ni à vous, monsieur, ni au service du roi; mais seulement du mépris à ceux qui commandent : joint que les intendants ont tant de moyens de se faire des amis par les grâces qu'ils peuvent faire, qu'il ne faut pas douter qu'ils n'aient beaucoup plus de gens attachés à eux qu'à ceux qui les doivent commander.

» Je n'ai pas vu jusqu'ici en aucun port que les intendants aient prétendu ce que celui-ci prétend avec froideur et une apparence de modestie. Tant que M. Du Quesne a été ici, par un esprit de matelotage, il n'a songé qu'aux radoubs, aux constructions et aux ouvrages de port qui font partie des fonctions des intendants ; les autres, pour se dédommager, ont empiété sur les fonctions du lieutenant général, et personne ne s'est mis en peine de la discipline.

» Quant à M. de Vauvré, il ne se peut pas plaindre de mes honnêtetés, non plus que moi des siennes ; mais il est accoutumé à donner le mouvement ici à toutes choses ; il croit que c'est à lui à connaître et à faire récompenser le mérite des officiers, et à leur procurer des grâces et des emplois ; je veux croire qu'il a le discernement juste et de bonnes intentions ; mais il n'est pas possible, même dans une cause qui n'est pas la mienne, que je puisse convenir de ces maximes, ni que je sois persuadé qu'un intendant qui veut s'attribuer tout le pouvoir et toute l'autorité sur les choses militaires satisfasse à son devoir et ne sorte pas de ses fonctions : il doit éclairer celles des autres pour en rendre compte, mais non pas les troubler par le principe que j'ai dit.

» L'autre chose dont j'ai, monsieur, à vous informer, regarde le procès d'un soldat déserteur qui était commencé devant que je fusse arrivé : on a fait remettre l'arrêt du conseil de guerre entre les mains de M. l'intendant pour vous le faire tenir ; on n'a pu convaincre ce soldat de désertion ; l'ordonnance que je joins ici n'ayant été ni publiée ni affichée dans les vaisseaux ; mais comme on a cru la devoir faire subsister pour rendre les matelots et soldats plus sujets pendant cet armement, sous le bon plaisir de Sa Majesté, M. de Vauvré, qui voit depuis six ans subsister cette ordonnance, a cru que c'était un attentat que de la confirmer, et m'en a parlé, quoique avec douceur, comme d'une chose que vous pourriez blâmer ; s'il avait assisté au conseil de guerre, il aurait pu nous en montrer plutôt les inconvénients.

» Cependant j'ai cru que je devais, monsieur, vous informer de toutes ces choses, afin qu'on ne vous les explique pas d'une manière différente ; car, bien que je remontre doucement à M. de Vauvré ce qui me paraît raisonnable, qu'il en use de même, et que je le regarde comme une de vos créatures, et par conséquent avec estime et considération, il me semble toutefois fort caché et fort rempli du désir de se maintenir dans une certaine autorité qui ne lui est pas propre, et peut-être ne voit-il pas sans peine que l'on ne convient pas de ses principes. Je croirais manquer à la reconnaissance que je dois à l'amitié dont vous m'honorez, si je vous parlais avec plus de retenue et moins de sincérité ; comme nous partons bientôt, cela mettra fin à cette diversité de sentiments. Je tâcherai de m'acquitter ponctuellement pendant cette campagne des ordres qu'on m'a donnés, et à mon retour j'aurai l'honneur de vous expliquer plus particulièrement toutes choses de vive voix.

» Je suis avec beaucoup de passion et de respect,

» Monsieur,

» Votre très-humble et très-obéissant serviteur,

» Le maréchal D'ESTRÉES. »

« De la rade de Tripoli, le 21 juin 1685.

» Notre navigation depuis Toulon a été accompagnée de vents assez frais et beaucoup plus forts qu'il n'en fait dans la Méditerranée en cette saison. Ces gros temps toutefois, qui ne passeraient pas en ponant pour des tourmentes, nous ont obligés, pour ne pas laisser écarter les galiotes à bombes, de mouiller à la rade de Carthage et d'attendre huit jours à la Lampedouze les galiotes à rames. Elles y arrivèrent le 16 de ce mois, dans le temps que l'on mettait à la voile pour venir ici ; car, attribuant ce retardement à deux petits vaisseaux corsaires de Tripoli dont on avait eu avis, qui pouvait les avoir tenues assiégées à la baie de Sousse, on avait détaché *l'Aventurier*, le jour d'auparavant, pour les dégager et les mener ici le long de la côte de Barbarie.

» Cependant, ces galiotes à rames, avec plus de zèle que d'exactitude à leurs ordres, ont fait canal par un autre côté avec assez de peine, à ce que les capitaines ont dit.

» Pour le rendez-vous de M. de Tourville et le nôtre, il a été plus juste, étant arrivé trois heures seulement devant nous à cette même île. L'arrivée des galiotes a causé encore un autre détachement ; car, sur l'avis qu'on a eu par elles que le vaisseau du capitaine Neigre de Marseille aurait été amené par des marchands de Tunis aux Gerbes, sous une vente simulée avec les Tripolitains, je détachai sur-le-champ *le Fidèle* avec une tartane pour s'en rendre maîtres. Le reste des vaisseaux a fait voile ici, et y ayant rencontré *le Prudent*, *le Cheval-Marin* et le brûlot, il ne manque de cette escadre que les trois galiotes à rames et les deux vaisseaux détachés que nous attendons à tout moment.

» Leur absence ne nous a pas empêchés de prendre hier nos postes, et de placer les galiotes aux lieux plus propres à incommoder et ruiner la ville.

» Il a été exécuté d'abord avec assez de justesse; mais depuis, la mauvaise qualité de fond de cette rade, pour ainsi dire semée de roches vives et de roches de corail, a fait que l'on s'est resserré ou éloigné de son poste de deux ou trois câbles en quelques endroits, sans rien changer toutefois à la figure du mouillage et nous ôter l'espérance de l'effet des bombes.

» M. d'Amfreville avait cru que ceux de Tripoli pourraient envoyer quelqu'un vers le commandant, et un esclave sauvé à son bord, qui est de Céphalonie, assurait que le dey, dans le désir de faire la paix, et d'un autre côté dans la crainte de fâcher les beys et la milice embarqués sur les vaisseaux qui ont joint l'armée du grand seigneur, aurait fait partir une galiote pour aller à Scio, afin de prendre leurs avis ou plutôt leurs ordres. Cependant, comme ledit sieur marquis d'Amfreville n'a eu aucun commerce avec eux et que je n'ai eu garde d'y envoyer personne, on commença hier de la ville à tirer sur un vaisseau que je fis mettre à la voile pour arrêter une flûte hollandaise qui voulait entrer dans le port, et sur les chaloupes qu'on avait détachées de tous côtés pour sonder; quoique le 19, que nous arrivâmes, ils eussent été plus dociles.

» Cela, joint au camp que nous voyons près la ville et au soin qu'ils ont eu de faire partir les femmes et les enfants, fait juger que n'osant rien conclure d'eux-mêmes sans les autres, ils sont résolus de souffrir l'effet des bombes en attendant, et le dommage qu'elles peuvent causer.

» Quoique j'aie fait apporter de la terre de la Lampedouze et remplir des sacs, je ne vois pas encore lieu de tenter aucune autre entreprise.

» Je ne crois pas qu'il fût difficile de brûler les vaisseaux dans le port; mais il n'y en a qu'un seul aux Tripolitains de six pièces de canon.

» La flûte hollandaise qu'on a arrêtée est vide et est venue de Corfou à dessein de charger du sel. Comme j'ai dit au commencement de ce mémoire que nous avions mouillé à la rade de Carthage, je ne dois pas omettre de dire que le fort de la Goulette, après avoir salué le pavillon de Sa Majesté, voulut aussi saluer le commandant de ses vaisseaux; le dey désirant ajouter à cette civilité toutes celles qui pouvaient marquer sa bonne disposition, m'envoya visiter par ses principaux amis et porter beaucoup de rafraîchissements. Quoique ne voulant faire autre chose que passer sans entrer en matière des choses que je dois seulement traiter à mon retour de Tripoli, suivant les derniers ordres du roi, je n'eusse envoyé personne à Tunis, ces honnêtetés m'ont obligé de l'en faire remercier par le major et assurer que j'y repasserais.

» Il y avait deux jours que le cap Nègre avait été accordé aux Anglais pour le prix de huit mille écus, et plus cher que les Français n'en eussent voulu donner.

» Cependant on attribue à la mauvaise conduite de quelques-uns, et à la jalousie que le Génois, agent de l'île de Tabarque, a inspirée, la prompte conclusion de ce marché devant l'arrivée de l'escadre.

» Dans le temps que je ferme cette lettre, on voit un vaisseau à la voile qui fait route pour venir à Tripoli.

Le *Cheval-Marin*, qu'on a réservé comme le meilleur voilier pour demeurer sous les voiles, l'empêchera d'entrer et le fera mouiller sous le pavillon, comme on a fait la flûte hollandaise.

» Si les ordres de Sa Majesté ne portaient pas que l'on aie l'honneur de l'informer tous les mois de l'état et de l'action de ses vaisseaux, j'aurais différé ce mémoire; mais ils me serviront d'excuse si cette dépêche ne peut apprendre autre chose que notre arrivée et notre mouillage à la rade de Tripoli.

« Le maréchal D'ESTRÉES. »

Aussitôt après avoir mouillé, M. le maréchal d'Estrées envoya, selon ses instructions, un parlementaire à Tripoli, chargé d'exposer au dey les réclamations et les griefs de Louis XIV. Le dey ayant répondu, ainsi qu'il suit, d'une manière fort évasive, les hostilités commencèrent.

TRADUCTION DE LA LETTRE DU DEY DE TRIPOLI A MONSIEUR LE MARÉCHAL.

« Du 23 juin 1685.

» Très-illustre et très-excellent général de haute renommée, après avoir rendu à Votre Excellence mes très-humbles respects et prié pour votre prospérité, nous vous dirons que votre lettre est arrivée et que nous en avons compris la teneur ; nous n'avons rien à dire à tout ce qui nous y est proposé : il n'y a que les effets qui y sont marqués au sujet desquels nous vous remontrerons qu'ils n'ont pas été pris du temps de notre gouvernement, et que ceux qui ont rompu le traité de paix ont extorqué et ramassé tous les biens du trésor de la république, et les ont faits passer par toutes mains en d'autres lieux, après quoi ils s'en sont allés eux-mêmes. Présentement notre État se trouve pauvre, dénué de tout secours et comme abandonné ; ce qui étant aussi vrai que nous connaissons Votre Excellence le plus généreux, le plus clément seigneur du monde. Comme nous avons été pleinement informés, nous n'avons rien à vous disputer ; c'est assez que vous daigniez nous aider d'une de vos mains, et de nous contenter par une grâce, pitié et compassions singulières des effets qui ont été pris depuis que nous avons le gouvernement en main. Ayez pitié de nous, agréez cette proposition et donnez les mains à la paix que nous vous demandons ; vous mériterez les prières que les pauvres et les vieillards de ce pays font, afin que le Dieu tout puissant soit votre guide partout où vous irez, qu'il facilite le succès de vos entreprises, qu'il rabaisse la témérité de vos ennemis. Nous remettons le tout à votre bonté et clémence : c'est à vous à nous en donner aujourd'hui des marques.

» C'est l'illustre et magnifique

» ADGI ABDALLA, dey de Tripoli. »

(*Aff. étr.* — *Afrique*, 1685, t. II.)

« Le 30 juin 1685, à la rade de Tripoli.

» Monsieur le maréchal d'Estrées, à M. de Seignelay.

» J'ai mandé par un mémoire précédent l'arrivée des vaisseaux du roi à cette rade, et les dispositions de leur mouillage pour jeter des bombes dans la ville de Tripoli; et comme elle avait tiré la première sur les vaisseaux et les chaloupes, il y avait sujet de croire, suivant l'avis d'un esclave, qu'elle était résolue d'essuyer le feu des bombes sans faire de propositions, à cause de l'absence de la milice, embarquée sur les vaisseaux qui ont joint l'armée du grand seigneur, laquelle est fort respectée et appréhendée des principaux officiers du Divan.

» Cette opinion, bien loin de nous en faire perdre entièrement l'espérance, redoublait le désir de les y contraindre, et me faisait croire qu'il était nécessaire de faire durer le feu des bombes, au lieu de les tirer en peu de temps, afin de profiter des occasions que le temps fournit quelquefois pour former et tenter quelque entreprise; mais, d'un autre côté, la mauvaise qualité du fond de cette rade me faisait appréhender qu'on ne fût obligé d'y demeurer trop longtemps, car il n'y a pas eu de jour que je n'aie eu quelque plainte de câbles rognés ou coupés, et, lorsque l'on est obligé de mouiller en ordre, il est difficile de choisir le fond.

» Cependant, le 22, le temps ayant paru propre pour commencer à tirer des bombes, on ordonna le matin aux galiotes de se préparer, quoique *l'Aventurier*, *le Fidèle* et les galiotes à rames n'eussent pas encore rejoint le pavillon.

« Et, dans la pensée que les Tripolitains, surpris dans leurs maisons par les débris et l'éclat des bombes, en seraient beaucoup plus épouvantés, on résolut de leur dérober la vue de l'approche des galiotes, en ordonnant de ne commencer à se touer qu'à huit heures pour tirer à onze.

» Les deux vaisseaux détachés et les galiotes à rames arrivèrent à soleil couché, et les dernières servirent à soutenir les galiotes à bombes postées plus près du port, d'où les ennemis pouvaient sortir. Ils étaient cependant à leur poste, faisaient beaucoup de bruit, à leur ordinaire, tiraient des coups de mousquet sans nécessité; mais ils n'eurent pas plus tôt entendu le bruit des mortiers que la nuit et les échos redoublés rendaient encore plus horribles, que nous ouïmes des cris effroyables de toutes sortes de gens, auxquels se mêlaient les hurlements des chiens, que nous vîmes s'éteindre tous les feux des ports qui étaient fort proches; et l'on a su depuis qu'hormis peu de gens qui y demeurent, quasi tous les postes furent abandonnés, et ceux qui les devaient garder n'y retournèrent qu'après le lever du soleil.

Le 23 s'étant passé avec un peu de vent, il ne fut pas possible de jeter deux cents bombes l'après-dînée, comme on l'avait résolu; mais le calme de la nuit du 23 au 24 donna moyen de tirer des bombes une heure devant la pointe du jour, et l'on continua jusqu'à neuf heures, qu'ayant vu le feu à une des maisons de la ville, on résolut de tirer dans le même endroit pour l'empêcher de s'éteindre.

» Cependant, comme on jugeait de l'étonnement des ennemis par les cris qu'on avait entendus, on forma le dessein de s'approcher le lendemain ou le jour d'après avec tous les vaisseaux pour canonner la ville dans le temps que les bombes feraient leur effet; et de tenir les galiotes à rames et les chaloupes toutes prêtes pour entreprendre ce qu'on aurait trouvé plus facile; mais le principal objet était l'attaque d'un fort appelé le Mandry, qui n'est attaché à la ville que par une muraille sèche.

» Pour déloger ceux qui y étaient en garde, on résolut de poster sur un écueil, qui n'en est qu'à la très-grande portée du mousquet, les deux petits mortiers que l'on tire sur les chaloupes, dont le feu ayant précédé celui des vaisseaux et l'attaque des chaloupes, on aurait profité de l'étonnement des ennemis, dont on aurait été assez près pour reconnaître les mouvements et la contenance. Dans le dessein de prendre des mesures plus justes, on commanda quatre chaloupes, montées chacune d'un canon, et la galiote que commande le sieur Le Motteux, pour soutenir les sieurs de Pointis et de Hoginières que j'envoyai pour reconnaître l'endroit propre à placer les petits mortiers et à mouiller une galiote où on avait mis le plus gros de tous, dont les bombes sont de quatre à cinq cents.

» Ils s'acquittèrent bien l'un et l'autre des ordres qu'ils avaient reçus. Les forts et la ville tirèrent plus de quatre-vingts coups de canon, à une distance si proche, sans toucher que deux de nos chaloupes, où il n'y eut personne de blessé.

» La galiote du sieur Le Motteux ne fut pas si heureuse : ce capitaine, qui faisait bonne contenance et tirait son canon contre le fort, ainsi qu'avaient fait nos chaloupes, fut blessé d'un éclat qui lui a cassé la cuisse en deux endroits sans faire de plaie, et dont on ne doute pas toutefois qu'il ne guérisse. Il y eut trois hommes blessés du même coup.

» Vers le midi, ou environ, il vint à bord une chaloupe de la ville avec pavillon blanc; elle portait le vieux Tricque, autrefois dey d'Alger, âgé de quatre-vingt-douze ans, un secrétaire du Divan et un autre Turc.

» Ceux de Tripoli ont cru que son grand âge, le poste où il a été, sa qualité d'étranger, et son nom connu des Français, le rendaient un envoyé plus agréable. Ce bonhomme me dit qu'il venait me visiter, d'autant plus que les choses étaient bien disposées dans la ville. On lui répondit que s'il n'avait que cela à dire, on le remerciait de sa visite, et que l'on allait continuer à tirer des bombes, laissant le choix de la guerre ou de la paix à ceux de Tripoli.

» Il assura pour lors qu'on désirait la paix dans la ville avec passion, et qu'il me conjurait qu'on ne tirât point de bombes cette nuit-là; que si je voulais envoyer quelqu'un dans la ville, je connaîtrais qu'il disait la vérité, et qu'un de ceux qui étaient avec lui demeurerait en otage. Je consentis à l'un et à l'autre; pour les bombes, parce que le temps n'était pas propre et ne l'a été que trois jours après; et qu'en envoyant le major de la marine à Tripoli, c'était le moyen de reconnaître le dedans du port, et ne me rien laisser à désirer pour former une entreprise, en cas que ces gens-là se rendissent difficiles sur les conditions.

» Le lendemain, le major eut ordre de revenir, après avoir exposé au Divan que je ne pouvais entrer dans aucun traité sans trois conditions préalables.

» Savoir : La première, la restitution de tous les esclaves à mon bord.

» La seconde, la restitution de tous les effets et marchandises pris sur les sujets du roi, ou la valeur en argent ;

» Et la troisième, que l'on remît dix otages, choisis entre les principaux officiers du Divan, pour demeurer à Toulon jusqu'à l'entière restitution des esclaves absents et embarqués sur les vaisseaux qui ont joint l'armée du grand seigneur.

» Le major revint avec le même Tricque et deux autres députés ; ils m'apportèrent une lettre du Divan, respectueuse et soumise, qui me priait d'expliquer mes intentions. La frayeur était peinte sur le visage des députés, et je tâchai de ne point la diminuer par mes réponses.

» Ils convinrent d'abord de la restitution des esclaves et des otages. Je leur demandai 200,000 écus en argent comptant, pour la restitution des effets pris sur les sujets du roi. Tricque n'oublia rien pour nous persuader de la misère de la ville, de sa ruine entière, s'il fallait qu'elle payât une somme si considérable. Il voulut me parler en particulier, pour me mieux persuader : il offrit 100,000 écus et un présent considérable pour le général, afin de le gagner ; mais n'en ayant pu venir à bout, et ayant demandé plusieurs fois si je n'avais plus rien à proposer, je m'aperçus qu'ils appréhendaient encore qu'on ne voulût les frais de la guerre, et dans cette vue je leur répondis que le roi, mon maître, ne m'ayant pas laissé la liberté de me relâcher sur la restitution des effets, je pouvais leur faire plaisir sur l'autre article, tellement qu'on convint pour lors de 500,000 livres, savoir : 125,000 écus, la moitié payable le lendemain, le reste dans le terme de quinze jours, le surplus en marchandises dont on conviendra des termes pour le paiement.

» Sur le prétexte des frais de la guerre, je les ai obligés encore à me restituer un petit vaisseau de Jean Carle, de Marseille, que, ne sachant pas être dans le port, je n'avais pu faire comprendre dans l'article de la restitution des effets.

» Car, soit que les marchands de Marseille eussent peu d'espérance du succès de notre voyage, ou qu'ils eussent abandonné la restitution, je suis parti de Toulon sans aucun mémoire touchant ce fait-là, quoique j'en aie sans cesse demandé. Cependant, vu l'étonnement de ces peuples, les ruines que les bombes ont causées, ayant plus de deux cents maisons par terre et les autres ébranlées, et quarante personnes tuées ou écrasées la première nuit, on eût réduit en poudre et peut-être pris les principaux forts de la capitale d'un grand royaume, de sorte que je ne crois pas que les habitants perdent jamais le souvenir de la frayeur qu'ils ont eue et ont encore, ni qu'ils veuillent rompre la paix et s'exposer à un pareil événement. Il y a toutefois douze cents chevaux aux environs de la ville, six cents Turcs pour la garde des forts et beaucoup plus de Maures.

» On commença, dès avant hier, à satisfaire au premier paiement, qui a été fait en sequins, en quelque peu de poudre d'or, en ornements de femmes, en bracelets, en colliers d'or et en ustensiles d'argent, et jusqu'aux lampes de la synagogue des Juifs.

» Cette sorte de paiement prouve plus que toute chose l'impression que la peur avait faite sur les esprits, et qu'il n'était pas possible d'en tirer davantage.

» Les députés qui assistèrent à mon bord à ce premier paiement ne purent le voir faire sans une extrême douleur; mais ils reçurent quelque consolation de la vue d'une bombe de cinq cents, que j'avais fait apporter sur le pont, dans la pensée de se voir garantis d'une si dangereuse machine.

» Nous avons reçu le même jour cent quatre-vingts esclaves français ou pris sous le pavillon, et l'on fait chercher le reste.

» L'on signa hier le traité, et l'on établit, pour consul le nommé Martinet, écrivain sur une des galiotes à rames, jusqu'à ce qu'on y en envoie un autre. C'est une chose que ceux de Tripoli ont demandée avec tant d'instances, qu'il n'a pas été possible de le refuser. Ils ont cru que le pavillon de France, qu'on verrait sur sa maison, était le moyen de rassurer leurs peuples et les faire rentrer dans la ville, où ils n'ont pas voulu venir depuis l'effet des bombes. Ils ont même allégué pour l'obtenir, que c'était un moyen pour s'acquitter plus promptement de ce qu'ils doivent.

» Je remets au sieur Robert à rendre compte des sommes que l'on a reçues jusqu'ici, et des difficultés qu'il y a eu sur la différence du prix des monnaies de France et de ce royaume-ci; mais on tâchera de les surmonter, afin qu'il n'y ait point de déchet sur les 500,000 liv., ou le moins qu'il se pourra.

» Pour les marchandises, bien loin d'y perdre, il y a près d'un tiers à gagner sur le blé.

» Le sieur Robert s'acquitte avec beaucoup d'adresse et d'exactitude de la commission et des instructions que je lui ai données ; il fit lire hier en plein Divan les articles du traité, qui fut signé, en suite des serments solennels et extraordinaires que les Turcs firent d'y donner jamais aucune atteinte, et des imprécations contre tous ceux qui le feraient.

» Après cette cérémonie, on mit le pavillon sur la maison du consul ; on le salua de vingt-cinq coups de canon, et de quatre de plus que celui des Anglais n'aurait été en pareille occasion ; ils voulurent même saluer de plus le commandant des vaisseaux de Sa Majesté de pareil nombre de coups de canon ; et quant au traité, il ne peut être plus avantageux pour le commerce des sujets du roi, ni en termes plus soumis, eu égard aux respects et à la vénération dus au nom de Sa Majesté, puisque le pardon qu'ils demandent est le premier article du traité.

» On ne rend aucun de leurs esclaves, bien qu'ils aient fait quelques instances pour l'obtenir.

» Comme il faut faire trois copies du traité, je ne peux faire partir *le Cheval-Marin* et *le Fidèle* que dans quatre ou cinq jours, pour le porter avec les esclaves, les otages et la plus grande partie de l'argent ; cependant dans la pensée que la nouvelle de cet événement ne peut être désagréable, je fais partir une tartane avec un homme dessus pour en informer plus tôt Sa Majesté.

» J'ai donné les ordres ce matin aux trois galiotes à rames de retourner à Toulon, afin de ne pas continuer une dépense inutile.

» Le séjour que nous devons faire ici pour toucher le reste de l'argent ne devant finir que le 11, la plupart des vaisseaux se trouveront assez dépourvus d'eau et de bois, tellement que nous serons obligés d'aller d'abord au golfe de Palme et ensuite à Tunis pour exécuter les ordres que j'ai reçus.

» Je ne dois pas finir ce mémoire sans rendre compte que les officiers généraux et les autres officiers ont témoigné ici toute la bonne volonté qu'on pouvait désirer. Les capitaines des galiotes, et surtout les sieurs de Hoginières et de Pointis, continuent de s'acquitter de leurs fonctions avec tant d'affection et de fermeté, qu'ils méritent qu'on ne les laisse pas ignorer.

» Le maréchal D'ESTRÉES.

» *P. S.* Je ne dois pas oublier que le dey dit hier en confidence à un homme qui m'a suivi de Toulon, que, puisqu'il avait la paix avec la France, il allait déclarer la guerre aux Anglais et armer quatre vaisseaux, le priant de m'en informer; mais il lui répondit qu'il n'avait garde de le faire; que, comme on ne les détournerait pas de ce qui leur serait avantageux, aussi ne voulait-on pas entrer dans les affaires des autres, ni leur procurer des embarras. »

« A bord de *l'Ardent*, à la rade de Tripoli, 10 juillet 1685.

» Monsieur,

» Je fais porter le traité par *le Cheval-Marin*, et m'estimerai heureux s'il mérite votre approbation. Je mets dans un mémoire séparé ce qui a été ajouté au projet que l'on m'avait donné pour vous en faire remarquer plus promptement la différence; j'y joins aussi un état des sommes qu'on a reçues, et que j'envoie par les vaisseaux, lesquelles ayant été acquittées pour la plupart en poudre, lingots et ouvrages d'or et d'argent, il y a un profit de 14,000 liv. sur l'or et davantage sur l'argent, comme vous verrez par les états.

» J'ai permis au sieur de Hoginières de retourner à Toulon, ne nous étant plus nécessaire. J'ai accordé même permission à M. le chevalier Des Adrets, aux sieurs d'O et de Vergons, lieutenant et enseigne de galiote à bombes : le premier a été incommodé dès le commencement de la campagne, et le second perd quasi les yeux; l'autre a beaucoup d'affaires domestiques, son père étant mort depuis peu.

» J'ai fait partir sur ces vaisseaux trois nouveaux gardes de marine, pour être mis à la grosse tour de Toulon et à celle de l'Éguillète pendant un an, aux termes de l'ordonnance, pour des soufflets donnés. Comme ce sont des gens bien faits et de taille avantageuse, il est fâcheux qu'ils soient tombé dans cet inconvénient, et je prends la liberté de vous parler touchant leur subsistance.

» Je crois, monsieur, vous avoir mandé que j'avais été comme forcé par ceux de Tripoli de laisser un consul dans leur ville pour l'assurance et l'entretien de la paix. Comme je l'ai pris du nombre des écrivains des galiotes à rames, étant aussi mal pourvu d'habits qu'il était propre à cette commission, de l'avis de tout le monde, on ne peut se dispenser de lui donner 1,000 liv., tant pour sa subsistance que pour s'acheter des hardes, jusqu'à ce que vous l'ayez réglé autrement; il est obligé de soutenir le personnage de premier consul, et l'Anglais fait ici beaucoup de dépense.

» Le sieur Dumont m'a dit qu'il avait eu l'honneur de vous écrire touchant une des deux places de capitaine de galiote qu'il croit vacantes; il est bien gentilhomme, premier lieutenant et bon officier; il va à la mer dès 1671; et ayant été nourri auprès de moi, je ne puis lui refuser ce témoignage.

» Je joins à tous les mémoires et papiers que je suis obligé de vous envoyer l'ordre du grand seigneur au gouvernement de ce royaume, dans la pensée que vous, qui avez tant de connaissances et de curiosité, vous serez bien aise de le voir, et même d'en dire la substance au roi si vous le trouvez à propos.

» La gloire des Ottomans n'y a pas, ce me semble, été bien ménagée. Je l'ai fait traduire par le sieur de La Croix, qui s'est si bien conduit pendant le traité, qu'il mérite que je vous dise la réflexion qu'il a faite : que voici le quatrième traité de paix qu'on a fait avec les villes et royaumes de Barbarie, où il a servi, sans avoir eu aucune gratification. Pour le sieur Robert, j'ai déjà eu l'honneur de vous mander que j'avais sujet de me louer de ses soins et de son adresse.

» Je ne dois pas oublier que la chapelle des missionnaires, dont j'ai parlé dans le mémoire, ayant été incommodée par les bombes, il n'est pas possible de partir d'ici sans leur laisser trois cents livres pour la réparer.

» Que pour faciliter le paiement des quarante mille piastres de Tripoli qui restent à payer, j'ai fait charger la polacre de blé pour la porter à Toulon, sur quoi il y aura quelque chose à gagner; et que j'ai donné le commandement du vaisseau rendu par ceux de Tripoli à un nommé le sieur de Dons, qui m'a suivi en qualité de volontaire pour nous aider de ses connaissances; je lui ai permis aussi de le charger de blé à l'acquit des Juifs, qui sont taxés à vingt-et-un mille piastres.

» Ledit Dons s'est accommodé avec eux, et doit rendre à ses périls et fortunes l'argent que le blé aura coûté, à la différence de celui qui est chargé sur la polacre qui n'est garanti par personne.

» Je suis avec beaucoup de passion et de respect,

» monsieur,

» votre très-humble et très-obéissant serviteur,

» le maréchal D'ESTRÉES. »

Voici l'état des paiements faits par les Tripolitains. On a déjà parlé de cet état, on voit que les commissaires aux prises de Louis XIV, délégués pour recevoir le montant des indemnités qu'il exigeait, tirèrent pour lui de gros bénéfices jusque sur le change des monnaies. On fera aussi remarquer que ce qui est porté dans cet état comme *gargantilles* d'or et d'argent, n'est autre chose que les yathagans, armes, bracelets, ornements de femmes qui furent donnés faute de numéraire, y compris, ainsi que le dit lui-même M. d'Estrées, *les lampes de la synagogue des Juifs.*

ÉTAT DES ESPÈCES DONNÉES PAR LE GOUVERNEMENT DE TRIPOLI, POUR FAIRE LE PAIEMENT DES 140,000 PIASTRES DE TRIPOLI POUR LE PREMIER PAIEMENT DES 200,000 PORTÉES PAR LE TRAITÉ, REVENANT LESDITS 140,000 A 350,000 LIV., ET LESDITS 200,000 A 500,000 LIV. MONNAIE DE FRANCE.

Du 28 Juin 1685.

Tout l'or ci à côté étant depuis 22 carats jusqu'à 17, on estime qu'en l'alliant pour le rendre au titre des monnaies de France, il y a pour le moins 27 par marc de profit pour le Roi, si bien que le gain sur cet article est de 7,502 liv.

	Piastres.	Fois.
Sequins de Tripoli.	9,137 font	24,669 6
Sequins de Venise.	867 —	2,601 »
Gargantilles et poudre d'or, le poids de.	3,048 —	8,229 6
Lingots d'or, le poids de. .	714 —	1,927 8
Louis de 5 sols en espèces. .	15,000 —	1,500 »
Gargantilles et lingots d'argent, le poids de.	30,000 —	3,000 »
21 sacs d'aspres de 500 piastres chacun.		10,500 »
En gargantilles d'argent, le poids de. . .		500 ».
Total dudit jour. . .		52,928 »

LIVRE VII, CHAPITRE XVI.

Du 29 Juin

Sequins de Tripoli	600 —	1,620 »
Lingots d'or, le poids de. . .	2,400 —	5,400 »
Poudre d'or, le poids de . .	600 —	1,620 »
Louis de 5 sols et gargantilles d'argent.	.	2,500 »
Total dudit jour. .	.	11,140 »

Sur celui ci . . . 1,647

Du 2 Juillet.

Sequins de Tripoli	600 —	1,620 »
Lingots d'or, le poids de . .	400 —	1,080 »
Poudre d'or et gargantilles, le poids de	600 —	1,620 »
Louis de 5 sols et gargantilles d'argent, le poids de	.	2,000 »
Total dudit jour.	.	6,320 »

Sur celui ci . . . 823

Du 4 Juillet.

Sequins de Tripoli	163 —	440 1
Lingots d'or, le poids de. . .	602 —	1,625 4
Poudre d'or, le poids de. . .	452 —	1,220 4
Louis de 5 sols, 4,640.	.	464 »
Lingots d'argent, le poids de . .	.	928 »
Gargantilles d'argent, le poids de .	.	152 6
Total dudit jour. .	.	4,830 5

Sur celui-ci . . . 391

Du 6 Juillet.

Sequins de Tripoli	296 —	799 2
Sequins de Venise	20 —	60 »
Lingots d'or et gargantilles, le poids de	752 —	2,030 4
Poudre d'or, le poids de . .	1,350 —	3,645 »
Louis de 5 sols, 2,040 . . .	.	204 »
Lingots d'argent, le poids de . .	.	1,558 »
Total dudit jour.	.	8,296 6

Sur celui-ci et sur les suivans mêmes, même profit à proportion à raison de 27 par marc.

Sur l'argent non monnoyé il y a aussi considérablement à gagner.
. . . . 1,251 liv.

Du 8 Juillet.

Sequins de Tripoli	150 —	405 »
Lingots de gargantilles d'or, le poids de	900 —	2,430 »
Poudre d'or, le poids de . .	750 —	2,025 »
Grimelins de Tripoli	.	3,500 »
Total dudit jour.	.	8,360 »

Sur celui ci . . . 927

Du 10 Juillet.

Sequins de Tripoli	200 —	540 »
Lingots d'or et gargantilles, le poids, de	600 —	1,620 »
Grimelins et Louis de 5 sols.		5,700 »
Gargantilles d'argent, le poids de. . . .		2,100 »
Lingots d'argent, le poids de		300 »
Total dudit jour. . .		10,260 »

Sur celui-ci . . . 414

Du 12 Juillet.

Sequins de Tripoli	»	»
Lingots et gargantilles d'or, le poids de.	353 —	953 1
Poudre d'or, le poids de . . .	1,800 —	4,860 »
Grimelins	900 —	2,430 »
Gargantilles d'argent, le poids de. . . .		1,250 »
		750 »
Total dudit jour. . .		10,243 »

Sur celui ci . . . 1,576

Du 14 Juillet.

Sequins de Tripoli	691 —	1,865 7
Lingots d'or, le poids de . . .	450 —	1,215 »
Poudre d'or, le poids de . . .	450 —	1,215 »
Grimelins		1,522 3
Gargantilles d'argent, le poids de. . . .		500 »
Lingots d'argent, le poids de		250 »
Total dudit jour. . .		6,568 »

Sur celui-ci . . . 819

Du 16 Juillet.

Sequins de Tripoli.	150 —	405 »
Gargantilles d'or, le poids de . .	150 —	405 »
Lingots d'or, le poids de. . . .	1,350 —	3,645 »
Poudre d'or, le poids de . . .	600 —	1,620 »
Grimelins		1,840 »
Gargantilles d'argent, le poids de. . . .		1,380 »
Lingots d'argent, le poids de. . . .		460 »
Total dudit jour. . .		9,755 »

Sur celui-ci . . . 1,161

Du 17 Juillet.

Sequins de Tripoli. . . . . 149 —	402	3
Gargantilles et lingots d'or, le poids de 220 —	594	»
Louis de 5 sols	1	5
Grimelins	201	»
Gargantilles et lingots d'argent	1,000	»
Total dudit jour. . .	2,198	8

Sur celui-ci . . . 189

Du 19 Juillet.

Sequins de Tripoli . . . . 77 —	207	9
Poudre d'or, le poids de . . . 700 —	1,890	»
Louis de 5 sols	2	1
Total dudit jour. . .	2,100	»

Sur celui-ci . . . 399

Sur la polacre 300 cafis de blé à 7 piastres le cafis, font. . . . . 2,100 »
Et le sieur de Dons a embarqué sur le vaisseau le *Rendu* 700 cafis au mème prix, suivant la convention faite avec les Juifs, qui font . . . . 4,900 »

Total du blé. . . . 7,000 »

Total général. 17,098

TOTAL GÉNÉRAL.		RÉDUCTION EN MONNAIE DE FRANCE.
Du 28 Juin	52,928 »	
Du 29 —	11,140 »	—
Du 2 Juillet.	6,320 »	
Du 4 —	4,830 5	140,000
Du 6 —	8,296 6	2 10
Du 8 —	8,360 »	
Du 10 —	10,260 »	280,000
Du 12 —	10,243 1	70,000
Du 14 —	6,568 »	
Du 16 —	9,755 »	350,000 liv.
Du 17 —	2,198 8	
Du 19 —	2,100 »	
En blés	7,000 »	
	140,000 »	

« Du 10 juillet, devant Tripoli.

» Monsieur,

» *Le Cheval-Marin* et *le Fidèle*, que je détache suivant les ordres du roi, seraient partis il y a cinq ou six jours, si les longueurs de ceux de Tripoli pour le paiement et leurs difficultés sur l'évaluation des monnaies ne m'avaient fait juger que pour les surmonter il ne fallait rien diminuer de la force de cette escadre et des objets de leur crainte. Ils se sont enfin rendus, lorsqu'ils ont vu qu'ils ne pouvaient nous émouvoir, ni par la pitié, ni par la considération de la bonne foi blessée, à ce qu'ils disent, après la signature d'un traité, par une explication injuste.

» Il est vrai que ce paiement, qui se fait par tête sur le peuple, leur est extrêmement sensible, et difficile à recouvrer sur des particuliers à qui on arrache les ornements des femmes, des selles, des sabres, et toutes sortes d'ustensiles d'or et d'argent; car nous avons reçu plus de la moitié des sommes que j'envoie par ces vaisseaux en pareilles choses. Mais cette rigueur avec l'effet des bombes, assure la paix pour longtemps; et quand la taïffo, embarquée sur les vaisseaux qui ont joint le grand seigneur, voudrait réclamer contre le traité, c'est l'opinion commune que tout le pays se soulèverait pour le maintenir. Cependant, comme le dey et le Divan ont désiré qu'on leur fît présent de trois bombes de différentes grosseurs, pour montrer à cette milice les moyens que le roi emploie pour persuader ses ennemis de faire la paix, je les fis porter hier à terre.

» Ils ont admiré celle de quatre ou cinq cents, et ont loué Dieu de ce qu'elles n'avaient point été employées. Cette vue n'a pas diminué leur crainte, et je crois qu'ils en auront beaucoup désormais de déplaire à Sa Majesté. Les officiers à qui j'ai permis d'aller à la ville les uns après les autres et en très-petit nombre, depuis la signature du traité, assurent tous qu'il y a eu plus de deux cents maisons abattues et ruinées, et que l'on remarque parmi les Turcs et les Maures une certaine déférence pour eux, que l'on ne voit que dans les villes conquises.

» Les dix otages furent embarqués avant-hier sur *le Cheval-Marin* et *le Fidèle*, et demain devant leur départ, on embarquera également sur l'un et sur l'autre cent mille piastres de Tripoli.

» Quant aux esclaves, on en a rendu deux cent vingt-cinq ou environ, comme on verra par la liste envoyée à M. le marquis de Seignelay par les commissaires, et à la réserve de quarante qu'on a retenus pour naviguer le vaisseau rendu à Tripoli, qui ne peut être prêt encore de cinq ou six jours, et de dix hommes des États de la république de Venise, que j'ai fait mettre sur un vaisseau vénitien, qui s'est trouvé ici par hasard, pour les reporter en leur pays. Tout le reste est embarqué sur le *Cheval-Marin*, le *Fidèle*, la *Bombarde* et l'*Ardent*, que je fais aussi partir pour Toulon. J'aurais renvoyé les autres galiotes en même temps, si leur vue ne rendait ces gens-ci plus souples et plus prompts à payer, et si leur présence à la rade de la Goulette n'y devait faire le même effet, suivant l'avis du consul et des Français que j'y ai vus à mon passage. Mais aussitôt que je verrai ceux de Tunis disposés à recevoir les conditions que Sa Majesté ordonne, je renverrai tous les bâtiments qui me sont inutiles, et ce retardement ne peut aller à plus de quinze jours ou trois semaines.

» Les galiotes à rames sont parties dès le 2 de ce mois ; on leur a enseigné une route sûre et aisée le long de la côte de Barbarie, et recommandé une grande diligence ; et le temps y a été si propre, que je veux croire que les capitaines en auront profité suivant leurs ordres.

» Pour nous, ayant encore 40,000 piastres de Tripoli à recevoir, et à expliquer quelques articles du traité, nous ne pouvons mettre à la voile avant le 16 ou le 17, avec le reste de l'escadre, terme qu'on leur a accordé pour le dernier paiement.

» Il y a ici des récollets missionnaires dont le supérieur m'est venu voir plusieurs fois. Il est Sicilien, paraît peu affectionné aux Espagnols, et assez informé des forces de ce royaume et de l'état du gouvernement. Il m'a conté qu'il était dans le dessein d'aller trouver le roi, pour lui montrer la facilité de l'entreprise de se rendre maître de ce poste-ci et de tout le pays, qui est d'une grande étendue. Il fonde cette pensée sur la haine invincible des Maures pour les Turcs, et le petit nombre de ceux-ci ; que la ville étant prise, les Turcs n'oseraient se retirer à la campagne et abandonneraient le pays, ayant des Maures pour ennemis déclarés et ceux qui leur sont soumis leur étant aussi contraires; et que laissant à ces Maures l'usage de la religion mahométane, on s'en servirait plus utilement que les Turcs, et nous seraient plus affectionnés si on les traitait doucement. Il croit que l'utilité de cette conquête consisterait dans le commerce qui se fait le long des côtes de ce royaume, qui s'étend quasi jusqu'à Alexandrie, et en la possession de celui qui se fait au Fisan; c'est une contrée que ce gouvernement a rendue tributaire depuis peu de temps, par le moyen des Maures, où l'on troque quantité de poudre d'or et de lingots avec des grains de verre et du fer.

» J'ai conseillé le bon père de ne point quitter sa mission, et l'ai assuré de la protection du roi pour lui et les missionnaires, par la déclaration que je ferai qu'il est compris dans le traité par l'article qui porte l'exercice de la religion chrétienne dans la maison du consul pour tous les chrétiens, et que le service divin ne se peut faire que par ces religieux, n'y en ayant pas d'autres ici.

» Le même père m'a conté que le dey et le cazenadar avaient résolu de souffrir l'effet des bombes sans faire de propositions; mais, outre que l'épouvante était générale, la milice se voulait soulever et les forcer à faire la paix, s'ils ne s'y fussent portés d'eux-mêmes.

» Quoiqu'il ne soit rien couché dans le traité touchant la restitution des esclaves de ce royaume qui sont sur les galères du roi, et que j'en aie toujours éloigné la proposition, ils ne laissent pas de se flatter que Sa Majesté pourrait leur en accorder quelques-uns, si elle était à l'avenir satisfaite de leur conduite.

» Le dey a aussi témoigné qu'il tiendrait à grand honneur que quelques-uns de ceux qui partent maintenant sur les vaisseaux pussent aller baiser les pieds de Sa Majesté; on leur a répondu que tandis qu'ils seraient otages ils ne pourraient avoir cet honneur.

» Cependant, on aura le temps de savoir si le roi agréerait une ambassade de ces gens-ci après la restitution entière des esclaves qui ne peut être faite de quatre mois.

» On vient d'apprendre que la caravane de La Mecque arrivera dans deux ou trois jours; ils ont fait paraître beaucoup de désir de présenter des chevaux à Sa Majesté lorsqu'elle sera arrivée, et l'on dit qu'il en vient de plus beaux avec elle que tous ceux que l'on trouve ici.

» Les otages que l'on envoie sont des premiers du Divan; il y en a deux secrétaires pour le paiement de la milice et pour le partage des prises.

» Le dey se lève pour eux quand ils entrent, et on les estime du second rang; les autres sont quatre capitaines d'infanterie et quatre lieutenants qui sont bien plus considérés qu'en France, et il est aisé de le juger, puisque tout le gouvernement de ce royaume est un gouvernement populaire de la milice.

» Le maréchal D'ESTRÉES. »

MÉMOIRES DE M. LE MARÉCHAL D'ESTRÉES.

« Devant Tripoli, le 11 juillet 1685.

» Je ne laisse pas, monsieur, de vous écrire et de vous adresser les otages, les esclaves et l'argent que nous avons reçus, consistant en cent et mille piastres tripolines, quoique tout le monde veuille croire que vous êtes allé faire un tour à Paris. Je remets à M. Robert à vous dire les détails de notre négociation, dans laquelle mon opiniâtreté à la suisse l'a enfin emporté sur la subtilité des Africains.

» Les espèces que nous envoyons sont extraordinaires, comme vous verrez par l'état que vous recevrez des paiements que l'on a faits. Mais bien que rien ne marque tant la peur et la misère de ces gens-ci, cette sorte de paiement nous est d'autant plus avantageuse, qu'il y a environ quatorze mille livres de profit sur les ouvrages et poudre d'or et monnaies que nous avons reçus, par la différence qu'il y a du carat des louis avec cet or-ci, et qu'il y a beaucoup à gagner aussi sur les ouvrages d'argent que l'on a reçus. J'ai cru, monsieur, vous devoir informer de ceci, comme j'ai fait M. le marquis de Seignelay en lui adressant l'état des sommes et les espèces que j'ai fait recevoir en exécution du traité.

» Je laisse à nos commissaires et à nos écrivains principaux à vous informer du nombre et de la qualité des esclaves rendus.

» Quant aux otages, vous saurez mieux que personne ajouter le tempérament ; et comme il ne faut pas, ce me semble, les traiter avec profusion, il ne serait pas à propos de tomber dans une autre extrémité et les maltraiter.

» Je renvoie deux galiotes à bombes avec les vaisseaux, pour diminuer la dépense, et parce que trois suffiront pour donner les premières impressions de crainte à ceux de Tunis; après quoi j'enverrai tout le reste de l'attirail. J'ai consenti que l'on chargeât la polacre de blé pour faciliter les paiements, et vous la renverrai lorsqu'elle sera chargée. J'ai permis aussi que l'on mît du blé sur le vaisseau rendu par ceux de Tripoli, pour le compte et à l'acquit des Juifs, qui se sont accommodés avec le sieur de Dons, à qui j'en ai donné le commandement. Pour leur donner moyen de payer plus promptement les vingt-et-un mille piastres à quoi ils ont été taxés, ils ont offert d'abord des lettres de change sur Marseille et sur Livourne ; mais on n'a pas trouvé de sûretés.

» Je vous prie, monsieur, d'être persuadé que personne ne vous est plus acquis que moi, et ne désire avec plus de passion de vous rendre ses humbles services.

» Le maréchal D'ESTRÉES. »

Dans la lettre suivante, Louis XIV félicite M. d'Estrées sur l'heureux résultat de ses entreprises contre Tripoli, et lui recommande d'agir promptement contre Tunis.

DU ROI AU MARÉCHAL D'ESTRÉES.

« Mon cousin,

» J'ai appris par votre relation du 30 juin dernier les nouvelles de la guerre et de la paix glorieuse que vous venez de faire avec ceux de Tripoli ; je ne puis vous marquer assez la satisfaction que j'ai de votre conduite, et de la manière dont vous vous êtes acquitté des ordres que vous avez reçus de ma part; je ne doute pas que vous n'exécutiez avec la même exactitude et le même avantage ceux que vous avez reçus sur ce qui regarde votre voyage de Tunis, et que vous ne trouviez moyen de faire restituer à ceux de cette ville ce qu'ils ont pris sur mes sujets, et de les obliger à rendre ce qui y sera resté d'esclaves français; je vous recommande aussi de faire réussir autant que vous pourrez l'affaire du cap Nègre, et de faire en sorte que mes sujets s'y établissent à l'exclusion des Anglais.

» J'ai fort approuvé que vous ayez renvoyé les galiotes à rames aussitôt après que vous avez eu conclu le traité de paix avec Tripoli; il est bon que vous ayez gardé celles à bombes pour les faire voir le long de la côte d'Afrique, et faire connaître à ceux de Tunis ce qu'ils ont à craindre s'ils ne satisfont pas à la réparation des contraventions qui ont été faites audit traité, et s'ils ne règlent à l'avenir leur conduite de manière qu'il ne puisse rien arriver au préjudice de la bonne foi des traités et contre le respect qu'ils doivent à l'étendard de France.

» Aussitôt que vous aurez conclu avec ceux de Tunis, je désire que vous renvoyiez les galiotes à bombes à Toulon, et avant d'y retourner vous-même avec les vaisseaux que vous commandez, vous alliez faire un tour à Alger pour faire voir à ces corsaires les vaisseaux qui viennent de soumettre Tripoli, et leur faire connaître qu'on est toujours en état de les forcer de maintenir la paix s'ils étaient jamais assez mal conseillés pour l'enfreindre.

» Après que vous aurez fait cette course jusqu'à Alger, il est de mon service que vous reveniez à Toulon pour désarmer mes vaisseaux, et je serai bien aise que vous restiez jusqu'à leur entier désarmement, afin de tenir la main à ce qu'il soit fait avec l'ordre porté par mes réglements de marine.

» Sur ce, je prie Dieu qu'il vous ait, mon cousin, en sa sainte et digne garde.

» Écrit à Versailles, le 30 juillet 1685.

» *Signé* : LOUIS. :

Et plus bas:

» COLBERT. »

(*Aff. étr.* — *Afrique*, 1685, t. II.

Après l'expédition de Tripoli, celle que M. d'Estrées tenta sur

Tunis, fut non moins fructueuse, ainsi qu'on va le voir par la lettre de Louis XIV, qui complimenta le maréchal sur le paiement de 60,000 écus qu'il en a tirés.

DU ROI AU MARÉCHAL D'ESTRÉES.

« Mon cousin,

» J'ai reçu avec votre lettre du premier de ce mois les nouvelles de ce qui s'est passé à Tunis, et de la manière dont vous avez conduit la négociation que vous avez à faire avec le dey et le divan de cette ville; il ne se peut rien ajouter à la satisfaction que j'ai reçue de tout ce qui s'est fait sous vos ordres pendant cette campagne. J'ai entièrement approuvé tous les articles contenus dans le traité que vous avez fait, et l'expédient que vous avez pris pour faciliter le paiement de 60,000 écus, à quoi le divan et ladite ville s'est obligé, étant certain qu'outre l'assurance du paiement de cette somme, qui est suffisante par l'obligation dans laquelle une compagnie puissante de marchands de Marseille est entrée, le commerce de mes sujets retirera un grand avantage à l'avenir d'un poste aussi considérable que celui du cap Nègre.

» Je ne doute point que vous continuiez à cet égard aussi bien que vous avez commencé, et que vous ne trouviez moyen de tirer des sommes considérables des deux frères beys dans le voyage que vous devez faire à Sousse, et j'approuve fort le parti que vous avez pris de vous tenir neutre entre le divan et lesdits beys, et d'obliger par ce moyen les uns et les autres de vous ménager et de vous accorder ce que vous aviez à leur demander.

» Vous avez bien fait de ne laisser rien espérer sur la restitution des esclaves de Tunis qui sont sur mes galères, ne voulant en aucune manière y entrer.

» J'ai vu par une lettre la résolution que vous avez prise d'envoyer le chevalier de Tourville à Alger avec le vaisseau *le Bizarre*; je ne doute point que vous ne lui ayez donné les instructions nécessaires sur la réparation des contraventions faites au dernier traité par quelques corsaires d'Alger, et vous en trouverez ci-joint un nouveau mémoire, que vous lui remettrez entre les mains, en cas que vous ne l'ayez point détaché, et duquel il lui sera envoyé une copie à droiture à Alger.

» Après que vous aurez achevé la négociation que vous avez commencée avec les deux frères beys, mon intention est que vous partiez de Tunis avec tous les vaisseaux et autres bâtiments qui sont sous votre commandement pour venir désarmer à Toulon.

» Et la présente n'étant à autre fin, je prie Dieu qu'il vous ait, mon cousin, en sa sainte et digne garde.

» Écrit à Versailles, le 31 septembre 1685.

» *Signé :* LOUIS.

Et plus bas :

» COLBERT. »

(*Aff. étr.* — *Afrique,* 1685, t. II.)

M. DE SEIGNELAY AU MARÉCHAL D'ESTRÉES.

« A Chambord, 21 septembre 1685.

» Monsieur,

» Je crois que vous jugez bien, par l'intérêt que je dois prendre à la gloire du roi, de la joie que j'ai reçue par la lecture de vos lettres des 1er et 2 de ce mois, et je puis vous assurer avec vérité que cette joie est encore augmentée par le plaisir que j'ai de voir les succès de ce qui passe par les mains d'un homme pour qui j'ai une si grande estime, et, si je l'ose dire, une amitié aussi sincère.

» Sa Majesté a été fort touchée de tout ce que vous avez fait, et plût à Dieu que l'affaire d'Alger eût été commise à vos soins, et que vous eussiez été en état de profiter de la terreur de ceux de cette ville, lorsqu'on leur tira des bombes pour la première fois.

» Elle a bien voulu vous accorder la somme de 30,000 livres de gratification, et je ferai payer cette somme à qui il vous plaira l'ordonner.

» Je lui ai rendu compte de votre sentiment sur l'interdiction du sieur de Boulainvilliers par le sieur de Pointis ; Sa Majesté a estimé qu'il fallait statuer par une ordonnance ce que vous jugez à propos d'être observé à l'avenir en pareille occasion, et vous en trouverez ci-joint une expédition. J'avais prévu par les ordres que j'ai donnés au sieur de Vauvré, ce que vous m'écrivez sur le sujet des blés que le sieur de Dons a rapportés de Tripoli, et je lui avais déjà écrit que cette affaire devait être remise à votre retour pour être réglée suivant ce que vous estimerez plus à propos.

» Il est très-certain que, pour le bon ordre de la marine, il est à propos de tenir souvent des conseils de guerre dans lesquels chaque officier dise son avis, ainsi que vous l'avez fait pratiquer dans l'affaire dudit sieur de Boulainvilliers, et il y a lieu d'espérer que, sous un chef aussi capable et aussi autorisé, les petites cabales qui ont été jusqu'à ce point parmi les officiers finiront, et que tout se réunira pour contribuer avec le chef à ce qui peut être de la gloire et du succès des entreprises qui seront tentées dans la suite.

» Je suis, monsieur, votre très-humble et très-obéissant serviteur,

» SEIGNELAY. »

(*Aff. étr. Afrique*, 1685, t. II).

L'escadre française ayant ainsi rempli les vues de Louis XIV, revint à Toulon, où elle mouilla le 25 septembre.

Le maréchal d'Estrées avait laissé le chevalier de Tourville dans la Méditerranée pour croiser devant Alger, car déjà quelques corsaires barbaresques avaient rompu le traité conclu *pour cent ans* en 1683; après avoir obtenu satisfaction de ces infractions, M. de Tourville ayant eu la même mission que M. le duc de Mortemart au sujet du salut, mais sans doute plus explicite, rencontra par le travers d'Alicante le vice-amiral espagnol Papachin, qui revenait de Naples avec deux vaisseaux de guerre de soixante-dix canons. Tourville montait un bâtiment de cinquante canons, et avait deux petites frégates sous ses ordres. Il envoya sommer le vice-amiral espagnol de saluer le pavillon du roi de neuf coups de canon; et, sur le refus de Papachin, Tourville l'aborda, pendant que les deux frégates accostaient l'autre vaisseau, et après une heure de combat, le pavillon espagnol s'abaissa devant le pavillon de France.

Cette action brillante et hardie fit le plus grand honneur au chevalier de Tourville, mais causa beaucoup de mécontentement en Europe. C'était une hostilité flagrante commise contre l'Espagne, avec laquelle Louis XIV était alors en paix. Cette orgueilleuse prétention rappela le souvenir de la guerre de Gênes, et le prince d'Orange profita de cette nouvelle agression pour donner encore plus de solidité aux raisons qu'il alléguait, afin de liguer l'Europe contre Louis XIV.

Enfin, le 28 octobre de cette même année 1685, l'édit de Nantes fut révoqué.

Voici le texte de cette révocation fameuse :

« *Sont supprimés, à compter de ce jour*, 28 octobre 1685, *tous les priviléges accordés aux prétendus réformés, par Louis XII et Henri IV.*

» *Défense aux pasteurs de s'intituler ministres de la parole de Dieu, d'appeler leur religion réformée sans y ajouter le mot* prétendue, *et d'exercer leur religion par tout le royaume, sans exception.*

» *Ordonne à tous les ministres de sortir de France sous quinzaine.*

» *Défense aux ministres de tenir des écoles, de pratiquer la médecine, la chirurgie, ni même d'exercer aucune fonction lucrative.*

» *Enjoint aux pères, mères, tuteurs, de faire élever leurs enfans et leurs pupilles dans la religion catholique.*

» *Les peines afflictives appliquées aux relaps* (les galères) *seront applicables à tous ceux qui feraient le prêche, porteraient l'habit ecclésiastique, célébreraient les baptêmes, mariages, enterrements*, etc. »

Les effroyables conséquences de cette révocation des droits que Henri IV avait renouvelés par son édit de Nantes en faveur des calvinistes, sont tellement connues, qu'il est inutile de parler ici des suites de cette grande calamité qui, dépeuplant la France d'un vingtième de sa population, ruinant son industrie et tarissant la source de la richesse publique, fut plus fatale et plus désastreuse au pays que ne l'eussent été trente ans de guerre.

Mais les causes premières de cette mesure ne sont pas sans intérêt à connaître.

Louis XIV ne songeait pas à cette révocation, qui fut d'abord délibérée, approfondie, puis décidée dans le plus impénétrable secret entre M. de Louvois, madame de Maintenon, et le père Lachaise, confesseur du roi.

Les motifs qui dirigèrent ces trois volontés si toutes-puissantes sur Louis XIV sont faciles à pénétrer.

On était en pleine paix, et malgré les facilités et les expédients que lui donnaient sa charge de sur-intendant des bâtiments, pour se rendre utile et conserver son crédit, M. de Louvois s'apercevait avec une jalouse amertume que Seignelay commençait à plaire extrêmement au maître et à madame de Maintenon. Les ambassades soumises et repentantes d'Alger, de Gênes, et récemment encore l'expédition si lucrative contre Tripoli, ainsi que le brillant combat de Tourville contre Papachin, ensuite duquel le pavillon d'Espagne amena devant le pavillon de France, avaient fort flatté l'orgueil de Louis XIV, plus que jamais épris de fausse et vaine gloire, de sorte que Louvois se mourait de rage et de crainte de voir Seignelay le remplacer dans l'esprit du roi, qui d'ailleurs, commençait déjà à supporter moins patiemment le joug de fer et les brutalités du fils de Letellier. Enfin, Louvois avait peu ou point de chances de rompre la trêve qui tenait l'Europe en paix, tant on semblait las de la guerre, sur le continent, tandis que Seignelay, par ses expéditions incessantes contre les Barbaresques, se pouvait rendre continuellement nécessaire; aussi toutes ces raisons décidèrent Louvois à appuyer de toutes ses forces le projet de la révocation.

Si les instructions de Louvois aux gouverneurs militaires des provinces n'existaient pas au dépôt de la guerre, si les incroyables cruautés des dragons, ces missionnaires bottés, ces convertisseurs à coups de sabre que Louvois dirigeait sur tous les points soupçonnés de protestantisme, n'avaient pas laissé d'irrécusables traces, on serait à se demander quel intérêt de *guerre* avait pu pousser Louvois à se montrer si ardent partisan d'une question qui semblait toute *religieuse* dès l'abord, mais dont l'impitoyable ambition de ce ministre fit une question toute *militaire*, parce qu'il fallait absolument que *M. de Louvois* rendît SON ARMÉE *indispensable*, et conséquemment indispensable aussi celui qui la gouvernait despotiquement.

En un mot, Louvois voulut la révocation de l'édit de Nantes parce qu'il avait la certitude d'être chargé de la conversion des récalcitrants, et de pouvoir faire sa cour au maître, de toutes les âmes hérétiques que ses dragons devaient ramener au giron de la sainte Église.

Le père de Lachaise, jésuite et confesseur du roi, voulut la révocation de l'édit de Nantes, parce que malgré sa mesure, sa réserve et sa modestie habituelle, il était trop de sa compagnie, et naturellement aussi trop de sa propre cabale catholique, pour ne pas ruiner autant que possible la cabale protestante, rivale de la sienne. Dès longtemps d'ailleurs, abusant de la complète et profonde ignorance de Louis XIV sur ces matières, il lui avait peint (avec cette rancune de prêtre que les meilleurs ne peuvent dépouiller) tout ce qui n'était pas jésuite ou de l'école de ces pères, comme radicalement opposé à l'autorité royale et infecté d'un effroyable esprit de révolte et de libertinage. Or on a vu dans son lieu que la persécution des jansénistes fut le premier fruit de ces fausses et malheureuses notions; on a vu quel éloignement, pour ne pas dire quelle haine, les jésuites avaient su inspirer à Louis XIV contre les solitaires de Port-Royal, ces hommes si pieux, si graves et si éclairés; on laisse à penser quels monstres chimériques les gens de la même compagnie de Jésus surent inventer lorsqu'il s'agit du protestantisme, cette abominable hérésie, frappée de tant et de si éclatants anathèmes !

Pour madame de Maintenon, elle était peut-être la plus intéressée des trois à *la révocation*, parce que, grâce à cette mesure, elle savait flatter puissamment et l'égoïsme et la vanité incurables de Louis XIV.

L'égoïsme de Louis XIV en lui persuadant, aidée du père Lachaise, qu'elle lui mettait en main, par cette révocation, un moyen commode, facile et sûr de racheter, pour ainsi dire, sans y mettre du sien, et sans s'imposer aucune privation ni pénitence pour cela, le scandale de sa vie passée, et d'échapper au diable, dont il avait une peur horrible, en extirpant l'hérésie de son royaume et en faisant sa cour au Très-Haut qui ne pouvait manquer de se montrer extrêmement sensible à cette extirpation et de la reconnaître par la faveur d'un salut au moins éternel.

La vanité de Louis XIV, en lui prouvant qu'il osait faire, lui ce que Henri IV, Louis XIII et Richelieu avaient toujours redouté d'accomplir, même alors que le parti protestant semblait pour toujours abattu ; à savoir : de forcer la conversion des calvinistes ou de les chasser de France, ainsi qu'avait fait pour les Maures d'Espagne le malheureux et faible Philippe III, qui, en exilant un million d'*infidèles* de son catholique royaume, exila avec eux les arts, l'industrie et la richesse que ces hérétiques y faisaient fleurir.

En un mot Louis XIV voulut révoquer l'édit de Nantes, et le révoqua, parce que Louvois, madame de Maintenon et le P. Lachaise le voulurent.

En effet, comment penser qu'égoïste, faible et vaniteux, que déjà affaibli par l'âge et par son effroi de l'enfer et de ses flammes, que défendu de toute saine et juste réflexion par son ignorance et par cette barrière infranchissable que sa superbe et l'habileté de ses ministres et de madame de Maintenon avaient éternellement élevée entre lui et tout sage conseiller ; comment penser, enfin, que Louis XIV, dominé de la sorte, ait pu résister à ces trois fatales influences, et que, même au contraire, il ne se soit pas applaudi plus tard de cette irréparable faute, lorsque, après la révocation, depuis Louvois jusqu'aux évêques, aux intendants et aux officiers, tous lui montraient les protestants convertis par millions, et bénissant le grand roi qui, non content de s'intéresser à la conservation de la vie de ses sujets, songeait encore et travaillait si efficacement à leur salut éternel. . . .

. . . .

La révocation de l'édit de Nantes suivit donc son cours ; mais il est juste de dire que Seignelay, et par respect et conviction des vues de son père, et par sa jalousie contre Louvois, se montra peu partisan de cette mesure.

Il fit de sévères reproches, ainsi qu'on le voit dans ses dépêches, à l'intendant de Brest, qui, dans son zèle aveugle et sa haine catholique contre les protestants, avait fait fouetter et raser sur une place publique, un homme, sa femme et ses deux filles âgées de seize et dix-huit ans, tous de la religion prétendue réformée, qui, pour échapper aux dragonnades, avaient tenté de s'exiler, et que ledit intendant avait fait reprendre sur un navire anglais, d'après des instructions qu'on lira plus bas.

Seignelay s'opposa encore, autant qu'il le put, à une effroyable mesure, qui était de *fumer* les navires en faisant brûler dans la cale et les entreponts des matières infectes et délétères, afin d'en chasser les religionnaires qui y seraient demeurés cachés.

Mais il lui fut impossible d'éluder les ordres exprès de Louis XIV, au sujet des protestants qui voulaient quitter la France. Voici plusieurs des instructions données par ordre du roi, à quelques capitaines de vaisseaux, pour leur enjoindre de s'opposer à l'émigration des protestants.

PRÉCAUTIONS ORDONNÉES POUR EMPÊCHER L'ÉMIGRATION DES PROTESTANTS.

Mémoire pour servir d'instruction au sieur chevalier DESAU-GERS, *commandant la frégate* la Gaillarde.

Sa Majesté étant persuadée de la vigilance et affection à son service du sieur Desaugers, aide-major de la marine au port de Rochefort, elle a bien voulu lui donner le commandement de la frégate *la Gaillarde*, qu'elle fait armer au port de Rochefort.

Sa Majesté veut qu'avec ladite frégate et la corvette *la Marguerite*, qu'il a commandée jusqu'à présent, et qu'elle veut qu'il remette au sieur de Ris, lieutenant de marine, il garde les côtes et îles d'Arven, les courraux d'Oléron et l'entrée de la rivière de Seudre, pour empêcher les religionnaires de passer dans les pays étrangers, et, pour cet effet, il visitera exactement tous les bâtiments étrangers qui entreront et sortiront de ces endroits, et en tirera les religionnaires français qu'il y trouvera; il fera la même visite dans toutes les barques traversières et autres bâtiments, pour en ôter pareillement les religionnaires, à moins qu'il ne soit assuré qu'ils doivent seulement naviguer le long des côtes, et faire leur commerce ordinaire.

Comme Sa Majesté a fait armer plusieurs bâtiments pour garder les côtes de Guyenne, Saintonge, Aunis et Poitou, et qu'il pourrait y avoir des occasions qu'il serait nécessaire de les rassembler tous, elle veut que ledit chevalier Desaugers obéisse en ce cas au sieur de Salampart, commandant la frégate *la Bien-Aimée*.

Mémoire pour servir d'instruction au sieur DE SALAMPART, *capitaine de marine, commandant de la frégate du roi la Bien-Aimée.*

« Sa Majesté ayant donné au sieur de Salampart le commandement de la frégate *la Bien-Aimée*, son intention est qu'il garde l'entrée de la rivière de Charente et les rades de chef de baie, de la Patisse et de Saint-Martin avec ladite frégate et la barque longue *la Flotte*, que Sa Majesté a mise aussi sous son commandement, empêche les religionnaires de passer dans les pays étrangers et, par cet effet, visitera tous les bâtiments étrangers qui entreront et sortiront desdites rades pour en tirer les religionnaires français qu'il y trouvera, et en usera de même à l'égard des barques traversières et autres bâtiments, observant de n'y en laisser aucun à moins qu'il ne soit assuré qu'ils soient pour naviguer le long des côtes et faire leur commerce ordinaire.

» En cas qu'il fût nécessaire que ledit sieur de Salampart allât jusqu'à la côte d'Olone pour empêcher pareillement les religionnaires de sortir par les côtes du Poitou, il ne manquera pas d'y aller, Sa Majesté lui ayant aussi confié la garde des côtes.

» Sa Majesté ayant donné les ordres nécessaires aux sieurs chevaliers de Perrinet et Desaugers, savoir : au premier, de garder la rivière de Bordeaux et les environs, et à l'autre, les îles d'Arvert, les courraux d'Oléron, et l'entrée de la rivière de Seudre ; elle leur ordonne d'obéir audit sieur de Salampart en cas que pour raisons importantes à son service ils reçoivent ordre de le joindre. »

28 octobre 1685.

Instruction que le roi a ordonné être mise ès-mains de M. GABARET, *chef d'escadre de ses armées navales.*

« Sa Majesté estimant nécessaire à son service de faire armer un vaisseau de guerre à Rochefort pour la garde des côtes voisines, qui puisse servir en même temps à l'instruction des officiers et gardes de marine, elle a donné les ordres audit port pour l'armement du *Soleil-d'Afrique*, et elle a destiné ledit sieur Gabaret pour le commander pendant deux mois.

» Le principal service qu'il doit rendre dans ce commandement est d'empêcher que les vaisseaux étrangers qui viennent faire commerce dans les côtes du Poitou et de Saintonge n'embarquent des gens de la religion protestante réformée; Sa Majesté étant informée que plusieurs, plutôt par principe de libertinage que par aucun autre, veulent quitter la France pour aller dans les pays étrangers; et c'est pour l'empêcher que ledit sieur Gabaret doit se tenir en état d'aller dans tous les lieux où il apprendra que quelque vaisseau étranger aura abordé pour le visiter avec soin, faire débarquer les hardes et effets appartenant à des sujets de Sa Majesté qui ne seront point pourvus de passeports, et en cas qu'ils fussent déjà embarqués, les obliger de retourner chez eux.

» Il doit observer de ne communiquer à personne les ordres qu'il a à cet égard, étant bien important que les religionnaires ne sachent pas que l'on ait aucune intention pour les empêcher de quitter le royaume.

» Il doit observer à l'égard des vaisseaux anglais de ne leur donner aucun sujet de plainte dans la visite qu'il en fera, et de prendre même quelque prétexte pour cette visite, en faisant accompagner quelque officier les commis des fermes ou en telle autre manière qu'il estimera convenable.

» Sa Majesté veut qu'il navigue incessamment depuis l'entrée de la rivière de Nantes jusqu'à l'entrée de celle de Bordeaux, suivant les vents qui lui seront favorables.

» Il doit être informé qu'elle a fait armer une frégate et deux corvettes pour demeurer à l'entrée de la rivière de Bidassoa, et quoiqu'il n'y ait pas d'apparence que les Espagnols fassent aucun armement qui puisse obliger de fortifier le chevalier de Perrinet qui commande ces bâtiments, cependant Sa Majesté veut que ledit sieur Gabaret tienne correspondance avec lui, et en cas que, suivant les avis qu'il en recevra, il estimât nécessaire de l'aller joindre, il le fasse; et, pour cet effet, elle donne ordre audit sieur chevalier de lui obéir en cas de jonction. »

Maintenant on va, dans le chapitre suivant, jeter un coup

d'œil rapide sur les événements qui amenèrent en Angleterre la révolution de 1688, et causèrent, ainsi qu'on l'a dit, deux des plus grandes expéditions maritimes de ce siècle.

FIN DU TROISIÈME VOLUME.

TABLE DES CHAPITRES.

LIVRE SIXIÈME.

Chap. 1er. Arrivée de Ruyter dans la Méditerranée. — Le conseil de marine séant à Messine répond à M. de Vivonne de tenter une attaque sur Agosta. — Affaire d'Agosta. — Lettres de Tourville et de Valbelle. — Mémoire de Vivonne au roi. 1

II. Extrait du traité de la république des Sept-Provinces, avec le roi d'Espagne. — Ruyter. — Il est souffrant de la gravelle. — Le pasteur Bernard Somers. — Angel de Ruyter. — Ruyter craint extrêmement qu'on écrive sa vie. — Sa conversation à ce sujet. — Le conseiller de l'amirauté de Weldt. — Son entretien avec Ruyter au sujet de la flotte que les Sept-Provinces envoient au roi d'Espagne pour reprendre Messine. — Avis de Ruyter sur Du Quesne. — Ruyter se rend à la séance des états-generaux. — Ses instructions. — Ses tristes pressentiments. — Il part — Don Juan d'Autriche. — Cadix. — Barcelone. — Cagliari. — Melazzo. — Il confère avec le vice-roi de Sicile et le roi d'Espagne sur le plan de campagne qu'il va ouvrir. — Jonction des flottes espagnole et hollandaise à Melazzo. 40

III. Du Quesne part de Toulon. — Il arrive en vue de Stromboli. — Son billet à Vivonne. — Il aperçoit l'armée ennemie commandée par Ruyter. — Ses préparatifs de combat. — Ordre de bataille pendant la journée du 7 janvier. — Les deux amiraux s'observent. — Combat du 8 janvier. — Lettres de Du Quesne, de Valbelle et de Ruyter à ce sujet. — Mort des capitaines de brûlots Champagne et marquis de Beauvoisis. 65

IV. Conspiration espagnole. — Conseil de guerre. — Avis de MM. de Vivonne, Du Quesne, Gabaret, Preuilly d'Humières, d'Almeras, sur la jonction des flottes. — Lettre du chevalier de Béthune. — La flotte hollando-espagnole s'approche d'Agosta. 94

V. Combat du 22 avril. — Dépêches de MM. de Vallavoire, de Vivonne, et de Du Quesne au sujet de ce combat. — Relation hollandaise. — Ruyter est blessé. — Il meurt, le 29 avril, dans la baie de Syracuse. 116

VI. Indécision de manœuvre dans la flotte hollandaise après la mort de Ruyter. — Le vice-amiral de Haan quitte la baie de Syracuse, et vient se radouber à Palerme.

— Il y arrive le 13 mai. — Description de la ville et du port de Palerme. — La flotte française, commandée par le maréchal duc de Vivonne, arrive en vue de Palerme le 1er juin. — Combat du 2 juin. — Le capitaine Kallemburg, commandant *la Concorde*, défend vaillamment ce vaisseau qui portait le corps de Ruyter. — Le vaisseau amiral espagnol est incendié. — Lettre de Vivonne au roi sur ce combat. — Relation traduite de l'espagnol sur le même combat. — Troubles dans Palerme. — Le prince de Sainte-Agathe. — La *Marina*. — Le peuple s'ameute contre l'archevêque, qui est partisan des Français. — Meurtres et pilleries dans Palerme. — Lettre confidentielle de Vivonne à madame sa sœur, la marquise de Montespan, sur le mauvais vouloir de M. de Louvois, à propos de l'expédition de Sicile. — Dépêche de Du Quesne sur sa croisière. — Journal de Vivonne. — Attaque de Taormine et de la Scaletta. — Fin de l'année 1676. 147

VII. Expéditions maritimes dans l'archipel des Antilles et les mers de l'Amérique du sud, pendant les années 1676, 1677 et 1678. — Les Hollandais attaquent et prennent Cayenne, colonie française. — Projets de M. le vice-amiral d'Estrées, appuyés par Louis XIV. — Entreprise sur Cayenne et Tabago. — M. le comte d'Estrées commande l'escadre et les troupes de débarquement. — Il reprend Cayenne sur les Hollandais, le 21 décembre 1676. — L'amiral Binckes va piller Saint-Domingue et Marie-Galande. — Attaque de Tabago, le 3 mars 1677, par M. le vice-amiral d'Estrées. — Au milieu du combat le feu se déclare dans les deux flottes. — Vaisseaux français et hollandais entièrement incendiés. — Rapport et enquête détaillés sur cet événement. — Le vice-amiral retourne en France au mois de juillet 1677 pour rendre compte au roi de sa conduite. 184

VIII. Seconde entreprise sur Tabago. — Une bombe met le feu à une poudrière et fait sauter le château où l'amiral Binckes était à dîner avec son état-major. — Les Français profitent du désordre. — Tabago se rend. — Le corsaire Rasmus. — Départ de la flotte pour la Martinique. — Projet de M. l'amiral d'Estrées sur Curaçao. — Naufrage de l'escadre française sur l'île d'Avès. — Lettre de M. de Méricourt à ce sujet. — Ignorance de M. d'Estrées. — Son opiniâtreté. — Ses prétentions aux connaissances nautiques amènent ce naufrage. — Les flibustiers secourent l'escadre française. — Retour à Saint-Domingue. 230

IX. L'année 1677 se passe sans nouvelles tentatives sur l'intérieur du pays. — Démêlés de M. de Vivonne et de M. d'Oppède, intendant pour le roi. — Les troupes françaises désertent en grand nombre. — Lettre de M. de Vivonne à ce sujet à M. le duc d'Estrées, ambassadeur à Rome. — Tentative manquée sur Syracuse. — Vivonne demande un congé à Louvois. — M. le duc de La Feuillade. — Il est nommé vice-roi de Sicile en remplacement de M. de Vivonne. — Louis XIV lui remet des ordres cachetés qu'il ne doit ouvrir qu'à la hauteur de Cagliari. — M. de La Feuillade arrive en Sicile ; il débarque à Agosta ; puis se rend à Messine ; son entrée dans cette ville. — Louis XIV abandonne la Sicile ; mais sa volonté est que cette intention demeure secrète jusqu'au moment où toutes les troupes seront embarquées, et que jusque-là M. de La Feuillade au contraire simule de grands préparatifs pour l'entière occupation de la Sicile. — Singulière comédie jouée à ce sujet par M. de La Feuillade et son secrétaire Maserac. — Il assemble le sénat et lui fait part des volontés de Louis XIV à propos de l'entière conquête de la Sicile — Les sénateurs et le peuple Messinois sont transportés de joie. — Ils font broder une merveilleuse bannière à ce sujet, et la portent en grande pompe à l'église métropolitaine. — Le duc de La Feuillade fait embarquer toutes les troupes françaises sous le prétexte de tenter la prise de Palerme. — Le 13 mars 1678, toutes les troupes étant retirées de Messine, M. de La Feuillade fait venir les jurats à bord de la frégate de M. de Janson, où il dînait, et leur déclare que Louis XIV les laisse au pouvoir de l'Espagne. — Désespoir des jurats. — Leur retour à Messine. — La plupart des habitants effrayés veulent s'embarquer à la hâte pour échapper à la vengeance de l'Espagne. — Départ de la flotte française. — Lettre de M. le cardinal d'Estrées au sujet de l'abandon de Messine. — Retour des Espagnols à Messine. — Leurs vengeances. — Leur férocité. — De désespoir les Messinois *veulent se donner aux* Turcs. — Lettres de Louis XIV à ce sujet à M. le duc d'Estrées, ambassadeur à Rome. — Paix de Nimègue, entre la France, l'Espagne et la Hollande. — Louis XIV reçoit le surnom de Grand. . . 249

LIVRE SEPTIÈME.

X. Voyage du roi à Dunkerque. — Le vaisseau l'*Entreprenant* entre dans le port. — Louis XIV se rend à bord de ce vaisseau. — Seignelay. — Le chevalier de Léry. — Costumes des matelots et des officiers. — Le roi part pour Ypres. — Pendant son séjour à Dunkerque M. de Seignelay a reçu de Colbert la liste des capitaines corsaires de Dunkerque qui lui a été envoyée en 1676 par M. Hubert. — Jean Bart et Keyser sont en tête de cette liste. — Autres capitaines corsaires remarquables. — Renseignements curieux sur la manière de combattre de Jean Bart et Keyser. — Louis XIV accorde en 1676 une chaîne d'or à Jean Bart. — Lettre de M. Hubert à ce sujet. — Traité des prises, rédigé par M. de Valincourt, pour l'instruction de M. le comte de Toulouse. . 295

XI. Jean Bart. — Sauret. — Nicole Gontier, sa femme. — François-Cornille Bart, son fils. — Anne-Nicole, sa fille. — Le curé de Drinkham. — Amitié de Jean Bart pour lui. — Conversation singulière de Jean Bart et du maréchal d'Estrades à propos de la lieutenance de vaisseau donnée par le roi à Jean Bart, qui ne veut servir que comme capitaine. — Gaspard Keyser. — Première prise de Jean Bart. — L'*homme sauvage.* — La galiote *le Roi David.* — Registre des prises faites par Jean Bart depuis 1674 jusqu'en 1679. — Détail de ces prises. — Procès-verbaux des plus importantes. 343

XII. Mort du chevalier de Valbelle. — Du Quesne poursuit des corsaires tripolitains jusque dans le port de Scio qu'il canonne. — Réclamation du commandant turc. — Négociation de M. de Guilleragues, ambassadeur de France à Constantinople. — Extrait d'une lettre turque à ce sujet. — Effroi que cause le nom de Du Quesne à Scio et à Constantinople. — Conduite timide de M. de Guilleragues à cette occasion. — Présent fait par lui au sultan. — Fin de l'affaire de Scio en 1681. — Du Quesne est rappelé pour commander l'escadre destinée contre Alger. — Mémoires de Du Quesne sur les moyens à tenter soit par mer, soit par terre, pour réduire Alger. — Bernard Renau d'Eliçagaray. — Sa naissance. — Sa jeunesse. — Il invente les galiotes à bombes et propose de s'en servir pour le bombardement d'Alger. — Il part avec la flotte française. — Position d'Alger. — Ses forces. — Son gouvernement. — Premier essai des galiotes. — Description d'une galiote à bombes. — Intrépidité de Renau au milieu d'une galiote enflammée. — Baba-Hassan. — Fin de l'expédition de 1682. — Nouvelle tentative sur Alger en 1683. — On bombarde de nouveau cette ville. — Relation de Bernard Renau. — Parlementaires. — Restitution d'esclaves. — Trêve. — Mezzo-Morto. — Sa trahison. La trêve est rompue.

TABLE DES CHAPITRES.

— Les prisonniers français sont attachés à la bouche des canons. — Lettre de M. le chevalier de Choiseul, sauvé de cette mort affreuse par le dévouement d'un capitaine turc. — Fin de l'expédition de 1683. — Du Quesne retourne en France, laissant M. de Léry pour croiser devant Alger. — Négociation pour la paix avec Alger, entamée par le chevalier de Tourville en 1684. Paix d'Alger. — Principales clauses du traité. 373

XIII. Mort de Colbert. — État comparatif des finances et de la marine depuis 1661, époque à laquelle Colbert prit ce département, jusqu'en 1684, époque de sa mort. — Incroyable accroissement de la marine pendant cette période. — Seignelay. — Expédition de Gênes. — Dépêche de M. de Saint-Olon, résident français à Gênes. — Causes vraies de cette expédition. — M. de Rion — M. et madame la comtesse de Fiesque. — Seignelay s'embarque sur la flotte, et part pour Gênes. — L'envoyé de Gênes est mis à la Bastille. — Bombardement de Gênes. — Traité de paix. — Voyage du doge à Paris. — Lettre de M. le duc de Mortemart au sujet du salut du pavillon 429

XIV. Mort de Charles II, roi d'Angleterre. — Soupçons d'empoisonnement. — Avénement de M. le duc d'York au trône sous le nom de Jacques II. — Négociation de M. de Barillon, ambassadeur de France. — Expéditions maritimes contre les barbaresques. — Lettres et mémoires de M. le maréchal d'Estrées sur Tripoli. — Bombardement de cette ville. — Traité de paix. — État du paiement fait par les Tripolitains. — Retour du maréchal d'Estrées en France. — Révocation de l'édit de Nantes. — Instructions données par Louis XIV aux capitaines de ses vaisseaux pour arrêter la migration des protestants. 478

FIN DE LA TABLE.

www.ingramcontent.com/pod-product-compliance
Lightning Source LLC
Chambersburg PA
CBHW070834230426
43667CB00011B/1792